# Un manuel d'histoire ancienne

ME Thalheimer

Writat

Cette édition parue en 2023

ISBN : 9789359254210

Publié par
Writat
email : info@writat.com

# Contenu

# PRÉFACE.

Plusieurs causes ont récemment accru à la fois les moyens et les motifs d'une étude plus approfondie de l'Histoire. La critique moderne, n'acceptant plus les traditions primitives, les éloges vénaux, les pamphlets partisans et les romans hautement travaillés comme des preuves égales et dignes de confiance, simplement en raison de leur ancienneté, nous apprend à passer au crible les témoignages des auteurs anciens, à vérifier les sources et la valeur relative des écrits. leurs informations, et de discerner les objectifs particuliers qui peuvent déterminer la lumière sous laquelle leurs œuvres doivent être considérées. Les relevés géographiques effectués par les voyageurs récents ont jeté un flot de lumière nouvelle sur les événements anciens ; et surtout les inscriptions découvertes et déchiffrées en un demi-siècle ont mis devant nous les grands acteurs des temps anciens, parlant en leur personne sur les murs des palais et des tombeaux.

Les nouvelles connaissances n'ont pas non plus peu de valeur. Si nous regardons familièrement la vie quotidienne de nos semblables il y a des milliers d'années, c'est pour les trouver aux prises avec les mêmes problèmes qui nous embarrassent ; souffrant du même conflit de passion et de principe ; échouer, il se peut, pour notre avertissement, ou gagner pour nos encouragements ; en tout cas, parvenir à des résultats qui devraient nous empêcher de répéter leurs erreurs. Les questions nationales qui remplissent nos journaux ont été discutées depuis longtemps au Bosquet, à l'Agora et au Forum ; les avantages relatifs du gouvernement par le plus grand nombre et par un petit nombre ont été mis en évidence dans les États et les colonies de Grèce ; et aucun homme dont le vote, aucune femme dont l'influence ne peut influencer dans une si petite mesure les destinées de notre République, ne peut se permettre d'ignorer ce qui a déjà été si sagement et si pleinement accompli. Les tâches actuelles ne peuvent être clairement perçues et dignement exécutées qu'à la lumière d'une longue expérience ; et cette connaissance libérale de l'histoire qui, sous un gouvernement monarchique, pourrait être laissée en toute sécurité comme un ornement et un privilège à un petit nombre, est ici le devoir du grand nombre.

Le présent ouvrage vise simplement à donner un aperçu bref mais précis des résultats des travaux de NIEBUHR , BUNSEN , ARNOLD , MOMMSEN , RAWLINSON et d'autres – résultats qui n'ont jamais, à notre connaissance, été adoptés dans aucune école américaine. livre, mais qui en quelques années ont considérablement accru les trésors de la littérature historique. Bien qu'il ait pu être impossible, dans les limites de nos limites, de reproduire les contours complets et réalistes dans lesquels ils ont représenté les personnages des temps anciens, nous avons cherché, avec leur aide, au moins à déterminer les limites des faits et des fables. À quelques exceptions près, et celles clairement énoncées comme telles, nous n'avons présenté aucun récit qui puisse raisonnablement être mis en doute.

L'écrivain est plus confiant dans la justesse de son objectif que dans l'intégralité de sa réalisation. Personne ne peut sentir avec autant d'acuité les imperfections d'un ouvrage pareil que celui qui a travaillé sur tous les points à les éviter ou à les éliminer ; compresser le plus de vérité dans le moins de mots, et, tout en réduisant l'échelle, conserver une juste proportion dans les détails. Aux centaines d'anciens élèves, qui n'ont jamais été oubliés dans ce travail d'amour, et au jugement bienveillant de leurs collègues enseignants, dont certains savent bien que les efforts n'ont pas été épargnés, même là où les capacités ont échoué, ce manuel est respectueusement adressé. soumis.

BROOKLYN, NEW YORK , *avril 1872* .

# INTRODUCTION.

## SOURCES ET DIVISIONS DE L'HISTOIRE.

**1.** Les anciens habitants de notre monde nous sont connus par trois types de preuves : (1) les archives écrites ; (2) Monuments architecturaux ; (3) Vestiges fragmentaires.

**2.** Parmi celles-ci, les premières seules peuvent être considérées comme de véritables sources de l'Histoire, bien que les dernières en fournissent les illustrations les plus intéressantes et les plus précieuses. Plusieurs races d'hommes ont disparu du globe, ne laissant aucune trace inscrite ni sur la pierre ni sur le parchemin. Leur existence et leur caractère ne peuvent être déduits que des fragments de leurs armes, ornements et ustensiles ménagers trouvés dans leurs tombes ou parmi les ruines de leurs habitations. Tels étaient les habitants des lacs de Suisse et les auteurs inconnus des amas de coquillages du Danemark et de l'Inde, des tumuli de Grande-Bretagne et des terrassements de la vallée du Mississippi.

**3.** Les magnifiques temples et palais de l'Egypte, de l'Assyrie et de l'Inde n'ont fourni des matériaux d'histoire que depuis que la patiente diligence des savants orientaux a réussi à déchiffrer les inscriptions qu'ils portent. En quelques années, ils ont considérablement enrichi notre connaissance des temps primitifs et expliqué d'une manière merveilleuse les brèves allusions de la Bible.

**4.** Les livres existants les plus anciens sont les Écritures hébraïques, qui seules [1] parmi les écrits anciens décrivent la préparation de la terre pour la demeure de l'homme ; sa création et son innocence primitive ; l'entrée du péché dans le monde et la promesse de la rédemption ; la première probation et la destruction presque totale de la race humaine par un déluge ; la vaine tentative des descendants de Noé d'éviter un châtiment similaire à l'avenir en construisant « une ville et une tour dont le sommet peut atteindre le ciel », et leur dispersion qui en résulte. La Bible pose les bases de toute l'histoire ultérieure en esquissant la division de la race humaine en ses trois grandes familles et en décrivant leurs premières migrations.

**5.** La famille de SEM , qui avait été désignée pour garder la véritable foi primitive, est restée près de sa demeure d'origine, dans le sud-ouest de l'Asie. Parmi les descendants de CHAM , une partie s'établit dans les vallées du Tigre et de l'Euphrate, et bâtit les grandes villes de Ninive et de Babylone ; tandis que les autres s'étendirent le long des rives orientales et méridionales de la Méditerranée et devinrent les fondateurs de l'empire égyptien. Les enfants de JAPHET constituaient la race indo-germanique ou aryenne, divisée en deux grandes branches. L'un, se déplaçant vers l'est, colonisa les plateaux de l'Iran et les vallées fertiles du nord de l'Inde ; l'autre, voyageant vers l'ouest le long du Pont-Euxin et de la Propontide , occupait les îles de la mer Égée et les péninsules de la Grèce et de l'Italie. Par migrations successives, ils envahirent toute l'Europe.

**6.** Notre premier livre traite des empires hamitique et sémitique. Avec l'avènement de la monarchie médo -persane, la race aryenne est entrée en scène et occupe depuis lors la plus grande place dans l'Histoire. Les nations *chamitiques* se distinguaient par leur grandeur matérielle, comme en témoignent les énormes masses de pierre employées dans leur architecture et même dans leur sculpture ; les *Sémites* , par leur enthousiasme religieux ; les *Indo-germaniques* , par leur activité intellectuelle, telle qu'elle se manifeste dans les formes les plus élevées de l'art, de la littérature et de l'organisation politique.

**7.** L'histoire est divisée en trois grandes parties ou périodes : ancienne, médiévale et moderne.

L'histoire ancienne raconte la succession des empires qui régnaient sur l'Asie, l'Afrique et l'Europe, jusqu'à ce que la domination romaine en Italie soit renversée par les barbares du nord, en 476 après JC.

médiévale commence avec l'établissement d'un royaume germanique en Gaule et se termine à la fin du XVe siècle, lorsque la renaissance des connaissances anciennes, la multiplication des livres imprimés et l'expansion des idées par la découverte d'un nouveau continent, occasionnèrent grande activité mentale, et a conduit à l'ère moderne dans laquelle nous vivons.

**8.** L'Histoire ancienne peut être divisée en cinq livres :

| JE. | Histoire des nations asiatiques et africaines, depuis les temps les plus reculés jusqu'à la fondation de l'Empire perse, | 558 avant JC. |
|---|---|---|
| II. | Histoire de l'Empire perse, depuis l'avènement de Cyrus le Grand jusqu'à la mort de Darius Codomannus , | 558-330 avant JC. |
| III. | Histoire des États et colonies de Grèce, depuis leur première période jusqu'à l'avènement d'Alexandre de Macédoine, | 336 avant JC. |
| IV. | Histoire de l'Empire macédonien et des royaumes qui en sont issus, jusqu'à leur conquête par les Romains. | |

| V. | Histoire de Rome depuis sa fondation jusqu'à la chute de l'Empire d'Occident, | 476 après JC. |
|---|---|---|

**9.** Dans l'étude des événements, les deux circonstances de temps et de lieu exigent constamment notre attention. C'est pourquoi LA CHRONOLOGIE et LA GÉOGRAPHIE ont été appelées les deux yeux de l'Histoire. Ce n'est qu'en utilisant les deux que nous pouvons obtenir une impression complète et réaliste des événements.

**10.** Faute des premiers, une grande partie de la vie de l'homme sur le globe ne peut être connue qu'imparfaitement. Il n'existe aucune trace détaillée des âges qui ont précédé le déluge et la dispersion ; et même après ces grandes crises, de longues périodes ne sont couvertes que par de vagues traditions. Nous n'avons pas de chronologie complète pour les Hébreux avant la construction du Temple de Salomon, 1004 avant JC ; pour les Babyloniens avant Nabonassar , 748 avant JC ; ou pour les Grecs avant la première Olympiade, 776 avant JC. Lorsque son système de calcul fut établi, chaque nation choisit sa propre époque à partir de laquelle dater les événements ; mais nous réduisons tout à notre calcul commun du temps avant et après la naissance du Christ.

**11.** L'étude de LA GÉOGRAPHIE est plus intimement liée à celle de l'histoire qu'il n'y paraît à première vue. La croissance et le caractère des nations sont grandement influencés, voire déterminés, par le sol et le climat, la position des montagnes et le cours des rivières.

NOTE. — Il est recommandé aux enseignants de lire à haute voix en classe les sections géographiques qui précèdent les parties 1 et 2 du livre I, du livre III et du livre V, chaque élève ayant l'œil fixé sur la carte et prononçant le nom de chaque localité mentionnée, *seulement lorsqu'elle est trouvée* . De cette manière, les noms deviendront familiers et les questions sur les particularités de chaque pays pourront ensuite être combinées avec les leçons. Beaucoup de détails nécessairement omis sur les cartes I., II., IV. et VI., se retrouveront sur les cartes III. et V.

Les élèves sont fortement encouragés à étudier l'Histoire avec la carte devant eux ; si possible, une carte encore plus grande et plus complète que celle qui peut être donnée dans ce livre. Tout petit effort que cela peut coûter sera largement récompensé par la facilité avec laquelle la leçon sera mémorisée, lorsque les lieux où les événements se sont produits seront clairement présents dans l'esprit.

# LIVRE I.

NATIONS D'ASIE ET D'AFRIQUE DEPUIS LA DISPERSION À BABEL
JUSQU'À LA FONDATION DE L'EMPIRE PERSE.
AVANT JC (ENVIRON) 2700-558.

## PARTIE I. NATIONS ASIATIQUES.

### VUE DE LA GÉOGRAPHIE DE L'ASIE.

**12.** L'ASIE , la plus grande division de l'hémisphère oriental, possède la plus grande variété de sols, de climats et de produits. Sa partie centrale et principale est un vaste plateau, entouré des plus hautes chaînes de montagnes du monde, sur les pentes nord, est et sud desquelles prennent leur source les grands fleuves. Parmi ceux-ci, les plus connus des anciens étaient le Tigre et l'Euphrate , l'Indus, Etymander , Arius, Oxus, Jaxartes et le Jourdain.

**13.** L'ASIE DU NORD , au nord du grand plateau et de la chaîne de l'Altaï, est une plaine basse et herbeuse, dépourvue d'arbres et improductive, mais coupée par de nombreuses rivières regorgeant de poissons. Elle était connue des Grecs sous le nom général de Scythie. Depuis les temps les plus anciens jusqu'à nos jours, elle a été habitée par des tribus errantes, qui subsistaient principalement du lait et de la chair de leurs animaux.

**14.** L'ASIE CENTRALE , située entre l'Altaï au nord et les montagnes de l'Elbourz, de l'Hindu Kûsh et de l'Himalaya au sud, a peu de liens avec l'histoire ancienne. Trois pays dans sa partie occidentale sont d'une certaine importance : *Choras'mia* , entre la Caspienne et la mer d'Aral ; *La Sogdiane* à l'est et *la Bactriane* au sud de cette province. Le Sam'arcand moderne est Maracan'da , l'ancienne capitale de la Sogdiane. Bactra, aujourd'hui Balkh, fut probablement la première grande ville de la race aryenne.

**15.** L'ASIE DU SUD peut être divisée en sections orientale et occidentale par le fleuve Indus. La partie orientale était à peine connue des Perses, des Grecs et des Romains ; et les matériaux manquent encore pour son histoire authentique : le western, au contraire, a été le théâtre des événements les plus anciens et les plus importants.

**16.** L'ASIE DU SUD-OUEST peut être considérée en trois parties : (1) l'Asie Mineure, ou péninsule d' Anatolie ; (2) Le plateau à l'est de l'Indus, y compris les montagnes de l'Arménie ; (3) La plaine au sud de ce plateau, s'étendant de la base des montagnes jusqu'à la mer Érythrée .

**17.** L'ASIE MINEURE , dans la période la plus ancienne, comprenait les pays suivants : Phrygie et Cappadoce , sur son plateau central, séparés les uns des autres par le fleuve Halys ; la Bithy'nie et la Paphlagonie sur la côte du Pont-Euxin ; la Mysie , la Lydie et la Carie, sur celle de l' Égée ; Lycie,

Pamphylie et Cilicie , aux confins de la Méditerranée. Elle possédait de nombreuses îles importantes : Proconnèse , dans la Propontis ; Ten´edos , Les´bos , Chi´os , Samos et Rhodes, dans l' Égée ; et Chypre , au Levant.

**18.** *La Phrygie* était un pays de pâturage, célèbre dès les premiers temps pour sa race de moutons, dont la toison était d'une merveilleuse finesse et noire comme le plumage du corbeau. La chèvre Angora et le lapin de la même région étaient également réputés pour la finesse de leur poil. *La Cappadoce* était habitée par les Syriens blancs, ainsi appelés parce qu'ils étaient de teint plus clair que ceux du sud. La partie la plus riche de l'Asie Mineure s'étendait sur la côte de l' Égée ; et des trois provinces, *Lydie* , la centrale, se distinguait le plus par sa richesse, son élégance et son luxe. Les Lydiens furent les premiers à frapper de la monnaie. La rivière Pactolus apportait des profondeurs du mont Tmolus une riche réserve d'or, qui était lavé de ses sables dans les rues de Sardes, la capitale.

**19.** Les colonies grecques, qui couvraient plus tard les côtes de l'Asie Mineure, se trouvent décrites dans le livre III. [2] Cette péninsule fut le théâtre de nombreuses guerres entre les nations d'Europe et d'Asie. De par sa position intermédiaire, elle fut toujours la récompense du vainqueur ; et après la première période de l'histoire, elle ne fut jamais occupée par aucun royaume de grande étendue ni de longue durée.

**20.** Les hauts plateaux de l'Asie du Sud-Ouest comprenaient dix-sept pays, dont seuls les plus importants seront nommés ici. *L'Arménie* est surnommée la Suisse de l'Asie occidentale. Sa plus haute montagne est Ar'arat , à 17 000 pieds au-dessus du niveau de la mer. De cette région élevée, le Tigre et l'Euphrate prennent leur cours jusqu'au golfe Persique ; l' Halys au Pont-Euxin ; l' Arax et le Cyrus jusqu'à la mer Caspienne. *Colchide* se trouvait à l'est du Pont-Euxin, sur l'une des grandes routes du trafic antique. Elle fut très anciennement célèbre pour son commerce du lin. *La Médie* était une région montagneuse, s'étendant de l'Araxe aux Portes Caspiennes. *La Perse* se situe entre la Médie et le golfe Persique. Sa partie sud est une plaine sablonneuse, rendue presque désertique en été par un vent chaud et pestilentiel venu des steppes de Kerman. Plus loin de la mer, le pays s'élève en terrasses couvertes de pâturages riches et bien arrosés, et abondants en fruits agréables. Le climat de cette région est délicieux ; mais il se change bientôt, vers le nord, en une étendue de montagnes stériles, glacées par des neiges qui couvrent les sommets même en été, et n'offrant qu'un maigre pâturage aux troupeaux de moutons.

**21.** Les plaines du sud-ouest de l'Asie comprenaient la Syrie , l'Arabie, l'Assyrie , la Susiena et la Babylonie . *La Syrie* occupait toute la côte orientale de la Méditerranée et se composait de trois parties distinctes : (1) La Syrie proprement dite avait pour principal fleuve l' Oronte , qui coulait entre les chaînes de montagnes parallèles du Liban et de l'Anti-Liban. (2) La Phénicie comprenait l'étroite bande côtière située entre le Liban et la mer. (3) La Palestine, au sud de la Phénicie , avait pour fleuve le Jourdain et pour principales montagnes l'Hermon et le Carmel. La Syrie devient moins fertile à mesure qu'elle s'éloigne des montagnes et se fond enfin dans un désert, sans traces de villes ni d'habitations sédentaires. Pourtant, même ces étendues sableuses sont variées par quelques endroits fertiles. Le site de Palmyre , « Reine du Désert », se distingue encore aujourd'hui dans ses magnifiques ruines. À des époques plus prospères, elle servait de divertissement aux caravanes en route de l'Inde vers la côte de la Méditerranée.

**22.** *L'Arabie* est une vaste étendue de pays au sud et à l'est de la Syrie, située entre la mer Rouge et le golfe Persique. Même si elle faisait plus d'un quart de la taille de l'Europe, elle avait peu d'importance dans l'Antiquité ; car son sol généralement rocheux ou sablonneux soutenait peu d'habitants et offrait peu de matière pour le commerce.

*L'Assyrie proprement dite* s'étendait à l'est du Tigre et à l'ouest des montagnes Médianes. Le grand empire qui portait ce nom variait en étendue sous différents monarques, et le nom d'Assyrie est souvent appliqué à tout le territoire situé entre les monts Zagros et la mer Méditerranée. La région située entre les deux grands fleuves et au nord de la Babylonie était appelée par les Grecs *Mésopotamie* . Elle différait de la province plus méridionale par sa richesse boisée : les forêts proches de l'Euphrate ont plus d'une fois fourni des matériaux pour une flotte aux empereurs romains plus tard.

*Susiana* se trouvait le long du Tigre, au sud-est de l'Assyrie. Elle était traversée par de nombreuses rivières et était très riche en céréales. Sa seule ville importante était Suse, sa capitale.

**23.** *La Babylonie* comprenait la grande plaine alluviale située entre les eaux inférieures du Tigre et de l'Euphrate, et comprenait parfois le pays situé au sud de ce dernier fleuve, aux frontières de l'Arabie déserte , mieux connue sous le nom de *Chaldée* . Lorsque les neiges fondent sur les montagnes d'Arménie, les deux fleuves, mais surtout l'Euphrate, se gonflent soudainement et tendent à déborder de leurs rives. En luttant contre cette agression de la nature, les Babyloniens développèrent très tôt cette énergie mentale qui fit de leur pays la première demeure de la civilisation orientale. Le réseau de canaux qui couvrait le pays servait aux trois objectifs du trafic intérieur, de la défense et de l'irrigation. D'immenses lacs furent creusés ou agrandis pour la préservation des eaux excédentaires ; et la terre rejetée par ces excavations formait des digues le long des rives des rivières. La plaine fertile, si abondamment arrosée, produisait d'énormes quantités de céréales, le fermier étant récompensé jamais moins de deux cents fois la graine semée, et dans les saisons favorables, trois cents fois. Nous ne serons donc pas surpris d'apprendre que la Babylonie fut, dès les premiers temps, le siège de villes peuplées, remplies de produits de l'industrie humaine, et que sa population constitua longtemps le principal État de l' Asie occidentale. Bien que la plaine de Babylonie ne fournisse ni bois ni pierre pour la construction, la nature avait fourni aux habitations humaines une réserve d'argile excellente pour la brique et des puits de bitume qui servaient de mortier. (Gen. xi : 3.)

**24.** ASIE DU SUD-EST . *L'Inde* s'étend de l'Indus vers l'est jusqu'aux frontières de la Chine, étant délimitée au sud par l'océan Indien et au nord par l' Himalaya , des hauteurs enneigées duquel descendent de nombreux grands fleuves pour fertiliser les plaines. La richesse du sol le rend propice au séjour d'une population grouillante ; et les routes, temples et autres structures, datant d'une époque très reculée, attestent de l'habileté et de l'industrie du peuple. Hérodote [3] les qualifie de nations les plus grandes et les plus riches, bien qu'il ne les ait pas vues. Ce n'est qu'au Ve siècle avant Jésus-Christ que les péninsules indiennes furent distinctement connues des Grecs ; et ce n'est que deux siècles plus tard, lors de l'invasion d'Alexandre, que les caractéristiques remarquables du pays furent pour la première fois décrites au monde occidental par des témoins oculaires. Les « arbres à laine » ont été mentionnés comme une production très particulière ; car le coton, ainsi que le sucre, a été produit pour la première fois en Inde. Mais les pêcheries de perles de la côte orientale, les diamants de Golconda , les rubis de Mysore, ainsi que l'or abondant des lits des rivières, les bois aromatiques des forêts et les fines étoffes de coton, la soie et la laine, pour lesquelles l'Inde était déjà célèbre [4] , attirèrent bien plus tôt les marchands de Phénicie sur les rives de l'Indus.

**25.** *La Chine* était encore moins connue que l'Inde des habitants du monde antique. La province de Sérica , qui formait l'angle nord-ouest de ce qui est aujourd'hui l'empire chinois, était cependant visitée par les marchands babyloniens et phéniciens , pour son produit le plus particulier, la soie. L'extrême réserve des Chinois dans leurs relations avec les étrangers peut déjà être observée dans le récit donné par Hérodote de leur commerce avec les Scythes voisins. Les Sericans déposaient leurs balles de laine ou de soie dans un bâtiment solitaire appelé la Tour de Pierre. Les marchands s'approchèrent alors, déposèrent à côté des marchandises une somme qu'ils étaient prêts à payer, et se retirèrent hors de vue. Les Sericans revinrent et, s'ils étaient satisfaits du marché, emportèrent l'argent, laissant les marchandises ; mais s'ils jugeaient le paiement insuffisant, ils emportaient les marchandises et laissaient l'argent. Les Chinois ont toujours été remarquables par leur travail patient et minutieux du sol. Chinnong , leur quatrième empereur, inventa la charrue ; et pendant des milliers d'années, la coutume exigeait que chaque monarque, parmi les cérémonies de son couronnement, guide une charrue autour d'un champ, rendant ainsi honneur à l'agriculture, comme l'art le plus essentiel à la civilisation, ou plutôt à l'existence même de l'agriculture. un état.

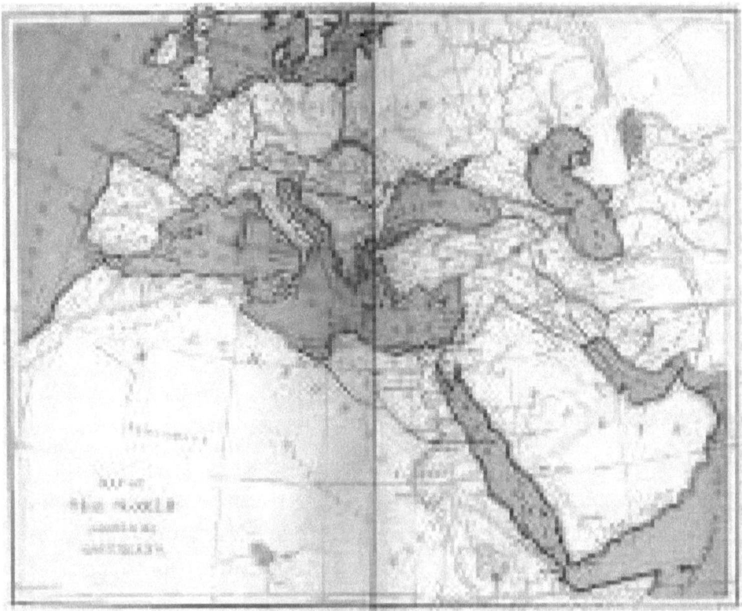

CARTE DU MONDE CONNU DES ASSYRIENS.

## MONARCHIE CHALDÆE.

**26.** Après la dispersion des autres descendants de Noé de Babel, [5] Nimrod, petit-fils de Cham, resta près du lieu de leur déconfiture, et fonda un royaume au sud de l'Euphrate, à l'entrée du golfe Persique. La tour inachevée fut transformée en temple, d'autres bâtiments surgirent de l'argile de la plaine, et ainsi Nimrod devint le fondateur de Babylone, bien que sa grandeur et ses magnifiques ornements datent d'une période ultérieure. Nimrod devait sa suprématie à la force personnelle et aux prouesses qui le distinguaient comme un « puissant chasseur devant le Seigneur ». Dans les premières années qui suivirent le Déluge, il est probable que les bêtes sauvages se multiplièrent au point de menacer l'extinction de la race humaine, et le principal des hommes dans la gratitude et l'allégeance de ses semblables fut celui qui réduisit leur nombre. Nimrod fonda non seulement Babylone, mais aussi Erech , ou Orchoë , Accad et Calneh . Les Chaldéens continuèrent à être des bâtisseurs remarquables ; et de vastes structures de briques cimentées au bitume, chaque brique portant le nom du monarque ou de l'architecte, témoignent encore, bien qu'en ruines, de leur entreprise et de leur habileté. Ils fabriquaient également des tissus de laine délicats et possédaient l'art du travail des métaux et de la gravure sur les pierres précieuses avec une très haute perfection. L'astronomie a commencé à être étudiée très tôt et les observations ont été soigneusement enregistrées. Le nom de Chaldéen devint équivalent à celui de voyant ou de philosophe.

**27.** Les noms de quinze ou seize rois ont été déchiffrés sur les premiers monuments du pays, mais nous ne possédons aucune trace de leurs règnes. Il suffit de rappeler les dynasties, ou familles royales, qui, selon Bérosus [6], régnèrent en Chaldée depuis environ deux mille ans avant Jésus-Christ jusqu'au début de la chronologie correspondante.

1. Une dynastie Chaldéenne , d'environ 2000 à 1543 avant JC. Les seuls rois connus sont Nimrod et Chedorlaomer .

2. Une dynastie arabe, d'environ 1543 à 1298 avant JC

3. Une dynastie de quarante-cinq rois, probablement assyriens, de 1298 à 772 avant JC

4. Le règne de Pul , de 772 à 747 avant JC

Durant la première et la dernière de ces périodes, le pays était florissant et libre ; durant la seconde, elle semble avoir été soumise à ses voisines du sud-ouest ; et, pendant la troisième, elle fut absorbée par le grand empire assyrien, comme royaume tributaire, sinon simplement comme province.

## MONARCHIE ASSYRIENNE.

**28.** Très tôt, un royaume fut établi sur le Tigre, qui s'étendit plus tard pour devenir un vaste empire. De ses premiers récits, il ne nous reste que les noms de trois ou quatre rois ; mais les monticules quadrangulaires qui couvrent l'emplacement des villes et des palais, et les sculptures grossières trouvées lors de fouilles sur leurs murs, montrent l'industrie d'une population nombreuse et luxueuse. L'histoire de l'Assyrie peut être divisée en trois périodes :

| JE. | Depuis les débuts inconnus de la monarchie jusqu'à la conquête de Babylone, | à propos | 1250 avant JC |
|---|---|---|---|
| II. | De la conquête de Babylone à l'accession de Tiglath- Pileser II, | | 745 avant JC |
| III. | De l'avènement de Tiglath- Piser à la chute de Ninive, | | 625 avant JC |

1270 avant JC.

Un roi de la PREMIÈRE PÉRIODE , Salmanazar Ier, est connu pour avoir fait la guerre dans les montagnes arméniennes et pour avoir établi des villes dans le territoire conquis.

1130 avant JC.

1100-909 avant JC.

avant JC 886-858.

avant JC 858-823.

**29.** DEUXIÈME PÉRIODE , 1250-745 avant JC. Vers le milieu du XIIIe siècle avant JC, Tiglathi-nin conquit Babylone. Cent vingt ans plus tard, un monarque encore plus grand, Tiglath- Piser Ier, étendit ses conquêtes vers l'est dans les montagnes perses et vers l'ouest jusqu'aux frontières de la Syrie. Après le règne guerrier de son fils, l'Assyrie fut probablement affaiblie et déprimée pendant deux cents ans, puisqu'aucune trace n'a été retrouvée. A partir de l'an 909 avant JC, la chronologie devient exacte, et les matériaux pour l'histoire abondants. As´shur -nazir-pal I fit la guerre en Perse, en Babylonie, en Arménie et en Syrie, et captura les principales villes phéniciennes . Il construisit un grand palais à Calah , dont il fit sa capitale. Son fils, Salmaneser II, poursuivit les conquêtes de son père et fit la guerre en Basse-Syrie contre Benha'dad , Haza'el et Achab .

**30.** avant JC 810-781. Iva -lush (Hu- likh - khus IV) étendit son empire à la fois vers l'est et vers l'ouest au cours de vingt-six campagnes. Il épousa Sam'mura'mit ( Sémiramis ), héritière de la Babylonie, et exerça, soit de son droit, soit par conquête, l'autorité royale sur ce pays. Aucun nom n'est plus célèbre dans l'histoire orientale que celui de Sémiramis ; mais il est probable que la plupart des œuvres merveilleuses qui lui sont attribuées sont purement fabuleuses. L'importance de la véritable Sammuramit , qui est la seule princesse mentionnée dans les annales assyriennes, a peut-être donné naissancc à des légendes fantaisistes concernant une reine qui, régnant de son propre chef, conquit l'Égypte et une partie de l'Éthiopie et envahit l'Inde avec une armée de plus de un million d'hommes. Cette héroïne mythique a terminé sa carrière en s'envolant sous la forme d'une colombe. Il devint d'usage d'attribuer à Sémiramis tous les bâtiments et autres ouvrages publics dont l'origine était inconnue ; la date de son règne fut fixée vers 2200 avant JC ; et on disait qu'elle était l'épouse de Ninus, un personnage tout aussi mythique, le fondateur réputé de Ninive.

avant JC 771-753.

753-745 avant JC.

**31.** Asshur- danin -il II était moins guerrier que ses ancêtres. L'époque de son règne est déterminée par une éclipse de soleil, que les inscriptions placent dans sa neuvième année, et dont les astronomes savent qu'elle s'est produite le 15 juin 763 avant JC. Après Asshurlikh - khus , le roi suivant, la dynastie prit fin. avec une révolution. Nabonasar , de Babylone, non seulement s'est rendu indépendant, mais a également acquis une brève suprématie sur l'Assyrie. Les Assyriens, au cours de la Seconde Période, firent de grands progrès dans la littérature et les arts. Les annales de chaque règne étaient soit gravées dans la pierre, soit gravées sur une série de briques en double, pour se prémunir contre la destruction par le feu ou l'eau. Si le feu détruisait les briques brûlées, il ne ferait que durcir les briques séchées ; et si ces derniers étaient dissous par l'eau, les premiers resteraient indemnes. Des colonnes gravées furent érigées dans tous les pays sous domination assyrienne.

745-727 avant JC.

**32.** Troisième Période , BC 745-625. Tiglath- Pileser II fut le fondateur du Nouvel Empire assyrien, qu'il établit par une guerre active et réussie. Il conquit Damas, Samarie, Tyr , les Philistins et les Arabes de la péninsule du Sinaï ; il emmena les captifs des tribus de l'est et du nord d'Israël, et il préleva un tribut du roi de Juda. (2 Rois XV : 29 ; XVI : 7-9.) Salmanazar IV conquit la Phénicie , mais fut vaincu lors d'un assaut naval sur Tyr . Son successeur, Sargon, prit la Samarie, qui s'était révoltée, et emmena son peuple captif dans ses provinces nouvellement conquises de Médie et de Gauzanitis . Il remplit leurs places de Babyloniens, dont il avait capturé le roi Merodach-baladan , en 709 avant JC. Une inscription intéressante de Sargon raconte qu'il reçut un tribut de la part de sept rois de Chypre, « qui ont fixé leur demeure au milieu de la mer de le soleil couchant." La ville et le palais de Khor'sabad étaient entièrement l'œuvre de Sargon. Le palais était couvert de sculptures à l'intérieur et à l'extérieur ; il était orné de briques émaillées, disposées selon des motifs élégants et de bon goût, et on y accédait par de nobles volées de marches traversant de splendides portiques. Dans ce « palais d'une splendeur incomparable, qu'il fit construire pour la demeure de sa royauté », se trouvent les propres descriptions de Sargon des gloires de son règne. «J'ai imposé un tribut au Pharaon d'Égypte; sur Tsamsi , reine d'Arabie ; sur Ithamar , le Sabéen , en or, en épices, en chevaux et en chameaux. Parmi les dépouilles du roi babylonien, il énumère sa tiare d'or, son sceptre, son trône, son parasol et son char d'argent. Dans la vieillesse de Sargon, Merodach-baladan récupéra son trône et le roi assyrien fut assassiné dans le cadre d'une conspiration.

705-680 avant JC.

**33.** Son fils Sennachérib rétablit la puissance assyrienne aux extrémités orientales et occidentales de son empire. Il vainquit Mérodach-Baladen et plaça d'abord un vice-roi assyrien, puis son propre fils, Assarana'dius , sur le trône babylonien. Il réprima une révolte des villes phéniciennes et extorqua un tribut à la plupart des rois de Syrie. Il remporta une grande bataille à Eltekeh , en Palestine, contre les rois d'Égypte et d'Éthiopie, et s'empara de toutes les « villes fortifiées de Juda ». (2 Rois XVIII : 13.) Dans une seconde expédition contre la Palestine et l'Égypte, 185 000 de ses soldats furent

détruits en une seule nuit, près de Péluse , en jugement de sa vantardise impie.
(2 Rois XIX : 35, 36.) À son retour à Ninive, deux de ses fils conspirèrent
contre lui et le tuèrent, et Esarhaddon , un autre fils, obtint la couronne. Son
règne (680-667 av. J.-C.) fut marqué par de nombreuses conquêtes. Il battit
Tir'hakeh , roi d'Égypte, et divisa son royaume en petits États. Il acheva la
colonisation de la Samarie avec des habitants de Babylonie, de Susiane et de
Perse. Sa résidence royale était alternativement à Ninive et à Babylone.

667-647 avant JC.

**34.** Sous As´shur - bani -pal, fils d'Esarhaddon, l'Assyrie atteignit sa plus
grande puissance et sa plus grande gloire. Il reconquiert l'Égypte ralliée sous
Tirhakeh , envahit l'Asie Mineure et impose un tribut à Gygès, roi de Lydie.
Il soumit la majeure partie de l'Arménie, réduisit Susiane à une simple
province de Babylonie et exigea l'obéissance de nombreuses tribus arabes. Il
bâtit le plus grand de tous les palais assyriens, cultiva la musique et les arts et
établit une sorte de bibliothèque royale à Ninive.

COUR DU PALAIS DE SARGON, À KHORSABAD.

647-625 avant JC.

**35.** Le règne de son fils Asshuremid - ilin , appelé Saracus par les Grecs,
fut accablé de désastres. Une horde de barbares, venus des plaines de Scythie,
envahit l'empire, et avant qu'il ne puisse se remettre du choc, il fut déchiré
par une double révolte de la Médie au nord et de la Babylonie au sud.
Nabopolassar , le Babylonien, avait été général des armées de Saracus ; mais
se trouvant plus fort que son maître, il fit alliance avec Cyax'ares , roi des
Mèdes, de concert avec lequel il assiégea et prit Ninive. Le monarque assyrien
périt dans les flammes de son palais, et les deux conquérants se partagèrent
ses domaines. Ainsi prit fin l'Empire assyrien en 625 av.

**36.** La TROISIÈME PÉRIODE fut l'âge d'or de l'art assyrien. Les marbres sculptés qui ont été rapportés des palais de Sargon, de Sennachérib et d'Assurbani - pal, témoignent d'une habileté et d'un génie dans la sculpture qui nous rappellent les Grecs. Quelques-uns peuvent être vus dans les collections des collèges et autres sociétés savantes de ce pays. Les spécimens les plus magnifiques se trouvent au British Museum, au Louvre à Paris et à l'Oriental Museum à Berlin. Durant la même période, les sciences de la géographie et de l'astronomie furent cultivées avec une grande diligence ; les études de langue et d'histoire occupaient une multitude de savants ; et les érudits modernes, alors qu'ils déchiffrent les monuments commémoratifs depuis longtemps enfouis, sont remplis d'admiration pour l'activité mentale qui caractérisait les temps du Bas Empire d'Assyrie.

### ROIS D'ASSYRIE.

Pour la Première et plus de la moitié de la Deuxième Période, les noms sont discontinus et les dates inconnues. Nous commençons donc par l'ère de la chronologie vérifiée.

#### *Rois de la Seconde Période.*

| Asshur- danin -il I | décédé | avant JC | 909. |
|---|---|---|---|
| Hu- likh - khus III | régné | » | 909-889. |
| Tiglathi-nin II | » | » | 889-886. |
| Asshur- nasir -pal I | » | » | 886-858. |
| Salmanazar II | » | » | 858-823. |
| Shamas-iva | » | » | 823-810. |
| Hu- likh - khus IV | » | » | 810-781. |
| Salmanazar III | » | » | 781-771. |
| Assur- danin -il II | » | » | 771-753. |
| Assur- likh - khus | » | » | 753-745. |

#### *Rois de la troisième période.*

| Tiglath- pileser II, usurpateur, [7] | | avant JC | 745-727. |
|---|---|---|---|
| Salmanazar IV, | | » | 727-721. |
| Sargon, usurpateur, | | » | 721-705. |

| Sennachérib, | | » | 705-680. |
|---|---|---|---|
| Esarhaddon, | | » | 680-667. |
| Asshur- bani -pal, | à propos | » | 667-647. |
| Asshur- emid - ilin , | | » | 647-625. |

## RÉCAPITULATION.

Un royaume de puissants chasseurs et de grands bâtisseurs est fondé par Nimrod, en 2000 avant JC. La Chaldée devient soumise, d'abord aux envahisseurs arabes, puis aux envahisseurs assyriens, mais est rendue indépendante par Pul , en 772 avant JC. La monarchie assyrienne absorbe la Chaldée et s'étend de De la Syrie aux montagnes persanes. Après deux cents ans de dépression, ses archives deviennent authentiques en 909 avant JC. Iva-lush et Sammuramit règnent conjointement sur des territoires considérablement étendus. Le Bas Empire est établi par Tiglath- Pileser II, dont la domination atteint la Méditerranée. Sargon enregistre de nombreuses conquêtes dans son palais de Khorsabad . Sennachérib reprend Babylone et remporte des victoires sur l'Égypte et la Palestine. L'empire assyrien s'agrandit avec Esarhaddon et culmine sous Asshurbani - pal, pour être ensuite renversé sous le règne suivant par une invasion scythe et une révolte de la Médie et de la Babylonie.

## MONARCHIE MÉDIANE.

**37.** On sait peu de choses sur les Mèdes avant l'invasion de leur pays par Salmanazar II, en 830 avant JC, et sa conquête partielle par Sargon, [8] en 710. Ils eurent cependant une certaine importance dans les premiers temps après le Déluge, car Bérose nous dit qu'une dynastie mède gouvernait Babylone durant cette période. Le pays était sans aucun doute divisé entre de petits chefs, dont les rivalités l' empêchaient de devenir grand ou célèbre aux yeux des nations étrangères.

Dans les noms babyloniens, Nebo, Merodach , Bel et Nergal correspondent à Asshur, Sin et Shamas en assyrien. Ainsi, Abednego ( pour Nebo) est le « Serviteur de Nebo » ; Nabuchodonosor signifie « Nebo protège ma race » ou « Nebo est le protecteur des monuments » ; Nabopolassar = « Nebo protège mon fils » — l'équivalent exact d'Assur- nasir -pal dans la dynastie assyrienne de la deuxième période.

**38.** Vers 740 avant JC, selon Hérodote, les Mèdes se révoltèrent contre l'Assyrie et choisirent pour roi Déiocès , dont l'intégrité en tant que juge l'avait marqué comme le plus apte au commandement suprême. Il construisit la ville d' Ecbatana , qu'il fortifia avec sept cercles concentriques de pierre, l'intérieur étant doré de sorte que ses créneaux brillaient comme de l'or. Ici, Déiocès établit une étiquette sévèrement cérémonieuse, compensant son manque de rang héréditaire par tous les signes extérieurs de la divinité qui « protège un roi ». Aucun courtisan n'était autorisé à rire en sa présence ou à l'approcher sans les plus profondes expressions de révérence. Soit sa véritable dignité de caractère, soit ces cérémonies majestueuses eurent un tel effet qu'il jouit d'un règne prospère de cinquante-trois ans. Bien que Déiocès soit décrit par Hérodote comme le roi des Mèdes, il est probable qu'il ne régnait que sur une seule tribu et qu'une grande partie de son histoire est simplement imaginaire.

**39.** La véritable histoire du royaume mède date de 650 avant JC, lorsque Phraortès était sur le trône. Ce roi, qu'on appelle le fils de Déiocès , étendit son autorité sur les Perses et forma ce lien étroit entre les tribus médo - persanes qui ne devait jamais se dissoudre. La suprématie fut bientôt acquise par cette dernière nation. Le double royaume fut vu par Daniel dans sa vision, sous la forme d'un bélier dont l'une des cornes était plus haute que l'autre, et « le plus haut monta en dernier ». (Daniel VIII : 3, 20.) Phraortes , renforcé par les Perses, fit de nombreuses conquêtes en Haute Asie. Il fut tué lors d'une guerre contre le dernier roi d'Assyrie, en 633 avant JC.

**40.** Déterminé à venger la mort de son père, Cyaxare renouvela la guerre avec l'Assyrie. Il fut appelé pour résister à une incursion des plus redoutables de barbares venus du nord du Caucase. Ces Scythes devinrent les maîtres de l'Asie occidentale, et leur domination insolente aurait duré vingt-huit ans. Une bande de nomades fut reçue au service de Cyaxare comme chasseurs. Selon Hérodote, ils revinrent un jour les mains vides de la chasse ; et lorsque le roi exprima son mécontentement, leur caractère féroce déchira toutes les limites. Ils lui servirent, au lieu de gibier, la chair d'un des garçons mèdes qui avaient été placés auprès d'eux pour apprendre leur langue et le maniement de l'arc, puis s'enfuirent à la cour du roi de Lydie. Cette circonstance a conduit à une guerre entre Alyattes et Cyaxares , qui a duré cinq ans sans aucun résultat décisif. Elle s'est terminée par une éclipse de soleil survenue au milieu d'une bataille. Les deux rois s'empressèrent de faire la paix ; et le traité, qui fixait la limite de leurs deux empires au fleuve Halys , fut confirmé par le mariage du fils de Cyaxare avec la fille d'Alyattes. Les oppressions scythes furent terminées par un massacre général des barbares qui, par un plan secrètement concerté, avaient été invités à des banquets et enivrés de vin.


**41.** Cyaxare reprit alors ses plans contre l'Assyrie. En alliance avec Nabopolassar , de Babylone, il put capturer Ninive, renverser l'empire et faire de la Médie une puissance leader en Asie. Les guerres victorieuses de Cyaxare assurèrent à lui et à son fils près d'un demi-siècle de paix, pendant lequel les

Mèdes adoptèrent rapidement les habitudes luxueuses des nations qu'ils avaient conquises. La cour d'Ecbatane devint aussi magnifique que celle de Ninive au faîte de sa grandeur. Les courtisans se réjouissaient des vêtements de soie écarlate et pourpre, avec des colliers et des bracelets d'or, et le même métal précieux ornait le harnais de leurs chevaux. Les réminiscences de l'ancienne vie barbare restaient dans un goût excessif pour la chasse, qui se pratiquait soit dans les parcs autour de la capitale, soit en rase campagne, où abondaient encore lions, léopards, ours, sangliers, cerfs et antilopes. Le grand palais en bois, couvert de plaques d'or et d'argent, ainsi que d'autres bâtiments de la capitale, montraient un penchant barbare pour les matériaux coûteux plutôt que la grandeur des idées architecturales. Les Mages, caste sacerdotale, exerçaient une grande influence à la cour mède. L'éducation de chaque jeune roi leur était confiée, et ils continuèrent tout au long de sa vie à être ses plus fidèles conseillers.

**42.** BC 593. Cyaxare mourut après un règne de quarante ans. Son fils, Astyages , régna trente-cinq ans en alliance amicale et pacifique avec les rois de Lydie et de Babylone. On sait peu de choses de lui, à l'exception des événements liés à sa chute, et ceux-ci seront relatés dans l'histoire de Cyrus, livre II.

**Rois connus des médias.**

| Phraortès | décédé | avant JC | 633. |
|---|---|---|---|
| Cyaxares | régné | » | 633-593. |
| Astyages | » | » | 593-558. |

NOTE. — Il est impossible de concilier la chronologie du règne de Cyaxare avec *tous* les récits anciens. Si l'invasion scythe eut lieu *après* le début de son règne, dura vingt-huit ans et se termina avant la chute de Ninive, il est facile de voir que la date de ce dernier événement devait être postérieure à celle indiquée dans le texte. L'école française des orientalistes le situe en effet en 606 avant J.-C. et l'avènement de Cyaxare en 634. L'école anglaise, avec Sir H. Rawlinson à sa tête, donne les dates que nous avons adoptées.

## MONARCHIE BABYLONIENNE.

**43.** Pendant près de cinq cents ans, Babylone était gouvernée par des vice-rois assyriens, lorsque Nabonassar (747 av. J.-C.) rejeta le joug et établit un royaume indépendant. Il détruisit les archives humiliantes de l'ancienne servitude et commença une nouvelle ère à partir de laquelle l'époque babylonienne fut ensuite comptée.

avant JC 721-709.

**44.** Mérodach-baladan , le cinquième roi de cette lignée, envoya une ambassade auprès d'Ézéchias, roi de Juda, pour le féliciter de sa guérison et pour s'enquérir d'un phénomène extraordinaire lié à sa restauration. (Ésaïe xxxviii : 7, 8 ; xxxix : 1.) Cela montre que les Babyloniens n'étaient pas moins attentifs aux observations astronomiques que leurs prédécesseurs, les Chaldéens . En fait, la clarté éclatante de leur ciel conduisit très tôt les habitants de cette région à l'étude des étoiles. Le ciel était tracé en constellations et les étoiles fixes étaient cataloguées ; le temps était mesuré par des cadrans solaires et d'autres instruments astronomiques furent inventés par les Babyloniens.

680-667 avant JC.

667-647 avant JC.

647-625 avant JC.

**45.** Le même Mérodach-baladan fut fait prisonnier par Sargon, roi d'Assyrie, et détenu pendant six ans, tandis qu'un vice-roi assyrien occupait son trône. Il s'enfuit et reprit son gouvernement, mais fut de nouveau détrôné par Sennachérib, fils de Sargon. Le royaume resta dans un état troublé, généralement gouverné par les Assyriens, mais recherchant l'indépendance, jusqu'à ce qu'Esarhaddon, fils de Sennachérib, conquière Babylone, se construise un palais et règne alternativement dans cette ville et à Ninive. Son fils, Saos-duchinus , gouverna Babylone en tant que vice-roi pendant vingt ans, et fut remplacé par Cinneladanus , un autre Assyrien, qui régna vingt-deux ans.

625-604 avant JC.

608 avant JC.

605 avant JC.

**46.** BC 625. Deuxième période. Nabopolasar , un général babylonien, profita des malheurs de l'empire assyrien pour mettre fin à la longue sujétion de son peuple. Il s'allia à Cyaxare , le roi mède, pour assiéger Ninive et renverser l'empire. Dans le partage ultérieur du butin, il reçut Susiane, la vallée de l'Euphrate et toute la Syrie, et érigea un nouvel empire, dont l'histoire est parmi les plus brillantes des temps anciens. L'extension de ses domaines vers l'ouest le mit en collision avec un puissant voisin, Pharaonne'choh , d'Égypte, qui soumit les provinces syriennes et les garda pendant quelques années. Mais Nabopolassar envoya son fils encore plus puissant, Nabuchodonosor , qui châtia le roi égyptien lors de la bataille de Karkemish et lui arracha les provinces volées. Il assiégea également Jérusalem et revint à Babylone chargé des trésors du temple et du palais de Salomon. Il amena à sa suite Jojakim , roi de Juda, et plusieurs jeunes gens de la famille royale, parmi lesquels se trouvait le prophète Daniel.

avant JC 604-561.

**47.** Pendant la campagne de son fils, Nabopolassar était mort à Babylone, et le prince victorieux fut immédiatement reconnu comme roi. Nabuchodonosor a ensuite mené des guerres en Phénicie , en Palestine et en Égypte, et a établi un empire qui s'étendait vers l'ouest jusqu'à la mer Méditerranée. Il déposa le roi d'Égypte et plaça Amasis sur le trône comme son adjoint. Sédécias , qui avait été élevé au trône de Juda, se rebella contre Babylone, et Nabuchodonosor partit en personne pour punir sa trahison. Il assiégea Jérusalem pendant dix-huit mois et captura Sédécias qui, avec une véritable cruauté orientale, fut contraint de voir ses deux fils assassinés avant que ses yeux ne soient arrachés, et il fut transporté enchaîné à Babylone. Dans une guerre ultérieure, Nebuzar-adan , général des armées de Nabuchodonosor, détruisit Jérusalem, brûla le temple et les palais et transporta le reste du peuple à Babylone. La ville forte et riche de Tyr se révolta et résista pendant treize ans au pouvoir du grand roi, mais finit par se soumettre, et toute la Phénicie resta sous le joug babylonien, 585 avant JC.

**48.** L'esprit actif de Nabuchodonosor, absorbé dans des projets de conquête, commença à être visité par des rêves, dans l'un desquels la série de grands empires qui allaient encore naître en Orient était clairement annoncée. De tous les sages de la cour, seul Daniel fut en mesure d'interpréter la vision ; et sa perspicacité spirituelle, ainsi que l'élévation et la pureté singulières de son caractère, lui valurent la confiance affectueuse du roi. (Lisez Daniel II.)

**49.** Le règne de Nabuchodonosor fut illustré par de grands travaux publics. Sa femme, une princesse mède, soupirait après ses montagnes natales et était dégoûtée par la platitude de la plaine babylonienne, la plus grande du monde antique. Pour la satisfaire, des jardins surélevés – plutôt que « suspendus » – ont été créés. Des arcs étaient élevés sur des arcs en série continue jusqu'à ce qu'ils dépassent les murs de Babylone, et des escaliers menaient de terrasse en terrasse. Toute la structure de maçonnerie était recouverte d'une terre suffisante pour nourrir les plus gros arbres, qui, au moyen de moteurs hydrauliques, étaient alimentés par la rivière en humidité abondante. Au milieu de ces bosquets se trouvait la résidence royale d'hiver ; car une retraite, qui sous d'autres climats serait la plus appropriée pour une habitation d'été, était ici réservée aux mois plus frais pendant lesquels seuls l'homme peut vivre en plein air. Ce premier grand ouvrage de jardinage paysager décrit par l'histoire comprenait une charmante variété de collines et de forêts, de rivières, de cascades et de fontaines, et était orné des plus belles fleurs que l'Orient pouvait se permettre.

**50.** Le même roi entourait la ville de murs de briques cuites, hauts de deux cents coudées et épais de cinquante, qui, avec les jardins, étaient comptés parmi les sept merveilles du monde. Sous son règne et celui de son gendre Nabonadius , le pays tout entier s'enrichit de travaux d'utilité publique : canaux, réservoirs et écluses se multiplièrent, et les rives du golfe Persique furent améliorées au moyen de jetées. et les remblais.

**51.** Grâce à ces encouragements, ainsi qu'à sa position heureuse à mi-chemin entre l'Indus et la Méditerranée, avec le Golfe et les deux grands fleuves pour routes naturelles, Babylone était peuplée de marchands de toutes les nations, et son commerce embrassait les marchés connus. monde. Les manufactures aussi étaient nombreuses et renommées. Les tissus de coton des villes du Tigre et de l'Euphrate étaient inégalés par la finesse de leur qualité et l'éclat de leurs couleurs ; et les tapis, très demandés parmi les luxueux Orientaux, n'étaient nulle part produits avec une telle magnificence que sur les métiers à tisser de Babylone.

**52.** Il n'est pas étrange que l'orgueil de Nabuchodonosor ait été enflammé par la magnificence de sa capitale. Alors qu'il marchait sur le sommet de son nouveau palais et regardait de haut les multitudes grouillantes qui devaient leur prospérité à sa protection et à ses soins, il dit : « N'est-ce pas cette grande Babylone que *j'ai* bâtie pour la maison du royaume en la puissance de ma puissance et pour l'honneur de ma majesté ? A ce moment, l'humiliation annoncée dans un rêve précédent, interprété par Daniel, survint sur lui. Nous ne pouvons pas mieux décrire la manière du jugement que dans les propres mots du roi (Daniel iv : 31-37) :

« Pendant que la parole était dans la bouche du roi, une voix tomba du ciel, disant : Ô roi Nebucadnetsar, cela t'a été dit ; Le royaume t'a quitté. Et ils te chasseront du milieu des hommes, et ta demeure sera avec les bêtes des champs ; ils te feront manger de l'herbe comme des bœufs, et sept temps passeront sur toi, jusqu'à ce que tu saches que le Très- Haut il règne sur le royaume des hommes et le donne à qui il veut. C'est à la même heure que s'accomplit la chose sur Nebucadnetsar : il fut chassé des hommes, et mangea de l'herbe comme des bœufs, et son corps fut mouillé de la rosée du ciel, au point que ses poils devinrent comme des plumes d'aigle et ses ongles comme des oiseaux. ' les griffes. Et à la fin des jours, moi, Nabuchodonosor, j'ai levé mes yeux vers le ciel, et mon intelligence m'est revenue, et j'ai béni le Très-Haut , et j'ai loué et honoré celui qui vit éternellement, dont la domination est une domination éternelle, et son royaume s'étend de génération en génération.... En même temps ma raison me revint ; et pour la gloire de mon royaume, mon honneur et mon éclat me sont revenus ; et mes conseillers et mes seigneurs me cherchèrent ; et j'ai été établi dans mon royaume, et une excellente majesté m'a été ajoutée. Maintenant, moi, Nabuchodonosor, je loue, j'exalte et j'honore le Roi des cieux, dont toutes les œuvres sont vérités et ses voies jugement, et il peut avilir ceux qui marchent dans l'orgueil.

561-559 avant JC.

559-555 avant JC.

555-538 avant JC.

**53.** Les successeurs immédiats de Nabuchodonosor n'étaient pas ses égaux en caractère ou en talent. Evilmerodach , son fils, fut assassiné après un règne de deux ans par Nereglisar , le mari de sa sœur. Ce prince était avancé en âge lorsqu'il monta sur le trône, ayant déjà été chef de la couronne trente ans auparavant au siège de Jérusalem. Il ne régna que quatre ans et fut remplacé par son fils Laborosoarchod . Le jeune roi fut assassiné, après seulement neuf mois de règne, par Nabonadius , qui devint le dernier roi de Babylone. L'usurpateur renforça son titre en épousant une fille de Nabuchodonosor, probablement la veuve de Nereglissar , puis en associant leur fils Belshazzar à lui au sein du gouvernement. Il recherchait également la sécurité dans les alliances étrangères. Il fortifia sa capitale par des murs de rivière et construisit des ouvrages hydrauliques en relation avec la rivière au-dessus de la ville, par lesquels toute la plaine au nord et à l'ouest pouvait être inondée pour empêcher l'approche d'un ennemi.

**54.** Une nouvelle puissance naissait en effet en Orient, contre laquelle les trois monarchies plus anciennes mais plus faibles, la Babylonie, la Lydie et l'Égypte, trouvèrent nécessaire d'unir leurs forces. Après la conquête de la Lydie et l'extension de l'empire perse jusqu'à la mer Égée , Nabonadius eut encore quinze ans pour se préparer. Il a amélioré le temps en accumulant d'énormes quantités de nourriture à Babylone ; et il était convaincu que, même si le pays pouvait être envahi, les solides murs de Nabuchodonosor lui permettraient de défier joyeusement son ennemi. A l'approche de Cyrus, il résolut de risquer une bataille ; mais en cela il fut vaincu et contraint de se réfugier à Borsippa . Son fils Belshazzar, laissé à Babylone, s'est laissé aller à une fausse assurance de sécurité. Cyrus, en détournant le cours de l'Euphrate, ouvrit à son armée un chemin vers le cœur de la ville, et la cour fut surprise au milieu d'une fête ivre, non préparée à la résistance. Le jeune prince, méconnu dans la confusion, fut égorgé à la porte de son palais. Nabonadius , brisé par la perte de sa capitale et de son fils, se rendit prisonnier ; et la domination de l'Orient passa à la race médo -persane. Babylone devint la deuxième ville de l'empire et la cour perse y résidait la plus grande partie de l'année.

## RÉCAPITULATION.

Deioces , le premier roi réputé de Médie, construisit et orna Ecbatane. Phraortes unifia les Mèdes et les Perses en un seul royaume puissant. Sous le règne de Cyaxare , les Scythes régnèrent sur l'Asie occidentale pendant vingt-huit ans. Après leur expulsion, Cyaxare , en alliance avec le vice-roi babylonien, renversa l'empire assyrien, partagea ses territoires avec son allié et éleva sa propre domination à un haut degré de richesse. Son fils Astyages régna paisiblement trente-cinq ans.

Babylone, sous Nabonassar , devint indépendante de l'Assyrie, en 747 avant JC. Merodach-baladan , le cinquième roi indigène, fut déposé deux fois, par Sargon et Sennachérib, et le pays resta de nouveau quarante-deux ans sous la domination assyrienne. Il fut délivré par Nabopolassar , dont le fils encore plus puissant, Nabuchodonosor, remporta de grandes victoires sur les rois de Juda et d'Égypte, remplaçant ces derniers par ses propres vice-rois, et transportant le premier avec les princes, les nobles et les trésors sacrés de Jérusalem. , à Babylone. Après un siège de treize ans, Tyr fut soumise et toute la Phénicie conquise. Grâce aux visions interprétées par Daniel, Nabuchodonosor apprit la montée et la chute futures des empires asiatiques. Il construisit les jardins suspendus, les murs de Babylone et de nombreux autres ouvrages publics. Son orgueil fut puni de sept ans d'avilissement. Evilmerodach fut assassiné par Nereglissar , qui après quatre ans légua sa couronne à Laborosoarchod . Nabonadius obtint le trône par la violence et, de concert avec son fils Belshazzar, tenta de protéger ses domaines contre Cyrus ; mais Babylone fut prise et l'empire renversé, 538 avant JC.

## ROYAUMES D'ASIE MINEURE.

**55.** La péninsule anatolienne, divisée par ses chaînes de montagnes en plusieurs sections, fut occupée depuis des temps très anciens par différentes nations à peu près égales en puissance. Parmi eux, les PHRYGIENS furent probablement les premiers colons et occupèrent à un moment donné toute la péninsule. Les immigrations successives de l'est et de l'ouest les repoussèrent de la côte, mais ils bénéficièrent toujours de l'avantage d'un territoire vaste et fertile. C'était une race courageuse mais un peu brutale, occupée principalement de l'agriculture et surtout de l'élevage de la vigne.

**56.** Les Phrygiens venaient des montagnes d'Arménie, d'où ils apportèrent une tradition du Déluge et du repos de l'arche sur le mont Ararat. Ils avaient l'habitude, dans les temps primitifs, de creuser leurs habitations dans le roc des collines anatoliennes, et beaucoup de ces cités rocheuses se trouvent dans toutes les régions de l'Asie Mineure. Mais avant l'époque d'Homère, ils possédaient des villes bien bâties et un commerce florissant.

**57.** Leur religion consistait en de nombreux rites sombres et mystérieux, dont certains furent ensuite copiés par les Grecs. Le culte de Cybèle et de Sabazius , dieu de la vigne, était accompagné de musiques et de danses les plus folles. La capitale de la Phrygie était Gor´dium , sur le Sangarius . Les rois étaient alternativement appelés Gor'dias et Midas , mais nous n'avons pas de listes chronologiques. La Phrygie est devenue une province de Lydie en 560 avant JC.

**58.** Plus tard, LA LYDIE devint le plus grand royaume d'Asie Mineure, tant en richesse qu'en puissance, absorbant dans sa domination toute la péninsule, à l'exception de la Lycie, de la Cilicie et de la Cappadoce. Trois dynasties régnèrent successivement : les *Atyades* , avant 1200 avant JC ; les *Héraclides* , pour les 505 prochaines années ; et les *Mermnades* , de 694 avant JC jusqu'en 546, lorsque Crésus , le dernier et le plus grand monarque, fut conquis par les Perses. Le nom de ce roi est devenu proverbial en raison de son énorme richesse. Lorsqu'il était associé à son père comme prince héritier, il reçut la visite de Solon d'Athènes, qui contemplait toute la splendeur de la cour avec le sang-froid d'un philosophe. Agacé par son indifférence, le prince demanda à Solon lequel, de tous les hommes qu'il avait rencontrés au cours de son voyage, lui paraissait le plus heureux. À son grand étonnement, le sage nomma deux personnes occupant des postes relativement humbles, mais dont l'une avait la chance d'avoir des enfants dévoués, et l'autre était morte d'une mort triomphale et glorieuse. La vanité de Crésus ne pouvait plus s'abstenir d'un effort direct pour extorquer un compliment. Il demanda si Solon ne le considérait pas comme un homme heureux. Le philosophe répondit gravement que, telles étaient les vicissitudes de la vie, aucun homme, à son avis, ne pouvait être déclaré heureux en toute sécurité avant la fin de sa vie.

**59.** Crésus étendit son pouvoir non seulement sur toute la péninsule anatolienne, mais aussi sur les îles grecques de la mer Égée et de la mer Ionienne. Il fit alliance avec Sparte, l'Égypte et Babylone pour résister à l'empire grandissant de Cyrus ; mais ses précautions furent inefficaces ; il fut vaincu et fait prisonnier. On dit qu'il était lié sur un bûcher funéraire, ou autel, près de la porte de sa capitale, lorsqu'il se souvint avec angoisse des paroles du sage athénien et prononça trois fois son nom : « Solon, Solon, Solon ! » Cyrus, qui regardait la scène avec curiosité, ordonna à ses interprètes de s'enquérir quel dieu ou quel homme il avait ainsi invoqué dans sa détresse. Le roi captif répondit que c'était le nom d'un homme qu'il souhaitait que tous les monarques puissent connaître ; et raconta la visite et la conversation du philosophe serein qui n'était pas ébloui par sa splendeur. Le conquérant fut inspiré d'une émotion plus généreuse par le souvenir qu'il était lui aussi mortel ; il fit libérer Crésus et le fit demeurer avec lui comme un ami.

### ROIS DE LYDIE.

Des première et deuxième dynasties, les noms ne sont que partiellement connus et les dates manquent.

| Atyades | Héraclides, six derniers : | Mermnades : | | |
|---|---|---|---|---|
| Mânes, | Adyattes Ier, | Gygès, | avant JC | 694-678. |
| Atys , | Ardys , | Ardys , | » | 678-629. |
| Lydus , | Adyattes II, | Sadyattes , | » | 629-617. |
| Mêles, | Mêles, | Alyattes, | » | 617-560. |
| | Myrsus , | Crésus , | » | 560-546. |
| | Candaules . | | | |

## PHÉNICIE.

**60.** La petite bande de terre située entre le mont Liban et la mer était plus importante pour le monde antique que sa taille ne l'indique. C'est ici que sont nées les premières grandes villes commerciales et les navires phéniciens ont tissé un réseau de relations pacifiques entre les nations d'Asie, d'Afrique et d'Europe.

**61.** Sidon était probablement la plus ancienne et, jusqu'en 1050 av. J.-C., la plus florissante de toutes les communautés phéniciennes . Vers cette année-là, les Philistins d' Askalon remportèrent une victoire sur Sidon et les habitants exilés se réfugièrent dans la ville rivale de Tyr . Désormais, la fille surpassa la mère en richesse et en pouvoir. Lorsque Hérodote visita Tyr , il trouva un temple d'Hercule qui prétendait avoir 2 300 ans. Cela donnerait à Tyr une antiquité de 2 750 ans avant JC.

**62.** Les autres principales villes de Phénicie étaient Bérytus ( Beirût ), Byblos , Tripolis et Aradus . Chacune et son territoire environnant constituaient un État indépendant. Parfois, dans les moments de danger, ils se formaient en ligue, sous la direction des plus puissants ; mais le nom de Phénicie s'applique simplement à un territoire, non à un seul État bien organisé , ni même à une confédération permanente. Chaque ville était gouvernée par son roi, mais une forte influence sacerdotale et une aristocratie puissante, soit de naissance, soit de richesse, retenaient les penchants despotiques du monarque.

**63.** Le commerce des villes phéniciennes n'avait pas de rival dans les premiers siècles de leur prospérité. Leurs stations commerciales se développèrent rapidement le long des côtes et sur les îles de la Méditerranée ; et même au-delà des colonnes d'Hercule, leur ville de Gades (Kadesh), l'actuelle Cadix, donnait sur l'Atlantique. Ces colonies éloignées n'étaient que des points de départ d'où s'effectuaient des voyages vers des régions encore plus lointaines. Les marchands de Cadix explorèrent les côtes occidentales de l'Afrique et de l'Europe. Depuis les stations de la mer Rouge, des navires de commerce furent équipés pour l'Inde et Ceylan.

**64.** Plus tard, les Grecs absorbèrent le commerce du Pont-Euxin et de l'Égée , tandis que Carthage revendiquait sa part de la Méditerranée occidentale et de l'Atlantique. À cette époque, cependant, l'Asie occidentale était plus tranquille sous les monarques assyriens et babyloniens ultérieurs ; et la richesse de Babylone attirait des trains marchands de Tyr à travers le désert syrien via Tadmor. D'autres caravanes se déplaçaient vers le nord et échangeaient les produits de l'industrie phénicienne contre des chevaux, des mulets, des esclaves et des ustensiles en cuivre d'Arménie et de Cappadoce. Des relations amicales furent toujours entretenues avec Jérusalem, et un commerce terrestre avec la mer Rouge, fréquentée par les flottes phéniciennes . L'or d'Ophir, les perles et les diamants de l'Inde orientale et de Ceylan, l'argent d'Espagne, le lin brodé d'Egypte, les singes d'Afrique occidentale, l'étain des îles britanniques et l'ambre de la Baltique, pouvaient être trouvés dans les cargaisons des navires tyriens.

**65.** Les Phéniciens en général étaient des marchands plutôt que des fabricants ; mais leurs bronzes et leurs vases en or et en argent, ainsi que d'autres ouvrages en métal, avaient une grande réputation. Ils revendiquèrent l'invention du verre, qu'ils fabriquèrent en de nombreux articles d'usage et d'ornement. Mais le plus célèbre de leurs produits était la « pourpre de Tyr », qu'ils obtenaient en petites gouttes de deux coquillages, le *buccinum* et *le murex* , et au moyen de laquelle ils donnaient une grande valeur à leurs tissus de laine.

**66.** Vers l'époque de Pygma'lion , les expéditions guerrières de Salmanazar II vainquirent les villes phéniciennes et restèrent pendant plus de deux cents ans tributaires de l'empire assyrien. Des tentatives fréquentes, mais généralement vaines, furent faites, au cours de la seconde moitié de cette période, pour secouer le joug. Avec la chute de Ninive, il est probable que la Phénicie devint indépendante.

**67.** BC 608. Cependant, elle fut bientôt réduite par Necho d'Égypte, qui ajouta toute la Syrie à ses domaines et tint la Phénicie dépendante jusqu'à ce qu'il soit lui-même conquis par Nabuchodonosor (BC 605) à Karkemish. Les villes captives n'étaient transférées qu'à un nouveau maître ; mais, en 598, Tyr se révolta contre les Babyloniens et soutint un siège de treize ans. Quand enfin elle fut contrainte de se soumettre, le conquérant ne trouva aucun butin pour récompenser l'extrême sévérité de ses travaux, car les habitants avaient secrètement transporté leurs trésors dans une île distante d'un demi-mille, où la Nouvelle Tyr surpassa bientôt la splendeur de l'Ancienne.

**68.** La Phénicie resta soumise à Babylone jusqu'à ce que cette puissance soit vaincue par le nouvel empire de Cyrus le Grand. Le gouvernement local était assuré par des rois ou des juges indigènes, qui rendaient hommage au roi babylonien.

**69.** La religion des Phéniciens était dégradée par de nombreux rites cruels et impurs. Leurs principales divinités, Baal et Astar´te , ou Ashtaroth, représentaient le soleil et la lune. Baal était adoré dans les bosquets des hauts lieux, parfois, comme le Moloch ammonien , avec des holocaustes d'êtres humains ; toujours avec des rites sauvages et fanatiques, ses fidèles criant à haute voix et se coupant avec des couteaux. Melcarth , l'Hercule tyrien, n'était vénéré qu'à Tyr et dans ses colonies. Son symbole était un feu toujours brûlant, et il partageait probablement avec Baal le caractère d'un dieu solaire . Les divinités marines revêtaient une importance particulière pour ces villes commerciales. Les principaux d'entre eux étaient Posidon , Nérée et Pontus. D'un rang inférieur, mais non moins constamment rappelé, étaient les petits Cabi'ri , dont les images formaient les figures de proue des navires phéniciens . Le siège de leur culte était à Bérytus .

**70.** Les Phéniciens étaient moins idolâtres que les Égyptiens, les Grecs ou les Romains ; car leurs temples ne contenaient soit aucune image visible de leurs divinités, soit seulement un symbole grossier comme la pierre conique qui était censée représenter Astarté.

### ROIS DE TYR .

### *Première période.*

| | | |
|---|---|---|
| Abibaal , en partie contemporain de David en Israël. | | |
| Hiram, son fils, ami de David et Salomon, | avant JC | 1025-991. |
| Baléazar , | » | 991-984. |
| Abdastar´tus , | » | 984-975. |
| Un de ses assassins, dont le nom est inconnu, | » | 975-963. |
| Astarte , | » | 963-951. |
| Aserymus , son frère, | » | 951-942. |
| Phales , un autre frère, qui assassina Aserymus , | » | 942-941. |
| Ethba'al , [9] grand prêtre d'Astarté, | » | 941-909. |
| Badezor , son fils, | » | 909-903. |
| Matgen , fils de Badezor et père de Didon, | » | 903-871. |

| Pygmalion, frère de Didon, | » | 871-824. |
| --- | --- | --- |

Pendant 227 ans , Tyr resta tributaire des monarchies orientales et nous n'avons aucune liste de ses dirigeants indigènes.

### *Deuxième période.*

| Ethbaal II, contemporain de Nabuchodonosor, | avant JC | 597-573. |
| --- | --- | --- |
| Baal, | » | 573-563. |
| Ec'niba'al , juge pour trois mois, | » | 563. |
| Chel´bes , juge dix mois, | » | 563-562. |
| Abbarus , juge trois mois, | » | 562. |
| Mytgon et Gerastar´tus , juges cinq ans, | » | 562-557. |
| Balator , roi, | » | 557-556. |
| Merbal , roi, | » | 556-552. |
| Hiram, roi, | » | 552-532. |

## SYRIE.

**71.** La Syrie proprement dite était divisée entre plusieurs États, dont le plus important dans l'Antiquité était Damas, avec son territoire, pays fertile entre l'Anti-Liban et le désert syrien. A côté se trouvaient les Hittites du nord, dont la ville principale était Karkemish ; les Hittites du sud, dans la région de la Mer Morte ; la Paténa en bas, et Hamath en haut de l'Oronte.

**72.** Damas, sur l'Abana, est l'une des plus anciennes villes du monde. Elle résista aux armes conquérantes de David et de Salomon, qui, à cette exception près, régnaient sur tout le pays compris entre le Jourdain et l'Euphrate ; et elle continua d'être un voisin hostile et redoutable pour la monarchie hébraïque, jusqu'à ce que les Juifs, les Israélites et les Syriens soient tous submergés par la croissance de l'Empire assyrien.

### ROIS DE DAMAS.

| Hadad , | contemporain avec | David, | à propos de la Colombie-Britannique |
| --- | --- | --- | --- |
| Rezon , | » | Salomon, | » |
| Tab-<br>  rimmon<br>    , | » | Abija, | » |

| Ben-<br>hadad<br>moi, | » | Baescha et<br>Asa, | » |
|---|---|---|---|
| Ben-<br>hadad<br>II, | » | Achab, | » |
| Hazaël , | » | Jéhu et<br>Salmanazar<br>II, | » |
| Ben-<br>hadad<br>III, | » | Joachaz , | » |
| Inconnu<br>jusqu'à<br>Rezin , | » | Achaz de<br>Juda, | » |

## JUDÉE.

**73.** L'histoire de la race hébraïque nous est mieux connue que celle de tout autre peuple également ancien, parce qu'elle a été soigneusement conservée dans les écrits sacrés. La séparation de cette race, pour sa part particulière et importante dans l'histoire du monde, a commencé avec l'appel d'Abraham de sa maison, près de l'Euphrate, vers le pays le plus occidental de la Méditerranée, promis à lui-même et à ses descendants. L'histoire de ses fils et petits-fils, avant et pendant leur résidence en Égypte, appartient cependant davantage à l'histoire familiale qu'à l'histoire nationale. Leur nombre augmenta jusqu'à devenir des objets d'appréhension pour les Égyptiens, qui tentèrent de briser leur esprit par la servitude. Finalement, Moïse grandit sous la garde de Pharaon lui-même ; et après quarante ans de retraite dans les déserts de Madian, ajoutant la dignité de la vieillesse et de la méditation solitaire au « savoir des Égyptiens », il devint le libérateur et le législateur de son peuple.

**74.** L'histoire de la nation juive commence avec la nuit de son exode d'Égypte. Le peuple était divisé selon ses tribus, qui portaient les noms des douze fils de Jacob, petit-fils d'Abraham. Les fils de Joseph, cependant, reçurent chacun une part et donnèrent leurs noms aux deux tribus d'Éphraïm et de Manassé . La famille de Jacob se rendit en Égypte au nombre de soixante-sept personnes ; il sortit au nombre de 603 550 guerriers, sans compter les Lévites, qui furent exemptés du service militaire afin d'avoir la garde du tabernacle et des ustensiles utilisés pour le culte.

**75.** Après de longues marches et contremarches à travers le désert d'Arabie, nécessaires pour éveiller l'esprit d'un peuple libre des habitudes intimidées et rampantes de l'esclave, ainsi que pour contrecarrer le long exemple d'idolâtrie par la révélation divine directe d'un esprit pur et spirituel. culte : les Israélites furent conduits dans le pays promis à Abraham, qui se situait principalement entre le Jourdain et la mer. Deux et demi des douze tribus – Ruben, Gad et la demi-tribu de Manassé – préféraient les pâturages fertiles à l'est du Jourdain ; et à condition d'aider leurs frères dans la conquête de leur territoire le plus à l'ouest, ils y reçurent la part qui leur était attribuée.

**76.** Moïse, leur grand chef à travers le désert, mourut hors de la Terre promise et fut enterré au pays de Moab. Son lieutenant Josué conquit la Palestine et la partagea entre les tribus. Les habitants de Gabaon s'empressèrent de faire la paix avec les envahisseurs par un stratagème. Bien que leur mensonge fut bientôt découvert, Josué resta fidèle à son serment déjà prêté, et les Gabaonites échappèrent au sort habituel d'extermination prononcé sur les habitants de Canaan, en devenant serviteurs et tributaires des Hébreux.

**77.** Les rois de Palestine rassemblèrent alors leurs forces pour assiéger la ville traître, pour se venger de son alliance avec les étrangers. Josué se précipita à son secours et, dans la grande bataille de Bethhoron , battit, mit en déroute et détruisit les armées des cinq rois. Ce conflit a décidé de la possession du centre et du sud de la Palestine. Jabin , « roi de Canaan », tenait toujours position dans sa forteresse de Hazor, au nord. Les rois conquis dépendaient probablement dans une certaine mesure de lui en tant que supérieur, sinon souverain. Il rassembla alors toutes les tribus qui n'étaient pas tombées sous l'épée des Israélites et rencontra Josué aux eaux de Mérom. Les Cananéens avaient des chevaux et des chars ; les Hébreux étaient à pied, mais leur victoire fut aussi complète et décisive qu'à Bethhoron . Hatsor fut prise et brûlée, et son roi décapité.

**78.** Les nomades qui ont passé quarante ans dans le désert sont désormais devenus un peuple sédentaire, civilisé et agricole. Shiloh fut le premier sanctuaire permanent ; là fut érigé le tabernacle construit dans le désert et devint le sanctuaire du culte national.

**79.** L'histoire juive est proprement divisée en trois périodes :

| JE. | De l'Exode à l'instauration de la Monarchie, | avant JC 1650-1095. | ( Voir Remarque, page 47. ) |
|---|---|---|---|
| II. | Depuis l'avènement de Saül jusqu'à la séparation en deux royaumes, | 1095-975 avant JC. | |
| III. | De la séparation des royaumes à la captivité à Babylone, | 975-586 avant JC. | |

**80.** Durant la Première Période, le gouvernement des Hébreux était une simple théocratie, la direction de tous les mouvements importants étant reçue de Dieu lui-même par l'intermédiaire du grand prêtre. Les dirigeants, depuis Moïse jusqu'en bas, ne réclamèrent aucun honneur royal, mais menèrent la nation dans la guerre et la jugeèrent en paix d'un commun accord. Ils furent désignés à leur fonction immédiatement par révélation du ciel et par une aptitude particulière de caractère ou de personne qui était facilement perçue. Ainsi, le zèle et le courage de Gédéon, l'esprit noble de Débora , la force de Samson, les rendaient tout à fait aptes à commander dans les situations d'urgence particulières où ils se présentaient. Le « Juge » apparaissait généralement à un moment de danger ou de calamité, lorsque le peuple accueillait volontiers n'importe quel libérateur ; et son pouvoir, une fois conféré, dura toute sa vie.

Après sa mort, il s'écoulait généralement un long intervalle pendant lequel « chacun faisait ce qui lui semblait juste », jusqu'à ce qu'une nouvelle invasion des Philistins , des Ammonites ou des Sidoniens appelle un nouveau chef. La chronologie de cette période est très incertaine, car les écrivains sacrés ne mentionnent qu'incidemment l'époque des événements et leurs récits ne sont pas toujours continus. Le système de chronologie ne fut établi que plus tard.

DIRIGEANTS ET JUGES D'ISRAËL.

*Sous la théocratie.*

| | | |
|---|---|---|
| Moïse, libérateur, législateur et juge, | 40 | années |
| Josué, conquérant de la Palestine et juge, | 25 | » |
| Anarchie, idolâtrie, soumission aux dirigeants étrangers, | 20 *ou* 30 | » |
| Servitude sous Chushan-rishathaim de Mésopotamie, | 8 | » |

| | | |
|---|---|---|
| Othniel, libérateur et juge, | 40 | » |
| Servitude sous Eglon , roi de Moab, | 18 | » |
| {Éhoud, | | |
| {Shamgar. Sous ces deux règnes, la terre est en repos, | 80 | » |
| Servitude sous Jabin , roi de Canaan, | 20 | » |
| Déborah, | 40 | » |
| Servitude sous Madian, | 7 | » |
| Gédéon, | 40 | » |
| Abimélec, roi, | 3 | » |
| Interrègne de durée inconnue, | — | |
| Tola, juge, | 23 | » |
| Jair, juge, | 22 | » |
| Idolâtrie et anarchie, | 5 | » |
| Servitude sous les Philistins et les Ammonites, | 18 | » |
| Jephté, | 6 | » |
| Ibzan , | 7 | » |
| Élon, | dix | » |
| Abdon, | 8 | » |
| Servitude sous les Philistins, | 40 | » |
| Samson, pendant la dernière moitié de cette période, règne sur le sud-ouest de la Palestine, | 20 | » |
| Eli, grand prêtre et juge dans le sud-ouest de la Palestine, | 40 | » |
| Samuel, le dernier des juges, se lève après l'interrègne de, | 20 | » |

**81.** DEUXIÈME PÉRIODE. Les Israélites finirent par devenir mécontents de la nature irrégulière de leur gouvernement et exigeèrent un roi. Conformément à leurs souhaits, Saül, le fils de Kish, un jeune Benjamite distingué par sa beauté et sa stature élevée, fut choisi par ordre divin et oint par Samuel, leur vieux prophète et juge.

**82.** Il trouva le pays dans presque le même état dans lequel Josué l'avait laissé. Les gens étaient des agriculteurs et des bergers ; aucun n'était riche ; même le roi n'avait « ni cour, ni palais, ni suite extraordinaire ; il n'était encore qu'un chef de guerre et un juge de paix. Le pays était encore ravagé par les Ammonites d'un côté et les Philistins de l'autre ; et sous les récentes incursions de ces derniers, les Israélites étaient devenus si faibles qu'ils n'avaient ni armes ni armures, ni même d'ouvriers en fer. (1 Samuel XIII : 19, 20.)

**83.** Saül vainquit d'abord les Ammonites, qui avaient envahi Galaad par l'est ; puis se tourna contre les Philistins et les humilia dans la bataille de Micmash , de sorte qu'ils furent poussés à se défendre chez eux, au lieu d'envahir Israël, jusqu'à la fin de son règne. Il fit également la guerre aux Amalécites , aux Moabites , aux Édomites et aux Syriens de Tsoba , et « délivra Israël de la main de ceux qui le pillaient ».

**84.** Il perdit la faveur de Dieu par désobéissance, et David, son futur gendre, fut oint roi. Jonathan, le fils de Saül, était un ami fidèle et un protecteur de David contre la colère jalouse de son père. Même le roi lui-même, dans sa meilleure humeur, était ému d'admiration et d'affection par le caractère héroïque de David.

**85.** Dans les années de déclin de Saül, les Philistins, sous Achish , roi de Gath, envahirent de nouveau le pays et vainquirent les Israélites au mont Gilboa. Saül et tous ses fils sauf un tombèrent dans la bataille. Ishbosheth , le fils survivant, fut reconnu roi de Galaad et régna sur toutes les tribus, à l'exception de Juda, pendant sept ans. Mais David fut couronné à Hébron et régna sur sa propre tribu jusqu'à la mort d' Ishbosheth , lorsqu'il devint chef de toute la nation.

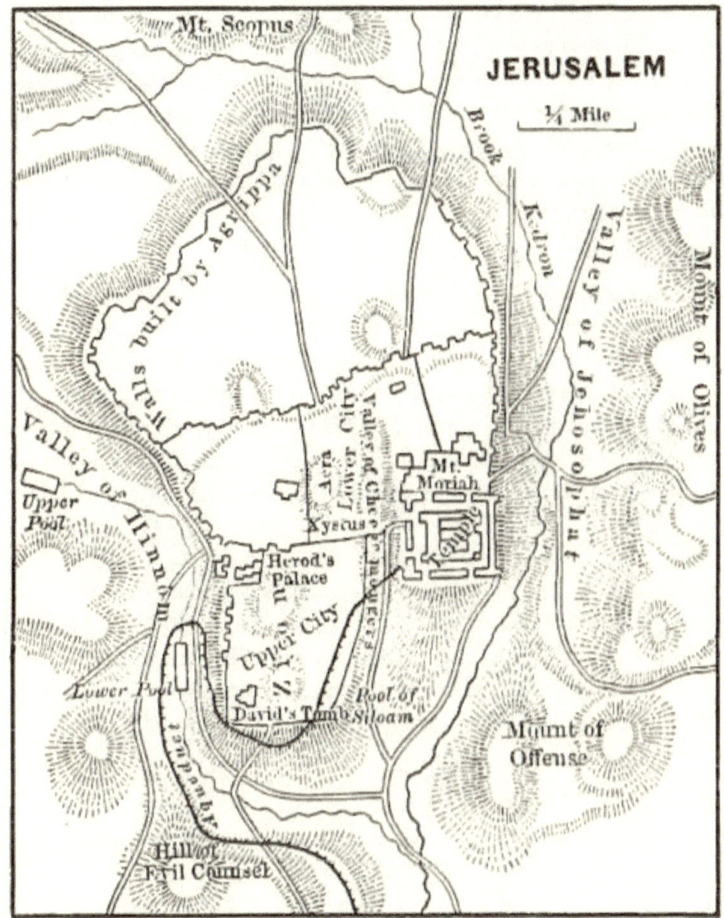


JÉRUSALEM.

**86.** Il conquit Jérusalem des Jébusites , en fit sa capitale et établit une cour royale comme Israël n'en avait jamais connue. L'arche de l'alliance fut retirée de sa demeure temporaire à Kirjathjearim , et Jérusalem devint désormais la Ville Sainte, le siège de la religion nationale ainsi que du gouvernement.

**87.** Les guerres de David furent encore plus victorieuses que celles de Saül, et l'empire d'Israël s'étendit désormais des bords de la mer Rouge à ceux de l'Euphrate. Moab fut rendu tributaire, les Philistins punis et toutes les tribus syriennes à l'est et au nord de la Palestine soumises. (2 Samuel VIII.)

**88.** Aussi grande que fut la gloire militaire de David, sa renommée dans les temps ultérieurs dérive de ses psaumes et de ses chants. Il fut le premier grand poète d'Israël, et peut-être le premier du monde. La fraîcheur des pâturages et des flancs des montagnes parmi lesquels s'est déroulée sa jeunesse, l'assurance de la protection divine au milieu des incidents singuliers et romantiques de sa carrière variée, l'élargissement de son horizon de pensée avec la magnifique domination qui lui a été ajoutée plus tard. la vie, tout cela a donné une richesse et une profondeur à son expérience, qui ont été reproduites dans une mélodie sacrée et ont trouvé leur place dans le service du temple ; et chaque forme de culte juif et chrétien depuis son époque a été enrichie par la poésie de David.

**89.** Ce grand héros et poète n'était pas exempt des péchés et des folies humaines communes, et les seuls désastres de son règne provenaient directement de ses erreurs. Les conséquences de sa pluralité d'épouses, dans les jalousies qui s'élevaient entre les différentes familles de princes, distrayaient sa vieillesse par une succession de crimes et de chagrins. Ses fils Absalom et Adonija complotèrent à différents moments contre lui et prirent la couronne. Tous deux furent punis pour leur trahison, l'un par la mort au combat, l'autre par la sentence de Salomon après la mort de son père.

avant JC 1015.

**90.** Salomon, le fils préféré de David, succéda à un royaume paisible. Toutes les nations voisines reconnurent sa dignité, et le roi d'Egypte lui donna sa fille en mariage. Les Israélites constituaient désormais la race dominante en Syrie. De nombreux monarques étaient tributaires du grand roi, et la cour de Jérusalem rivalisait dans sa splendeur avec celles de Ninive et de Memphis.

**91.** Le commerce reçut une grande impulsion à la fois de l'entreprise et du luxe du roi. Hiram, roi de Tyr , était un ami fidèle de Salomon, comme il l'avait été de David, son père. Les cèdres étaient importés des forêts du Liban pour la construction d'un palais et d'un temple. Grâce à son alliance avec Hiram, Salomon fut admis à participer au commerce tyrien ; et sous l'influence de Pharaon, son beau-père, il conquit des Edomites le port d' Ezion-geber , sur la mer Rouge, où il fit construire une grande flotte de navires marchands. Par ces différents canaux de commerce, les produits les plus rares d'Europe, d'Asie et d'Afrique arrivaient à Jérusalem. Or et pierres précieuses, bois de santal et épices de l'Inde, argent d'Espagne, ivoire d'Afrique, ajoutaient au luxe de la cour. Les chevaux d'Égypte, introduits pour la première fois en Palestine, remplissaient les écuries royales. Par le biais des tributs ainsi que du commerce, un flux constant d'or et d'argent affluait en Palestine.

**92.** La plus grande œuvre de Salomon fut le Temple sur le mont Moriah, qui devint la demeure permanente de l'arche de l'alliance et le lieu saint vers lequel se tournèrent toujours les prières des Israélites, bien que dispersées dans le monde entier. L'enceinte du temple comprenait des appartements pour les prêtres et des tours pour la défense, de sorte qu'on a dit que les diverses fonctions de forum, de forteresse, d'université et de sanctuaire étaient ici combinées en un seul grand bâtiment national. L'habileté supérieure des Phéniciens dans le travail du bois et du métal fut mise par Salomon au service du temple. Hiram, le principal architecte et sculpteur, était à moitié Tyrien, à moitié Israélite, et son génie était tenu en égale vénération par les deux rois qui revendiquaient son allégeance. Plus de sept années furent consacrées à la construction du temple. La fête de la Dédicace rassembla un vaste rassemblement de personnes des deux extrémités du pays – « de Hamath au fleuve d'Égypte ». Et cet événement est si important en tant que tournant dans l'histoire des Juifs, qu'il constitue le début de leur histoire connectée de mois et d'années.

**93.** Les premiers jours de Salomon se distinguaient par toutes les vertus qui pouvaient orner un prince. Humblement conscient de la grandeur des devoirs qui lui étaient assignés et de l'insuffisance de ses pouvoirs, il choisit la sagesse plutôt que la longue vie, la richesse ou une grande domination, et il fut récompensé par la possession même de ce qu'il n'avait pas demandé. Sa sagesse devint plus grande que celle de tous les philosophes de l'Orient ; sa connaissance de l'histoire naturelle, améliorée par les collections de plantes rares et d'animaux curieux qu'il rassemblait dans toutes les parties du monde, était considérée comme miraculeuse. (1 Rois iii : 5-15 ; iv : 29-34.)

**94.** Mais la prospérité a corrompu son caractère. Il introduisit le luxe licencieux d'une cour orientale dans la Cité sainte de David et encouragea même les rites dégradants du culte païen. C'est son commerce qui s'est enrichi lui-même, pas son peuple. Sa cour immense et coûteuse était soutenue par les impôts les plus épuisants. Les grands travaux publics qu'il entreprit ôtèrent un grand nombre d'hommes du travail du sol et diminuèrent ainsi les ressources nationales.

975 avant JC.

**95.** La gloire de Salomon éblouit le peuple et fit taire ses plaintes, mais à l'avènement de son fils le mécontentement étouffé éclata. Roboam , au lieu d'apaiser ses sujets par les réformes nécessaires, les exaspéra par son refus hautain d'alléger leurs fardeaux. (1 Rois XII : 13, 14.) La plus grande partie du peuple se révolta immédiatement, sous la direction de Jéroboam , qui établit une souveraineté rivale sur les dix tribus, désormais connues sous le nom de royaume d'Israël. Les deux tribus de Juda et Benjamin restèrent fidèles à la maison de David.

### ROIS DE LA MONARCHIE UNIE.

| | | |
|---|---|---|
| Saül, | avant JC | 1095-1055. |
| David à Hébron, et Ishbosheth à Mahanaïm , | » | 1055-1048. |

| David, sur tout Israël, | » | 1048-1015. |
| Salomon, | » | 1015-975. |

**96.** TROISIÈME PÉRIODE. Le royaume d'Israël possédait le territoire le plus étendu et le plus fertile, et sa population était le double de celle de Juda. Elle s'étendait des frontières de Damas jusqu'à moins de dix milles de Jérusalem ; comprenait tout le territoire à l'est du Jourdain et tenait Moab comme affluent. Mais elle n'avait pas de capital égal à Jérusalem en termes de force, de beauté ou d'associations sacrées. Le gouvernement fut fixé d'abord à Sichem , puis à Tirzah , puis à Samarie .

**97.** Son premier roi, Jéroboam, pour rompre le lien le plus fort qui attachait le peuple à la maison de David, fit des veaux d'or pour idoles et érigea des sanctuaires à Béthel et à Dan, en disant : « C'est trop pour vous de le faire. monte à Jérusalem ; voici tes dieux, ô Israël, qui t'ont fait monter du pays d'Égypte ! Un nouveau sacerdoce fut nommé en opposition à celui d'Aaron, et de nombreux Lévites et autres fidèles de l'ancienne religion émigrèrent dans le royaume de Juda.

**98.** Le peuple est tombé trop facilement dans le piège. Une succession de prophètes, dotés de pouvoirs merveilleux, s'efforcèrent de maintenir vivant le vrai culte ; mais le poison de l'idolâtrie était entré si profondément dans la vie nationale, qu'il était prêt à tomber au premier assaut du dehors. Au temps d'Élie, il ne restait que sept mille personnes qui n'avaient pas « fléchi le genou devant Baal » ; et même ceux-ci étaient inconnus du prophète, contraint par la persécution de cacher leur religion.

**99.** Les rois d'Israël appartenaient à neuf familles différentes, dont deux seulement, celles d' Omri et de Jéhu, occupèrent le trône pendant un temps considérable. Presque tous les dix-neuf rois eurent des règnes courts et huit moururent violents. Le royaume était fréquemment distrait par les guerres avec Juda, Damas et Assyrie. Jéroboam fut aidé dans sa guerre contre Juda par son ami et patron à l'époque de l'exil, Shishak, roi d'Égypte. Nadab, fils de Jéroboam, fut assassiné par Baesha , qui se fit roi. Ce monarque entreprit de construire la forteresse de Ramah, par laquelle il entendait tenir la frontière juive, mais fut contraint d'y renoncer par Ben- hadad , de Syrie, qui témoigna ainsi de son amitié pour Asa, roi de Juda.

**100.** Achab, de la maison d' Omri , s'allia à Ethbaal , roi de Tyr , en épousant sa fille Jézabel ; et les arts de cette princesse méchante et idolâtre ont amené le royaume à son plus bas degré de corruption. Ses projets furent résistés par Élie le Tishbite , l'un des plus grands prophètes, qui, lors d'une rencontre mémorable sur le mont Carmel, conduisit le peuple à réaffirmer sa foi en Jéhovah et à exterminer les prêtres de Baal. (1 Rois XVIII : 17-40.) La mauvaise influence de Jézabel et l'idolâtrie tyrienne ne furent pas supprimées d'Israël jusqu'à ce qu'elle-même et son fils Joram aient été assassinés sur ordre de Jéhu, capitaine de la garde, qui devint le premier d'un groupe. nouvelle dynastie de rois. Jéhu perdit tous ses territoires à l'est du Jourdain dans la guerre contre Hazaël , de Damas, et rendit hommage, au moins une fois, à Asshur-nazir-pal, d'Assyrie. [10] Son fils Joachaz perdit aussi des villes au profit du roi de Syrie ; mais Joas , petit-fils de Jéhu, relança les conquêtes israélites. Il bat Benhadad , fils de Hazaël , et reconquiert une partie du territoire conquis. Son fils, Jéroboam II, eut le règne le plus long et le plus prospère des annales des Dix Tribus. Non seulement il reprit toutes les anciennes possessions d'Israël, mais il s'empara de Hamath et de Damas. Mais ce fut la fin de la prospérité israélite. S'ensuivirent deux courts règnes, chacun terminé par un assassinat, puis Men'ahem de Tirzah tenta en vain de renouveler les gloires de Jéroboam II par une expédition vers l'Euphrate. Il captura Thapsaque , mais attira sur lui la vengeance de Pul , roi de Chaldée , qui envahit ses domaines et fit de Menahem son vassal.

**101.** Dans les dernières années de l'histoire israélite, Tiglath- Piser , roi d'Assyrie, dévasta le pays à l'est du Jourdain et menaça d'extinction le royaume. Osée , le dernier roi, reconnut sa dépendance à l'égard de l'empire assyrien et accepta de lui rendre hommage ; mais il se fortifia ensuite par une alliance avec l'Egypte et se révolta contre son maître. Salmanazar vint châtier cette défection et assiégea Samarie pendant deux ans. Finalement, il tomba et les annales honteuses du royaume israélite prirent fin.

**102.** Selon la coutume despotique des monarques orientaux, le peuple était transporté en Médie et dans les provinces d'Assyrie ; et pendant un certain temps le pays fut si désolé que les bêtes sauvages se multiplièrent dans les villes. Des gens furent ensuite amenés de Babylone et des pays environnants pour prendre la place des anciens habitants.

**ROIS D'ISRAËL.**

| Jéroboam, | avant JC | 975-954. |
|---|---|---|
| Nadab, | » | 954-953. |
| Baasha , | » | 953-930. |
| Élah , | » | 930-929. |
| Zimri , tua Elah et régna 7 jours, | » | 929. |

| | | |
|---|---|---|
| Omri , capitaine de l'armée sous Éla , | » | 929-918. |
| Achab, | » | 918-897. |
| Achazia, | » | 897-896. |
| Joram , | » | 896-884. |
| Jéhu, | » | 884-856. |
| Joachaz , | » | 856-839. |
| Joas , | » | 839-823. |
| Jéroboam II, | » | 823-772. |
| Zacharie, régna 6 mois, | » | 772. |
| Shallum, assassina Zacharie et fut lui-même assassiné, | » | 772. |
| Ménahem, | » | 772-762. |
| Pékachia , | » | 762-760. |
| Pékah , | » | 760-730. |
| Osée, | » | 730-721. |

**103.** Le Royaume de Juda a commencé son existence séparée en même temps que celle d'Israël révolté, mais y a survécu 135 ans. Il se composait des deux tribus entières de Juda et de Benjamin, avec de nombreux réfugiés des dix autres, prêts à sacrifier leurs maisons et leurs propriétés terrestres pour leur foi. Les peuples étaient ainsi étroitement liés par leur intérêt commun pour les merveilleuses traditions du passé et leurs espoirs pour l'avenir.

**104.** Malgré le danger de nombreux ennemis, situé sur la route directe entre les deux grands empires rivaux d'Egypte et d'Assyrie, ce petit royaume maintint son existence pendant près de quatre siècles ; et, contrairement à Israël, fut gouverné pendant tout ce temps par les rois d'une seule famille, la maison de David.

Le premier roi, Roboam, vit sa capitale saisie et pillée par Shi'shak, roi d'Egypte, et dut entretenir une guerre constante avec les tribus révoltées. Abijam, son fils, remporta une grande victoire sur Jéroboam, grâce à laquelle il recouvra l'ancien sanctuaire de Béthel et de nombreuses autres villes. Asa fut attaqué à la fois par les Israélites au nord et par les Égyptiens au sud, mais se défendit victorieusement contre les deux. Avec tous les trésors restants du temple et du palais, il obtint l'alliance de Ben-Hadad, roi de Damas, qui, en attaquant les villes du nord d'Israël, détourna Baesha de la construction de la forteresse de Ramah. Les pierres et le bois que Baesha avait ramassés furent emportés, sur ordre d'Asa, dans ses propres villes de Guéba en Benjamin et de Mitspé en Juda.

**105.** Josaphat, fils d'Asa, s'allia à Achab, roi d'Israël, qu'il assista dans ses guerres en Syrie. Cette alliance malheureuse apporta le poison de l'idolâtrie tyrienne dans le royaume de Juda. Sous le règne de Joram, qui épousa la fille d'Achab, Jérusalem fut capturée par les Philistins et les Arabes. Son fils, Achazia, alors qu'il rendait visite à sa famille israélite, fut impliqué dans la destruction de la maison d'Achab ; et après sa mort, sa mère, Athalie, une vraie fille de Jézabel, assassina tous ses petits-enfants sauf un, usurpa le trône pendant six ans et remplaça le culte de Jéhovah par celui de Baal. Mais Jehoiada, le grand prêtre, se révolta contre elle, plaça son petit-fils Joas sur le trône et garda le royaume pur, aussi longtemps qu'il vécut, de la souillure de l'idolâtrie.

**106.** Amatsia, fils de Joas, captura Pétra aux Édomites, mais perdit sa propre capitale au profit du roi d'Israël, qui emporta tous ses trésors. Azariah, son fils, vainquit les Philistins et les Arabes, et rétablit sur la mer Rouge le port d'Elath, tombé en ruine depuis l'époque de Salomon. Au cours d'un règne long et prospère, il renforça les défenses de Jérusalem, réorganisa son armée et améliora le labour du pays. Mais il s'appuya sur sa dignité et sur l'excellence de sa conduite antérieure pour empiéter sur l'office des prêtres, et fut puni d'une soudaine lèpre qui le sépara de la société humaine pour le reste de ses jours. Sous le règne d'Achaz, son petit-fils, Jérusalem fut assiégée par les rois d'Israël et de Syrie, qui enlevèrent de Juda deux cent mille captifs. Achaz invoqua l'aide de Tiglath-Piser, roi d'Assyrie, et devint son tributaire. Les Assyriens conquirent Damas et soulageèrent ainsi Jérusalem. Achaz remplit les villes de Juda d'autels de faux dieux et laissa son royaume plus profondément souillé que jamais d'idolâtrie.

**107.** Ezéchias, son fils, délivra le pays de la domination étrangère et des superstitions païennes. Il devint pendant un certain temps tributaire de Sennachérib, mais se révolta ensuite et conclut une alliance avec l'Égypte. Lors d'une seconde invasion, l'armée de Sennachérib fut détruite et ses desseins abandonnés ; mais le royaume de Juda continuait à dépendre de l'empire.

**108.** Manassé, fils d'Ézéchias, rapporta tout le mal que son père avait chassé. Même le temple de Jérusalem fut profané par les idoles et leurs autels, et la Loi disparut de la vue et de la mémoire du peuple, tandis que ceux qui essayaient de rester fidèles au Dieu de leurs pères étaient violemment persécutés. Au milieu de cette impiété, Manassé tomba en disgrâce auprès du roi assyrien, qui le soupçonnait d'intention de révolte. Il fut transporté captif à Babylone, où il eut le loisir de réfléchir à ses péchés et à leur châtiment. À son retour à Jérusalem, il confessa et abandonna ses erreurs et procéda à une réforme religieuse dans son royaume.

**109.** Son fils Amon rétablit l'idolâtrie ; mais sa vie et son règne furent rapidement mis fin à une conspiration de ses serviteurs, qui le tuèrent dans sa propre maison.

Les assassins furent punis de mort et Josias, l'héritier légitime, monta sur le trône à l'âge de huit ans. Il se consacra avec un zèle pieux et une énergie à nettoyer son royaume des traces du culte païen ; des images et des autels sculptés et fondus étaient réduits en poudre et répandus sur les tombes de ceux qui avaient officié dans les rites sacrilèges. Le roi parcourut en personne non seulement les villes de Juda, mais tout le pays désolé d'Israël, jusqu'aux confins de Nephtali et aux eaux supérieures du Jourdain, pour assister à l'extermination de l'idolâtrie. Cette partie de son œuvre étant achevée, il retourna à Jérusalem pour réparer le temple de Salomon, tombé en ruines, et restaurer, dans toute sa solennité originelle, le culte de Jéhovah.

**110.** Au cours des réparations, un manuscrit inestimable fut découvert, qui n'était rien de moins que le « Livre de la Loi du Seigneur, donné par la main de Moïse ». Ces écrits sacrés étaient perdus depuis si longtemps, que même le roi et les prêtres ignoraient les malédictions prononcées contre l'idolâtrie. La tendre conscience du roi fut accablée de détresse en lisant la Loi pure et parfaite, qui présentait un contraste si sévère avec les mœurs du peuple ; mais il fut réconforté par la promesse qu'il serait recueilli en paix dans sa tombe avant que les calamités que la loi prédisait et que les péchés de Juda avaient mérités ne s'abattent sur le royaume. La dix-huitième année du règne de Josias, une grande Pâque fut célébrée, à laquelle furent invités tous les habitants du royaume du nord restés de captivité. Cette grande fête religieuse, qui marquait la naissance de la nation et sa première délivrance, n'avait pas été célébrée avec une égale solennité depuis l'époque de Samuel le prophète.

Le manuscrit entier récemment découvert fut lu à haute voix par le roi lui-même, devant tout le peuple, et toute l'assemblée jura de renouveler et de maintenir l'alliance conclue autrefois avec leurs pères.

634-632 avant JC.

**111.** La fin du règne de Josias fut marquée par deux grandes calamités. Une horde sauvage de Scythes, [11] venus des steppes du nord, balaya le pays, emportant troupeaux et troupeaux. Ils s'avancèrent jusqu'à As'calon , sur la côte sud-ouest, où ils pillèrent le temple d'Astarté, puis furent incités à se retirer grâce aux pots-de-vin du roi d'Égypte . Une trace de leur incursion est restée mille ans, dans le nouveau nom de l'ancienne ville de Bethshan, dans la plaine d' Esdraelon . Elle a été nommée par les Grecs Scythopolis , ou la ville des Scythes. Ce fut la première éruption des barbares du Nord sur les nations anciennes et civilisées de l'Asie du Sud et de l'Europe. Les événements ultérieurs de la même série occuperont une grande partie de notre histoire.

609 avant JC.

**112.** L'autre et plus grande calamité du règne de Josias provenait d'un quartier différent. Nécho , roi d'Égypte, alarmé par la croissance de la puissance babylonienne, marchait vers le nord avec une grande armée. Bien qu'il ne fût nullement l'objet de son hostilité, Josias s'avança imprudemment à sa rencontre, espérant arrêter sa progression dans la plaine d'Esdraelon. La bataille de Megiddo suivit et Josias fut tué. Jamais un chagrin aussi grand n'avait frappé le peuple juif. Le prophète Jérémie, ami et compagnon de Josias depuis sa jeunesse, a déploré la perte de la nation dans sa « Lamentation » la plus amère : « Le souffle de nos narines, l'oint du Seigneur, a été pris dans leurs fosses, dont nous avons dit : Sous son ombre, nous vivrons parmi les païens. Pendant plus de cent ans, l'anniversaire de ce jour fatal a été célébré comme un moment de deuil dans chaque famille.

**113.** Sous le règne de Jojakim, fils de Josias, Nebucadnetsar, prince de Babylone, remporta une grande victoire [12] sur Necho et étendit le royaume de son père jusqu'à la frontière de l'Égypte. Jojakim accepta d'être absorbé par l'empire, mais se révolta ensuite et fut mis à mort.

Jojakin, son fils, fut nommé roi ; mais, trois mois après son avènement, il fut transporté captif à Babylone. Sédécias , régnant à Jérusalem, se rebella et s'allia à Apries , roi d'Egypte. Sur ce, Nabuchodonosor, toujours actif, assiégea la ville révoltée. La deuxième année, il fut pris et détruit ; le roi et toute la nation, avec les trésors du temple et du palais, furent transportés à Babylone, et l'histoire des Juifs dura soixante-dix ans.

## ROIS DE JUDA.

| Roboam, | avant JC | 975-958. |
|---|---|---|
| Abijam , | » | 958-956. |
| Comme un, | » | 956-916. |
| Josaphat, | » | 916-892. |
| Joram , | » | 892-885. |
| Achazia, tué par Jéhu après un an, | » | 885-884. |
| Athalie, assassine ses petits-enfants et règne, | » | 884-878. |
| Joas , fils d'Achazia, | » | 878-838. |
| Amatsia, | » | 838-809. |
| Azaria ou Ozias, | » | 809-757. |
| Jotham, | » | 757-742. |
| Achaz, | » | 742-726. |
| Ézéchias, | » | 726-697. |
| Manassé, | » | 697-642. |
| Amon, | » | 642-640. |
| Josias, | » | 640-609. |
| Joahaz , détrôné par Nécho au bout de 3 mois, | » | 609. |
| Jehoiakim, tributaire de Necho 4 ans, | » | 609-598. |
| Jojakin, | » | 598-597. |
| Sédécias, | » | 597-586. |

## RÉCAPITULATION.

Les Phrygiens, premiers colons de l'Asie Mineure, étaient actifs dans le travail du sol et le commerce, et zélés dans leur religion particulière. Lydie devint par la suite la principale puissance de la péninsule. A la fin de trois dynasties, elle atteint sa plus grande gloire sous Crésus , lorsqu'elle fut conquise par Cyrus, et devint une province de Perse, en 546 avant JC.

Les premières grandes communautés commerciales du monde furent les villes phéniciennes , dont Sidon et Tyr étaient les principales ; leur commerce s'étendait par mer depuis la Grande-Bretagne jusqu'à Ceylan, et par terre jusqu'à l'intérieur de trois continents. Les teintures tyriennes et les vases en or, argent, bronze et verre étaient célèbres. La Phénicie fut soumise pendant quatre cents ans à l'empire assyrien et devint indépendante à sa chute, pour ensuite passer sous le pouvoir de Necho d'Égypte et, à son tour, être soumise par Nabuchodonosor de Babylone. Baal, Astarté, Melcarth et les divinités marines étaient des objets de culte phénicien .

La Syrie proprement dite était divisée en cinq États, dont Damas était le plus ancien et le plus important.

La nation hébraïque a commencé son existence sous le règne de Moïse, qui a conduit son peuple hors d'Égypte et à travers le désert d'Arabie, au cours d'un voyage de quarante ans. Josué conquit la Palestine par les deux batailles décisives de Bethhoron et des eaux de Mérom, et partagea le pays entre les douze tribus. Les juges ont gouverné Israël pendant près de six cents ans.

Saül, oint roi, soumit les ennemis des Juifs ; mais, devenu désobéissant, il fut tué au combat, et David devint roi, d'abord de Juda, puis de tout Israël. Il fit de Jérusalem sa capitale et étendit sa domination sur la Syrie et Moab, et vers l'est jusqu'à l'Euphrate. Ses chants sacrés sont à l'origine de sa renommée durable. Salomon hérita du royaume, qu'il enrichit par le commerce et orna de magnifiques ouvrages publics, tant à usage sacré que profane. La Dédicace du Temple est la grande époque de la chronologie hébraïque. La sagesse de Salomon était largement célèbre, mais le luxe de sa cour épuisa son royaume et, à l'avènement de Roboam, dix tribus se révoltèrent, seuls Juda et Benjamin restant dans la maison de David.

Jéroboam fixa sa capitale à Sichem et les sanctuaires de ses faux dieux à Béthel et Dan. Malgré les fidèles avertissements des prophètes, le royaume d'Israël devint idolâtre. Les dix-neuf rois qui régnèrent de 975 à 721 av. J.-C. appartenaient à neuf familles différentes. Achab et Jézabel persécutèrent les vrais croyants et établirent l'idolâtrie tyrienne ; mais leur race fut exterminée et Jéhu devint roi. Les dix tribus atteignirent leur plus grande puissance et richesse sous Jéroboam II. Sous le règne de Ménahem, ils devinrent soumis à Pul , de Chaldée . Une révolte d'Osée contre l'Assyrie conduisit à la prise de Samarie et à la captivité du roi et du peuple.

Le royaume de Juda, avec un territoire plus petit, avait un peuple plus uni dans la foi et la loyauté, et fut gouverné pendant quatre cents ans par les descendants de David. Josaphat conclut une alliance étroite avec Achab, ce qui provoqua de nombreuses calamités sur Juda. Sous le règne de Joram , Jérusalem fut prise par les Arabes et les Philistins ; et après la mort d'Achazia, Athalie, fille de Jézabel, usurpa le trône. Joas , son petit-fils, fut protégé et couronné par Jehoiada, le grand prêtre. La prospérité de Juda fut restaurée grâce aux conquêtes et à la politique efficace d'Azaria. Achaz devint tributaire de Tiglath- Piser , d'Assyrie, et dégrada son royaume par l'idolâtrie. Ézéchias a résisté à la fois à la religion et à la suprématie des païens. Manassé fut emmené captif à Babylone et, à son retour, réforma son administration. Josias purifia le pays des marques d'idolâtrie, reconstruisit le Temple, découvrit le Livre de la Loi et renouvela la célébration de la Pâque. Les Scythes envahirent la Palestine. Josias fut tué à la bataille de Megiddo et ses fils devinrent vassaux de l'Égypte. Nabuchodonosor soumit l'Égypte et la Palestine, s'empara de Jérusalem et transporta deux rois successifs ainsi que la masse du peuple à Babylone.

## QUESTIONS À RÉVISER.
### LIVRE I.—PARTIE I.

| | | |
|---|---|---|
| 1. | Quelles sont les sources des informations historiques ? | §§ 1-4. |
| 2. | Décrivez le caractère et les mouvements des trois familles des fils de Noé. | 5 , 6 . |
| 3. | En quelles périodes l'histoire peut-elle être divisée ? | 7 , 8 . |
| 4. | Nommez six monarchies primitives d'Asie occidentale. | |
| 5. | Quelles étaient les caractéristiques distinctives de la monarchie chaldéenne ? | 26. |
| 6. | Nommez les principaux rois assyriens de la Seconde Période. | 29-31. |
| 7. | Qui était Sémiramis ? | 30. |
| 8. | Décrivez le fondateur du Bas Empire assyrien. | 32. |
| 9. | Quels monuments commémoratifs existent de Sargon ? | 32. |
| dix. | Décrivez la carrière de Sennachérib. | 33. |
| 11. | Quelle était la situation de l'Assyrie sous Asshurbani - pal ? | 34. |
| 12. | Et sous son fils ? | 35. |
| 13. | Quelle a été la première histoire des médias ? | 37 , 38 . |
| 14. | Et Phraortès ? | 39. |

| 36. | Quels rois d'Israël avaient affaire à l'Assyrie ? | 100 , 101 . |
| --- | --- | --- |
| 37. | Mentionnez trois rois de Juda qui ont eu des guerres avec Israël. | 104. |
| 38. | Trois en alliance avec Israël. | 105. |
| 39. | Décrivez le règne d'Azariah ; d'Achaz, d'Ézéchias, de Manassé. | 106-108. |
| 40. | Les événements du règne de Josias. | 109-112. |
| 41. | Les relations de trois rois avec Babylone. | 113. |

NOTE. — On trouvera une divergence entre la chronologie égyptienne et la chronologie hébraïque. Cette dernière, avant l'avènement de Saül, est principalement conjecturale ; car il est possible que deux ou plusieurs juges régnaient en même temps dans différentes parties du pays. Les périodes des divers juges et de la servitude étrangère à la p. 36 , sont copiés littéralement de la Bible ; les temps d'inter-règne sont des conjectures, mais sont probablement inférieurs plutôt qu'excédés à la vérité. *Si elles sont continues* , ces périodes additionnées font 535 ans, intervalle plus long que celui que l'on peut trouver entre le règne de Menephté et celui de Saül (§§ 79 et 154 ). On peut dire ici que beaucoup d'historiens croient à la « fille du Pharaon » qui a sauvé Moïse pour avoir été Mesphra ou Amen-set ( § 146. ) Dans ce cas, Thothmès IV était le pharaon de l'Exode, et nous gagnons près de 200 ans pour la période de transition des Hébreux.

On peut espérer que le MSS égyptien. désormais entre les mains d'érudits diligents et accomplis, elle permettra bientôt de faire la lumière sur cette question intéressante.

## DEUXIEME PARTIE. NATIONS AFRICAINES.

### APERÇU GÉOGRAPHIQUE DE L'AFRIQUE.

**114.** Le continent africain diffère à bien des égards importants de celui de l'Asie. Cette dernière, s'étendant en trois zones, trouve sa plus grande étendue dans la plus favorisée de toutes, le Nord Tempéré. L'Afrique est presque entièrement située sous les tropiques, seule une petite partie de ses extrémités nord et sud entrant dans les deux zones tempérées, où leur climat est le plus torride. L'Asie possède les montagnes les plus élevées du globe, d'où coulent de grands fleuves qui répandent la fertilité et offrent tous les moyens de navigation. L'Afrique n'a que deux grands fleuves, le Nil et le Niger, et peu de montagnes d'une élévation remarquable.

**115.** L'Afrique est donc le continent le plus chaud, le plus sec et le moins accessible. Un cinquième de sa surface est recouvert par la grande mer de sable qui s'étend de l'Atlantique jusqu'à la mer Rouge. Une grande partie de l'intérieur est constituée de marais et de forêts impénétrables, hantées uniquement par des bêtes sauvages et impropres à l'habitation humaine. A l'exception de très peu de régions favorisées, l'Afrique est donc inadaptée à la croissance des grands États ; et ce n'est qu'à travers deux d'entre elles, l'Egypte et Carthage, qu'elle revendique un rôle important dans l'histoire ancienne.

**116.** L'AFRIQUE DU NORD seule était connue des anciens, et ses caractéristiques étaient bien marquées et particulières. Tout près de la Méditerranée s'étendait une étroite bande de terre fertile, arrosée par de courts ruisseaux qui descendaient de la chaîne de l'Atlas. Ces montagnes formaient au sud une région rocheuse et peu habitée, bien que produisant dans certaines parties une abondance de dattes. Vint ensuite le Grand Désert, varié seulement par quelques petites oasis éparses, où des sources d'eau nourrissaient une riche végétation. Le sud du Sahara était un pays intérieur fertile, près duquel se trouvaient de grands fleuves et lacs des villes et une population nombreuse ; mais ces États d'Afrique centrale n'étaient visités que par une caravane occasionnelle qui traversait le désert depuis le nord et n'avaient aucun lien politique avec le reste du monde.

**117.** Dans la partie occidentale de l'Afrique du Nord, les montagnes s'élèvent plus progressivement par une série de terrasses naturelles à partir de la mer, et le pays fertile atteint ici une largeur de deux cents milles. Cette région bien arrosée , fertile et relativement saine, est l'une des plus favorisées du globe. Dans l'Antiquité, c'était un vaste champ de maïs s'étendant de l'Atlas à la Méditerranée. Ici, le royaume natal de Mauritanie a prospéré ; et après sa soumission par les Romains, les mêmes champs fertiles ont fourni du pain au reste du monde civilisé.

**118.** A l'est de la Mauritanie, la plaine devient plus étroite, les rivières moins nombreuses et le sol moins fertile, de sorte qu'aucun grand État, même s'il était né là, n'aurait pu se maintenir longtemps. La partie nord-est du continent est cependant la plus riche et la plus précieuse de toutes les terres qu'il contient. Cela est dû au grand fleuve qui, prenant sa source dans les hautes terres de l'Abyssinie et alimenté par les pluies perpétuelles de l'Afrique équatoriale, roule sa vaste étendue d'eau du sud au nord, à travers une vallée de trois mille milles de longueur. Chaque année, en juin, il commence à augmenter ; d'août à décembre , elle inonde le pays et dépose un sol si riche que le fermier n'a qu'à jeter son grain sur les eaux qui se retirent, et des récoltes abondantes surgissent sans autre travail du sol.

**119.** Le sol de l'Égypte était appelé par ses habitants le « don du Nil ». Dans un climat presque sans pluie, ce pays sans son fleuve n'aurait en effet été qu'un ravin dans le désert rocheux et sablonneux ; aussi stérile que le Sahara lui-même. La prospérité de l'année a été, dès les premiers temps, mesurée avec précision par les nilomètres de Memphis et d'Éléphantine . Si l'eau montait à moins de dix-huit pieds, la famine s'ensuivait ; une élévation de dix-huit à vingt-quatre pieds annonçait des récoltes modérées ; vingt-sept pieds étaient considérés comme « un bon Nil » ; une inondation de trente pieds était ruineuse, car, dans un tel cas, les maisons étaient minées, le bétail emporté, la terre rendue trop spongieuse pour la période de semence suivante, le travail du fermier était retardé et souvent des fièvres étaient engendrées par le eaux stagnantes et persistantes. Habituellement, cependant, le Nil était le grand bienfaiteur des Égyptiens et était considéré comme un emblème approprié pour la création et la préservation d'Osiris . Ses eaux étaient soigneusement distribuées par des canaux et régulées par des digues. Lors de l'inondation, le pays ressemblait à un grand lac intérieur entouré de montagnes. La Basse-Egypte, ou Delta, était comparée par Hérodote à l'archipel grec, parsemé de villages qui apparaissaient comme des îles blanches au-dessus de l'étendue des eaux.

**120.** La Basse-Egypte est une vaste plaine ; Haute Egypte, une vallée qui se rétrécit. La partie fertile de ce dernier n'occupe qu'une partie de l'espace compris entre le désert de Libye et la mer. Dans sa partie la plus large, elle a moins de onze milles de largeur, dans sa partie la plus étroite seulement cinq milles de largeur ; et par endroits, la falaise de granit ou de calcaire jaillit directement de la rivière. Etant si bien adaptée pour nourrir un peuple nombreux, toute la vallée du Nil, à travers la Nubie et l'Abyssinie ainsi que l'Egypte, fut très tôt colonisée depuis les rives opposées de l'Asie. Les cheveux, les traits et la forme du crâne représentés dans les figures humaines sur les monuments prouvent que la race dominante dans ces pays était de la même grande famille que les peuples de la péninsule voisine d'Arabie.

**121.** Avant les conquêtes des Perses, l'Afrique du Nord était divisée entre cinq nations : les Égyptiens, les Éthiopiens, les Phéniciens , les Libyens et les Grecs.

**122.** Les ÉTHIOPIENS occupaient la vallée du Nil au-dessus de l'Égypte, y compris ce qui est aujourd'hui connu sous le nom d'Abyssinie. Le grand plateau situé entre les sources du Nil et de la mer Rouge est rendu fertile par des pluies fréquentes et abondantes ; et les nombreux ruisseaux qui en descendent jusqu'au Nil causent en partie le débordement annuel qui fertilise l'Egypte. Méroé était la principale ville des Éthiopiens. Certains érudits ont supposé que ses monuments d'architecture et de sculpture étaient encore plus anciens que ceux de l'Egypte.

**123.** Les traditions arabes disent que les habitants des côtes septentrionales de l'Afrique étaient les descendants des Cananéens que les Enfants d'Israël chassèrent de Palestine. Au quatrième siècle après Jésus-Christ, deux piliers de marbre blanc près de Tanger portaient encore l'inscription en caractères phéniciens : « Nous sommes ceux qui ont fui devant la face du voleur Josué, fils de Noun. » Que cette légende exprime ou non un fait historique, elle exprime la croyance largement répandue du peuple ; et il est bien connu par d'autres témoignages que les côtes africaines de la Méditerranée furent très tôt parsemées de colonies PHÉNICIENNES, telles que les deux Hippopotames , Utica , Tunes , Hadrumetum , Leptis , et le plus grand d'entre eux. tous, bien que parmi les derniers, Carthage.

**124.** Les LIBYENS occupaient une plus grande partie de l'Afrique du Nord que toute autre nation, s'étendant des frontières de l'Égypte à l'océan Atlantique et du Grand Désert, à l'exception des colonies étrangères sur la côte, jusqu'à la mer Méditerranée. Ils avaient cependant relativement peu de pouvoir, constitués principalement de tribus errantes, dépourvues de gouvernement établi ou d'habitations fixes. Dans la partie occidentale, plus fertile, certaines tribus de Libyens cultivèrent la terre et devinrent plus civilisées ; mais celles-ci furent bientôt soumises à la puissance croissante des colonies phéniciennes .

**125.** Les GRECS possédaient une colonie sur la pointe de l'Afrique du Nord qui se rapprochait le plus de leur propre péninsule. Ils fondèrent Cyrène vers 630 av. J.-C. et Barça environ soixante-dix ans plus tard. Ils avaient aussi une colonie à Naucratis en Egypte, et probablement sur la plus grande oasis. L'histoire de ces établissements grecs se trouve dans le livre III.

## HISTOIRE DE L'ÉGYPTE.

### PÉRIODES.

| JE. | L'Ancien Empire, des origines à | avant JC | 1900. |
|---|---|---|---|
| II. | L'Empire du Milieu, ou celui des Rois Bergers, | » | 1900-1525. |
| III. | Le Nouvel Empire, | » | 1525-525. |

**126.** De l'île d'Éléphantine à la mer, sur une distance de 526 milles, la vallée du Nil était occupée par L'EGYPTE , monarchie la plus ancienne, avec une histoire parmi les plus merveilleuses du monde. Alors que d'autres nations peuvent être observées dans leur progression depuis l'ignorance et la grossièreté vers l'art qu'elles possèdent, l'Égypte apparaît aux premières lueurs de l'histoire « déjà habile, érudite et forte ». Certains de ses bâtiments sont plus anciens que la Migration d'Abraham, mais les plus anciens d'entre eux témoignent d'un savoir-faire dans l'extraction, le transport, la taille et l'assemblage de la pierre que les architectes modernes admirent mais ne peuvent surpasser.

**127.** PREMIÈRE PÉRIODE. Les premiers Égyptiens croyaient qu'il fut un temps où leurs ancêtres étaient des sauvages et des cannibales, habitant dans des grottes situées sur ces crêtes de grès qui bordent la vallée du Nil à l'est ; et que leurs plus grands bienfaiteurs furent Osiris et Isis, qui les élevèrent au rang d'une nation pieuse et civilisée, mangeant du pain, buvant du vin et de la bière et plantant l'olivier. Le culte d'Osiris et d'Isis devint donc répandu dans toute l'Égypte, tandis que les différentes villes et provinces avaient chacune leurs propres divinités locales. Selon Manéthon, un historien indigène des temps ultérieurs, [13] les dieux, les esprits, les demi-dieux et *les mânes* , ou les âmes des hommes, furent les premiers dirigeants de l'Égypte. Il s'agit simplement d'une manière ancienne de dire que l'histoire ancienne de l'Égypte, comme celle de la plupart des autres pays, est entourée d'ignorance et de conjectures fabuleuses.

**128.** Au lieu de commencer son existence en tant que royaume uni , l'Égypte se composa d'abord d'un certain nombre de *nomes* ou petits États dispersés, chacun ayant pour noyau un temple et un nombreux établissement de prêtres. Cinquante-trois de ces nomes sont mentionnés par un historien, trente-six par un autre. À mesure que l'on devenait plus puissant, il engloutissait parfois ses voisins et devenait un royaume qui embrassait une grande partie ou même la totalité du pays.

**129.** Le premier roi mortel de Misraïm , le « pays double », fut Ménès, de This. Son héritage était en Haute-Egypte, mais par ses talents et ses exploits il se rendit maître de la Basse et y choisit un emplacement pour sa nouvelle capitale. Dans ce but, il assèche une étendue marécageuse qui, à certaines saisons, avait été inondée par le Nil, fit une digue pour confiner le fleuve dans son chenal régulier, et sur le terrain récupéré, il construisit la ville de Memphis. Ménès peut donc être considéré comme le fondateur de l'empire.

**130.** Athothes (Thoth), son fils et successeur, était doué en médecine et écrivait des ouvrages sur l'anatomie. Des six rois suivants, de descendance régulière, qui forment cette dynastie, on sait peu de choses, et il est même possible qu'ils appartiennent plutôt à une tradition qu'à une histoire certaine. Après les deux Thots vint Mnevis , ou Uenephes , qui portait le nom de Veau Sacré d'Héliopolis. On dit néanmoins qu'il était un homme noble et intelligent et le prince le plus affable jamais enregistré. Il construisit la pyramide de Koko´me , dont l'emplacement ne peut aujourd'hui être identifié. Durant son règne, la famine régnait en Égypte.

**131.** La Troisième Dynastie régnait à Memphis ; son fondateur était Sésorchères le Géant. Le troisième roi, Sesonchosis , était un monarque sage et paisible, qui fit progresser les trois arts de l'écriture, de la médecine et de l'architecture, et fut célébré par un peuple reconnaissant dans ses hymnes et ses ballades comme l'un de ses plus grands bienfaiteurs. Il introduisit la mode de la construction en pierres de taille, les structures antérieures étant constituées soit de pierres brutes et irrégulières, soit de briques. Les Grecs l'appelaient le « Paisible Sésostris », tandis que les deux monarques ultérieurs qui portèrent ce nom furent de grands guerriers et conquérants.

**132.** Son fils Sasychis (Maressesorcheres ) était un législateur célèbre. Il aurait organisé le culte des dieux et aurait inventé la géométrie et l'astronomie. Il fit aussi cette loi singulière par laquelle un débiteur pouvait donner la momie de son père en garantie d'une dette. Si l'argent n'était pas payé, ni le débiteur ni son père ne pourraient jamais reposer dans le sépulcre familial, ce qui était considéré comme la plus grande honte possible.

2440 avant JC.

**133.** L'histoire monumentale et plus certaine commence avec les deuxième, quatrième et cinquième dynasties de Manéthon, qui régnaient simultanément sur la Basse, la Moyenne et la Haute Égypte. Parmi ceux-ci, la quatrième dynastie, régnant à Memphis, était la plus puissante, les autres étant dans une certaine mesure dépendantes. Les preuves de sa grandeur se trouvent dans les vastes structures de pierre qui couvraient la Moyenne-Égypte entre les montagnes libyennes et le Nil ; car la Quatrième Dynastie peut être considérée comme celle des bâtisseurs de pyramides.

**134.** Le nom de Soris , le premier de la famille, a été retrouvé sur la pyramide nord d' Abousir . Suphis Ier, ou Shufu , était le Khéops d'Hérodote et est considéré comme le constructeur de la Grande Pyramide. Son frère, Suphis II, ou Nou-shufu , participa à ces travaux. Il régna conjointement avec Suphis Ier et seul, après sa mort, pendant trois ans. Ces deux rois étaient des oppresseurs du peuple et des méprisateurs des dieux. Ils écrasèrent les premiers par les durs travaux qu'exigeaient leurs travaux publics, et ordonnèrent la fermeture des temples des seconds et la cessation de leur culte.

**135.** Menchères le Saint, fils de Suphis Ier, eut, comme son père, un règne de soixante-trois ans, mais différait de lui par le fait qu'il était un souverain bon et humain. Il rouvrit les temples que son père avait fermés, rétablit les cérémonies religieuses de sacrifice et de louange et mit fin aux travaux oppressifs. Il était donc très vénéré par le peuple et faisait l'objet de nombreuses ballades et hymnes. Les quatre rois restants de la Quatrième Dynastie ne nous sont connus que par leurs noms et leurs dates. La famille comprenait huit rois en tout, et la durée totale probable de leurs règnes est de 220 ans.

**136.** Les rois de la deuxième dynastie régnant sur la Moyenne Égypte depuis This ou Abydus , et ceux de la cinquième dynastie régnant sur la Haute Égypte depuis l'île d'Éléphantine, étaient probablement liés par le sang aux puissants souverains de Basse Égypte, et les tombes des trois familles se trouvent dans le quartier de Memphis. La structure des pyramides montre de grands progrès dans la science et les arts mécaniques. Chacune est placée exactement en face des points cardinaux, et la Grande Pyramide se trouve précisément sur le 30e parallèle de latitude. La merveilleuse précision de ce dernier dans ses ajustements astronomiques, a conduit quelques savants profonds [14] d'aujourd'hui à croire qu'il ne pouvait avoir été construit que par révélation divine ; non pas par les Égyptiens, mais par un peuple dirigé d'Asie dans ce but, le but étant d'établir un système de poids et de mesures parfaitement fiable.

**137.** Les mines de cuivre arabes de la péninsule sinaïtique étaient exploitées sous la direction des rois des Pyramides. A cette époque, les arts avaient atteint leur plus haute perfection. Le dessin, la sculpture et l'écriture, ainsi que les modes de vie et de civilisation en général, étaient à peu près les mêmes qu'en quinze siècles plus tard.

**138.** BC 2220. Tandis qu'une sixième famille royale succédait aux constructeurs de pyramides à Memphis, la deuxième et la cinquième continuèrent à régner à This et Elephantis , tandis que deux autres surgirent à Héracléopolis et Thèbes ; de sorte que l'Égypte était désormais divisée en cinq royaumes distincts, le Thébain devenant progressivement le plus puissant. Ainsi affaibli par la division, et peut-être épuisé par les grands travaux architecturaux qui avaient soustrait le peuple à la pratique des armes, le pays devint facilement la proie des tribus nomades venues des régions voisines de Syrie et d'Arabie. On les appelait Hyksos , ou Rois Bergers. Ils entrèrent en Basse-Égypte par le nord-est et devinrent bientôt maîtres du pays depuis Memphis jusqu'à la mer.

**139.** Deuxième période. avant JC 1900-1525. Les dynasties indigènes continuèrent pendant un certain temps à régner en Moyenne et en Haute Egypte ; et même au cœur du Delta, un nouveau royaume surgit à Xois , qui se maintint pendant tout le temps que les bergers étaient dans le pays. Un grand nombre d'Égyptiens esclaves continuèrent à cultiver la terre, payant tribut aux conquérants ; et, avec le temps, l'exemple de leur bon ordre aurait peut-être apaisé les féroces envahisseurs. Ces derniers se construisirent un camp fortement fortifié, Avaris , dans la partie orientale du Delta, près de la ville ultérieure de Péluse .

**140.** À la même époque que l'invasion, une douzième dynastie égyptienne, les Osortasides , surgit à Thèbes et devint l'une des tribus les plus puissantes de dirigeants indigènes. Ils obtinrent l'autorité suprême sur les royaumes d'Éléphantine et d'Héracléopolis , détenirent la péninsule du Sinaï et étendirent leurs armes victorieuses en Arabie et en Éthiopie. Sesortasen , j'ai gouverné toute la Haute-Égypte. Sous les deuxième et troisième souverains de ce nom, le royaume atteignit sa plus haute prospérité. Le troisième Sesortasen enrichit le pays de nombreux canaux, et laissa à Senneh , près de la frontière méridionale de l'empire, des monuments de sa puissance qui excitent encore l'émerveillement des voyageurs. Le plus grand édifice et l'ouvrage le plus utile d'Egypte furent exécutés par son successeur, Amménème III. Le premier était le labyrinthe du Faioom , qu'Hérodote visita et déclara qu'il surpassait toutes les œuvres humaines. Il contenait trois mille pièces ; mille cinq cents d'entre eux étaient souterrains et contenaient les momies des rois et des crocodiles sacrés. Les murs des quinze cents appartements supérieurs étaient en pierre solide, entièrement recouverts de sculptures. L'autre ouvrage d' Ammenemes fut le lac Moëris . Il s'agissait d'un réservoir naturel formé près d'une boucle du Nil ; mais il l'améliora tellement par l'art qu'il conserva et distribua soigneusement les dons du fleuve, et assura ainsi la fécondité de la province.

**141.** Une race plus faible succéda, et les calamités de la Basse-Égypte s'étendirent désormais à tout le pays. Les Hyksos avancèrent vers le sud et les rois fugitifs de Thèbes cherchèrent refuge en Éthiopie. A l'exception des Xoïtes , retranchés dans les marais du Delta, toute l'Egypte devint pour un temps soumise aux Bergers. Ils incendièrent des villes, détruisirent des temples et réduisirent en esclavage tout le peuple qu'ils ne mettaient pas à mort. Deux dynasties indigènes régnaient à Memphis et une à Héracléopolis , mais elles étaient tributaires des conquérants.

**142.** Certains ont supposé que les Pyramides avaient été érigées par ces Rois Bergers. Mais les meilleures autorités décrivent la race comme grossière, ignorante et dénuée d'arts, comparée aux Égyptiens, soit avant, soit après leur invasion ; et après que le long déluge de barbarie ait été balayé, nous retrouvons la religion, la langue et l'art — entretenus, sans aucun doute, et cultivés en retrait par la classe savante — exactement tels qu'ils étaient avant l'interruption. L'absence de records durant cette période prouverait à elle seule le manque d'apprentissage de la course au pouvoir. Le baron Bunsen suppose que les Hyksos étaient identiques aux Philistins de Palestine. Certains d'entre eux se réfugièrent en Crète lorsqu'ils furent chassés d'Egypte, et réapparurent en Palestine par l'ouest à peu près au même moment où les Israélites y entraient par l'est. Quoi qu'il en soit, il existe dans l'histoire égyptienne un écart de près de quatre cents ans entre l'ancien et le nouvel empire, durant lequel la ville sainte de Thèbes fut aux mains des barbares, les annales cessèrent et les noms des rois, qu'ils soient indigènes ou indigènes. ou étrangers, sont pour la plupart inconnus.

**143.** TROISIÈME PÉRIODE. 1525-525 avant JC. Après sa longue humiliation, le peuple égyptien s'est rallié à une grande révolte nationale, sous le roi thébain Amosis , et a chassé les envahisseurs, après une lutte acharnée, de leur sol. Vint alors la période la plus brillante de l'histoire égyptienne. Amosis fut récompensé par la souveraineté indivise et devint le fondateur de la XVIIIe dynastie. Memphis devient la capitale impériale. De nombreux temples furent réparés, comme le prouvent les mémorandums conservés dans les carrières de Syène et du Haut Nil. Aahmes , l'épouse d' Amosis , porte le nom de Nefru-ari , « la bonne et glorieuse femme », et semble avoir été tenue dans le plus grand honneur jamais attribué à une reine. Elle était une princesse thébaine de sang éthiopien et avait probablement de nombreuses provinces pour sa dot. Amosis est mort en 1499 avant JC.

**144.** Pendant huit cents ans, l'Égypte est restée un royaume unique et consolidé. Pendant ce temps, l'art atteint sa plus haute perfection ; les grands temples-palais de Thèbes furent construits ; de nombreux obélisques, « doigts du soleil », pointaient vers le ciel ; et le peuple, qui gémissait longtemps sous une cruelle servitude, jouissait, sous les XVIIIe, XIXe et XXe dynasties, de la protection d'un gouvernement doux et bien organisé.

**145.** On peut craindre que les Égyptiens n'aient exprimé sur une nation captive à l'intérieur de leurs propres frontières leur ressentiment contre leurs derniers oppresseurs. Les Hébreux grandissaient et se multipliaient en Égypte, et leur vie était rendue amère par un dur esclavage. La plupart des vastes constructions en briques des XVIIIe et XIXe dynasties peuvent avoir été érigées par les Hébreux captifs, qui auraient expressément construit les deux villes au trésor, Pithom et Raamsès .

**146.** Les femmes royales étaient traitées avec plus de respect en Égypte que dans toute autre monarchie ancienne. Thoutmès Ier, troisième roi de la XVIIIe dynastie, fut remplacé par sa fille, Mesphra ou Amen-set, qui régna en tant que régente pour son jeune frère, Thoutmès II. Il mourut mineur et elle occupa le même poste, ou, peut-être, régna conjointement avec son prochain frère cadet, Thothmès III ; mais pas avec son cordial consentement, car lorsqu'elle mourut elle aussi, après une régence de vingt-deux ans, il fit effacer son nom et son image de toutes les sculptures dans lesquelles ils figuraient ensemble.

**147.** avant JC 1461-1414. Ce roi, Thothmès III, ne se distingue pas plus par ses guerres étrangères que par les magnifiques palais et temples qu'il bâtit à Karnac , Thèbes, Memphis, Héliopolis, Coptos et ailleurs. Il n'est guère de ville antique en Égypte ou en Nubie qui ne soit marquée par les vestiges de ses édifices. L'histoire de ses douze campagnes successives est gravée dans les sculptures des murs de son palais de Thèbes. Il chassa les Hyksos de leur dernière forteresse, Avaris , où ils étaient enfermés depuis l'époque de son père. Les deux obélisques près d'Alexandrie, que certains esprits romains appelaient les Aiguilles de Cléopâtre , portent le nom de ce roi. Ses expéditions militaires s'étendaient tant au nord qu'au sud ; des inscriptions sur ses monuments déclarent qu'il reçut un tribut de Ninive, Hit (ou Is) et Babylone.

1400-1364 avant JC.

**148.** Son petit-fils, Thothmès IV, fit sculpter le grand Sphinx près des Pyramides. Amonoph III, son successeur, était un monarque grand et puissant. Il orna le pays de magnifiques édifices, et améliora son agriculture par la construction de citernes ou réservoirs pour réguler l'irrigation. Les deux *colosses* près de Thèbes, dont l'un est connu sous le nom de Memnon vocal, datent de son règne ; mais l' Amenopheum , dont ils étaient des ornements, est maintenant en ruines. Amonoph entretenait la renommée guerrière de ses ancêtres par des expéditions dans tous les pays envahis par Thothmès III. Il est intitulé sur ses monuments « Pacificateur de l'Égypte et Dompteur des bergers libyens ». Il construisit le magnifique palais de Louxor, qu'il reliait au temple de Karnac par une avenue aux mille sphinx. Il fit également construire une avenue similaire à Thèbes, bordée de statues colossales assises de la déesse Pasht à tête de chat (Bubastis).

1327-1324 avant JC.

**149.** avant JC 1364-1327. Sous le règne d'Horus, son fils, la nation fut distraite par de nombreux prétendants à la couronne, dont la plupart étaient des princes ou des princesses de sang royal. Horus survécut à ses rivaux et détruisit leurs monuments. Il mena avec succès des guerres étrangères en Afrique et fit des agrandissements aux palais de Karnac et de Louxor. Avec le roi suivant, Rathotis (ou Resitot ), la XVIIIe dynastie prit fin.

**150.** avant JC 1324-1322. Ramsès Ier, fondateur de la XIXe dynastie, descendait des deux premiers rois de la XVIIIe. Son fils, Seti , a hérité de toute la haine nationale envers les envahisseurs syriens, et « a vengé la honte de l'Égypte sur l'Asie ». Il reconquit la Syrie, révoltée une quarantaine d'années plus tôt, et porta ses armes victorieuses jusqu'aux frontières de la Cilicie et des rives de l'Euphrate. Il bâtit la grande salle de Karnac , dans laquelle toute la cathédrale Notre-Dame de Paris pouvait se dresser sans toucher ni aux murs ni au plafond, et son tombeau est le plus beau de tous les sépulcres des rois.

**151.** avant JC 1311-1245. Ramsès II, le Grand, régna soixante-six ans ; et ses réalisations en temps de guerre et de paix occupent une grande place dans les archives de son temps, dans lesquelles réalité et fiction sont souvent mélangées par ses flatteurs. Du vivant de son père, il a commencé sa carrière militaire en soumettant la Libye et l'Arabie. Son ambition étant ainsi enflammée, il n'eut pas plus tôt accédé au trône qu'il résolut de conquérir le monde. Il assurait la sécurité de son royaume pendant son absence, en divisant le pays en trente-six nomes et en nommant un gouverneur pour chacun. Il équipa alors une immense armée, qui aurait compris 600 000 fantassins , 24 000 chevaux et 27 000 chars de guerre. Après avoir conquis l'Éthiopie, Ramsès forma une flotte de quatre cents navires, la première qu'aucun roi égyptien ait possédée, et descendit la mer Rouge jusqu'à l'Arabie et continua son voyage jusqu'en Inde. Il revint seulement pour faire de nouveaux préparatifs et conduire une autre grande armée vers l'est au-delà du Gange, et en avant jusqu'à ce qu'il atteigne un nouvel océan. Partout des colonnes étaient érigées pour enregistrer les victoires du monarque et louer le courage ou honter la lâcheté de ceux qui l'avaient rencontré.

FIGURE D'AMUNOPH III, PRÈS DE THÈBES.

*Appelé par les Grecs le Memnon Vocal. Il mesurait 47 pieds de hauteur, soit 53 pieds incluant le piédestal.*

**152.** De retour de ses conquêtes asiatiques, Ramsès entra en Europe et soumit les Thraces ; puis, après neuf ans d'absence, pendant lesquels il s'était couvert de la gloire d'innombrables victoires faciles, il rentra en Egypte. Il amena avec lui une longue suite de captifs, qu'il comptait employer aux ouvrages architecturaux qu'il avait déjà projetés. Parmi les plus célèbres sont les temples rupestres d' Ipsambul , en Nubie, dont les flancs sont couverts de bas-reliefs représentant les victoires de Sésostris ; le Ramesseum , ou Memnonium , à Thèbes ; et des ajouts au palais de Karnac . Il construisit également un mur près de la frontière orientale de l'Égypte, de Péluse à Héliopolis, et peut-être même jusqu'à Syène , pour empêcher de futures invasions venues d'Arabie. Il existe plus de monuments de Ramsès II que de tout autre pharaon ; mais la force du Nouvel Empire fut épuisée par ces extraordinaires efforts de guerre et de construction. Le roi tourmentait à la fois ses sujets et ses captifs, les utilisant simplement comme instruments de sa passion pour l'exposition militaire et architecturale. C'est ce roi qui poussa les Israélites au désespoir par ses oppressions inhumaines, notamment en ordonnant que tous les enfants mâles soient noyés dans le Nil. (Exode I : 8-14, 22.)

**153.** Dans la grande salle d' Abydus , ou This, Ramsès est représenté offrant un sacrifice à cinquante-deux rois de sa propre race, lui-même, sous une forme glorifiée, étant du nombre. La sculpture s'explique par une inscription : « Une libation aux seigneurs de l'Occident, par les offrandes de leur fils, le roi Ramsès, dans sa demeure ». La réponse des divinités royales est la suivante : « Le discours des Seigneurs de l'Occident, à leur fils le Créateur et Vengeur, le Seigneur du Monde, le Soleil qui vainc en vérité. Nous levons nous-mêmes nos bras pour recevoir tes offrandes et toutes les autres choses bonnes et pures dans ton palais. Nous sommes renouvelés et perpétués dans les peintures de ta maison », etc.

**154.** Le fils de Ramsès II, Menephthah , ou Amenephthes , fut le pharaon de l'Exode. Les Israélites en fuite passèrent le long de la rive du canal construit par le Grand Roi, et furent ainsi approvisionnés en eau pour leur multitude d'hommes et de bêtes. Par les dates qu'on trouve toujours sur les bâtiments égyptiens, nous apprenons que les travaux architecturaux ont cessé pendant vingt ans ; et ce contraste avec la première activité offre une coïncidence intéressante avec le récit biblique. Josèphe [16] cite également de Manéthon une tradition selon laquelle le fils du grand Ramsès fut renversé par une révolte, sous Osarsiph (Moïse), d'une race de lépreux qui avait été gravement opprimée par lui ; et qu'il s'enfuit en Éthiopie avec son fils, alors âgé de cinq ans seulement, qui, treize ans plus tard, récupéra le royaume sous le nom de Sethos II. Pour exprimer leur mépris envers leurs anciens captifs, les historiens égyptiens qualifient toujours les Israélites de lépreux. Avec Seti , ou Sethos II, la maison du grand Ramsès s'éteignit.

**155.** BC 1219. Ramsès III, le premier de la vingtième dynastie, entretint de vastes guerres, tant sur mer que sur terre. Ses quatre fils portèrent tous son nom et montèrent successivement sur le trône, mais aucun grand événement ne marque leur règne. Six ou sept rois du même nom suivirent et la famille disparut vers 1085 avant JC.

**156.** Au cours de cette période, l'Égypte a rapidement décliné, tant en termes de puissance intellectuelle que militaire. Ses entreprises étrangères cessèrent ; aucun ajout n'a été fait aux magnifiques bâtiments des âges anciens ; et la sculpture et la peinture, au lieu de tirer une nouvelle vie de l'étude de la nature, furent obligées de copier les anciennes formes établies ou de se limiter à des imitations ennuyeuses et dénuées de sens.

**157.** La XXIe dynastie était une race sacerdotale dont la capitale était Tanis , ou Zo'an , en Basse-Égypte, mais qui était suprême dans tout le pays. Ils portaient des robes sacerdotales et se faisaient appeler grands prêtres d'Amon. L'un d'eux donna sa fille en mariage à Salomon. (1 Rois iii : 1 ; ix : 16.) Les sept rois de cette dynastie eurent généralement des règnes courts, marqués par peu d'événements. 1085-990 avant JC.

972 avant JC.

avant JC 956-933.

**158.** avant JC 993-972. Sheshonk , ou Shishak, le fondateur de la Vingt-deuxième Dynastie, ressuscita la puissance militaire de la nation. Il épousa la fille de Pisham II, le dernier roi de la race tanite , et prit également le titre de grand prêtre d'Amon, mais au-delà de cela, il n'y a aucun signe de sacerdoce dans cette lignée. Bubastis, dans le Delta, était le siège de son gouvernement. C'est vers lui que Jéroboam s'est enfui alors qu'il complotait pour devenir roi d'Israël ; et Shishak fit ensuite une expédition contre la Judée dans le but de confirmer Jéroboam sur son trône. Il pilla Jérusalem et reçut la soumission de Roboam. Osorkon II, le quatrième roi de cette dynastie et prince éthiopien, était probablement le Zérach de l'Écriture, qui envahit la Syrie et fut vaincu par Asa, roi de Juda, à la bataille de Mareshah . (2 Chron. XIV : 9-14.)

**159.** A l'expiration de cette lignée en la personne de Takelot II, vers 847 avant JC, une famille rivale surgit à Tanis, formant la vingt-troisième dynastie. Elle ne comprenait que quatre rois, dont aucun n'était célèbre. avant JC 847-758.

730 avant JC.

**160.** avant JC 758-714. La vingt-quatrième dynastie était composée d'un seul roi, Bocchoris . Il fixa le gouvernement à Saïs , une autre ville du Delta, et était largement célèbre pour la sagesse et la justice de son administration. Dans la seconde moitié de cette période, Sabaco , l'Éthiopien, envahit le pays et réduit le monarque saïte à un simple vassal. Bocchoris , tentant de se révolter, fut capturé et brûlé vif, après un règne de quarante-quatre ans.

690-665 av.

**161.** Sabaco Ier, après avoir soumis l'Égypte, fonda la vingt-cinquième dynastie. Il combattit aux côtés du roi d'Assyrie pour la domination de l'Asie occidentale, mais fut vaincu par Sargon à la bataille de Raphia, en 718 avant JC. L'influence assyrienne devint prédominante dans le Delta, tandis que la puissance éthiopienne ne fut perturbée qu'en Haute-Égypte. Le deuxième roi de cette famille s'appelait également Sabaco . Le troisième et dernier, Tir'hakeh , était le plus grand de la lignée. Il entretint successivement la guerre avec trois monarques assyriens. Le premier, Sennachérib, fut renversé [17] 698 avant JC. Son fils, Esarhaddon, réussit pendant un certain temps à diviser la Basse-Égypte en un certain nombre de provinces tributaires. Tirhakeh reprit son pouvoir et réunit son royaume ; mais après deux ans de guerre avec Asshurbani - pal , le prochain roi d'Assyrie, il fut obligé d'abdiquer en faveur de son fils. Le fils fut expulsé et l'Égypte fut divisée pendant trente ans en plusieurs petits royaumes, qui restèrent soumis à l'Assyrie jusqu'à la mort du conquérant.

**162.** Pour les Égyptiens, il s'agissait simplement d'un changement de dirigeants étrangers. Leur patriotisme était en déclin depuis longtemps, et leur armée indigène avait perdu sa renommée et sa valeur depuis le temps où les rois de la vingt-deuxième dynastie confiaient la défense nationale aux étrangers. La caste militaire se dégrada et la couronne tenta même de priver les soldats de leurs terres. L'Égypte était devenue dans une certaine mesure une puissance navale et une classe commerciale était apparue pour rivaliser avec les soldats et les agriculteurs.

**163.** Vers 630 avant JC, les Assyriens durent concentrer leurs forces chez eux pour résister aux Scythes ; et Psammet'ichus , l'un des vice-rois indigènes qu'ils avaient établis en Egypte, saisit l'occasion pour secouer leur joug. Le grand empire assyrien tombait désormais sous la révolte mède et babylonienne, et sa puissance cessait de se faire sentir dans les provinces lointaines. Psammétichus remporta des victoires sur ses frères vice-rois et établit la vingt-sixième dynastie sur toute l'Égypte. C'était un monarque éclairé et, sous son règne, l'art et la science reçurent un nouvel élan.


**164.** Après avoir vaincu la dodécarchie au moyen de ses auxiliaires grecs et tyriens, il installa ces troupes étrangères dans des camps permanents, le dernier près de Memphis, le premier près du bras pélusiaque du Nil. Ses soldats indigènes étaient si irrités d'être ainsi remplacés par des mercenaires étrangers, que beaucoup ont déserté et ont élu domicile en Éthiopie. Tant d'étrangers de toutes classes affluèrent alors vers les ports d'Égypte qu'une nouvelle caste de drogmans, ou interprètes, apparut. Psammétichus fit instruire son propre fils du grec, signe certain que les barrières qui séparaient jusqu'alors la vie intellectuelle de l'Égypte du reste du monde étaient désormais brisées.

**165.** Les barbares du nord qui avaient terrifié les Assyriens avaient maintenant envahi la Palestine et menaçaient d'envahir l'Égypte ; mais les messagers de Psammétique les rencontrèrent à Ascalon avec des pots-de-vin qui les incitèrent à revenir.

605 avant JC.

**166.** BC 610-594. Sous le règne de Necho , fils de Psammétique , la marine et le commerce de l'Égypte furent considérablement accrus, et l'Afrique fut pour la première fois contournée par une flotte égyptienne. Cette expédition a traversé la mer Rouge. À deux reprises, les marins débarquèrent, campèrent, semèrent du grain et attendirent la récolte. Après avoir récolté leur récolte, ils repartirent et, la troisième année, arrivèrent en Égypte par la Méditerranée. Les conquêtes étrangères de Necho peuvent même être comparées à celles du grand Ramsès, car il élargit ses domaines à tout le pays entre l'Égypte et l'Euphrate. Mais il rencontra un ennemi plus puissant en la personne de Nabuchodonosor, et lorsqu'il s'enfuit du champ de Karkemish , toutes ses conquêtes asiatiques tombèrent entre les mains du grand Babylonien.

569-525 avant JC.

**167.** avant JC 588-569. Son petit-fils, Apries , le pharaon- hophra de l'Écriture, reprit les projets guerriers de Necho . Il assiégea Sidon, livra une bataille navale avec Tyr et conclut une alliance infructueuse avec Sédécias, roi de Juda, contre Nabuchodonosor. Il fut déposé et son successeur, Amasis , tint d'abord sa couronne comme tributaire du Babylonien. Il s'est ensuite rendu indépendant ; et de nombreux monuments à travers l'Égypte témoignent de son encouragement libéral aux arts, tandis que sa politique étrangère enrichissait le pays. Il entretenait des relations amicales avec la Grèce et ses colonies, et de nombreux marchands grecs s'installèrent en Égypte.

**168.** Alarmé par la puissance croissante de la Perse, il chercha à se renforcer par des alliances avec Crésus de Lydie et Polycrate de Samos. La précaution fut inefficace, mais Amasis ne vécut pas assez longtemps pour voir la ruine de son pays. Cambyse, roi de Perse, était déjà en marche à la tête d'une grande armée, lorsque Psamménite , fils d'Amasis, lui succéda au trône d'Égypte. Le nouveau roi s'empressa de rencontrer l'envahisseur à Péluse , mais fut vaincu et contraint de s'enfermer à Memphis, sa capitale, où les Perses s'avancèrent maintenant pour l'assiéger. La ville fut prise et son roi fait captif, après un règne de six mois seulement. Un peu plus tard, il fut mis à mort ; et le royaume d'Égypte, après mille ans d'existence indépendante, devint une simple province de l'empire perse, en 525 av.

## RÉCAPITULATION.

Très tôt, l'Égypte était très civilisée, mais pas unie, car elle se composait de nombreux nomes indépendants gouvernés par des prêtres. Ménès construisit Memphis et fonda l'Empire de Haute et de Basse-Égypte, gouverné par vingt-six dynasties avant la conquête perse. Sésorchères fonda la Troisième Dynastie ; Sesonchose patronnait tous les arts et son fils améliorait les lois et le culte. La Quatrième Dynastie construisit de nombreuses pyramides, tandis que la Deuxième et la Cinquième régnaient en tant que personnes à charge à This et à Éléphantine. L'Égypte fut ensuite divisée en cinq royaumes et devint soumise aux Hyksos d'Asie, qui asservirent le peuple et, après un certain temps, soumirent tout le pays, à l'exception des Xois dans le Delta. Au début de leur invasion, la XIIe dynastie régna à Thèbes avec une grande puissance et une grande splendeur.

En 1525 avant JC, Amosis mena une révolte qui expulsa les Hyksos et fonda la XVIIIe dynastie à Memphis. Plusieurs reines ont été hautement honorées. Le peuple était prospère, mais les Hébreux captifs étaient opprimés. Thoutmès III construisit de nombreux palais ; Séti a reconquis la Syrie ; et son fils, Ramsès le Grand, remporta des victoires en Europe, en Asie et en Afrique. Sous le règne de Menephthé, les Israélites furent conduits hors d'Égypte par Moïse. Sous la vingtième dynastie, l'art, l'entreprise et la puissance de l'Égypte déclinèrent. La XXIe dynastie était composée de prêtres ; le vingt-deuxième, de soldats. Le vingt-quatrième fut renversé par Sabaco l'Éthiopien ; la Vingt-cinquième, qu'il fonda, fut, à son tour, réduite par les Assyriens. Après trente ans de soumission, l'Égypte fut délivrée et unifiée par Psammétique, avec l'aide de troupes étrangères. Necho, son fils, réussit dans de nombreuses entreprises navales et militaires, mais fut finalement vaincu par Nabuchodonosor, à la bataille de Karkemish. Apries fut déposé par le même roi et Amasis monta sur le trône en tant que vice-roi de Babylone. Son fils, Psamménite, fut conquis par Cambyse et l'Égypte devint une province perse.

## RELIGION D'ÉGYPTE.

**169.** La religion des anciens Égyptiens était un mélange déroutant de grandes conceptions et de superstitions dégradantes. Aucun autre peuple ancien n'avait une assurance aussi ferme de l'immortalité, ni ne sentait ses motivations affecter si intimement sa vie quotidienne ; pourtant aucun autre n'a poussé ses idolâtries à un extrême aussi avilissant et ridicule. La contradiction est en partie résolue si l'on rappelle deux distinctions : la première s'appliquant principalement au monde antique et païen, entre la religion des prêtres et celle du peuple ; la seconde existe partout, même dans la Vraie Foi, entre la théorie et la pratique, entre l'enseignement idéal et le caractère personnel de ceux qui le reçoivent.

**170.** Les livres sacrés des Egyptiens contenaient le système adopté par les prêtres. Leur doctrine fondamentale était que Dieu est Un, non représenté et invisible. Mais à mesure que Dieu agit sur le monde, ses divers attributs ou modes de manifestation étaient représentés sous diverses formes. En tant que Créateur, il était Phtha ; en tant que Révélateur, il était Amon ; en tant que bienfaiteur et juge des hommes, il était Osiris ; et ainsi de suite à travers une liste interminable de personnages primaires, secondaires et tertiaires qui, pour les ignorants, devenaient autant de divinités distinctes. Une partie de sa vie divine était même censée résider dans les plantes et les animaux, qui étaient donc chéris et vénérés par les ignorants. Car ce qui pour les sages n'était que des symboles, pour le peuple devenait des objets d'adoration distincts ; et les prêtres égyptiens, comme tous les autres philosophes païens, dédaignaient de répandre la lumière qu'ils possédaient. Ils méprisaient le peuple, qu'ils jugeaient incapable de comprendre les mystères sacrés, et ne leur enseignaient que les doctrines commodes qui les soumettraient à l'autorité royale et sacerdotale.

**171.** Le peuple croyait donc en huit dieux du premier ordre, douze du deuxième et sept du troisième ; mais chacun d'eux était adoré sous de nombreux titres, ou en rapport avec différents lieux. Isis était donc surnommée Myriônyma , ou « aux dix mille noms ». Le soleil et la lune étaient admis à leur culte ; le premier comme représentant le pouvoir vivifiant de la divinité, le second comme régulateur du temps et messager du ciel. La lune était représentée par Thot à tête d'ibis, qui correspond au grec Hermès, le dieu des lettres et enregistreur de toutes les actions humaines.

**172.** Un principe du mal était vénéré, très tôt, sous le nom de Seth, le Satan de la mythologie égyptienne. Il était représenté sur un monument comme apprenant à un roi à se servir d'un arc. Le péché est ailleurs représenté comme un grand serpent, ennemi des dieux et des hommes, tué par la lance d'Horus, l'enfant d'Isis. Il semble impossible de douter que les Égyptiens aient conservé certaines traditions des promesses faites à Ève. Plus tard, le culte du principe maléfique fut aboli et les images de Seth aux oreilles carrées furent sculptées sur les monuments.

**173.** L'article le plus intéressant de la mythologie égyptienne est l'apparition d'Osiris sur terre pour le bien de l'humanité, sous le titre de Manifesteur de Bonté et de Vérité ; sa mort par la malice du malin ; son enterrement et sa résurrection, et sa fonction de juge des morts. Dans toutes les régions de l'Égypte et à toutes les périodes de son histoire, Osiris était considéré comme le grand arbitre du futur État.

**174.** Dans les premiers temps, on pratiquait des sacrifices humains, comme le prouve le sceau sacrificiel qu'on avait coutume d'apposer sur la victime, et dont on retrouve fréquemment des copies dans les tombeaux. Il représente une figure humaine agenouillée, liée, et attendant la descente du couteau qui brille dans la main d'un prêtre. Mais cette pratique fut abolie par Amosis (1525-1499 av. J.-C.) qui ordonna qu'un nombre égal d'effigies de cire soient offertes à la place des victimes humaines.

**175.** Le culte des animaux était l'élément le plus révoltant des cérémonies égyptiennes. Dans toute l'Égypte, le bœuf, le chien, le chat, l'ibis, le faucon et les poissons lépidote et oxyrrynchus étaient considérés comme sacrés. A côté de cela, il y avait d'innombrables idolâtries locales. Mendes adorait le bouc ; Heracleop'olis , l'ichneumon ; Cynopolis , le chien ; Lycopolis , le loup ; A´thribis , la musaraigne-souris ; Saïs et Thèbes, le mouton ; Babylone près de Memphis, le singe, etc. Le taureau Apis , à Memphis, était encore plus honoré ; le veau Mne´vis , à Héliopolis ; et les crocodiles d' Om'bos et d'Arsin'oë . Ceux-ci étaient entretenus dans leurs stalles par des prêtres et adorés par le peuple avec un profond respect. Apis , symbole vivant d'Osiris, passait ses journées dans un Apeum rattaché au Sérapéum de Memphis. A sa mort , il fut embaumé et enterré d'une manière si magnifique que les personnes chargées de la cérémonie étaient souvent ruinées par la dépense. Il était censé être le fils de la lune et était connu par un triangle ou un carré blanc sur son front noir, la figure d'un vautour sur son dos et d'un scarabée sous sa langue. Il n'a jamais été autorisé à vivre plus de vingt-cinq ans. S'il paraissait susceptible de survivre à cette période, il était noyé dans la fontaine sacrée et on cherchait un autre Apis . L'alchimie des prêtres avait déjà produit les taches blanches voulues dans le poil noir de quelque jeune veau, et le candidat n'était jamais recherché en vain. Lors de la crue annuelle du Nil, une fête de sept jours était organisée en l'honneur d'Osiris.

**176.** Les différences de culte conduisaient parfois à d'amères inimitiés entre les différents nomes . Ainsi, à Ombos , le crocodile était vénéré, tandis qu'à Tentyra , il était chassé et abhorré ; Am'un à tête de bélier était un objet d'adoration à Thèbes, et le mouton était un animal sacré, tandis que la chèvre était tuée pour se nourrir ; à Mendes, la chèvre était adorée et le mouton était mangé. Les Lycopolites mangeaient également du mouton en complément des loups, qu'ils vénéraient.

**177.** Si nous passons des rites triviaux aux effets moraux de la foi égyptienne, nous trouvons davantage de choses à respecter. Les récompenses et les punitions d'une vie future étaient de puissantes incitations à agir correctement dans le présent. A la mort, tous devenaient égaux : le roi ou le plus haut pontife, à égalité avec le plus petit troupeau de porcs, devait être acquitté par les juges avant que son corps ne puisse passer le lac sacré et être enterré avec ses pères. Chaque nome avait son lac sacré, à travers lequel passaient tous les cortèges funéraires se dirigeant vers la cité des morts. Du côté le plus proche des demeures des vivants, ont été trouvés les restes de multitudes qui n'ont pas réussi l'épreuve, et dont les corps ont été ignominieusement rendus à leurs amis, pour être éliminés de la manière la plus rapide.

**178.** A côté du tribunal terrestre de quarante-deux juges, qui décidaient du sort du corps, on croyait que l'âme devait passer devant le tribunal divin avant de pouvoir entrer dans la demeure des bienheureux. Le Livre des Morts, le seul encore découvert des quarante-deux livres sacrés des Égyptiens, contient une description du procès d'une âme défunte. Il est représenté au cours de son long voyage comme occupé de prières et de confessions. Quarante-deux dieux occupent le siège du jugement. Osiris préside ; et devant lui sont les balances, dans l'une desquelles est placée la statue de la Justice parfaite ; dans l'autre, le cœur du défunt. L'âme des morts regarde la balance, tandis qu'Horus examine le plomb indiquant dans quelle direction le faisceau prépondère ; et Thot, le Justificateur, enregistre la phrase. Si cela est favorable, l'âme reçoit une marque ou un sceau « Justifié ».

**179.** Les temples d'Égypte sont les plus grands monuments architecturaux du monde. Celui d' Amon , dans une riche oasis à vingt journées de Thèbes, était l'un des oracles antiques les plus célèbres. A proximité, dans un bosquet de palmiers, s'élevait une source chaude, la Fontaine du Soleil, dont le bouillonnement et la fumée étaient censés être des signes de la présence divine. L'oasis était un lieu de repos pour les caravanes qui passaient entre l'Egypte et les régions intérieures de la Nigritie ou du Soudan ; et de nombreuses offrandes riches furent déposées dans le temple par des marchands, reconnaissants d'avoir si près échappé aux périls du désert, ou désireux de gagner la faveur d'Amon pour leur voyage qui venait de commencer.

**180.** Les Égyptiens étaient divisés en castes, ou rangs, distingués par des professions. Ceux-ci ont été numérotés de trois à sept. Les prêtres se tenaient au premier rang, les soldats ensuite ; au-dessous se trouvaient les laboureurs, qui peuvent être divisés en jardiniers, bateliers, artisans de diverses sortes et bergers, ces derniers comprenant des troupeaux de chèvres et de porcs, ces derniers étant considérés comme les plus bas de tous.

**181.** La terre, au moins sous le nouvel empire, appartenait exclusivement au roi, aux prêtres et aux soldats. À l'époque où Joseph l'Hébreu était premier ministre, tous les autres propriétaires cédaient leurs terres à la couronne [18], n'en conservant la possession qu'à condition de payer un loyer annuel d'un cinquième du produit.

**182.** Le roi était le représentant de la divinité, et donc le chef non seulement du gouvernement mais de la religion de l'État. Son titre, Phrah (Pharaon), signifiant le Soleil, le prononçait comme l'emblème du dieu de la lumière. C'était son droit et sa fonction de présider le sacrifice et de verser les libations aux dieux.

**183.** En raison de ses grandes responsabilités, le roi d'Egypte avait moins de liberté dans ses habitudes personnelles que le plus bas de ses sujets. Les livres sacrés contenaient des règlements minutieux concernant sa nourriture, sa boisson, son habillement et l'emploi de son temps. Aucune indulgence, quelle qu'elle soit, ne devait être poussée à l'excès. Aucun esclave ou mercenaire n'était autorisé à exercer des fonctions autour de sa personne, de peur qu'il ne s'imprègne d'idées indignes d'un prince ; mais les nobles du plus haut rang avaient seuls le privilège de le fréquenter. Le rituel du culte de chaque matin chantait les vertus des anciens rois et lui rappelait ses propres devoirs. Après sa mort, son corps fut placé dans un tribunal public, où tous ses sujets pouvaient venir porter des accusations ; et s'il s'avérait que sa conduite dans la vie était indigne de sa haute position, il était à jamais exclu du sépulcre de ses pères.

**184.** L'ordre sacerdotal possédait un grand pouvoir dans l'État, et, en ce qui concerne le souverain, on ne peut nier qu'il en usât bien. Ils se distinguaient par leurs habitudes de vie simples et tempérées. Ils étaient si attentifs à ce que le corps « repose légèrement sur l'âme », qu'ils ne prenaient que de la nourriture de la plus simple qualité et en quantité limitée, s'abstenant de nombreux articles, tels que le poisson, le mouton, la chair de porc, les haricots, les pois, l'ail, les poireaux. et les oignons, qui étaient utilisés par le peuple. Ils se baignaient deux fois par jour et deux fois pendant la nuit, certains parmi les plus stricts , dans une eau qui avait été goûtée par leur oiseau sacré, l'ibis, afin d'avoir des preuves incontestables de sa propreté. Par cet exemple d'abstinence, de pureté et d'humilité, ainsi que par leur réputation d'érudition, les prêtres égyptiens établirent un contrôle presque illimité sur le peuple. Leur connaissance des sciences physiques leur permettait, par des illusions d'optique et d'autres astuces, d'exciter la terreur et la crainte superstitieuse de leurs spectateurs ignorants. Leur pouvoir réputé ne s'arrêtait pas non plus avec cette vie, car ils pouvaient refuser à n'importe quel homme le passeport pour le « monde extérieur », qui seul pouvait assurer son bonheur éternel.

**185.** La science médicale a été cultivée par les prêtres même dans les âges les plus reculés. La pratique universelle de l'embaumement était exercée par les médecins, ce qui leur permettait d'étudier les effets de diverses maladies, par l'examen du corps après la mort. Les monarques asiatiques envoyèrent leurs médecins en Égypte, et le sol prolifique de la vallée du Nil fournissait des médicaments au monde entier. À ce jour, les caractères utilisés par les apothicaires pour désigner les drams et les céréales sont des chiffres égyptiens adoptés par les Arabes.

**186.** Les soldats, lorsqu'ils ne servaient ni dans les guerres étrangères, ni dans les garnisons, ni à la cour, étaient installés sur leurs propres terres. Celles-ci étaient situées principalement à l'est du Nil ou dans le Delta, car c'était dans ces régions que le pays était le plus exposé aux invasions hostiles. Chaque soldat se voyait attribuer environ six acres de terre, exempts de tout impôt ou tribut. Grâce aux recettes, il a financé les dépenses de ses propres armes et équipements.

**187.** Sur les murs de leurs tombeaux se trouvent des représentations vivantes de la vie quotidienne des Égyptiens. Leurs industries, telles que le soufflage du verre, le tissage du lin, la fabrication de cordes, etc., ainsi que leurs récréations communes de chasse, de pêche, de jeu de balle, de lutte et de scènes domestiques, comme dans les divertissements de société, sont toutes représentés en sculptures ou en peintures sur les murs de Thèbes ou de Beni- hassan . Des poupées et autres jouets d'enfants se trouvent dans les tombes ; et il est évident que les Égyptiens avaient tellement familiarisé l'idée de la mort qu'ils se sont débarrassés des associations sombres et douloureuses dont elle est souvent entourée. Le corps, après avoir été préparé pour le tombeau, était ramené à la maison de sa demeure, où il était gardé jamais moins de trente jours, et parfois même un an, des fêtes étant données en son honneur, et il étant toujours présent en compagnie. d'invités. À partir du moment où les quarante-deux juges eurent prononcé leur verdict favorable au bord du lac, les lamentations du cortège funèbre se changèrent en chants de triomphe, et le défunt fut félicité de son admission dans la compagnie glorifiée des amis de Osiris.

## CARTHAGE.

**188.** Vers 850 avant JC, Didon, sœur de Pygmalion, roi de Tyr , ayant été cruellement lésée par son frère dans le meurtre de son mari Acerbas , résolut de s'échapper de ses domaines et d'établir un nouvel empire. Accompagnée de quelques nobles tyriens mécontents du règne de Pygmalion, elle navigua dans une flotte chargée des trésors de son mari, et vint enfin jeter l'ancre dans une baie de la côte nord de l'Afrique, à environ six milles au nord de l'actuel Tunis.

**189.** Les indigènes libyens, qui connaissaient la valeur du commerce et la richesse des colonies phéniciennes , étaient enclins à être amicaux ; mais leur première transaction avec les nouveaux colons ne promettait d'avantages qu'à un seul côté. Didon proposa de leur louer autant de terrain qu'il était possible de le couvrir d'une peau de bœuf. Le loyer annuel étant réglé, elle ordonna alors de couper la peau en bandes les plus fines possibles, et entoura ainsi une grande partie du terrain, sur laquelle elle construisit la forteresse de Byrsa

. La colonie prospéra cependant et fut renforcée par l'alliance d'Utique et d'autres colonies tyriennes situées sur la même côte. Par des arrangements similaires avec les Libyens, la reine obtint l'autorisation de construire la ville de CARTHAGE , qui devint le siège d'un grand empire commercial.

**190.** Alors que la Ville Nouvelle [19] atteignait un haut degré de puissance et de richesse, Hiar'bas , un roi voisin, envoya demander un mariage avec Didon, menaçant de guerre en cas de refus. La reine parut consentir pour le bien de son état ; mais au bout de trois mois de préparation, elle monta sur un bûcher sur lequel des sacrifices avaient été offerts aux ombres d' Acerbas , et déclarant à son peuple qu'elle allait chez son mari, comme ils l'avaient désiré, plongea un l'épée dans sa poitrine. Didon a continué à être vénérée comme une divinité à Carthage aussi longtemps que la ville a existé.

585 avant JC.

**191.** Jusqu'à présent , notre histoire est mêlée de fable, bien qu'elle contienne sans aucun doute une grande proportion de vérité. Ce que nous savons avec certitude, c'est que la dernière colonie de Tyr devint bientôt la plus puissante ; qu'elle s'est développée grâce à l'alliance et à l'immigration des Libyens voisins, ainsi que de ses colonies sœurs ; et qu'elle a gagné en richesse grâce à la destruction [20] de sa ville mère lors des guerres babyloniennes. Tandis que le commerce levantin de Tyr tomba aux mains des Grecs, celui de l'Occident fut naturellement hérité par les Carthaginois.

**192.** Les tribus africaines, auxquelles les colons furent d'abord obligés de payer tribut pour le peu d'avantage qu'elles possédaient, furent finalement totalement soumises. Ils cultivaient leurs terres au profit de Carthage, et pouvaient à tout moment être contraints de contribuer la moitié de leurs biens mobiliers à son trésor, et tous leurs jeunes hommes à ses armées. Les colonies phéniciennes se formèrent peu à peu en une confédération dont Carthage était la tête, bien qu'elle ne possédât aucune autorité au-delà de la direction naturelle des plus puissants. Ses domaines s'étendaient vers l'ouest jusqu'aux colonnes d'Hercule et le long de la côte africaine jusqu'à l'extrémité de la chaîne de l'Atlas ; à l'est, ses limites furent fixées, après une longue lutte avec la ville grecque de Cyrène , au fond de la Grande Syrte, ou golfe, qui découpe la rive nord.

**193.** Non contente de ses domaines continentaux, Carthage prit possession de la plupart des îles de la Méditerranée occidentale. La côte de Sicile était déjà parsemée de comptoirs phéniciens . Ceux-ci passèrent sous le contrôle de Carthage ; et bien que surpassée en termes de prospérité par les villes libres des Grecs, notamment Agrigente et Syracuse , la partie occidentale de l'île resta longtemps une possession précieuse. Les îles Baléares étaient occupées par les troupes carthaginoises. La Sardaigne fut conquise au terme d'un conflit long et sévère et devint une station très importante pour le commerce avec l'Europe occidentale. Des colonies furent établies en Corse et en Espagne, tandis que, dans l'Atlantique, les îles de Madère et des Canaries furent très tôt soumises.

**194.** Ces conquêtes ont été réalisées principalement grâce à des mercenaires étrangers venus à la fois d'Europe et d'Afrique. Au sud et à l'ouest de Carthage se trouvaient les tribus barbares mais généralement amicales de Numidie et de Mauritanie ; et ses marchands, au cours de leurs voyages, avaient de fréquents rapports avec les races guerrières de l'Espagne, de la Gaule et de l'Italie du Nord. On dit que les Carthaginois mélangeaient ces diverses nations dans leurs armées de telle manière que la différence de langue pouvait empêcher leur complot.

**195.** La marine de Carthage jouait un rôle d'une grande importance dans la protection de son commerce contre les essaims de pirates qui infestaient la Méditerranée. Les galères étaient propulsées par des rames aux mains d'esclaves, mais les officiers et les marins étaient généralement des Carthaginois indigènes. Grâce à ces forces terrestres et navales, Carthage devient pendant plusieurs siècles la maîtresse incontestée de la Méditerranée centrale et occidentale.

509 avant JC.

**196.** Vers le milieu du VIe siècle avant J.-C., un grand rival commercial apparut dans les eaux occidentales. Les Grecs avaient commencé leur système de colonisation ; Ils avaient ouvert un commerce avec Tartesus , multiplié leurs établissements en Sicile et en Corse, et construit Massilia près de l'embouchure du Rhône. Vers la fin de notre Première Période, les deux puissances entrèrent en violente collision, et la flotte grecque fut détruite par celle de Carthage, aidée par ses alliés étrusques. En même temps Rome, devenue puissante sous ses rois, devint libre par leur expulsion ; et les Carthaginois, jusqu'alors en bons termes avec les Italiens, conclurent un traité d'alliance avec la nouvelle République qui devait se révéler leur ennemi le plus implacable.

**197.** Le gouvernement de Carthage, sous les formes d'une république, était en réalité une aristocratie de la richesse. Les deux principaux officiers étaient les Suffetes qui, au début, comme les dirigeants hébreux depuis Josué jusqu'à Samuel, menaient le peuple à la guerre et le jugeaient en paix. Plus tard, leur fonction devint exclusivement civile et des généraux furent nommés au commandement militaire. Les Suffètes n'étaient élus que parmi certaines familles, et probablement à vie.

**198.** Vint ensuite le Conseil de plusieurs centaines de citoyens, parmi lesquels furent choisis des comités de cinq personnes pour administrer les différents départements de l'État. Plus tard, lorsque la maison de Magon fut

parvenue à un degré de puissance militaire qu'on croyait mettre en danger la
sécurité publique, on y ajouta un Conseil des Cent, devant lequel tous les
généraux revenant de la guerre furent obligés de se présenter et de se
présenter. rendre compte de leurs actes. Les jugements de ce tribunal étaient
si sévères, qu'un général malheureux préférait souvent se suicider sur le
champ de bataille plutôt que d'obtenir ses récompenses. Avec les deux juges
et les deux grands prêtres, ce conseil constituait la Cour suprême de la
République.

**199. Le Conseil plus large, ou Sénat, recevait** les ambassadeurs
étrangers , délibérait sur toutes les affaires d'État et décidait des questions de
guerre ou de paix, avec une certaine déférence envers l'autorité des Suffètes.
Si les juges et le Sénat ne parvenaient pas à s'entendre, on faisait appel au
peuple.

**200.** La religion de Carthage était la même que celle de Tyr , avec en plus
le culte de deux ou trois divinités grecques, que les Carthaginois crurent
devoir apaiser par des sacrifices après avoir détruit leurs temples en Sicile.
Chaque armée était accompagnée d'un prophète ou devin, sans la direction
duquel rien ne pouvait se faire. Les généraux offraient fréquemment des
sacrifices, même pendant le déroulement d'une bataille. Il n'y avait pas de
sacerdoce héréditaire, comme en Égypte, mais les fonctions sacerdotales
étaient remplies par les plus hautes personnes de l'État, parfois même par les
fils des rois ou des juges. Dans chaque nouvelle colonie, un sanctuaire était
érigé afin que la religion de la mère patrie puisse croître avec son
gouvernement et son commerce. Chaque année, une flotte quittait Carthage,
chargée de riches offrandes et portant une ambassade solennelle au
sanctuaire de l'Hercule tyrien. Les sacrifices humains et autres rites hideux du
culte phénicien prévalaient à Carthage ; et bien que ces traits aient été quelque
peu adoucis par le progrès de la civilisation, nous trouverons suffisamment
de traces, dans les pages futures de son histoire, de cette cruauté qui donne
une tache si sombre dans le caractère de la race entière.

**201.** Le commerce de Carthage se faisait à la fois par terre et par mer. Ses
caravanes traversaient le Grand Désert par des routes encore empruntées et
échangeaient les produits des pays du nord contre ceux de la Haute-Égypte,
de l'Éthiopie, du Fezzan et, peut-être, des régions les plus intérieures de la
Nigri'tie . Les manufactures de Carthage comprenaient des tissus fins, de la
quincaillerie, de la poterie et des harnais en cuir ; mais outre l'échange de ses
propres produits, elle possédait presque exclusivement le commerce de
transport entre les nations d'Afrique et l'Europe occidentale.

**202.** Les navires de Carthage pénétrèrent dans toutes les mers alors
connues ; et bien que confinés à la navigation côtière, ils explorèrent
l'Atlantique depuis la Norvège jusqu'au cap de Bonne-Espérance. Hannon,

fils d' Hamilcar , conduisit soixante navires transportant 30 000 colons vers les côtes occidentales de l'Afrique, où il implanta une chaîne de six colonies entre le détroit et l'île de Cerné . Il se dirigea ensuite vers le sud avec quelques-uns de ses navires jusqu'au fleuve Gambie et visita la Côte de l'Or, avec laquelle ses compatriotes entretenaient désormais un trafic régulier. A son retour, il plaça une inscription commémorative de ce voyage sur une tablette d'airain dans le temple de Cronos , à Carthage. Himilco , son frère, mena une autre expédition la même année sur la côte occidentale de l'Europe, mais l'histoire de celle-ci est perdue.

**203.** Ces voyages étendus dans l'intérêt du commerce amenaient les produits du monde sur les marchés carthaginois. On pouvait voir des mousselines de Malte ; huile et vin d'Italie; cire et miel de Corse ; le fer de l'île d'Elbe ; l'or, l'argent et le fer d'Espagne ; l'étain de Cornouailles et des îles Scilly ; l'ambre de la Baltique ; l'or, l'ivoire et les esclaves de Sénégambie
.

**204.** Alors que le commerce était une source de richesse si abondante, l'agriculture était la activité favorite des nobles et du peuple. Le sol fertile de la Libye rapportait au fermier au centuple. Les riches Carthaginois étaient si friands des travaux salubres des champs, qu'un de leurs grands hommes écrivit un ouvrage en vingt-huit volumes sur les méthodes d'agriculture ; et celui-là seul, de tous les trésors de leur littérature, fut jugé par leurs conquérants romains digne d'être conservé.

**205.** Nous avons légèrement anticipé le cours des événements, afin de présenter un récit connexe du gouvernement, de la religion et du commerce de Carthage. De ses guerres avec les Grecs siciliens, depuis la défaite désastreuse d'Hamilcar à Himera , en 480 avant JC, jusqu'à la paix de 304 avant JC, nous n'avons pas de place pour les détails. La dernière période de l'histoire carthaginoise, comprenant les guerres romaines et la destruction de la ville, se retrouvera dans le livre V.

# RÉCAPITULATION.

Carthage, colonie de Tyr , devint souveraine des rivages et des îles de la Méditerranée occidentale, rivale de la Grèce et alliée de Rome. Son armée et sa marine étaient en grande partie composées de mercenaires européens et africains. Son gouvernement était républicain, avec deux juges à sa tête, les affaires étrangères étant réglées par un conseil de citoyens. Les cérémonies religieuses réclamaient une grande part d'attention, tant en temps de guerre qu'en temps de paix. Le commerce s'est étendu par voie terrestre jusqu'à l'intérieur de l'Afrique ; par voie maritime, de la Baltique à l'Océan Indien ; et les produits du monde entier remplissaient les marchés carthaginois. L'agriculture était un emploi favori des nobles et des gens ordinaires.

## QUESTIONS À RÉVISER.
### Livre I.—Partie II.

| | | |
|---|---|---|
| 1. | Qu'y a-t-il de remarquable dans les débuts de l'histoire de l'Égypte ? | §§ 126-128. |
| 2. | Décrivez le premier monarque de l'Empire uni. | 129. |
| 3. | Ses successeurs dans la même dynastie. | 130. |
| 4. | Combien de dynasties avant la conquête perse ? | 163. |
| 5. | Décrivez les rois de la troisième dynastie. | 131 , 132 . |
| 6. | Les bâtisseurs de pyramides. | 133-135. |
| 7. | Quelles dynasties étaient soumises à la quatrième ? | 136. |
| 8. | Décrivez les divisions de l'Égypte et leurs conséquences. | 138 , 139 . |
| 9. | Les monuments de la XIIe dynastie. | 140. |
| dix. | La domination et le caractère des Hyksos. | 141 , 142 . |
| 11. | La montée du Nouvel Empire. | 143. |
| 12. | La famille de Thoutmès I. | 146 , 147 . |
| 13. | Nommez les rois restants de la XVIIIe dynastie. | 148 , 149 . |
| 14. | Qui a fondé la XIXe dynastie ? | 150. |
| 15. | Décrivez ses deuxième et troisième rois. | 150-152. |

# LIVRE II.
## L'Empire perse depuis l'ascension de Cyrus jusqu'à la chute de Darius.
### 558-330 avant JC.

**1.** Vers 650 avant JC, un peuple guerrier, originaire des hautes terres à l'est de la Caspienne, prit possession des collines situées au nord du golfe Persique. Ils appartenaient, comme les Mèdes, à la famille aryenne ou indo-germanique, et se distinguaient par un caractère plus robuste, plus simple et plus vertueux, et une foi plus pure, des habitants luxueux des plaines babyloniennes. La nation, telle qu'elle fut bientôt constituée, se composait de dix tribus, dont quatre demeuraient nomades, trois sédentaires pour la culture du sol et trois portaient les armes pour la défense générale. Parmi eux, les Pasargades étaient prééminents et formaient la noblesse de la Perse, occupant toutes les hautes fonctions dans l'armée et à la cour.

**2.** Le premier roi, Achéménès , était un Pasargadien , et de lui descendirent tous les rois perses ultérieurs. Pendant les cent premières années de son histoire, la Perse dépendait du royaume voisin de Médie. Mais peu après le milieu du VIe siècle avant Jésus-Christ, une révolution sous Cyrus renversa les relations de la monarchie médo -perse et prépara les fondations d'un grand empire qui devait s'étendre au-delà du Nil et de l'Hellespont à l'ouest. , et l'Indus à l'est.

**3.** Cyrus a passé une grande partie de ses premières années à la cour d' Astyages , son grand-père maternel, dans la ville aux sept murs d' Ecbatana . [21] La jeunesse courageuse et athlétique, habituée aux sports robustes et à la nourriture simple, méprisait le vin et la nourriture délicate, les visages peints et les vêtements de soie des nobles mèdes. Il comprit que leur force était gaspillée par le luxe et qu'en cas de collision, ils ne seraient pas à la hauteur de ses compatriotes guerriers. Au même moment, un groupe de jeunes Mèdes se rassembla autour de Cyrus, préférant ses vertus viriles à la pompe efféminée et à la tyrannie cruelle de leur roi, et impatients du moment où il devrait être leur dirigeant.

558 avant JC.

**4.** Quand tout fut prêt, le prince perse rassembla ses compatriotes et les persuada de devenir indépendants des Mèdes. Astyages leva une armée pour réprimer la révolte, mais lorsque les deux forces se rencontrèrent à Pasargadæ , la plus grande partie des Mèdes passa du côté des Perses. Dans une seconde bataille, Astyages fut fait prisonnier, et la souveraineté de la Médie resta au vainqueur.

**5.** Le règne de Cyrus fut plein d'entreprises guerrières. Au moment où il avait soumis les villes mèdes, Crésus , [22] roi de Lydie, était devenu alarmé par sa puissance croissante et avait incité l'Égypte, Babylone et les Grecs à s'y opposer. Il traversa la Halys et rencontra l'armée de Cyrus près de Sinope , en Cappadoce . Aucun des deux partis n'a remporté de victoire ; mais Crésus , trouvant son nombre inférieur, se retira vers sa capitale, pensant passer l'hiver avec de nouveaux préparatifs. Cyrus le poursuivit jusqu'aux portes de Sardes et le battit dans une bataille décisive. La ville fut prise, et Crésus dut sa vie à la merci de son vainqueur. Son royaume, qui comprenait toute l'Asie Mineure à l'ouest de l' Halys , fut ajouté à l'empire perse.

**6.** Les monarques d'Asie avaient trois méthodes pour maintenir leur domination sur les pays qu'ils avaient conquis : 1. Une grande armée permanente était maintenue sur le sol, aux dépens des vaincus. 2. En cas de révolte, des nations entières étaient parfois transportées sur des milliers de kilomètres, généralement vers les îles du golfe Persique ou de l'océan Indien, tandis que leurs places étaient occupées par des émigrés dont la loyauté était assurée. 3. Une politique plus nuisible, quoique apparemment plus indulgente, obligeait un peuple guerrier à adopter des manières luxueuses et efféminées. Tel fut le traitement réservé aux Lydiens, selon les conseils de leur roi captif. Crésus était désormais le conseiller de confiance de Cyrus. En vue de sauver son peuple des misères du transport, il suggéra qu'il soit privé de ses armes, obligé de se vêtir de vêtements souples et d'entraîner sa jeunesse aux habitudes du jeu et de la boisson, les rendant ainsi à jamais incapables de perturbant la domination de leurs conquérants. D'une race courageuse, guerrière et industrieuse, les Lydiens se transformèrent en indolents amateurs de plaisirs, et leur pays resta une province soumise de l'empire de Cyrus.

**7.** PRISE DE BABYLONE. Laissant Harpagus pour achever la conquête des Grecs asiatiques, Cyrus se tourna vers l'est, où il visait la plus grande gloire de soumettre l'Assyrie. Nabonadius , [23] le roi babylonien, croyait que les murs de sa capitale étaient à l'épreuve des assauts ; mais il fut vaincu, et la grande ville devint la proie du vainqueur. Les écrits de Daniel, qui résidait à la cour de Nabonadius et fut témoin du renversement de son royaume, nous informent que Darius le Mède prit Babylone, âgé d'environ soixante-deux ans. Il est probable que Darius était un autre nom d'Astyages lui-même, qui, privé de son propre royaume, fut compensé par le gouvernement de la plus magnifique ville de l'Orient. Ses décrets arbitraires concernant Daniel et ses accusateurs s'accordent bien avec le caractère d'Astyages.

**8.** RETOUR DES JUIFS. On se souvient que les Juifs étaient désormais captifs en Babylonie, où ils étaient restés soixante-dix ans depuis la destruction de leur Ville sainte par Nabuchodonosor . Cyrus, qui, comme les

Hébreux, croyait en un Dieu unique, trouvait que leur religion pure contrastait agréablement avec les rites corrompus et dégradants des Babyloniens. Il a peut-être été ému par les prophéties d'Isaïe, prononcées près de deux siècles auparavant, et par celles de Jérémie au moment de la captivité. (Ésaïe XLIV : 28, et XLV : 1-5 ; Jérémie XXV : 12, et XXVIII : 11.) Il se peut aussi qu'il ait eu des motifs plus égoïstes pour favoriser les Juifs, dans ses desseins sur l'Égypte, pensant que c'était un avantage d'avoir un peuple amical établi dans les forteresses de Juda. Quoi qu'il en soit, il accomplit les prophéties en ordonnant le retour des Israélites dans leur propre pays et la reconstruction du Temple de Jérusalem. Les 5 400 ustensiles d'or et d'argent de la Maison du Seigneur furent sortis du trésor babylonien et livrés au prince de Juda, qui reçut le titre persan Sheshbazzar , correspondant au Pacha moderne. Peu des premiers captifs avaient survécu, comme Daniel, pour assister au retour ; mais une compagnie de cinquante mille hommes, femmes et enfants fut bientôt rassemblée de leurs colonies sur l'Euphrate et le golfe Persique et se dirigea vers leur propre pays. (Lire Esdras I et II : 1, 64, 65, 68-70.) A leur arrivée, l'autel fut immédiatement dressé, les grandes fêtes rétablies , une concession de cèdres des forêts du Liban obtenue et des préparatifs faits pour reconstruire le Temple.

**9.** Cyrus n'a jamais réalisé en personne ses desseins sur l'Egypte. Il étendit ses conquêtes vers l'ouest jusqu'aux frontières de la Macédoine et vers l'est jusqu'à l'Indus. Certains des pays conquis furent laissés sous le contrôle de leurs rois indigènes ; certains reçurent des dirigeants perses. Tous furent rendus tributaires, mais la proportion de leur tribut n'était pas fixée. L'organisation de ce vaste domaine fut laissée aux successeurs de Cyrus.

529 avant JC.

**10.** Sa dernière expédition fut contre les Massa'getæ , une tribu qui habitait à l'est de la mer d'Aral. Les barbares qui parcouraient ces grandes plaines du nord étaient devenus de redoutables ennemis des empires civilisés du sud, mais ils furent si complètement maîtrisés par Cyrus qu'ils ne troublèrent plus la Perse pendant deux cents ans. Le vainqueur, cependant, perdit la vie dans une bataille avec Tom´yris , leur reine, et le gouvernement et l'extension de son empire furent laissés aux soins de son fils Cambyses .


**11.** En partant pour sa campagne scythe, Cyrus avait laissé en Perse son jeune cousin Darius , la satrapie de son père, Hystaspes . La nuit après avoir traversé l' Arax , il rêva qu'il voyait Darius avec des ailes sur les épaules, l'une éclipsant l'Asie et l'autre l'Europe. L'époque et la région étaient fertiles en rêves, et ceux-ci connurent un accomplissement remarquable.

**12.** RÈGNE DE CAMBYSE. 529-522 avant JC. Sans les capacités de son père, Cambyse hérita de son ambition guerrière et entreprit bientôt d'exécuter les plans de conquête africaine longtemps chéris par Cyrus. C'était un homme aux passions violentes, que son pouvoir illimité laissait sans leur juste retenue, et beaucoup de ses actes ressemblent plus à ceux d'un enfant volontaire et ignorant qu'à ceux d'un homme raisonnable.

**13.** L'Égypte, désormais gouvernée par Amasis , était la seule partie de la domination babylonienne qui n'avait pas cédé à Cyrus. Amasis avait commencé son règne en tant que vice-roi de Nabuchodonosor, mais lors du déclin de l'empire, il était devenu indépendant. Cambyse prépara sa campagne d'Égypte par la conquête de la Phénicie et de Chypre, les deux puissances navales de l'Asie occidentale. Il entra ensuite en Égypte avec une grande force composée de Perses et de Grecs. Amasis était mort récemment, mais son fils Psamménite attendait l'envahisseur près de l' embouchure pélusiaque du Nil. Une seule bataille décida du sort de l'Égypte. Psamménite fut vaincu et, avec ses partisans survivants, s'enferma à Memphis. Le siège fut de courte durée et, à sa fin, toute l'Égypte se soumit à Cambyse, qui assuma la pleine dignité des pharaons en tant que « seigneur des pays supérieurs et inférieurs ». Les Libyens voisins et les deux villes grecques, Cyrène et Barca, ont également envoyé leur soumission et offert des cadeaux.

**14.** Cambyse méditait alors trois expéditions : une par mer contre le grand empire commercial de Carthage ; un contre les Ammoniens du désert ; et un troisième contre les Éthiopiens de longue date, [24] dont le pays était réputé riche en or. La première fut abandonnée, parce que les Phéniciens refusaient de servir contre une de leurs propres colonies. Cambyse envoya à ces derniers peuples une ambassade des Ichthyophagi , qui vivaient sur les bords de la mer Rouge et comprenaient leur langue. Ceux-ci étaient chargés de porter des cadeaux au roi macrobien et de l'assurer que le monarque perse désirait son amitié. L'Éthiopien répondit en termes clairs : « Le roi de Perse ne vous a pas envoyé parce qu'il appréciait mon alliance, et vous ne dites pas non plus la vérité, car vous êtes venus comme espions de mon royaume. Il n'est pas non plus un homme juste ; car s'il était juste, il ne désirerait d'autre terre que la sienne, et il ne réduirait pas en servitude les gens qui ne lui ont fait aucun mal. Cependant, donnez-lui cet arc, et dites-lui ces paroles : Le roi des Éthiopiens conseille au roi des Perses, lorsque ses Perses peuvent ainsi facilement tirer un arc de cette taille, de faire la guerre aux Éthiopiens qui vivent longtemps avec une armée plus nombreuse ; mais en attendant, qu'il remercie les dieux, qui n'ont pas inspiré aux fils des Éthiopiens le désir d'ajouter un autre pays au leur.

**15.** Lorsque Cambyse entendit la réponse de l'Éthiopien, il fut furieux, et sans la prévoyance militaire habituelle pour fournir des magasins de nourriture, il mit immédiatement son armée en mouvement. Arrivé à Thèbes, il envoya un détachement de 50 000 hommes pour détruire le temple et l'oracle d'Amon [25] dans l'Oasis. Cette armée fut enterrée dans les sables du désert, sans même apercevoir Ammonium . L'armée principale de Cambyse fut presque également malheureuse. Avant qu'un cinquième de son voyage ne soit achevé, ses provisions étaient épuisées. Les bêtes de somme étaient alors mangées et la vie était entretenue un peu plus longtemps grâce aux herbes cueillies sur le sol. Mais lorsqu'ils atteignirent le désert, la nourriture et l'eau manquèrent, et les malheureux furent réduits à manger certains de leurs camarades tirés au sort. À ce moment-là, même la colère du roi était épuisée, et il consentit à rebrousser chemin ; mais il arriva à Memphis avec une petite partie de l'armée qui l'avait accompagné dans cette entreprise mal concertée.

**16.** Il trouva les Memphiens célébrant une joyeuse fête en l'honneur du dieu Apis , qui venait de reparaître. [26] Le Persan était de mauvaise humeur à cause de ses récents désastres et choisissait de croire que les Égyptiens se réjouissaient de ses malheurs. Il ordonna que le nouvel Apis soit amené en sa présence. Lorsque l'animal parut, il sortit son poignard et le transperça à la cuisse ; puis, riant bruyamment, il s'écria : « Vous, imbéciles, existe-t-il des dieux comme celui-ci, composés de sang et de chair, et sensibles à l'acier ? C'est vraiment un dieu digne des Égyptiens ! Il ordonna à ses officiers de fouetter les prêtres et de tuer toutes les personnes trouvées en train de festoyer. Les Égyptiens croyaient que Cambyse était immédiatement frappé de folie en guise de punition pour ce sacrilège. Une raison peut être trouvée pour son traitement méprisant envers Apis dans cette haine perse de l'idolâtrie qui le conduisit à briser même les images colossales des rois devant de nombreux temples, et le fit considérer par les anciens voyageurs comme le grand iconoclaste de l'Égypte.

**17.** La folle carrière de Cambyse touchait à sa fin. Avant de quitter la Perse, il avait provoqué l'assassinat secret de son jeune frère Bardes ou, comme l'appelaient les historiens grecs, Smerdis , à qui leur père avait laissé le gouvernement de plusieurs provinces. Il était sur le point de quitter l'Égypte, lorsqu'on apprit que Smerdis s'était révolté contre lui. Le roi se doutait désormais d'avoir été trahi par le messager trop fidèle qu'il avait envoyé pour tuer son frère. Le chef de la révolte n'était cependant ni de sang royal ni de sang persan. Gomatès , un mage, avait été laissé par Cambyse, intendant de son palais à Suse. Cet homme conspira avec son ordre dans tout l'empire pour un soulèvement des Mèdes contre les Perses et pour la suppression de la religion réformée que ces derniers avaient introduite. Se trouvant ressemblant au fils cadet de Cyrus, il annonça hardiment au peuple que Smerdis , frère de Cambyse, réclama leur obéissance. L'histoire paraissait crédible, car la mort du prince avait été délibérément gardée secrète, de sorte que presque tout le monde, à l'exception de Praxaspés et de son maître, le croyait encore en vie.

**18.** Cambyse était déjà en Syrie lorsqu'il reçut un héraut qui exigeait l'obéissance de l'armée à Smerdis , fils de Cyrus. Pris dans ses propres labeurs, le roi déplora en vain d'avoir assassiné, par jalousie insensée, le seul homme qui aurait pu dénoncer la fraude et qui aurait pu être le meilleur soutien et défenseur de son trône. Accablé de chagrin et de honte, il sauta à cheval pour commencer son voyage vers la Perse, mais ce faisant, son épée fut dégainée et entra dans son côté, lui infligeant une blessure mortelle. Il s'attarda trois semaines, pendant lesquelles il montra plus de raison que dans toute sa vie auparavant. Il avoua et déplora le meurtre de son frère, et supplia les nobles perses de vaincre le trompeur Mage et de conférer le royaume à un autre digne. Il n'avait ni fils ni frère pour lui succéder. Il avait régné sept ans et cinq mois.

**19.** RÈGNE DES PSEUDO- SMERDIS . 522-521 avant JC. Comme c'est le juste châtiment des menteurs de ne pas être cru même lorsqu'ils disent la vérité, la dernière confession de Cambyse était généralement considérée comme l'opération la plus astucieuse de sa vie. Les nobles, qui ignoraient la mort de Smerdis , croyaient que c'était bien lui qui régnait à Suse, et que son frère avait inventé l'histoire du Mage pour rendre plus certaine sa détrônation. Le prétendu roi vivait dans une grande retraite, ne quittant jamais son palais et ne permettant aux divers membres de sa maison d'avoir aucun rapport avec leurs parents. Tous les ordres ont été émis par son premier ministre. Il ferma les temples zoroastriens, rétablit le sacerdoce des mages et ordonna l'arrêt de la reconstruction de Jérusalem. (Lire Esdras IV : 17-24.) Ces changements religieux, qu'aucun prince achéménien n'aurait pu favoriser, commencèrent à éveiller les soupçons. Sept grands princes de la race royale, ayant appris par un espion dans le palais que le prétendu monarque n'était qu'un mage que Cyrus avait privé de ses oreilles, formèrent une ligue pour le détrôner. Leur attaque audacieuse fut couronnée de succès ; le Mage fut poursuivi en Médie et tué après un règne de huit mois ; et Darius Hystaspes , [27] l'un des sept conspirateurs, fut finalement choisi pour être roi.

**20.** RÈGNE DE DARIUS I. BC 521-486. Les premières années de Darius furent troublées par des rébellions qui ébranlèrent son trône jusqu'à ses fondements. Pas moins de onze satrapies se révoltèrent successivement. La plus importante fut celle de Babylone, qui défia pendant vingt mois tous les efforts du grand roi pour la réduire. Enfin Zopirus , fils de l'un des conspirateurs qui avaient élevé Darius au trône, inventa un plan ingénieux quoique révoltant. Il se coupa le nez et les oreilles, appliqua le fouet sur ses épaules jusqu'à ce qu'elles soient tachées de sang, et après s'être mis d'accord avec le roi sur sa conduite ultérieure, il déserta chez les Babyloniens. Il leur représenta que le roi l'avait traité avec une telle indignité cruelle qu'il avait brûlé pour se venger. Ses blessures ajoutaient de la plausibilité à son histoire ; il fut reçu dans la confiance des rebelles, et le dixième jour on lui confia le commandement d'un groupe de sortie qui devait repousser une attaque des Perses.

On avait conseillé à Darius d'envoyer à la porte de Sémiramis un corps des troupes qu'il pourrait le mieux épargner : mille d'entre eux furent coupés en morceaux. Dans une seconde sortie menée par Zopyrus , deux mille Perses furent tués ; dans un tiers, quatre mille. Ce massacre de sept mille de ses compatriotes enleva de l'esprit des Babyloniens tout doute sur la véracité de Zopyrus . Les clés de la ville lui étaient confiées, et les préparatifs de sa trahison étaient maintenant terminés. Au cours d'un assaut concerté des Perses, il ouvrit les portes à Darius, qui entreprit de se venger de son long mépris de son pouvoir. Le sacrifice imprudent de vies humaines dans cette transaction montre à quel point l'habitude d'un pouvoir illimité avait altéré le tempérament de Darius, qui était naturellement miséricordieux.

**21.** Pour se prémunir contre de futurs troubles, Darius s'efforça maintenant de donner une organisation plus complète et plus efficace au grand empire que Cyrus et Cambyse avaient bâti. Il divisa tout le territoire en vingt satrapies, ou provinces, et imposa à chacune un tribut selon sa richesse. Les rois indigènes que Cyrus avait laissés sur leurs trônes furent tous balayés, et un gouverneur perse, généralement lié par le sang ou le mariage au grand roi, fut placé sur chaque province. L'ordre intérieur et la sécurité extérieure étaient assurés par des armées permanentes de Mèdes ou de Perses, postées dans des stations pratiques dans tout l'empire. Des routes royales furent construites et un système de courriers mis en place, grâce auquel la cour recevait des renseignements constants et rapides sur tout ce qui se passait dans les provinces.

**22.** Pour prévenir la révolte, un système complexe de contrôles fut institué, qui laissait au satrape peu de pouvoir d'action indépendante. Dans cette période antérieure et plus forte de l'empire consolidé, le satrape n'exerçait que le gouvernement civil, le militaire étant exercé par des généraux et des commandants de garnisons, tandis qu'en Perse du moins, le pouvoir judiciaire résidait dans des juges nommés directement par le roi. A côté de ces contrôles constitutionnels sur le satrape, il y avait dans chaque province les « yeux du roi » et les « oreilles du roi », en la personne des secrétaires royaux attachés à sa cour, dont le devoir était de communiquer secrètement et constamment avec le souverain, et de le tenir informé de tout événement survenant dans leurs districts respectifs.

Le moindre soupçon de révolte communiqué au roi par ces espions suffisait pour faire ordonner la mort du satrape. Cet ordre fut adressé à ses gardes, qui l'exécutèrent sur-le-champ en le coupant de leurs sabres. De plus, chaque province était sujette à chaque instant à une visite soudaine du roi ou de son commissaire, qui examinait les comptes du satrape, entendait les doléances de ses sujets, et soit privait de sa place un dirigeant injuste, soit remarquait un sage et droit, et bienfaisant pour la promotion à un plus grand honneur. Le satrape, à une plus petite échelle, affectait la même magnificence de vie que le grand roi lui-même. Chacun avait ses « paradis », ou jardins d'agrément, attachés à de nombreux palais. Le satrape de Babylone avait un revenu quotidien de près de deux boisseaux d'argent monnayé ; ses écuries contenaient près de dix-sept mille chevaux, et les revenus de quatre villes suffisaient à peine à l'entretien de ses chiens.

**23.** La cour de Suse surpassa tout cet étalage de richesse autant que le soleil surpasse les planètes. Quinze mille personnes se nourrissaient quotidiennement aux tables du roi. Les voyages royaux étaient nécessairement limités à la partie la plus riche de l'empire, car dans les provinces les plus pauvres, une telle visite aurait provoqué une famine. Le roi apparaissait rarement en public, et l'approche de sa présence était gardée par de longues files d'officiers, dont chacun avait son poste désigné, depuis les ministres du plus haut rang qui se tenaient dans la salle d'audience, jusqu'au plus humble serviteur qui attendait à l'entrée. la porte.

**24.** La suite royale comprenait une armée nombreuse, divisée selon ses nationalités en corps de 10 000 chacun. Parmi eux, les plus célèbres étaient les « Immortels » persans, ainsi appelés parce que leur nombre était toujours exactement maintenu. Si un « Immortel » mourait, un membre bien entraîné d'un corps de réserve était prêt à prendre sa place. Ils étaient choisis dans toute la nation pour leur force, leur stature et leur belle apparence personnelle. Leur armure était resplendissante d'argent et d'or, et en marche ou au combat ils étaient toujours près de la personne du roi. Les secrétaires royaux, ou scribes, constituaient une autre partie importante de la suite de la cour. Ils notaient chaque mot qui sortait des lèvres du monarque, en particulier ses ordres qui, une fois prononcés, ne pouvaient plus être rappelés. (Esther VIII : 8 ; Daniel VI : 8, 12, 15.)

FIGURE D'UN BON ANGE - PEUT-ÊTRE SRAOSHA.

## RÉCAPITULATION.

La Perse, après avoir été pendant un siècle soumise aux Mèdes, devint indépendante sous Cyrus, qui conquit également la Lydie et la Babylonie, libéra les Juifs et fonda un grand empire s'étendant de la Macédoine à l'Inde. Il mourut dans la guerre contre les Scythes, et l'expédition d'Afrique fut confiée à Cambyse, son fils. Ce roi conquit l'Égypte, mais ses tentatives contre l'Éthiopie et le temple d'Amon n'aboutirent qu'à un désastre. Son mépris pour l'idolâtrie égyptienne fut, selon les prêtres, puni de folie. Une révolte au nom de Smerdis , qu'il avait assassiné, plaça un mage sur le trône et provoqua une réaction contre la réforme perse. Le Mage fut détrôné par Darius Hystaspes , devenu le grand organisateur de l'empire de Cyrus. Vingt satrapies prirent la place des royaumes conquis. Un système de routes royales, de courriers et d'espions maintenait tout le domaine à la portée et sous l'œil du roi, qui était entouré d'une multitude de fonctionnaires et protégé par une armée nombreuse, les Immortels perses ayant la préséance en termes de rang.

### RELIGION PERSANE.

**25.** Les Perses avaient la religion réformée enseignée par Zoroastre , grand législateur et prophète, apparu dans le royaume médo -bactrien bien avant [28] la naissance de Cyrus. Dans toutes les régions de l'Orient, la croyance en un Dieu unique et le culte pur et simple que la famille humaine avait appris dans son foyer d'origine étaient recouverts de fausses mythologies et de rites superstitieux. Les enseignements de Zoroastre divisaient la famille aryenne en deux branches asiatiques, restées depuis lors distinctes. Les Hindous conservèrent leur culte sensuel de la Nature, parmi lesquels In 'dra (la tempête et le tonnerre), Mith'ra (la lumière du soleil), Va'yu (le vent), Agni (le feu), Arama'ti (la terre) et Soma (le principe enivrant dans les liquides), étaient les principaux objets. Zoroastre fut conduit, soit par la raison, soit par révélation divine, à une foi plus pure. Il enseigna la suprématie d'un Créateur Vivant, d'une personne, et pas seulement d'un pouvoir, qu'il appela Ahu'rô-Mazdâo , ou Or 'mazd . Le nom a été rendu différemment : le Divin Donateur, le Créateur de la Vie ou le Créateur Vivant de Tous. On croyait qu'Ormazd accordait non seulement le bien terrestre, mais aussi les dons spirituels les plus précieux : la vérité, la dévotion, le « bon esprit » et la joie éternelle.

**26.** On a vu que Cyrus considérait le Dieu des Hébreux comme l'objet de son propre culte (Esdras 1 : 1-4) ; et les prophètes juifs reconnaissent la même identité dans leur description de Cyrus (Isaïe XLV : 1-5). Les deux nations avaient une profonde haine de l'idolâtrie. Aucune image d'aucune sorte n'a été vue dans les temples persans. Tous deux croyaient au ministère des anges. Le trône d'Ormazd était entouré de six princes de lumière, et sous eux se trouvaient d'innombrables armées de guerriers et de messagers, qui allaient et venaient pour défendre le bien et exterminer le mal. Le chef d'entre eux était Serosh , ou Srao'sha , « le serein, le fort », général en chef des armées d'Ormazd. Il ne dormait jamais, mais gardait continuellement la terre avec son épée dégainée, surtout après le coucher du soleil, lorsque les démons avaient le plus grand pouvoir. À leur mort, il conduisit les âmes des justes en présence d'Ormazd, les aidant à passer le pont étroit d'où les méchants tombaient dans l'abîme en contrebas.

**27.** Un développement ultérieur des doctrines de Zoroastre était ce dualisme qui divisait l'univers en un Royaume de Lumière et un Royaume des Ténèbres. Ce dernier était gouverné par Ahriman, la source de toute impureté et de toute douleur, assisté de ses sept *dévas supérieurs* , ou princes du mal ; et le monde entier était un champ de bataille entre les deux armées d'esprits, bons et mauvais. Si Ormazd créait un paradis, Ahriman y envoyait un serpent venimeux. Toutes les plantes venimeuses, les reptiles et les insectes, toutes les maladies, la pauvreté, la peste, la guerre, la famine et les tremblements de terre, toute l'incrédulité, la sorcellerie et les péchés capitaux étaient l'œuvre d'Ahriman ; et le monde, qui aurait dû être « très bon », devint ainsi le théâtre de la souffrance. Tout objet, vivant ou inanimé, appartenait à l'un ou l'autre royaume ; et c'était le devoir du serviteur d'Ormazd de favoriser tout ce qui était saint et de détruire tout ce qui était mauvais et impur. L'agriculture était particulièrement favorisée par Zoroastre, car elle favorisait des croissances belles et saines et vainquait le fléau, le mildiou, la famine et toutes les influences destructrices. Tous les zoroastriens fervents étaient fermement convaincus que le royaume des ténèbres serait enfin renversé et que le royaume de la lumière remplirait l'univers.

**28.** RELIGION DES MÈDES. Le magianisme des Mèdes, au moment de leur conquête par Cyrus, était une troisième forme de croyance aryenne, modifiée au contact des barbares Scythes. C'était une forme particulière de culte de la nature, dont les quatre éléments physiques (ainsi considérés), le feu, l'air, la terre et l'eau, étaient les objets. Le feu, comme le plus énergique, était le chef. Ce système dépendait entièrement du savoir-faire des prêtres ; les mages, ou caste sacerdotale, l'une des sept tribus mèdes, étaient seuls autorisés à offrir des prières et des sacrifices. Les Zoroastriens abhorraient cette doctrine comme étant l'œuvre de dévas, visant à supplanter les principes purs que la race avait reçus, au début, d'Ormazd lui-même. Darius dans ses inscriptions décrit l'usurpation de Gomatès le mage comme la période où « le mensonge » prévalait. Lors de la Magophonia , ou fête annuelle, qui célébrait la répression de cette révolte, aucun mage n'osait sortir par peur de la mort.

Mais l'augmentation du pouvoir et du luxe entraîna un changement dans la religion nationale. Les cérémonies spectaculaires du magianisme convenaient mieux au faste d'une cour orientale que le culte simple et spirituel des Zoroastriens. Une réconciliation fut probablement commencée sous le règne de Darius et achevée sous celui d' Artaxerxès. Longim'anus . Les Mages acceptèrent les doctrines essentielles de Zoroastre et furent autorisés, à leur tour, à introduire une partie de leur propre symbolisme et de leurs rites sacerdotaux dans le culte national. Ils entretenaient le feu sacré dans les temples, l'alimentaient avec des bois précieux et ne permettaient jamais qu'il soit soufflé par le souffle humain. Au lever du soleil , ils ont chanté des hymnes sacrés au Seigneur et Donateur de Lumière. L'un d'eux réveillait le roi chaque matin avec ces mots : « Levez-vous, sire, et réfléchissez aux devoirs qu'Ormazd vous a ordonné d'accomplir. Tout le cérémonial religieux de la cour leur était confié. Eux seuls possédaient les liturgies sacrées par lesquelles Ormazd devait être adressé ; et on croyait qu'à travers eux Dieu révélait sa volonté, soit dans l'interprétation des rêves, soit par le mouvement des étoiles.

**29.** Hormis celle des Hébreux, la foi perse était le monothéisme le plus pur de l'Orient. Mais ses bénéfices se limitaient principalement à la caste princière et noble, tandis que chez eux son influence était en grande partie neutralisée par les corruptions de la cour. La polygamie était la faiblesse fatale des Perses comme de toutes les autres monarchies orientales. Les furieuses inimitiés des princesses rivales remplissaient le palais de discorde et le souillaient souvent des crimes les plus sombres. Les robustes montagnards perses qui avaient remporté les victoires de Cyrus, dont l'éducation simple mais noble leur apprenait seulement « à monter à cheval, à tirer l'arc et à dire la vérité », adoptèrent les manières serviles des races qu'ils avaient conquises, apprirent se dissimuler et se prosterner devant le visage d'un mortel, et devinrent les ornements splendides mais souvent inutiles d'une cour extravagante.

**30.** CONQUÊTES INDIENNES. La première grande expédition de Darius eut lieu contre le Pendjab, ou les Cinq Fleuves de l'Inde occidentale. Les revenus impériaux furent augmentés d'un tiers par l'acquisition de ces riches étendues d'or, et un commerce lucratif s'établit alors entre les rives de l'Indus et les rives du golfe Persique.

**31.** CAMPAGNE SCYTHE. L'entreprise suivante de Darius fut contre les Scythes de l'Europe centrale, entre le Don et le Danube. Son dessein était de venger les dévastations scythes de la Médie et de la Haute Asie un siècle auparavant, et de terrifier les barbares pour qu'ils se conduisent bien à l'avenir par une démonstration de sa puissance ; peut-être aussi pour ouvrir la voie vers la Grèce par la conquête des tribus thraces. Toute l'armée et la marine de l'empire, composées de pas moins de 700 000 soldats de terre et de 600 navires, se rassemblèrent au Bosphore thrace , qu'elles traversèrent par un pont de bateaux construit par les ingénieurs ioniens. La force navale était entièrement fournie par les Grecs de la mer Égée .

**32.** Envoyant sa flotte à travers la mer Pont-Euxin jusqu'au Danube, avec l'ordre de construire un pont de bateaux à deux journées de voyage de son embouchure, Darius traversa la Thrace, recevant ou forçant la soumission de ses tribus, et ajoutant leurs jeunes hommes à sa sienne. armée. Arrivé au Danube, il traversa le pont et donna l'ordre aux Grecs de rester et de le garder soixante jours ; s'il ne revenait pas à ce moment-là, on pourrait conclure qu'il était allé en Médie par une autre route. Les détails des opérations du grand roi au nord du Danube sont inconnus de l'histoire. Il n'y avait pas de grandes villes à prendre ; les Scythes errants détruisaient leurs maigres récoltes, bouchaient leurs puits, éloignaient leurs familles vers le nord vers des lieux de sécurité et entraînaient l'envahisseur après eux dans les profondeurs de leurs forêts ou de leurs déserts inhabités.

Incapable d'amener son ennemi au combat, et voyant son armée réduite à une grande détresse faute de nourriture et d'eau, Darius fut contraint de battre en retraite par le chemin par lequel il était venu. Les soixante jours étaient plus que écoulés lorsqu'une troupe scythe, qui surveillait ses mouvements, se hâta vers le Danube par un chemin plus court, exhortant les Ioniens, qui montaient toujours la garde, à détruire le pont et à laisser Darius périr, comme Cyrus. , dans les déserts du nord. Les Grecs d'Asie auraient ainsi pu conquérir leur liberté sans coup férir ; mais les tyrans qui commandaient la flotte avaient des intérêts qui leur étaient tout à fait distincts de ceux de leur peuple. Histiæ´us de Milet a exhorté ses compagnons despotes à ce que leur pouvoir tombe avec celui de Darius, étant soutenu par lui contre la volonté populaire. Ses arguments l'emportèrent, et le grand roi, arrivant dans l'obscurité de minuit, poursuivi de près par les Scythes, put repasser le fleuve en toute sécurité.

**33.** Histiæus fut récompensé par une concession de terres sur la rivière Strymon , comprenant la ville de Myrcinus , pour l'emplacement d'une colonie. Avec son sol fertile, ses vastes forêts, ses commodités pour le commerce et ses mines d'or et d'argent voisines, ce nouveau domaine attira immédiatement les colons et devint une station maritime importante. Sa croissance rapide excitait en effet les craintes de Darius, de peur que son propriétaire ne devienne trop puissant pour un vassal et n'interpose une barrière entre lui et les Grecs. Il fit appeler Histiæus , qu'il traita avec toutes les marques de respect, et, feignant de ne pouvoir se passer de ses précieux conseils, le tint constamment à sa portée à la cour de Suse. Histiæus , résolu à briser à tout prix ses chaînes d'or, envoya une singulière épître à son cousin Aristagoras , qu'il avait laissé comme lieutenant à Milet, lui ordonnant de susciter une révolte parmi les Grecs d'Asie.

**34.** Les villes ioniennes, s'étendant sur quatre-vingt-dix milles le long de la côte dans une ligne presque ininterrompue de magnifiques quais, entrepôts et habitations, étaient si importantes pour l'empire, en raison des flottes qu'elles pouvaient fournir, qu'elles avaient été laissées dans une plus grande liberté que tout autre territoire conquis. Au lieu de satrapes, ils étaient gouvernés par leurs propres magistrats – soit un tyran unique dans chaque ville, soit un conseil de nobles, appelé oligarchie – mais toujours dans l'intérêt des Perses. Les Grecs européens étaient animés par le désir de libérer leurs frères d'Asie, ce qui fournissait un prétexte constant pour une guerre perse. Les forces d'Athènes et d'Érétrie s'ajoutaient maintenant à celles d'Aristagoras, qui avait en outre renforcé sa cause en abdiquant sa tyrannie et en aidant les autres villes à assumer le même gouvernement libre et populaire qu'il avait établi à Milet. Les tyrans furent partout chassés et le peuple prit les armes.

Depuis Éphèse, les forces unies remontèrent la vallée du Cayster , traversèrent rapidement les montagnes et prirent Sardes par surprise. La ville fut facilement prise, mais le satrape Artaphernès se retira avec une forte garnison dans le château qui, du haut de son rocher inaccessible, résista à l'assaut. Une étincelle tombant sur les roseaux légers qui formaient les toits de Sardes mit le feu à la ville, et les envahisseurs furent contraints de se retirer. Ils furent poursuivis et vaincus avec de grandes pertes par Artapherne , à la bataille d'Éphèse. Les Athéniens se retirèrent alors, mais la guerre continua sans relâche. Les habitants de Chypre, les Cariens et les Cauniens du coin sud-ouest de la péninsule, firent cause commune avec les Grecs ioniens, éoliens et hellespontins ; Byzance fut prise et toute la côte, depuis le Bosphore thrace jusqu'au golfe d'Issus, fut momentanément libre de la domination perse. Les courageux Cariens, bien que vaincus à deux reprises avec de grandes pertes, furent victorieux dans une troisième bataille, où un gendre de Darius fut tué. Mais la puissance du grand roi fut enfin triomphante. La flotte des Ioniens fut vaincue près de Milet, et la vengeance des Perses se concentra sur cette ville dévouée, chef de la rébellion. Après un long blocus, elle fut prise d'assaut au cours de la sixième année de la révolte.

**35.** L'honneur du grand roi était désormais engagé dans le châtiment des Grecs européens qui s'étaient mêlés à lui et à ses sujets. C'était la première fois que les Athéniens remarquaient Darius. Il s'enquit de qui et de quelle sorte d'hommes il s'agissait, et, ayant été informé, il saisit son arc et décocha une flèche en l'air en criant à haute voix : « Ô Dieu suprême, accorde-moi de me venger des Athéniens ! » Depuis lors, un serviteur fut chargé de lui dire trois fois par jour, pendant qu'il était à table : « Sire, souviens-toi des Athéniens ! »

**36.** Au printemps de 492 avant JC, une grande force fut confiée à cet effet à Mardonius , gendre de Darius. Sa conception immédiate échoua, car la flotte fut brisée au mont Athos et l'armée presque détruite par les Brygiens , une tribu thrace. Thasos, cependant, fut capturé et la Macédoine fut soumise à la Perse.

**37.** 490 avant JC. Une seconde grande expédition, deux ans plus tard, fut menée par Datis , accompagné d' Artaphernès , fils de l'ancien satrape de ce nom, et neveu du roi. Après avoir traversé la mer, ils tombèrent d'abord sur Érétrie, qui fut prise par trahison, ses temples incendiés et ses habitants enchaînés pour être transportés en Asie. La première épreuve de force décisive entre la Perse et les Grecs occidentaux eut lieu au Marathon , en Attique. Les Perses comptaient 100 000 hommes, les Grecs un peu plus de 10 000. Les troupes médo -perses avaient jusqu'alors été considérées comme invincibles ; mais cette magnifique armée était maintenant, dans une certaine mesure, remplacée par des conscrits involontaires venus des tribus conquises, qui marchaient, creusaient ou combattaient sous le fouet des surveillants. Miltiade, qui, comme prince de Chersonèse , avait servi dans les armées perses, connaissait bien cet élément de faiblesse, et c'est avec une juste confiance dans la supériorité de ses Athéniens libres qu'il donna des ordres pour la bataille.

**38.** Au centre, où les Perses indigènes combattirent, ils prirent l'avantage et poursuivirent les Athéniens dans une ou deux des vallées qui entourent la base du mont Kotroni ; mais, en même temps, la droite et la gauche des Asiatiques furent vaincues par les Grecs, qui, au lieu de les poursuivre, unirent leurs forces sur le champ de bataille pour soulager leur centre, et remportèrent ainsi une victoire complète. Les Perses s'enfuirent vers leurs navires, désormais farouchement suivis par les Grecs, et une lutte encore plus furieuse s'ensuivit au bord de l'eau. Les Athéniens cherchèrent à tirer sur la flotte, mais sept galères seulement furent détruites ; les autres, avec les restes brisés de l'armée, réussirent à s'échapper.

**39.** Le commandant perse n'a pas perdu son moral lors de la défaite. Encouragé par un signal préconcerté des partisans d' Hippias , il contourna immédiatement l'Attique, espérant surprendre Athènes en l'absence de ses défenseurs. Mais Miltiade, lui aussi, avait vu le bouclier scintillant dressé au sommet d'une montagne et en avait deviné la signification. Laissant Aristide avec une tribu pour garder le butin du champ de bataille, il mena son armée par une rapide marche nocturne à travers le pays jusqu'à Athènes. Lorsque Datis , le lendemain matin, ayant doublé la pointe de Sounium , remonta le port athénien, il aperçut sur les hauteurs au-dessus de la ville les mêmes troupes victorieuses que ses hommes avaient fuies la veille. Il ne tenta pas de débarquer, mais s'embarqua avec ses prisonniers érétriens vers les côtes de l'Asie.

Daric d'argent de Darius Ier, agrandi de moitié.

**40.** Plutôt irrité que consterné par ces échecs, Darius se prépara à diriger en personne une expédition encore plus grande contre les Grecs. Mais une révolte en Égypte détourna d'abord son attention, et sa mort, l'année suivante, donna aux États libres d'Europe le temps d'achever leurs préparatifs de défense. 486 avant JC.

**41.** De nombreuses œuvres et trophées de Darius subsistent dans diverses parties de son empire. Il fut le premier roi à frapper de la monnaie en Perse. Les *dariques d'or et d'argent* circulaient non seulement dans tout l'empire mais aussi en Grèce. Les monuments commémoratifs les plus intéressants sont les deux récits dans ses propres mots des événements de son règne, gravés sur sa tombe à Nakshi-rus'tam , et sur la grande tablette rocheuse de Behistûn . Ce dernier est de plus grande longueur ; il se compose de cinq colonnes, contenant chacune de seize à dix-neuf paragraphes, écrits en trois langues, persan, babylonien et scythique ou tartare. Ces inscriptions trilingues, englobant les trois grandes familles de langage humain, aryen, sémitique et touranien , justifient presque la prétention de Darius à l'empire universel.

NOTE. — Un spécimen du style du grand roi peut intéresser le savant. Il faut préciser que la falaise de Behistûn fait partie de la chaîne de montagnes du Zagros entre Babylone et Ecbatane. Cette grande table naturelle en pierre, qui semble avoir été expressément conçue pour des enregistrements durables, mesure 1 700 pieds de hauteur perpendiculaire et porte quatre ensembles de sculptures, dont l'une est attribuée à Sémiramis. L'inscription de Darius est la plus importante. Il a été déchiffré en quelques années, avec un savoir, un travail et une patience remarquables, par le colonel Sir Henry Rawlinson, de l'armée britannique. Pendant de nombreuses années après que son existence fut connue, il fut considéré comme inaccessible, car il se trouvait à 300 pieds du pied du mur perpendiculaire, et il fallait que l'explorateur soit tiré avec des cordes par un guindeau placé au sommet. Même lorsqu'une copie fut ainsi réalisée, avec beaucoup de risques et d'inconvénients, le travail n'était qu'un début, car les caractères à pointe de flèche (cunéiformes) dans lesquels la langue persane était écrite n'étaient encore que partiellement compris. Ces difficultés ont maintenant été surmontées, et l'étudiant ordinaire peut lire les paroles de « Darius le roi ». L'inscription complète, en persan et en anglais, peut être trouvée dans Herodotus de Rawlinson, Vol. II, Annexe. Quelques-uns des paragraphes les plus courts sont ici joints :

I. 8. « Dit le roi Darius : Dans ces pays, l'homme qui était bon, je l'ai bien chéri. Celui qui était méchant, je l'ai complètement extirpé. Par la grâce d'Ormazd, ce sont les pays par lesquels mes lois ont été observées . »...

I. 11. « Dit le roi Darius : Ensuite il y eut un homme, un mage, nommé Gomates .... Il mentit ainsi à l'État : 'Je suis Bardes, le fils de Cyrus, le frère de Cambyse.' Puis l'État tout entier s'est rebellé... Il s'est emparé de l'empire. Ensuite Cambyse, incapable de supporter, mourut.

I. 13. « Dit le roi Darius : Il n'y avait pas un homme, ni Perse, ni Mède, ni aucun de notre famille, qui déposséderait ce Gomates le Mage de la couronne. L'État le craignait extrêmement. Il tua beaucoup de gens qui avaient connu le vieux Bardes ; c'est pour cette raison qu'il les tua, « de peur qu'ils ne me reconnaissent que je ne suis pas Bardes, le fils de Cyrus ». Personne n'osait parler de Gomates le mage jusqu'à mon arrivée. Puis j'ai prié Ormazd ; Ormazd m'a apporté de l'aide. Le 10ème jour du mois Bagayadish , c'est alors, avec l'aide de mes fidèles, que je tuai ce Gomates le mage et ceux qui étaient ses principaux partisans. Au fort nommé Sictachotes , dans le district de Médie appelé Nisæa , c'est là que je l'ai tué. Je l'ai dépossédé de l'empire ; Je suis devenu roi. Ormazd m'a accordé le sceptre.

I. 14. « Dit le roi Darius : L'empire qui avait été enlevé à notre famille, que j'ai récupéré. Je l'ai établi à sa place. Comme c'était le cas avant, je l'ai donc fait. Les temples que Gomates le mage avait détruits, je les rebâtis. J'ai restitué au peuple les offices sacrés de l'État, tant les chants religieux que le culte, dont Gomates le mage l'avait privé…. Par la grâce d' Ormazd , je l'ai fait.

## RÉCAPITULATION.

Le monothéisme persan différait essentiellement du culte de la nature des Hindous et du culte des éléments des Mèdes ; mais sous Darius et ses successeurs, les mages obtinrent le contrôle exclusif des rites religieux, et le luxe détruisit les vertus viriles du peuple. Darius conquit l'ouest de l'Inde et envahit la Scythie européenne, mais sans résultat. Sa détention d' Histiæus a conduit à une révolte de six ans de tous les Grecs d'Asie Mineure, aidés par les Athéniens et les Érétriens . Il échoua dans sa première entreprise de représailles contre les Grecs européens ; et, dans la seconde, la grande bataille décisive de Marathon se termina par le renversement des Perses. La mort de Darius retarda les guerres grecques.

### RÈGNE DE XERXÈS IER.

486-465 avant JC.

**42.** Xerxès , l' Assuérus du Livre d'Esther, succéda aux domaines de son père, à la place d' Artabazanes , son frère aîné, né avant l'accession de Darius au trône. Son premier souci fut d'écraser la révolte égyptienne. Cela fut accompli dès la deuxième année de son règne ; une servitude plus sévère fut imposée, et son frère Achémène resta son vice-roi dans la vallée du Nil. Les Babyloniens tentèrent une insurrection, mais payèrent cher leur témérité avec tous les trésors de leurs temples.

**43.** Dans la troisième année de son règne, [29] le roi convoqua ses satrapes et généraux, « les nobles et les princes des provinces », à Suse, pour délibérer sur l'invasion de la Grèce. En leur présence, il détailla les motifs d'ambition et de vengeance qui le poussaient contre un peuple qui avait osé défier sa puissance, et déclara son intention de parcourir l'Europe d'un bout à l'autre, et de faire de toutes ses terres un seul pays. Il croyait qu'une fois les Grecs vaincus, aucun peuple au monde ne pourrait lui résister et que le soleil ne brillerait plus sur aucune terre au-delà de la sienne. Il conclut en ordonnant à chaque général de préparer ses forces, leur assurant que celui qui se présenterait au jour fixé avec la troupe la plus efficace recevrait les récompenses les plus précieuses pour chaque Perse.

**44.** Pendant quatre ans, toute l'Asie, depuis les docks de Sidon et Tyr jusqu'aux rives de l'Indus, retentit de notes de préparation. Toutes les races et tribus du vaste empire envoyèrent des hommes et du matériel. Les nations maritimes fournissaient la plus grande flotte que la Méditerranée ait jamais connue. Les Phéniciens et les Égyptiens furent chargés de construire un double pont de bateaux sur l'Hellespont, depuis Abydus , sur la rive asiatique, jusqu'à un point entre Sestus et Mad'ytus , du côté européen du détroit. Une fois ces travaux terminés, une violente tempête le brisa en morceaux et jeta les fragments brisés sur le rivage. Le roi, peu habitué à être contrecarré dans aucun de ses desseins, fit décapiter les ingénieurs, fouetter la mer et jeter dans les eaux incriminées une paire de chaînes, en signe de la soumission requise. Un nouveau pont, ou plutôt une paire de ponts, fut alors construit avec encore plus de soin. Deux lignes de navires, ancrées à l'avant et à l'arrière, étaient réunies chacune par six grands câbles qui s'étendaient d'une rive à l'autre. Ils soutenaient une plate-forme de bois recouverte de terre et protégée par une balustrade.

**45.** Un autre corps d'hommes, travaillant sous le fouet des surveillants perses, fut employé trois ans à creuser un canal du Strymonic à la baie Singitique , pour séparer le mont Athos du continent et permettre ainsi à la flotte d'éviter les forts et changeants courants et hautes mers qui régnaient autour de la péninsule. D'immenses réserves de provisions, rassemblées dans toutes les parties de l'empire, étaient déposées à intervalles convenables le long de la ligne de marche.

**46.** Le rendez-vous des troupes était à Crital'la , en Cappadoce, d'où elles furent transportées vers Sardes. À l'automne 481 avant JC, Xerxès arriva dans cette dernière capitale et, au début du printemps suivant, mit sa vaste armée en mouvement vers l'Hellespont. Près de la personne du roi se trouvaient les dix mille Immortels, dont toute l'armure brillait d'or. Il était précédé du Chariot du Soleil, dans lequel aucun mortel n'osait s'asseoir, tiré par huit chevaux blancs comme neige.

**47.** A Abydus , le roi observait, de son trône de marbre blanc élevé sur une colline, les multitudes innombrables qui se pressaient dans la plaine, et les myriades de voiles qui parsemaient l'Hellespont. L'orgueil momentané qui gonflait sa poitrine, avec la conscience qu'il était le seigneur suprême de toute cette armée, céda la place à une émotion plus digne lorsqu'il réfléchit que toute la vie de ces myriades sur terre était presque aussi éphémère que leur passage sur le pont. , qui se trouvait devant lui, reliant le connu au continent inconnu. Le lendemain matin, de bonne heure, des parfums furent brûlés et des branches de myrte répandues sur les ponts, tandis que l'armée attendait en silence le lever du soleil. Lorsqu'il apparut, Xerxès, la tête découverte – excellant non seulement en rang, mais en force, en stature et en beauté, toute son armée – versait une libation dans la mer, priant, pendant ce temps, le visage tourné vers l'orbe naissant, que aucun désastre ne pouvait arriver à ses armes avant qu'il n'ait pénétré jusqu'aux dernières frontières de l'Europe. Ayant prié, il jeta la coupe d'or et un cimètre persan dans la mer et donna le signal à l'armée de marcher.

**48.** L'armée était si nombreuse que, marchant jour et nuit sans interruption, et poussée par le fouet, elle mit sept jours à traverser le détroit par les deux ponts. Dans la plaine thrace de Doriscus , près de la mer, l'armée fut déployée pour une dernière revue. La force terrestre était composée de quarante-six nations. Selon Hérodote, qui a recueilli ses informations en interrogeant avec le plus grand soin les personnes présentes, les fantassins étaient au nombre de 1 700 000 ; les chars de guerre et les chameaux, 20 000 ; le cheval, 80 000. La flotte se composait de 1 207 trirèmes et de 3 000 navires plus petits, transportant au total 517 610 hommes. A côté de cette force combattante réelle, il faut supposer un nombre égal d'esclaves, de serviteurs et d'équipages de navires de ravitaillement, soit un total de plus de cinq millions d'êtres humains.

**49.** Plusieurs rivières furent asséchées pour abreuver cette multitude, tandis que leur nourriture, même la maigre allocation des esclaves asiatiques, s'élevait à 662 000 boisseaux de farine chaque jour ; mais l'excellent commissariat de Xerxès, organisé depuis sept ans, n'y était pour rien. Lors de sa marche depuis Doriscus vers la Grèce, le roi, toujours dans son propre empire, reçut d'autres adhésions de tribus thraces, macédoniennes et d'autres tribus européennes, de sorte que sa force de combat aux Thermopyles s'élevait à 2 640 000 hommes. Diverses villes le long de la route avaient reçu l'ordre de fournir chacune un repas à l'armée ; et bien qu'ils eussent passé des années à se préparer, certains furent ruinés par la dépense. [30]

**50.** Entre-temps, les Grecs n'étaient pas restés les bras croisés. Les dix années écoulées depuis la bataille de Marathon avaient été consacrées à un exercice actif de forces, sur mer et sur terre. Chaque État fournissait son quota ; et bien qu'ils ne fussent qu'une poignée comparés aux myriades d'envahisseurs, ils avaient la force, issue du patriotisme et de la haute discipline, de s'opposer à la simple masse et au poids matériels de l'armée perse. C'était l'esprit contre la matière.

480 avant JC.

**51.** Abandonnant la défense de la Thessalie, qui était ouverte par trop de voies aux Perses, la petite armée de Léonidas , roi de Sparte, avait pris résolument position aux Thermopyles , passage étroit entre le mont Œta et la mer. L'ensemble des forces ne comptait que 6 000 hommes, dont 300 Spartiates. Xerxès attendit plusieurs jours dans la plaine de Trachinie , espérant que cette petite troupe fondrait de simple terreur à la vue de son grand nombre. Enfin, il envoya la cavalerie médiane pour forcer le passage. Ils furent repoussés avec perte. Les Immortels firent la même tentative, sans plus de succès. À ce moment-là, Ephialtes , un Malien, offrit une grosse récompense pour montrer aux envahisseurs un chemin de montagne par lequel ils pourraient atteindre l'arrière du camp spartiate. Les gardes phocéens de ce chemin furent maîtrisés. Léonidas apprit qu'il avait été trahi et, déclarant que lui et ses Spartiates devaient rester à leur poste, il renvoya tout le reste de son armée, à l'exception des Thespiens et des Thébains. Puis, avant que le corps des Perses qui traversaient la montagne, sous la conduite du traître, pût l'attaquer par derrière, il se jeta sur l'ennemi de face, résolu à exiger une vengeance aussi chère que possible. De nombreux soldats perses tombèrent sous les épées spartiates, beaucoup furent foulés à mort par leurs propres multitudes et beaucoup furent forcés de se jeter à la mer. Léonidas tomba bientôt et la lutte pour son corps inspira à ses hommes une nouvelle fureur. L'ayant récupéré, ils s'adossèrent à un mur de pierre et combattirent jusqu'à ce que tous les hommes soient tués.

**52.** Au cours des mêmes jours, plusieurs batailles eurent lieu en mer entre les flottes grecque et perse. Aucun avantage décisif n'a été obtenu par les deux camps, mais le résultat a été très décourageant pour les Perses, qui étaient les plus confiants dans leur succès. Les éléments, eux non plus, n'avaient pas été flagellés ni incités à bien se comporter ; un terrible ouragan fit rage trois jours et trois nuits sur les côtes de Thessalie, arrachant les navires de leurs amarres et les précipitant contre les falaises. Au moins quatre cents navires de guerre furent ainsi détruits, ainsi qu'un nombre incalculable de transports avec leurs provisions et leurs trésors. Une autre escadre de deux cents vaisseaux, qui avait été envoyée autour de l'Eubée pour couper la retraite aux Grecs, périt dans une soudaine tempête sur les rochers. Les commandants grecs ne purent profiter de ces avantages, car la défaite des Thermopyles les obligea à se retirer d' Artémisium pour assurer la sécurité de l'Attique et du Péloponnèse.

**53.** Par la mort des trois cents Spartiates, les portes de la Grèce furent grandes ouvertes, et les armées de l'Asie affluèrent, dévastant le pays à feu et à sang. A Panopée, un détachement fut envoyé pour piller le temple d'Apollon à Delphes, tandis que Xerxès menait son armée principale à travers la Béotie . En marche, il reçut la soumission de tout le peuple, sauf des Platéens et des Thespiens, qui, plutôt que de céder à un envahisseur, abandonnèrent leurs villes pour être incendiées. Avant son arrivée à Athènes, principal objet de sa vengeance, le roi apprit la défaite totale de son expédition de Delphes. Selon la tradition grecque, aucune main mortelle ne repoussa les envahisseurs, mais Apollon lui-même jeta de grands rochers et rochers sur leurs têtes, dans les sombres ravins du Parnasse, et défendit ainsi son sanctuaire.

480 avant JC.

**54.** Athènes était une ville déserte. Tous les combattants étaient avec la flotte, tandis que les femmes, les enfants et les infirmes avaient été transportés à Salamine, Ægina ou Trœzene . Le conquérant prit d'assaut la citadelle, pilla et brûla les temples, et fit savoir à Suse qu'Athènes avait partagé le sort de Sardes.

**55.** Xerxès résolut désormais de lancer une bataille navale décisive dans le golfe Saronique. La flotte grecque s'était rassemblée au large de Salamine, au nombre de 378 navires, tandis que celle des Perses était au nombre de 1 200. Un trône fut érigé sur le continent, sur le versant du mont Agaleos , d'où le grand roi contemplait la lutte qui devait mettre fin à ses rêves de conquête. La flotte perse occupait le canal entre Salamine et la côte de l'Attique. Leur grand nombre, entassés dans un espace si étroit, leur était un désavantage fatal, car ils ne pouvaient s'approcher des Grecs que par de petits détachements ; tandis que ceux-ci, plus habitués à ces eaux, enfonçaient leurs proues pointues dans les flancs des Perses, avançant et se retirant avec une dextérité merveilleuse et une sûreté de visée. Sentant le regard de leur roi sur eux, les Perses combattirent avec un courage désespéré. La bataille dura toute la journée ; à la tombée de la nuit, Xerxès vit ses forces dispersées ou détruites et, au lieu de reprendre la bataille, résolut de chercher sa propre sécurité dans la retraite.

**56.** Mardonius s'engagea à achever la conquête de la Grèce avec 300 000 hommes. La flotte reçut l'ordre de se diriger vers l'Hellespont et le roi avec le reste de ses forces rentra chez lui. Ses magasins étaient épuisés et, pendant cette retraite forcée, beaucoup moururent de faim. Quarante-cinq jours après son départ de l'Attique, il arriva à l'Hellespont, et trouvant son deuxième pont de bateaux détruit, il revint en Asie par bateau. Il entra à Sardes à la fin de l'année 480, humilié et déprimé, huit mois seulement après en avoir quitté le pays plein de vains espoirs de soumettre le monde occidental.

**57.** Les opérations de Mardonius seront plus détaillées dans l'Histoire de la Grèce ; [31] Un simple aperçu est présenté ici. Hivernant en Thessalie, il chercha par de magnifiques promesses à détacher les Athéniens des intérêts grecs. La diplomatie échouant, son armée se déversa aussitôt dans l'Attique, remplissant Athènes, dont les habitants s'étaient réfugiés de nouveau à Salamine. Il détruisit par le feu la belle ville, achevant ainsi la destruction commencée par Xerxès. Constatant alors que les Grecs concentraient leurs forces sur l'isthme, il se retira en Béotie , où, en septembre 479, eut lieu la grande bataille de Platée . Mardonius fut tué et ses forces furent mises en déroute dans un terrible carnage. Le dernier reste de la flotte perse fut également mis en déroute à Mycale , de l'autre côté de la mer Égée , et la délivrance de l'Europe fut complète. Aucune armée perse ne foula désormais le sol de la Grèce européenne, et pendant douze ans aucune voile perse n'apparut dans l' Égée .

**58.** Après avoir dépensé le meilleur de ses forces et de celles de son empire dans cette guerre désastreuse, Xerxès ne fit plus d'efforts pour la gloire militaire, mais s'abandonna à une luxueuse paresse. Les plus hautes récompenses étaient offertes à celui qui saurait inventer un nouveau plaisir. Ses sujets suivirent l'exemple de leur roi ; l'empire était affaibli par le libertinage et distrait par la violence. Ce n'était qu'à la fin d'un tel règne qu'au bout de vingt ans, Xerxès fut assassiné par Artaban , le capitaine de sa garde, et Aspamitres , son chambellan.

**59.** RÈGNE D'ARTAXERXÈS I. BC 465-425. Les assassins placèrent sur le trône le plus jeune fils de leur victime, Artaxerxès Longimanus , ou le Long-Main. Le fils aîné, Darius, a été exécuté sous la fausse accusation d'avoir assassiné son père. Le second, Hystaspes , réclama la couronne, mais fut vaincu et tué au combat. Les crimes des véritables assassins furent prouvés contre eux et ils furent punis de mort. Artaxerxès jouit d'un règne incontesté de quarante ans, au cours desquels la puissance de l'empire déclina, malgré ses efforts bienfaisants pour promouvoir les intérêts de son peuple.

460 avant JC.

455 avant JC.

**60.** RÉVOLTE ÉGYPTIENNE. Au début de son règne, l'Égypte se révolta sous Inarus , fils de Psammetichus , qui fut aidé par les Athéniens. Achéménès, frère du roi, fut envoyé avec une grande armée pour punir la rébellion ; mais il fut vaincu et tué par Inarus dans la bataille de Papre'mis , et un grand nombre de Perses périrent. Le reste de l'armée fut enfermé dans le château blanc de Memphis et subit un siège de trois ans. Une nouvelle force, dirigée par Megabyzus , eut plus de succès : Memphis fut relevée, Inarus prise et la flotte athénienne détruite. Amyrtæ´us , l'allié d' Inarus , résista encore six ans dans les marais du Delta, jusqu'à ce que, par l'intervention d'Athènes, la paix soit rétablie. Les Perses furent vaincus avec de grandes pertes au large de Salamine, à Chypre, et consentirent à des conditions très humiliantes. Ils s'engageèrent à ne pas visiter avec une flotte ou une armée les côtes occidentales de l'Asie Mineure, mais à respecter l'indépendance des Grecs asiatiques. Même le chef de la révolte ne fut puni que par la perte de sa principauté.

**61.** Contrairement à l'accord solennel de Mégabyze , Inarus , après cinq ans à la cour de Perse, fut livré, avec cinquante compagnons athéniens, à la vengeance de la reine-mère, et souffrit d'une mort barbare pour avoir tué Achéménès. Dégoûté par cette atteinte à son honneur, Megabyzus suscite une révolte dans sa province de Syrie. Il était le plus grand général de l'empire, et le succès de ses opérations contre les forces envoyées pour le soumettre, alarma tellement son maître qu'il lui fut permis de dicter ses propres conditions de paix. Les intercessions de sa femme, Am 'ytis , sœur du roi, contribuèrent beaucoup à sa réconciliation ; mais cet exemple ruinait la stricte organisation des provinces que Darius avait introduite. Les tendances à la décadence agissaient désormais avec une rapidité de plus en plus grande.

**62.** Au cours de la septième année du règne d'Artaxerxès, une nouvelle migration de Juifs fut conduite depuis Babylone par Esdras, un homme de lignée sacerdotale et très en faveur à la cour de Perse. Chargé des contributions des Juifs de Babylonie, il arriva à Jérusalem avec de grands trésors pour l'achèvement du temple et pour le rétablissement du gouvernement civil dans tout le pays. Il constata que le peuple s'était allié aux tribus voisines par mariage et insista sur le renvoi immédiat de tous les membres païens des foyers juifs.

**63.** La défaite des Perses à Chypre, en 449 av. J.-C., joua dans une certaine mesure en faveur des Juifs ; car tous les ports maritimes de l'empire ayant été cédés, la forteresse naturelle de Sion, commandant les routes entre l'Egypte et la capitale, devint d'une grande importance. Jusqu'alors, les monarques perses avaient interdit de fortifier Jérusalem, mais la vingtième année du règne d'Artaxerxès, Néhémie , l'échanson juif du grand roi, reçut la mission de reconstruire ses murs. Il se déplaça avec une grande célérité et un grand secret, car les Samaritains voisins, les Ammonites et les Arabes, qui n'étaient plus impressionnés, comme autrefois, par un décret de l'empire, s'opposèrent violemment aux travaux. Travaillant la nuit, les outils dans une main et les armes dans l'autre, les Juifs de tous rangs se livrèrent avec tant de zèle à cette tâche qu'en cinquante-deux jours Jérusalem fut entourée de murs et de tours assez solides pour défier ses ennemis. (Néhémie i -v : 16.)

Pendant ce temps, Esdras, relevé du commandement civil, travaillait à son grand travail, la collecte et l'édition des Livres sacrés. Pendant la captivité, de nombreux écrits avaient été perdus, parmi lesquels le Livre de Jasher , celui des « Guerres du Seigneur », les écrits de Gad et Iddo , les prophètes, et les ouvrages de Salomon sur l'Histoire naturelle. Les livres sacrés qui restaient étaient classés en trois grandes divisions : la Loi, les Prophètes et les Hagiographes ; ce dernier comprenant Job, les Psaumes et les Proverbes, l'Ecclésiaste, les Cantiques, Ruth, Daniel et les Chroniques. Les livres de Malachie, d'Esdras, de Néhémie et d'Esther furent ensuite ajoutés et le canon fut clos.

**64.** Au départ de Néhémie, les anciens désordres revinrent. Esdras est mort ; le grand prêtre s'allia avec l'ennemi le plus meurtrier de la foi juive, Tobi'ah l'Ammonite, à qui il fit loger dans le temple. Le sabbat était rompu ; Les commerçants tyriens vendaient leurs marchandises aux portes de Jérusalem le jour saint. Néhémie revint avec le pouvoir d'un satrape et, avec son habileté habituelle, réforma ces abus. Il expulsa Manassé, devenu grand prêtre, parce qu'il avait épousé une fille de Sanballat le Horonite . Le beau-père païen construisit alors un temple rival au sommet du mont Garizim, dont Manassé devint grand prêtre. La haine amère née de ce schisme a persisté pendant des siècles et n'a pas cessé même avec la destruction du temple de Jérusalem, en 70 après JC. « Les Juifs n'avaient aucun rapport avec les Samaritains. » Depuis la division, il n'y eut plus de mélange d'éléments païens dans la religion et les coutumes de la Judée . Les Hébreux devinrent non seulement la nation la plus rigidement monothéiste, mais, malgré leurs errances ultérieures, la plus isolée de toutes les nations.

**65.** XERXÈS II. Artaxerxès mourut en 425 avant JC et fut remplacé par son fils, Xerxès II. Après un règne de seulement quarante-cinq jours, le jeune roi fut assassiné par son demi-frère Sogdianus ; et le cortège funèbre de son père fut rattrapé, alors qu'il se dirigeait vers les tombeaux royaux de Persépolis, par le sien.

**66.** SOGDIEN . BC 425, 424. Le meurtrier n'a joui des fruits de son crime que pendant un peu plus de six mois. Un autre demi-frère, O´chus , se révolta avec les satrapes d'Égypte et d'Arménie et le général de la cavalerie royale. Sogdianus fut déposé et mis à mort.

**67.** DARIUS II. 424-405 avant JC. Ochus , montant sur le trône, prit le nom de Darius, auquel les Grecs ajoutèrent le nom méprisant de No´thus . Ce prince passa les dix-neuf années de son règne sous le contrôle de sa femme, Parysatis , qui surpassait sa mère, Amastris , en méchanceté et en cruauté. L'empire, quant à lui, était secoué par des révoltes continuelles, et les moyens pris pour les réprimer compromettaient au lieu de confirmer l'intégrité de la nation. Des promesses furent faites qui ne devaient jamais être tenues, dans le but d'entraîner les satrapes rebelles à leur destruction ; et les outils de ces mensonges, au lieu de ressentir, comme Megabyzus , la perte de leur honneur, acceptèrent volontiers le butin de leurs victimes. Les précautions de Darius Ier n'ont pas été prises en compte ; les pouvoirs civils et militaires étaient réunis dans la même personne, et deux ou trois pays étaient souvent unis sous le règne d'un seul satrape. Ces grands gouvernements, descendant souvent de père en fils, devinrent davantage des royaumes indépendants que des provinces de l'empire.

**68.** Les Mèdes, après plus d'un siècle de soumission à la domination perse, tentèrent de se libérer, en 408 avant JC, mais furent vaincus. Les Égyptiens, plus éloignés, réussirent mieux. Toujours la plus mécontente des provinces perses, leur opposition était encore plus une question de religion que de patriotisme, et était constamment fomentée par les prêtres. Sous deux dynasties successives de rois indigènes, ils purent désormais conserver leur indépendance pendant près de soixante ans. 405-346 avant JC.

**69.** Tandis que l'empire subissait ces pertes, il gagna un grand avantage dans la reconquête des villes grecques d'Asie Mineure. Les Athéniens et les Spartiates avaient gaspillé leurs forces les uns contre les autres dans la guerre du Péloponnèse (431-404 av. J.-C.) qui, plus que tout égard à leurs engagements, avait interrompu leurs tentatives hostiles contre la Perse. La puissance d'Athènes était maintenant brisée par les désastres de la Sicile ; et le satrape lydien, Tissaphernès , saisit l'occasion pour cultiver l'alliance de Sparte et aider les colonies athéniennes, Lesbos, Chios et Érythrée , dans leur révolte projetée. Pharnabazus , satrape des provinces hellespontines , suivit la même voie ; et grâce à la rivalité des deux États grecs, leur ancien ennemi gagna la possession incontestée de « toute l'Asie ».

Cyrus, le fils cadet du roi, devenu satrape de Phrygie, de Lydie et de Cappadoce, usa sans réserve de sa richesse et de sa puissance pour aider les Lacédémoniens et humilier les Athéniens. Il déclara à Lysandre , l'amiral spartiate, que si cela était nécessaire , il vendrait son trône ou le monnayerait en monnaie, pour faire face aux dépenses de la guerre. Cette libéralité avait une autre cause que l'amitié. Les Spartiates étaient considérés comme les meilleurs soldats du monde, et Cyrus se préparait à un mouvement audacieux et difficile dans lequel il avait besoin de leur aide.

**70.** Ce jeune prince était « né dans la pourpre », tandis que son frère aîné était né avant l'accession de leur père au trône. Avec ce prétexte, qui avait servi dans le cas de Xerxès Ier, sa mère, Parysatis , dont il était le favori, s'efforça en vain de persuader Darius de le nommer son successeur dans l'empire. Cyrus assuma l'état royal dans sa province ; et bien que naturellement hautain et cruel, il parvenait à gagner l'affection de ses courtisans par ses manières aimables, tandis que ses qualités les plus brillantes commandaient leur admiration. Darius, alarmé par l'ambition sans limite de son fils, le rappela dans la capitale, où il arriva seulement à temps pour assister à la mort de son père et à l'accession de son frère au trône.

**71.** avant JC 405-359. ARTAXERXÈS II s'appelait Mnémon , en raison de son merveilleux souvenir. Son premier acte royal fut de jeter son frère en prison, sur la rumeur, probablement trop fondée, qu'il complotait contre la vie du roi. Cyrus fut condamné à mort, mais sa mère, l'instigatrice du complot, plaida en sa faveur avec un tel effet, qu'Artaxerxès non seulement lui épargna la vie, mais le renvoya dans sa satrapie. Si Cyrus était auparavant ambitieux et rebelle, il avait désormais un motif supplémentaire de vengeance qui le poussait à détrôner son frère et à régner à sa place. Il leva une armée de mercenaires grecs pour une prétendue expédition contre les voleurs de Pisidie et partit de Sardes au printemps 401.

avant JC 401.

Artaxerxès fut informé de ses déplacements par Tissapherne et était bien préparé à le rencontrer. Les Grecs apprirent trop tard le véritable objectif de leur marche pour reculer. L'armée traversa la Phrygie et la Cilicie, entra en Syrie par les cols près d'Issus, traversa l'Euphrate à Thapsacus et s'avança jusqu'à la plaine de Cunax'a , à environ cinquante-sept milles de Babylone. Ici, il rencontra une armée royale au moins quatre fois plus nombreuse que la sienne. Les Grecs maintinrent leur ancienne renommée en mettant en déroute les Asiatiques qui leur étaient opposés ; mais Cyrus, pénétrant témérairement dans le centre perse, où son frère commandait en personne, fut abattu par un membre de la garde royale . Il avait déjà blessé le roi. Artaxerxès ordonna que sa tête et sa main droite traîtresse soient coupées, et son sort mit fin à la bataille.

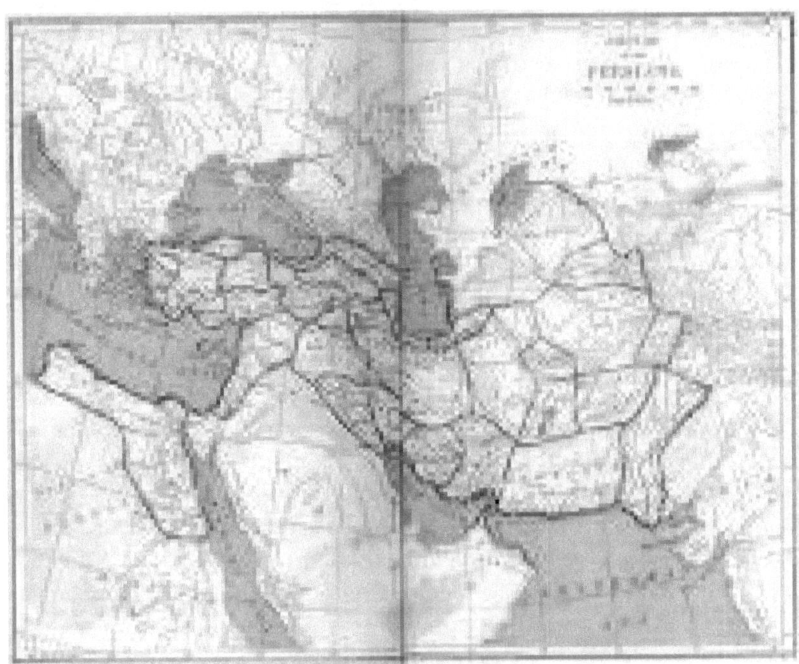

EMPIRE des PERSES.

**72.** Les auxiliaires grecs qui avaient été piégés dans la guerre par Cyrus se trouvaient maintenant dans une position périlleuse. Leurs alliés perses étaient dispersés ; ils étaient au cœur d'un pays inconnu et hostile, à deux mille milles de chez eux, et entourés par l'armée victorieuse d'Artaxerxès. Le rusé Tissapherne , qui avait été récompensé par les domaines de Cyrus, les retint près d'un mois sous de faux prétextes de négociation ; et les ayant conduits jusqu'aux sources du Tigre, il s'empara de tous leurs officiers, qu'il fit mettre à mort. Dans cette crise, l'Athénien Xénophon , qui avait accompagné l'armée de Cyrus, mais non comme soldat, réunit à minuit les principaux Grecs et pressa l'élection de nouveaux officiers qui devraient les ramener dans leur pays natal. La suggestion a été adoptée ; cinq généraux furent choisis, parmi lesquels Xénophon, et au point du jour l'armée était rassemblée pour rentrer chez elle.

Ici commença la retraite des dix mille, célébrée dans les annales de la guerre comme, peut-être, l'exemple le plus remarquable d'une entreprise menée contre des obstacles prodigieux, avec un sang-froid, une bravoure et un succès parfaits. Tissaphernes et son armée étaient accrochés à leurs derrières, des barbares hostiles étaient en tête, et aux fatigues de la marche s'ajoutaient les périls de batailles fréquentes. Leur route s'étendait sur les plateaux d'Arménie, où beaucoup périssaient sous les vents glacials du nord ou étaient aveuglés par l'éclat inhabituel de la neige. Les survivants poursuivirent leur route avec un esprit indomptable, jusqu'à ce que, gravissant une montagne au sud de Trapezus , ils aperçussent, au loin au nord-ouest, les eaux sombres du Pont-Euxin. Leurs plus grands périls étaient désormais passés ; un cri joyeux : « La mer ! la mer!" est sorti du premier rang et a été rapidement rattrapé par ceux qui étaient derrière. Officiers et soldats s'embrassaient avec des larmes de joie ; et tous s'unirent pour ériger sur cet heureux belvédère un monument des trophées récoltés pendant leur fatiguant voyage.

387 avant JC.

**73.** Par leur participation à la rébellion de Cyrus, même involontaire, les Spartiates avaient offensé Artaxerxès de manière impardonnable, et ils résolurent d'être les premiers à lancer la guerre qui devait s'ensuivre. S'assurant les services des Dix Mille, ils attaquèrent les Perses en Asie Mineure avec un succès qui promettait la fin rapide de leur domination. Mais la Perse était devenue plus sage depuis l'époque de Xerxès et combattait les Grecs moins avec ses masses encombrantes de troupes qu'avec des intrigues subtiles. Grâce à d'habiles émissaires bien approvisionnés en or, elle institua une ligue entre les États secondaires de la Grèce, Argos, Corinthe, Athènes et Thèbes, qui déséquilibra aussitôt la puissance de Sparte. Les navires perses prirent part à la bataille de Cnide, par laquelle les confédérés obtinrent la domination de la mer. 394 avant JC. Sparte fut réduite à accepter la paix humiliante d' Antalcidas , par laquelle les Grecs asiatiques furent laissés sous le contrôle de la Perse, et le grand roi gagna une voix faisant autorité dans toutes les querelles entre les États grecs.

**74.** Artaxerxès était hanté par le désir de restaurer l'empire dans sa plus grande étendue sous Darius Hystaspes . Il réoccupa Samos, qu'il voulait servir de tremplin vers le reste des îles grecques ; et il envoya une grande expédition en Égypte sous le commandement conjoint d' Iphicrate , un Athénien, et de Pharnabazos , un général perse. Cette entreprise échoua, en partie à cause des jalousies des deux commandants ; et cet échec hâta une révolte des satrapies occidentales, qui faillirent renverser l'empire. L'Égypte a alors riposté et tenté de raviver ses anciennes gloires par la conquête de la Syrie et de la Phénicie . Mais ces mouvements furent vaincus par la gestion et l'or, et Artaxerxès laissa son domaine avec presque les mêmes limites qu'au début de son règne.

**75.** Règne d'Artaxerxès III. avant JC 359-338. La mort d'Artaxerxès II fut suivie des crimes et atrocités habituels qui accompagnaient un changement sur le trône de Perse. Son plus jeune fils, Ochus , s'empare de la couronne après le meurtre de son aîné et le suicide de son deuxième frère. Il prit le nom d'Artaxerxès III et, par son énergie et son esprit, fit beaucoup pour rétablir la prospérité déclinante de l'empire. Il n'a cependant pas atténué les sources inhérentes de sa faiblesse dans la corruption de la cour. L'affection familiale avait été remplacée par la jalousie et la haine. Le premier acte d' Ochus fut l'extermination de sa propre race royale, afin qu'aucun rival ne puisse subsister pour lui disputer son trône. Ses entreprises les plus ambitieuses furent retardées par une révolte d' Artabaze en Asie Mineure, encouragée par Athènes et Thèbes. Le satrape vaincu s'enfuit chez Philippe de Macédoine, dont la protection immédiate et les mesures de représailles d'Ochus conduisirent aux résultats les plus importants. Ceux-ci seront détaillés dans le livre IV.

**76.** Vers 351 avant JC, Ochus était prêt à tenter de soumettre l'Égypte. Il fut vaincu lors de sa première campagne et se retira en Perse pour recruter ses forces. Cette retraite fut le signal d'innombrables révoltes. La Phénicie se plaça sous le gouvernement indépendant du roi de Sidon ; Chypre a mis en place neuf souverains indigènes ; en Asie Mineure, une douzaine de royaumes distincts furent revendiqués, voire établis. Mais l'esprit d'Artaxerxès III était à la hauteur de l'occasion. Il leva un deuxième armement, engagea dix mille mercenaires grecs et partit en personne faire la guerre à la Phénicie et à l'Égypte. Sidon fut prise et la Phénicie soumise. Mentor le Rhodien, qui, au service du roi d'Égypte, aidait les Sidoniens, passa chez les Perses avec quatre mille Grecs. L'Egypte fut alors envahie avec plus de succès. Nectanebo fut vaincu et expulsé, et son pays de nouveau réduit à une satrapie perse.

**77.** La plupart des victoires ultérieures d'Artaxerxès furent dues à la valeur de ses auxiliaires grecs, ou à la trahison ou à l'incapacité de ses adversaires. Après le rétablissement de son gouvernement, il s'abandonna aux plaisirs de son palais, tandis que le contrôle des affaires reposait exclusivement sur Bago'as , son ministre, et Mentor, son général. Le peuple n'était rappelé de temps en temps à son existence que par quelque mandat particulièrement sanglant. Quel que soit l'espoir qu'auraient pu inspirer ses très grandes capacités, il fut aussitôt déçu par sa violence sans scrupules et son indolence indolente. Il mourut empoisonné par la main de Bagoas , en 338 avant JC.

**78.** Des culs . 338-336 avant JC. Le perfide ministre détruisit non seulement le roi lui-même, mais tous les princes royaux, à l'exception d'Arsès , le plus jeune, qu'il plaça sur le trône, croyant que, n'étant qu'un simple garçon, il se soumettrait à son contrôle. Au bout de deux ans, il s'alarma de quelques signes d'indépendance de caractère chez son élève et ajouta les ânes au nombre de ses victimes. Il conféra alors la souveraineté à Darius Codoman'nus , petit-fils de Darius II, qu'il considérait comme un ami, mais qui commença son règne par un acte de justice sommaire, en exécutant le misérable à qui il devait sa couronne. 336 avant JC.

**79.** Règne de Darius III. 336-331 avant JC. Comme cela s'est souvent produit dans l'histoire du monde, l'un des meilleurs rois perses a dû subir les conséquences de la tyrannie de ses prédécesseurs. Darius ne se distinguait pas plus par sa beauté personnelle que par la droiture et la bienveillance de son caractère ; et en tant que satrape d'Arménie, avant son accession au trône, il avait reçu de grands applaudissements à la fois pour sa bravoure de soldat et pour son habileté de général. Mais les Grecs, dont les raisons d'hostilité contre les Perses s'accumulaient depuis deux cents ans, avaient enfin un chef plus ambitieux que Xerxès et plus compétent que Cyrus. Déjà, avant que Darius monte sur le trône, Alexandre le Grand avait succédé à son père en Macédoine, avait été nommé général en chef de toutes les forces grecques et avait commencé son mouvement contre l'Asie.

**80.** Le monarque perse méprisait la présomption d'un garçon inexpérimenté et ne faisait aucun effort, en aidant les ennemis européens d'Alexandre, pour écraser le nouvel ennemi dans son berceau. Les satrapes et les généraux partageaient la confiance de leur maître, et bien qu'une force importante fût rassemblée en Mysie , aucune opposition sérieuse ne fut faite à son passage de l'Hellespont. En 334 av. J.-C., Alexandre et ses 35 000 Grecs franchirent le détroit que Xerxès avait franchi avec ses cinq millions , moins de 150 ans auparavant. L'armée grecque n'était guère plus inférieure à l'armée perse en nombre que supérieure en efficacité. Elle était composée de troupes vétérans dans le plus haut état possible d'équipement et de discipline, et chaque homme était rempli d'un dévouement enthousiaste envers son chef et d'une confiance dans le succès.

Memnon, frère de Mentor le Rhodien, avec les satrapes Spithridatès et Arsitès , commandait les Perses en Asie Mineure. Leur première collision avec Alexandre fut dans la tentative d'empêcher son passage du Granicus , une petite rivière mysienne qui se jette dans la Propontide . Ils furent totalement vaincus et Alexandre, avançant vers le sud, soumit ou plutôt libéra sans long délai toutes les villes de la côte ouest. Halicarnase , sous le commandement de Memnon, opposa une résistance obstinée et ce ne fut qu'à la fin de l'automne qu'elle se rendit. Memnon résolut alors de porter la guerre en Grèce. Il rassembla une grande flotte et captura de nombreuses îles de la mer Égée ; mais sa mort à Mytilène libéra Alexandre du plus habile de ses adversaires.

**81.** Le roi de Macédoine hiverna à Gordium , où il coupa ou dénoua le célèbre nœud, dont une ancienne prophétie avait déclaré qu'il ne pourrait jamais être desserré sauf par le conquérant de l'Asie. Avec de nouveaux renforts venus de Grèce, il commença sa deuxième campagne, au printemps 333, en traversant la Cappadoce et la Cilicie jusqu'aux portes de la Syrie. Darius le rencontra, dans l'étroite plaine d'Issus, avec une armée d'un demi-million d'hommes. Enfermés entre les montagnes, le fleuve et la mer, les cavaliers perses ne pouvaient agir, et leur immense nombre constituait plutôt un inconvénient qu'un avantage. Darius fut vaincu et s'enfuit à travers l'Euphrate. Sa mère, sa femme et ses enfants tombèrent entre les mains du conquérant, qui les traita avec la plus grande délicatesse et le plus grand respect.

**82.** BC 333-331. Les conquêtes de la Syrie, de la Phénicie et de l'Égypte, qu'Alexandre accomplit alors en moins de deux ans, seront décrites dans l'histoire macédonienne. Au printemps 331, il retrace sa marche triomphale à travers la Syrie, traverse l'Euphrate à Thapsaque , traverse la Mésopotamie et retrouve Darius dans la grande plaine assyrienne à l'est du Tigre. Le roi de Perse avait consacré les vingt mois qui s'étaient écoulés depuis la bataille d'Issus à rassembler toutes les forces de son empire. Le terrain fut soigneusement choisi comme étant le plus favorable aux mouvements de la cavalerie et lui donnant tout l'avantage de sa supériorité numérique. Un grand espace était nivelé et durci avec des rouleaux pour les évolutions des chars armés de faux. Une partie importante de l'infanterie était formée des courageux et robustes montagnards d'Afghanistan, de Boukhara, de Khiva et du Thibet ; et la cavalerie, des ancêtres des Kurdes et des Turcomans modernes , race toujours distinguée par une équitation audacieuse et habile. Seule une brigade d'auxiliaires grecs était considérée comme capable de résister à la charge de la phalange d'Alexandre. Au total, les forces de Darius comptaient plus d'un million d'hommes, et elles surpassaient toutes les précédentes levées générales des Perses dans la discipline efficace qui leur permettait d'agir ensemble comme un seul corps.

**83.** La phalange macédonienne, qui formait le centre de l'armée d'Alexandre, était le corps de troupes lourdement armées le plus efficace connu dans les tactiques anciennes. Les hommes étaient placés en seize profondeurs, armés de la *sarissa* , ou longue pique, longue de vingt-quatre pieds. Lorsqu'ils étaient prêts à l'action, les fers de lance des six premiers rangs se projetaient depuis le front. En recevant une charge, le bouclier de chaque homme, tenu au-dessus de la tête avec le bras gauche, chevauchait celui de son voisin ; de sorte que le corps tout entier ressemblait à un monstre vêtu d'une carapace de tortue et de poils de porc-épic. Tant qu'elle tenait bon, la phalange était invincible. Qu'il avançait son immense poids sur l'ennemi comme un solide mur d'acier hérissé de pointes de lance, ou qu'à genoux, chaque pique plantée dans le sol, attendait l'attaque, peu osaient le rencontrer.

**84.** BATAILLE D'ARBELA. Le matin du 1er octobre 331 avant JC, les deux grandes forces se rencontrèrent dans la plaine de Gaugame´la . Alexandre combattit à la tête de sa cavalerie, à droite de son armée. Darius, au centre perse, animait ses hommes par la parole et par l'exemple. Les deux camps combattirent avec une bravoure merveilleuse, mais la parfaite discipline des Macédoniens remporta enfin une victoire complète. Les chars de guerre perses, qui, avec de longues faux sortant de leurs roues, étaient destinés à faire de grands ravages parmi la cavalerie grecque, furent rendus inutiles par un détachement de troupes légères entraînées à cet effet, qui, blessant d'abord les chevaux et les conducteurs. avec leurs javelots, ils couraient à côté des chevaux et coupaient les traces ou saisissaient les rênes, tandis que le petit nombre qui atteignait le front macédonien était autorisé à passer entre les files qui s'ouvraient pour les recevoir, et était facilement capturé à l'arrière. Cinq brigades de la phalange fauchèrent les mercenaires grecs qui leur étaient opposés et pénétrèrent jusqu'au centre perse, où Darius commandait en personne. Le cocher du roi fut tué par un javelot ; il monta lui-même sur un cheval de flotte et sortit du champ de galop.

Ailleurs, l'issue du jour était bien plus douteuse pour Alexandre ; mais la nouvelle de la fuite de Darius découragea ses officiers et poussa les Macédoniens, en infériorité numérique et presque maîtrisés, à de nouveaux efforts. Un groupe de cavaliers persans et indiens, qui pillaient le camp macédonien, fut mis en fuite par un corps de réserve de la phalange. Le roi fugitif, suivi longuement par toute son armée, se dirigea vers la ville d' Arbela , distante de vingt milles, où étaient déposés ses trésors militaires. La rivière Lycus se trouvait sur leur chemin, traversée seulement par un pont étroit, et le nombre de Perses noyés dans ce courant rapide dépassait même celui de ceux qui avaient péri sur le champ de bataille.

**85.** Le lendemain Alexandre arriva à Arbela et prit possession de ses trésors. Le roi perse, malheureusement pour lui, avait échappé à un conquérant généreux pour tomber entre les mains de son perfide satrape

Bessus . Cet homme avait dirigé une division de l'armée perse à la bataille d'Arbela, mais, voyant la fortune de son maître ruinée, il avait comploté avec quelques collègues officiers pour s'emparer de sa personne et le mettre à mort ou le livrer à Alexandre, espérant ainsi pouvoir acquérir pour eux-mêmes des commandes importantes. Chargé de chaînes, le malheureux roi fut emporté par ses serviteurs dans leur fuite vers l'Hyrcanie ; mais les troupes d'Alexandre les pressèrent de près, et ne trouvant aucune évasion, elles blessèrent mortellement leur captif et le laissèrent mourir au bord de la route.

L'ancien seigneur d'Asie devait à un soldat macédonien, qui lui apporta une tasse d'eau froide, pour le dernier acte de sa présence. Il assura à l'homme que son incapacité à récompenser ce service ajoutait de l'amertume à ses derniers instants ; mais il le recommanda à Alexandre, dont il avait lui-même prouvé la générosité, et qui ne manquerait pas d'honorer cette dernière demande. Le conquérant arriva alors que les restes sans vie de Darius gisaient encore au bord de la route. Profondément ému, il jeta son propre manteau royal sur le corps de son ennemi et ordonna qu'une magnifique procession conduise le dernier des rois perses au tombeau de ses pères. Lors de la bataille d' Arbela, l'empire perse tomba. La réduction des provinces occupa les quelques années restantes de la vie d'Alexandre ; mais leur soumission fut certaine à partir du moment où les forces de l'Asie furent mises en fuite et où leur monarque fut captif.

## RÉCAPITULATION.

Xerxès, après avoir reconquis l'Égypte et mis tout son empire en contribution, conduisit en Europe la plus grande armée que le monde ait jamais vue. Il gagna le passage des Thermopyles par trahison, mais sa flotte fut brisée par les tempêtes et complètement vaincue à Salamine. La guerre se termina l'année suivante par le renversement de Mardonius à Platée et la destruction d'une flotte et d'une armée perses à Mycale. Le règne de quarante ans d'Artaxerxès Longimanus marque le début du déclin de l'empire. Une nouvelle immigration de Juifs libérés re-fortifia Jérusalem et les livres de l'Ancien Testament furent pour la première fois rassemblés et classés. La querelle avec les Samaritains fut perpétuée par la construction d'un temple rival sur le mont Garizim. Sous le règne de Darius II, de nombreuses provinces se révoltèrent et l'Égypte resta indépendante soixante ans. À la mort de Darius, son plus jeune fils Cyrus, avec l'aide de 10 000 mercenaires spartiates, fit la guerre à son frère Artaxerxès Mnemon , mais il fut vaincu et tué à Cunaxa. Une guerre générale s'ensuivit, dans laquelle Sparte fut humiliée par les forces combinées de la Perse et des États mineurs de Grèce, et le traité d' Antalcidas fit du grand roi l'arbitre des affaires grecques. Artaxerxès III, après avoir assassiné tous ses parents, reconquit la Syrie, la Phénicie et l'Égypte. Il fut détruit, avec tous ses enfants, par Bagoas , son ministre, qui conféra la souveraineté à Darius Codomannus . Ce dernier des Achéménides fut vaincu par Alexandre le Grand à Issus, et enfin à Arbela ; et tous les domaines de la Perse devinrent des parties de l'empire macédonien.

| 44. | Décrivez les batailles d'Issus et d'Arbela. | 81 , 84 . |
|---|---|---|
| 45. | Le sort de Darius. | 85. |
| 46. | Combien de temps l'empire perse a-t-il duré ? | |
| 47. | Combien de rois, en commençant par Cyrus ? | |
| 48. | Quelle était sa plus grande étendue, décrite par des frontières ? | |
| 49. | Qu'entend-on par *satrapie* ? | |

# LIVRE III.
## États et colonies grecques depuis leur période la plus ancienne jusqu'à l'adhésion d'Alexandre le Grand.

## APERÇU GÉOGRAPHIQUE DE LA GRÈCE.

**1.** Des trois péninsules qui s'étendent vers le sud dans la Méditerranée, la plus orientale fut la première peuplée et devint le siège de la plus haute civilisation dont le monde antique pouvait se vanter. Sa partie sud seule était occupée par la Grèce, qui s'étendait du 40e parallèle vers le sud jusqu'au 36e. La Grèce continentale n'a jamais égalé en taille l'État de l'Ohio. Sa plus grande longueur, depuis le mont Olympe jusqu'au cap Tæn'arum , était de 250 milles ; et sa plus grande largeur, depuis Actium jusqu'à Marathon, n'était que de 180. Cependant ce petit espace était divisé en vingt-quatre pays séparés, dont chacun était politiquement indépendant de tous les autres.

**2.** Le trait le plus particulier de la péninsule grecque est la grande étendue de sa côte par rapport à sa superficie. Elle est presque coupée en trois parties distinctes par de profondes échancrures de la mer, la Grèce du Nord étant séparée de la partie centrale par l' Ambra'cien et le Malien , et la Grèce centrale du Péloponnèse par les golfes Corinthien et Saronique . Un pays ainsi entouré et pénétré d'eau devint nécessairement maritime. Les îles de la mer Égée constituaient un tremplin facile entre l'Europe et l'Asie. En face, au sud, se trouvait l'une des régions les plus fertiles de l'Afrique ; et, à l'ouest, la péninsule italienne n'était distante que de trente milles dans la partie la plus étroite du canal.

**3.** La limite nord de la Grèce est la chaîne du Cambunien , qui traverse la péninsule d'est en ouest. A peu près à mi-chemin entre les deux mers, cette chaîne est coupée par celle du Pinde , qui s'étend du nord au sud, comme les Apennins de l'Italie. Cette haute chaîne s'étend vers la côte orientale, qui, parallèle au Cambunien , à une distance de soixante milles, enferme la belle plaine de Thessalie . À l'ouest du mont Pinde se trouve l'Épire , un pays rude et montagneux habité par diverses tribus, certaines grecques, d'autres barbares. Ses crêtes, s'étendant du nord au sud, étaient alternées avec des vallées bien arrosées. À travers le plus à l'est de ces rivières coule l' Achelo´us , le plus grand fleuve de Grèce. Près de sa source se trouvaient les chênes sacrés de Dodona , dans le bruissement des feuilles desquels on croyait entendre la voix de la divinité suprême.

**4.** La Grèce centrale était occupée par onze États : Attique , Megaris , Béotie , Malis , Ænia´nia , Locris oriental et occidental, Phocide, Doris, Æto´lia et Ac´arna´nia . Entre l'Étolie et Doris, le mont Pinde se divise en deux branches. L'un d'eux s'étend vers le sud-est jusqu'à l'Attique et comprend les sommets remarquables du Parnasse , de l'Hélicon , du Cithæron et de l'Hymète ; l'autre se tourne vers le sud et atteint la mer près de l'entrée du golfe Corinthien.

L'Attique est une péninsule triangulaire, ayant deux côtés baignés par la mer et sa base unie à la terre. Protégée par ses barrières montagneuses du Cithæron et du Parnes , elle souffrit moins de la guerre dans les premiers temps que d'autres parties du pays ; et l'olive, sa principale production, devint à tout âge un symbole de paix.

**5.** Le sud de la Grèce comprenait onze pays : Corinthe , Sicyonie , Achaïe , Élise , Arcadie , Messénie , Laconie , Argolide , Épidaure , Trœzénie et Hermi. 'onis .

Le territoire de Corinthe occupait l'isthme entre les golfes corinthien et Saronique ; et par ses deux ports, Lechaeum et Cenchreae , il entretenait un commerce étendu avec les mers orientales et occidentales. Ainsi admirablement située, Corinthe, la ville principale, était réputée pour sa richesse même au temps d'Homère.

La Sicyonie était considérée comme l'État le plus ancien de Grèce, suivie par l'Argolide. Les ruines de Tir'yns et de Mycènes , dans cette dernière, existaient bien avant le début de l'histoire authentique.

Elis était la Terre Sainte des Hellènes . Chaque pied de son territoire était sacré pour Zeus, et c'était un sacrilège de porter les armes à l'intérieur de ses limites. Ainsi, elle était en paix quand toute la Grèce était en guerre ; et bien que sa richesse dépassât celle de tous les États voisins, sa capitale resta sans muraille.

L'Arcadie, la Suisse du Péloponnèse, était le seul État grec sans littoral. Ses rochers sauvages et escarpés étaient recouverts de forêts sombres et ensevelis pendant une grande partie de l'année dans les brouillards et les neiges. Ses habitants étaient rustiques et analphabètes ; ils adoraient Pan, le dieu des bergers et des chasseurs, mais s'ils revenaient les mains vides de la chasse, ils exprimaient leur dégoût en piquant ou en flagellant son image.

La Messénie occupait l'angle sud-ouest de la Grèce et encerclait un golfe auquel elle a donné son nom. La Laconie englobait les deux autres promontoires dans lesquels se termine le Péloponnèse, ainsi qu'une étendue plus vaste au nord. Il s'agissait principalement d'une longue vallée délimitée par deux chaînes élevées, d'où on l'appelait parfois *Hollow*. La'cedæ'mon . Au centre de la vallée coulait l' Euro'tas , dont les sources se trouvaient dans les recoins abrupts du mont Tay'getus . Sparte, la capitale, était la seule ville importante. Il se trouvait sur l' Eurotas , à environ vingt milles de la mer, entouré d'un amphithéâtre de montagnes qui bloquaient les vents rafraîchissants et concentraient les rayons du soleil, de manière à produire une chaleur intense en été.

**6.** Bien que le nom de Grèce soit aujourd'hui strictement limité à la péninsule que nous avons décrite, il était souvent plus généralement appliqué par les anciens à toutes les demeures et colonies de la race hellénique. Le sud de l'Italie a longtemps été connu sous le nom de *Mag'na Græ´cia* ; les rives orientales de l' Égée constituaient la Grèce asiatique, et les villes de Cyrène en Afrique, Syracuse en Sicile et Massilia dans le sud de la France étaient toutes, pour les Grecs, des parties également essentielles de la Hellas. La description des colonies nombreuses et importantes appartient à une période ultérieure. Quelques-unes des îles appartenant plus directement à la Grèce seront seules mentionnées ici.

**7.** Le principal d'entre eux était l'Eubée , le grand brise-lames de la côte orientale, qui s'étendait sur une distance de 100 milles de longueur et 15 de largeur. Corcyra , sur la côte ouest , était presque aussi importante, bien que plus petite ; et au sud se trouvaient Paxos , Leucadia , Ithaque , Cephallenia et Zacynthus . Au sud se trouvaient l' Œnus´sæ et l'île importante de Cythe´ra . À l'est, se trouvaient, entre autres, Hydrea , Ægina et Salamine. Outre ces îles littorales ou côtières, il y avait, dans le nord de l'Égée , Lemnos, Imbros, Thasos et Samothrace ; au centre, les Cyclades ; et, au sud, la grande île de Crète.

## HISTOIRE DE LA GRÈCE.

### PÉRIODES.

| JE. | Histoire traditionnelle et fabuleuse, des origines aux migrations doriennes, | à propos | 1100 avant JC. |
|---|---|---|---|
| II. | Histoire authentique, depuis les migrations doriennes jusqu'au début des guerres perses ; | | 1100-500 avant JC. |
| III. | Depuis le début des guerres perses jusqu'à la victoire de Philippe de Macédoine à Chæronea , | | 500-336 avant JC. |

**8.** PREMIÈRE PÉRIODE. Le nom de la Grèce était inconnu des Grecs, qui appelaient leur pays *Hellas* et eux-mêmes *Hellènes* . Mais les Romains, ayant probablement fait leur première connaissance avec les habitants de cette péninsule par l'intermédiaire des *Graikoi* , tribu qui habitait la côte la plus proche de l'Italie, appliquèrent leur nom à toute la race hellénique. Un nom plus ancien, *Pelasgia* , est dérivé des premiers habitants connus du pays, un peuple très étendu, dont on peut retracer les restes de leur architecture massive dans diverses parties de l'Italie ainsi qu'en Grèce. Les *Pélasges* furent parmi les premiers de la famille indo-germanique à migrer de l'Asie vers l'Europe.


**9.** Par conquête ou influence, les Hellènes prirent très tôt le contrôle de leurs voisins et répandirent leur nom, leur langue et leurs coutumes sur toute la péninsule. Ils étaient alors considérés comme composés de quatre tribus, les Doriens, les Achéens , les Éoliens et les Ioniens ; mais les deux derniers, sinon tous les quatre, étaient probablement membres de la race antérieure.

**10.** Bien que de la même famille que les Mèdes, les Perses, les Bactriens et les Brahmanes de l'Inde, les Grecs n'avaient aucune tradition de migration venue d'Asie, mais croyaient que leurs ancêtres étaient sortis de terre. Ils se reconnaissaient cependant redevables, pour certains éléments importants de leur civilisation, aux immigrants venus de pays étrangers. *Cécrops* , originaire de Saïs en Égypte, aurait fondé Athènes et établi ses rites religieux. La citadelle porta plus tard le nom de Cecropia . De meilleures autorités font de Cecrops un héros pélasgien. *Danaus* , un autre Égyptien réputé, aurait fondé Argos, après avoir fui en Grèce avec ses cinquante filles. C'est à lui que la tribu des Danaï a donné son nom, qu'Homère appliquait parfois à tous les Grecs ; mais l'histoire est évidemment une fable.

*Pélops* était originaire de Phrygie et qu'il avait conquis le royaume de Mycènes grâce à sa grande richesse . Toute la péninsule au sud du golfe corinthien portait son nom, s'appelant Péloponnèse. Une quatrième tradition qui décrit l'établissement des Phéniciens *Cadmus* à Thèbes, en Béotie , repose sur de meilleures preuves. Il aurait introduit l'usage des lettres, l'art des mines et la culture de la vigne. Il est certain que l'alphabet grec dérive de l'alphabet phénicien ; et Cadmus peut être considéré, dans ce sens élémentaire, comme le fondateur de la littérature européenne. La forteresse de Thèbes s'appelait, de lui, Cadme´a .

**11.** La première période de l'histoire grecque est appelée l'ère héroïque. Plus tard, les poètes et les sculpteurs aimaient célébrer ses dirigeants comme une race plus noble qu'eux, se classant entre les dieux et les hommes ; différent du premier en étant sujet à la mort, mais surpassant le second en force de corps et en grandeur d'esprit. Les innombrables exploits des Héros doivent être lus plutôt dans la Mythologie que dans l'Histoire. Les trois qui avaient la plus grande emprise dans la croyance et la plus grande influence sur le caractère du peuple étaient Hercules, le grand héros national ; Thésée , le héros de l'Attique ; et Minos, roi de Crète.

Les « Douze Travaux d'Hercule » représentent la lutte de l'Homme avec la Nature, à la fois dans la destruction du mal physique et dans l'acquisition de richesse et de pouvoir. Pour comprendre sa célèbre histoire, il faut garder à l'esprit qu'à cette époque primitive, les lions ainsi que d'autres bêtes sauvages étaient encore nombreux dans le sud de l'Europe ; que de vastes étendues étaient couvertes de marais non drainés et de forêts impénétrables ; et qu'une race d'hommes sauvages et autochtones, plus dangereuses que les bêtes, hantaient la terre et la mer en tant que voleurs et pirates.

**12.** Thésée était le civilisateur de l'Attique. Il établit un gouvernement constitutionnel et institua les deux grandes fêtes, les Panathénées [32] et Synoikia , en l'honneur de la déesse patronne d'Athènes. Les Jeux Isthmiques, en l'honneur de Neptune, lui sont également attribués.

**13.** Minos, roi de Crète, était considéré par les Grecs comme le premier grand législateur, et donc l'un des principaux fondateurs de la civilisation et de l'ordre social. Après sa mort, on croyait qu'il était l'un des juges des âmes d'Hadès. Il convient de noter que les législateurs traditionnels de nombreux pays portent des noms similaires ; et Menu en Inde, Ménès en Égypte, Manis en Lydie, Minos en Crète et Mannus en Allemagne peuvent tous être des noms mythiques pour *l'Homme* le Penseur, par opposition au sauvage.

avant JC 1194.

avant JC 1184.

**14.** Parmi les nombreuses entreprises remarquables des héros grecs, la dernière et la plus grande fut le siège de Troie. Zeus, [33] ayant pitié de la terre, ainsi dit la fable, pour les multitudes grouillantes qu'elle était obligée de soutenir, résolut de semer la discorde parmi les hommes afin qu'ils se détruisent les uns les autres. L'occasion de la guerre fut trouvée dans le tort infligé à Ménélas, roi de Sparte, par Pâris, fils de Priam, roi de Troie. Tous les princes grecs, mécontents de cette blessure, rassemblèrent leurs forces depuis les extrémités de la Hellas, depuis le mont Olympe jusqu'aux îles d'Ithaque, de Crète et de Rhodes, et traversant la mer Égée sous le commandement d' Agamemnon , passèrent dix ans au siège. de Troie. L'histoire de la dixième année doit être lue dans l'Iliade d'Homère. [34] Il est impossible de séparer la partie historique de la partie poétique dans sa narration pleine d'entrain. Certains historiens ont attribué une période définie au siège, tandis que d'autres ont douté que Troie, telle que décrite par Homère, ait jamais existé.

**15.** Bien que de nombreux doutes puissent être ressentis quant au caractère de leurs héros et des événements, les poèmes d'Homère nous donnent une image fidèle du gouvernement et des mœurs des Grecs à ce jeune âge. D'eux nous apprenons que chacun des petits États avait son propre roi, qui était le père, le juge, le général et le prêtre de son peuple. Il était censé être d'origine et de nomination divines. Mais contrairement aux croyants aveugles au « droit divin » des temps modernes, les Grecs exigeaient que leurs rois se montrent supérieurs aux hommes ordinaires en termes de valeur, de sagesse et de grandeur d'âme. S'ils se révélaient ainsi fils des dieux, ils recevaient une obéissance inconditionnelle.

**16.** Un conseil de nobles entourait le roi et l'aidait de ses conseils. Le peuple était souvent assemblé pour assister aux discussions du conseil et à l'administration de la justice, ainsi que pour entendre les intentions du roi ; mais à ce jeune âge, ils n'avaient pas voix au chapitre dans les débats. Les nobles, comme le roi, descendaient des dieux et se distinguaient par leurs grands domaines, leurs vastes richesses et leurs nombreux esclaves.

**17.** Les Grecs de l'époque héroïque se distinguaient par de forts attachements domestiques, une hospitalité généreuse et un sens élevé du devoir moral. Chaque étranger était accueilli et accueilli avec la meilleure acclamation avant qu'on lui demande son nom ou sa course. S'il venait chercher protection, la famille avait une obligation encore plus forte de le recevoir, même s'il était un ennemi ; car Zeus n'avait aucune pitié pour celui qui se détournait de la prière d'un suppliant.

**18.** Les mœurs de l'époque étaient simples et chaleureuses. Les fils des dieux préparaient leurs propres dîners et étaient fiers de leur savoir-faire. Ulysse a construit sa chambre à coucher et son radeau, en plus d'être un excellent laboureur et faucheur. De la même manière, les dames de haute naissance cardaient et filaient la laine des moutons de leurs maris et la tissaient pour en faire des vêtements pour elles-mêmes et leurs familles ; tandis que leurs filles apportaient de l'eau des puits ou aidaient les esclaves à laver les vêtements dans la rivière.

**19.** Bien que simples, ces gens n'étaient pas incivilisés. Ils vivaient dans des villes fortifiées, ornées de palais et de temples. Les palais des nobles étaient ornés de vases d'or, d'argent et de bronze et tendus de riches draperies tyriennes. Les guerriers étaient protégés par des armures hautement travaillées et richement ornées. L'agriculture était hautement honorée. Le blé, le lin, le vin et l'huile étaient les principales productions.

**20.** Les arts de la sculpture et du design ont déjà fait certains progrès. La poésie était cultivée par les ménestrels, qui erraient d' un endroit à l'autre en chantant des chansons de leur propre composition, et étaient assurés d'un accueil honorable dans chaque palais. C'est sans doute ainsi que l'aveugle Homère [35] racontait les actes de bravoure accomplis devant les murs de Troie et louait les héros de cette époque dans les maisons de leurs descendants.

**21.** La religion des Grecs avait certains de ses premiers éléments communs avec celle des Hindous. Zeus, le roi des dieux et des hommes, qui régnait sur le sommet enneigé de l'Olympe, avait sans doute la même conception que Dyaus , l'Éther brillant ou Ciel serein du culte brahmane. Mais comme les forces de la nature étaient des objets d'adoration, chaque système empruntait ses traits distinctifs à ceux du pays dans lequel il se développait, et celui des Grecs en devint incomparablement plus délicat et plus raffiné. L'origine asiatique de leur foi fut reconnue par les Grecs eux-mêmes, dans la fable selon laquelle Zeus avait amené Europe , fille d' Agénor (le même avec Canaan), dans sa prime jeunesse, à travers l'Hellespont et à travers la Thrace. Une vieille tradition disait que les peuples de l'époque antéhellénique adoraient tous les dieux, mais ne donnaient de nom à aucun ; une expression mystique de la vérité selon laquelle les Grecs, comme la plupart des autres peuples anciens, étaient passés du culte d'un Dieu unique à la croyance en plusieurs.

Observant avec des yeux perçants les opérations diverses et apparemment contradictoires de la nature, les Grecs, sans l'aide de la révélation, furent amenés à croire en de nombreux dieux distincts et parfois hostiles ; car leur science, aussi imparfaite que leur religion, n'était pas encore parvenue à percevoir l'unité sous l'apparente variété, ni à leur apprendre que toutes les forces pouvaient se résoudre en une seule. C'est pourquoi nous lisons des conflits et des jalousies entre les divins habitants de l'Olympe, dont l'enfant le plus ignorant devrait avoir honte. Dans des époques plus éclairées, les philosophes censurèrent sévèrement cette attribution de passions indignes aux dieux et enseignèrent qu'elles ne devaient être conçues que comme sereines, bienfaisantes et supérieures aux excitations humaines.

**22.** Une grande partie de la mythologie grecque appartenait simplement à la poésie et n'avait aucun caractère religieux. De nombreuses histoires sur les dieux peuvent s'expliquer par les apparences familières de la nature. E'os , l'aube, était la sœur d' Hélios , le soleil, et de Sélène , la lune. Elle demeurait sur les bords de l'Océan, dans un palais aux portes dorées, d'où elle sortait chaque matin pour annoncer aux dieux et aux hommes l'approche de son grand frère. Elle était la mère des Vents et de l'Étoile du Matin. I'ris était la messagère des dieux. L'arc-en-ciel multicolore était le chemin qu'elle parcourait et qui disparaissait, lorsqu'elle n'en avait plus besoin, aussi soudainement qu'il était apparu.

**23.** Les douze qui constituaient le Conseil Olympien étaient Zeus, le suprême ; Posidon , le dieu de la mer ; Apollon, le dieu solaire et patron de la musique, de la poésie et de l'éloquence ; Ares , le dieu de la guerre ; Héphaïstos , du feu et des arts utiles ; Hermès , héraut des dieux et promoteur du commerce et de la richesse ; Héra, la grande déesse de la Nature ; Athéna , la fille préférée de Zeus et patronne de toute sagesse, civilisation et art ;

Artémis , la déesse de la lune ou de la chasse ; Aphrodi´te , de beauté et d'amour ; Hestia, de la vie domestique ; et Déméter , la généreuse mère des moissons, six dieux et six déesses.

**24.** A côté d'eux, et dans certains cas de rang égal, se trouvait Hadès, le dieu des enfers ; Hélios et Hécate ; Dionysos , le patron de la vigne, dont les rites ressemblaient quelque peu au culte soma ivre des hindous ; les neuf Muses, filles de Zeus et de Mémoire, qui présidèrent à la musique, à la littérature et à tous les arts ; les Océanides et les Néréides, filles de Posidon ; et une multitude d'autres, dont l'énumération nécessiterait un volume au lieu de quelques pages.

**25.** La religion des Grecs proprement dits consistait dans le respect d'un souverain moral du monde, toujours présent et activement préoccupé des affaires humaines ; et en lui obéissant par la véracité des pensées, des paroles et des actes. On croyait que Zeus lui-même veillait à l'exécution sacrée de tous les serments. Athéna était la Sagesse divine, notamment lorsqu'elle s'exerçait dans les affaires civiles. Némésis était la Justice divine, telle qu'on l'entendait soit dans les avertissements de la conscience intérieure, soit dans les reproches du monde extérieur. Les Érin'nyes , ou comme on les appelait flatteusement, les Euménides , [36] étaient les vengeurs du crime, plus anciens que toutes les divinités olympiennes, et redoutés aussi bien par les dieux que par les hommes. Les cris des blessés les tirèrent de leur sombre demeure du Tartare ; et au coupable, ils apparaissaient comme des furies féroces et implacables, aux yeux flamboyants et aux serres étendues, qui ne dormaient jamais, mais marchaient ou attendaient constamment à ses côtés depuis le moment de son crime jusqu'à son châtiment ; tandis que envers la victime innocente, qu'ils vengeaient, ils portaient la forme de déesses sereines et majestueuses, aux visages beaux mais sévères.

**26.** Plus tard, de nouveaux éléments entrèrent dans la vie religieuse des Grecs, par leurs relations avec d'autres nations, notamment avec l'Égypte, l'Asie Mineure et la Thrace. La plus importante d'entre elles était l'idée de la purification des péchés, inconnue d'Homère et d'Hésiode, et probablement empruntée aux Lydiens. Les premiers sacrifices n'étaient que des expressions de gratitude ou des moyens d'obtenir la faveur des dieux et n'avaient rien du caractère d'offrandes pour le péché. En cas de crime, il était impossible de détourner la colère des Euménides, ni par des prières, ni par des sacrifices ; le coupable doit subir les conséquences les plus extrêmes de sa culpabilité. Mais sous le nouveau système, on croyait que la colère divine pouvait être évitée et que la tache du péché était enlevée.

Les personnes coupables d'homicide, intentionnel ou accidentel, étaient exclues de la société des hommes et du culte des dieux jusqu'à ce que certains rites aient été accomplis. Autrefois, un chef ou un roi pouvait officier dans la cérémonie de purification, mais plus tard elle fut confiée à des prêtres ou à des personnes censées être spécialement marquées pour la faveur du ciel par la sainteté de vie. En cas de calamité publique, comme la peste, la famine ou la défaite à la guerre, des villes ou des États entiers étaient soumis à un processus de purification, dans le but d'apaiser la colère supposée des dieux pour un crime caché ou ouvert.

**27.** Parmi d'autres observances étrangères figuraient les rites extatiques en l'honneur de diverses divinités. Telles étaient les danses bacchanales, célébrées à Thèbes et à Delphes, en l'honneur de Dionysos, dans lesquelles des troupes de femmes passaient des nuits entières sur les montagnes dans un état de frénésie la plus folle, criant, sautant, heurtant des instruments bruyants, déchirant les animaux et dévorant. la chair crue, et même se coupant avec des couteaux sans ressentir les blessures. Ceux qui s'abandonnaient librement à cette excitation étaient censés s'assurer la faveur du dieu et échapper aux futures visites, tandis que ceux qui résistaient étaient punis de folie.

CARTE DE LA GRÈCE ANCIENNE et de la MER ÉGÉE.

**28.** Parmi les rites les plus solennels figuraient les Mystères célébrés à Eleusis en l'honneur de Déméter et de Perséphone . On ne pouvait les approcher que par une préparation longue et secrète, et c'était un crime même d'en parler en présence de non-initiés. Ils commandaient le plus profond respect des Grecs et les participants étaient considérés comme plus en sécurité que les autres, tant face aux périls temporels que spirituels. Lorsqu'ils étaient exposés au naufrage, les passagers se demandaient généralement : « Avez-vous été initié ? »

Les Mystères d'Éleusiniens, du moins dans leur forme antérieure, sont censés avoir été un vestige de l'ancien culte pélasgique , et donc « fondés sur une vision de la nature moins fantaisiste, plus sérieuse et mieux adaptée pour éveiller à la fois la pensée philosophique et le sentiment religieux ». » que la mythologie hellénique.

**29.** Une autre coutume adoptée de l'étranger était la formation de sociétés secrètes, dont les membres s'engageaient par des vœux ascétiques et par l'obligation d'accomplir, à des saisons fixes, certaines solennités. Telles furent les confréries orphiques, puis les confréries pythagoriciennes. Ceux qui entraient dans la « vie orphique », comme on l'appelait, promettaient de s'abstenir totalement de nourriture animale, à l'exception du festin mystique sacrificiel de chair crue, et portaient des vêtements de lin blanc comme les prêtres égyptiens. Bien qu'adorateurs de Dionysos, la confrérie orphique s'abstenait de toute démonstration sauvage et inconvenante et visait la simplicité et la pureté de vie et de manières les plus sévères. Leur réputation de sagesse et de sainteté était abusée par certains imposteurs, qui visitaient les maisons des riches et proposaient de les délivrer des conséquences de leurs propres péchés et de ceux de leurs ancêtres, par des sacrifices et des chants expiatoires prescrits dans les livres orphiques. .

**30.** Nous avons anticipé les cinq ou six siècles qui ont suivi l'âge héroïque, dans le but de donner un compte rendu, quoique bref, des croyances et des coutumes religieuses des Grecs, sans lesquelles leur histoire ne pourrait être comprise. Il ne reste plus qu'à mentionner ces oracles par lesquels, depuis les temps les plus anciens jusqu'aux derniers temps, et même longtemps après la fin de l'existence civile de la Grèce, les dieux étaient censés faire connaître leur volonté aux hommes.

**31.** Le plus ancien des oracles était celui de Zeus à Dodone, où l'on croyait que le message du dieu était entendu dans le bruissement des chênes et des hêtres sacrés et interprété par ses prêtres ou prophétesses choisis. A Olympie, en Elis, le testament de Zeus se lisait sous l'apparence de victimes sacrifiées à cet effet. Les oracles de Zeus étaient relativement peu nombreux. La fonction de révéler la volonté divine à l'homme incombait généralement à Apollon, qui avait vingt-deux oracles en Grèce européenne et asiatique.

**32.** Parmi ceux-ci, le plus célèbre était à Delphes, en Phocide, où se trouvait un temple d'Apollon contenant sa statue d'or et un feu de bois de sapin toujours brûlant. Au centre du temple se trouvait une crevasse dans le sol d'où s'élevait une vapeur particulièrement enivrante. Lorsqu'il fallait consulter l'oracle, la Pythie, ou prêtresse, prenait place sur le trépied sacré au-dessus de cette ouverture ; et lorsqu'elle était déconcertée ou inspirée par la vapeur, qui était censée être le souffle du dieu, elle poussait une réponse en vers hexamétriques. Il était souvent si obscur [37] qu'il fallait plus d'esprit pour discerner le sens de l'oracle que pour déterminer la meilleure ligne de conduite sans son aide. Mais la réputation du sanctuaire de Delphes était si grande que non seulement les Grecs, mais aussi les Lydiens, les Phrygiens et les Romains envoyèrent des ambassades solennelles pour le consulter au sujet de leurs entreprises les plus importantes.

**33.** Ce que l'Europe a été pour le reste du monde, la Grèce l'a été pour l'Europe. Les mêmes particularités de côte et de climat qui faisaient de l'Europe la mieux adaptée à la civilisation de tous les continents, ont longtemps fait de la Grèce sa partie la plus hautement civilisée. Mais comme l'Europe avait ses barbares du nord, qui se pressaient toujours sur la grande barrière montagneuse des Pyrénées, des Alpes et des Carpates, dépassant parfois leurs limites et envahissant les nations plus civilisées mais plus faibles du sud, ainsi la Grèce souffrit, vers la fin de l'époque héroïque. Âge, dû aux incursions des Illyriens sur sa frontière nord-ouest. L'époque de ce mouvement a été fixée par les historiens grecs à soixante ans après la chute de Troie, soit, selon nos estimations, en 1124 avant JC.

Bien que les Illyriens ne soient pas entrés dans le centre ou le sud de la Grèce, leur mouvement vers le sud a produit un changement général parmi les tribus de la péninsule. Les Thessaliens, qui s'étaient auparavant installés sur la côte occidentale de l'Épire, traversèrent maintenant les montagnes du Pinde et se défrichèrent une place dans le bassin fertile du Pénée , occupé jusqu'alors par les Béotiens . Les Béotiens , ainsi dépossédés de leurs anciens sièges, se dirigèrent vers le sud, à travers les monts Othrys et Œta , jusqu'à la vallée du Céphisse , d'où ils chassèrent les Cadmiens et les Minyæ . Ces tribus étaient dispersées dans l'Attique et le Péloponnèse. Les Doriens, venant du nord, occupèrent l'étroite vallée entre Œta et Parnasse, qui devint ainsi *Doris* ; tandis que les Dryopiens , premiers habitants de cette région, se réfugièrent en Eubée et dans les îles de la mer Égée .

**34.** BC 1104. Vingt ans plus tard, un mouvement encore plus important eut lieu. Les Doriens, à l'étroit dans les étroites limites montagneuses de leur demeure, s'unirent à leurs voisins occidentaux, les Étoliens , pour envahir le Péloponnèse. On dit qu'ils furent dirigés par Temenus , Cresphontes et Aristodème , conformément aux prétentions de leur grand ancêtre Hercule, qui avait été expulsé de la péninsule méridionale cent ans auparavant. La migration dorienne est donc souvent appelée le Retour des Héraclides . Aristodème fut tué par la foudre alors qu'il s'apprêtait à traverser le golfe de

Corinthe. Ses frères furent complètement victorieux contre le roi des Achéens , alors monarque le plus puissant du Péloponnèse, et entreprirent de diviser la péninsule entre eux et leurs alliés. Les Étoliens reçurent Elis, sur la côte occidentale ; le reste de la péninsule, à l'exception de sa frontière nord sur le golfe Corinthien, est resté aux Doriens, qui ont continué pendant cinq siècles à être la race dominante en Grèce. Les princes Héraclides répartirent alors au sort les différentes couronnes. Celle d'Argos tomba aux mains de Témenus ; celui de Messénie, à Cresphontes ; et celle de Sparte, à Eurysthène et Procles , les fils jumeaux d' Aristodème .

**35.** Les Achéens vaincus furent contraints soit d'émigrer en Asie et en Italie, soit de se contenter de la côte septentrionale de leur péninsule, d'où ils chassèrent ses habitants ioniens et lui donnèrent leur propre nom, Achaïe. Les Ioniens, après s'être reposés quelques années en Attique, dont les habitants étaient leurs parents, cherchèrent plus d'espace dans les Cyclades, à Chios et à Samos, ou sur les côtes voisines de l'Asie Mineure. Dans la région fertile entre l' Hermus et le Méandre , et sur les îles, douze villes ioniennes [38] surgirent et devinrent des États riches et florissants. Bien qu'indépendants les uns des autres en termes de gouvernement, ils étaient unis dans le culte de Posidon dans un temple commun, le Panionium , qui couronnait le promontoire de Mycale.

**36.** Les Éoliens avaient déjà été chassés de leur ancienne demeure du centre de la Grèce et avaient trouvé refuge à Lesbos et sur la côte nord-ouest de l'Asie Mineure, entre l' Hermus et l'Hellespont. Eux aussi formaient douze villes indépendantes, mais Mytilène , sur l'île de Lesbos, était considérée comme la métropole.

**37.** Les Doriens, étendant leurs migrations au-delà de la péninsule conquise, prirent possession de la côte sud-ouest de l'Asie Mineure, avec les îles de Cos et de Rhodes. Leurs six villes, parfois appelées Hexapolis dorique , étaient Cnide et Halicarnassus, sur le continent ; Ialyssus , Camirus et Lindus , sur l'île de Rhodes ; et Cos, sur l'île du même nom. Comme les Ioniens, ils adoraient dans un sanctuaire commun, le temple d' Apollon Triopien .

## RÉCAPITULATION.

La Grèce fut d'abord occupée par les Pélasges, mais son ancien nom dérive des Hellènes, qui devinrent très tôt la race prédominante. De nombreux arts ont été introduits par des étrangers, parmi lesquels Cécrops et Danans d'Égypte, Pélops de Phrygie et Cadmos de Phénicie , sont les plus célèbres par leur tradition. L'ère héroïque a été illustrée par les réalisations des fils des dieux, la dernière et la plus grande de leurs œuvres étant un siège de Troie de dix ans. La Grèce était gouvernée à cette époque par de nombreux monarques absolus : les rois et les nobles, ainsi que le peuple, menaient une vie simple et industrieuse. Non seulement le travail du sol, le tissage et la fabrication des métaux, mais aussi l'architecture, la sculpture, la musique et la poésie étaient cultivés à un haut degré. La religion grecque était la forme de culte de la nature la plus raffinée et la plus belle. Six dieux et six déesses constituaient le Conseil suprême de l'Olympe, et une multitude de divinités inférieures peuplaient les montagnes, les bois et les eaux. La conscience était personnifiée dans Nemesis et les Erinnyes . Les rites d'expiation du péché, les célébrations extatiques et les confréries ascétiques ont été adoptés par les Grecs des nations étrangères. Parmi de nombreux oracles, le plus célèbre était celui d'Apollon, à Delphes. L'ère héroïque se termina par une migration générale des tribus de Grèce, qui aboutit à l'installation des Doriens dans le Péloponnèse et à l'implantation de nombreuses colonies ioniennes et éoliennes sur les côtes de l'Asie Mineure.

### DEUXIÈME PÉRIODE. 1100-500 AVANT JC.

**38.** L'époque héroïque s'était terminée par une migration générale parmi les tribus de Grèce, qui interrompit pour un temps l'amélioration de leurs mœurs. Mais la liberté grecque est née des ruines de l'âge héroïque ; et au lieu de monarchies absolues, diverses formes de gouvernement libre furent établies dans les différents États. En effet, un État n'était rien d'autre qu'une ville entourée d'une petite portion de territoire. À l'exception de l'Attique, aucune ville n'avait à cette époque le contrôle d'une autre ville.

**39.** Tous les Grecs, bien qu'existant sous une multitude de gouvernements et divisés par des rivalités et des jalousies, se considéraient comme les enfants d'un seul ancêtre, Hellen, et donnaient le nom commun de *barbares* ou *de bavards* à toutes les autres nations. Les poèmes d'Homère, chantés dans les fêtes publiques et répétés à chaque foyer, décrivaient tous les Grecs comme unis contre un ennemi commun, et rendaient le sentiment de fraternité plus fort que toute animosité occasionnelle. A côté de la communauté de sang, de langue et d'histoire nationale, les Grecs étaient fortement liés entre eux par leur égal intérêt pour les oracles et la célébration des rites religieux, et leur participation aux grandes fêtes nationales.

884 avant JC.

**40.** LES JEUX. Parmi ceux-ci, les Jeux Olympiques sont les plus anciens et les plus célèbres. La date de leur fondation se perd parmi les fables de l'âge héroïque, mais il est certain que ces compétitions athlétiques étaient la diversion favorite des héros de ces temps primitifs. Ils furent relancés et investis d'une nouvelle importance au temps d' Iphitus , roi d'Élis, et de Lycurgue , régent de Sparte. Au siècle suivant, leur célébration, une fois tous les quatre ans, commença à donner lieu à la mesure grecque du temps.

La première Olympiade eut lieu entre 776 et 772 av. La scène de la fête était sur les bords de l'Alphée, en Elis, près de l'ancien temple de Zeus

Olympien. Pendant le mois de célébration, les guerres furent suspendues dans toute la Grèce. Des députés arrivèrent de tous les États helléniques, qui rivalisèrent dans le prix de leurs offrandes au temple. Les jeux étaient en l'honneur de Zeus et d'Hercule. Ils étaient ouverts à tous les Grecs, sans distinction de richesse ou de naissance ; mais les barbares, même de sang royal, étaient strictement exclus. Ils comprenaient la course, le saut, la lutte, la boxe, le lancer de palets et de javelots, ainsi que les courses de chevaux et de chars. La seule récompense du vainqueur était une couronne d'olivier sauvage ; mais cela était considéré par chaque Grec comme le plus grand honneur qu'il puisse atteindre. Son heureux porteur était accueilli chez lui par des processions et des chants de triomphe ; il entra dans la ville par une brèche pratiquée dans les murs, pour signifier qu'une ville possédant de tels fils n'avait besoin d'aucune autre défense ; il fut désormais exempté de tous impôts, comme celui qui avait conféré à l'État la plus haute obligation ; il occupait la première place dans tous les spectacles publics ; s'il était Athénien, il mangeait à la table des magistrats ; s'il était Spartiate, il avait le privilège dans les batailles de combattre près de la personne du roi.

**41.** Trois autres fêtes périodiques, d'abord bornées aux États où elles se déroulaient, furent enfin ouvertes à toute la race hellénique. Les Jeux Pythiques, en l'honneur d'Apollon, étaient célébrés dans la plaine de Cirrhæ'an , en Phocide, la troisième année de chaque Olympiade. Ils comprenaient des compétitions de musique et de poésie ainsi que des sports athlétiques et étaient, après les Jeux olympiques, la fête la plus célèbre de Grèce. Les Jeux Néméens et Isthmiques étaient célébrés une fois tous les deux ans ; le premier dans la vallée de Némée, en Argolide, en l'honneur de Zeus, et le second sur l'isthme de Corinthe, en l'honneur du dieu marin Posidon .

Ainsi, chaque année était marquée par au moins une grande fête nationale, et tous les deux ans par deux, rappelant aux foules qui les fréquentaient leur origine commune et la distinction qui les séparait des barbares. En plus de maintenir vivante l'entraînement athlétique qui augmentait la force de la jeunesse grecque, ces assemblées annuelles servaient également aux foires européennes modernes, aux amphithéâtres et, dans une certaine mesure, à l'imprimerie ; car des stands étaient érigés tout autour du bosquet sacré, dans lequel les industries de tous les États et colonies helléniques trouvaient un marché facile ; tandis que, dans les intervalles des démonstrations sportives, les poètes chantaient à la foule enthousiaste leurs hymnes et leurs ballades ; les historiens racontaient les exploits de héros étrangers et indigènes ; et les philosophes révélèrent à tous ceux qui étaient assez sages pour écouter leurs théories sur l'esprit et la matière, ainsi que la relation entre les dieux et les hommes.

**42.** Un autre lien d'union entre les Grecs se trouvait dans les Amphic'tyones , ou associations volontaires de tribus voisines ou apparentées, généralement pour la protection d'un temple ou d'un sanctuaire commun. Une telle ville avait son centre à Délos, la métropole religieuse des Cyclades ; et les trois tribus des Doriens, des Ioniens et des Éoliens de l'Asie Mineure occidentale avaient chacune leur union fédérale sur le même principe. Mais la plus célèbre et la plus durable était la ligue amphictyonique de douze tribus, qui tenait ses réunions semestrielles, au printemps à Delphes, et en automne à Anthela , près des Thermopyles .

**43.** Après la conquête dorienne, Argos fut pendant plusieurs siècles la principale puissance de Grèce. Dans la première partie de son histoire, le gouvernement était une monarchie, comme ceux de l'époque héroïque, les rois prétendant descendre d'Hercule. Mais l'esprit de liberté s'étant éveillé dans le peuple, ils enlevèrent peu à peu le pouvoir à leurs rois et établirent une république, tout en conservant le nom de monarchie. Vers 780 av. J.-C., un certain Phidon accéda au trône. Ayant plus de talent que ses prédécesseurs, il reconquit tous les pouvoirs qu'ils avaient perdus et se rendit absolu sous le nom désormais utilisé pour la première fois de « tyran ». Il étendit la domination d'Argos sur tout le Péloponnèse et envoya des colonies qui rendirent le nom d'Argos célèbre en Crète, à Rhodes, à Cos, à Cnide et à Halicarnasse. Ses relations avec l'Asie conduisirent à la première utilisation de la monnaie frappée en Grèce et d'un système de poids et de mesures qui est censé être le même que celui du Babylonien. Après la mort de Phidon , le pouvoir d'Argive déclina rapidement. Les villes soumises et alliées se débarrassèrent de la domination oppressive qu'il avait exercée, et un nouvel État gagnait maintenant le pouvoir dans le Péloponnèse, destiné à éclipser toutes les gloires d'Argos.

**SPARTE.**

**44.** Lorsque les Doriens envahirent le Péloponnèse, les anciens habitants gardaient encore pied dans le pays, et pendant trois cents ans leur forteresse d' Amyclæ se tenait à seulement deux milles de distance de la capitale dorique de Lacédémone , défiant les assauts. Les Lacédémoniens se composaient de trois classes : 1. Les conquérants doriques ; 2. Les Achéens sujets des villes de campagne ; et 3. Les Hilotes asservis, qui étaient achetés et vendus avec la terre.

**45.** Le gouvernement de Sparte était une double monarchie, ses deux rois descendant respectivement de Proclès et d'Eurysthène , les fils jumeaux d' Aristodème . Ils possédaient peu de pouvoir en temps de paix, mais en tant que généraux, dans ces premiers temps, ils étaient absolus en temps de guerre. Ils étaient tenus en grand honneur en tant que descendants d'Hercule et donc comme liens entre leur peuple et les dieux. Le Sénat spartiate se composait de trente membres, dont chacun avait dépassé l'âge de soixante ans et avait été un serviteur irréprochable de l'État. L'assemblée populaire avait peu d'importance, bien que, pour la forme, les questions de paix ou de guerre et l'élection de certains officiers lui fussent renvoyées. Plus tard, cependant, cette assemblée choisit par un vote libre cinq éphores, qui avaient un pouvoir absolu même sur les rois et le sénat, ainsi que sur le peuple.

**46.** Aussi soumis qu'il fût aux rois ou au sénat, le peuple se tenait fièrement au-dessus des habitants industrieux mais dépendants des villes. Il y avait plus de différence de rang entre Spartiate et Achéen qu'entre le plus méchant Spartiate et son roi. Les hilotes étaient marqués du mépris par un vêtement en peau de mouton et un bonnet en peau de chien ; et chaque année des coups leur étaient infligés sans faute, mais pour qu'ils n'oublient jamais qu'ils étaient esclaves.

**47.** Vers 850 av. J.-C., naquit Lycurgue, l'un des anciens législateurs les plus célèbres. Il était de la famille royale de Sparte ; et à la mort de son frère, le roi Polydecètes , il exerça le commandement suprême au nom de son petit neveu, Charilaus . Son administration était la plus sage et la plus juste que les Spartiates aient connue ; mais ses ennemis firent entendre qu'il cherchait la couronne pour lui-même, et il résolut de se retirer du pays jusqu'à ce que son neveu soit majeur.

Les Spartiates manquaient du gouvernement ferme et sage de leur régent. Le jeune roi accéda au trône, mais les désordres ne furent pas enrayés, et un groupe de la meilleure espèce envoya un message à Lycurgue pour l'exhorter à revenir. Il consulta d'abord l'oracle de Delphes et fut salué du titre de « Bien-aimé des dieux, et plutôt un dieu qu'un homme ». A sa prière pour qu'il puisse promulguer de bonnes lois, la prêtresse répondit qu'Apollon avait entendu sa demande et promit que la constitution qu'il s'apprêtait à établir serait la meilleure du monde. Ceux qui enviaient le pouvoir et niaient l'autorité de Lycurgue en tant qu'homme ne pouvaient refuser d'obéir à ses lois lorsqu'elles étaient ainsi imposées par le dieu. Il fit une grande révolution à Sparte, avec le consentement et la coopération du roi lui-même.

**48.** Les lois de Lycurgue diminuèrent les pouvoirs des rois et augmentèrent ceux du peuple, mais leur objectif principal était d'assurer la continuité de l'État en faisant de chaque Spartiate un soldat. Les nations modernes croient que les gouvernements existent pour le peuple ; à Sparte, au contraire, chacun n'existait que pour l'État. Son droit à l'existence était décidé au seuil de la vie par un conseil de vieillards devant lequel chaque nouveau-né était présenté. S'il paraissait promettre une vie vigoureuse et active, il était accepté comme un enfant de l'État et lui assignait la neuf millième partie des terres spartiates ; mais s'il était faible et déformé, il était jeté dans un ravin pour périr.

À l'âge de sept ans, chaque garçon ainsi autorisé à vivre était retiré de son foyer et soumis à un cours de formation publique. La discipline de son corps était considérée comme plus importante que l'amélioration de son esprit. Il a enduré la chaleur et le froid, la faim et la fatigue ; et, outre les exercices de gymnastique, il fut soumis à toutes les rigueurs du service militaire. Son vêtement était le même été et hiver ; la nourriture qui lui était donnée était insuffisante pour survivre, mais il était censé combler le déficit en chassant ou en volant. S'il était surpris en train de commettre ce dernier acte, il était sévèrement puni ; mais ce n'était pas à cause de la malhonnêteté, mais à cause de la maladresse de se laisser découvrir. Il ne faut cependant pas oublier que là où il n'y a pas de propriété, il ne peut y avoir de vol au sens moral du terme. Tout à Sparte était en fin de compte la propriété de l'État, et tout intérêt était subordonné à l'entraînement des citoyens à l'adresse de la guerre.

**49.** Un autre moyen d'entraîner la jeunesse spartiate au courage était une flagellation cruelle et sans offense au sanctuaire d'Artémis, qu'ils enduraient sans bruit, bien que l'autel fût aspergé de leur sang, et certains moururent même sous le fouet. Ceux qui étaient éduqués dans de telles sévérités inhumaines n'étaient pas susceptibles de devenir justes ou miséricordieux envers les autres. Les misérables hilotes offraient un exercice sans faille pour leur habileté à la guerre. Sous l'institution appelée Cryptia , ils étaient fréquemment attaqués et assassinés par des bandes sélectionnées de jeunes Spartiates, qui parcouraient le pays la nuit en quête de pratique militaire. Lorsque les hilotes devinrent plus nombreux que leurs maîtres, au point d'être regardés avec appréhension, ces massacres devinrent plus fréquents et plus généraux.

**50.** La discipline spartiate ne s'arrête pas à la jeunesse. A trente ans, un homme était autorisé à se marier, mais il vivait toujours à la caserne et mangeait à la table commune. Les affaires publiques étaient discutées à ces tables avec une liberté qui payait en partie la suppression de la parole dans l'assemblée. Les jeunes étaient autorisés à y assister en silence et recevaient ainsi leur éducation politique. Le reste de la journée était partagé par les hommes entre les exercices de gymnastique et l'instruction de la jeunesse. Ce n'est qu'à l'âge de soixante ans qu'un homme fut libéré de cette vie martiale.

**51.** Les filles spartiates étaient soumises à un entraînement presque aussi rigoureux que leurs frères. Leurs exercices consistaient en la course, la lutte et la boxe, et leurs caractères devenaient aussi guerriers que ceux des hommes. Comme les autres citoyens, les femmes spartiates se considéraient elles-mêmes et tout ce qui leur était le plus cher comme la propriété absolue de l'État.

**52.** Afin que l'esprit des Spartiates ne puisse jamais être détourné des activités militaires, Lycurgue ne permit à aucun citoyen de s'engager dans l'agriculture, le commerce ou l'industrie, toutes les occupations pouvant être exercées dans un but lucratif étant laissées aux mains des sujets Achéens . Pour exclure le luxe étranger, il adopta une mesure encore plus stricte. La possession d'or ou d'argent était interdite et la monnaie était fabriquée à partir de fer rendu sans valeur par chauffage et plongée dans du vinaigre. Celui-ci avait une valeur nominale si faible par rapport à son poids, que la somme de cent dollars était le chargement d'une paire de bœufs. Un moyen d'échange si encombrant était méprisé par les autres nations ; les ports de Sparte n'étaient pas visités par les navires de commerce, et ses villages par les ménestrels ou les marchands ambulants ; et comme il était interdit aux Spartiates de voyager dans d'autres pays sans l'autorisation de leurs magistrats, tandis que, à de très rares exceptions près, aucun étranger n'était autorisé à résider dans leur capitale, l'exclusivisme égoïste de la nation semblait complet.

L'amour de la patrie se limitait à la Laconie et n'incluait jamais la Hellas. Sauf lorsque Sparte fut menacée, ils ne s'unirent jamais aux autres États grecs ; et, en temps de paix, il haïssait plus Athènes que la Perse. La vie libre et intellectuelle des Athéniens était l'objet de leur dégoût particulier ; et la philosophie et l'éloquence qui faisaient la gloire d'Athènes étaient le mépris des Spartiates, qui considéraient comme un crime d'employer trois mots là où deux pouvaient suffire.

**53.** Contrairement à d'autres villes de Grèce, Sparte n'a jamais été protégée par des murs. Les hautes montagnes au nord et à l'ouest constituaient une protection contre les assauts terrestres, tandis que les côtes rocheuses à l'est empêchaient les invasions maritimes. La ville entière était un camp où chacun connaissait son devoir horaire et souffrait plus de privations en temps de paix qu'en temps de guerre. Les lois de Lycurgue réussirent à créer une race de soldats bornés, prévenus et avares ; dépourvu de ces traits plus fins et plus doux qui appartenaient à l'ordre supérieur du caractère grec, mais courageux, robuste, altruiste et invincible.

**54.** Ayant achevé son œuvre législative, Lycurgue en assura la perpétuité par un sacrifice de lui-même. Il déclara qu'il était nécessaire de consulter l'oracle et exigea des rois, des sénateurs et du peuple qu'ils obéissent à ses lois jusqu'à son retour. Il se rendit ensuite à Delphes, fit des offrandes à Apollon et reçut l'assurance que Sparte serait la ville la plus glorieuse du monde tant qu'elle respecterait ses lois. Après avoir transmis ce message à ses compatriotes, Lycurgue résolut de ne jamais revenir. On dit qu'il est mort de faim. L'heure et le lieu de sa mort sont inconnus. Cirrha , Elis et l'île de Crète réclamèrent son tombeau, tandis que d'autres récits déclarent que ses restes furent transportés à Sparte et qu'un coup de foudre donna le sceau de la divinité à son dernier lieu de repos.

**55.** Sparte garda son serment pendant cinq cents ans, et pendant une grande partie de ce temps elle conserva le premier rang parmi les États grecs. Amyclæ fut prise quelques années après le départ de Lycurgue. D'une simple garnison dans un pays hostile, Sparte devint désormais maîtresse de la Laconie et commença à faire la guerre à ses voisins du nord, Argos et Arcadie. Le principal objet de son inimitié était la Messénie, un autre royaume dorique situé à l'ouest, séparé de Sparte par la crête du mont Taygète .

**56.** PREMIÈRE GUERRE MESSÉNIENNE. avant JC 743-724. Les Messéniens avaient adopté à l'égard de leurs sujets achéens une politique plus libérale que celle qui prévalait à Sparte, et la jalousie des deux nations avait amené de fréquentes insultes mutuelles, quand enfin une légère occasion les plonga dans une guerre ouverte. Un Messénien distingué, couronné aux Jeux Olympiques, faisait paître son bétail d'un commun accord sur les terres d'un certain Spartiate. Mais le Spartiate, saisissant l'occasion d'une fraude, vendit le bétail et les bergers messéniens qui les gardaient, et couronne son iniquité en assassinant le fils du propriétaire, venu en réclamer le prix. Le malheureux père se rendit à Sparte pour demander justice aux rois, mais son chagrin fut ignoré et ses réclamations impayées. Il se vengea alors lui-même et tua tous les Lacédémoniens qui se présentaient sur son chemin. Les Spartiates demandèrent aux Messéniens de rendre leur compatriote, mais ceux-ci refusèrent de le rendre et la guerre éclata.

738 avant JC.

730 avant JC.

724 avant JC.

**57.** Pendant les quatre premières années, les Messéniens résistèrent efficacement, et leurs envahisseurs ne gagnèrent rien ; mais dans la cinquième, un revers partiel les obligea à s'enfermer dans la forte forteresse d' Ithomé . Les Spartiates prêtèrent serment solennel de ne jamais retourner dans leurs familles tant qu'ils n'auraient pas soumis la Messénie. La treizième année, Théopompe , roi de Sparte, marcha contre Ithome , et une grande bataille eut lieu, au cours de laquelle le roi de Messénie fut tué. Aristodème fut choisi à sa place et la guerre continua. La dix-huitième année, Arcadie et Sicyone envoyèrent des forces pour aider les Messéniens, tandis que Corinthe rejoignit les Spartiates. Une troisième grande bataille eut lieu, au cours de laquelle les envahisseurs furent vaincus et rejetés en disgrâce dans leur propre pays. Mais à cette époque, les oracles commençaient à favoriser les Spartiates, tandis que les rêves et les visions consternaient l'âme d' Aristodème . Il se suicida et, avec sa vie, le succès quitta les Messéniens. Ithome fut abandonné, les Spartiates le rasèrent et les Messéniens furent réduits en esclavage.

685-668 avant JC.

**58.** Pendant trente-neuf ans, ils endurèrent un poids atroce d'oppression, mais à la fin de ce temps, un héros de la lignée royale se leva pour les délivrer. Les exploits d' Aristomène constituent l'histoire principale de la Seconde Guerre messénienne, même si presque tout le Péloponnèse était engagé. Les Corinthiens, comme auparavant, combattaient pour Sparte, tandis que les Argiens, les Arcadiens, les Sicyoniens et les Pisatans prenaient part aux Messéniens. Après avoir perdu une bataille, les Spartiates envoyèrent des conseils à Delphes et reçurent l'ordre malvenu de demander un chef à Athènes. Les Athéniens aussi craignaient de désobéir à l'oracle ; mais, ne voulant pas apporter une aide réelle à leurs rivaux, ils envoyèrent un maître d'école boiteux, nommé Tyrtée , pour être leur général. Ils découvrirent, comme d'habitude, que la Pythie ne devait pas se laisser tromper. Tyrtée ranimait la rude vigueur des Spartiates par ses chants martiaux, et c'est à ceux-ci qu'on attribue principalement leur succès final.

683 avant JC.

**59.** Les Spartiates mirent du temps à reprendre leur ancien ascendant. Dans la bataille de Stenyclérus , ils furent vaincus avec de grandes pertes et poursuivis par Aristomène jusqu'au sommet des montagnes. La troisième année, les Messéniens subirent une défaite éclatante à cause de la trahison d'un allié, et Aristomène se retira dans la forteresse d'Ira. Les Spartiates campèrent au pied de la colline, et pendant quatorze ans la guerre fut activement poursuivie, le héros messénien sortant souvent de son château et ravageant à feu et à sang les terres détenues par l'ennemi. Trois fois, il offrit à Zeus Ithomates le sacrifice appelé Hécatomphonie , en signe qu'il avait tué cent ennemis de sa propre main.

668 avant JC.

**60.** Mais ni le courage ni la bonne fortune du dirigeant n'ont permis de sauver son pays. Ira a été prise par surprise. Aristomène termina ses jours à Rhodes. Ses fils conduisirent un grand nombre de Messéniens exilés en Italie et s'installèrent près de Rhegium . Quelques-uns qui restèrent furent admis à la condition de sujets Achéens ; mais, comme auparavant, la masse du peuple fut réduite au servage et resta dans cet état trois cents ans. La conquête de la Messénie fut suivie d'une guerre contre l'Arcadie qui dura près de cent ans. Le seul fruit de Sparte fut la prise de la petite ville de Tegea .

**61.** Dès les premiers temps, Sparte avait été la rivale d'Argos, qui dominait alors toute la côte orientale du Péloponnèse. Peu après Lycurgue, les frontières de la Laconie s'étendirent vers l'est jusqu'à la mer et vers le nord au-delà de la ville de Thyrée . Vers 547 avant JC, les Argiens entrent en guerre pour récupérer cette partie de leur ancien territoire. Ils furent vaincus et leur pouvoir humilié à jamais.

547 avant JC.

**62.** Sparte fut pendant un certain temps l'État le plus puissant de Grèce. Ses propres territoires couvraient le sud du Péloponnèse, et les États voisins étaient si soumis qu'ils ne firent aucune tentative pour résister à son autorité. Cette autorité avait jusqu'ici été exercée dans les limites étroites du Péloponnèse, mais vers cette époque, une ambassade de Crésus , roi de Lydie, reconnut son leadership en Grèce et l'invita à se joindre à lui pour résister aux Perses. C'est à ce moment-là que commença la politique étrangère de Sparte. Son influence parmi les États grecs fut toujours en faveur soit de l'oligarchie, soit du despotisme, contre un gouvernement populaire comme celui qui existait à Athènes ; et le parti aristocratique de chaque ville considérait Sparte comme son champion et protecteur naturel.

## RÉCAPITULATION.

Après les migrations doriennes, les républiques ont remplacé la plupart des monarchies en Grèce. Bien que divisés en de nombreux États rivaux, les Hellènes formaient une seule race par son origine, sa langue, sa religion et ses coutumes. Les Jeux Olympiques, Pythiques, Néméens et Isthmiques ont favorisé la civilisation par le libre échange d'idées. Le Concile Amphictyonique , à Delphes et aux Thermopyles , réunit douze tribus helléniques pour une défense mutuelle. Phidon , roi d'Argos, fonda de nombreuses colonies et fut le premier à introduire les poids, les mesures et la monnaie de l'Est.

Le gouvernement spartiate se composait d'une double lignée de rois Héraclides, d'un sénat et, plus tard, de cinq éphores. Lycurgue, en tant que régent, réforma les lois en soumettant chacun à un régime militaire, en interdisant les emplois lucratifs et en décourageant tout rapport sexuel avec les nations étrangères. Au cours de deux longues guerres, les Spartiates asservirent leurs voisins, les Messéniens ; et leur pouvoir fut toujours opposé aux institutions libres dans les États de Grèce, parmi lesquels Lacédémone tint pendant quelques siècles le premier rang.


ATHÈNES.

**63.** L'histoire d'Athènes présente une variété de caractères et d'incidents infiniment plus grande que celle de Sparte. Inégalés par les Spartiates en termes de patriotisme ou de valeur, les Athéniens se distinguaient d'eux par leur amour pour les sculptures rares, l'architecture magnifique et les détournements raffinés de la musique, de la poésie et du théâtre. La conséquence est que, tandis que les Spartiates ne gagnaient l'admiration du monde que par le sacrifice de leurs intérêts personnels à ceux de l'État, les Athéniens étaient à la fois les modèles et les chefs de file de toutes les nations civilisées dans les arts qui donnent grâce et beauté à la vie. Un Athénien visitant Sparte et voyant les tables publiques, dit qu'il ne s'étonnait plus de la bravoure des Spartiates au combat, car une vie ainsi nourrie ne valait pas la peine d'être préservée.

1050-752 avant JC.

**64.** À l'époque héroïque, Athènes était gouvernée par des rois. Thésée soumit les villes de campagne de l'Attique et fit de la ville la capitale d'une monarchie centralisée. Codrus , le dernier des rois, tomba en résistant aux envahisseurs doriens, qui avaient conquis le Péloponnèse et projetaient de subjuguer l'Attique. L'invasion fut repoussée, mais le royaume ne fut pas rétabli . Les eupatrides , ou nobles, obtenaient l'élection d'un archonte à vie, qui était dans une certaine mesure responsable envers eux de ses actes. Bien que de la race royale de Codrus , il n'avait ni le nom ni la dignité d'un roi. Cette succession d'archontes a duré environ 300 ans.

684 avant JC.

**65.** Un changement important a alors été apporté en limitant la durée du mandat à dix ans. A l'expiration de son service, l'archonte pouvait être jugé et puni s'il était prouvé que sa conduite avait été injuste. D'abord, l'élection se fit, comme auparavant, parmi les descendants de Codrus ; mais l'un d'eux étant déposé pour sa cruauté, la charge fut ouverte à tous les nobles. Un troisième changement nomma, au lieu d'un seul magistrat, un conseil de neuf membres choisis chaque année parmi les eupatrides. Les nobles seuls avaient le droit de vote, et pendant soixante ans le gouvernement d'Athènes fut une pure aristocratie.

621 avant JC.

**66.** Mais le peuple d'Athènes, voulant jouer par la suite un rôle si important dans l'histoire, se fit maintenant entendre en exigeant *des lois écrites* qui s'interposeraient entre lui et la volonté arbitraire de ses dirigeants. Les nobles accédèrent à la demande, mais vengeèrent leur dignité blessée en nommant Draco pour préparer le code. Ce premier législateur athénien élabora un recueil de lois si sévères qu'on disait qu'elles étaient en effet l'ouvrage d'un dragon et qu'elles étaient écrites non avec de l'encre, mais avec du sang. Le moindre vol, tout comme le meurtre et le sacrilège, était puni de mort, et la vie de chaque citoyen était laissée absolument à la merci de l'ordre en place.

620 avant JC.

**67.** Un grand mécontentement s'éleva parmi les Athéniens à la suite de ces lois, et Cylon , un jeune aspirant à la noblesse, aidé par son beau-père, le tyran de Mégare, profita de l'agitation pour s'emparer de l'Acropole, en vue de se faisant tyran d'Athènes. Les archontes réprimèrent cette rébellion téméraire, mais ce faisant, ils encourirent eux-mêmes le sacrilège, car les criminels furent mis à mort sur l'autel même des Euménides. [39] Alors que le peuple était plongé dans un tumulte de peur superstitieuse, une peste éclata, que l'on croyait être un jugement des dieux. L'oracle de Delphes invoqué ordonna qu'Athènes soit purifiée par des rites sacerdotaux. Epiménide , un sage et voyant réputé pour avoir une grande perspicacité dans les pouvoirs de guérison de la nature, fut amené de Crète et, grâce à ses sacrifices et à ses intercessions, la peste était censée avoir été arrêtée. Les archontes, cependant, virent une cause à leur récent danger, plus profonde que l'épidémie passagère, et ils nommèrent Solon, le plus sage d'entre eux, pour rédiger un nouveau code de lois.

**68.** La situation de l'Attique exigeait des remèdes immédiats. Les trois factions, composées des riches nobles de la *plaine athénienne* , des marchands du *rivage* et des pauvres paysans des *montagnes de l'Attique* , étaient opposées les unes aux autres par les inimitiés les plus amères. Certains de ces derniers, dans le besoin, avaient été contraints d'emprunter de l'argent aux nobles à des intérêts exorbitants, et, incapables de payer, étaient devenus les esclaves de leurs créanciers.



**69.** Solon, bien que noble, avait été contraint par la ruine de sa fortune de se livrer au commerce, choisissant cependant ce moyen de subsistance en vue de perfectionner son esprit par l'observation des terres étrangères. Pendant qu'il échangeait, à Naucratis, son huile et son miel attiques contre du mil égyptien, il n'avait pas manqué d'étudier les lois des Pharaons, ni d'observer leurs effets sur les intérêts et le caractère du peuple. Sa sagesse et son intégrité gagnaient la confiance de toutes les classes de ses concitoyens, et il fut nommé archonte unique à vie, avec un pouvoir illimité pour modifier l'état de choses existant.

**70.** Son premier objectif était d'améliorer la condition des débiteurs pauvres, non seulement en atténuant la détresse actuelle, mais en supprimant ses causes. À cette fin, il promulgua une loi sur la faillite, annulant tous les contrats dans lesquels la terre ou la personne d'un débiteur avait été donnée en garantie ; et pour éviter de tels maux à l'avenir, il abolit l'esclavage pour dettes. Le taux d'intérêt fut abaissé et la valeur de la monnaie abaissée, de sorte que le débiteur gagna environ un quart en payant sur un support déprécié. On prévoyait surtout, pour éviter que ne se reproduise la même détresse, que chaque père enseigne à son fils quelques arts mécaniques. Si cela était négligé, le fils était libéré de toute responsabilité de subvenir aux besoins de son père dans la vieillesse. Les étrangers n'étaient pas autorisés à s'installer dans le pays, à moins d'être qualifiés dans une certaine forme d'industrie qu'ils s'engageaient à exercer.

**71.** L'objectif principal de la nouvelle constitution était d'établir un gouvernement libre et modéré, au lieu de la tyrannie oppressive des nobles. Solon divisa le peuple en quatre classes, selon leurs biens. Les plus pauvres étaient autorisés à voter, mais pas à occuper un poste. Les trois classes supérieures étaient seules soumises à des impôts directs, qui pesaient le plus lourdement sur les plus riches. Le code de Draco a été abrogé. Au lieu de châtiments sévères, Solon a introduit la peur de la honte et l'espoir de l'honneur comme moyens de prévention du crime. Parmi les récompenses pour une citoyenneté fidèle figuraient des couronnes présentées par le Sénat ou le peuple ; banquets publics dans la salle d'État; des statues dans l'Agora ou dans les rues ; places d'honneur au théâtre ou à l'assemblée populaire. Comme les personnes distinguées par ces divers honneurs étaient constamment vues par la jeunesse d'Athènes, leur ambition s'allumait pour mériter des récompenses similaires.

**72.** Un nouveau Conseil législatif de Quatre Cents fut formé, composé de cent membres de chaque tribu, choisis chaque année par un vote libre à l'assemblée populaire. La source du pouvoir était dans l'assemblée de tout le peuple, qui élisait les archontes et les conseillers, acceptait ou rejetait les lois proposées par les seconds et jugeait les premiers à la fin de leur mandat. Des tribunaux populaires furent également institués, auxquels un criminel pouvait faire appel lorsqu'il était condamné par un autre tribunal. Le Conseil de l'Aréopage continuait d'être le plus haut tribunal de l'État et était spécialement chargé du maintien de la religion et de la morale. À l'origine, il comprenait tous les nobles, mais Solon le limitait à ceux qui s'étaient dignement acquittés des fonctions d'archontat.

**73.** Il n'y a pas d'avocats professionnels à Athènes, car la connaissance et l'application des lois sont considérées comme un devoir de tout citoyen. En cas de sédition populaire, tout homme qui ne prenait part à aucun des deux camps devait être déshonoré et privé de ses droits. Cette règle avait pour but de stimuler l'esprit public et de suppléer au besoin d'une police ou d'une force militaire régulière par l'intervention active des citoyens. Déjà un grand nombre d'hommes riches et respectables se tenaient à l'écart des affaires publiques, qui tombaient ainsi entre les mains de conspirateurs sans scrupules et ambitieux.

570 avant JC.

**74. Solon est considéré comme le plus grand des** <sup>sept</sup> sages de Grèce, et certaines de ses paroles ont été les maximes des meilleurs législateurs de tous les temps. Lorsqu'on lui a demandé comment l'injustice pouvait être bannie d'une république, il a répondu : « En faisant ressentir *à tous* les hommes l'injustice faite à *chacun* . » Sa nouvelle constitution ne parvint cependant pas à satisfaire toutes les classes de ses concitoyens. Les nobles lui reprochaient d'être allé trop loin ; les gens ordinaires, pour avoir trop caché. Il a lui-même admis que ses lois n'étaient pas les meilleures possibles, mais les meilleures que le peuple puisse recevoir. Il obtint cependant du gouvernement et du peuple le serment de maintenir la constitution pendant dix ans ; puis, pour se débarrasser des questions et des plaintes perpétuelles, il partit pour des pays étrangers.

560 avant JC.

**75.** De retour à Athènes, Solon constata que les flammes des factions avaient éclaté avec plus de fureur que jamais. La *Plaine* avait pour chef Lycurgue ; le *Rivage* , Mégaclès ; et le *Mont* , Pisistratus , parent de Solon. Ce dernier était idolâtré par le peuple pour sa beauté personnelle, sa renommée militaire, son éloquence persuasive et sa générosité sans limites. Mais sous de nombreuses vertus réelles, il cachait une ambition insatiable, qui ne pouvait se limiter à la suprématie dans l'État. Alors que ses plans furent prêts à être exécutés, il apparut un jour sur la place du marché, saignant de blessures qu'il s'était infligées, dont il assura au peuple qu'il avait reçu pour la défense de ses droits, des mains de ses ennemis et de leurs ennemis, les nobles factieux. . Le peuple, dans son chagrin et son indignation, l'a élu comme garde de cinquante membres du club. Solon comprit le danger qui se cachait dans cette mesure, mais ses remontrances sincères restèrent lettre morte.

Pisistrate ne se limite pas aux cinquante hommes qui lui sont attribués, mais lève une force beaucoup plus importante, avec laquelle il s'empare de l'Acropole et se rend maître de la ville. Malgré sa résistance à l'usurpation, Solon était traité avec une grande déférence par son cousin, qui lui demandait constamment conseil dans l'administration des affaires. Mais le vieux législateur ne survécut pas longtemps à la liberté d'Athènes. Après sa mort, ses cendres furent dispersées, comme il l'avait ordonné, autour de l'île de Salamine, qu'il avait conquise aux Athéniens dans sa jeunesse.

560-554 avant JC.

**76.** LA PREMIÈRE TYRANNIE DE PISISTRATE ne dura pas longtemps. Pendant six ans, il avait maintenu les lois de Solon, lorsque les deux factions de la Plaine et du Rivage s'unirent contre lui, et qu'il fut chassé de la ville. Un incident survenu pendant son premier règne eut une incidence importante sur l'histoire ultérieure de la Grèce. Un noble nommé Miltiade , de la plus haute naissance d'Athènes, était assis un jour devant sa porte, lorsqu'il vit passer des étrangers qu'il savait être des étrangers à leurs lances et à leurs vêtements particuliers. Avec la véritable hospitalité athénienne, il les invita à profiter du confort de sa maison et fut récompensé par une révélation singulière.

Ils étaient originaires de la Chersonèse thrace , cette étroite langue de terre qui s'étend le long de la rive nord de l'Hellespont, et étaient allés consulter l'oracle de Delphes concernant la guerre dans laquelle leurs compatriotes étaient maintenant engagés. La prêtresse leur avait ordonné de demander au premier homme qui leur offrirait l'hospitalité après avoir quitté le temple de fonder une colonie à Chersonèse . Ils avaient traversé la Phocide et la Béotie sans recevoir d'invitation, et ils saluèrent maintenant leur hôte comme la personne décrite par l'oracle, et le supplièrent de leur venir en aide. Miltiade et sa famille étaient considérés avec une inimitié particulière par Pisistrate et étaient mécontents sous son règne. Il accepta l'invitation de ses invités, rassembla parmi ses concitoyens un groupe de personnes partageant les mêmes sentiments et fonda avec eux une principauté indépendante sur l'Hellespont. C'était son neveu qui commandait à Marathon. [41]

548, 547 avant JC.

537 avant JC.

**77.** DEUXIÈME TYRANNIE. Six ans après l'expulsion de Pisistrate, ses rivaux se disputèrent entre eux et Mégaclès , le chef du Rivage, l'invita à revenir et à reprendre la souveraineté. Mais Athènes ne pouvait pas encore rester en paix. Peu de temps après, Pisistrate offensa Mégaclès , qui l'avait ramené, et qui s'unit de nouveau à Lycurgue pour l'expulser. Cette fois, le tyran resta dix ans en exil, mais il était constamment occupé à lever des hommes et de l'argent dans les différents États de la Grèce. Il débarqua enfin avec une armée puissante à Marathon et, rejoint par de nombreux amis, s'avança vers la ville. Il avait dressé sa tente près du temple d'Athéna avant que ses ennemis n'aient rassemblé aucune force pour s'opposer à lui, et leurs troupes rassemblées à la hâte furent alors vaincues. Le peuple changea volontiers de maître et Pisistrate devint pour la troisième fois le souverain suprême d'Athènes.

537-527 avant JC.

**78.** TROISIÈME TYRANNIE. Il établit alors son gouvernement sur des bases plus solides, et le peuple oublia son caractère arbitraire dans la libéralité et la justice qui marquèrent son administration. Il maintenait toutes les lois de Solon et donnait en sa personne l'exemple d'une obéissance stricte et constante. Il avait soin de remplir les plus hautes fonctions avec ses propres parents, mais la richesse qu'il avait accumulée était au service de tous ceux qui avaient besoin d'aide. Sa bibliothèque, la plus ancienne de Grèce, et ses magnifiques jardins sur l' Ilissus , furent librement ouverts au public. Il fit d'abord rassembler et arranger les poèmes d'Homère, afin qu'ils puissent être chantés par les rhapsodes lors de la grande Panathenæ´a , [42] ou fête de douze jours en l'honneur d'Athéna. Il s'occupa à la fois du goût et des besoins du peuple, en employant de nombreux pauvres hommes à la construction de magnifiques édifices publics dont il orna la ville. L'opinion de Solon était justifiée, qu'il était le meilleur des tyrans et qu'il ne possédait d'autre vice que celui de l'ambition.


527 avant JC.

527-514 avant JC.

**79.** Après un règne de dix-sept ans en tout, Pisistrate mourut à un âge avancé, et son fils aîné, Hippias, lui succéda, son frère Hipparque étant si étroitement associé à lui qu'ils étaient fréquemment mentionnés comme les Deux Tyrans. . Leur gouvernement uni fut exercé dans le même esprit doux et libéral qui avait distingué leur père, et leur règne fut considéré comme une sorte d'âge d'or à Athènes. Ils réduisirent l'impôt sur les produits d'un dixième à un vingtième, et pourtant, par une gestion prudente des ressources, ils continuèrent à embellir la ville.

Quatorze années s'étaient ainsi écoulées dans la paix et la prospérité, lorsqu'Hipparque offensa gravement un citoyen nommé Harmodius , qui s'unit alors à son ami Aristogiton dans un complot visant à assassiner les deux tyrans. Hipparque fut tué. Hippias se sauva par sa promptitude et sa présence d'esprit ; mais à partir de ce jour son caractère fut changé. Ses amis les plus intimes avaient été accusés par les conspirateurs d'être impliqués dans le complot et exécutés. Bien que l'accusation soit fausse et formulée uniquement pour se venger, les soupçons d'Hippias ne se sont jamais endormis. Les biens et la vie des citoyens furent également sacrifiés à ses passions cruelles et avares.

510 avant JC.

**80.** La faction des Alemæonides , qui avait été exilée sous leur chef Mégaclès , gagna maintenant en force pour une manifestation active. Ils soudoyèrent la prêtresse de Delphes pour qu'elle réitère aux oreilles des Spartiates qu'« Athènes doit être délivrée ». Ces gens courageux mais superstitieux avaient une amitié de longue date avec les Pisistrat'ides , mais ils n'osaient pas désobéir à l'oracle. Une armée fut envoyée pour envahir l'Attique : elle fut vaincue et son chef tué. Une seconde tentative eut plus de succès : la cavalerie thessalienne qui avait aidé le tyran fut vaincue, et Hippias s'enferma dans la citadelle. Ses enfants tombèrent entre les mains des Spartiates, qui ne les relâchèrent qu'à la condition que lui et tous ses parents se retirent de l'Attique dans les cinq jours. Un décret de bannissement perpétuel fut prononcé contre la famille et un monument constatant leurs délits fut érigé sur l'Acropole.

**81.** Clisthène, chef des Alemæonidæ , accède alors au pouvoir. Quoique parmi les plus hauts nobles, il s'attacha au parti populaire, et ses mesures donnèrent au peuple un pouvoir encore plus grand que les lois de Solon. Au lieu des quatre tribus, il en ordonna dix, et subdivisa chacune en dèmes, ou districts, dont chacun avait son propre magistrat et son assemblée populaire. Le Sénat, ou Grand Conseil, fut porté de 400 à 500 membres, cinquante de chaque tribu, et tous les habitants libres de l'Attique furent admis aux privilèges de citoyens.

Pour se prémunir contre la prise du pouvoir par un seul homme, comme dans le cas de Pisistrate, Clisthène a introduit la singulière coutume de *l'ostracisme* , par laquelle tout citoyen pouvait être banni sans accusation, procès ou défense. Si le Sénat et l'Assemblée décidaient que cette mesure extrême était requise pour la sûreté de l'État, chaque citoyen écrivait sur une tuile ou sur une coquille d'huître le nom de la personne qu'il voulait bannir. Si le nom d'une personne était trouvé sur six mille bulletins de vote, il était tenu de se retirer de la ville dans les dix jours. La durée de son exil fut d'abord de dix ans, mais elle fut ensuite réduite à cinq.

**82.** Isagoras , chef des nobles, dégoûté par la montée en puissance de son rival, appela de nouveau les Spartiates à s'immiscer dans les affaires athéniennes. Cléomène , roi de Sparte, s'avança vers Athènes et demanda l'expulsion de Clisthène et de toute sa famille, maudits pour le sacrilège commis, près de cent ans auparavant, dans le meurtre de Cylon . Clisthène se retira et Cléomène , avec son ami Isagoras , expulsa sept cents familles, dissout le Sénat et révolutionna la ville. Mais le peuple se souleva contre cette usurpation, assiégea Isagoras et ses Spartiates dans la citadelle, et n'accepta leur capitulation qu'à la condition de se retirer de l'Attique. Clisthène fut rappelé et ses institutions restaurées.

avant JC 507.

**83.** Cléomène avait incité la Grèce à l'aider à se venger d'Athènes. Il s'avança avec une armée considérable et s'empara de la ville d'Eleusis, tandis que les Béotiens ravageaient les frontières occidentales et les Chalcidiens d' Eubée les frontières orientales de l'Attique. Sans être effrayés par cette triple invasion, les Athéniens marchèrent les premiers contre Cléomène ; mais la conduite irrationnelle du Spartiate avait dégoûté ses alliés et fait échouer ses desseins avant qu'une bataille puisse avoir lieu. Les Athéniens se tournèrent contre les Béotiens et les vainquirent avec un grand massacre ; puis ils poursuivirent sans tarder leur marche, franchirent le canal qui les séparait de l'Eubée et remportèrent une victoire également décisive sur les Chalcidiens.

Hippias couvrit alors sa vieillesse d'infamie, en se tournant vers le roi de Perse et en déployant toute son éloquence pour diriger la puissance de l'empire contre sa ville natale. Les Athéniens envoyèrent vers Artapherne , le suppliant de ne pas faire confiance à celui qui n'avait été banni que pour ses crimes. « Si vous désirez la paix, rappelez Hippias », fut la réponse péremptoire.

**84.** L'histoire des autres États continentaux est plus ou moins mêlée à celle de Sparte et d'Athènes ; mais avant d'aborder les guerres perses, nous ferons un rapide tour d'horizon des établissements étrangers qui constituaient un débouché pour l'entreprise et la population surpeuplée de la péninsule hellénique. Très tôt, les colonies étaient dirigées hors de Grèce par des dirigeants qui étaient ensuite vénérés comme des héros dans les États qu'ils fondaient. Le feu, emblème de la civilisation, fut transporté du *prytanée* de la cité mère et placé sur le nouveau foyer de la colonie. L'Agora, l'Acropole, les temples et le culte particulier de l'ancienne ville furent imités dans la nouvelle. Les colons participaient aux fêtes religieuses de la métropole par des délégués et des offrandes, et porter les armes contre l'État mère était considéré comme un sacrilège.

**85.** Il y avait cependant une grande différence dans les relations des diverses colonies avec les États dont elles étaient issues. Les colonies éoliennes , ioniennes et doriennes en Asie, ainsi que les Achéens en Italie, étaient des États indépendants. Le commerce, la littérature et les arts prospérèrent plus tôt sur la rive orientale de l' Égée que dans les villes de Grèce. Homère, le père de la poésie grecque, était un Ionien. Alcæ´us et Sappho, les plus grandes poétesses grecques, étaient originaires de Lesbos. Anacréon était un Ionien de Téos ; et quatre des Sept Sages de Grèce vivaient dans les colonies asiatiques.

Monnaie d'Éphèse, agrandie de moitié.

**86.** *Milet* fut pendant deux siècles non seulement la principale des colonies asiatiques, mais la première ville commerciale de toute la Grèce. Ses marins pénétrèrent jusqu'aux coins les plus reculés de la Méditerranée et de ses criques, et quatre-vingts colonies furent fondées pour protéger et élargir son commerce. *Éphèse* succéda à Milet comme chef des villes ioniennes. Son commerce se faisait plutôt par terre que par mer ; et au lieu de planter des colonies lointaines, il étendit son territoire sur terre aux dépens de ses voisins lydiens. *Phocée*, la plus septentrionale des cités ioniques, possédait une marine puissante, et ses navires étaient connus sur les côtes lointaines de la Gaule et de l'Espagne. La belle ville de Massilia (aujourd'hui Marseille) leur doit son origine.

**87.** La première colonie grecque en Italie se trouvait à *Cumæ*, près de l'actuelle Naples, qui en est issue. On dit qu'elle a été fondée vers 1050 avant JC et qu'elle est restée pendant cinq siècles la ville la plus florissante de Campanie. *Sybaris* et *Crotone* étaient des colonies achéennes sur le golfe de Tarente . Plusieurs tribus indigènes devinrent leurs sujets et leurs dominations s'étendaient d'une mer à l'autre à travers la péninsule de Calabre. Les Crotoniens furent très tôt célébrés pour la compétence de leurs médecins et pour le nombre de leurs athlètes qui remportèrent des prix aux Jeux Olympiques. Les Sybarites étaient connus pour leur richesse, leur luxe et leur effémination. Lors des fêtes publiques, ils rassemblèrent 5 000 cavaliers entièrement équipés, tandis qu'Athènes ne pouvait en montrer que 1 200, même pour les grandes Panathénées .

La chute de Sybaris, en 510 av. J.-C., fut provoquée par la guerre avec la ville sœur mais désormais rivale de Crotona. Le parti populaire avait supplanté l'oligarchie à Sybaris et les citoyens exilés s'étaient réfugiés à Crotone. Les Sybarites exigeaient leur restitution. Les Crotoniens tremblaient, car ils avaient à choisir entre deux grands périls : ils devaient encourir soit la colère des dieux en trahissant leurs suppliants, soit la vengeance des Sybarites, dont l'armée était censée compter 300 000 hommes. Pythagore les exhorta à adopter l'alternative la plus généreuse, et son disciple, Milon, l'athlète le plus célèbre de son temps, devint leur général. Dans une bataille sur le Trais , les Crotoniens furent victorieux. Ils devinrent maîtres de Sybaris et décidèrent de la détruire si complètement qu'elle ne serait plus jamais habitée. Dans ce but, ils détournèrent le cours de la rivière Crathis , de sorte qu'elle déborde de la ville et ensevelit ses ruines dans la boue et le sable. Aujourd'hui encore, on peut voir un mur dans le lit de la rivière lorsque l'eau est basse, seul monument de l'ancienne grandeur de Sybaris.

**88.** Les habitants de *Locri* furent les premiers des Grecs à posséder un corps de lois écrites. Les ordonnances de Zaleucus , berger dont ils faisaient leur législateur par ordre de l'oracle de Delphes, étaient quarante ans antérieures à celles de Draco, auquel elles ressemblaient par la sévérité de leurs peines. Les Locriens , cependant, les tenaient en si haute estime que si quelqu'un voulait proposer une nouvelle loi ou abroger une ancienne, il se présentait à l'assemblée publique avec une corde autour du cou, qui était immédiatement tendue s'il ne parvenait pas à convaincre. ses concitoyens de la sagesse de ses suggestions.

**89.** *Rhegium* , sur le détroit de Sicile, fut fondée par les Chalcidiens d' Eubée , mais considérablement augmentée par les fugitifs des Spartiates au cours des première et deuxième guerres messéniennes. Le détroit et la ville opposée en Sicile, autrefois appelée Zan'cle , reçurent un nouveau nom de ces exilés. *Tarentum* était une colonie spartiate fondée vers 708 avant JC. Son port était le meilleur et le plus sûr du golfe de Tarentine et, après la chute de Sybaris, elle devint la ville la plus florissante de la Grande Grèce . Bien que son sol fût moins fertile que celui des autres colonies, ses pâturages fournissaient la laine la plus fine de toute l'Italie. Les chevaux tarentins étaient très appréciés des Grecs ; et ses rivages fournissaient une telle profusion de coquillages utilisés pour la coloration, que la « pourpre tarentine » était juste derrière la tyrienne. Les manufactures de cette teinture étaient si étendues, qu'on peut encore voir de grands monticules près de l'ancien port, entièrement composés de coquilles brisées de *murex* .

**90.** La prospérité de la Magna Græcia déclina après la fin du VIe siècle avant JC, lorsque les guerriers Samnites et Lucaniens commencèrent à se diriger vers le sud depuis leurs foyers du centre de l'Italie. Les colonies grecques perdirent progressivement leurs possessions intérieures et se limitèrent à de simples colonies commerciales sur la côte.

**91.** *Massilia* , en Gaule, a déjà été mentionnée comme colonie des Phocéens ioniques . Elle exerçait une influence dominante sur les tribus celtiques qui l'entouraient et qui en tiraient les bénéfices des lettres et de la civilisation grecques. Un marin massiliote , Pythéas , a navigué sur l'Atlantique et exploré les côtes occidentales de l'Europe, au moins jusqu'à la Grande-Bretagne. Cinq colonies sur la côte espagnole furent fondées par Massilia .

**92.** L'île fertile de Sicile attira très tôt l'attention des Grecs. Les Carthaginois occupaient déjà la partie occidentale de l'île, mais pendant deux siècles et demi, les colonies commerciales des deux peuples ont prospéré côte à côte sans se heurter. Douze villes grecques florissantes ont vu le jour en 150 ans, parmi lesquelles *Syracuse* , à l'est, et *Agrigente* , sur la côte sud, étaient les plus importantes. Syracuse, la plus ancienne, après Naxos, des colonies siciliennes, fut fondée par les Corinthiens en 734 avant JC. Sa position en faisait la porte de toute l'île et, à l'époque romaine, elle était la capitale de la province. Dans sa plus grande prospérité, elle contenait un demi-million d'habitants et ses murs s'étendaient sur vingt-deux milles. Agrigente , bien que d'origine plus tardive (582 av. J.-C.), connut une croissance si rapide qu'elle dépassa ses voisines plus âgées. Le poète Pindare la qualifiait de plus belle des villes mortelles et ses édifices publics comptaient parmi les plus magnifiques du monde antique.

**93.** COLONIES AFRICAINES. La colonisation grecque s'est d'abord limitée aux rives nord de la Méditerranée, l'Égypte et Carthage se partageant la rive sud. Mais la politique de Psammétique , et après lui d'Amasis, favorisa les Grecs, qui furent désormais autorisés à s'établir à Naucratis et à y jouir du monopole du commerce méditerranéen de l'Égypte. Vingt ans après le premier établissement à Naucratis, *Cyrène* fut fondée par les habitants de Théra, une colonie spartiate sur la mer Égée . Contrairement à la plupart des colonies grecques, Cyrène fut gouvernée par des rois durant les deux premiers siècles de son existence.

**94.** La péninsule de Chalcidique , en Macédoine, était couverte de colonies de colons de Chalcis et d'Érétrie, de la première desquelles elle tirait son nom. *Potidæ'a* , sur la même côte, fut plantée par les Corinthiens. *Byzance* fut fondée par les Mégariens, sur le détroit qui relie la Propontide au Pont-Euxin. Peu de villes pouvaient se vanter d'une situation aussi splendide ; mais la puissance de la colonie mégarienne était peu proportionnée à ce qu'elle devait atteindre plus tard comme capitale de Constantin et maîtresse du monde. La colonie grecque la plus septentrionale était *l'Istrie* , fondée par les Milésiens près de l'embouchure du Danube.

## RÉCAPITULATION.

Codrus , dernier roi d'Athènes, fut remplacé pendant trois siècles par des archontes à vie, choisis dans sa famille. Sept archontes régnèrent ensuite successivement dix ans chacun, et le gouvernement fut alors confié à une commission de neuf personnes élues chaque année. Le peuple exigeant des lois écrites, Draco prépara un code d'une sévérité inhumaine. Une constitution plus modérée a été élaborée par Solon, l'un des sept sages de Grèce ; mais la lutte des trois factions rivales de la *Plaine* , du *Rivage* et de la *Montagne* aboutit bientôt à la soumission d'Athènes à la tyrannie de Pisistrate. Deux fois expulsé, Pisistrate rétablit à deux reprises son pouvoir et, par sa justice et son encouragement libéral à tous les arts, consola le peuple de sa prise injustifiée du gouvernement. Son fils Hippias fut expulsé par les Alemæonidæ , avec l'aide des Spartiates. Clisthène acheva les réformes libérales de Solon et introduisit la singulière coutume de l'ostracisme. Lors de trois tentatives visant à renverser la libre constitution d'Athènes, les Spartiates et leurs alliés furent clairement vaincus.

### TROISIÈME PÉRIODE. 500-338 AVANT JC.

**95.** Les détails de la révolte ionienne (499-494 av. J.-C.) ont été trouvés dans l'Histoire de la Perse. [43] Réservant sa vengeance aux Grecs européens qui étaient intervenus dans la querelle, Darius cherchait à consoler les Ioniens conquis de la perte de leur indépendance politique par une plus grande liberté personnelle. Des lois justes, des impôts égaux, la paix et le bon ordre commencèrent à restaurer leur prospérité ; et lorsque Mardonius , gendre de Darius, succéda à Artapherne dans la satrapie, il signala son règne en supprimant tous les tyrans et en rétablissant dans les villes une forme de gouvernement républicain. Tout cela avait pour but d'assurer leur amitié ou leur neutralité dans sa prochaine expédition contre la Grèce. Cette expédition (492 av. J.-C.) échoua, comme nous l'avons vu, dans son objectif principal.

491 avant JC.

**96.** L'année suivante, des messagers furent envoyés par Darius dans chacun des États de Grèce, exigeant de la terre et de l'eau, symboles habituels de l'obéissance. Aucun des États insulaires et rares sont ceux du continent qui ont osé refuser. Les habitants d'Athènes et de Sparte ont répondu avec une réponse qui ne pouvait être erronée. Celui-ci jeta les envoyés dans un puits, et le premier dans une fosse où l'on punissait les criminels les plus vils, en leur disant de se procurer de la terre et de l'eau.

**97.** La jeunesse et le mauvais succès de Mardonius amenèrent Darius à le rappeler et à confier le commandement de sa nouvelle expédition contre les Grecs entre les mains de Datis , un Mède, et d'Artaphernes , son propre neveu. Au printemps 490 avant JC, la grande armée fut rassemblée au large de la Cilicie : une flotte de 600 trirèmes, transportant pas moins de 100 000 hommes. Ils ont navigué vers l'ouest et ont ravagé l'île de Naxos, mais ont épargné Délos, lieu de naissance réputé d'Apollon et d'Artémis, parce que le Mède Datis les reconnaissait comme identiques à ses propres divinités nationales, le soleil et la lune. La flotte s'avança ensuite vers l'Eubée , Erétrie étant le premier objet de vengeance. Caryste , refusant de rejoindre l'armement contre ses voisins, fut prise et détruite. Érétrie résista à un siège de six jours ; mais la malheureuse ville était en proie aux mêmes dissensions qui constituaient la fatale faiblesse de la Grèce. [44] Deux traîtres du parti oligarchique ont ouvert les portes aux barbares. L'endroit fut livré au pillage, les temples incendiés et le peuple réduit en esclavage.

**98.** Un messager aux pieds rapides fut alors envoyé d'Athènes à Sparte pour implorer de l'aide. La distance était de quatre-vingt-dix milles et il atteignit sa destination le lendemain de son départ. Les Spartiates ne refusèrent pas leur aide, mais ils déclarèrent que la religion leur interdisait de marcher avant la pleine lune, et que nous n'en étions qu'au neuvième jour. Les Perses étaient déjà débarqués sur la côte de l'Attique, et, guidés par Hippias, s'avancèrent jusqu'à la plaine de Marathon. L'armée athénienne, postée sur les hauteurs, dut se demander si elle devait attendre ses alliés tardifs ou affronter seule ce nombre écrasant. Au dernier moment arriva un renfort inattendu qui, quoique peu nombreux, releva le moral des Athéniens par l'amitié qu'il exprimait. C'est toute la population combattante de la petite ville de Platée , un millier d'hommes en tout, qui vint témoigner de sa gratitude pour un ancien service rendu par les Athéniens.

**99.** Tous les autres généraux, qui devaient commander à leur tour, abandonnèrent leurs jours à Miltiade, dont le génie et l'expérience gagnèrent également leur confiance ; mais lui, craignant d'exciter l'envie, attendit que son tour vienne, puis donna des ordres de bataille. Les sacrifices et les prières furent offerts, les trompettes sonnèrent et, chantant un hymne de bataille, les onze mille Grecs se précipitèrent des hauteurs où ils avaient campé. Au lieu de la lente marche habituelle de la phalange, ils traversèrent en pleine course le kilomètre ou plus de terrain plat qui les séparait des Perses, brandissant leurs lances alignées en une ligne droite et inébranlable. [45]

Le premier rang des Asiatiques tomba instantanément devant cet assaut inhabituel ; mais la résistance n'était pas moins déterminée. Se précipitant sur les lances des Grecs, dans la tentative de faire une brèche dans la phalange où leurs épées courtes et leurs poignards pourraient leur servir, les Perses sacrifièrent librement leur vie. Beaucoup croyaient sur le terrain que l'ombre gigantesque de Thésée, le grand héros attique, pouvait être vue dans les rangs. La nuit approchait avant que le conflit désespéré ne soit résolu. Mais les Grecs, bien que fatigués par cette longue action, ne faiblirent jamais, et enfin les restes brisés de l'armée asiatique se retournèrent et s'enfuirent. [46]

**100.** Les Perses avaient apporté avec eux une masse de marbre blanc, avec laquelle ils comptaient ériger sur le champ de Marathon un monument de leur victoire. Elle fut sculptée par Phidias pour en faire une gigantesque statue de Némésis, l'incarnation de la vengeance divine. Du butin d'airain des Perses a été coulée cette statue colossale d'Athéna Promachos , dont la lance et le casque scintillants, du sommet de la citadelle athénienne, pouvaient être vus au loin en mer au-delà de la pointe de Sunium . La déesse armée, « la première au combat », semblait garder perpétuellement sa ville bien-aimée.

489 avant JC.

**101.** Pendant quelque temps après la victoire de Marathon, Miltiade fut le plus aimé des Athéniens. Même lorsqu'il était prince de la Chersonèse , il avait gagné leur gratitude en annexant Lemnos et Imbros à leurs domaines. A cette prétention sur eux, il ajoutait maintenant celle de les avoir délivrés de leur plus grand péril, et il n'y avait aucune limite à leur confiance. Quand, par conséquent, il leur promit une entreprise encore plus lucrative, quoique moins glorieuse, que la récente entreprise contre les Perses, ils ne tardèrent pas à y consentir, même si les conditions étaient une flotte de soixante-dix navires et une grande quantité d'hommes et d'argent pour son usage. , dont il ne devait rendre compte qu'à son retour. Ils furent accordés, et Miltiade fit voile vers l'île de Paros, qui avait fourni une trirème aux Perses lors de la récente invasion. La ville principale était assiégée et sur le point d'être prise, quand soudain, sans raison suffisante, Miltiade brûla ses fortifications, retira sa flotte et retourna à Athènes, n'ayant aucun trésor et seulement une disgrâce et une perte à signaler comme résultat de son expédition.

Monnaie d'Athènes, agrandie aux trois quarts.

**102.** La gloire de Miltiade était désormais disparue. Il fut accusé par Xanthippus , un chef de l'aristocratie, d'avoir accepté un pot-de-vin des Perses pour se retirer de Paros. Gravement blessé, Miltiade fut amené à la cour sur un canapé ; et bien que son frère Tisagoras ait pris sa défense, le seul plaidoyer qu'il a voulu faire était dans les deux mots « Lemnos » et « Marathon ». Le délit, s'il était prouvé, était capital ; mais le peuple refusa de condamner à mort son libérateur. On commua sa peine en une amende de cinquante talents ; mais avant qu'il ait été payé, il expira des suites de sa blessure.

**103.** Le plus grand citoyen d'Athènes, après la mort de Miltiade, fut Aristide, appelé « le Juste ». Il était de naissance noble et appartenait au parti des Alcméonides , mais il était ardemment dévoué aux intérêts du peuple. Sévère envers le crime, que ce soit chez ses amis ou ses ennemis, il était pourtant doux envers toutes les personnes ; et sa vérité et son impartialité étaient si proverbiales que lorsqu'il occupait la charge d'archonte, les tribunaux étaient désertés, tous les prétendants préférant soumettre leurs causes à son arbitrage.

**104.** Son principal rival était Thémistocle , un jeune homme très talentueux et peut-être encore plus ambitieux. Finalement, son opposition monta jusqu'à proposer l'ostracisme, et Aristide fut banni. On raconte que, lors du vote, le grand archonte fut prié par un homme qui ne savait pas écrire d'inscrire pour lui le nom d'Aristide sur une coquille d'huître. « Vous a-t-il déjà blessé ? » demanda Aristide. « Non, » dit l'homme, « et je ne le connais même pas de vue ; mais cela me chagrine de l'entendre toujours appeler le Juste. Aristide écrivit son nom sur la coquille qui fut jetée en tas. En quittant sa ville natale, il dit, avec sa générosité habituelle : « Que le peuple athénien ne connaisse jamais un jour qui l'obligera à se souvenir d'Aristide ! »

**105.** Thémistocle était désormais sans rival à Athènes. Son esprit aigu percevait ce que ses compatriotes ignoraient trop volontiers, à savoir que les invasions perses étaient seulement stoppées, et non terminées. Fiers de la victoire de Marathon, les Athéniens croyaient que les Perses n'oseraient plus jamais les attaquer. Mais Égine était pourtant puissante, et une féroce inimitié existait depuis longtemps entre les deux États. Leurs marchands se considéraient comme des rivaux commerciaux, tandis que le peuple libre d'Athènes détestait l'oligarchie d'Égine . Thémistocle résolut de mettre à profit cette inimitié pour armer Athènes contre un danger plus grand, quoique plus lointain. Il persuada les citoyens de construire une flotte qui surpasserait celle d'Égine , et d'utiliser à cet effet les revenus des mines d'argent de Laurium , près de l'extrémité de la péninsule attique.

Deux cents trirèmes furent construites et équipées, et un décret fut pris qui exigeait qu'on en ajoute vingt chaque année. Jusqu'à présent, l'Attique avait été un État plus agricole que maritime ; mais Thémistocle voyait clairement que, avec un territoire si petit et si stérile, sa seule puissance durable devait être sur la mer. Ses efforts furent si intenses que, dans les dix années qui s'écoulèrent entre la première et la seconde guerres perses, les Athéniens avaient formé un grand nombre de marins, organisé leur puissance navale et étaient prêts à être aussi victorieux à Salamine qu'ils l'avaient été. à Marathon.

**106.** En 481 avant JC, un congrès hellénique eut lieu à Corinthe. Le commandement des forces grecques, tant sur terre que sur mer, fut confié à Sparte. Un appel à la coopération fut adressé aux colonies lointaines de Sicile, ainsi qu'à Corcyre et en Crète. Des émissaires furent également envoyés en Asie pour surveiller les mouvements de l'armée perse. Ils furent capturés à Sardes et auraient été mis à mort, si Xerxès n'avait pas cru que leurs rapports feraient plus pour terrifier et affaiblir leurs compatriotes que pour aider. Il les fit conduire à travers ses innombrables hôtes, et marquer leurs splendides équipements , puis les renvoyer en toute sécurité.

**107.** La tâche la plus difficile du Congrès était de faire taire les querelles des différents États. Athènes, par les instances de Thémistocle, consentit à la paix et à l'amitié avec Égine , et tous les délégués obligèrent formellement leurs États à agir ensemble comme un seul corps. De nombreux éléments de désunion subsistaient néanmoins. La Béotie , à l'exception honorable de Thespiæ et Platæa , envoya de la terre et de l'eau au roi de Perse. Argos fut à la fois affaibli et furieux contre Sparte par le massacre de 6 000 de ses citoyens, qui avaient été brûlés, sur ordre de Cléomène , dans un temple où ils s'étaient réfugiés. Ne voulant pas refuser son aide dans le danger commun, elle ne consentit à rejoindre la ligue qu'à des conditions que Sparte refusa d'accepter.

**108.** Même les dieux semblaient hésiter, et les timides réponses de la Pythie empêchèrent certains États de s'engager dans la guerre. Les messagers athéniens reçurent à Delphes un oracle qui aurait consterné les esprits moins fermes. « Des hommes malheureux ! s'écria la Pythie, quittez vos maisons et les remparts de la ville, et fuyez jusqu'aux extrémités de la terre. Le feu et l'ardent Arès, contraignant le char syrien, détruiront ; les tours seront renversées et les temples détruits par le feu. Voici, maintenant, même maintenant, ils se tiennent debout, en sueur, et leurs toits sont noirs de sang et tremblants d'une crainte prophétique. Partez et préparez-vous au mal !

**109.** Les Athéniens revêtirent l'habit de deuil des suppliants et supplièrent Apollon de leur donner une réponse plus favorable, déclarant qu'ils ne partiraient pas sans cet habit, mais qu'ils resteraient à son autel jusqu'à leur mort. La deuxième réponse était encore plus obscure, mais peut-être plus pleine d'espoir. « Athéna est incapable d'apaiser le Zeus olympien. C'est pourquoi je parle encore une fois, et mes paroles sont tout aussi catégoriques. Tout ce qui se trouve dans les limites de Cecropia et dans le sein du divin Cithæron tombera et vous fera défaut. Le mur en bois seul que Zeus accorde à Pallas, un refuge pour vos enfants et pour vous. N'attendez pas le cheval et le pied ; ne tardez pas la marche de la puissante armée ; reculez même s'ils se rapprochent de vous. Ô divine Salamine ! tu perdras les fils des femmes, que Déméter disperse ou thésaurise sa récolte ! Thémistocle, qui avait peut-être dicté la réponse, fournissait maintenant une solution appropriée. Les « murs de bois », disait-il, signifiaient la flotte dans laquelle les citoyens et leurs enfants devaient se réfugier. La dernière phrase menaçait de malheur non pas aux Athéniens, mais à leurs ennemis, sinon pourquoi Salamine était-elle appelée « divine » ?

480 avant JC.

**110.** Arrivé avec sa vaste armée à l'entrée du golfe malien, Xerxès envoya un espion pour vérifier la force envoyée contre lui. Le messager n'en vit que trois cents Spartiates. Ils s'adonnaient soit à des exercices de gymnastique, soit à coiffaient leurs cheveux longs comme pour une fête. Demaratus, un roi de Sparte en exil, faisait partie de l'armée perse et fut interrogé par le grand roi sur la signification de ce comportement face à un danger écrasant. Démaratus répondit : « Leur intention est manifeste, Sire, de contester le passage, car c'est la coutume des Spartiates de se parer à la veille de la bataille. Vous êtes sur le point d'attaquer la fleur de la valeur grecque. Xerxès ne parvenait pas encore à croire qu'une telle poignée d'hommes signifiait une résistance sérieuse. Il attendit quatre jours pour leur donner le temps de battre en retraite, mais dans l'intervalle il envoya un messager à Léonidas pour lui demander ses armes. "Viens et prend-les!" répondit le Spartiate.

**111.** Bataille des Thermopyles . Le cinquième jour, la patience du grand roi était à bout. Il envoya un détachement de Mèdes et de Cissiens dans le col, avec ordre d'amener ses défenseurs vivants en sa présence. Les assaillants ont été repoussés avec perte. L'Immortal Band fut alors envoyé en avant, mais sans meilleur succès. Le lendemain, la lutte reprit, avec de grandes pertes pour les Perses et aucun signe de cession de la part des Grecs. Mais la trahison accomplit maintenant ce que la force n'avait pas réussi à faire. [47] Un conseil de guerre eut lieu parmi les défenseurs du col, et il fut résolu de battre en retraite, puisque la défaite était certaine. Léonidas ne s'est pas opposé, mais a plutôt favorisé la décision des autres généraux ; il remarqua seulement qu'il n'était pas permis aux Spartiates de fuir un ennemi. Il savait aussi que l'oracle de Delphes avait déclaré que Sparte devait tomber ou qu'un roi du sang d'Hercule devait être sacrifié. Il croyait qu'il devait sauver au moins son royaume héréditaire, sinon la Grèce entière, par le dévouement volontaire de sa vie.

Les Thespiens insistèrent pour partager le sort des trois cents Spartiates. Les quatre cents Thébains, dont la loyauté avait été soupçonnée dès le début, furent retenus en otages. Le reste des Grecs se retira précipitamment avant l'arrivée des Perses. Ainsi laissés seuls, les Spartiates et les Thespiens allèrent à la rencontre de l'immense armée, qui était maintenant en mouvement pour les attaquer. Les Orientaux, lorsque leur courage faillit, furent poussés au combat par le fouet, et des milliers de personnes furent condamnées à périr devant la valeur désespérée des Grecs. Enfin, Hydarnes , avec sa bande immortelle, apparut par derrière, et les Spartiates se retirèrent vers la partie la plus étroite du passage, où ils combattirent jusqu'au dernier souffle et furent finalement écrasés par le nombre, plutôt que tués par les troupes. épées des Perses.

**112.** La mémoire de Léonidas était honorée par des jeux célébrés autour de son tombeau à Sparte, auxquels seuls ses compatriotes étaient autorisés à participer. Un lion de pierre fut placé, par ordre du Conseil Amphictyonique , à l'endroit où il tomba ; et d'autres monuments au même endroit conservèrent le souvenir de ses valeureux compagnons. Celui des Trois Cents portait ces mots : « Va, étranger, dire aux Spartiates que nous avons obéi aux lois, et couche-toi ici !

**113.** Apprenant le sort de Léonidas et de ses hommes, la flotte se retira vers le sud pour protéger la côte. Les Spartiates agissaient avec leur égoïsme habituel, en abandonnant Athènes et le reste de la Grèce à leur sort, tandis qu'ils employaient leurs forces terrestres à fortifier l'isthme, pour barrer l'entrée de leur propre péninsule. Ce fut avec difficulté que Thémistocle persuada même ses alliés maritimes de rester au mouillage au large de Salamine, assez longtemps pour permettre que certaines mesures soient prises pour la sécurité du peuple athénien.

**114.** ABANDON D'ATHÈNES. Il n'était pas non plus facile de persuader les Athéniens eux-mêmes de laisser leur ville bien-aimée aux mains vengeresses des barbares. Mais comme il ne restait aucun autre moyen d'éviter une destruction totale, Thémistocle eut recours, comme d'habitude, à un stratagème. Le serpent sacré d'Athéna disparut soudainement de l'Acropole, les gâteaux de miel restèrent intacts et les prêtres annoncèrent que la déesse elle-même avait abandonné la ville et était prête à conduire ses guerriers choisis vers la mer. Le peuple consentit alors à partir. Les femmes, les enfants et les vieillards furent transportés en toute hâte vers des lieux plus sûrs, tandis que tous ceux qui pouvaient combattre se rendaient dans la flotte. Seuls quelques Athéniens, soit trop pauvres pour faire face aux frais du déplacement, soit encore convaincus que les « murs de bois » de l'oracle signifiaient la citadelle, restèrent et périrent, après une résistance courageuse mais inutile, sous les épées des Perses. La belle Athènes fut réduite en cendres, en vengeance de la destruction de Sardes, vingt ans auparavant.

**115.** Les commandants de la flotte résolurent alors de se retirer de Salamine et de se stationner près de l'isthme pour coopérer avec les forces terrestres du Péloponnèse. Les Athéniens s'opposèrent vivement à cette retraite, qui laisserait les refuges de leurs femmes et de leurs enfants à la merci des barbares. Il était minuit, et le concile était terminé, lorsque Thémistocle chercha de nouveau le navire d' Eurybiade et, le convainquant enfin de la plus grande sagesse de son propre plan, le persuada de réunir à nouveau le concile. Les dirigeants furent rappelés de leurs navires et une violente discussion s'ensuivit. Le Corinthien Adimante s'opposa à Thémistocle non seulement par des arguments, mais aussi par des insultes. Faisant allusion à la récente destruction d'Athènes, il affirmait que celui qui n'avait plus de ville à représenter ne devait pas avoir voix au chapitre dans les délibérations.

Thémistocle garda son sang-froid et répondit avec dignité et fermeté. Il montra que les avantages navals des Grecs dans la guerre actuelle avaient toujours résidé dans les mers étroites, où le nombre immense des Perses ne leur donnait aucune supériorité, tandis que leur meilleure discipline et leur meilleure connaissance des courants et des sondages étaient toutes en faveur de la victoire. Les Grecs. Il soutenait qu'en transférant la guerre dans le Péloponnèse, ils n'y attireraient que les armées et les navires des Perses ;

tandis qu'en les battant avant qu'ils puissent arriver à l'isthme, ils préserveraient la Grèce méridionale de l'invasion. Il finit en déclarant que, si Salamine était abandonnée, les Athéniens abandonneraient la Grèce et, prenant leurs femmes et leurs enfants à bord de leur flotte, navigueraient vers les côtes de l'Italie, où l'oracle leur avait ordonné de fonder une nouvelle ville.

**116.** Pour que même cet argument ne suffise pas, Thémistocle eut recours à une autre de ses ruses. Il se retira un instant du conseil et envoya un messager fidèle à la flotte perse, assurant son commandant que les Grecs, frappés de consternation, se préparaient à fuir, et le pressant de saisir l'occasion, alors qu'ils étaient divisés entre eux, de gagner une victoire décisive. L'amiral perse connaissait trop bien les fréquentes dissensions des Grecs pour douter de la vérité du message. Il déplaça immédiatement ses escadrons pour les couper de toute possibilité de retraite.

Entre- temps , Thémistocle fut de nouveau rappelé du concile par l'arrivée d'un messager. C'était son ancien rival, le courageux et intègre Aristide, toujours en exil sous l'influence de Thémistocle, mais toujours attentif aux intérêts de son pays. Il était parti d' Égine sur un bateau non ponté pour informer les Grecs qu'ils étaient encerclés par les Perses. « À tout moment, » dit le juste Athénien, « il nous conviendrait d'oublier nos dissensions privées, et surtout en ce moment, de ne lutter que pour celui qui servira le plus sa patrie. Thémistocle le conduisit aussitôt au concile. Ses renseignements furent bientôt confirmés par un déserteur ténien , et les dirigeants furent alors contraints de s'unir pour se préparer à une bataille immédiate.

480 avant JC.

**117.** Bataille de Salamine. Lorsque le soleil se levait sur le détroit de Salamine, on voyait les rivages attiques bordés des rangs étincelants de l'armée perse, rangée par ordre de Xerxès pour intercepter les fugitifs de la flotte grecque. Le roi lui-même, sur un trône de métaux précieux, était assis pour assister au combat à venir. Ses navires étaient trois fois plus nombreux que les Grecs, et aucun désastre grave n'avait encore arrêté sa progression. Les Grecs s'avancèrent en chantant ce chant de bataille que le grand poète Eschyle , qui combattit lui-même en ce jour mémorable, nous a conservé : « Allons, fils des Grecs ! Faites grève pour la liberté de votre pays ! frappez pour la liberté de vos enfants et de vos femmes, pour les sanctuaires des dieux de vos pères et pour les sépulcres de vos pères ! Tous, tous sont désormais engagés dans votre conflit ! »

Thémistocle les retint jusqu'à ce qu'un vent commence à souffler, qui se levait généralement le matin, provoquant une forte houle dans le canal. Cela gênait sérieusement les encombrants vaisseaux des Perses, tandis que les embarcations grecques, légères et compactes, enfonçaient facilement leur bec d'airain dans les flancs de l'ennemi. Les Athéniens, à droite, brisèrent bientôt la ligne phénicienne qui leur était opposée ; et les Spartiates, à gauche, remportèrent des victoires sur les alliés ioniens des Perses. La mer était jonchée de cadavres, emmêlés dans les mâts et les cordages des navires. Aristide, qui attendait avec son commandement sur la côte de Salamine, traversa maintenant la petite île de Psytalia et passa la garnison perse au fil de l'épée. Xerxès, depuis son trône sur le mont Ægaleos , assistait impuissant à la confusion et au massacre de ses hommes. La lutte dura jusqu'au soir, lorsque le détroit de Salamine fut abandonné par les barbares.

**118.** Le matin venu, les Grecs étaient prêts à reprendre la bataille. Les Perses avaient encore une flotte nombreuse et une armée nombreuse ; et, dans la nuit, les transports phéniciens s'étaient réunis pour faire un pont entre Salamine et le continent. Mais ce n'était qu'une feinte pour couvrir le véritable mouvement. La flotte avait déjà reçu l'ordre de naviguer vers l'Hellespont, et l'armée se retira en quelques jours en Béotie . Laissant 300 000 hommes à Mardonius pour reprendre la guerre l'année suivante, Xerxès se précipite en Asie. Son armée fut réduite en route par la famine et la peste, et ce ne fut qu'un fragment de la grande armée qui avait traversé l'Hellespont au printemps de 480, qui revint à l'automne.

479 avant JC.

**119.** Au début du printemps, Mardonius se préparait à reprendre la guerre ; mais il chercha d'abord à accomplir par la diplomatie ce qu'il n'avait pas réussi jusqu'ici par la force. Profondément impressionné par la valeur des Athéniens, il était sûr que s'il parvenait à les retirer de la confédération, le reste de la Grèce serait une proie facile. Il envoya à cet effet Alexandre Ier, roi de Macédoine, son allié, mais ancien ami des Athéniens, pour les flatter de promesses de faveur et solliciter leur alliance. Les Athéniens lui refusèrent une audience jusqu'à ce qu'ils aient le temps de convoquer des délégués de Sparte. Lorsque les Spartiates furent arrivés, Alexandre délivra son message. Le grand roi offrit aux Athéniens le pardon des injures qu'ils lui avaient faites, la restauration de leur pays et son extension sur les territoires voisins, la libre jouissance de leurs propres lois et les moyens de reconstruire tous leurs temples. Il exhorta les Athéniens à accepter une offre aussi favorable, car à eux seuls de tous les Grecs le pardon était accordé.

**120.** Les Athéniens répondirent : « Nous n'ignorons pas la puissance des Mèdes, mais, pour le bien de la liberté, nous résisterons à cette puissance comme nous le pouvons. Rapportez à Mardonius cette réponse : Tant que ce soleil continue sa course, tant que nous renonçons à toute amitié avec Xerxès ; aussi longtemps, confiants dans l'aide de nos dieux et de nos héros, dont il a brûlé les sanctuaires et les autels, nous lutterons contre lui pour nous venger. Quant à vous, Spartiates, connaissant notre esprit, vous devriez avoir honte de craindre notre alliance avec le barbare. Envoyez vos forces sur le terrain sans tarder. L'ennemi sera sur nous lorsqu'il connaîtra notre réponse. Rencontrons-le en Béotie avant qu'il ne se rende en Attique.

**121.** Les Athéniens avaient bien jugé l'immédiateté du danger. A peine leur réponse fut-elle reçue que le général perse se mit en mouvement et s'avança à marches rapides jusqu'aux frontières de l'Attique. Il fut renforcé à chaque halte par les Grecs du Nord, mus soit par la terreur de son pouvoir, soit par des jalousies de longue date contre les membres de la Ligue. Le territoire attique était complètement désolé et Athènes une seconde fois déserte. Prenant possession de cette ville, Mardonius envoya un messager grec à Salamine, répétant ses anciennes propositions, qui furent aussi immédiatement rejetées qu'auparavant.

Les Athéniens se retrouvèrent une seconde fois sans abri et, pour le moment, seuls face aux ennemis de la Grèce. Les Spartiates étaient engagés dans de longues solennités - peut-être les funérailles de leur régent Cléombrotus - et laissèrent les messagers athéniens attendre dix jours pour obtenir une réponse. Ce n'est que lorsque les envoyés indignés eurent menacé de conclure des accords avec Mardonius et d'abandonner Sparte à son sort que les éphores se mirent en mouvement, mais ce fut alors avec une véritable énergie et rapidité spartiates. Cinq mille Spartiates et 35 000 esclaves furent envoyés, sous le commandement de Pausanias, le nouveau régent, auquel les éphores ajoutèrent une garde de 5 000 Laconiens lourdement armés.

**122.** Apprenant l'avancée des Spartiates, les Perses pensèrent qu'il valait mieux battre en retraite. Il incendia de nouveau Athènes, rasa ce qui restait de ses murs et de ses temples, et se retira en Béotie . Ici, il installa son camp sur un bras de l' Asopus , non loin de la ville de Platæa . Les Spartiates suivirent, rejoints à l'isthme par les alliés du Péloponnèse et, à Eleusis, par les Athéniens. Les forces grecques occupèrent les pentes inférieures du mont Cithæron , avec le fleuve devant elles, les séparant des Perses.

**123.** BATAILLE D' ÉRYTHRÉE . La bataille fut ouverte par la cavalerie perse, commandée par Masistius , le général le plus illustre de l'armée, à l'exception de Mardonius . Sa magnifique personne, vêtue d'une armure complète d'or et d'airain bruni, était visible sur le champ de bataille ; et ses cavaliers, alors les plus célèbres du monde par leur habileté et leur bravoure, harcelèrent sévèrement les Mégariens, qui étaient postés en pleine plaine. Olympiodorus, accompagné d'un corps choisi d'Athéniens, vint à leur secours, et Masistius poussa son coursier niséen à travers champ pour aller à sa rencontre. Dans le combat acharné qui suivit, le Perse fut désarçonné et, alors qu'il gisait sur le sol, il fut assailli par une nuée d'ennemis. La lourde armure qui l'empêchait de se relever le protégeait de leurs armes, jusqu'à ce qu'enfin une ouverture dans sa visière permette à une lance d'atteindre son cerveau. Sa mort décida du sort de la bataille.

**124.** Après cette victoire, l'armée grecque se rapprocha de Platée , où se trouvaient une réserve d'eau plus abondante et un terrain plus commode. C'était la force la plus puissante que les Perses aient jamais rencontrée en Grèce, comptant, avec leurs alliés et leurs serviteurs, 110 000 hommes. Pendant dix jours, ils restèrent face à face sans aucune action importante. Les Perses interceptèrent cependant des convois de provisions et réussirent à boucher la source qui approvisionnait les Grecs en eau, tandis que, par leurs flèches et leurs javelots, ils empêchaient l'approche du fleuve. Pausanias résolut alors de se replier sur une prairie plate et bien arrosée encore plus proche de Platæa .

479 avant JC.

**125.** BATAILLE DE PLATÉE . Les Spartiates furent attaqués alors qu'ils étaient en marche et envoyés immédiatement aux Athéniens pour obtenir de l'aide. Ces derniers marchèrent à leur secours, mais furent interceptés par les alliés ioniens des Perses et coupés du sauvetage prévu. Pausanias, ainsi contraint d'engager une petite partie de son armée, ordonna un sacrifice solennel, et ses hommes attendirent le résultat, inébranlables, bien qu'exposés à une tempête de flèches perses. Les présages étaient défavorables et les sacrifices étaient sans cesse renouvelés. Enfin Pausanias, levant ses yeux ruisselants de larmes vers le temple d'Héra, supplia la déesse que si le destin interdisait aux Grecs de vaincre, ils pourraient au moins mourir comme des hommes. A ce moment, les sacrifices prirent un aspect plus favorable, et l'ordre de bataille fut donné.

La phalange spartiate en une masse dense se déplaça lentement mais régulièrement contre les Perses. Ces derniers agissaient avec une résolution merveilleuse, s'emparant des piques des Spartiates ou leur arrachant leurs boucliers, tandis qu'ils luttaient avec eux corps à corps. Mardonius lui-même, à la tête de ses gardes choisies, combattait aux premiers rangs et animait le courage de ses hommes par la parole et par l'exemple. Mais il reçut une blessure mortelle, et ses partisans, consternés par sa chute, s'enfuirent confusément vers leur camp. Ici, ils résistèrent de nouveau aux Lacédémoniens , qui n'étaient pas habiles à attaquer les places fortes, jusqu'à ce que les Athéniens, qui entre-temps avaient vaincu leurs adversaires ioniens, arrivèrent et achevèrent la victoire. Ils escaladèrent les remparts et créèrent une brèche par laquelle le reste des Grecs entra dans le camp. Les Perses cédèrent alors à la déroute générale. Ils s'enfuirent dans toutes les directions, mais furent si violemment poursuivis que, à l'exception des 40 000 hommes d' Artabazus , qui avaient déjà assuré leur retraite, à peine 3 000 s'échappèrent. La victoire fut complète, et d'immenses trésors d'or et d'argent, outre les chevaux, les chameaux et les riches vêtements, restèrent entre les mains des Grecs.

**126.** Des tumulus ont été élevés sur les morts courageux et illustres. Seul Aristodème , le Spartiate, qui avait encouru la disgrâce en revenant vivant des Thermopyles , aucun honneur n'a été décerné. Le sol de Platée devint une seconde « Terre Sainte ». Là, chaque année, les ambassades des États grecs venaient offrir des sacrifices à Zeus, le libérateur, et tous les cinq ans, des jeux étaient célébrés en l'honneur de la liberté. Les Platéens eux-mêmes, désormais exemptés du service militaire, devinrent les gardiens du sol sacré, et les attaquer fut décrété comme un sacrilège.

**127.** Le jour de la victoire de Platée , un avantage non moins important fut obtenu par les Grecs à Mycale, en Ionie. Ici, une importante force terrestre, sous les ordres de Tigrane , avait été stationnée par Xerxès pour la protection de la côte, et c'est là que la flotte perse se retira avant l'avancée des Grecs. Les Perses amenèrent leurs navires à terre et les protégeèrent par des retranchements et de solides ouvrages en terre. Les Grecs, trouvant la mer déserte, s'approchèrent assez près pour faire entendre la voix d'un héraut qui exhortait les Ioniens de l' armée de Tigrane à se rappeler qu'eux aussi avaient part aux libertés de la Grèce. Les Perses, ne comprenant pas la langue du héraut, commencèrent à se méfier de leurs alliés. Ils prirent les Samiens de leurs armes et placèrent les Milésiens à distance du front pour garder le chemin menant aux hauteurs de Mycale. Les Grecs, après avoir débarqué, chassèrent les Perses du rivage vers leurs retranchements, et les Athéniens se mirent d'abord à prendre d'assaut les barricades. Les Perses indigènes combattirent avec acharnement, même après la mort de leur général, et tombèrent finalement dans leur camp. Toutes les îles qui avaient prêté assistance aux Mèdes furent désormais admises dans la Ligue hellénique, avec l'engagement solennel de ne plus jamais l'abandonner.

## RÉCAPITULATION.

Athènes a encouru la vengeance du roi perse en aidant une révolte des Grecs asiatiques. La première invasion de la Grèce, par Mardonius , échoua ; une seconde force, plus importante, dirigée par Datis et Artapherne , ravagea Naxos et une partie de l'Eubée , mais fut vaincue par Miltiade et 11 000 Grecs, à Marathon. Une tentative infructueuse sur Paros détruisit la renommée de Miltiade, et il mourut sous l'accusation d'avoir reçu des pots-de-vin des Perses. Aristide lui succéda dans la faveur populaire, mais fut finalement exilé sous l'influence de Thémistocle. Ce dernier encouragea les préparatifs navals de ses compatriotes, et Athènes devint alors pour la première fois une grande puissance maritime. Un congrès à Corinthe, en 481 avant JC, unifia les forces grecques sous commandement spartiate. L'oracle de Delphes promettant la sécurité aux Athéniens uniquement dans des murs de bois, ils abandonnèrent leur ville et se réfugièrent sur la flotte. Quelques centaines de Spartiates et de Thespiens résistèrent à l'armée perse aux Thermopyles , jusqu'à ce qu'ils soient trahis par un guide malien. Les envahisseurs furent totalement vaincus lors d'un combat naval à Salamine et Xerxès se retira en Perse. Mardonius , ne parvenant pas à mettre fin à la guerre par la diplomatie, fut finalement renversé dans les batailles d' Érythrée et de Platée ; et les forces terrestres et navales des Perses furent en même temps détruites à Mycale, en Asie Mineure.

## CROISSANCE D'ATHÈNES.

**128.** Bien que leur danger immédiat fût passé, les Grecs ne laissèrent pas le repos à leurs ennemis. Une flotte de cinquante navires fut préparée, avec l'intention de sauver toutes les villes grecques d'Europe ou d'Asie qui sentaient encore la puissance des Perses. Bien qu'Athènes, comme auparavant, fournisse plus de navires que tous les autres États, Pausanias commandait. Il arracha d'abord Chypre aux Perses, puis se rendit à Byzance, qu'il libéra également et occupa comme résidence pendant sept ans.

478 avant JC.

**129.** SIÈGE DE SESTUS . Les Athéniens résolurent de reconquérir la colonie fondée par Miltiade dans la Chersonèse . Tout ce qui restait des Perses fit une dernière bataille à Sestus et endura un siège si obstiné qu'ils consumèrent même le cuir de leurs harnais et de leur literie, faute de nourriture. Ils cédèrent enfin et les indigènes accueillirent volontiers les Grecs. Chargés de trésors et assurés d'une paix bien méritée, les Athéniens rentrèrent chez eux en triomphe. Parmi leurs reliques, les fragments brisés et les câbles du pont hellespontin de Xerxès furent longtemps visibles dans les temples d'Athènes.

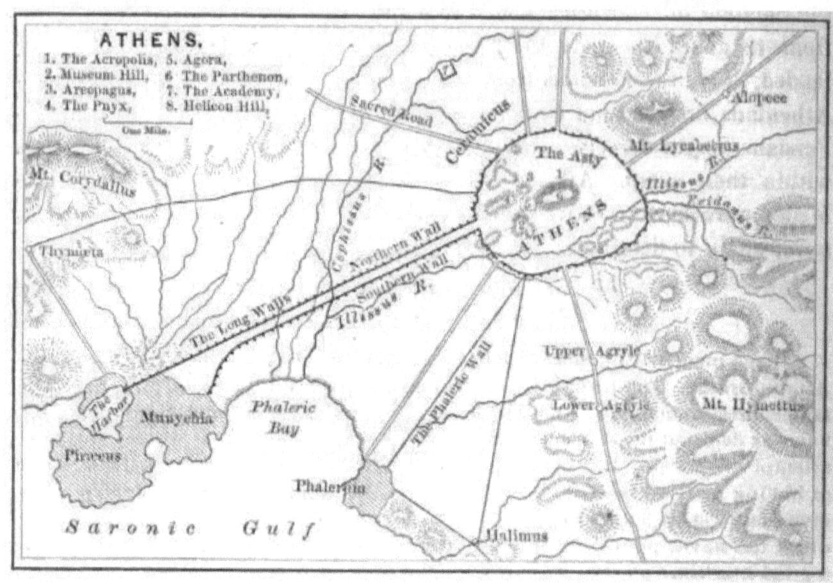


ATHÈNES.

**130.** Malgré ses pertes, Athènes sortit des guerres contre les Perses plus forte et avec un rang plus élevé parmi les États grecs qu'elle y était entrée. Ses efforts et ses sacrifices avaient suscité une puissance qu'elle avait à peine conscience de posséder, et avec le consentement de Sparte, dont la constitution ne la préparait pas à des entreprises lointaines, Athènes était désormais reconnue comme le chef des Grecs dans les affaires étrangères. Entre- temps, d'importants changements s'étaient produits dans sa politique intérieure. Le pouvoir des grandes familles fut brisé et le peuple, qui avait supporté le plus gros des difficultés et des périls de la guerre, fut reconnu comme un élément important de l'État. Aristide, bien que chef du parti aristocratique, proposa et fit adopter un amendement par lequel tout le peuple, sans distinction de rang ni de propriété, obtenait une part dans le gouvernement, les seules conditions requises étant l'intelligence et le caractère moral. L'archontat, jusqu'alors réservé aux eupatrides, était désormais ouvert à toutes les classes.

Thémistocle était le leader populaire. Son premier soin fut de reconstruire les murs d'Athènes, et il pourvoit à ses moyens en levant des contributions sur les îles qui avaient aidé les Perses. L'opposition jalouse des Spartiates fut vaincue par l'or et la gestion. Pour accueillir une marine considérablement accrue, il améliora le port du Pirée et le protégea par de solides murs. Il espérait, en renforçant la puissance navale d'Athènes, la placer à la tête d'un grand empire maritime, comprenant les îles et les côtes asiatiques de la mer Égée , éclipsant ainsi la suprématie spartiate sur le continent grec.

**131.** Pausanias, commandant maintenant à Byzance, avait perdu toute sa vertu spartiate dans l'orgueil de la conquête et le luxe de la richesse. Après la victoire de Platée , il fit graver sur le trépied d'or dédié à Apollon par tous les Grecs, une inscription dans laquelle il revendiquait la gloire exclusive. Son gouvernement, justement offensé, fit remplacer cette inscription par une autre, ne nommant que les villes confédérées, et omettant toute mention de Pausanias. L'orgueil et les talents du commandant spartiate étaient trop grands pour le poste privé dans lequel il devait bientôt descendre ; car, bien que généralissime des Grecs depuis si longtemps, il n'était pas roi à Sparte, mais seulement régent du fils de Léonidas. La conversation de ses captifs perses, dont quelques-uns étaient parents du grand roi, ouvrait de brillantes vues sur l'ambition et l'avarice de Pausanias. Son propre parent, Démaratus , avait échangé la vie austère d'un Spartiate contre tout le luxe d'un palais oriental, avec le gouvernement de trois villes éoliennes . Les plus grands talents de Pausanias lui donneraient droit à des dignités et à des honneurs encore plus élevés.

Au vu de ces pots-de-vin scintillants, le vainqueur de Platée était prêt à devenir le traître de son pays. Il relâcha ses nobles prisonniers avec des messages à Xerxès, dans lesquels il proposait de soumettre Sparte et le reste de la Grèce à la domination perse, à condition de recevoir la fille du roi en mariage, avec une richesse et un pouvoir adaptés à son rang. Xerxès accueillit ces ouvertures avec ravissement et envoya immédiatement des commissaires pour poursuivre la négociation. Exalté par ses nouveaux espoirs, l'orgueil de Pausanias devint insupportable. Il prit l'habit d'un satrape persan et voyagea en Thrace dans la véritable pompe orientale, avec une garde de Perses et d'Égyptiens. Il a insulté les officiers grecs et a fouetté les simples soldats. Même Aristide fut rudement repoussé lorsqu'il chercha à connaître la raison de cette conduite extraordinaire.

Des rapports parvinrent au gouvernement spartiate et Pausanias fut rappelé. Il a été jugé et condamné pour diverses infractions personnelles et mineures, mais les preuves de sa trahison ont été jugées insuffisantes pour le condamner. Il retourna à Byzance sans la permission de son gouvernement, mais fut expulsé par les alliés pour sa conduite honteuse. De nouveau rappelé à Sparte, il fut jugé et emprisonné, pour ensuite s'échapper et reprendre ses intrigues à la fois avec les Perses et avec les Hilotes de son pays, à qui il promit la liberté et les droits de citoyenneté s'ils l'aidaient à renverser le gouvernement et à faire lui-même tyran.

471 avant JC.

Il fut enfin pris dans ses propres pièges. Un homme nommé Argilius , à qui il avait confié une lettre à Artabaze , se souvint qu'aucun de ceux qu'il avait vu envoyés pour de semblables commissions n'était revenu. Il brisa le sceau et trouva, parmi de nombreuses affaires de trahison, des instructions pour sa propre mort dès qu'il arriverait à la cour du satrape. La lettre fut déposée devant les éphores, et la trahison étant maintenant pleinement prouvée, on se prépara à arrêter Pausanias. Il fut prévenu et se réfugia dans le temple d'Athéna Chalciœ´cus . Ici, il subit le châtiment de ses crimes. Le toit fut enlevé et sa propre mère apporta la première pierre pour bloquer l'entrée du temple. Lorsqu'on le savait presque épuisé par la faim et le froid, on l'emmenait mourir en plein air, de peur que sa mort ne pollue le sanctuaire de la déesse.

**132.** Lors du premier rappel de Pausanias, en 477 avant JC, les alliés avaient unanimement placé Aristide à leur tête. Ce fut le tournant d'une révolution pacifique qui fit d'Athènes, au lieu de Sparte, le principal État de Grèce. Craignant encore d'éveiller la jalousie, Aristide nomma, non pas Athènes, mais l'île sacrée de Délos, comme siège de la Ligue hellénique. Ici se réunissait le congrès, et c'était ici que se trouvait le trésor commun, rempli par les contributions de tous les États grecs, pour la défense des côtes égéennes et la poursuite des opérations actives contre les Perses. Dans l'évaluation de ces impôts, Aristide a agi avec tant de sagesse et de justice, que, bien que tous les trésors de la Grèce fussent en son pouvoir, aucun mot d'accusation ou de plainte ne fut prononcé par aucun des alliés.

476 avant JC.

**133.** Ayant ainsi jeté les bases de la suprématie athénienne par sa modération, Aristide se retira du commandement et fut remplacé par Cimon, fils de Miltiade. Ce jeune noble se distinguait par ses manières franches et généreuses, ainsi que par sa bravoure à la guerre, déjà prouvée contre les Perses. La récupération des domaines de son père dans la Chersonèse lui a donné une immense richesse, qu'il a utilisée de la manière la plus libérale. Il tenait table ouverte pour les hommes de tout rang, et était suivi dans les rues par une suite de serviteurs chargés de manteaux qu'ils donnaient à toute personne nécessiteuse qu'ils rencontraient. En même temps , il subvenait aux besoins des plus sensibles par des œuvres de charité délicatement et secrètement offertes. Bien que nuisible sans doute à l'esprit du peuple athénien, cette libéralité fut volontiers acceptée et aboutit à une popularité illimitée auprès de Cimon. Son caractère courageux et sincère le recommandait aux Spartiates, et de tous les Athéniens, il était probablement le chef le plus acceptable aux yeux des alliés.

**134.** Sa première expédition fut contre la ville thrace d'Eion , maintenant tenue par une garnison perse. La ville fut frappée par la famine, lorsque son gouverneur, craignant le mécontentement de Xerxès plus que la mort, se plaça lui-même, sa famille et ses trésors sur un bûcher, et périt dans le feu. Le lieu se rendit et ses défenseurs furent vendus comme esclaves. Cimon se rendit ensuite à Scyrus , dont le peuple avait encouru la vengeance de la Ligue par ses pratiques de piraterie. Les pirates furent expulsés et la place occupée par une colonie attique. À mesure que la crainte d'une invasion asiatique s'est atténuée, les liens entre les alliés et leur chef se sont relâchés. Caryste refusa de payer tribut et Naxos, la plus importante des Cyclades, se révolta ouvertement. Cimon était aux aguets. Carystus fut maîtrisé et une puissante flotte fut dirigée contre Naxos. Le siège fut long et obstiné, mais il aboutit en faveur d'Athènes. L'île fut réduite d'alliée à sujet.

466 avant JC.

**135.** BATAILLE DE L' EURYMÉDON . La flotte victorieuse de Cimon s'avança alors le long des côtes méridionales de l'Asie Mineure, et toutes les villes grecques, soit encouragées par sa présence, soit intimidées par sa puissance, saisirent l'occasion pour secouer le joug des Perses. Ses forces furent augmentées par leur adhésion lorsqu'il arriva au fleuve Eurymédon , en Pamphylie, et trouva une flotte perse amarrée près de son entrée, et une puissante armée rangée sur les rives. Déjà plus nombreux que les Grecs, ils attendaient des renforts de Chypre ; mais Cimon, préférant les attaquer sans tarder, remonta le fleuve et engagea leur flotte. Les Perses ne combattirent que faiblement, et comme ils furent repoussés vers la partie étroite et peu profonde du fleuve, ils abandonnèrent leurs navires et rejoignirent l'armée sur terre. Cimon augmenta sa propre flotte de deux cents trières désertes, et en détruisit beaucoup.

Ainsi victorieux sur l'eau, les hommes demandèrent à être conduits à terre, où l'armée perse se tenait en rang serré. Fatigués par la bataille navale, il était hasardeux de débarquer face à un ennemi supérieur, encore frais et intact, mais le zèle des Grecs surmonta toutes les objections. La deuxième bataille fut plus serrée que la première ; De nombreux nobles Athéniens tombèrent, mais la victoire arriva enfin ; le champ et le butin restèrent aux Grecs. Pour compléter sa victoire, Cimon se rendit à Chypre, où les renforts phéniciens étaient toujours détenus. Celles-ci furent entièrement capturées ou détruites, et l'immense trésor qui tomba entre les mains des vainqueurs augmenta la splendeur d'Athènes. Le courant de la guerre était maintenant si puissamment retombé sur la Perse, que les côtes de la Grèce asiatique étaient à l'abri de tout danger. Aucune troupe perse ne s'approchait à une journée de voyage à cheval des mers grecques, dont les eaux étaient débarrassées des voiles perses.

**136.** Aristide était maintenant mort, et Thémistocle en exil, ayant été ostracisé en 471 avant JC. Cimon était donc à la fois le plus grand et le plus riche des Athéniens ; et tandis que sa richesse était librement utilisée pour l'ornement d'Athènes et le plaisir de ses citoyens, elle augmentait continuellement sa puissance. Il planta sur la place du marché des platanes d'Orient ; aménagée en allées et ornée de bosquets et de fontaines, l'Académie , rendue ensuite célèbre par les enseignements de Platon ; il érigea de belles colonnades de marbre, où les Athéniens aimèrent longtemps se réunir pour des relations sociales ; et il fit célébrer les divertissements dramatiques avec plus d'élégance et d'éclat. Avec cet accroissement de richesse, les goûts des citoyens devinrent luxueux, et Athènes sortit de sa pauvreté et de son rang secondaire pour devenir non seulement la plus puissante, mais la plus magnifique des villes grecques.

**137.** Bien qu'appartenant au parti politique opposé à Thémistocle, Cimon poursuivit le grand dessein de cet homme d'État d'exalter par tous les moyens la puissance navale d'Athènes. À cette fin, il céda à la demande des alliés, qui souhaitaient convertir en paiement en espèces leurs quotas de navires ou d'hommes pour la défense générale. D'autres amiraux avaient été moins accommodants, mais Cimon masquait une politique profonde sous son apparente bonhomie. Les forces des autres États furent affaiblies par le manque de discipline, tandis que les Athéniens furent non seulement enrichis par leur tribut, mais fortifiés dans l'exercice robuste du soldat et du marin, que Cimon ne leur permit jamais de relâcher.

**138.** La chute de Thémistocle fut indirectement provoquée par celle de Pausanias. Le grand Athénien, vivant en exil, mais toujours attentif à tout ce qui concernait les intérêts de la Grèce, était entré si loin dans les intrigues de Pausanias qu'il était devenu maître de tous ses projets. Les éphores spartiates, trouvant ses lettres dans les papiers de Pausanias, et heureux d'avoir un tel prétexte contre leur vieil ennemi, les envoyèrent à Athènes, l'accusant d'avoir participé à la conspiration. Le parti dirigé par Cimon et ami de Sparte était désormais prédominant à Athènes, et le peuple écoutait trop facilement ces soupçons. Une force combinée de troupes spartiates et athéniennes fut envoyée, avec l'ordre de s'emparer de Thémistocle partout où il pourrait se trouver.

466 avant JC.

L'exilé, après bien des aventures, se réfugia à la cour de Perse, cette puissance qu'il avait contribué, plus que tout autre homme vivant, à détruire, mais qui se montra toujours personnellement généreuse envers ses ennemis. Les trois villes, Myus , Lamp´sacus et Magnesia, lui furent assignées pour son soutien. Dans cette dernière ville, il passa ses derniers jours dans la richesse et l'honneur. Deux récits ont été donnés sur sa mort. La plus probable est que lorsque l'Égypte s'est révoltée et a été aidée par Athènes (449 avant JC), le roi perse a demandé à Thémistocle de tenir ses promesses et de commencer des opérations contre la Grèce. Mais l'Athénien avait seulement voulu échapper à ses compatriotes ingrats, non pour leur nuire, et il ne pouvait s'empêcher de détruire cette suprématie d'Athènes qu'il avait passé les meilleures années de sa vie à édifier. Le mensonge envers le grand roi lui paraissait un crime moins odieux que la trahison contre son pays. Il fit un sacrifice solennel aux dieux, prit congé de ses amis et termina ses jours par le poison.

465 avant JC.

464 avant JC.

**139.** Les Thasiens, quant à eux, étaient en compétition avec Athènes pour certaines mines d'or en Thrace. Cimon conduisit une flotte jusqu'à Thasos, remporta une victoire navale et commença un siège de trois ans contre la ville principale. Les Thasiens envoyèrent demander du secours à Sparte, et cet État se préparait à le rendre avec un grand empressement, lorsque son attention fut soudainement absorbée chez elle par des calamités imprévues. Un tremblement de terre d'une violence sans précédent détruit d'abord la ville. De gros rochers du mont Taygète roulèrent dans les rues, et des multitudes de personnes furent englouties ou enterrées sous les ruines de leurs maisons. Les secousses durent longtemps et la terreur de la prétendue colère du Ciel s'ajoute à l'angoisse de la pauvreté et du deuil. La vengeance redoutée apparut bientôt sous forme humaine ; car les hilotes persécutés, entendant le signal de leur délivrance dans le coup fatal de Sparte, accoururent des champs et des villages, et mêlèrent leur vengeance aux tumultes de la nature.

Ce fut un moment terrible pour Sparte ; mais son roi, Archidamus , était fidèle à la vaillance austère de sa race. Les secousses du tremblement de terre avaient à peine cessé, qu'il ordonna aux trompettes de sonner les armes. Même à ce moment effrayant, la discipline spartiate prévalait. Tous les survivants se précipitèrent vers le roi, et lorsque la foule désordonnée et servile approcha, ils trouvèrent une force disciplinée prête à leur résister. Sparte était sauvée pour le moment ; les insurgés s'enfuirent et se dispersèrent à travers le pays, appelant à leurs étendards tous les opprimés. Les Messéniens se soulevèrent en masse, s'emparèrent d'Ithome , où leur héros jamais oublié, Aristomène , avait si longtemps résisté aux armes lacédémoniennes , la fortifièrent de nouveau et déclarèrent formellement la guerre à Sparte. Le conflit de dix années qui suivit est connu sous le nom de Troisième Guerre Messénienne (464-455 av. J.-C.).

Dans son extrémité, Sparte envoya demander de l'aide à Athènes, et cet appel provoqua une violente controverse entre les deux partis qui partageaient cette ville. Cimon favorisait les Spartiates ; il avait toujours présenté leur caractère courageux et robuste comme modèle à ses compatriotes, et avait même sacrifié une grande partie de sa popularité en nommant son fils Lacedæmonius . Alors que d'autres insistaient sur le fait qu'il était bon que l'orgueil de Sparte soit humilié et que son pouvoir de malice soit réduit, Cimon exhorta ses compatriotes à ne pas laisser la Grèce être mutilée par la perte de l'une de ses deux grandes puissances, privant ainsi Athènes de son compagnon. . Ses conseils généreux l'emportèrent et Cimon mena une force puissante contre les insurgés, qui furent maintenant chassés de la campagne et contraints de s'enfermer dans le château d' Ithome .


**140.** L'influence de Cimon avait considérablement décliné à Athènes. Le parti démocrate s'était remis de sa défaite à Thémistocle, car un nouveau chef apparaissait dont la popularité et les services rendus à l'État étaient destinés à éclipser même les grands hommes qui l'avaient précédé. C'était Périclès , fils de Xanthippe qui avait mis en accusation Miltiade. Sa mère était la nièce de Clisthène, appelé le deuxième fondateur de la constitution athénienne. Né d'une famille illustre et éduqué dans toutes les opportunités des camps et des écoles athéniennes, Périclès n'avait, disait-on, rien à combattre hormis ses avantages. Son beau visage, ses manières séduisantes et sa voix musicale rappelaient les citoyens les plus âgés de Pisistrate ; et la vigilance avec laquelle les Athéniens gardaient leurs libertés tourna l'admiration de quelques-uns en jalousie. Périclès, cependant, ne se hâta pas de se lancer dans sa carrière publique, mais se prépara par une étude longue et assidue à l'influence qu'il espérait atteindre. Il recherca les professeurs les plus sages et devint habile dans la science du gouvernement, tandis qu'il cultivait ses dons oratoires en se formant à tous les arts de l'expression.

Anaxagoras , le premier philosophe grec qui croyait en une Intelligence suprême, créant et gouvernant l'univers, était l'ami et l'instructeur particulier de Périclès, et à ses sublimes doctrines les hommes attribuaient l'élévation et la pureté de l'éloquence du jeune homme d'État. Au lieu de compter uniquement sur la sagesse de ses conseils, comme Thémistocle, ou sur ses dons naturels, comme Pisistrate, Périclès choisit chaque mot avec soin, et fut le premier à mettre par écrit ses discours, afin de pouvoir soumettre chaque phrase au plus haut degré. polissage dont il était capable. Le peuple athénien, peut-être le plus sensible à la beauté du style qui ait jamais existé, appréciait avec un vif plaisir le raisonnement clair et le langage brillant qui caractérisaient les discours de Périclès. Sa perfection du détail n'a pas non plus été acquise par un quelconque sacrifice d'énergie. Ses paroles en public étaient comparées au tonnerre et à la foudre, et on disait qu'il portait les armes de Zeus sur sa langue. Surtout, la douceur de son caractère et la maîtrise que la philosophie lui avait fait conquérir sur ses passions lui donnaient l'avantage sur des orateurs moins disciplinés. Les débats les plus âpres, les interruptions les plus insultantes ne troublaient jamais un instant le calme et la dignité de ses manières.

**141.** Thasos se rendit en 463 avant JC ; ses murs furent rasés, sa navigation transférée aux Athéniens et toutes ses prétentions sur les mines d'or thraces furent abandonnées. Le peuple fut obligé de payer tous ses arriérés de tribut au trésor de Délos, en plus de s'engager à payer ponctuellement ses dus à l'avenir.

461 avant JC.

**142.** Une seconde fois, les Spartiates demandèrent l'aide d'Athènes dans leur guerre servile, et Cimon conduisit de nouveau une armée à leur secours. Mais la supériorité des Athéniens dans les opérations de siège excitait l'envie des Lacédémoniens , même lorsqu'ils étaient employés à leur défense ; et le long siège d' Ithome donna le temps aux rivalités des deux nations d'éclater en querelles ouvertes. Les Spartiates déclarèrent qu'ils n'avaient plus besoin des Athéniens et renvoyèrent leurs troupes. D'autres alliés furent retenus, dont Égine , l'ancienne rivale d'Athènes. Cette dernière, s'estimant insultée, fit alliance avec les Argives et les Aleuades de Thessalie contre Sparte. Le trésor hellénique fut transporté de Délos à Athènes, pour être mis en sécurité, disait-on, contre les mains nécessiteuses et rapaces des Spartiates.

VUE OUEST DE L'ACROPOLE.

*Murs pélasges. Érechthéion . Athéna Promachos . Parthénon. Murs de Cimon.*

*Grotte de Pan. Propylées . Temple de Nike Apteros .*

Le ressentiment populaire s'étendit naturellement à Cimon. La faveur avec laquelle il était considéré à Sparte était désormais son plus grand crime. Les Athéniens avaient en effet quelques raisons de craindre, car les nobles spartiates entretenaient toujours dans leur ville un parti censé comploter secrètement contre son gouvernement libre. Même si Cimon soutenait honnêtement les principes aristocratiques, le peuple, avec la même honnêteté et une plus grande sagesse, s'opposait à lui. Il fut soumis à l'ostracisme et banni pendant dix ans.

## RÉCAPITULATION.

La puissance d'Athènes fut accrue par la guerre contre les Perses ; et son gouvernement intérieur, qui avait été confiné aux nobles, fut ouvert au peuple. Thémistocle reconstruisit les murs et améliora le port. Pausanias, devenu traître, mourut de faim dans le temple d'Athéna, à Sparte. Athènes devint le chef de la Ligue hellénique, dont le siège et le trésor étaient à Délos. Cimon, fils de Miltiade, commandant les forces alliées, captura Eion , débarrassa Scyros des pirates, maîtrisa les rébellions de Caryste et de Naxos et conquit les Perses, tant sur mer que sur terre, lors de la bataille de l' Eurymédon . Il embellit Athènes par un usage libéral de ses énormes richesses et améliora la discipline militaire et navale de ses concitoyens, aux dépens de leurs alliés. Thémistocle, exilé par suspicion, se réfugia dans la domination perse, où il mourut. Sparte a subi une double calamité : un tremblement de terre et une rébellion servile, connue sous le nom de troisième guerre messénienne. Son traitement insultant envers ses aides athéniens détruisit la popularité de Cimon ; et Périclès, le plus accompli des Athéniens, accéda au pouvoir.

### SUPRÉMATIE D'ATHÈNES.

**143.** Athènes, sous la direction de Périclès, entrait alors dans la période la plus brillante de son histoire. Un différend entre Mégare et Corinthe impliquait Athènes du premier côté et Sparte du second, et conduisit ainsi à la première guerre du Péloponnèse (460-457 av. J.-C.). Dans le même temps, une entreprise plus lointaine tentait les Athéniens. L'Égypte avait maintenant rejeté le dernier semblant d'obéissance à la Perse et saluait un libérateur et un souverain en la personne d' Inarus . En cherchant autour de lui des alliés, Inarus rechercha naturellement l'aide de ceux qui, à Marathon, avaient les premiers brisé la puissance des Perses. Les Athéniens s'engageèrent volontiers dans la guerre et envoyèrent une flotte de deux cents trières sur le Nil. Les événements de la campagne ont été enregistrés dans l'Histoire de la Perse. [48]


457 avant JC.

**144.** La guerre en Grèce s'est poursuivie avec une grande vigueur. Les Athéniens furent vaincus à Halæ , mais gagnèrent peu après une bataille navale à Cec'ryphali'a , [49] qui fit plus que restaurer leur réputation. Égine se joignit alors à la guerre, et les Athéniens débarquèrent sur l'île et assiégèrent la ville. Une armée du Péloponnèse vint en aide à Égine , tandis que les Corinthiens profitèrent de l'occasion pour envahir Mégaris . Avec toutes ses forces employées soit en Égypte, soit à Égine , ils espéraient qu'Athènes serait vaincue par cette nouvelle attaque. Mais Myronides rassembla une armée de garçons et de vieillards exemptés du service et marcha aussitôt au secours de Mégare. Dans la bataille qui s'ensuivit, aucun des deux partis ne se reconnut vaincu, mais les Corinthiens se retirèrent dans leur capitale, tandis que les Athéniens tenaient le terrain et érigeaient un trophée. Incapable de supporter les reproches de leur gouvernement, l'armée corinthienne revint au bout de douze jours et érigea un monument sur le terrain, affirmant que la victoire leur appartenait. Mais les Athéniens les attaquèrent de nouveau et leur infligèrent une défaite décisive et honteuse.

**145.** Au milieu de ces entreprises à l'étranger, de grands travaux publics se poursuivaient à Athènes. Cimon avait déjà projeté une ligne de fortifications pour unir la ville à ses ports, et les dépouilles des Perses, prises à l' Eurymédon et à Chypre, avaient été affectées à cette dépense. Sous la direction de Périclès, la construction commença sérieusement. Un mur fut étendu jusqu'à Phalère , et un autre jusqu'au Pirée ; mais comme il était difficile de défendre un si grand espace clos , on ajouta au Pirée un deuxième mur , à une distance de 550 pieds du premier. Entre ces longs murs, une ligne continue d' habitations bordait la route carrossable, longue de près de cinq milles, qui s'étendait d'Athènes à son port principal.

**146.** Les Spartiates étaient encore trop absorbés par le siège d' Ithome pour gêner le grand et soudain avancement de la puissance athénienne ; mais un désastre qui frappa leur petite terre ancestrale de Doris, en guerre contre les Phocéens , détourna même leur attention de leurs propres troubles. Une armée de 1 500 Spartiates lourdement armés et de 10 000 auxiliaires, envoyées au secours des Doriens, chassa les Phocéens de la ville qu'ils avaient prise, et assura leur bonne conduite future par un traité. La retraite des Spartiates était désormais interrompue par la flotte athénienne dans le golfe de Corinthe et la garnison de Mégaride . Leur commandant, Nicomède , avait cependant des raisons autres que la nécessité de rester quelque temps en Béotie . Il complotait avec le parti aristocratique d'Athènes pour le retour de Cimon, et il désirait également accroître la puissance de Thèbes, en tant que rival proche et dangereux de l'ancienne ville.

457 avant JC.

La conspiration étant connue, les Athéniens furent incités à se venger. Ils levèrent une armée de 14 000 hommes et marchèrent contre Nicomède , à Tanagra . Les deux camps combattirent avec la même bravoure et la même habileté, et la victoire fut indécise jusqu'à ce que la cavalerie thessalienne déserte au profit des Spartiates. Les Athéniens et leurs alliés tinrent encore quelques heures, mais lorsque la lutte se termina à la lumière du jour, la victoire restait à leurs adversaires. Nicomède ne récolta d'autre fruit de sa victoire qu'un retour sain et sauf chez lui, mais Thèbes en tira un accroissement de pouvoir sur les villes de Béotie .



**147.** BATAILLE D' ŒNO´PHYTA . Les Athéniens furent seulement incités à de nouveaux efforts. Les braves Myronides entrèrent en Béotie deux mois après la bataille de Tanagra et remportèrent à Œnophyta l'une des victoires les plus décisives jamais remportées par les Grecs. Les murs de Tanagra ont été rasés avec le sol. La Phocide, la Locris et toute la Béotie , à l'exception de Thèbes, furent alliées à Athènes. Ces alliances furent rendues efficaces par l'établissement de gouvernements libres dans toutes les villes, qui, pour se conserver, devaient toujours se ranger du côté d'Athènes ; de sorte que Myronides pouvait se vanter d'avoir non seulement vaincu ses ennemis, mais rempli la Grèce centrale de garnisons d'amis.



**148.** Peu de temps après l'achèvement des Longs Murs, en 456, l'île d' Égine se soumit enfin à Athènes. Sa navigation fut cédée, ses murs détruits et le rival de toujours devint un affluent et un sujet. Une flotte de cinquante vaisseaux athéniens, commandée par Tolmidès , naviguait autour du Péloponnèse ; incendié Gythium , un port de Sparte ; Il captura Chalcis, en Étolie , qui appartenait à Corinthe, et battit les Sicyoniens sur leur propre côte. Revenant par le golfe Corinthien, ils capturèrent Naupactus , dans la Locris occidentale, et toutes les villes de Céphalénie .

La même année, la dixième de son siège, Ithome se rendit aux Spartiates. Une défense si longue et si courageuse a gagné le respect même des ennemis acharnés. Les Hilotes furent de nouveau réduits en esclavage, mais les Messéniens furent autorisés à partir en toute sécurité vers Naupacte, que Tolmidès leur offrit avec les fruits de ses victoires.

**149.** En Égypte, la résistance des Athéniens aux Perses prit fin la même année, mais après de longues et désespérées aventures. Lorsque la citadelle de Memphis fut relevée par une force perse, les Grecs se retirèrent à Prosopitis , une île du Nil autour de laquelle leurs navires étaient ancrés. Les Perses les suivirent, asséchèrent le canal et laissèrent ainsi les navires sur la terre ferme. Les alliés égyptiens cédèrent, suite à cette perte de leur force la plus efficace ; mais les Athéniens, après avoir brûlé les navires échoués, se retirèrent dans la ville de Byblos , résolus de tenir jusqu'au bout. Le siège dura dix-huit mois. Enfin , les Perses traversèrent le lit asséché du canal et prirent d'assaut la place. La plupart des Athéniens tombèrent ; quelques-uns traversèrent le désert libyen jusqu'à Cyrène et rentrèrent ainsi chez eux. Une flotte de cinquante navires, envoyée à leur secours, arriva trop tard et fut vaincue par les Perses et les Phéniciens .

**150.** Les autres entreprises des Athéniens à cette époque n'eurent guère plus de succès, et Cimon, alors rappelé d'exil, usa de toute son influence en faveur de la paix. Une trêve de cinq ans fut conclue avec Sparte en 451 avant JC. L'île de Chypre fut le prochain objet de l'ambition athénienne. Divisé en neuf petits États, il semblait offrir une conquête facile ; et comme le roi perse revendiquait toujours la souveraineté, l'entreprise n'était qu'une reprise d'anciennes hostilités. Cimon partit d'Athènes avec une flotte de deux cents vaisseaux ; et malgré les forces perses de trois cents navires qui gardaient la côte de Chypre, il débarqua et prit possession de plusieurs de ses villes. En assiégeant Citium, le grand commandant mourut. Par ses ordres, sa mort fut cachée à ses hommes, jusqu'à ce qu'ils aient remporté une autre victoire éclatante, tant sur terre que sur mer, en son nom. La bataille navale eut lieu au large de Cyprien Salamine – un nom de bon augure pour les Athéniens.



**151.** Un léger incident vers cette époque provoqua une reprise des hostilités avec Sparte. La ville de Delphes, bien que située sur le sol phocéen , revendiquait son indépendance dans la gestion du temple et de ses trésors. Les habitants étaient d'origine dorienne et étaient donc étroitement unis aux Spartiates. Là où les intérêts de la Grèce étaient divisés, la grande influence de l'oracle était toujours du côté de la race dorique par opposition à la race ionique. Les Athéniens ne s'y opposèrent donc pas lorsque leurs alliés, les Phocéens , s'emparèrent du territoire de Delphes et assumèrent la garde du temple. Les Spartiates entreprirent aussitôt ce qu'ils appelèrent une guerre sainte, par laquelle ils expulsèrent les Phocéens et réintégrèrent les Delphiens dans leurs anciens privilèges. Delphes se déclare désormais État souverain ; et pour récompenser les Spartiates de leur intervention, il leur conféra le premier privilège de consulter l'oracle. Ce décret était inscrit sur un loup d'airain érigé dans la ville. Les Athéniens ne pouvaient volontairement renoncer à leur part d'un pouvoir qui, par la superstition du peuple, était souvent capable d'accorder la victoire dans la guerre et la prospérité dans la paix. A peine les Spartiates eurent-ils quitté la ville sacrée que Périclès entra et restitua le temple aux Phocéens . Le loup effronté fut alors amené à raconter une autre histoire et à accorder la préséance aux Athéniens.

**152.** A ce signal de guerre, les exilés de diverses villes béotiennes , chassés par l'établissement de gouvernements démocratiques, se joignirent pour un mouvement concerté. Ils s'emparèrent de Chærone'a , d'Orchomenus et d'autres villes, et rétablirent les gouvernements oligarchiques que les Athéniens avaient renversés. Ces changements provoquèrent une grande émotion à Athènes. Le peuple réclamait une guerre immédiate ; Périclès s'y opposa fortement : la saison était défavorable, et il estimait que l'honneur d'Athènes n'était pas immédiatement en jeu. Mais le conseil de Tolmidès l'emporta, et avec un millier de jeunes volontaires athéniens, assistés par une armée d'alliés, il marcha en Béotie . Chæronea fut bientôt soumise et mise en garnison avec les Athéniens.

447 avant JC.

445 avant JC.

Ravi de sa victoire rapide, l'armée rentrait chez elle, lorsque, dans les environs de Coronaea , elle tomba dans une embuscade et subit une défaite des plus marquantes et des plus mémorables. Tolmidès lui-même, avec la fleur et la fierté des soldats athéniens, fut laissé mort sur le terrain. Un grand nombre de prisonniers furent faits et, pour les récupérer, le gouvernement dut conclure un traité avec les nouvelles oligarchies et retirer ses forces de Béotie . Locris et Phocis perdirent leurs institutions libres et devinrent les alliés de Sparte. L'île d' Eubée rejeta le joug athénien, et d'autres îles soumises montrèrent des signes de désaffection. En même temps, la trêve de cinq ans avec Sparte expirait, et cet État se préparait avec un zèle nouveau à venger son humiliation à Delphes.

**153.** Périclès, dont les avertissements contre la guerre béotienne n'avaient fait qu'accroître le respect et la confiance du peuple, agissait désormais avec énergie et rapidité. Il débarqua en Eubée avec une force suffisante pour réduire cette île, mais à peine eut-il traversé la Manche qu'il apprit que les Mégariens étaient en révolte. Aidé par des alliés de Sicyone, d'Épidaure et de Corinthe, ils avaient passé au fil de l'épée toutes les garnisons athéniennes, à l'exception de quelques-unes dans la forteresse de Nisée , et tous les États du Péloponnèse s'étaient unis pour envoyer une armée en Attique. Pour faire face à ce plus grand danger, Périclès rentra chez lui. L'armée du Péloponnèse apparut bientôt, sous les ordres du jeune roi spartiate, Plisto'anax ; mais au lieu des opérations décisives qu'on attendait, elle se contenta de piller les frontières occidentales de l'Attique et se retira sans porter un seul coup. Plistoanax et son tuteur furent accusés, à leur retour, d'avoir accepté des pots-de-vin des Athéniens ; et comme tous deux ont fui le pays, plutôt que d'affronter l'accusation, nous pouvons présumer que l'accusation était juste. De retour en Eubée , Périclès réduisit l'île à l'assujettissement complet et établit une colonie à Histiæa .

445 avant JC.

**154.** Toutes les parties souhaitaient désormais la paix. Une trêve de trente ans fut conclue entre Athènes et Sparte, dans laquelle la première accepta la perte de son empire terrestre. Le pied à Trézène , le droit de lever des troupes en Achaïe, la possession des Mégarides , le protectorat des gouvernements libres en Grèce centrale, tout fut abandonné. Mais les pertes de la guerre étaient tombées le plus lourdement sur le parti qui l'avait déclenchée, tandis que Périclès jouissait plus que jamais de l'estime de ses concitoyens. Thucydide , <sup>parent</sup> de Cimon et son successeur à la tête de l'aristocratie, fut appelé à l'ostracisme, et lorsqu'il se leva pour prendre sa défense, il n'avait pas un mot à dire. Il fut banni et se retira à Sparte, en 444 avant JC.

**155.** Périclès unifia désormais tous les partis et, pour le reste de sa vie, exerça le contrôle suprême des affaires. Les nobles le respectaient comme un membre de leur ordre ; les marchands et les colons étrangers furent enrichis par sa protection du commerce ; les chargeurs et les marins, par son attention aux affaires maritimes ; les artisans et les artistes, par les travaux publics qu'il accomplissait sans cesse ; tandis que les oreilles de toutes les classes étaient charmées par son éloquence, et leurs yeux par les magnifiques édifices dont il ornait la ville. A cette époque fut érigé le Parthénon, ou temple d'Athéna la Vierge, orné par Phidias des plus belles sculptures, notamment de la statue colossale de la déesse en ivoire et or, haute de quarante-sept pieds. L' Érechthéion , ou ancien sanctuaire d'Athéna Polias , fut reconstruit ; les Propylæ´a , en marbre pentélique, érigées ; et l'Acropole commença désormais à être appelée la « cité des dieux ».

440 avant JC.

**156.** Seules trois îles des mers voisines conservaient désormais leur indépendance, et parmi elles la plus importante était Samos. Les Milésiens, qui avaient quelque motif de plainte contre les Samiens, en appelèrent à l'arbitrage d'Athènes, et furent rejoints par un parti de Samos même opposé à l'oligarchie. Les Athéniens acceptèrent volontiers le jugement de l'affaire et, comme Samos refusait leur arbitrage, résolurent de conquérir l'île. Périclès avec une flotte se rendit à Samos, révolutionna le gouvernement et emmena les otages des familles les plus puissantes. Mais à peine fut-il parti qu'une partie du parti déchu revint de nuit, maîtrisa la garnison athénienne et rétablit l'oligarchie. Ils prirent possession de leurs otages déposés sur l'île de Lemnos, et, rejoints par Byzance, déclarèrent la guerre ouverte à Athènes.

**157.** Lorsque la nouvelle de cet événement parvint à Athènes, une flotte de soixante vaisseaux fut immédiatement envoyée en mer, Périclès étant l'un des dix commandants. Plusieurs batailles eurent lieu sur mer, et les Samiens furent finalement repoussés dans les murs de leur capitale, où ils endurèrent un siège de neuf mois. Quand enfin ils furent forcés de céder, ils durent détruire leurs fortifications, rendre leur flotte, donner des otages pour leur conduite future et payer les dépenses de la guerre. Les Byzantins se soumirent en même temps. Athènes était complètement triomphante ; mais la terreur qu'elle inspirait était mêlée de jalousie. Durant la révolte, les États rivaux avaient sérieusement discuté de la question de l'aide aux rebelles ; et la décision fut négative, principalement sous l'influence de Corinthe, qui, bien que n'étant pas amie d'Athènes, craignait que le précédent ne soit rappelé en cas de révolte de ses propres colonies.

435 avant JC.

**158.** Corcyre, colonie de Corinthe, avait elle-même fondé, sur la côte illyrienne, la ville d' Epidamnus . Cette ville, attaquée par les Illyriens, dirigés par certains de ses propres nobles exilés, envoya chercher de l'aide à Corcyre, mais fut refusée, car les exilés appartenaient au parti au pouvoir dans la ville mère. Les Epidamniens se tournèrent alors vers Corinthe, qui entreprit leur défense avec une grande énergie. Corcyre, alarmée à son tour, demanda de l'aide à Athènes. Les avis étaient partagés dans l'assemblée, mais celui de Périclès l'emporta, qui insistait sur le fait que la guerre ne pouvait en aucun cas être retardée longtemps, et qu'il était plus prudent de la faire en alliance avec Corcyre, dont la flotte était, à côté de celle d'Athènes, le plus puissant de Grèce, que d'être finalement poussé à combattre dans une situation désavantageuse.

Cependant, considérant que Corinthe, en tant qu'alliée de Sparte, était incluse dans la trêve de trente ans, il fut résolu de ne conclure qu'une alliance défensive avec Corcyre ; *c'est-à-dire* , prêter assistance au cas où ses territoires seraient envahis, mais ne prendre part à aucune action agressive. Une bataille navale eut bientôt lieu au large de l'Épire, dans laquelle les Corinthiens furent les vainqueurs et se préparèrent à effectuer un débarquement à Corcyre. Dix vaisseaux athéniens étaient présents, sous le commandement de Lacedæmonius , fils de Cimon, et ils étaient désormais, par la lettre de leur accord, libres de s'engager. Mais soudain, après que le signal de la bataille eut été donné, les Corinthiens se retirèrent et se retirèrent vers la côte de l'Épire. Une vingtaine de navires athéniens étaient apparus au loin, qu'ils imaginaient être l'avant-garde d'une grande flotte. Bien que ce fût une erreur, cela eut pour effet d'empêcher de nouvelles hostilités et les Corinthiens rentrèrent chez eux avec leurs prisonniers.

432 avant JC.

**159.** Irrités par l'ingérence d'Athènes, les Corinthiens cherchèrent à se venger en s'unissant au prince Perdic'cas de Macédoine, pour susciter des révoltes parmi les affluents athéniens dans les péninsules chalcidiques . Une bataille s'ensuivit à Olynthe, dans laquelle les Athéniens furent victorieux sur le général corinthien et le bloquèrent à Potidée , où il s'était réfugié.

Un congrès des États du Péloponnèse eut lieu à Sparte, et des plaintes furent émises de toutes parts contre Athènes. Les Éginètes déploraient la perte de leur indépendance ; les Mégariens, paralysants de leur commerce ; les Corinthiens, qu'ils étaient éclipsés par l'ambition imposante de leur puissant voisin. Dans le même temps, les Corinthiens opposaient l'activité agitée d'Athènes à l'inertie égoïste de Sparte, et menaçaient que si cette dernière tardait encore à accomplir son devoir auprès de la Ligue, ils chercheraient un allié plus efficace.

Les envoyés étant partis, Sparte décida d'entreprendre la guerre. Avant de procéder aux hostilités proprement dites, on jugea préférable d'envoyer des messagers à Athènes, exigeant, entre autres choses, qu'elle « expulse les maudits » de sa présence – en référence à Périclès, dont on choisit de considérer la race comme encore entachée de sacrilège. Mais Périclès répondit que les Spartiates eux-mêmes avaient de lourdes factures à régler en matière de sacrilège, non seulement pour avoir affamé Pausanias dans le sanctuaire d'Athéna, mais aussi pour avoir entraîné et assassiné les Hilotes qui s'étaient réfugiés, lors de la dernière révolte, dans le temple. de Posidon . Les autres revendications furent rejetées, mais avec davantage d'hésitations. Elles concernaient l'indépendance de Mégare et d'Égine et, plus généralement, l'abdication par Athènes de son poste de chef de la Ligue. Les Athéniens déclarèrent qu'ils s'abstiendraient de commencer les hostilités et qu'ils donneraient une juste satisfaction pour toute violation de leur part de la trêve de trente ans ; mais qu'ils étaient prêts à affronter la force par la force.

431 avant JC.

**160.** GUERRE EN BÉOTIE . Alors que les deux partis hésitaient à déclencher la guerre, les Thébains précipitèrent les choses en attaquant perfidement la ville de Platée . Cette ville, au lieu de rejoindre la Ligue béotienne , avait noué une alliance amicale avec Athènes et était donc considérée avec une grande jalousie par les Thébains. Un petit parti oligarchique à Platée favorisait les Thébains, et ce fut Nauclides , le chef de ce parti, qui, en pleine nuit, en fit entrer trois cents dans la ville. Les Platéens furent tirés de leur sommeil et trouvèrent leurs ennemis campés sur leur place du marché ; mais bien que dispersés et trahis, ils ne cédèrent pas. Ils communiquaient secrètement entre eux en brisant les murs de leurs maisons ; et ayant ainsi formé un plan de défense, il tomba sur l'ennemi un peu avant le lever du jour.

Les Thébains étaient épuisés d'avoir marché toute la nuit sous la pluie ; ils étaient emmêlés dans les rues étroites et tortueuses de la ville ; et même des femmes et des enfants se battaient contre eux en lançant des tuiles depuis les toits. Le renfort qu'ils attendaient fut retardé, et avant son arrivée, les trois cents furent soit tués, soit capturés. Les Thébains sans les murs s'emparèrent alors de toutes les personnes et de tous les biens sur lesquels ils pouvaient mettre la main, pour garantir la libération des prisonniers. Les Platéens envoyèrent un héraut déclarer que les captifs seraient immédiatement mis à mort, à moins que les ravages ne cessent ; mais que, si les Thébains voulaient se retirer, ils seraient abandonnés. Les maraudeurs se retirèrent, mais les Platéens , au lieu de tenir parole, rassemblèrent leurs biens meubles dans la ville, puis mirent à mort tous leurs prisonniers. Des messagers aux pieds légers avaient déjà été envoyés à Athènes pour annoncer la nouvelle. Ils revinrent avec l'ordre aux Platéens de ne rien faire d'important sans l'avis des Athéniens. Il était cependant trop tard pour sauver la vie des prisonniers ou l'honneur de leurs ravisseurs.

## RÉCAPITULATION.

Lors de la première guerre du Péloponnèse (460-457 av. J.-C.), Athènes était alliée à Mégare ; Sparte et Égine , avec Corinthe. Au même moment, les Athéniens contribuèrent à la révolte égyptienne contre la Perse et construisirent de longs murs pour relier leur ville à ses ports. Sparte, intervenant dans une guerre entre Phocide et Doris, vainquit les Athéniens à Tanagra ; mais ce dernier remporta une victoire plus décisive à Œnophyta , qui rapprocha la Phocide, la Locris et toute la Béotie , à l'exception de Thèbes, dans leur alliance. Égine fut conquise et rendue tributaire d'Athènes. Ithome se rendit à Sparte ; les Hilotes furent de nouveau réduits en esclavage et les Messéniens exilés. Dans une nouvelle guerre, provoquée par l'intervention de Sparte à Delphes, les Athéniens, sous Tolmides , obtinrent quelques avantages, mais furent désastreusement vaincus à Coronaea , avec une grande perte d'influence dans la Grèce centrale. Attaqué à la fois par des rébellions en Eubée et Mégaris , et par une invasion spartiate, Périclès vainquit cette dernière par des pots-de-vin et la première par les armes. La paix qui suivit fut conclue à des conditions défavorables à Athènes. Appelés à aider une révolution populaire à Samos, les Athéniens s'emparèrent de sa ville principale et rétablirent leur propre influence. Epidamnus , en guerre contre sa ville mère, fut aidé par Corinthe ; tandis qu'Athènes, prenant le parti de Corcyre, battit les Corinthiens à Olynthe et les assiégea deux ans à Potidée . Une guerre plus générale fut précipitée par la trahison mutuelle des Thébains et des Platéens .

### La guerre du Péloponnèse.

avant JC 431-404.

**161.** Toute la Grèce se préparait maintenant à la guerre, une guerre de vingt-sept ans, qui devait être marquée par plus de calamités et d'horreurs que la Grèce n'en avait jamais endurées jusqu'à présent. Aux côtés de Sparte combattirent tout le Péloponnèse, à l'exception d'Argos et de l'Achaïe, ainsi que Mégare, Béotie , Phocide, Locris Opuntienne , Ambracie , Leucadie et Anactoria . Athènes avait pour alliées, sur le continent, la Thessalie et l'Anactoria , avec les villes de Naupacte et Platée . Il y avait aussi ses affluents sur la côte de Thrace et d'Asie Mineure, et sur les Cyclades, à côté de ses îles alliées, Chios, Lesbos, Corcyre, Zacynthus et, plus tard, Céphalénie .

**162.** Archidamus , roi de Sparte, après avoir rassemblé ses alliés dans l'isthme, entra dans le territoire attique vers la mi-juin. Les habitants quittèrent leurs champs et, avec tous les biens qu'ils purent emporter, se réfugièrent à Athènes et au Pirée . Chaque coin et recoin des murs de la ville est devenu une habitation. Sur les places publiques, sur les places publiques et dans l'enceinte des temples, des habitations temporaires s'élevaient, et les plus pauvres trouvaient refuge dans des tentes, des huttes et même des tonneaux placés contre les longs murs. Au sein de cette population surpeuplée, de violents débats éclatèrent concernant la conduite de la guerre. Une grande indignation fut ressentie contre Périclès à cause de l'inaction de l'armée, tandis qu'Archidamus ravageait les champs presque sous leurs yeux.

Mais le chef avait décidé de mener la guerre hors de l'Attique. Dans ce but , une flotte combinée d'Athéniens et de Corcyréens fit le tour du Péloponnèse, débarquant des troupes en divers points pour ravager le pays. Deux colonies corinthiennes d'Acarnanie furent capturées et l'île de Céphalénie transféra son allégeance de Sparte à Athènes. Les Éginètes furent expulsés et leur île occupée par des colons athéniens. Archidamus , après cinq ou six semaines, quitta l'Attique et dissout son armée. Les Athéniens mirent alors leurs forces en mouvement pour punir les Mégariens, qu'ils considéraient comme des sujets révoltés. Ils dévastèrent tout le territoire jusqu'aux portes de la capitale, et les dévastations se renouvelèrent chaque année pendant que la guerre durait.



**163.** Le printemps suivant, avec une nouvelle invasion spartiate, apporta une calamité encore plus grande aux Athéniens. La peste, originaire d'Ethiopie, avait parcouru les côtes asiatiques de la Méditerranée jusqu'à atteindre leur ville, où la promiscuité de la population l'avait fait se propager avec une rapidité effrayante. Une terreur s'empara de la population, dont quelques-uns croyaient que leurs ennemis avaient empoisonné les puits, tandis qu'un plus grand nombre attribuait la peste à la colère d'Apollon, qui était le protecteur particulier de la race dorienne.

**164.** Dans leur désespoir, les Athéniens se tournèrent contre Périclès, dont ils considéraient la politique prudente comme la cause de leurs malheurs. Bien que refusant toujours la bataille qui, avec l'effectif réduit et l'esprit épuisé de l'armée, eût été une défaite presque certaine, il poussa activement ses opérations contre le Péloponnèse. Pour soulager la ville peuplée de ses éléments malfaisants, il équipa une flotte et la conduisit en personne ravager les côtes ennemies. A son retour, il trouva l'opposition plus forte que jamais et une ambassade avait même été envoyée à Sparte pour demander la paix. Le procès avait été rejeté avec mépris, et la colère des Athéniens n'avait fait qu'augmenter. Périclès les persuada de persévérer dans la guerre, mais son éloquence fut inutile pour faire taire la fureur de ses ennemis personnels. Sous l'influence de Cléon, son principal adversaire, il fut même accusé de détournement de fonds publics et fut condamné à une amende importante.

429 avant JC.

**165.** Mais la vie et les adversités du grand homme d'État étaient également proches de leur fin. La peste lui avait volé ses plus proches parents. Une fièvre persistante, consécutive à une attaque de peste, mit fin à ses jours. Alors qu'il gisait, apparemment inconscient, les amis qui entouraient son lit de mort répétaient ses grandes actions, lorsque le mourant les interrompit en disant : « Tout ce que vous louez était ou le résultat de la bonne fortune, ou, en tout cas, du commun. pour moi avec de nombreux autres dirigeants. Ce dont je suis le plus fier, c'est qu'aucun Athénien n'a jamais pleuré à cause de moi.

430 avant JC.

**166.** La seconde incursion des Lacédémoniens fut plus destructrice que la première, car les ravages s'étendirent sur toute l'Attique, jusqu'aux mines d'argent du Laurium . La flotte du Péloponnèse détruisit les pêcheries et le commerce d'Athènes et dévasta l'île de Zacynthus . Au cours de l'hiver suivant , Potidée se rendit après un blocus de deux ans et fut occupée par un millier de colons athéniens.

429 avant JC.

La troisième campagne des Spartiates fut dirigée contre Platée . A l'approche d' Archidamus , les Platéens envoyèrent une remontrance solennelle, lui rappelant le serment que Pausanias avait prêté le soir de leur grande bataille, rendant Platée à jamais sacrée contre l'invasion. Le roi répondit que les Platéens étaient également tenus par serment de travailler à l'indépendance de chaque État grec. Il leur rappela leur crime odieux dans le massacre des prisonniers thébains, mais promit que s'ils abandonnaient la cause d'Athènes et restaient neutres pendant la guerre, leurs privilèges seraient respectés. Les Platéens refusèrent d'abandonner leur ancien allié et le siège de leur ville commença.

429-427 avant JC.

**167.** La garnison qui défia ainsi toute l'armée du Péloponnèse ne comptait que 480 hommes, mais ils compensèrent en énergie ce qui leur manquait en nombre. Archidamus commença par fermer toutes les issues de la ville avec une palissade de bois, puis érigea contre celle-ci un monticule de terre et de pierre, formant un plan incliné sur lequel ses troupes pouvaient marcher. Les Platéens minèrent le monticule, qui s'effondra, et vainquirent ainsi soixante-dix jours de travail de toute l'armée assiégeante. Ils construisirent également une nouvelle muraille à l'intérieur de l'ancienne, de sorte que, si celle-ci était prise, les Spartiates ne seraient toujours pas plus près de la possession de la ville.

Voyant que la volonté des Platéens ne pouvait être maîtrisée que par la famine, les alliés transformèrent alors le siège en blocus. Ils entouraient la ville d'une double muraille et couvraient l'espace intermédiaire, de manière à offrir un abri aux soldats de service. Les Platéens durent ainsi une séparation complète du monde extérieur pendant deux ans. Les provisions commencèrent à faire défaut ; et, la deuxième année, près de la moitié de la garnison s'échappa en escaladant les casernes et les fortifications de leurs assiégeants, sous la pluie et l'obscurité d'une nuit de décembre. Les Platéens , bien que réduits en nombre, finirent par tomber dans une famine absolue. Un héraut apparut alors de la part du commandant spartiate, exigeant leur soumission, mais promettant que seuls les coupables seraient punis. Ils ont cédé. Lorsqu'ils furent traduits devant les cinq juges spartiates, tous les hommes furent reconnus coupables et conduits à l'exécution. La ville et le territoire de Platée furent cédés aux Thébains, qui détruisirent toutes les habitations privées et, avec les matériaux, érigèrent une immense caserne pour offrir un abri aux visiteurs et des habitations aux serfs qui cultivaient la terre. La ville de Platée fut rayée de la carte de la Grèce.

429 avant JC.

**168.** Les Athéniens, avec leur allié Sitalcès , chef thrace, combattaient dans le nord sans grand succès. Sitalces , avec une armée irrégulière mais puissante de 150 000 Thraces, envahit la Macédoine avec l'intention de détrôner Perdiccas . Les Macédoniens, incapables de le rencontrer en rase campagne, se retirèrent dans leurs forteresses, et Sitalces , qui n'avait aucun moyen de mener des sièges, se retira au bout de trente jours. Phormio , capitaine athénien, remporta entre-temps deux victoires dans le golfe de Corinthe, contre un nombre bien supérieur de Spartiates. Dans le premier engagement, il n'avait que vingt navires, contre quarante-sept pour le Spartiate ; dans la seconde, sans renforts, il rencontra une nouvelle flotte spartiate de soixante-dix-sept voiles.

428 avant JC.

La quatrième année de la guerre est marquée par la révolte de Mytilène, capitale de Lesbos. Des envoyés furent envoyés à Sparte pour implorer une assistance, qui fut volontiers accordée, et les Mytiléniens furent reçus dans la Ligue du Péloponnèse.

**169.** Au printemps 427, la flotte spartiate s'avança vers Mytilène, mais elle n'y arriva que pour trouver la ville aux mains des Athéniens. Presque réduit par la famine, le gouverneur, sur le conseil d'un envoyé spartiate, avait armé tous les hommes des classes inférieures pour une dernière sortie désespérée. Le résultat fut contraire à ses attentes. La masse du peuple mytilénien préférait la suprématie athénienne à celle de son propre gouvernement oligarchique. Enhardis par leurs armes, ils déclarèrent qu'ils traiteraient directement avec les Athéniens, à moins que toutes leurs demandes ne soient satisfaites. Le gouverneur n'a eu d'autre choix que d'ouvrir lui-même les négociations. La ville fut rendue et le sort de ses habitants fut laissé à l'assemblée populaire d'Athènes, où furent envoyés les chefs de la révolte.

**170.** Un millier d'Athéniens se rassemblèrent à l'Agora pour décider du sort de leurs prisonniers. Salæ'thus , l'envoyé spartiate, fut mis à mort sur le coup. Pour le reste, un débat animé s'ensuit. Cléon le tanneur, ancien adversaire de Périclès, y prit une part importante ; et malgré des conseils plus humains et plus modérés, il réussit effectivement à mettre à exécution sa proposition brutale, de passer par l'épée tous les hommes de Mytilène et de vendre les femmes et les enfants comme esclaves. Si inique qu'un tel ordre puisse être, il l'était d'autant plus que la plupart des Mytiléniens étaient amis d'Athènes, tandis que la révolte avait été l'œuvre de l'oligarchie, ennemie du peuple. L'opposition avait été si forte que Cléon craignait un renversement de la sentence et fit donc immédiatement envoyer une galère à Lesbos, avec l'ordre de son exécution immédiate.

Ses appréhensions étaient fondées. Une seule nuit de réflexion remplit d'horreur les meilleurs Athéniens devant la décision inhumaine dans laquelle ils avaient été précipités. Ils réclamèrent une nouvelle assemblée pour reconsidérer la question ; et bien que cela fût contraire à la loi, les *stratèges* consentirent et convoquèrent les citoyens. Lors du débat de la deuxième journée, l'atroce décret fut abrogé. Tous les nerfs étaient maintenant mis à rude épreuve pour permettre à la barque porteuse de miséricorde de rattraper les messagers de la mort, qui avaient une journée entière d'avance. Les rameurs les plus forts étaient sélectionnés et poussés à faire le plus grand effort par la promesse de grosses récompenses s'ils arrivaient à temps. Leur nourriture leur était donnée pendant qu'ils manœuvraient, et le sommeil ne leur était permis que par intervalles courts et à tour de rôle. Le temps se révéla favorable, et ils arrivèrent au moment où Paches , qui avait reçu la première dépêche, se préparait à son exécution. Les Mytiléniens furent sauvés, mais les murs de leur ville furent rasés et sa flotte se rendit aux Athéniens. L'île de Lesbos, à l'exception de Méthymna , qui avait refusé toute participation à la révolte, fut divisée en 3 000 parties, dont 300 furent consacrées aux dieux, et le reste attribué par tirage au sort aux colons athéniens. Les prisonniers d'Athènes furent jugés pour leur participation à la conspiration et mis à mort.

427 avant JC.

**171.** Les prisonniers corcyréens qui avaient été transportés à Corinthe en 432 furent maintenant renvoyés chez eux, dans l'espoir que le récit du traitement généreux qu'ils avaient reçu inciterait leurs compatriotes à se retirer de l'alliance athénienne. Ils se sont joints à la faction oligarchique pour réaliser une révolution à Corcyre, tua les chefs du parti populaire, s'empara du port, de l'arsenal et de la place du marché, et ainsi, en intimidant le peuple, obtint un vote à l'assemblée pour maintenir désormais une stricte neutralité. Le peuple se fortifia cependant dans les parties élevées de la ville et appela à son secours les serfs de l'intérieur de l'île, auxquels il promit la liberté.

Les oligarchistes mirent le feu à la ville, mais pendant qu'elle brûlait, une petite escadre athénienne arriva de Naupacte, et son commandant tenta, avec une grande sagesse, de faire la paix entre les partis rivaux. Selon toute apparence, il devait réaliser ce dessein, lorsqu'une flotte du Péloponnèse, plus de quatre fois plus nombreuse que la sienne, apparut, sous le commandement d' Alcidas . Les Athéniens se retirèrent sans perte, et Alcidas eut pour le moment Corcyre en son pouvoir ; mais, avec son manque de promptitude habituel, il passa une journée à ravager l'île, et, la nuit, des feux de phares sur Leucas annonçaient l'approche d'une flotte athénienne plus nombreuse que la sienne. Alcidas partit avant l'aube, laissant les oligarchistes de la ville à leur sort. Les sept jours suivants furent un règne de terreur à Corcyre. Le parti populaire, protégé par la présence des Athéniens, s'abandonna à la vengeance. La haine civile était plus forte que l'affection naturelle. Un père a tué son propre fils ; les frères n'avaient aucune pitié pour les frères. Le parti aristocratique fut presque exterminé ; mais cinq cents s'échappèrent et se fortifièrent sur le mont Istone , près de la capitale.

426 avant JC.

**172.** La sixième année de la guerre s'ouvrit avec des inondations et des tremblements de terre qui semblaient être un écho des convulsions morales de la Grèce. La peste faisait de nouveau rage à Athènes. Pour apaiser la colère d'Apollon, une purification solennelle de l'île de Délos, sa ville natale, fut effectuée à l'automne. Tous les corps qui y avaient été enterrés furent transportés sur une île voisine et la fête de Délos fut relancée avec une magnificence accrue. L'invasion habituelle des Spartiates dans l'Attique avait été empêchée cette année, soit par crainte de la prétendue colère des dieux, soit par crainte de la peste ; mais la septième année de la guerre (425 av. J.-C.), leur roi, Agis, franchit de nouveau les frontières et ravagea le pays. Il fut rappelé, au bout de quinze jours, par la nouvelle que les Athéniens avaient établi une station militaire sur la côte de Messénie.

**173.** Une flotte dirigée par Eurymédon et Sophocle, se dirigeant vers la Sicile, avait été retardée pendant un certain temps par une tempête, près du port de Pylos. Les commandants choisirent cet endroit pour une colonie de Messéniens de Naupacte, qui pourraient ainsi communiquer avec leurs parents hilotes et harceler les Spartiates. Démosthène se retrouva avec cinq navires et deux cents soldats, qui furent portés, par un renfort de Messéniens, à mille hommes. La colère des Spartiates n'avait d'égale que leur inquiétude devant cette atteinte à leur territoire. Leur flotte fut immédiatement commandée depuis Corcyre, tandis qu'Agis, avec son armée, marchait depuis l'Attique. La longue et étroite île de Sphactérie , qui couvrait l'entrée de la baie de Pylos, était occupée par Thrasymélidas , le Spartiate, tandis que ses navires étaient abrités dans le bassin qu'elle enfermait . Démosthène, en attendant des renforts, dut rencontrer un nombre largement supérieur avec sa poignée d'hommes. L'attaque depuis la mer fut dirigée par Brasidas , l'un des plus grands capitaines que Sparte ait jamais produits. Il combattit sur la proue du premier navire, poussant ses hommes en avant par des regards et des paroles ; mais il fut grièvement blessé, et la bataille se termina sans avantage pour les Spartiates. Elle fut renouvelée le deuxième jour sans plus de succès, et les Athéniens érigèrent un trophée qu'ils ornèrent du bouclier de Brasidas .

425 avant JC.

L'arrivée de la flotte athénienne fut suivie d'une bataille sévère et encore plus décisive. Les Athéniens victorieux entreprirent de bloquer Sphacteria , qui contenait les meilleures troupes du Péloponnèse. La crise était si grave que les éphores ne voyaient d'autre issue que de demander la paix. Un armistice fut conclu et les meilleurs esprits des deux côtés commencèrent à espérer la fin de la guerre. Mais la stupide vanité de Cléon et de son parti exigeait les conditions les plus extravagantes, et la voix de la raison était étouffée. Les hostilités reprirent, avec une égale contrariété pour les deux partis. Démosthène, craignant que les tempêtes de l'hiver n'interrompent son blocus, résolut d'attaquer l'île et envoya à Athènes expliquer sa position et demander des renforts. Le rapport fut décourageant pour l'Assemblée, qui commença alors à accuser Cléon de l'avoir persuadée de laisser échapper l'occasion d'une paix honorable. Cléon rétorqua en accusant les officiers de lâcheté et d'incapacité, et déclara que, s'il *était* général, il prendrait Sphacteria sur-le-champ ! À cette vantardise du tanneur, toute l'assemblée éclata de rire et s'écria : « Alors, pourquoi n'y allez-vous pas ? ont été entendus de toutes parts. L'esprit vif des Athéniens se remit d'un bond de leur dépression inhabituelle, et la simple plaisanterie devint bientôt un but. Cléon tente de reculer, mais l'Assemblée insiste. Enfin il s'engagea, avec un certain nombre d'auxiliaires ajoutés aux troupes déjà à Pylos, à prendre l'île en vingt jours, et soit à tuer tous les Spartiates qui s'y trouvaient, soit à les amener enchaînés à Athènes .

**174.** Si singulières que fussent les circonstances de la commission de Cléon, son succès fut également remarquable. Démosthène avait tout préparé pour l'attaque ; et c'est à sa prudence, aidée par l'incendie accidentel des bois de Sphacteria , plutôt qu'au général de Cléon, que la victoire était due. Les Athéniens, débarquant avant le lever du jour, maîtrisèrent la garde à l'extrémité sud de l'île, puis se rangèrent en ordre de bataille, envoyant des détachements de tirailleurs pour provoquer l'ennemi au combat. Le général spartiate, aveuglé par les cendres légères soulevées par la marche de ses hommes, s'avança, avec quelque difficulté, sur les souches à moitié brûlées des arbres. Il était en infériorité numérique par rapport à ses assaillants, qui le harcelèrent de loin avec des flèches, et le forcèrent enfin à se retirer à l'extrémité de l'île. Ici, les Spartiates combattirent de nouveau avec leur bravoure accoutumée ; mais un groupe de Messéniens, qui avaient escaladé des rochers habituellement considérés comme inaccessibles, apparut sur les hauteurs au-dessus et décida du sort de la bataille. Tous les Spartiates survivants se rendirent, et Cléon et Démosthène, partis immédiatement après la bataille, arrivèrent à Athènes avec leurs prisonniers dans les vingt jours. Cette victoire fut l'une des plus importantes remportées par les Athéniens. Le port de Pylos était fortement fortifié et garni de troupes messéniennes, pour servir de base d'opérations contre la Laconie.

424 avant JC.

**175.** Au début de la huitième année, les Athéniens triomphaient partout, et les Spartiates, humiliés et affligés, avaient demandé à plusieurs reprises la paix. Nicias, au début de l'année, conquit l'île de Cythère et plaça des garnisons dans ses deux principales villes, ce qui était un défi continu aux Lacédémoniens . Il ravagea ensuite les côtes de la Laconie et s'empara, entre autres endroits, de la ville de Thyrée , où les Éginètes , après avoir été expulsés de leur propre île, avaient été autorisés à s'établir. Ceux des premiers exilés qui survécurent furent transportés à Athènes et mis à mort. Les influences brutales de la guerre étaient de plus en plus apparentes chaque année, et ces massacres de sang-froid étaient devenus presque monnaie courante.

Les Spartiates, à peu près au même moment, alarmés par le voisinage des garnisons messéniennes de Pylos et de Cythère, firent savoir que les hilotes qui s'étaient distingués par leurs fidèles services pendant la guerre seraient mis en liberté. Un grand nombre des plus courageux et des plus capables semblaient revendiquer cette promesse. Deux mille d'entre eux furent choisis comme dignes de l'émancipation, couronnés de guirlandes et dignes de hauts honneurs religieux. Mais en quelques jours, ils avaient tous disparu, par des moyens connus seulement des éphores spartiates, hommes insensibles, ni par l'honneur ni par la pitié, à leur regard étroit pour les intérêts supposés de l'État.

424 avant JC.

**176.** Le succès des Athéniens ne les abandonna pas entièrement dans leur expédition mégarienne, mais leur tentative sur la Béotie n'aboutit qu'à un désastre. Le mouvement principal fut exécuté par Hippocrate , qui conduisit une armée de plus de 32 000 soldats à travers la frontière béotienne jusqu'à Délium , un lieu fortement situé près de Tanagra, parmi les falaises de la côte orientale. Ici, il fortifia le temple d'Apollon et, plaçant une garnison en chantier, partit pour chez lui. Les Béotiens avaient rassemblé une grande armée à Tanagra, qui se déplaça maintenant pour intercepter les Athéniens sur les hauteurs de Délium . La bataille commença tard dans la journée. La droite athénienne réussit d'abord, mais sa gauche fut écrasée par la phalange thébaine. Dans leurs rangs se trouvaient le philosophe Socrate et ses élèves, Alcibiade et Xénophon, tous destinés à la plus haute renommée de l'histoire grecque. Enfin la cavalerie béotienne parut et décida du sort de la journée. Les Athéniens s'enfuirent dans toutes les directions, et seule la tombée de la nuit empêcha leur destruction complète. Délium fut assiégée au bout de dix-sept jours.

**177.** Peu de temps après ces désastres, les Athéniens perdirent toute leur domination en Thrace. Brasidas avait dirigé une armée petite mais bien choisie au secours de Perdiccas et des villes chalcidiennes. La bravoure et l'intégrité de ce grand général conduisirent beaucoup d'alliés d'Athènes à abandonner son parti, et lorsqu'il apparut soudain devant Amphipolis, cette ville se rendit sans presque aucune tentative de résistance. Thucydide, [51] l'historien, était général dans cette région. Les Athéniens d'Amphipolis lui envoyèrent du secours, mais il arriva trop tard. Pour cet échec, que ce soit par nécessité ou par négligence, le général fut condamné au bannissement et passa les vingt années suivantes en exil, au cours desquelles il contribua davantage par son œuvre littéraire à la gloire de la Grèce qu'il ne l'aurait probablement fait dans l'armée. commande. Brasidas se dirigea vers la plus orientale des trois péninsules chalcidiennes et reçut la soumission de presque toutes les villes.

Les Athéniens étaient maintenant si découragés par leurs pertes, qu'ils commencèrent à leur tour à proposer la paix ; et les Spartiates, soucieux du retour de leurs nobles jeunes prisonniers à Athènes, désiraient également un traité. À cette fin, une trêve d'un an fut convenue, en 423, pour donner le temps de négociations permanentes. Malheureusement, deux jours après le début de la trêve, Scione se révolta contre les Athéniens, qui exigeaient sa restitution. Les Spartiates refusèrent et l'année entière se passa sans aucun effort supplémentaire en faveur de la paix. À son expiration, Cléon s'avança en Thrace avec une flotte et une armée. Il prit les villes de Torone et de Galepsus , et se dirigeait vers Amphipolis, lorsqu'une bataille s'ensuivit qui mit fin à la fois à sa vie et à sa prise de pouvoir. Brasidas fut lui aussi mortellement blessé, mais il vécut assez longtemps pour savoir qu'il était victorieux.


**178.** PAIX DE NICIAS. Les deux grands obstacles à la paix étaient désormais levés et, au printemps de 421, un traité pour cinquante ans, communément appelé « Paix de Nicias », fut conclu entre Athènes et Sparte. Certains alliés de ces derniers se plaignirent de ce que Sparte avait sacrifié leurs intérêts aux siens et formé une nouvelle ligue, avec Argos pour chef. Athènes conclut une nouvelle alliance pour cent ans avec Argos, Elis et Mantinée , en 420 av.

## RÉCAPITULATION.

Lors de la grande guerre du Péloponnèse (431-404 av. J.-C.), presque toute la Grèce centrale et méridionale était alliée à Sparte ; la plupart des États maritimes, avec Athènes. C'est dans cette dernière ville que se rassemblaient la plupart des habitants de l'Attique, terrorisés par les invasions spartiates. Un grand nombre de personnes moururent de la peste ; sa victime la plus illustre fut Périclès. Un blocus de Platée de deux ans par les Spartiates se termina par l'anéantissement de la ville. La révolte de Lesbos fut maîtrisée par Athènes et les Mytiléniens furent condamnés à mort, mais la sentence de vengeance fut annulée. Une révolution à Corcyre aboutit à un massacre de sept jours du parti aristocratique. Une purification solennelle de Délos fut effectuée pour atténuer la peste à Athènes. Les Athéniens établirent une colonie à Pylos pour harceler la Laconie et furent vainqueurs dans plusieurs batailles navales. Cléon, le tanneur, et Démosthène, le général, vainquirent les Spartiates à Sphacteria . Nicias s'empara de Cythère et mit en garnison ses villes. Le caractère brutal de la guerre fut démontré par le massacre des Éginètes exilés à Athènes et de deux mille Hilotes à Sparte. La désastreuse bataille de Délium met fin à l'invasion de la Béotie par les Athéniens, qui perdent, du même coup, toutes leurs possessions en Thrace. La paix de Nicias fut conclue en 421 avant JC et Athènes forma une nouvelle ligue avec certains anciens alliés de Sparte.

### L'EXPÉDITION SICILIENNE.

420 avant JC.

**179.** Lors de deux célébrations précédentes des Jeux Olympiques, les Athéniens avaient été exclus, mais, au cours de l'été de cette année, les hérauts éléens sont apparus de nouveau pour les inviter à y assister. Ceux qui voyaient

Athènes frappée par la pauvreté à cause de ses nombreuses pertes étaient surpris de la magnificence de ses délégués, qui faisaient le spectacle le plus coûteux de toutes les processions. Alcibiade inscrivit sur la liste sept chars à quatre chevaux et reçut deux couronnes d'olivier dans les courses. Ce jeune homme était parmi les citoyens les plus capables qu'Athènes ait jamais possédés. Son génie, son courage et sa rapidité en cas d'urgence auraient pu faire de lui son plus grand bienfaiteur ; mais, à cause de son ambition débridée et de son manque total de conscience, il devint la cause de ses plus grandes calamités.

**180.** Une guerre éclata bientôt entre les Spartiates et les Argiens, au cours de laquelle le roi spartiate Agis remporta l'importante bataille de Mantinée, en 418 avant JC. Le parti oligarchique, prenant le pouvoir à Argos, rompit l'alliance avec Athènes et conclut une alliance. traité avec Sparte. Mais les nobles abusèrent de leur pouvoir en s'attaquant brutalement au peuple, qui effectua une nouvelle révolution et prit possession de la ville. À leur demande, Alcibiade leur vint en aide avec une flotte et une armée. Bien que les Spartiates et les Athéniens fussent théoriquement en paix, la garnison de Pylos commettait toujours des déprédations en Laconie et les corsaires spartiates nuisaient gravement au commerce athénien.

**181.** Vers cette époque, une ambassade de Sicile demanda l'aide des Athéniens pour la ville d' Égeste . Elle était impliquée dans une compétition avec son voisin, Selinus , qui avait obtenu l'aide de Syracuse. La « guerre des races » avait en effet éclaté douze ans auparavant en Sicile, et les Athéniens avaient plus d'une fois envoyé de l'aide aux villes ioniennes, Léontini et Camarina , contre leurs voisines doriennes, qui s'étaient ralliées à l'armée du Péloponnèse. Ligue. Alcibiade jeta toute son influence dans la cause d' Égeste , espérant à la fois améliorer sa fortune gaspillée avec le butin sicilien et satisfaire son ambition par la gloire de la conquête. Il espérait même, en plus de rendre Athènes suprême sur toutes les colonies helléniques, conquérir l'empire de Carthage, en Méditerranée occidentale.

Nicias et tout le parti modéré s'opposèrent à l'entreprise. Ils réussirent seulement à envoyer une ambassade à Egesta , pour vérifier si ses habitants étaient réellement en mesure de tenir leur promesse de fournir des fonds pour la guerre. Les envoyés ont été complètement dupés. Dans le temple d' Aphrodite , ils virent une magnifique exposition de vases qui semblaient être en or massif, mais qui étaient en réalité en vermeil. Ils se régalaient chez les citoyens, et étaient surpris de la profusion d'orfèvrerie et d'argenterie qui ornaient leurs buffets, ne se doutant pas que les mêmes objets passaient de maison en maison et rendaient des services répétés à leur divertissement. Soixante talents d'argent furent payés comme premier versement, et les commissaires repartirent chez eux avec des récits élogieux sur la richesse d'Egestan .

**182.** Tout doute disparut de la plupart des esprits à Athènes, et Nicias, Alcibiade et Lamachus furent nommés pour diriger une expédition en Sicile. Le zèle des Athéniens ne connaissait pas de limites. Jeunes et vieux, riches et pauvres, exigeaient tous deux de participer à la grande expédition. Les généraux eurent du mal à choisir parmi la foule des volontaires. La flotte était sur le point de appareiller, lorsqu'un événement mystérieux jeta la consternation dans la multitude excitée. Les *Hermæ*, qui se dressaient devant chaque porte d'Athènes, devant chaque temple ou gymnase et sur chaque place publique, furent trouvés un matin réduits à des masses de pierre informes. Pas un n'a échappé. Le peuple, dans une horreur superstitieuse, exigea que le criminel soit découvert et puni. Les soupçons tombèrent sur Alcibiade, parce qu'il était connu pour avoir burlesqué les mystères d'Éleusin dans une ébats ivre, et qu'il était censé être capable de n'importe quel sacrilège. Il a nié avec indignation sa culpabilité et a exigé un examen immédiat. Mais ses ennemis s'arrangeèrent pour la faire reporter jusqu'à son retour, l'envoyant ainsi sous le fardeau d'une accusation non prouvée, qui pouvait être relancée pour sa condamnation en cas de désastre.


**183.** Le jour fixé pour le départ des armes, presque toute la population d'Athènes accompagnait les soldats dans leur marche au point du jour vers le Pirée . Quand tout le monde fut à bord, la trompette ordonna le silence, et la voix du héraut, à l'unisson avec celle du peuple, se fit entendre dans la prière. Le pæan était alors chanté, tandis que l'officier à la proue de chaque navire versait une libation dans la mer d'un gobelet d'or. Au signal donné, toute la flotte lâcha ses câbles et partit à toute vitesse, chaque équipage s'efforçant d'être le premier à Ægina .

**184.** Tout l'armement des Athéniens et de leurs alliés fut rassemblé à Corcyre en juillet 415. Il comptait 136 vaisseaux de guerre et 500 transports, transportant 6 300 soldats, outre des artisans et une importante provision de vivres et d'armes. Lorsque la flotte approcha des côtes d'Italie, trois trirèmes à voile rapide furent envoyées pour avertir les Égestiens de son arrivée et pour connaître leur état actuel. Ceux-ci rejoignirent la flotte à Rhegium , avec le bruit fâcheux que la richesse d' Égeste était entièrement fictive et que trente talents supplémentaires étaient l'étendue de l'aide à attendre. Les trois amiraux étaient désormais divisés. Nicias était prêt à naviguer immédiatement vers Sélinus , dans les meilleures conditions possibles, puis à rentrer chez lui. Alcibiade proposa de chercher de nouveaux alliés parmi les villes grecques et, avec leur aide, d'attaquer Sélinus et Syracuse. Lamachus a exhorté à une attaque immédiate contre cette dernière ville, la plus grande et la plus riche de l'île. Ce conseil était à la fois le plus audacieux et le plus sûr, car les

Syracusains n'étaient pas préparés à se défendre, et leur reddition aurait décidé du sort de l'île ; mais malheureusement Lamachus n'était ni riche ni influent. Son plan fut ignoré et celui d'Alcibiade fut adopté.

**185.** La flotte, naviguant vers le sud, reconnut les défenses de Syracuse et prit possession de Catana , qui devint son quartier général. À ce stade, Alcibiade reçut d'Athènes un décret de l'Assemblée exigeant son retour pour jugement. Une enquête judiciaire l'avait acquitté de la mutilation des Hermes , mais il était toujours accusé d'avoir profané les mystères d'Éleusiniens, en les représentant dans sa propre maison pour le divertissement de ses amis. C'était un crime impardonnable, et les familles nobles qui tenaient de leurs ancêtres héroïques ou divins un droit spécial pour officier dans les cérémonies, se sentaient grossièrement insultées. La trirème publique qui appelait Alcibiade avait pour ordre spécial de ne pas l'arrêter, mais de le laisser revenir sur son propre vaisseau. Le rusé général profita de cette courtoisie pour opérer son évasion. Débarquant à Thurii , il échappa à ses poursuivants et les messagers revinrent à Athènes sans lui. Ici, en son absence , il fut condamné à mort, ses biens confisqués, et les Eumolpides le déclarèrent solennellement « maudit ».

**186.** Les Athéniens avaient passé trois mois en Sicile avec si peu de succès, que les Syracusains commencèrent à les considérer avec mépris. Nicias, ainsi honteux de tenter quelque chose, répandit le bruit que les Catanéens étaient enclins à expulser les Athéniens de leur ville, et attira ainsi une grande armée de Syracuse à leur secours. Pendant son absence de chez elle, toute la flotte athénienne navigua dans le grand port de Syracuse et débarqua une force qui se retrancha près de l'embouchure de l' Anapus . Une bataille s'ensuivit au retour des Syracusains, et Nicias remporta le succès. Au lieu de profiter de cet avantage, il se retira dans ses quartiers d'hiver à Catane , puis à Naxos, tandis qu'il envoyait à Athènes chercher de l'argent et à ses alliés siciliens pour du renfort en hommes.

Les Syracusains passèrent l'hiver en préparation active. Ils construisirent un nouveau mur à travers la péninsule, entre la baie de Thapsus et le Grand Port, couvrant leur ville à l'ouest et au nord-ouest. Ils envoyèrent en même temps du secours à Corinthe et à Sparte, et trouvèrent dans cette dernière ville un allié inattendu. Alcibiade était passé de l'Italie à la Grèce et avait reçu une invitation spéciale à Sparte. Ici, il se livra à sa méchanceté contre ses compatriotes en révélant tous leurs plans et en exhortant les Spartiates à envoyer une armée en Sicile pour déconcerter leurs mouvements.

414 avant JC.

**187.** Dès l'ouverture du printemps, Nicias commença le siège en fortifiant les hauteurs d' Epipolæ , qui commandait la ville. Il construisit également un fort à Syke et délogea les Syracusains des contre-murs qu'ils construisaient.

La flotte athénienne était stationnée dans le Grand Port, et les Syracusains, désespérant d'une résistance efficace, envoyèrent des messagers pour arranger les conditions de leur reddition. Mais le brave Lamachus avait été tué, et Nicias, désormais seul commandant, était trop inactif pour remporter la victoire à sa portée.

**188.** À ce moment-là, Gylippus , le Spartiate, arriva avec seulement quatre navires sur la côte italienne, et supposant que Syracuse et toute la Sicile étaient irrémédiablement perdues, il ne chercha qu'à conserver les villes de la péninsule. À sa grande joie, il apprit que les Athéniens n'avaient même pas terminé leur ligne nord de travaux autour de Syracuse. Il traversa en toute hâte le détroit de Messine, qu'il trouva sans surveillance, et, débarquant à Himéra , commença à lever une armée des villes doriennes de Sicile. Avec eux, il marcha vers Syracuse directement par les hauteurs d' Epipolæ , que Nicias avait négligé de tenir. En entrant dans la ville, il envoya l'ordre au général athénien de quitter l'île dans les cinq jours. Nicias ignore le message, mais les actes qui suivent prouvent que le Spartiate est maître de la situation. Il s'empara du fort athénien de Labalum , en construisit un autre sur les hauteurs d' Epipolæ et le relia à la ville par une forte muraille.

413 avant JC.

Les villes siciliennes qui avaient hésité rejoignirent désormais le camp des vainqueurs. Des renforts arrivèrent de Corinthe, de Leucas et d'Ambracie ; et Nicias, incapable de continuer le siège avec ses forces actuelles, se retira sur le promontoire de Plemmyrium , au sud du Grand Port. Ses navires étaient en mauvais état, ses hommes découragés et enclins à déserter, et sa propre santé déclinait. Il écrivit à Athènes pour demander que l'armée soit immédiatement renforcée et il fut lui-même rappelé. Athènes était en état de siège, car le roi Spartiate Agis campait à Decelea , à quatorze milles au nord de la ville, en position de commander toute la plaine athénienne. Les fonds publics étaient presque épuisés, la faim commençait à se faire sentir et le nombre réduit de citoyens était épuisé par le travail de défense des murs jour et nuit. Il fut cependant résolu de renforcer Nicias et, en même temps, de harceler Sparte sur son propre territoire. A cet effet, Chariclès fut envoyé pour implanter une station militaire sur la côte sud de la Laconie, semblable à celle de Pylos en Messénie ; tandis que Démosthène et Eurymédon conduisaient une flotte et une armée en Sicile. La première entreprise fut un succès ; la seconde était trop tard.

**189.** Les Syracusains avaient été vaincus dans une bataille navale, mais dans une seconde, qui durait deux jours, ils furent complètement victorieux, et les navires athéniens furent enfermés dans l'extrémité du port. L'arrivée de Démosthène avec ses forces fraîches eut un certain effet en freinant l'ennemi et en remontant le moral de ses compatriotes. S'apercevant aussitôt qu'Epipolæ était le point vital, il dirigea tous ses efforts vers sa reconquête, mais sans succès. Voyant maintenant que le siège était sans espoir, il exhorta Nicias à rentrer chez lui et à chasser les Spartiates de l'Attique. Mais, se souvenant des vives espérances et des magnifiques cérémonies avec lesquelles l'armement avait commencé, Nicias ne pouvait consentir à retourner à Athènes couvert de la honte de l'échec. Il ne se retirerait pas non plus à Thapsus ou à Catane , où Démosthène insistait sur les avantages d'une mer ouverte et d'un approvisionnement constant en provisions. Mais, de grands renforts arrivant à Syracuse, cette retraite devint nécessaire, et les plans étaient si bien établis qu'elle aurait facilement pu être effectuée à l'insu de l'ennemi.

27 août 413.

Malheureusement, une éclipse de lune se produisit la veille même du mouvement prévu. L'astronomie imparfaite de cette époque n'avait pas prédit l'événement, et les devins ne pouvaient que conclure qu'Artémis, la gardienne particulière de Syracuse, montrait sa colère contre ses assaillants. Ils déclarèrent que l'armée devait rester trois fois neuf jours dans sa position actuelle. Pendant ce temps, le projet déconcerté fut connu des Syracusains, qui résolurent de porter un coup pendant que l'ennemi était à leur portée. Une bataille sur terre et sur mer en fut le résultat. Dans le premier cas, les Athéniens repoussèrent leurs assaillants ; mais, dans ce dernier cas, leur flotte fut complètement vaincue et Eurymédon tué.

**190.** Les Syracusains résolurent alors de détruire totalement leur ennemi. Ils bloquèrent le Grand Port par une ligne de navires amarrés à son entrée. Le seul espoir pour les Athéniens, et peut-être pour Athènes elle-même, était de briser cette ligne, et à cette fin Nicias se prépara de nouveau au combat. L'amphithéâtre de collines qui entoure le port était rempli de spectateurs des deux partis, observant avec des yeux anxieux le conflit dont dépendait leur sort. L'eau était couverte de yachts de riches Syracusains, prêts à offrir leurs services chaque fois qu'ils étaient requis. La première attaque des Athéniens fut contre la barrière des navires à l'entrée du port. Il échoua et la flotte syracusaine de 76 trirèmes engagea alors les 110 Athéniens. Le fracas des proues de fer, les cris des combattants et les gémissements ou acclamations de leurs amis sur le rivage remplissaient l'air d'une clameur perpétuelle. L'issue fut longtemps douteuse, mais enfin la flotte de Nicias commença à se retirer vers le rivage . Un cri de désespoir s'éleva de l'armée athénienne, auquel répondirent les cris de triomphe des navires qui les poursuivaient et des citoyens accrochés aux murs.

La flotte athénienne était désormais réduite à soixante vaisseaux, et celle de Syracuse à cinquante. Nicias et Démosthène supplièrent leurs hommes de renouveler leurs efforts pour sortir du port, mais leur moral était si brisé qu'ils refusèrent tout autre combat maritime. L'armée comptait encore 40 000 hommes, et il fut résolu de se retirer par terre vers quelque ville amie, où elle pourrait se défendre jusqu'à l'arrivée des transports. Si ce projet avait été immédiatement mis à exécution, il aurait pu réussir ; car les Syracusains s'étaient livrés à des réjouissances ivres, occasionnées également par les réjouissances de leur victoire et par la fête d'Hercule, et n'avaient aucune pensée à épargner pour leur ennemi fugitif. Mais Hermocrate , le plus prudent d'entre eux, résolut d'empêcher ce qu'il prévoyait être le mouvement athénien. Il envoya à la muraille des messagers qui prétendaient venir d'espions de Nicias dans la ville, et avertit les généraux de ne pas bouger cette nuit-là, car toutes les routes étaient fortement gardées. Nicias tomba dans le piège et sacrifia son dernier espoir de s'échapper.

**191.** Le deuxième jour après la bataille, l'armée commença sa marche vers l'intérieur, laissant la flotte déserte dans le port, les morts sans sépulture et les blessés à la vengeance de l'ennemi. Le troisième jour de la marche, la route passait au-dessus d'une falaise abrupte, gardée par une force syracusaine. Les assauts de deux jours contre cette position échouèrent, et les généraux délibérèrent pendant la nuit pour se tourner vers la mer. Nicias, avec l'avant-garde, réussit à atteindre la côte ; mais Démosthène s'égara, fut rattrapé par l'ennemi et encerclé dans un passage étroit, où il rendit les restes brisés de son armée, au nombre de six mille hommes. Nicias fut alors poursuivi et rattrapé à la rivière Asina´rus . Des multitudes ont péri en tentant de traverser. Pressés de près par l'armée de Gylippus , les arrières se précipitaient sur les lances de leurs camarades, ou étaient précipités sur les berges escarpées et emportés par le courant. Tout ordre fut perdu et Nicias se rendit à discrétion. Les généraux furent condamnés à mort. Les simples soldats, emprisonnés dans les carrières de pierres, sans nourriture ni abri, souffraient de plus grandes misères que toutes les précédentes. Quelques-uns de ceux qui survécurent furent vendus comme esclaves, et leurs talents et leurs réalisations gagnèrent, dans certains cas, l'amitié de leurs maîtres.

## RÉCAPITULATION.

Alcibiade soutenait le crédit d'Athènes aux Jeux Olympiques, apportait de l'aide aux Argiens contre les Spartiates et favorisait avec zèle l'expédition sicilienne de ses compatriotes. A la veille de son départ , il fut accusé de sacrilège, et après son arrivée en Sicile, il fut condamné à mort et déclaré maudit. Le siège de Syracuse, malgré les grands efforts des Athéniens, aboutit à un échec et à un désastre, tandis qu'Athènes elle-même était assiégée par le roi de Sparte. Les renforts, menés par Démosthène, ne firent qu'achever l'épuisement de la ville. Les Syracusains gagnèrent une bataille navale dans leur port et capturèrent les deux armées athéniennes dans leur retraite.

### DÉCLIN D'ATHÈNES.

**192.** Au milieu du chagrin privé et de la consternation nationale, les Athéniens apprirent que leurs alliés les abandonnaient. Alcibiade suscitait des révoltes à Chios, qui, avec Lesbos et l'Eubée , implorait l'aide de Sparte pour les libérer de leur dépendance. Les deux satrapes d'Asie Mineure envoyèrent des envoyés à la même puissance, l'invitant à coopérer pour renverser l'empire athénien en Asie, et promettant de l'or perse pour la totalité des dépenses. À la honte durable de Sparte, elle conclut un traité à Milet, s'engageant à s'unir à la Perse dans une guerre contre Athènes et à restituer à la domination perse toutes les villes et territoires qu'elle avait autrefois embrassés. Cette clause fut expliquée, dans un traité ultérieur, comme incluant non seulement toutes les îles de l' Égée , mais aussi la Thessalie et la Béotie , cédant ainsi aux Perses le champ de Platée , et fixant leur frontière sur la frontière même de l'Attique. Milet lui-même fut immédiatement livré à Tissaphernes .

**193.** Dans cette défection générale, Samos resta fidèle et offrit une station des plus importantes à la flotte athénienne pendant les années restantes de la guerre. Les Samiens, avertis par l'exemple de Chios, renversèrent leur gouvernement oligarchique, et la démocratie ainsi instaurée fut reconnue par Athènes comme une alliée égale et indépendante. De grands préparatifs étaient alors faits à Athènes. Le fonds de réserve de mille talents, resté intact depuis l'époque de Périclès, fut utilisé pour équiper une flotte contre Chios. Une fois de plus, les Athéniens remportèrent du succès, tant sur mer que sur terre. Lesbos et Clazomènes furent reconquises, les Chians vaincus, et, dans une bataille près de Milet, les Spartiates eux-mêmes furent vaincus. Cette ville resta aux mains des Perses et des Lacédémoniens , mais les relations entre ces alliés très contrastés n'étaient plus cordiales. Les Spartiates avaient honte de leurs relations avec le grand ennemi de la Grèce, et Tissaphernès était sous l'influence d'Alcibiade. Cet Athénien profondément comploteur persuada le satrape que ce n'était pas l'intérêt de la Perse de permettre à un parti en Grèce de devenir puissant, mais plutôt de les laisser s'épuiser par des hostilités mutuelles, puis de s'approprier les domaines des deux. Cet avis était surtout contre les Spartiates, qui étaient maintenant si fortement renforcés qu'ils auraient pu bientôt mettre fin à la guerre. Tissapherne maintint donc la flotte spartiate inactive, attendant les Phéniciens , qui ne devaient jamais apparaître ; et lorsque ce prétexte ne put plus servir, il appliqua ses arguments d'or à ses commandants avec le même effet.

**194.** Alcibiade cherchait maintenant à amener le satrape à s'allier à Athènes ; et n'y parvenant pas, il essaya au moins de convaincre ses compatriotes de Samos qu'il avait le pouvoir de conclure une telle alliance, car son seul désir était d'être rappelé dans sa ville natale. Détestant et craignant la démocratie athénienne, il posa cependant une condition à son intercession auprès des

Perses, à savoir qu'une révolution soit effectuée et qu'un gouvernement oligarchique soit établi. Les généraux de Samos accédèrent à ce projet et Pisandre fut envoyé à Athènes pour organiser les clubs politiques en faveur de la révolution.

Lorsqu'il présenta le projet d'Alcibiade à l'Assemblée, un grand tumulte s'éleva. Le peuple s'est élevé contre l'abandon de ses droits ; les Eumolpides protestèrent contre le retour d'un misérable qui avait profané les Mystères. Pisandre ne pouvait que plaider l'épuisement et la misère de la République ; mais cet argument, bien que désagréable, était sans réponse. Le peuple consentit à contrecœur au changement de la constitution, et Pisandre , avec dix collègues, fut envoyé traiter avec Alcibiade. L'exilé savait bien qu'il avait promis plus que ce qu'il pouvait accomplir. Pour sauver son crédit, il reçut les onze ambassadeurs en présence de Tissapherne , et fit des demandes si extravagantes en son nom, qu'eux-mêmes, avec colère, rompirent la conférence et se retirèrent.

411 avant JC.

**195.** Bien que convaincus d'avoir été trompés par Alcibiade, ils étaient maintenant allés trop loin pour s'éloigner du projet de révolution. Pisandre , avec cinq de ses collègues, retourna à Athènes, tandis que les autres parcouraient les alliés pour établir des oligarchies. A Athènes, les anciennes fonctions furent abolies et un Conseil des Quatre-Cents, pour la plupart auto-élus, exerça le pouvoir pendant quatre mois. Avec l'aide de l'armée de Samos, une contre-révolution fut effectuée et les dirigeants de l'oligarchie furent accusés de trahison pour leurs relations avec les Spartiates. La plupart d'entre eux ont fui ; mais deux, Archeptolème et Antiphon, furent jugés et exécutés.

**196.** Le reste de la guerre du Péloponnèse fut entièrement maritime et le théâtre des opérations se trouva sur la côte de l'Asie Mineure. Les Spartiates, grâce à une longue pratique et à une collision serrée avec leurs grands rivaux, étaient devenus presque égaux aux Athéniens en termes d'habileté navale. L'attention qu'ils portaient à cette branche du service se manifestait par la nomination annuelle du *navarchus* , officier dont le pouvoir, tant qu'il durait, était encore plus grand que celui des rois, car il était au-dessus du contrôle des éphores.

411 avant JC.

**197.** Mindarus , le commandant spartiate à Milet, dégoûté par la politique inconstante de Tissapherne , fit voile vers l'Hellespont, dans l'espoir de trouver l'autre satrape plus fidèle à l'alliance spartiate. Il fut suivi par une flotte athénienne, commandée par Thrasyllos , qui, bien que moins nombreuse que la sienne, lui infligea une sévère défaite dans le détroit entre Sestus et Abydus . Mindarus envoya alors chercher la flotte alliée en Eubée , mais en passant le mont Athos, elle fut rattrapée par une violente tempête et entièrement détruite. Les Athéniens poursuivirent leur avantage en prenant Cyzique , qui s'était révolté contre eux ; et, quelques semaines plus tard, il remporta une autre grande bataille près d'Abydus , grâce à l'aide opportune d'Alcibiade.

**198.** Au printemps 410, Mindarus assiégeait Cyzique et les Athéniens décidèrent de la soulager. Ils remontèrent l'Hellespont pendant la nuit et se rassemblèrent à Proconnèse . Alcibiade se dirigea vers Cyzique avec sa division de la flotte et réussit à attirer Mindarus à distance du port, tandis que les deux autres divisions se faufilaient entre lui et la ville et lui coupaient ainsi la retraite. Une bataille s'ensuivit, dans laquelle Mindarus fut tué, les Spartiates et leurs alliés perses mis en déroute, et toute la flotte du Péloponnèse capturée, à l'exception des navires syracusains, qu'Hermocrate fit brûler.

**199.** Cette victoire rendit aux Athéniens le contrôle de la Propontide et le commerce du Pont-Euxin. Des navires chargés de blé entrèrent alors au Pirée , apportant soulagement aux pauvres affamés et découragement au roi Agis, qui tenait toujours les hauteurs de Décélée , dans le vain espoir d'affamer la ville et de la rendre.

Pharnabazos , quant à lui, aidait les Spartiates par tous les moyens en son pouvoir. Il nourrissait et habillait, armait et payait leurs marins, leur permettait de couper du bois dans les forêts du mont Ida et de construire leurs navires sur ses quais d' Antandros . Grâce à son aide, Chalcédoine, sur le Bosphore , put tenir deux ans contre Alcibiade. Elle se rendit enfin en 408. Sélymbrie et Byzance furent prises à peu près au même moment.

**200.** Ces succès répétés redonnèrent du crédit à Alcibiade et, au printemps 407, il fut de nouveau accueilli dans sa ville natale. Tout le peuple le rencontra au Pirée avec autant de joie et d'enthousiasme qu'ils l'avaient accompagné là-bas, huit ans auparavant, alors qu'il s'embarquait pour la fatale expédition en Sicile. Il a clamé son innocence devant le Sénat et l'Assemblée. Sa sentence fut annulée par acclamation, ses biens restaurés, la malédiction révoquée et il fut nommé général avec des pouvoirs illimités. Avant son départ, avec la grande flotte et l'armée qui étaient maintenant à sa disposition, il résolut d'expier Déméter pour tout ce qui lui avait été infligé par son prétendu sacrilège. La procession sacrée d'Athènes à Eleusis avait été interrompue depuis sept ans, à cause de la proximité des troupes spartiates. Alcibiade retarda alors son départ, afin d'escorter et de protéger les participants.

avant JC 407.

**201.** L'arrivée de deux nouveaux officiers sur le champ de guerre asiatique renversa la balance contre Athènes. L'un était Cyrus, fils du roi perse ; l'autre était Lysandre, le nouveau *Navarque* Spartiate , qui prit le commandement de la flotte du Péloponnèse à Éphèse. Ces deux hommes firent cause commune et prirent ensemble des mesures pour une guerre sévère et implacable contre les Athéniens. L'or que le prince perse prodiguait sans compter, le Spartiate l'appliquait à augmenter les salaires de ses marins. Par cette libéralité opportune, il attira un grand nombre d'hommes de la flotte adverse, et rendit même ceux qui ne désertaient pas, mécontents et mutins.

**202.** Alcibiade arriva avec sa flotte et trouva la situation moins favorable qu'il ne l'avait espéré. Les troupes spartiates étaient mieux payées et mieux équipées que les siennes, et pour lever des fonds, il recourut à lever des contributions forcées auprès des États amis. Au cours de son absence lors d'une de ces incursions, la flotte s'engagea dans une bataille contre les Spartiates et fut vaincue avec des pertes considérables. Les Athéniens commencèrent à s'apercevoir que huit ans d'exil et deux ou trois ans de bonne conduite n'avaient pas altéré le caractère de cet homme, mais qu'il était toujours aussi dissolu, inconstant et sans scrupules. Ils le renvoyèrent de son commandement et nommèrent dix généraux, avec Conon à leur tête.

avant JC 406.

**203.** Au moment même où Conon arrivait pour prendre le commandement des Athéniens, Callicratidas succéda à Lysandre comme *Navarque* . Il trouva un trésor vide et un accueil froid, tant de la part de ses propres compatriotes que des Perses, que Lysandre avait délibérément prévenu contre lui. Cyrus a refusé de le voir ou de l'aider. Callicratidas prit alors des conseils plus audacieux. Il a navigué vers Milet et a exhorté ses citoyens à abandonner l'alliance perse. De nombreux hommes riches se présentèrent avec de généreuses contributions en argent, avec lesquelles il équipa cinquante nouvelles trirèmes, et s'embarqua pour Lesbos avec une flotte deux fois plus nombreuse que celle des Athéniens.

**204.** Il eut une bataille avec Conon dans le port de Mytilène, dans laquelle les Athéniens perdirent près de la moitié de leurs navires, et ne sauvèrent le reste qu'en les attirant à terre sous les murs de la ville. Callicratidas bloqua alors la ville par mer et par terre ; et Cyrus, voyant son succès, l'aida en lui fournissant de l'argent. De grands efforts furent faits à Athènes, dès que l'état de Conon fut connu. Une flotte importante fut envoyée en quelques jours et, renforcée par les alliés à Samos, arriva à l'extrémité sud-est de Lesbos, au nombre de 150 navires. Callicratidas laissa cinquante navires pour continuer le blocus et partit à la rencontre de son ennemi.

BATAILLE D' ARGINUSÆ . Un combat long et obstiné s'ensuivit ; mais Callicratidas fut enfin jeté par-dessus bord et noyé, et la victoire fut déclarée aux Athéniens. Les Spartiates avaient perdu soixante-dix-sept navires, et leur flotte de Mytilène se retira précipitamment, laissant le port ouvert à la fuite de Conon.

405 avant JC.

**205.** Au début de l'année suivante, Lysandre fut de nouveau placé aux commandes de la flotte spartiate. Son nombre étant encore inférieur, il évita un engagement, mais il traversa la mer Égée jusqu'à la côte de l'Attique, pour une consultation personnelle avec Agis, et de là se rendit à l'Hellespont, où il commença le siège de Lampsaque . La flotte athénienne suivit, mais arriva trop tard pour sauver la ville. Conon se posta cependant à Ægos-Potami (rivière de la Chèvre), du côté nord du canal, avec l'intention d'amener le Spartiate à un engagement. Les Athéniens étaient dans une plaine aride ; tandis que les Spartiates, mieux situés et abondamment approvisionnés, n'étaient pas pressés d'engager la bataille. Alcibiade, qui vivait à proximité de son propre château, vit le danger de ses compatriotes et conseilla à leurs généraux de se retirer à Sestus , mais ses conseils furent considérés comme de l'impertinence ; et attribuant le retard des Spartiates à la lâcheté, les Athéniens négligeaient chaque jour davantage la discipline.

BC 405, septembre.

**206.** BATAILLE D' ÆGOS-POTAMI . Enfin Lysandre, saisissant le moment où les marins athéniens étaient dispersés à travers le pays, traversa le détroit avec toutes ses forces. Seuls une douzaine de navires, sous le commandement personnel de Conon, étaient en état de combattre ; et toute la flotte, à l'exception du navire amiral, le sacré Paralus , et de huit ou dix autres, tomba sans coup férir entre les mains des Spartiates. Trois ou quatre mille prisonniers, dont des officiers et des soldats, furent massacrés, en représailles aux récentes cruautés des Athéniens dans le traitement de leurs captifs. La défaite d' Ægos-Potami fut le coup fatal porté à l'empire athénien. Chalcédoine, Byzance et Mytilène se rendirent bientôt ; et toutes les villes athéniennes, sauf celle de Samos, tombèrent sans résistance entre les mains des Spartiates. Partout les gouvernements populaires furent renversés, et une nouvelle forme d'oligarchie s'établit, composée de dix citoyens, avec à leur tête un officier spartiate, appelé *harmost* .

**207.** La nouvelle de la grande calamité arriva dans la nuit au Pirée . Un cri de tristesse et de désespoir se répandit instantanément du port à la ville, tandis que chacun transmettait la terrible nouvelle à son voisin. «Cette nuit-là, personne n'a dormi»; [52] Et le matin l'Assemblée fut convoquée pour examiner comment l'existence de la ville pourrait être prolongée. La situation était désespérée. Même si aucune force hostile ne devait s'approcher d'Athènes, Lysandre, en tenant le Pont-Euxin, pourrait effectivement la réduire à la famine. Le nombre des citoyens était si réduit que même les criminels ne pouvaient être épargnés par le service public. Tous les prisonniers furent libérés, à l'exception de quelques meurtriers et scélérats désespérés ; les offenses privées furent oubliées dans le danger commun, et tous les Athéniens s'unirent dans un serment solennel de pardon mutuel.

BC 405, novembre.

**208.** Deux mois après la défaite, Lysandre apparut à Égine avec une force navale écrasante ; et, en même temps, l'armée du Péloponnèse campait dans les bosquets d'Academia, près des portes d'Athènes. Pourtant, même si certains d'entre eux mouraient déjà de faim, leur esprit n'était pas brisé ; et lorsque les éphores spartiates proposèrent la paix à la condition de la destruction des Longs Murs, un sénateur fut emprisonné pour avoir simplement discuté de l'acceptation de ces conditions. Quand enfin les Athéniens envoyèrent des offres de capitulation, trois mois furent perdus en vains débats avant que les conditions puissent être réglées. Les Thébains et les Corinthiens insistaient pour qu'aucune condition ne soit accordée, mais que le nom même d'Athènes soit effacé, que son site devienne un désert et que son peuple soit vendu comme esclave. Les Spartiates, avec plus de générosité, refusèrent « d'arracher un œil à la Grèce », ou d'asservir un peuple qui avait rendu de tels services à toute la race hellénique dans la grande crise des guerres perses.

Il fut finalement convenu que les longs murs et les fortifications du Pirée seraient détruits, que les navires de guerre se rendraient, que tous les exilés retrouveraient leurs droits de citoyenneté et que toutes les possessions étrangères d'Athènes seraient abandonnées. Ces conditions difficiles ont été exécutées avec une insolence inutile. Lysandre lui-même présida à la démolition des murs ; et les travaux, rendus très difficiles par la solidité de leur construction, se transformèrent en une sorte de fête. Un chœur de joueurs de flûte et de danseurs, couronné de fleurs, animait les ouvriers dans leur travail ; et tandis que les murs massifs de Périclès tombaient pierre par pierre, des cris de triomphe s'élevèrent de l'armée de destructeurs qui vit aujourd'hui l'aube des libertés de la Grèce.

avant JC 477-404.

**209.** La suprématie athénienne durait soixante-treize ans depuis la confédération de Délos. Le pouvoir qui avait été confié à la ville impériale pour la défense commune avait, dans certains cas, pesé lourdement sur les alliés sujets, et son histoire ultérieure est entachée de nombreux actes de cruauté. Mais le véritable empire d'Athènes n'a jamais été renversé ; car, par la poésie, l'art et la philosophie, elle gouverne encore l'esprit des hommes avec un pouvoir qui n'a jamais été surpassé.

## RÉCAPITULATION.

Les rivaux, les sujets et les ennemis d'Athènes s'unirent pour hâter sa chute ; et à cet effet Sparte promit aux Perses la Thessalie, la Béotie , les îles de la mer Égée et les côtes de l'Asie Mineure. Alcibiade neutralisa en partie l'influence spartiate auprès des satrapes et obtint une révolution oligarchique à Athènes comme prix de ses efforts en sa faveur. Grâce à son aide, les Athéniens remportèrent plusieurs grandes victoires navales dans le nord de l'Égée , ce qui leur rétablit le commerce du blé sur le Pont-Euxin et soulagea la famine dans leur ville assiégée. L'or de Cyrus le Jeune et l'habileté de Lysandre renversèrent encore une fois la situation contre les Athéniens, qui furent deux fois vaincus ; et, bien que triomphant ensuite près des Arginusæ , ils reçurent un renversement final et désastreux à Ægos-Potami , qui mit fin à leur suprématie en Grèce. Les villes soumises tombèrent au pouvoir des Spartiates ; et, au printemps suivant, Athènes elle-même fut livrée à Lysandre et ses longs murs détruits.

### SUPRÉMATIE SPARTIATE.

**210.** Sparte, en alliance avec la Perse, devint désormais le principal État de Grèce ; et toutes les villes cédèrent à son influence, en abolissant leurs gouvernements libres et en établissant à leur place des oligarchies. Athènes elle-même reçut une constitution tout à fait spartiate. Un comité provisoire de cinq personnes, appelés éphores, invita Lysandre de Samos à présider la réorganisation d'Athènes. Sous sa direction, trente officiers furent nommés pour le gouvernement de la ville, connus depuis toujours dans l'histoire sous le nom de « Trente Tyrans ».

avant JC 401.

**211.** Critias était leur chef. Après avoir été banni par un vote du peuple, il se vengea maintenant avec une cruauté sans ménagement contre les meilleurs et les plus nobles citoyens. Le sang coulait quotidiennement et les amendes, les emprisonnements et les confiscations étaient les événements de chaque heure. Sur le conseil de Théramène , qui était le chef du parti le plus modéré, trois mille citoyens furent choisis parmi les partisans des Trente, dont la sanction était requise pour les procédures importantes. Mais tous, à l'exception de ce nombre d'affranchis, étaient placés hors de la protection de la loi, et pouvaient être mis à mort, sur parole des tyrans, sans même une apparence de procès. Une liste était dressée de ceux qui étaient destinés à la mort, et n'importe quel membre du parti au pouvoir pouvait y ajouter les noms que lui suggéraient l'avarice ou la haine. Les citoyens les plus riches furent bien entendu les premières victimes, car la succession de l'homme assassiné revint à son accusateur. Théramène , à son tour, se vit proposer un riche étranger à détruire et à piller, mais il rejeta la proposition avec indignation. Cette protestation implicite contre le règne de la terreur lui a coûté la vie. Il fut dénoncé comme ennemi public, son nom rayé du tableau des Trente et de celui des Trois Mille, et il reçut l'ordre d'être exécuté sur-le-champ. Il sauta vers l'autel du sénat ; mais la crainte de la vengeance divine avait disparu, ainsi que l'humanité et la justice, des dirigeants d'Athènes. Il fut emmené en prison et condamné à boire de la ciguë.

**212.** Le vent était déjà en train de tourner, tant dans la ville malheureuse que dans toute la Grèce. Athènes, dans son humiliation, n'excitait plus la peur ni la jalousie de ses anciens alliés ; tandis que Sparte, au lieu de faire valoir son titre présumé de « Libératrice des Grecs », érigeait un nouvel empire plus oppressif que celui de son rival. Même à Sparte même, l'orgueil et la dureté de Lysandre suscitaient le dégoût, et les Trente Tyrans d'Athènes étaient universellement considérés comme les outils de son ambition intrigante.

Les exilés athéniens, qui attendaient leur heure, sortirent de Thèbes, sous la conduite de Thrasybule , et s'emparèrent de la forteresse de Phylé , dans la barrière montagneuse de l'Attique, sur la route de la capitale. Les tyrans, avec la garnison spartiate de l'Acropole et des Trois Mille, marchèrent pour les attaquer, mais furent repoussés avec entrain, et une tempête de neige opportune interrompit leur tentative d'assiéger la forteresse et les repoussa vers la ville. Prévoyant leur expulsion, les Trente se procurèrent alors un lieu de refuge par un autre horrible outrage. Ils firent amener à Athènes comme prisonniers tous les habitants de Salamine et d'Éleusis, capables de porter les armes, et occuper les villes par des garnisons dans leur propre intérêt. Puis remplissant l'Odéon de soldats spartiates et de leurs trois mille adhérents, ils extorquèrent à cette assemblée un vote pour le massacre immédiat des prisonniers.

avant JC 403.

**213.** Thrasybule, soutenu par l'indignation du peuple, marcha alors avec mille hommes vers le Pirée , s'empara du port sans opposition et se fortifia sur la colline de son château, Munychia . Tout le parti lacédémonien d'Athènes marcha contre lui et fut vaincu avec une perte considérable, à laquelle il faut compter la mort de Critias . Le parti le plus modéré prit désormais l'ascendant ; les Trente furent déposés après un règne de huit mois, et dix dirigeants moins atroces furent élus à leur place. Les membres les plus violents des Trente se retirèrent à Eleusis, et les deux partis envoyèrent des envoyés à Sparte pour demander de l'aide. Lysandre entra de nouveau à Athènes avec une armée, tandis que son frère bloquait le Pirée avec une flotte.

À ce stade, cependant, Lysandre fut remplacé et le roi spartiate Pausanias, après avoir été d'abord repoussé, mais ensuite victorieux sur Thrasybulus, entama des négociations pour la paix. L'amnistie fut décrétée pour tous les délits passés, à l'exception de ceux des Trente, des Onze, [53] et des Dix. Les exilés furent rétablis, et Thrasybule et ses camarades marchèrent maintenant en procession solennelle depuis le Pirée pour présenter leurs offrandes de remerciement à Athéna sur l'Acropole. Lors d'une assemblée ultérieure du peuple, tous les actes des Trente Tyrans furent annulés, les archontes, les juges et le Sénat des Cinq-Cents furent rétablis et un code révisé des lois de Draco et Solon fut ordonné. Thrasybulus et son groupe furent récompensés par des couronnes d'olivier pour leur sauvetage de la ville.

399 avant JC.

**214.** MORT DE SOCRATE. Bien qu'humiliés et réduits par rapport à leur ancienne grandeur, les Athéniens se réjouissaient maintenant du rétablissement de leurs anciennes lois. Leur ville, leurs temples et toutes leurs anciennes coutumes et croyances devinrent doublement chers et sacrés, à cause des périls qu'ils avaient traversés. Le pire effet de cette réaction conservatrice fut la condamnation et la mort de Socrate. Ce grand philosophe n'appartenait à aucun parti politique et s'était opposé aux mesures extrêmes des deux ; mais il avait combattu sur de nombreux champs de bataille et avait toujours usé de son pouvoir de citoyen en faveur de la justice et de la miséricorde. Critias avait été son élève, mais lorsqu'il était au pouvoir, il avait haï et persécuté son ancien instructeur. Sa mise en accusation venait désormais du parti adverse. Il fut accusé de mépriser les dieux d'Athènes, d'introduire un nouveau culte et de corrompre la jeunesse athénienne. La dissolution d'Alcibiade a peut-être donné quelque couleur à cette accusation, bien qu'il soit certain que ses impiétés de jeunesse et sa mauvaise conduite ultérieure étaient en dépit des instructions de son maître, et non à cause d'elles.

Appelé pour sa défense, Socrate répondit que, loin de violer la religion d'État, il avait constamment averti ses disciples de ne pas s'écarter des coutumes établies. Il a refusé d'être libéré à des conditions qui l'obligeaient à cesser d'enseigner. Développer la sagesse et la vertu chez les jeunes avait été la passion de sa vie. Il ne revendiquait aucune sagesse propre, mais cherchait à tirer les pensées des autres vers des conclusions justes. Et s'il parvenait à persuader quelqu'un que le souci de devenir chaque jour plus sage et meilleur doit primer sur tous les autres soucis, il était sûr d'avoir conféré le plus grand bénéfice possible. Le ton haut de sa défense n'a fait qu'irriter ses juges, et il a été condamné à mort par empoisonnement.

Le Paralus était désormais parti pour sa mission sacrée annuelle sur l'île de Délos, et aucune exécution ne pourrait avoir lieu avant son retour. Les trente jours ainsi passés par Socrate en prison furent remplis d'entretiens inspirants avec ses amis. Il parlait gaiement du passé et de l'avenir et exprimait sa conviction inébranlable de l'immortalité de l'âme. Sa dernière demande fut qu'un coq soit sacrifié en son nom à Esculape [54] , HYPERLINK "https://gutenberg.org/files/56734/56734-h/56734-h.htm" \l

"Footnote_54" offrande que les gens avaient l'habitude de faire à leur guérison - par ce symbole commun témoignant à tous qu'il considérait la mort comme un libération joyeuse d'un état d'imperfection et de maladie. Lorsque le moment fixé arriva, il but la ciguë et expira tranquillement.

avant JC 402.

avant JC 401.

**215.** INVASION D'ÉLIDE. Les Éléens furent parmi les premiers à ressentir la puissance incontrôlée de Sparte. Gardiens du bosquet sacré d'Olympie, ils avaient exclu les Spartiates des jeux au moment où les Athéniens apparaissaient avec tant de magnificence sous la direction d'Alcibiade, et ils avaient pris les armes contre eux, en alliance avec les Argiens et les Mantinéens. (420-416 avant JC). Ils avaient couronné leurs injures en expulsant de leur temple le roi Agis, alors qu'il était venu avec des sacrifices consulter l'oracle. Agis exigea alors satisfaction, que les Éléens refusèrent de donner, et il traversa leurs frontières avec une force considérable. Un tremblement de terre alarma sa superstition et il se retira sans aucune hostilité active. Mais l'année suivante lui redonna courage. Avec un grand nombre d'alliés, parmi lesquels figuraient même les Athéniens, il envahit et pilla la terre sacrée, et accomplit par la force le sacrifice qu'il avait été empêché d'offrir pacifiquement. Ainsi victorieux de sa première expédition, le Spartiate tourna sa vengeance contre les Messéniens établis sur son territoire ou dans les îles voisines, et les expulsa ou les asservit tous.

398 avant JC.

**216.** Un an plus tard, le roi Agis mourut et son frère Agésilas reçut sa couronne. Agésilas était courageux, honnête et énergique, et les circonstances de son règne exigeaient un exercice constant de ces vertus spartiates. L'aide apportée par les Lacédémoniens lors de la révolte de Cyrus n'avait pas échappé au roi de Perse ; et Tissapherness, qui possédait désormais la satrapie du prince rebelle, fut chargé de les chasser de toutes leurs villes des côtes asiatiques. Les premiers efforts des Spartiates, sous des commandants inférieurs, n'eurent qu'un succès médiocre, et Agésilas lui-même se prépara à prendre le commandement en Asie.

**217.** Le quartier général des forces grecques était à Éphèse, où l'armée arriva en 396 avant JC. L'hiver se passa en préparatifs intenses, qui donnèrent à cette riche ville l'apparence d'un immense arsenal. Au printemps 395, il s'avança sur Sardes et mit en fuite la cavalerie perse. Le pillage de leur camp enrichit les Spartiates, qui ravageèrent désormais le pays presque sous les yeux de Tissapherness. Mais vers cette époque, le satrape tomba au pouvoir de Parysatis, la reine mère, qui le fit décapiter pour son ancienne opposition à Cyrus. Son successeur, Tithraustes, proposa des conditions de paix, les villes grecques restant indépendantes, à l'exception d'un tribut annuel, le même qu'elles avaient payé à Darius Hystaspes .

395 avant JC.

**218.** Entre-temps, la guerre avait éclaté en Grèce entre Thèbes et Sparte, et la première avait fait appel à Athènes, son ancienne ennemie et rivale, avec la promesse de l'aider à restaurer sa suprématie perdue. Lysandre, qui commandait les forces spartiates en Béotie , fut vaincu et tué à Haliartus . Pausanias, arrivé trop tard pour son secours, n'osa pas retourner à Sparte avec l'armée, mais se réfugia dans le temple d'Athéna à Tégée ; et étant condamné à mort par ses compatriotes, il passa le reste de ses jours dans le sanctuaire. Son fils, Agésipolis , lui succéda.

avant JC 394-387.

**219.** LA GUERRE DE CORINTHE. Athènes, Corinthe, Argos et Thèbes formèrent alors une alliance étroite contre Sparte, qui fut bientôt renforcée par l'ajout de l'Eubée , de l'Acarnanie, de la Locris occidentale, de l'Ambracie , de la Leucade et de la Chalcidique en Thrace. Les alliés rassemblèrent une grande armée à Corinthe au printemps 394, et il fut proposé de marcher directement sur Sparte et de « brûler les guêpes dans leurs nids avant qu'elles ne puissent sortir pour piquer ». Cependant, les Lacédémoniens étaient déjà arrivés à Sicyone lorsque les alliés atteignirent Némée, et ces derniers furent obligés de se replier pour protéger Corinthe. Les Spartiates les attaquèrent près de la ville et remportèrent une victoire en juillet 394.

394 avant JC.

**220.** Agésilas avait été rappelé à contrecœur de sa guerre contre la Perse, et apparut maintenant dans le nord avec une armée puissante, dans laquelle se trouvaient Xénophon [55] et plusieurs des dix mille. En apprenant la victoire de Corinthe, le roi s'écria : « Hélas pour la Grèce ! elle a tué assez de ses fils pour vaincre tous les barbares. Agésilas s'avança vers Coronaea , où une autre bataille eut bientôt lieu. Les Thébains réussirent d'abord et, après avoir mis en déroute les Orchoméniens , se dirigèrent vers leur camp à l'arrière. Mais pendant qu'ils pillaient ce territoire, Agésilas avait remporté la victoire sur le reste de la ligne et avait poussé les alliés à se réfugier sur le versant du mont Hélicon. Les Thébains, ainsi encerclés, durent supporter tout le poids de l'attaque spartiate, et aucun combat plus sévère n'avait jamais été connu dans les annales grecques. Ils réussirent enfin à rejoindre leurs camarades, mais la victoire resta à Agésilas.

**221.** BATAILLE DE CNIDE. Leurs deux batailles réussies de Corinthe et de Couronne étaient loin de compenser les Spartiates de la défaite désastreuse qui leur arriva la même saison à Cnide. Conon, qui avait passé les sept années depuis sa disgrâce à Ægos-Potami , avec Evagoras de Chypre, réapparut maintenant, en alliance avec l'ancien ennemi de la Grèce, contre l'ennemi acharné et rival d'Athènes. Artaxerxès, percevant la haine qui commençait à se faire sentir contre la puissance grandissante de Sparte, avait envoyé des envoyés dans les principales villes de Grèce, pour les unir dans une ligue de résistance, tandis qu'il envoyait une grosse somme d'argent à Conon, pour équiper une armée. flotte parmi les Grecs et les Phéniciens du littoral. Aux commandes de cette flotte, Conon fut bloqué à Caunus par le Spartiate Pharax ; mais un renfort arrivant pour les Perses, l'escadre de blocus se retira sur Rhodes. Les habitants de cette île avaient enduré à contrecœur si longtemps la domination des Spartiates. Ils se soulevèrent contre Pharax, le contraignirent à partir et se mirent sous la protection de Conon. Cet amiral s'embarqua aussitôt pour Rhodes et prit possession de l'île ; puis se rendit à Babylone, où il obtint d'Artaxerxès une subvention d'argent encore plus généreuse, pour la poursuite active de la guerre.

Avec l'aide de Pharnabazos, qui lui commandait, il équipa une puissante flotte et offrit la bataille à Pisan'der, l'amiral spartiate, au large de Cnide, en Carie. La force perse, composée de Grecs et de Phéniciens, fut supérieure dès le début, et surtout lorsque Pisandre fut abandonné, au cours de la bataille, par ses alliés asiatiques. Il combattit cependant avec la bravoure d'un Spartiate, jusqu'à ce que sa mort mette fin à la lutte. Plus de la moitié de la flotte spartiate fut capturée ou détruite. À la suite de cette défaite, l'empire spartiate tomba encore plus rapidement qu'il ne s'était développé huit ans auparavant. Conon et Pharnabazos naviguèrent de port en port et furent reçus comme libérateurs par tous les Grecs asiatiques. Les *harmostes spartiates* s'enfuirent partout avant leur arrivée. Abydus et la Chersonèse thrace résistèrent seuls à la puissance d'Athènes et de la Perse.

393 avant JC.

**222.** Au printemps suivant, la flotte de Conon et de Pharnabaze traversa la mer Égée, dévasta les frontières orientales de la Laconie et établit une garnison athénienne sur l'île de Cythère. Le Perse, par de l'or et des promesses, assurait les alliés qu'il rencontrait à Corinthe de son soutien indéfectible contre Sparte ; et il employa les marins de la flotte à reconstruire les longs murs d'Athènes et les fortifications du Pirée. Les récents services de Conon firent plus qu'effacer le souvenir de ses désastres antérieurs, et il fut salué par ses compatriotes comme le second fondateur d'Athènes et le restaurateur de sa grandeur.

**223.** La guerre se poursuivit désormais sur le territoire corinthien, et le principal objectif des alliés était de garder les trois passages dans les montagnes qui s'étendent à travers la partie sud de l'isthme. La plus occidentale d'entre elles était défendue par les longs murs qui s'étendaient de Corinthe à Lechaeum ; les deux autres, par de fortes garnisons des troupes alliées. Les Spartiates étaient à Sicyon, d'où ils pouvaient facilement ravager la plaine fertile et piller les propriétés des riches Corinthiens. Le parti aristocratique de Corinthe commença à se plaindre et à soupirer de son ancienne alliance avec Sparte. La faction dirigeante, de son côté, invita une compagnie d'Argiens dans la ville et massacra un grand nombre de ses opposants. Les aristocrates se vengeèrent en admettant Praxitas , le chef spartiate, dans leurs longs murs, et une bataille eut lieu dans cet espace confiné, dans laquelle les Corinthiens furent vaincus. Les Spartiates détruisirent une grande partie des murs et, traversant l'isthme, s'emparèrent de deux endroits du golfe Saronique.

392 avant JC.

Les Athéniens, alarmés par la porte ainsi ouverte à l'invasion de leur propre territoire, marchèrent avec une force de charpentiers et de maçons jusqu'à l'isthme et aidèrent les Corinthiens à reconstruire les murs. Mais ils construisaient pour leurs ennemis ; car l'été suivant, Agésilas, avec la flotte spartiate, prit possession non seulement des murs, mais aussi du port de Lechaeum . Plusieurs autres villes du golfe Corinthien, avec beaucoup de butin et de nombreux captifs, tombèrent également en sa possession. Les Lacédémoniens encerclèrent Corinthe de toutes parts, et les Thébains, désespérant du succès des alliés, envoyèrent des envoyés pour exiger la paix.

**224.** Alors qu'ils étaient encore en présence d'Agésilas, il reçut la nouvelle d'un désastre sans précédent et mortifiant. Iphicrate , l'Athénien, entraînait depuis deux ans une troupe de mercenaires dans un nouveau système tactique, destiné à combiner les avantages des troupes lourdes et légères. Il avait prouvé leur efficacité dans plusieurs essais, et était maintenant prêt à les éprouver sur le bataillon spartiate, considéré comme presque invincible. Les Spartiates retournaient au camp de Lechaeum , après avoir escorté leurs camarades amyclæens à une certaine distance sur le chemin du retour pour célébrer une fête religieuse, lorsqu'ils furent attaqués, sur les flancs et sur les arrières, à coups de flèches et de javelots. Chargés de leur lourde armure, ils étaient incapables de faire face à leurs antagonistes agiles, tandis que leurs longues piques étaient de peu d'utilité contre les épées courtes des *peltastes* . Ils finirent par se briser en confusion, et beaucoup furent jetés à la mer, suivis par leurs assaillants, qui les luttèrent et les tuèrent dans l'eau.

390 avant JC.

**225.** La guerre en Asie s'est poursuivie avec des succès variables. Thimbron , le Spartiate, fut vaincu et tué par le Perse Struthas , entraînant la perte totale de son armée de 8 000 hommes. Vers la même époque, une escadre athénienne, qui allait aider Evagoras contre la Perse, fut capturée par une flotte spartiate. Thrasybule fut alors envoyé avec une force navale plus importante, avec laquelle il rétablit la puissance athénienne dans la

Propontide et réimposa le péage autrefois perçu par Athènes sur tous les navires sortant du Pont-Euxin. Au milieu de cette expédition, Thrasybulus fut tué. Les Spartiates, grâce à des efforts renouvelés, redevinrent pour un temps maîtres du détroit ; mais Iphicrate , avec ses peltastes, surprit leur chef parmi les cols du mont Ida, et remporta une victoire décisive, qui rétablit la suprématie athénienne dans cette région.

387 avant JC.

**226.** PAIX D' ANTALCIDAS . Les Spartiates firent alors un effort de paix en envoyant Antalcidas à la cour perse. Le roi accepta leurs propositions et fournit les moyens de les faire respecter. Une grande flotte, commandée par Antalcidas et Tiribazus , visita l'Hellespont et, en coupant les approvisionnements en blé du Pont-Euxin, menaça Athènes de famine. Tous les États étaient alors prêts à accepter les conditions et, lors d'un congrès de députés, Tiribazus présenta les propositions suivantes : « Le roi Artaxerxès pense qu'il est juste que les villes d'Asie et les îles de Clazomènes et de Chypre lui appartiennent. Il estime qu'il est juste de laisser indépendantes toutes les autres villes grecques, petites et grandes, à l'exception de Lemnos, Imbros et Scyros, qui doivent appartenir à Athènes, comme autrefois. Les Thébains s'y opposèrent d'abord, mais, menacés de guerre par les Spartiates, ils prêtèrent enfin serment. Les termes qui prosternaient ainsi la Grèce aux pieds de la Perse étaient gravés sur des tables de pierre et érigés dans tous les temples.

## RÉCAPITULATION.

La deuxième période de suprématie spartiate fut marquée par l'abolition des gouvernements libres dans toute la Grèce. Athènes, sous les Trente Tyrans, subit pendant huit mois un règne de terreur. Thrasybule, avec les exilés athéniens, effectua l'expulsion des tyrans, la restauration du gouvernement libre et une réaction conservatrice qui provoqua, entre autres résultats, l'exécution de Socrate. Les Spartiates pillèrent la terre sacrée d'Elis et expulsèrent ou réduisirent en esclavage tous les Messéniens restés sur leur sol. Agésilas, succédant à son frère comme roi de Sparte, fut impliqué dans la guerre avec la Perse. Dans la lutte contre Thèbes, Lysandre fut tué et le roi Pausanias déshonoré. Au cours de la guerre de Corinthe qui suivit, Sparte fut victorieuse à Corinthe et à Coronaea , mais fut renversée de manière désastreuse par la flotte perse dirigée par Conon, lors de la bataille de Cnide, ce qui entraîna la chute soudaine de sa suprématie. Les longues murailles d'Athènes et les fortifications du Pirée furent reconstruites, sous la direction de Conon. La paix d' Antalcidas donna au roi perse une voix dominante dans les affaires grecques, avec la souveraineté de la Grèce asiatique et des îles de Chypre et de Clazomènes .

### SUPRÉMATIE DE THÈBES.

**227.** La haine spartiate contre Thèbes ne fut pas apaisée par le retour de la paix. Pour contrarier cette dernière ville, Platée fut reconstruite et le plus grand nombre possible de ses anciens citoyens ramenés. Une expédition contre Olynthe donna lieu à un acte d'hostilité plus décidé. Phœ'bidas , lors de sa marche à travers la Béotie , arriva par hasard à Thèbes un jour de fête, alors que la citadelle n'était occupée que par des femmes. Aidé de quelques citoyens qui étaient en alliance secrète avec Sparte, il s'empara de la Cadmée , fit mettre à mort le chef du parti patriotique sur une fausse accusation et effectua une révolution dans le gouvernement qui fit de Thèbes un allié subalterne de Sparte. Les Lacédémoniens feignaient de s'associer à l'indignation générale de la Grèce devant cet attentat ; mais bien qu'ils renvoyèrent Phœbidas , ils gardèrent la Cadmée .



**228.** Guerre D'OLYNTHE . La guerre en Macédoine se poursuivit désormais avec l'aide de Thèbes. Olynthe, dans la péninsule chalcidienne, était devenu le chef d'une puissante confédération de cités grecques ; mais Acanthe et Apollonia refusèrent de s'y joindre et demandèrent de l'aide à Sparte. Amyntas , roi de Macédoine, prit leur parti et joignit ses troupes à celles d' Eudamidas . Olynthe, grâce à son excellente cavalerie, résista vaillamment pendant quatre ans ; mais enfin elle tomba, et la ligue fut dissoute. Les ports macédoniens revinrent sous la domination d' Amyntas , tandis que les villes grecques rejoignirent l'alliance spartiate. Sparte était désormais liguée de tous côtés avec les ennemis de la Grèce : avec les Perses, avec Denys de Syracuse et avec la Macédoine. Par la destruction de la Ligue Olynthienne , elle avait levé le principal obstacle à la puissance macédonienne, qui devait bientôt renverser la liberté des Grecs.



**229.** Thèbes resta trois ans sous le contrôle du parti lacédémonien . Mais les citoyens étaient mécontents, et une compagnie d'exilés attendait à Athènes une occasion de se venger. Parmi eux se trouvait Pélopidas , un jeune noble et riche, qui s'était déjà distingué par son patriotisme. Il était l'ami ardent d' Épaminondas , un Thébain plus âgé et d'une vertu encore plus élevée que lui. Un plan était alors formé parmi les exilés pour la délivrance de Thèbes. Pélopidas en était le chef ; mais Épaminondas se retint d'abord, parce que l'exécution du complot exigeait la tromperie et l'effusion possible du sang innocent. C'était un pythagoricien strict ; et ses principes étaient si purs, qu'on ne l'a jamais vu jouer avec la vérité, même en plaisantant, ni la sacrifier à un quelconque intérêt.

**230.** Phyllidas , secrétaire du gouvernement thébain, était de la partie et prit une part importante à son exécution. Il invita à souper les deux polémarques , Archias et Philippe , avec les principaux chefs spartiates ; et quand ils furent suffisamment abrutis de manger et de boire, il proposa de leur présenter quelques dames thébaines. Avant que ceux-ci n'entrent, un messager apporta une lettre à Archias et attira son attention, car elle contenait une question de grande importance. Mais le polémarque se contenta de glisser la lettre sous les coussins de son lit en disant : « Demain, c'est grave ! »

Pélopidas et ses amis, arrivés dans la ville déguisés en chasseurs, entrèrent maintenant dans la salle du banquet avec de longs voiles blancs et des costumes de fête de femmes. Ils furent accueillis bruyamment par les invités à moitié ivres et se dispersèrent avec une apparente insouciance parmi la société ; mais comme un des seigneurs spartiates essayait de lever le voile de celui qui lui parlait, il reçut une blessure mortelle. C'était le signal d'une attaque générale. Des épées furent dégainées sous les vêtements de soie, et aucun Spartiate ne quitta la pièce vivant. Les prisons furent alors ouvertes, et cinq cents Thébains, qui y avaient été emmurés par amour de la liberté, furent ajoutés à la force armée des révolutionnaires. À l'aube, tous les citoyens qui attachaient de l'importance à la liberté étaient convoqués sur la place du marché. Une joyeuse assemblée eut lieu, la première depuis l'usurpation spartiate. Les Lacédémoniens de la citadelle furent assiégés, et les renforts qu'ils attendaient étant coupés, ils se rendirent promptement.

**231.** L'hiver était maintenant au plus profond, mais lorsque la nouvelle arriva à Sparte, des préparatifs de guerre furent immédiatement faits. Cléombrote mena une armée en Béotie , et Athènes fut appelée à rendre compte d'avoir abrité les exilés. Ne pouvant entrer en guerre avec Sparte, les Athéniens consentirent à sacrifier leurs deux généraux qui avaient apporté aux Thébains l'aide la plus efficace. L'un fut exécuté et l'autre, s'étant enfui, fut condamné au bannissement. Les Thébains craignaient de devoir se battre seuls contre Sparte. Afin de contraindre Athènes à prendre part à la guerre, ils soudoyèrent Sphodrias , le général spartiate, pour qu'il envahisse son territoire. Il entra dans l'Attique pendant la nuit et y commit divers ravages, mais se retira le lendemain. Le gouvernement spartiate nia toute connaissance de l'affaire et traduisit Sphodrias en justice pour cette affaire ; mais, sous l'influence d'Agésilas, il fut acquitté. Athènes conclut immédiatement une alliance active avec Thèbes et une déclaration de guerre contre son ancienne rivale.

378 avant JC.

**232.** Une nouvelle confédération se forma alors sur le plan de celle de Délos, comprenant, dans sa période la plus prospère, soixante-dix villes.

Athènes en était la tête, mais l'indépendance des membres était soigneusement gardée. Un congrès à Athènes réglementa la part de chacun dans les dépenses générales. Les fortifications du Pirée furent achevées, de nouveaux navires de guerre furent construits, et tous les alliés pressèrent en avant leurs contingents de troupes. A Thèbes, fut formée la Bande Sacrée, bataillon lourdement armé, composé de trois cents citoyens choisis parmi les familles les plus nobles, liés les uns aux autres par les liens de la plus étroite amitié. Bien que Pélopidas fût un bœotarque , Epaminondas avait la part la plus importante dans l'exercice et la discipline des troupes.

378-376 avant JC.

375 avant JC.

Pendant deux étés, l'armée d'Agésilas envahit le pays et porta ses déprédations jusqu'aux portes de Thèbes. La troisième année, les Thébains détenaient les passages du mont Cithæron et retenaient l'entrée des envahisseurs. Les Spartiates ne réussissaient plus en mer. Ils furent complètement vaincus au large de Naxos par les Athéniens, qui regagnèrent ainsi leur empire maritime en Orient ; tandis que, dans les mers occidentales, Corcyre, Céphalénie et les tribus voisines du continent rejoignirent l'alliance athénienne. Les Thébains ne furent pas moins victorieux sur terre. Pendant les deux années où elles furent libérées de l'invasion spartiate, la plupart des villes béotiennes se soumirent à leur contrôle. En 374 avant JC, tous les Spartiates furent expulsés, des gouvernements libres furent rétablis dans chaque ville, à l'exception d'Orchomène et Chæronea , et la Ligue béotienne fut relancée. Les Phocéens , qui avaient invité vingt ans auparavant les Spartiates dans la Grèce centrale, étaient maintenant l'objet de vengeance, et ce n'en était pas moins parce que les trésors de Delphes seraient le prix du vainqueur. Mais Cléombrote vint au secours des Phocéens et l'agression fut stoppée.

374 avant JC.

**233.** Les Athéniens avaient alors diverses raisons d'être hostiles à Thèbes, et des messagers furent envoyés à Sparte avec des propositions de paix. Ils furent acceptés avec enthousiasme ; mais la restauration inopportune des exilés zacynthiens par Timothée , fils de Conon, à cette crise, interrompit les négociations et la guerre reprit. Cela s'est déroulé dans la mer occidentale, à grands frais et sans aucun gain pour aucune des parties ; le principal objet des Spartiates était la conquête de Corcyre, et celui des Athéniens la protection de son indépendance. Finalement, tous les partis furent las de la guerre, et un congrès général fut convoqué à Sparte au printemps 371.

**234.** PAIX DE CALL'LIAS . [57] Il fut convenu que les garnisons spartiates seraient retirées de chaque ville et que l'indépendance serait assurée à tous.

Athènes et ses alliés signèrent le traité séparément, mais Sparte prêta serment au nom de toute la Confédération Lacédémonienne . Lorsque les Thébains furent sollicités, Épaminondas refusa de signer, sauf pour l'ensemble de la Ligue béotienne , affirmant que Thèbes était aussi légitimement la ville souveraine de la Béotie que Sparte de Laconie. Il défendit son point de vue dans un discours d'une grande éloquence ; mais Agésilas était violemment irrité. La paix fut conclue entre les autres États, mais Thèbes et Sparte continuèrent la guerre.

**235.** Le courage des Thébains paraissait aux autres Grecs une folie, et l'on croyait que dans quelques semaines ils seraient écrasés par la puissance écrasante de Sparte. Mais Thèbes possédait désormais le plus grand général que la Grèce ait jamais produit. Connaissant sa propre puissance et la valeur de ces nouvelles tactiques destinées à remplacer le système spartiate, il raviva la confiance affaiblie de ses compatriotes, raisonna leurs mauvais présages ou en inventa de bons, et par sa propre grandeur d'âme soutint l'esprit. de toute une nation.

371 avant JC.

**236.** BATAILLE DE LEUCTRA . Cléombrotus , le Spartiate, était déjà en Phocide avec une armée considérable. Il commença avec énergie par s'emparer de Creusis , sur le golfe de Crissée , avec douze vaisseaux thébains qui reposaient dans le port, fournissant ainsi à la fois une base de ravitaillement et une ligne de retraite. Il marcha ensuite le long du golfe de Corinthe jusqu'en Béotie et campa dans les plaines de Leuctres. Trois des sept béotarques furent assez alarmés pour proposer de se retirer sur Thèbes et d'envoyer leurs femmes et leurs enfants en sécurité à Athènes ; mais leur plan fut annulé. Epaminondas et Pélopidas étaient alertes et joyeux. Bien qu'en infériorité numérique par rapport aux Spartiates, ils disposèrent leurs forces de manière à être toujours supérieures au point de contact réel, au lieu de s'engager toutes en même temps, ce qui avait été la méthode uniforme dans la guerre grecque. La gauche thébaine était une colonne dense, d'une cinquantaine de profondeur, dirigée par la Bande Sacrée. Cette attaque fut lancée contre la droite lacédémonienne , qui contenait ses meilleures troupes, dirigées par Cléombrote lui-même ; tandis que le centre et la droite thébains, face aux alliés spartiates, étaient tenus hors de combat. L'attaque des Thébains fut irrésistible. Jamais combats plus furieux n'avaient été vus sur aucun champ de bataille grec. Les Spartiates conservèrent leur ancienne vertu ; mais Cléombrote fut mortellement blessé, toute sa division fut repoussée dans son camp, et la victoire des Thébains fut complète. Les alliés des Spartiates, dont beaucoup étaient présents plus par peur que par choix, ne regrettèrent guère le résultat de la bataille.

A Sparte, la funeste nouvelle ne permit pas d'interrompre la fête alors en cours. Tout signe de deuil était interdit, sauf de la part de ceux dont les proches avaient survécu à la défaite. Le désastre fut néanmoins le plus grand qui soit jamais arrivé à Sparte. Son influence fut détruite, même sur les villes du Péloponnèse. Ses dépendances au nord du golfe de Corinthe étaient partagées entre les Thébains et Jason, tyran de Pheræ , en Thessalie, homme au talent singulier et à l'ambition sans bornes, qui visait la souveraineté de toute la Grèce. Les Thébains avaient courtisé son alliance, mais ils commençaient à s'alarmer de l'ampleur de ses projets, et toute la Grèce fut soulagée lorsqu'il fut assassiné en 370. La souveraineté spartiate, qui durait trente-quatre ans depuis la bataille d' Ægos-Potami , céda désormais la place à la SUPRÉMATIE THÉBAINE (371-362 av. J.-C.).

**237.** Les Mantinéens saisirent l'occasion pour venger leurs anciens torts et implorèrent l'aide d'Epaminondas. Il entra en Arcadie avec une armée vers la fin de l'année 370, et fut rejoint par Argives et Éléens , qui augmentèrent son nombre à 70 000 hommes. Par les instances de ses alliés, il marcha en Laconie et s'avança vers Sparte elle-même. Durant tous les siècles où la renommée de la valeur spartiate avait impressionné la Grèce et l'Asie, les femmes spartiates n'avaient jamais vu d'ennemi en armes, et la ville sans muraille était maintenant remplie de terreur. Mais l'énergie du vieux roi Agésilas était à la hauteur de sa défense. Il repoussa la cavalerie d'Epaminondas, qui se retira dans la vallée de l' Eurotas , brûlant et pillant sur son passage, puis revint en Arcadie.

**238.** Les principaux objectifs de son expédition n'étaient pas encore atteints. Une union des villes arcadiennes était déjà constituée, qu'Epaminondas souhaitait organiser et renforcer. De peur que la jalousie ne soit excitée par le choix d'un lieu existant comme capitale de la ligue, une nouvelle ville, appelée Megalop'olis , fut construite et peuplée de colons venus de quarante villes. Ici, un congrès de députés, appelé les « Dix Mille », devait être régulièrement convoqué ; et une armée permanente de députés des différentes villes fut également levée.

**239.** Un plan encore plus précieux était la restauration des Messéniens. Depuis trois cents ans, cette noble race avait été fugitive et exilée, tandis que ses terres étaient en possession des Lacédémoniens . Les exilés furent alors rappelés, par les lettres d'Épaminondas, des côtes d'Italie, de Sicile, d'Afrique et d'Asie, et prirent les armes avec empressement pour récupérer leurs anciens sièges. La citadelle d' Ithome fut de nouveau fortifiée et la ville de Messe'ne , qui s'élevait sur le versant occidental de la montagne, fut protégée par de solides murs. Les territoires messéniens s'étendaient vers le sud jusqu'au golfe qui portait leur nom, et vers le nord jusqu'à Elis et Arcadie.

369 avant JC.

**240.** La jalousie commune à l'égard de Thèbes conduisit désormais à une alliance plus étroite entre Athènes et Sparte. Leurs forces s'unirent pour garder les cols de l'isthme, afin d'empêcher une nouvelle invasion du Péloponnèse. Epaminondas, cependant, brisa leur ligne en battant une division spartiate, et Sicyon abandonna le Spartiate pour l'alliance thébaine. Les Thébains furent à leur tour vaincus dans une attaque contre Corinthe, et leurs ennemis furent renforcés par une escadre arrivée à Lechaeum , de Denys de Syracuse, portant deux mille auxiliaires de Gaule et d'Espagne.

368 avant JC.

**241.** LA BATAILLE SANS LARMES. Les Arcadiens, quant à eux, se réjouissant de leur puissance nouvellement acquise, devinrent ambitieux de partager la souveraineté avec Thèbes, comme Athènes l'avait fait avec Sparte. Sous leur chef Lycomède , qui avait été le premier à proposer la ligue, ils obtinrent plusieurs avantages à l'ouest et achevèrent de renverser le pouvoir spartiate dans la partie messénienne de la péninsule. Dans une entreprise ultérieure, ils furent cependant mis en déroute, avec un grand massacre, par les Spartiates, qui ne perdirent pas un seul homme dans l'engagement, et lui donnèrent donc le nom de « bataille sans larmes ». Les Thébains ne pleurèrent pas cette défaite de leurs alliés, qui eut pour effet de freiner leur orgueil et de montrer leur besoin de protection de l'État souverain.

La même année, les Thébains, sous Pélopidas, organisèrent une ligue entre les villes de Thessalie et formèrent une alliance avec la Macédoine. Parmi les otages envoyés par la cour macédonienne se trouvait le jeune prince Philippe, fils d' Amyntas , âgé aujourd'hui de quinze ans, qui était destiné à jouer un rôle important dans la suite de l'histoire de la Grèce.

**242.** Dans les années 367 et 366, les Thébains obtinrent du roi de Perse cette sanction de leur pouvoir que la paix d' Antalcidas avait rendue nécessaire, ou du moins coutumière en Grèce. Artaxerxès reconnut la suprématie hellénique de Thèbes et l'indépendance de Messène et d'Amphipolis ; Il décida d'un différend entre les Arcadiens et les Éléens en faveur de ces derniers et ordonna à Athènes de réduire sa marine sur un pied de paix. Ce rescrit royal provoqua naturellement une violente opposition parmi les États grecs ; et lorsque Pélopidas visita la Thessalie pour obtenir le respect de ses conditions, il fut saisi et emprisonné par Alexandre de Pheræ . Les Thébains envoyèrent aussitôt une force pour récupérer ou venger leur ambassadeur. Mais, malheureusement, Epaminondas était maintenant dégradé de son commandement ; l'armée fut vaincue et échappa de peu à une destruction totale. Le grand général servait comme soldat dans les rangs ; il fut appelé par ses camarades pour être leur chef et les reconduisit sains et saufs chez eux. Il reçut ensuite le commandement d'une seconde expédition, qui obtint la libération de Pélopidas.

Deux ans plus tard, Pélopidas lui-même mena une armée contre Alexandre et remporta une grande victoire sur lui à Cyn'oceph'alæ . La rage à la vue de son vieil ennemi l'emporta sur sa prudence, et il tomba furieux en combattant au milieu des gardes d'Alexandre. Les Thébains éprouvèrent plus de chagrin à sa mort qu'à la joie de sa victoire, mais ils ne manquèrent pas de la poursuivre avec une nouvelle armée, qui dépouilla Alexandre de toutes ses possessions, à l'exception de la ville de Pheræ, et établit la suprématie thébaine dans toute la Grèce du Nord.

**243.** La guerre dans le Péloponnèse était maintenant agrémentée d'un acte de sacrilège. Les Arcadiens s'emparèrent du Bosquet Sacré d'Olympie pendant l'année de la fête, expulsèrent les Éléens de leur surveillance des jeux et installèrent les Pisatiens à leur place. Une grande armée d'Arcadiens et de leurs alliés était présente pour faire respecter cette procédure irrégulière. Les Éléens arrivèrent au milieu des jeux, soutenus par leurs alliés, les Achéens , et une bataille eut lieu sur le terrain sacré. Le temple même de Zeus olympique devint une forteresse, et la statue d'or et d'ivoire de Phidias dominait une scène de conflit sans précédent. Le trésor du sanctuaire a été pillé par les envahisseurs. L'Arcadie elle-même fut divisée par cet acte impie. Les Mantinéens refusèrent toute part du butin et furent pour cette raison proclamés traîtres à la ligue. La paix fut enfin faite avec Elis, mais deux partis restèrent en Arcadie : les Mantinéens, alliés à Sparte ; et les Tégéens , avec les autres villes qui favorisaient Thèbes. Les hostilités étaient fréquentes et des envoyés furent envoyés à Epaminondas pour exiger son intervention.

**244.** Au cours de l'été 362 avant JC, le grand général envahit le Péloponnèse pour la quatrième et dernière fois. À Tégée, il fut rejoint par ses alliés, tandis qu'Agésilas se déplaçait avec une force spartiate vers Mantinée. Placé ainsi entre le roi et sa capitale, Epaminondas saisit l'occasion pour lancer une attaque soudaine contre Sparte. Agésilas en eut connaissance à temps pour revenir, et bien qu'une bataille eut lieu dans les rues mêmes de la capitale, l'envahisseur fut contraint de se retirer. Avec sa rapidité habituelle, Epaminondas recula pour surprendre Mantinée tandis que l'armée spartiate se retirait. Les citoyens et leurs esclaves étaient dispersés dans les champs, car c'était le temps des moissons ; mais une troupe de cavalerie athénienne venait d'arriver, et, quoique fatiguée et affamée, elle réussit à repousser les Thébains.

**245.** BATAILLE DE MANTINÉE. Il était maintenant évident qu'une grande bataille devait avoir lieu, et la plaine élevée entre Tégée et Mantinée, entourée de toutes parts par des montagnes, était le champ de bataille destiné. Les Thébains, en arrivant, déposèrent les armes, comme s'ils se préparaient à camper ; et les Spartiates, insinuant qu'ils n'avaient pas l'intention de se battre, se dispersèrent dans une certaine confusion. Certains soignaient leurs chevaux, d'autres débouclaient leurs cuirasses, lorsqu'ils furent surpris par la charge de la colonne profonde et lourde des troupes béotiennes , qu'Epaminondas avait rapidement mises en ordre d'attaque. Les Spartiates combattirent vaillamment, mais sous le désavantage qu'occasionne toujours le désordre, ils ne purent se relever immédiatement. Epaminondas saisit l'occasion pour diriger une bande de troupes choisies directement sur le centre de l'ennemi. Les Mantinéens et les Spartiates se retournèrent et s'enfuirent ; mais à ce moment le général thébain tomba, percé d'une blessure mortelle. Ses partisans étaient paralysés de consternation, incapables de poursuivre et de récolter l'avantage qu'il leur avait préparé. Les Spartiates s'avouèrent vaincus, en demandant la permission d'enterrer leurs morts, mais les deux armées érigèrent des trophées de victoire.

**246.** Epaminondas, le fer de lance dans la poitrine, fut emporté hors du champ de bataille. Il s'assura d'abord que la bataille était gagnée, puis essaya de prendre une décision sur son commandement ; mais les deux généraux qu'il aurait choisis étaient déjà tués. « Alors faites la paix », fut son dernier commandement public. La pointe de lance fut alors retirée, et avec le flot de sang qui la suivit, sa vie mourut. Aucun Grec n'a jamais mérité plus véritablement, par son caractère et son talent, le titre de « Grand ». Beaucoup des plus dignes qui lui succédèrent le prirent pour modèle ; et même les âges chrétiens n'ont vu personne qui remplisse mieux la description d'un brave chevalier, « sans crainte et sans reproche ». La grandeur de Thèbes commença et se termina avec sa carrière publique. Après le résultat fatal de la bataille de Mantinée, elle retrouva son ancienne position.

361 avant JC.

**247.** La paix a été rétablie, laissant toutes les parties dans la même situation qu'avant la guerre. Agésilas, indompté par ses quatre-vingts ans, cherchait un champ de gloire au-delà de la mer. Tachos , roi d'Egypte, avait demandé l'aide de Sparte dans sa révolte contre la Perse. Agésilas vint à son secours, à la tête d'un millier de troupes lourdement armées. L'apparence du petit vieillard boiteux, complètement dépourvu de la suite et de la splendeur d'un roi, excitait le ridicule des Égyptiens ; mais lorsqu'il transféra son aide de Tachos à Nectanabis , qui s'était soulevé contre lui, l'importance du petit Spartiate se fit sentir, car Nectanabis obtint le trône. Agésilas ne vécut pas assez longtemps pour rapporter à Sparte ses honneurs et ses récompenses. Il mourut sur la route de Cyrène, et son corps, embaumé dans de la cire, fut transporté en grande pompe dans sa ville natale. Un ancien oracle avait prédit que Sparte perdrait son pouvoir sous un souverain boiteux. Cela était désormais accompli, mais sans que ce soit la faute du roi. Agésilas avait toutes les vertus de ses compatriotes, sans leurs défauts communs d'avarice et de tromperie ; et il ajouta à l'amitié une chaleur et une tendresse que les

Spartiates possédaient rarement. Il a été appelé « le citoyen le plus parfait et le général le plus accompli de Sparte, et peut-être à bien des égards, son plus grand homme ».

**248.** LA GUERRE SOCIALE. Athènes maintenait toujours ses guerres dans le Nord ; par mer contre Alexandre de Phérae , et par terre contre la Macédoine et les princes thraces. La deuxième période de la grandeur athénienne atteignit son apogée en l'an 358, lorsque l'Eubée , la Chersonèse et Amphipolis furent de nouveau soumises. Cette année-là, une révolte sérieuse, appelée guerre sociale, fut déclenchée par Rhodes, Cos, Chios et Byzance. Sestus et d'autres villes de l'Hellespont se joignirent à la querelle, et Mausole , roi de Carie, envoya de l'aide aux insurgés. La guerre fut sans gloire et exhaustive pour Athènes. Pour obtenir les moyens de payer leurs marins, les commandants aidèrent Artabaze dans sa révolte contre la Perse, et encoururent ainsi la vengeance du grand roi. Athènes dut consentir à l'indépendance des quatre États rebelles, afin d'éviter des pertes et des calamités encore plus grandes. Pendant les quatre années où son attention avait été ainsi absorbée, Philippe de Macédoine avait pu s'emparer de toutes ses dépendances du golfe Thermaïque , et étendre ainsi sa puissance jusqu'au Pénée.

357 avant JC.

**249.** LA GUERRE SACRÉE. Au cours de la guerre sociale, une autre querelle fatale éclata en Grèce centrale, à cause de l'inimitié de Thèbes et de la Phocide. Poussés à se battre pour leur existence, les Phocéens s'emparèrent des trésors sacrés de Delphes, ce qui leur permit de lever et d'entretenir une importante armée de mercenaires, et même de soudoyer certains États voisins pour les aider ou rester neutres. Leur premier général, Philomélus , fut vaincu et tué à Tithorée . Son frère Onomarchus , qui lui succéda, utilisa les trésors de Delphes avec encore moins de scrupules, et confisqua les biens de tous ceux qui s'opposaient à lui. Par ces moyens, il conquit Locris et Doris, envahit la Béotie et captura Orchomène.

352 avant JC.

**250.** Lyc´ophron , tyran de Pheræ , cherchait alors son aide contre Philippe de Macédoine, dont la puissance croissante pesait lourdement sur la Thessalie. Phaÿl´lus , qui fut le premier à diriger une force au secours de Lycophron , fut vaincu ; mais Onomarque lui-même entra en Thessalie, battit le roi dans deux batailles rangées et le chassa du pays. Il retourna ensuite en Béotie , où il captura Coronaea , mais fut rappelé en Thessalie par une autre invasion de Philippe. Cette fois, sa fortune changea ; il fut vaincu et, avec beaucoup d'autres fugitifs, se jeta à la mer, espérant atteindre les navires athéniens qui étaient au large pour assister à la bataille. Il périt, et son corps, tombant entre les mains de Philippe, fut crucifié en punition de son sacrilège.

**251.** Cette bataille assura l'ascendant de Philippe en Thessalie. Il établit un gouvernement plus populaire à Pheræ , prit et mit en garnison Magnésie, puis s'avança vers les Thermopyles . Les Athéniens anticipèrent le danger et gardèrent le passage avec une forte force. Mais la liberté de la Grèce était destinée à être sacrifiée à ses dissensions intérieures. La guerre sacrée durait onze ans, lorsque les Thébains appelèrent au secours de Philippe pour achever la destruction de la Phocide. Les Athéniens restèrent désormais neutres et Philippe passa les Thermopyles sans opposition. Au cours d'une courte campagne, il écrasa la Phocide et fut admis comme membre du Conseil amphictyonique , à la place de l'État conquis.

349 avant JC.

**252.** Athènes était désormais la seule puissance en Grèce capable de s'opposer au roi macédonien, et Athènes ne possédait plus de Miltiade, de Conon ou de Thémistocle. Cependant un grand orateur s'était levé, et lorsqu'Olynthe envoya des envoyés pour implorer de l'aide contre l'envahisseur, qui attaquait maintenant les villes chalcidiennes, l'éloquence de Démosthène réveilla une légère manifestation de leur ancien esprit. La tentative de sauvetage échoua cependant par une trahison à l'intérieur des murs ; et, en 347, Olynthe tomba. La triple péninsule était désormais au pouvoir de Philippe, et il était capable de faire valoir ses intérêts dans toute la Grèce plutôt par l'intrigue que par la force. Même à Athènes, un parti puissant, soutenu par ses pots-de-vin, s'efforça de saper les efforts des vrais patriotes, dont Démosthène était le chef. Eschine était le porte-parole du parti macédonien, un orateur surpassé seulement par Démosthène lui-même, et il a probablement gagné du côté de Philippe plus par des flatteries que par des cadeaux. Il réclamait constamment la paix avec le roi, tandis que Démosthène, dès qu'il comprit l'étendue des desseins de Philippe, s'y opposa avec toute la véhémence impitoyable de sa nature. Ses *Philippiques* sont les exemples les plus frappants, dans n'importe quel langage, d'une opposition audacieuse et éloquente à une usurpation injuste du pouvoir.

339 avant JC.

**253.** En 340, la guerre fut déclarée à cause des agressions de Philippe sur le Bosphore ; et la seconde guerre sacrée, qui éclata l'année suivante, lui donna une raison de repasser par les Thermopyles . Il fut alors nommé général en chef des forces amphictyoniques et conquit ainsi une position au cœur même de la Grèce, qu'il ne manqua pas d'utiliser à son avantage.

7 août, 338 avant JC.

**254.** Les Thébains, alarmés, demandèrent de l'aide à Athènes, qui ne fut pas refusée. Les armées s'affrontèrent à Chæronea , et la victoire de Philippe porta le coup mortel à l'indépendance grecque. Tous les États, à l'exception de Sparte, reconnurent sa souveraineté, et il fut nommé généralissime des forces helléniques dans la guerre maintenant projetée contre la Perse. Pour vaincre l'hostilité de Sparte, il traversa le Péloponnèse jusqu'à l'extrémité sud, et revint par la côte ouest, sans rencontrer d'opposition sérieuse.

La mort de Philippe par assassinat interrompit le mouvement contre les Perses et ranima un instant l'espérance des patriotes ; mais le parti macédonien prévalut sous le jeune Alexandre, qui surpassa son père comme général et comme roi.

## RÉCAPITULATION.

Sparte détruisit la confédération olynthienne et s'empara de Thèbes, qui fut sauvée au bout de trois ans par Pélopidas et ses compagnons d'exil. Athènes reprit sa domination sur les mers orientales et occidentales, tandis que Thèbes devint la tête de la nouvelle Ligue béotienne . Le traité de Callias assura la paix entre tous les États, à l'exception de Thèbes et de Sparte. La victoire d'Epaminondas sur les Spartiates à Leuctres établit la suprématie thébaine, qui fut reconnue et soutenue par les Perses pendant les années restantes de sa vie. Il envahit quatre fois le Péloponnèse ; organisa une confédération arcadienne, avec à sa tête la nouvelle ville, Mégalopolis ; a restauré les Messéniens exilés sur les terres de leurs ancêtres ; deux fois attaqua Sparte elle-même ; et finalement il triompha et tomba à Mantinée. Agésilas mourut à son retour d'Égypte, où son aide avait assuré le trône à Nectanabis . Athènes déclina de sa deuxième période de grandeur à la suite de la guerre sociale, de 357 à 355 av. Les Phocéens , avec les trésors delphiques qu'ils confisquèrent, prirent l'ascendant sur la Grèce centrale, mais le perdirent dans la guerre contre Philippe de Macédoine. Ce roi mit fin à la Guerre Sacrée (357-346 av. J.-C.) par la destruction de la Phocide, prit sa place au Conseil Amphictyonique , conquit les péninsules chalcidiennes, dirigea les forces alliées dans la Seconde Guerre Sacrée et, par sa victoire à Chæronea , établit sa suprématie. sur la Grèce. Son fils Alexandre hérita de son commandement civil et militaire.

## QUESTIONS À RÉVISER.
### LIVRE III.

| | | |
|---|---|---:|
| 1. | Sous quels noms la Grèce est-elle connue ? | §8. |
| 2. | Quelles tribus faisaient partie des Hellènes ? | 9. |
| 3. | Quels étrangers ont aidé à civiliser la Grèce ? | dix. |
| 4. | Décrivez trois des héros grecs. | 11-13. |
| 5. | Que dire du siège de Troie ? | 14. |

| | | |
|---|---|---|
| 6. | Quel était l'état du pays et de son peuple à l'époque héroïque ? | 11 , 17-20 . |
| 7. | Décrivez les rois. | 15 , 16 . |
| 8. | Quels liens entre les religions grecques et asiatiques ? | 21. |
| 9. | Nommez les douze divinités olympiennes. | 23. |
| dix. | Quelle influence la croyance grecque avait-elle sur la conduite humaine ? | 25. |
| 11. | Quelles cérémonies étrangères ont été empruntées par les Grecs ? | 26 , 27 , 29 . |
| 12. | Que sait-on des Mystères ? | 28. |
| 13. | Décrivez les oracles. | 30-32. |
| 14. | Quelles migrations en Grèce, 1124-1100 avant JC ? | 33 , 34 . |
| 15. | Décrivez les colonies asiatiques. | 35-37 , 85 , 86 . |
| 16. | Quels changements politiques à la fin de l'Âge héroïque ? | 38. |
| 17. | Quels étaient les liens d'union entre les Grecs ? | 39 , 42 . |
| 18. | Décrivez les jeux et les récompenses des vainqueurs. | 40 , 41 . |
| 19. | Racontez l'histoire d'Argos. | 43. |
| 20. | Quelle était la condition et le gouvernement de Sparte, en 900 avant JC ? | 44-46. |
| 21. | Décrivez la discipline de Lycurgue. | 47-53. |
| 22. | Les guerres de Sparte pendant la Seconde Période. | 55-61. |
| 23. | Quel était le caractère de l'influence spartiate en Grèce ? | 62. |
| 24. | Quelle différence de caractère entre les Athéniens et les Spartiates ? | 63. |

| 45. | Le caractère et la carrière de Thémistocle. | 104-109 , 113-117 , 130 , 136 , 138 . |
|---|---|---|
| 46. | La bataille des Thermopyles . | 111 , 112 . |
| 47. | La bataille de Salamine. | 117 . |
| 48. | La retraite de Xerxès. | 118 . |
| 49. | L'ambassade d'Alexandre. | 119 , 120 . |
| 50. | La condition d'Athènes. | 121 . |
| 51. | Décrivez la campagne en Béotie . | 122-126 . |
| 52. | Les opérations ultérieures des Grecs. | 128 , 129 . |
| 53. | Quels changements dans le rang et la politique d'Athènes ? | 130 . |
| 54. | Racontez l'histoire de Pausanias. | 131 . |
| 55. | Décrivez la montée de la Confédération de Délos. | 132 . |
| 56. | La carrière de Cimon. | 133-137 , 139-142 , 150 . |
| 57. | Les causes et les événements de la troisième guerre messénienne. | 139 , 142 , 148 . |
| 58. | L'histoire de Périclès. | 140 , 143 , 145 , 152-157 , 159 , 161-165 . |
| 59. | Racontez l'histoire de la première guerre du Péloponnèse. | 143-147 . |
| 60. | Que s'est-il passé à Delphes, en 448 avant JC ? | 151 . |
| 61. | Décrivez la bataille de Coronaea et ses conséquences pour Athènes. | 152-154 . |
| 62. | La révolte samienne. | 156 , 157 . |

# LIVRE IV.
### Histoire de l'Empire macédonien et des royaumes qui en sont issus, jusqu'à leur conquête par les Romains.

## Première période. De l'essor de la monarchie à la mort d'Alexandre le Grand, vers 700-323 av.

**1.** Le royaume de Macédoine, situé au nord de la Thessalie et à l'est de l'Illyrie , avait peu d'importance avant le règne de Philippe II, dont les agressions mirent fin à l'histoire indépendante de la Grèce. ( Voir Livre III, §§ 248-254. ) En 507 avant JC, Amyntas I. se soumit à Darius Hystaspes ; et quinze ans plus tard, lors de la première expédition de Mardonius , le pays devint une simple province de l'empire perse, les rois indigènes gouvernant en tant que tributaires. Après la retraite de Xerxès, en 480 avant JC, la Macédoine redevint libre et commença à avancer vers l'est le long de la côte nord de la mer Égée . Ici, elle rencontra deux rivaux : le nouveau royaume thrace de Sitalces sur sa frontière orientale, et la puissance athénienne dans les villes grecques des péninsules chalcidiennes.

**2.** Alors qu'Athènes était prosternée par ses désastres siciliens, le règne court mais brillant d' Archélaüs Ier (413-399 av. J.-C.) jeta les bases de la grandeur macédonienne. Il améliora son pays par des routes, le fortifia par des forts et introduisit une meilleure discipline dans l'armée. Sa mort fut suivie de quarante années de grand tumulte, d'une scène continue de complots et d'assassinats, dont le récit ne ferait que confondre sans profiter l'étudiant. Lorsque Perdiccas III. Mort au combat, il laisse un fils en bas âge, Amyntas , sous la régence de son frère Philippe. Au moins cinq autres princes revendiquèrent la couronne ; les Illyriens victorieux occupèrent les provinces occidentales, et la Thrace et la Paeonia étaient prêtes à absorber celles de l'est.

**3.** Philippe a surmonté tous ces périls avec un esprit et une capacité admirables. Il se fait roi à la place de son neveu, bat les Illyriens et profite de la guerre sociale pour s'emparer d'Amphipolis, Pydna et Potidæa . Il repoussa la frontière macédonienne vers l'est jusqu'au Nestus et construisit la ville de Philippepi pour la protection des mines d'or. Celles-ci étaient tombées à l'abandon pendant les guerres d'Athènes, mais sous sa gestion améliorée, elles rapportèrent bientôt un revenu annuel de mille talents (1 250 000 $).

**4.** Philippe, dans sa jeunesse, avait passé trois ans à Thèbes, où il avait étudié la tactique d'Epaminondas, ainsi que la langue, le caractère et la politique des Grecs. Une fois arrivé au pouvoir, il consacra une attention inlassable à l'entraînement de son armée, jusqu'à ce qu'elle dépasse de loin celle de n'importe quel État hellénique. Non moins habile en diplomatie qu'en science militaire, il sut profiter des rivalités grecques et de la corruptibilité de tous les partis pour monter les uns contre les autres et se rendre ainsi suprême. Ses mouvements rapides lui donnaient l'impression de se trouver en plusieurs endroits à la fois, et aucune circonstance qui menaçait ou favorisait ses intérêts ne lui échappait.

**5.** La guerre d'Olynthie se termina par la prise de trente-deux villes en Chalcidique ; la Guerre Sacrée fit de Philippe le maître de la Phocide et le chef de la Ligue Amphictyonique . En Thrace orientale, les Athéniens trouvèrent de l'aide auprès des Perses, déjà alarmés par la montée rapide de la puissance macédonienne, et Périnthe et Byzance furent ainsi sauvés pour un temps. Philippe fut victorieux (339 avant JC) contre un prince scythe de l'actuelle Bulgarie ; et bien qu'il fut vaincu et blessé à son retour, dans une bataille avec les Triballi , ses complots se poursuivirent avec un succès ininterrompu. La Seconde Guerre sacrée lui donna la suprématie dans la Grèce centrale, et la victoire à Chæronea prosterna toute l'opposition restante. Le Congrès de Corinthe (337 av. J.-C.) reconnut sa direction et le nomma pour diriger les forces grecques contre la Perse. L'avant-garde de l'armée macédonienne était déjà en Asie, lorsque Philippe fut assassiné, lors des festivités accompagnant le mariage de sa fille, en 336 avant JC.

**6.** Au milieu des premières victoires de Philippe, il avait appris la naissance de son fils Alexandre à Pella. Il écrivit immédiatement à son ami Aristote , [58] pour lui exprimer sa joie que le jeune prince soit né du vivant du philosophe à qui il pouvait le plus volontiers confier son éducation. Le jour même de la naissance d'Alexandre, le temple d'Artémis à Éphèse fut entièrement incendié. Les prêtres et les devins, considérant l'incendie comme un mauvais présage, parcouraient la ville en se frappant la poitrine et en criant à haute voix : « Ce jour a engendré le fléau et le destructeur de l'Asie. » 356 avant JC.

Pièce d'Alexandre, agrandie de moitié.

**7.** À l'âge de seize ans, Alexandre devient régent du royaume lors de la campagne de son père contre Byzance. A Chæroaea , deux ans plus tard, il dirigea un corps de jeunesse macédonienne contre la bande sacrée de Thèbes, et la victoire fut principalement due à son courage et à son impétuosité. À la mort de son père, Alexandre, à vingt ans, monta sur un trône semé de nombreux dangers. Il expulsa ou tua ses plus proches rivaux, marcha en Grèce et convoqua à Corinthe un nouveau congrès, qui lui conféra les mêmes dignités et pouvoirs précédemment accordés à son père ; puis, retournant instantanément en Macédoine, il vainquit ses ennemis à l'ouest et au nord, dont il poursuivit certains même au-delà du Danube. Au cours de ces campagnes, une fausse nouvelle de sa mort parvint en Grèce et Thèbes saisit l'occasion pour se révolter. Mais Alexandre apparut soudain devant ses portes, prit d'assaut et prit la ville, qu'il détruisit complètement, en guise d'avertissement aux autres, sauf la maison du poète Pindare, et asservit ou massacra les habitants.

**8.** La Grèce était maintenant soumise, et Alexandre se préparait à exécuter les plans de conquête asiatique de son père et de ses propres projets. Au printemps 334 avant JC, il franchit l'Hellespont avec 35 000 hommes. Les Perses qui l'attendaient au Granique furent vaincus et Alexandre, avec sa célérité habituelle, envahit l'Asie Mineure, qui se soumit avec peu d'opposition. Memnon, Grec rhodien au service de Darius, et son plus grand général, désirait porter la guerre en Macédoine, au moyen de l'écrasante flotte des Perses. Ses mouvements retinrent Alexandre quelques mois près de la côte égéenne ; mais sa mort, au printemps 333 avant JC, laissa l'envahisseur libre de marcher vers le cœur de l'empire. Darius conduisit une vaste armée dans la plaine de l'Oronte, où il aurait pu avoir l'avantage sur son assaillant ; mais Alexandre s'attarda dans les cols de Cilicie , jusqu'à ce que le roi perse, impatienté, vienne à sa rencontre. La bataille d'Issus (333 av. J.-C., novembre) aboutit à la défaite des Perses avec un grand massacre.

**9.** Au lieu de suivre Darius, Alexandre entreprit de conquérir la côte méditerranéenne jusqu'en Égypte, assurant ainsi la sécurité de la Macédoine et de la Grèce. La plupart des villes phéniciennes se soumirent à son approche, mais Tyr lui résista sept mois. Lors de sa prise (332 av. J.-C., juillet), 8 000 de ses habitants furent massacrés et 30 000 vendus comme esclaves. Gaza a été capturée après un siège de deux mois. Selon Josèphe, le conquérant marcha alors sur Jérusalem. Le grand prêtre Jaddua sortit à sa rencontre, portant le pectoral de pierres précieuses et la mitre gravée du Saint Nom. Alexandre se prosterna avec une profonde révérence devant le prêtre et expliqua à ses disciples que dans une vision, avant de quitter l'Europe, il avait vu une telle figure qui l'avait invité à la conquête de l'Asie. Le grand prêtre lui fit remarquer les prophéties de Daniel concernant sa carrière ; et

Alexandre, en ajoutant les Juifs à son empire, les exempta du tribut tous les sept ans, alors que, selon leur loi, ils ne pouvaient ni semer ni récolter.

**10.** En Égypte, le roi macédonien fut accueilli avec joie, car le peuple haïssait les Perses pour avoir insulté leurs dieux et profané leurs temples. À l'embouchure occidentale du Nil, il fonda une nouvelle capitale, qu'il conçut comme l'échange commercial des mondes oriental et occidental. Alexandrie, avec ses grands avantages de position, devint bientôt une ville riche et magnifique. Une démarche moins judicieuse du conquérant fut une marche pénible à travers le désert jusqu'au temple d'Amon. Il fut cependant récompensé en étant salué par les prêtres comme le fils du dieu, distinction à laquelle Alexandre appréciait grandement.

**11.** Se tournant vers le nord et l'est, Alexandre cherchait maintenant le grand combat qui devait lui transférer les domaines de Cyrus. Il avait délibérément donné à Darius le temps de rassembler toutes les forces de son empire, afin qu'une seule bataille puisse décider de son sort. La bataille d'Arbela (331 av. J.-C., octobre) a été décrite dans le livre II. En conséquence, les trois capitales, Suse, Persépolis et Babylone, se rendirent presque sans résistance ; et Alexandre aurait pu, sans autre effort, prendre la pompe et l'aisance d'un monarque oriental. Mais son esprit inquiet le porta à la conquête des provinces orientales et de l'Inde. Il marcha d'abord en Médie, où Darius avait rallié les restes de ses forces pour s'opposer à lui, mais à son approche, le roi détrôné s'enfuit par les portes caspiennes vers la Bactriane. Avant qu'Alexandre puisse le rattraper, il fut assassiné par son satrape rebelle, Bessus, qui prit le titre de roi de Perse.

**12.** Les mercenaires grecs de Darius, qui formaient sa force la plus efficace, s'ajoutèrent désormais à l'armée du conquérant. De province en province, Alexandre marcha, recevant des soumissions et organisant des gouvernements. Bessus s'enfuit en Sogdiane, mais fut pris et subit une mort cruelle pour sa trahison et son usurpation. Une nouvelle ville d'Alexandrie fut fondée sur le Jaxartes ; et après avoir châtié les Scythes vers le nord, le conquérant retourna en Bactriane, où il passa l'hiver de 329 av.

**13.** Le génie d'Alexandre commença à être déshonoré par l'orgueil et la cruauté sans scrupules d'un roi d'Orient. Il adopta le costume et le cérémonial persans, et exigea que ses courtisans se prosternent devant lui, comme devant une divinité plutôt que devant un mortel. Il avait déjà mis à mort son ami Philotas, sous une accusation non prouvée de complot contre sa vie ; et le vieux Parménio, père de Philotas, fut soumis sans procès au même sort. A Bactra, au cours d'une fête ivre, Alexandre assassina de sa propre main son ami Clitus.

**14.** Au cours de sa guerre de deux ans contre la Sogdiane, Alexandre s'empara d'une forteresse de montagne, où Oxyartes , prince de Bactriane, avait déposé sa famille. Roxa´na , l'une des princesses, devint l'épouse du conquérant. Au printemps 327 avant JC, l'armée macédonienne traverse l'Indus et envahit le Pendjab. Aucune résistance ne fut rencontrée jusqu'à ce qu'elle atteigne les Hydaspes , où Porus , un roi indien, fut rassemblé avec ses éléphants et un corps d'hommes formidable. Une bataille acharnée aboutit à la défaite et à la capture de Porus ; mais son esprit courageux commandait tellement le respect de son vainqueur, qu'il lui fut permis de conserver son royaume.

Alexandre fonda deux villes près de l' Hydaspe , l'une nommée Bucéphale , en l'honneur de son cheval préféré, qui y mourut, et l'autre, Nicée , en commémoration de ses victoires. Il donna l'ordre de construire une flotte à partir des forêts indiennes, tandis qu'il avançait avec son armée encore plus à l'est. Toutes les tribus jusqu'à l' Hyphasis (Sutlej) furent conquises une à une. Arrivés à cette rivière, les Macédoniens refusèrent d'aller plus loin. Ils ont déclaré qu'ils avaient plus que rempli les conditions de leur engagement et qu'ils étaient épuisés par les épreuves de huit campagnes sans précédent.

**15.** Alexandre fut obligé de faire demi-tour. Sa flotte était maintenant prête, et il descendit l' Hydaspes jusqu'à l'Indus, à l'automne et à l'hiver de 327 avant JC. Son armée marcha en deux colonnes le long des rives, la vallée entière se soumettant avec peu de résistance. Deux autres villes furent fondées et laissées avec des garnisons et des gouverneurs grecs. Arrivé à l'océan Indien, Near 'chus fut envoyé avec la flotte dans le golfe Persique, tandis qu'Alexandre revenait par voie terrestre. Sa marche à travers la Gedrosia fut la plus sévère de toutes ses opérations, l'armée souffrant du manque de nourriture et d'eau. À Pura, il s'approvisionna et traversa Kerman jusqu'à Pasargades , et de là jusqu'à Persépolis. Arrivé à Suse au printemps de 325 avant JC, il accorda à son armée quelques mois de repos bien mérité, tandis qu'il commençait à organiser le vaste empire qu'il avait si rapidement bâti.

**16.** Désireux d'unir ses domaines d'Orient et d'Occident par tous les liens de sympathie et d'intérêt commun, il assigna à quatre-vingts de ses officiers des épouses asiatiques dotées de riches dots. Il avait lui-même donné l'exemple en prenant pour seconde épouse Barsine , fille de Darius III ; et lorsque dix mille soldats épousèrent des femmes asiatiques, il leur fit à tous des cadeaux. Vingt mille Perses furent reçus dans l'armée et entraînés à la tactique macédonienne ; tandis que des satrapes persans étaient placés sur plusieurs provinces, et que la cour était également composée d' Asiatiques et d'Européens. Quelques-uns des vétérans d'Alexandre, voyant les nations conquises mises à niveau avec elles, se révoltèrent ouvertement. Il fit taire leurs plaintes avec beaucoup d'adresse, puis renvoya 10 000 d'entre eux chez eux.

**17.** Contrairement à la plupart des conquérants, Alexandre a amélioré les pays qu'il avait conquis par les armes. Les rivières furent débarrassées des obstructions, le commerce relança et l'entreprise occidentale remplaça l'indolence et la pauvreté asiatiques. La langue et la littérature grecques étaient implantées partout : chaque nouvelle exploration ajoutait aux trésors de la science et à l'illumination du genre humain. Lors de sa marche d'Ecbatane à Babylone, Alexandre fut accueilli par des ambassadeurs de presque toutes les régions du monde connu, venus lui offrir soit soumission, soit amitié.

**18.** Il projetait de conquérir d'abord l'Arabie, puis l'Italie, Carthage et l'Occident, étendant son empire de l'Indus aux colonnes d'Hercule. Babylone devait être sa capitale ; et Alexandre descendit le fleuve pour inspecter lui-même l'amélioration des canaux qui distribuaient l'eau dans la plaine. Mais ses magnifiques projets furent interrompus par sa mort prématurée. A son retour de la visite des canaux, il trouva l'expédition arabe presque prête à appareiller, et il célébra l'occasion par un banquet en l'honneur de Néarque et des principaux officiers. Au milieu des préparatifs ultérieurs, le roi fut atteint d'une fièvre, occasionnée par ses efforts dans les marais, et aggravée peut-être par le vin qu'il avait bu à la fête. Après une maladie de onze jours, il mourut, à l'âge de trente-deux ans, après avoir régné douze ans et huit mois.

## RÉCAPITULATION.

La Macédoine a connu la grandeur sous Archélaos (418-399 av. J.-C.) ; fut considérablement augmentée par Philippe II. (350-336 av. J.-C.), devenu maître de la Grèce. Alexandre, formé dans sa jeunesse à la guerre et à la diplomatie, commença son règne à vingt ans ; dirigea une armée grecque en Asie ; vaincu les Perses au Granique et à Issus ; il conquit la Phénicie , la Syrie et l'Égypte ; fonda Alexandrie sur le Nil ; remporta une victoire décisive sur Darius à Arbela, en 331 av. soumis les provinces de l'est et du nord de l'empire ; fondé des villes dans l'ouest de l'Inde ; exploré ses rivières et ses côtes dans l'intérêt de la science ; planifia la fusion de l'Europe et de l'Asie et l'extension de son empire vers l'ouest jusqu'à l'Atlantique ; décédé en 323 avant JC.

### DEUXIÈME PÉRIODE. De la mort d'Alexandre à la bataille d' Ipsus , 323-301 av.

**19.** Alexandre n'a nommé aucun successeur, mais peu de temps avant sa mort, il a donné son anneau à Perdiccas . Ce général, en tant que premier ministre, maintint l'empire uni pendant deux ans au sein de la famille royale. Un jeune prince, Alexandre IV, né après la mort de son père, était associé sur le trône à Philippe Arrhidæ´us , demi-frère du grand Alexandre. Quatre régents ou gardiens de l'empire furent nommés : deux en Europe et deux en Asie. L'un d'eux fut assassiné par Perdiccas , qui acquit ainsi l'administration exclusive de l'Asie, Antipater et Cratère régnant à l'ouest du Bosphore .

Les provinces non encore accordées par le conquérant étaient réparties entre dix de ses généraux, qui devaient gouverner au nom et pour le bénéfice des deux rois. Cependant, trouvant impossible, soit par la gestion, soit par la force, de maintenir ces lieutenants soumis au simple nom de royauté, Perdiccas forma un plan pour s'emparer de la souveraineté pour lui-même. Eumène était de son côté, tandis que ses collègues de la régence et les deux grands gouverneurs provinciaux, Ptolémée et Antigone , étaient ses plus puissants adversaires. Lors d'une campagne contre Ptolémée, en Égypte, Perdiccas fut tué par ses propres soldats mutins. Craterus tomba lors d'une bataille avec Eumène, en Cappadoce, et la seule régence fut dévolue à Antipater . Ce général déjoua les projets d' Eurydice , nièce d'Alexandre le Grand et épouse du roi imbécile Philippe Arrhidée , qui harangua même l'armée à Triparadisus , en Syrie, exigeant d'être admise à participer au conflit. gouvernement. Une nouvelle division et affectation des provinces était maintenant effectuée. Antigone fut chargé de poursuivre la guerre contre Eumène, dans laquelle il se rendit maître de la plus grande partie de l'Asie Mineure.

**20.** Antipater mourut en Macédoine, en 319 avant JC, laissant la régence, non pas à son fils Cassandre , mais à son ami Polysperchon . Cassandre , dégoûté, s'enfuit vers Antigone ; et dans la guerre qui suivit, ces deux-là, avec Ptolémée, cherchèrent à briser l'empire, tandis qu'Eumène et Polysperchon combattirent pour son unité. Eumène rassembla une force en Cilicie, avec laquelle il comptait conquérir la Syrie et la Phénicie et ainsi prendre le commandement de la mer. Antigone a d'abord vaincu une flotte royale près de Byzance, puis a traversé le pays jusqu'aux frontières de la Syrie et a poursuivi Eumène à l'intérieur des terres au-delà du Tigre. Un certain nombre de satrapes orientaux rejoignirent ici Eumène, mais après deux batailles indécises, il fut capturé par ses propres troupes et livré à Antigone, qui le mit à mort, en 316 avant JC.

**21.** En Macédoine, le faux roi Philippe Arrhidée et sa femme furent exécutés, sur ordre d'Olympias, la mère d'Alexandre le Grand. Mais cette princesse impérieuse fut capturée à son tour à Pydna ; et, en violation des termes de sa reddition, fut assassinée par ses ennemis. Cassandre devint maître de la Macédoine et de la Grèce. Il épousa Thessalonique , demi-sœur du Conquérant, et fonda en son honneur la ville qui porte son nom, en 316 avant JC.

**22.** L'ambition d'Antigone commença alors à alarmer ses collègues, car il ne devait évidemment pas se contenter de moins que la totalité de la domination d'Alexandre. Il distribuait les satrapies orientales selon son bon plaisir. Il chassa de Babylonie Séleucus , qui se réfugia avec Ptolémée en Égypte, et forma une ligue avec Cassandre , Lysimaque et Asandre . S'ensuit une guerre de quatre ans (315-311 av. J.-C.), qui aboutit au rétablissement de Séleucus à Babylone et en Orient, tandis qu'Antigone prend le pouvoir en Grèce, en Syrie et en Asie Mineure. La paix de 311 avant JC prévoyait l' indépendance des villes grecques, mais permettait à chaque général de conserver ce qu'il avait gagné, et laissait Cassandre régent de Macédoine jusqu'à Alexandre IV. devrait être majeur. Il était probablement entendu entre les parties contractantes que ce dernier événement ne se produirait jamais. Le jeune roi et sa mère furent assassinés, sur ordre de Cassandre .

**23.** Au bout d'un an, Ptolémée rompit la paix, sous prétexte qu'Antigone n'avait pas libéré les villes grecques d'Asie Mineure. Il fut combattu en Cilicie par Démétrius , fils d'Antigone, qui gagna dans cette guerre le titre de *Poliorcétès* , l'Assiégeant. Ptolémée, entrant en Grèce, s'empara de Sicyone et de Corinthe, et voulut épouser Cléopâtre, la dernière survivante de la maison royale de Macédoine ; mais la princesse fut assassinée, sur ordre de Cassandre , en 308 avant JC. Démétrius arrivant alors avec une flotte au secours d'Athènes, Ptolémée se retira à Chypre et prit possession de l'île. Une grande bataille s'ensuivit à Salamine, l'une des plus violentes de l'histoire du monde. Ptolémée fut vaincu et perdit tous ses navires sauf huit, laissant 17 000 prisonniers aux mains de l'ennemi.

**24.** Les cinq principaux généraux prirent désormais le titre royal. Démétrius passa un an au siège de Rhodes, qui, par sa défense courageuse et mémorable, s'assura les privilèges d'un pays neutre pendant les années restantes de la guerre. De retour en Grèce, il assembla un congrès à Corinthe, qui lui conféra les titres autrefois accordés à Philippe et à Alexandre, puis marcha vers le nord contre le régent, ou plutôt contre le roi de Macédoine. Alarmé par sa position menacée, Cassandre incita ses alliés à envahir l'Asie Mineure.

**25.** La bataille décisive eut lieu, en 301 avant JC, à Ipsus , en Phrygie. Démétrius était arrivé d'Europe pour aider son père ; mais Séleucus , avec les forces de l'Est, dont 480 éléphants indiens, augmenta l'armée de Lysimaque. Antigone, dans sa quatre-vingt et unième année, fut tué ; Démétrius, complètement vaincu, se réfugia en Grèce, mais ne fut pas autorisé à entrer à Athènes. Les deux conquérants, Séleucus et Lysimaque, se partagèrent les domaines d'Alexandre, en tenant compte de leurs propres intérêts. Séleucus reçut la vallée de l'Euphrate, la haute Syrie, la Cappadoce et une partie de la Phrygie. Lysimaque ajouta le reste de l'Asie Mineure à sa domination thrace, qui s'étendait le long des rives occidentales du Pont-Euxin jusqu'aux embouchures du Danube ; Ptolémée conserva l'Égypte et Cassandre continua à régner sur la Macédoine jusqu'à sa mort.

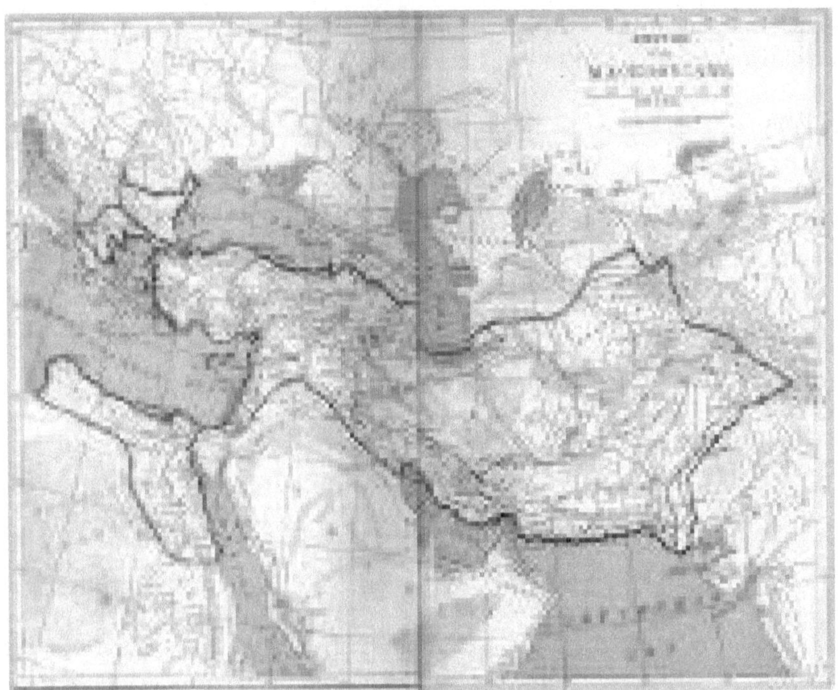

EMPIRE des MACÉDONIENS.

**26.** Les résultats de la guerre de vingt ans furent désastreux pour la Grèce et la Macédoine, non seulement par la dépense épuisante de sang et de trésors, mais par l'introduction d'habitudes orientales de luxe et de servilité peu virile, à la place des manières libres et simples de autrefois. Bien que l'esprit des Grecs ait été élargi par la connaissance de l'histoire et de la philosophie des nations orientales et par l'observation du monde naturel et de ses productions dans des climats et des circonstances nouveaux, la plupart des influences qui avaient maintenu vivant l'esprit libre des Grecs les gens avaient cessé de travailler. Le patriotisme était mort ; le savoir a remplacé le génie ; et l'imitation, la place de l'art.

**27.** Dans le même temps, l'Asie avait gagné de nombreuses villes splendides, son commerce s'était considérablement accru et la discipline militaire grecque et les formes de gouvernement civil donnaient une nouvelle force à ses armées et à ses États. De l'Indus à l'Adriatique, et de la Crimée aux confins méridionaux de l'Égypte, la langue grecque prévalait, du moins parmi les classes instruites et dirigeantes. En Asie Mineure, en Syrie et en Egypte, l'influence de la pensée hellénique se poursuivit pendant mille ans avec toute sa force, jusqu'à ce que Mahomet et ses successeurs fondent leur nouvel empire sémitique. La large diffusion de la langue grecque en Asie occidentale fut l'une des préparations les plus importantes à la propagation du christianisme. Si Alexandre avait survécu jusqu'à achever son grand projet de fusion des races orientales et occidentales, l'Asie aurait gagné et l'Europe aurait perdu dans une mesure encore plus grande.

## RÉCAPITULATION.

Perdiccas devint vizir, Philippe Arrhidæus et Alexandre IV étant nominalement rois. Guerres des généraux pour le partage de l'empire, 321-316 av. 315-311 ; 310-301. Meurtre des deux rois, 316, 311. Bataille de Salamine à Chypre, 306. Le combat décisif d' Ipsus livra la Syrie et l'Orient à Séleucus ; l'Egypte, à Ptolémée ; Thrace, à Lysimaque ; Macédoine, à Cassandre .

### TROISIÈME PÉRIODE. Histoire des plusieurs royaumes en lesquels l'empire d'Alexandre était divisé.

### I. LE ROYAUME SYRIEN DES SÉLEUCIDES . 312-65 avant JC.

**28.** Après la restauration de Séleucus au gouvernement de Babylonie ( voir § 22 ), il étendit son pouvoir sur toutes les provinces situées entre l'Euphrate et l'Indus. Il fit même la guerre à un royaume indien sur les sources occidentales du Gange, gagnant ainsi une grande extension de commerce et l'ajout de cinq cents éléphants à son armée. La bataille d' Ipsus ajouta à ses domaines le pays s'étendant à l'ouest jusqu'à la Méditerranée et le centre de la Phrygie, faisant de son royaume de loin le plus grand qui ait été formé à partir des fragments de l'empire d'Alexandre.

Ce vaste domaine fut organisé par Séleucus avec beaucoup d'habileté et d'énergie. Dans chacune des soixante-douze provinces, de nouvelles villes surgirent, monuments de sa puissance et centres de la civilisation grecque. Seize d'entre eux furent nommés Antioche, en l'honneur de son père ; cinq Laodicée´a , pour sa mère, Laodicée ; sept pour lui-même, Séleucia ; et plusieurs pour ses deux épouses, Apame´a et Stratoni´ce . Pour observer plus efficacement les mouvements de ses rivaux, Ptolémée et Lysimaque, il transféra le siège du gouvernement de l'Euphrate à sa nouvelle capitale, Antioche, sur l'Oronte, qui resta pendant près de mille ans l'une des villes les plus riches et les plus peuplées. dans le monde.

Pièce d'Antioche, deux fois plus grande que l'originale.

**29.** En 293 avant JC, Séleucus partagea son empire avec son fils Antiochus , donnant au prince cadet toutes les provinces à l'est de l'Euphrate. Démétrius Poliorcète , après avoir gagné puis perdu la Macédoine, chercha à se constituer un nouveau royaume en Asie, à partir des possessions de Lysimaque et de Séleucus . Il fut vaincu par ce dernier et resta prisonnier le reste de sa vie.

**30.** Lysimaque, roi de Thrace, sous l'influence de sa femme égyptienne et de son frère Ptolémée Céraunus , s'était aliéné le cœur de ses sujets par le meurtre de son fils. La veuve du prince assassiné s'enfuit pour se protéger à la cour de Séleucus , qui entreprit sa cause et envahit les territoires de Lysimaque. Les deux vieux rois étaient désormais les seuls survivants des compagnons et généraux d'Alexandre. Lors de la bataille de Corupedion , en 281 av. J.-C., Lysimaque fut tué et tous ses domaines asiatiques furent transférés à Séleucus . L'empire d'Alexandre semblait sur le point d'être réuni entre les mains d'un seul homme. Avant de traverser l'Hellespont pour s'emparer des provinces européennes, le roi syrien confia le gouvernement de son domaine actuel à son fils Antiochus. Passant ensuite le détroit, il s'avança vers Lysimachia , la capitale de son défunt ennemi ; mais ici, il fut tué par la main de Ptolémée Ceraunus , en 280 avant JC. La Thrace et la Macédoine devinrent la proie du meurtrier.

**31.** Antiochus I. ( Soter ) hérita des domaines asiatiques de son père et fit la guerre en Asie Mineure contre les rois indigènes de Bithynie. L'un d'eux, Nicomède , appela à son aide les Gaulois qui ravageaient l'Europe de l'Est et récompensa leurs services par un vaste territoire dans le nord de la Phrygie, qui fut alors appelée Galatie . Le nord-ouest de la Lydie fut également arraché à Antiochus et forma le royaume de Pergame . De sa seule victoire importante sur les Gaulois , en 275 av. J.-C., le roi syrien tire son titre de *Soter* (le Libérateur) ; mais ses opérations échouèrent généralement, et son royaume fut considérablement réduit en richesse et en puissance pendant son règne. Il fut vaincu et tué près d'Éphèse, lors d'une bataille contre les Gaulois , en 261 av.

**32.** Antiochus II. portait le titre blasphématoire de *Théos* (le Dieu), mais il se montrait moins qu'un homme par la faiblesse et la licence de son règne. Il abandonna toutes ses affaires à des favoris sans valeur, qui n'étaient ni craints ni respectés dans les provinces lointaines, et deux royaumes indépendants surgirent sans contrôle en Parthie et en Bactriane, en 255 avant JC. L'influence de sa femme, Laodice, l'entraîna dans une guerre avec l'Égypte. Elle se termina par le divorce de Laodice et le mariage d'Antiochus avec Bérénice , fille de Ptolémée Philadelphe (260-252 av. J.-C.). A la mort de Philadelphe, Antiochus renvoya Bérénice et reprit Laodice ; mais elle, doutant de sa constance, l'assassina pour assurer le royaume à son fils, Séleucus . Bérénice et son fils en bas âge furent également mis à mort.

**33.** Séleucus II. ( Callinicus ) fut d'abord engagé en guerre contre le roi d'Égypte, Ptolémée Euergetes , venu venger la mort de sa sœur et de son neveu. A l'exception d'une partie de la Lydie et de la Phrygie, toute l'Asie à l'ouest du Tigre, et même la Susiane, la Médie et la Perse, se soumirent à l'envahisseur ; mais la sévérité de ses exactions suscita le mécontentement, et une révolte en Égypte le rappela chez lui, sur quoi Callinicus reprit ses territoires. Antiochus Hiérax (le Faucon), frère cadet du roi, se révolta à quatorze ans, avec l'aide de son oncle et d'une troupe de Gaulois . En même temps, Arsace II, le roi parthe, obtint de grands avantages en Haute Asie et battit de manière éclatante Callinicus (237 av. J.-C.), qui menait en personne une expédition contre lui. La guerre entre les frères se termina, en 229 avant JC, par la défaite du prince rebelle. Séleucus mourut des suites d'une chute de son cheval, en 226 av.

Séleucus III. ( Ceraunus ) ne régna que trois ans. Au milieu d'une expédition contre Attale, roi de Pergame , il fut tué lors d'une mutinerie par certains de ses propres officiers.

**34.** Antiochus III le Grand eut un règne mouvementé de trente-six ans. Molo, son général, se révolta le premier, et se rendit maître un à un des pays à l'est de l'Euphrate, détruisant toutes les armées envoyées contre lui. Antiochus le battit enfin, en 220 av. J.-C., puis fit la guerre à l'Égypte pour récupérer la Syrie et la Palestine, jusqu'alors détenues par Ptolémée. Il réussit au début, mais sa défaite à Raphia lui enleva toutes ses conquêtes, à l'exception de Séleucie en Syrie. Achæ´us , son cousin, et jusqu'alors fidèle serviteur d'Antiochus et de son père, avait entre-temps été poussé à la révolte par les fausses accusations d' Hermias , le premier ministre. Il soumit sous son contrôle tous les pays à l'ouest du Taureau. Dès que la paix fut faite avec l'Égypte, le roi de Syrie marcha contre lui, le dépouilla de tous ses biens dans une seule campagne, l'assiégea deux ans à Sardes, et finalement le captura et le mit à mort.

**35.** Le roi parthe Arsace III avait pris les armes contre la Médie. Antiochus mena une armée à travers le désert jusqu'à Hécatom'pylos , la capitale parthe, qu'il captura ; mais la bataille qui suivit fut indécise, et Arsace resta indépendant, avec la possession de la Parthie et de l'Hyrcanie . La guerre contre le monarque de Bactriane eut un résultat similaire, Euthydème conservant la Bactriane et la Sogdiane. Antiochus pénétra dans l'Inde et renouvela l'ancienne alliance de Séleucus Nicator avec le roi du haut Gange. Hivernant à Kermanie , le roi syrien entreprit une expédition navale, l'année suivante, contre les pirates arabes des rives occidentales du golfe Persique. À son retour de ses sept années d'absence en Orient, Antiochus reçut le titre de « Grand », sous lequel il est connu dans l'histoire.

**36.** La même année, 205 avant JC, Ptolémée Épiphane , un enfant de cinq ans, succéda à son père en Égypte. Tenté par l'état non protégé du royaume, Antiochus conclut un traité avec Philippe de Macédoine pour partager entre eux les domaines de Ptolémée. Les projets de Philippe furent interrompus par une guerre avec Rome, la désormais puissante république d'Occident. Antiochus poursuivit la lutte avec beaucoup d'énergie, mais avec des succès variables, en Cœle -Syric et en Palestine. Par la bataille décisive de Panée , en 198 av. J.-C., il prit possession complète de ces provinces ; mais voulant poursuivre ses guerres dans une autre direction, il maria sa fille Cléopâtre au jeune roi d'Egypte, et promit le pays conquis pour dot.

**37.** Il envahit ensuite l'Asie Mineure et, traversant l'Hellespont, s'empara de la Chersonèse thrace . Les Romains, qui avaient conquis Philippe et étaient les gardiens de Ptolémée, envoyèrent alors une ambassade à Antiochus, lui demandant de renoncer à toutes ses conquêtes de territoires appartenant à l'un ou l'autre prince, en 196 avant JC. Antiochus rejeta avec indignation leur ingérence et se prépara à la guerre, avec le aide de leur grand ennemi, Hannibal, réfugié à sa cour. En 192 avant JC, il traversa la Grèce et captura Chalcis ; mais il fut vaincu peu après par les Romains, aux Thermopyles , et contraint de se retirer d'Europe. Ils le suivirent à travers la mer et, par deux victoires navales, gagnèrent la côte occidentale de l'Asie Mineure. Les deux Scipion franchirent l'Hellespont et vainquirent Antiochus une quatrième fois, près de Magnésie, en Lydie. Il n'obtint la paix qu'en rendant toute l'Asie Mineure, à l'exception de la Cilicie, avec sa marine et tous ses éléphants, et en payant une énorme indemnité de guerre. Pour le paiement, vingt otages furent donnés, parmi lesquels Antiochus Epiphane, le fils du roi. Le roi de Pergame reçut les provinces cédées et devint un rival des plus redoutables pour la Syrie. Pour faire face à ses engagements avec les Romains, Antiochus pilla les temples de l'Asie, et dans une agitation provoquée par ce moyen en Elymaïs , il perdit la vie.

**38.** Séleucus IV. ( Philop´ator ) eut un règne de onze ans, sans événements importants. Le royaume était épuisé, et les Romains étaient prêts à s'emparer de toute province exposée au moindre mouvement hostile des Syriens. Héliodore , le trésorier, assassina enfin son maître et s'empara de la couronne ; mais son usurpation fut interrompue par l'arrivée d'Antiochus Épiphane, frère du défunt roi, qui, avec l'aide d'Eumène, roi de Pergame , s'établit sur le trône.

**39.** Antiochus IV. Il avait été otage à Rome pendant treize ans et avait surpris son peuple par les coutumes romaines qu'il avait introduites. Il fit une guerre de quatre ans contre l'Égypte et avait presque conquis le pays lorsque les Romains intervinrent et lui ordonnèrent d'abandonner toutes ses conquêtes. Il fut contraint d'obéir, mais il déversa sa rage sur les Juifs, dont il pilla et profana le temple. Ils prirent les armes, sous la direction du prêtre Mattathias , et de son brave fils Judas Maccabée , et vainquirent l'armée envoyée pour les soumettre. Antiochus, qui était maintenant en Orient, partit en personne pour venger cette insulte à son autorité. En chemin, il tenta de piller le temple d' Élymaïs , et fut pris d'une folie furieuse, dans laquelle il mourut. Les Juifs et les Grecs considéraient sa folie comme un jugement pour son sacrilège.

**40.** Antiochus V. ( Eupator ), un garçon de douze ans, monta sur le trône sous le contrôle de Lysias , le régent. Mais son père, en mourant, lui avait nommé un autre tuteur en la personne de Philippe, qui revint à Antioche portant le sceau royal, tandis que le jeune roi et son ministre étaient absents en Judée . Lysias, en entendant cela, s'empressa de faire la paix avec Judas Maccabée et retourna combattre Philippe, qu'il battit et mit à mort. Pendant ce temps, les Parthes envahissaient le royaume à l'est ; et les Romains, à l'ouest, appliquaient durement les termes du traité conclu par Antiochus le Grand. Démétrius, fils de Séleucus Philopator s'est alors échappé de Rome et a pris possession du royaume, après avoir ordonné l'exécution d' Eupator et de son tuteur.

**41.** Démétrius Ier a passé quelques années à tenter en vain de réprimer la rébellion juive. Ses armées furent vaincues par Judas Maccabée et les Romains conclurent une alliance avec la Judée , qu'ils déclarèrent désormais royaume indépendant. Le roi syrien n'eut pas plus de succès en Cappadoce ; et à Babylone, le satrape qu'il avait déposé fonda un imposteur, Alexandre Balas , qui prétendait être un fils d'Antiochus Épiphane. Aidé par les forces de Rome, Pergame , Cappadoce, Égypte et Judée , cet homme conquit Démétrius et garda le royaume cinq ans.

**42.** Alexandre Balas s'est montré indigne d'une couronne, en laissant les affaires publiques entre les mains faibles et incompétentes de son favori Ammonius , tandis qu'il s'abandonnait à l'indolence et au luxe. Démétrius Nicator , fils aîné de l'ancien roi, encouragé par le mépris des Syriens pour le libertinage d'Alexandre, débarqua en Cilicie et fit la guerre pour la reconquête de son royaume. Ptolémée d'Égypte, qui était entré en Syrie avec une armée pour aider son gendre Alexandre, fut dégoûté par son ingratitude et se rangea du côté de Démétrius. Une bataille près d'Antioche fut décidée en faveur des alliés. Alexandre s'enfuit en Arabie, où il fut assassiné par certains de ses propres officiers.

**43.** Démétrius II. (Nicator) a gouverné avec une telle cruauté gratuite qu'elle a aliéné ses sujets. L'un d'eux, Diodote Tryphon érigea un roi rival en la personne d'Antiochus VI, un enfant de deux ans, fils d'Alexandre Balas . Après trois ou quatre ans, il renversa ce jeune monarque et se fit roi, avec l'aide de Judas Maccabée . Démétrius, après avoir combattu sept ans sans succès contre ses rivaux de l'ouest, laissa la régence de la Syrie à sa femme, Cléopâtre, tandis qu'il se tourna contre les Parthes, qui avaient presque conquis ses provinces orientales. Il fut vaincu et fait prisonnier par Arsace VI, et resta dix ans captif, bien qu'il fut traité avec tous les honneurs de la royauté et reçut une princesse parthe pour sa seconde épouse.

**44.** Cléopâtre, incapable de faire la guerre seule à Tryphon , fit venir Antiochus Side'tes , le frère de son mari, qui vainquit l'usurpateur et s'assit sur le trône vacant. Il fit la guerre aux Juifs et s'empara de Jérusalem par un siège de près d'un an. Il se tourna ensuite contre les Parthes et obtint quelques avantages, mais il fut finalement vaincu et perdit la vie après un règne de neuf ans. Démétrius Nicator avait été libéré par le roi parthe et s'était rétabli en Syrie. Mais Ptolémée Physcon , d'Égypte, suscita un nouveau prétendant, Zabinas , qui battit Démétrius à Damas. En tentant d'entrer dans Tyr , le roi syrien fut capturé et mis à mort.

**45.** Séleucus V., son fils aîné, prit la couronne sans la permission de sa mère, qui le fit alors exécuter, et s'associa à elle son second fils, Antiochus VIII. ( Grypus ). Zabinas , le prétendant, régna en même temps sur une partie de la Syrie, jusqu'à ce qu'il soit vaincu par Antiochus et mis à mort par poison, en 122 avant JC. La même année, Cléopâtre fut découverte dans un complot contre la vie de son fils, et fut elle-même exécutée.

**46.** Épuisée par de longues guerres et considérablement réduite en puissance et en étendue, la Syrie connaît désormais huit années de paix. La Judée et les provinces à l'est de l'Euphrate étaient totalement indépendantes. Les quelques Syriens qui possédaient des richesses étaient affaiblis par le luxe, tandis que la masse du peuple était écrasée par la misère. En 114 avant JC,

Antiochus Cyzicenus , demi-frère du roi, se révolta contre lui et entraîna le pays dans une autre guerre sanglante de trois ans. Le territoire fut alors partagé entre eux ; mais la guerre éclata de nouveau en 105 avant JC et dura neuf ans, n'apportant aucun gain à aucune des parties, mais de grandes pertes et misères pour la nation. Tyr , Sidon, Séleucie et toute la province de Cilicie devinrent indépendantes. Les Arabes d'un côté, les Egyptiens de l'autre, ravageaient le pays à leur guise. Enfin le règne d'Antiochus VIII. a été tué par Héracléon , un officier de sa cour, en 96 av.

**47.** Le meurtrier n'a pas reçu la récompense de son crime, pour Séleucus VI. (Épiphane), le fils aîné de Grypus , prit possession du royaume. En deux ans, il conquit Cyzicénus , qui se suicida pour éviter d'être capturé ; mais les prétentions de la maison rivale étaient toujours soutenues par Antiochus X. ( Eusebes ), son fils aîné. Séleucus fut alors repoussé en Cilicie. Ici, il connut une fin misérable, car il fut brûlé vif par les habitants d'une ville à laquelle il avait demandé une subvention. Philippe, frère de Séleucus et deuxième fils d'Antiochus Grypus , devint roi et, avec l'aide de ses jeunes frères, continua la guerre contre Eusèbe . Ce prince fut vaincu et contraint de se réfugier en Parthie. Mais la paix ne parvint pas au pays, car Philippe et ses frères Antiochus XI, Démétrius et Antiochus XII se firent la guerre, jusqu'à ce que les malheureux Syriens fassent appel à Tigrane , roi d'Arménie, pour mettre fin à leurs misères.

**48.** Tigrane gouverna sagement et bien pendant quatorze ans (83-69 av. J.-C.) ; mais ayant enfin encouru la vengeance des Romains, en apportant son aide à son beau-père, Mithridate du Pont, il fut forcé de tout abandonner, sauf son royaume héréditaire. Quatre ans de plus (69-65 av. J.-C.), la Syrie continua son existence séparée, sous Antiochus XIII. (Asiaticus), fils d' Eusèbe . À la fin de cette époque, le royaume fut soumis par Pompée le Grand et devint une province romaine.

## RÉCAPITULATION.

Séleucus Ier (312-281 av. J.-C.) étendit son empire au-delà de l'Indus, construisit de nombreuses villes, gagna toute l'Asie Mineure par la défaite de Lysimaque. Antiochus I. (280-261 av. J.-C.) perdit les territoires de Pergame et de Galatie ; Antiochus II. (261-246), ceux de Parthie et de Bactriane. Sous Séleucus II. (246-226), la plus grande partie de l'empire fut conquise par Ptolémée, mais bientôt récupérée. Séleucus III. régna trois ans (226-223 avant JC). Antiochus III. (223-187 av. J.-C.) réprima les révoltes de Molo et d'Achaeus ; a eu des guerres avec les rois de Parthie et de Bactriane ; pénétra l'Inde jusqu'au Gange ; puni les pirates du golfe Persique ; arraché à l'Égypte les provinces de Syrie et de Palestine ; envahit l'Asie Mineure et envahit la Grèce. Il fut vaincu par les Romains, deux fois par mer et deux fois par terre. Séleucus IV. (187-176 av. J.-C.) fut assassiné par son trésorier, Héliodore .

Antiochus IV. (176-164 av. J.-C.) fut empêché par les Romains de conquérir l'Égypte ; excité par ses persécutions une révolte en Judée , devenue indépendante sous les Macchabées. Le court règne d'Antiochus V. (164-162 av. J.-C.) fut rempli de guerres de régents. Son oncle, Démétrius Ier (162-151 av. J.-C.), mena des guerres infructueuses contre les Juifs et les Cappadociens ; fut conquise par Alexandre Balas , qui régna de 151 à 146 av. Démétrius II. eut un règne contesté (146-140 av. J.-C.) ; un emprisonnement de dix ans en Parthie (140-130 av. J.-C.), tandis que sa femme et son frère, Antiochus VII, dirigeaient la Syrie ; et un deuxième concours avec un prétendant, BC 129-126. Antiochus VIII. (126-96 av. J.-C.) régna cinq ans conjointement avec sa mère, sept ans seul et dix-huit ans côte à côte avec son frère Antiochus IX. ( Cyzicenus ), qui régna sur Cœle -Syrie et Phœnicie , 111-96 av. Séleucus V. (96, 95 av. J.-C.) conquit Cyzicénus , mais poursuivit la même guerre avec son fils Eusèbe , jusqu'à sa propre mort violente. Ses jeunes frères combattirent d'abord Eusèbe , puis entre eux, jusqu'à ce que Tigrane, roi d'Arménie, conquière le pays et le dirigea pendant quatorze ans (83-69 av. J.-C.). Antiochus XIII. le dernier des Séleucides , régna de 69 à 65 av.

## II. L'EGYPTE SOUS LES PTOLÉMÉES. 323-30 AVANT JC.

**49.** Le royaume macédonien d'Égypte présentait un contraste marqué et brillant avec les empires indigènes et la satrapie perse. En déplaçant la capitale à Alexandrie, le conquérant avait assuré la liberté des relations avec les pays étrangers, et l'ancienne exclusivité des Égyptiens était à jamais brisée. Tant que la Palestine était rattachée à ce royaume, une faveur particulière était accordée aux Juifs ; et chez les conquérants grecs, les Égyptiens indigènes et les marchands juifs, les trois familles de Sem, Cham et Japhet furent réunies comme elles ne l'avaient jamais été depuis la dispersion de Babel. Les Égyptiens, qui avaient abhorré la domination perse, saluèrent les Macédoniens comme des libérateurs ; le peuple s'engageait avec zèle dans les nouvelles industries qui promettaient la richesse comme récompense de l'entreprise, et la classe savante trouvait son plaisir dans la société intellectuelle, ainsi que dans les rares trésors de littérature et d'art, qui remplissaient la cour des Ptolémées.

**50.** Ptolémée Ier ( Soter [59] ) reçut la province égyptienne immédiatement après la mort d'Alexandre et entreprit de l'organiser avec beaucoup d'énergie et de sagesse. Désireux de faire de l'Égypte une puissance maritime, il chercha aussitôt à conquérir la Palestine, la Phénicie et Chypre, dont les forêts lui étaient aussi nécessaires pour la construction navale que leurs marins pour les marins. Les deux pays du continent furent occupés par Ptolémée en 320 avant JC et restèrent six ans en sa possession. Ils furent perdus dans la guerre contre Antigone et ne furent pleinement récupérés qu'après la bataille d' Ipsus , en 301 avant JC. Chypre fut le théâtre de nombreux conflits, dont la grande bataille navale au large de Salamine, en 306 avant JC, fut la plus sévère et la plus décisive. Elle fut ensuite perdue au profit de l'Égypte, mais en 294 ou 293 av. J.-C., elle fut reconquise et resta sa possession étrangère la plus précieuse aussi longtemps que le royaume existait. Cyrène et toutes les tribus libyennes situées entre elle et l'Égypte furent également annexées par Ptolémée.

**51.** Peu de changements ont été apportés au gouvernement interne égyptien. Le pays, comme auparavant, était divisé en nomes , chacun ayant son propre dirigeant, qui était généralement un Égyptien d'origine. Les anciennes lois et le culte prévalaient. Les Ptolémées reconstruisirent les temples, rendirent des honneurs particuliers aux Apis et exploitèrent toutes les ressemblances entre les religions grecque et égyptienne. Un magnifique temple à Sérapis fut érigé à Alexandrie. Les prêtres conservaient leurs privilèges et honneurs, étant exonérés de tout impôt. L'armée était principalement, et tous ses officiers, grecs ou macédoniens, et toutes les dignités civiles de quelque importance étaient également remplies par le peuple conquérant. Les habitants grecs des villes possédaient seuls une entière liberté dans la gestion de leurs affaires.

**52.** Ptolémée a suivi la politique libérale d'Alexandre envers les hommes de génie et de savoir. Il rassembla une vaste et précieuse bibliothèque, qu'il plaça dans un bâtiment rattaché au palais ; et il fonda le « Musée », qui attirait des étudiants et des professeurs du monde entier. Aucun endroit n'a jamais été témoin d'une plus grande activité littéraire et intellectuelle qu'Alexandrie, l'Université de l'Est. C'est là qu'Euclide développa pour la première fois les « Éléments de géométrie » ; Eratosthène a parlé de géographie ; Hipparque, d'Astronomie ; Aristophane et Aristarchus , de la Critique ; Man´etho , de l'Histoire; tandis qu'Apellès et Antiphilus ajoutaient leurs peintures, et Philetas , Callimaque et Apollonius leurs poèmes, pour le plaisir d'une cour dont le monarque était lui-même un auteur et dans laquelle le talent constituait le rang. Alexandrie, sous ce règne, fut ornée de nombreux ouvrages coûteux et magnifiques. Le palais royal; le musée; le grand phare de l'île de Pharos, qui a donné son nom à de nombreuses constructions similaires dans les temps modernes ; le môle ou chaussée qui reliait cette île au continent ; l' Hippodrome et le Mausolée , contenant le tombeau d'Alexandre, étaient parmi les principaux. Ptolémée Soter se distinguait par sa vérité et sa magnanimité de la plupart des princes et généraux de son époque. Son pouvoir illimité ne l'a jamais conduit à la cruauté ou à l'auto-indulgence. Il mourut à l'âge de quatre-vingt-quatre ans, en 283 av.

**53.** Ptolémée II. (Philadelphe), grâce à l'influence de sa mère, avait été élevé au trône deux ans avant la mort de son père, à la place de son frère aîné Ceraunus . Il avait été soigneusement éduqué par plusieurs des savants que le patronage de son père avait attirés à la cour ; et il continua, sur une échelle encore plus libérale, cet encouragement de la science et de la littérature qui avait déjà fait d'Alexandrie une rivale réussie d'Athènes. Il agrandit tellement la bibliothèque d'Alexandrie qu'il est souvent mentionné comme son fondateur. Des agents furent nommés pour rechercher en Europe et en Asie toute œuvre littéraire de valeur et pour la sécuriser à tout prix. Une ambassade fut envoyée auprès du grand prêtre de Jérusalem pour lui apporter un exemplaire des Saintes Écritures, ainsi qu'un groupe de savants capables de les traduire en grec. Les traducteurs furent reçus par le roi avec le plus grand honneur. Les cinq premiers livres furent achevés sous le règne de Philadelphe, les autres furent traduits sur ordre des Ptolémées ultérieurs ; et la version entière – encore un trésor inestimable pour les érudits bibliques – est connue sous le nom de Septante , soit à cause des soixante-dix traducteurs, soit parce qu'elle a été autorisée par le Sanhédrin d'Alexandrie, qui comprenait le même nombre.

**54.** Ptolémée II. a été engagé dans diverses guerres; d'abord pour le développement de la Ligue Achéenne et la protection des Grecs contre les agressions macédoniennes ; ensuite contre son demi-frère Magas, roi de Cyrène, et contre les rois de Syrie, avec lesquels Magas était allié. Il s'empara de toute la côte de l'Asie Mineure, ainsi que de nombreuses Cyclades. Grâce à la sagesse de sa politique intérieure, l'Égypte était entre-temps élevée à son plus haut niveau de richesse et de prospérité. Il rouvrit le canal réalisé par Ramsès le Grand ( voir Livre I, §§ 153, 154 ), et construisit le port d' Arsinoë , à l'emplacement de l'actuelle Suez. Pour éviter les dangers de la navigation sur la mer Rouge, il fonda deux villes, nommées Bérénice, plus au sud, et relia l'une d'elles par une route à Coptos sur le Nil. L'Égypte profite ainsi de tout l'avantage commercial de sa position à mi-chemin entre l'Est et l'Ouest. Pendant des siècles, les riches productions de l'Inde, de l'Arabie et de l'Ethiopie furent acheminées par ces diverses routes jusqu'à Alexandrie, d'où elles furent distribuées en Syrie, en Grèce et à Rome. Les revenus de l'Égypte étaient égaux à ceux que Darius tirait du vaste empire de Perse.

**55.** Le caractère personnel de Philadelphe était moins admirable que celui de son père. Il tua deux de ses frères, bannit un conseiller très fidèle et, en épousant sa propre sœur, Arsinoë , introduisit une coutume qui causa d'indicibles misères et méfaits dans le royaume. Il mourut en 247 avant JC, après avoir régné trente-huit ans, soit trente-six depuis la mort de son père.

**56.** Ptolémée III. ( Euergète ) était le monarque le plus entreprenant de sa race et repoussa au maximum les limites de son royaume. Il gagna la Cyrénaïque par mariage avec la fille de Magas et annexa des parties de l'Éthiopie et de l'Arabie. Dans sa guerre contre la Syrie pour venger sa sœur Bérénice ( voir §§ 32, 33 ), il passa même l'Euphrate et conquit tout le pays jusqu'aux frontières de la Bactriane ; mais il perdit tout cela par son rappel soudain en Egypte. Ses conquêtes maritimes, qui pouvaient être défendues par sa flotte, restaient en sa possession en permanence. Toutes les rives de la

Méditerranée, depuis Cyrène jusqu'à l'Hellespont, avec de nombreuses îles importantes, et même une partie de l'Europe, y compris Lysimachie en Thrace, appartenaient à sa domination.

Il poursuit le mécénat des arts et des lettres et enrichit les bibliothèques alexandrines de nombreux manuscrits rares. Les Égyptiens furent encore plus heureux de retrouver quelques anciennes images de leurs dieux, qui avaient été emportées en Assyrie par Sargon ou Esarhaddon, et ramenées par Ptolémée de sa campagne orientale. Euergète mourut en 222 avant JC, après un règne prospère de vingt-cinq ans ; et avec lui finit la gloire de la monarchie macédonienne en Égypte. « Les historiens comptent neuf Ptolémées après Euergète . Sauf Philométor , qui était doux et humain ; Lathyrus , qui était aimable mais faible ; et Ptolémée XII, qui était simplement jeune et incompétent, ils étaient tous, presque également, détestables.

**57.** Ptolémée IV. était soupçonné d'avoir assassiné son père et prit donc le nom de Philopator pour dissiper les soupçons. Il commença cependant son règne en assassinant sa mère, son frère et son oncle, et en épousant sa sœur Arsinoë . Quelques années plus tard, elle fut elle aussi mise à mort, à l'instigation d'un inutile favori du roi. Le contrôle des affaires fut laissé à Sosibius , un ministre également méchant et incompétent. À cause de sa négligence, l'armée a été affaiblie par le manque de discipline et les Syriens ont saisi l'opportunité de récupérer leurs biens perdus. Ils furent cependant vaincus à Raphia et ne gagnèrent que leur port de Séleucie. Une révolte des Égyptiens indigènes occupa de nombreuses années de ce règne.

**58.** Ptolémée V. (Épiphane) n'avait que cinq ans à la mort de son père. Les rois de Syrie et de Macédoine complotèrent pour partager ses domaines entre eux, et la seule ressource des ministres incompétents fut d'appeler les Romains à leur aide. Toutes les dépendances étrangères, à l'exception de Chypre et de la Cyrénaïque, furent perdues ; mais grâce à la bonne gestion de M. Lépidus , l'Égypte fut sauvée pour le petit Ptolémée. Aristomène , un Acarnanien, succéda à Lépidus comme régent, et son énergie et sa justice rétablirent pour un temps la prospérité du royaume. A l'âge de quatorze ans, Épiphane fut déclaré majeur, et le gouvernement fut désormais en son nom. Peu d'événements de son règne sont connus. Il épousa Cléopâtre de Syrie et empoisonna peu après son défunt tuteur, Aristomène . Ses projets de guerre avec la Syrie furent empêchés par son propre assassinat, en 181 av.

**59.** Ptolémée VI. ( Philométor ) devint roi à l'âge de sept ans, sous la vigoureuse régence de sa mère Cléopâtre. Elle mourut en 173 avant JC, et le pouvoir passa entre les mains de deux ministres faibles et corrompus, qui entraînèrent le royaume dans la guerre et presque dans la ruine, par leur invasion téméraire de la Syrie. Antiochus IV. Il les battit à Péluse et, s'avançant vers Memphis, s'empara du jeune roi, qu'il utilisa comme outil pour la réduction de tout le pays. Les Alexandrins couronnèrent Ptolémée Physcon , un frère cadet du roi, et résistèrent avec succès à l'armée assiégeante d'Antiochus. Les Romains s'interposant, il fut obligé de battre en retraite.

Les deux frères acceptèrent de régner ensemble et se préparèrent à la guerre contre Antiochus. Il s'empara de Chypre, envahit l'Égypte une seconde fois, et aurait sans doute ajouté toute la domination des Ptolémées à la sienne, si les Romains, qui revendiquaient le protectorat de l'Égypte, n'étaient pas intervenus de nouveau et ne lui ordonnaient de se retirer. Le roi syrien obéit à contrecœur et les frères régnèrent quatre ans en paix. Ils se disputèrent alors, et Philométor alla plaider sa cause devant le Sénat romain. Les Romains le réintégrèrent dans la possession de l'Egypte, donnant à son frère Physcon la Libye et la Cyrénaïque. Mécontent de sa part, Physcon se rendit à Rome et obtint une nouvelle concession de Chypre ; mais Philométor refusa d'y renoncer, et les frères se préparaient à la guerre, lorsqu'une révolte à Cyrène attira l'attention de son roi. Après neuf ans, il renouvela ses prétentions et obtint de Rome une petite escadre pour l'aider à prendre l'île. Il fut vaincu et fait prisonnier par son frère ; mais sa vie fut épargnée et il fut rétabli dans son royaume de Cyrène. Philométor tomba, en 146 avant JC, dans une bataille près d'Antioche, avec Alexandre Balas , qu'il avait lui-même encouragé à assumer la couronne de Syrie. ( Voir § 42. )

**60.** Ptolémée VII. ( Eupator ) n'avait régné que quelques jours lorsqu'il fut assassiné par son oncle, Ptolémée Physcon , qui, aidé par les Romains, réunit en lui les deux royaumes, l'Egypte et Cyrène. Ce monstre créait une telle terreur par ses cruautés inhumaines, et un tel dégoût par ses excès, que sa capitale se dépeuplait à moitié, et que les citoyens qui restaient étaient presque constamment en révolte. Finalement, il fut contraint de se réfugier à Chypre, la couronne restant à sa sœur Cléopâtre. Pour blesser la reine le plus profondément, il assassina son fils et lui envoya la tête et les mains de la victime. Les Alexandrins furent si furieux de cette atrocité qu'ils combattirent courageusement pour Cléopâtre ; mais lorsqu'elle demanda de l'aide au roi de Syrie, ils s'alarmèrent et rappelèrent Physcon , après un exil de trois ans. Averti par sa punition, Physcon renonça désormais à ses cruautés et se consacra à des activités littéraires, gagnant même une certaine réputation d'auteur.

**61.** Ptolémée VIII. ( Lathyrus ) succéda à son père en Égypte, tandis que son frère Alexandre régnait à Chypre, et Apion , un autre fils de Physcon , reçut la Cyrénaïque. Cléopâtre, la reine mère, détenait le véritable pouvoir. Au bout de dix ans, Lathyrus offensa sa mère en poursuivant sa propre politique et fut contraint de changer de place avec Alexandre, qui régna dix-huit ans en Égypte, sous le titre de Ptolémée IX. Cléopâtre fut alors mise à mort, Alexandre expulsé et Ptolémée Lathyrus rappelé. Il régna huit ans comme monarque unique, vainquit Alexandre qui tentait de reconquérir

Chypre et punit une révolte à Thèbes par un siège de trois ans, se terminant par la destruction de la ville, de 89 à 86 av.

**62.** Bérénice, la seule enfant légitime de Lathyrus, régna seule six mois, puis se maria et s'associa sur le trône avec son cousin Ptolémée X, fils d'Alexandre, dont les prétentions furent soutenues par les Romains. En trois semaines, il mit sa femme à mort et les Alexandrins, se révoltant, le tuèrent dans le gymnase, en 80 avant JC. Quinze années de grande confusion suivirent, au cours desquelles la succession fut contestée par au moins cinq prétendants, et Chypre devint un royaume séparé. .

**63.** Ptolémée XI. ( Aulétes , ou le Joueur de Flûte) obtint alors la couronne et fit dater son règne de la mort de sa demi-sœur, Bérénice. En 59 avant JC, il fut reconnu par les Romains ; mais à cette époque, son gouvernement oppressif et débauché avait tellement dégoûté le peuple qu'il le chassa du royaume. Il se réfugia quatre ans à Rome, tandis que ses deux filles gouvernaient nominalement l'Égypte, d'abord conjointement, puis seule la plus jeune, après la mort de sa sœur. En 55 avant JC, Auletes revint, soutenu par une armée romaine, mit à mort sa fille, qui s'était opposée à sa restauration, et régna trois ans et demi sous la protection romaine. Il mourut en 51 avant JC, laissant quatre enfants : la célèbre Cléopâtre, âgée de dix-sept ans ; Ptolémée XII.; un autre Ptolémée, et une fille Arsinoë , encore plus jeune.

Pièce d'Antoine et Cléopâtre, deux fois plus grande.

**64.** La princesse Cléopâtre reçut la couronne sous le patronage romain, en collaboration avec Ptolémée aîné. Le frère et la sœur se disputèrent et Cléopâtre fut chassée en Syrie. Ici, elle rencontra Jules César et, par ses talents et ses réalisations, acquit un grand ascendant sur son esprit. Grâce à son aide, Ptolémée fut vaincu et tué, et Cléopâtre établie dans le royaume. Elle ôta son jeune frère par le poison et n'eut désormais plus de rival. Avec une habileté consommée, mêlée à la cruauté sans scrupules de sa race, elle régna dix-sept ans dans une grande prospérité. César fut son protecteur tant qu'il vécut, et Antoine devint alors son esclave, sacrifiant tous ses intérêts et son honneur de Romain et de général à ses moindres caprices. Dans les guerres civiles de Rome, Antoine fut enfin vaincu à Actium ; Cléopâtre s'est suicidée et son royaume est devenu une province romaine en 30 av.

**65.** Le royaume des Ptolémées dura 293 ans, depuis la mort d'Alexandre jusqu'à celle de Cléopâtre. Pendant 101 ans, sous les trois premiers rois, elle fut la plus florissante, la mieux organisée et la plus prospère des monarchies macédoniennes ; les près de deux siècles qui restèrent furent parmi les périodes les plus dégradées de l'histoire de la race humaine.

## RÉCAPITULATION.

Prospérité de l'Egypte sous les Ptolémées. Concours de courses à Alexandrie. Ptolémée Ier (323-283 av. J.-C.) conquit la Palestine, la Phénicie , Chypre et la côte africaine jusqu'à Cyrène. Anciennes lois et cultes conservés. Bibliothèque et musée d'Alexandrie, professeurs et travaux publics. Ptolémée Philadelphe (283-247 av. J.-C.) commanda une version grecque des Écritures hébraïques ; construit des villes, des routes et des canaux à des fins commerciales. Acquisitions de Ptolémée III. (247-222 avant JC). Conquêtes rapides en Asie, vite perdues. Collection de manuscrits et récupération d'images. Déclin du royaume ptolémaïque. Crimes de Ptolémée IV. (222-205 avant JC). Victoire à Raphia, 217 avant JC. Ingérence romaine pendant la minorité de Ptolémée V. (205-181 avant JC). Ptolémée VI. (BC 181-146) prise par Antiochus IV., de Syrie. Son frère Physcon couronné. Rome protégeait les dépendances égyptiennes contre la Syrie et les partageait entre les frères. Ptolémée VII. fut assassiné par son oncle, Ptolémée Physcon , qui régna de 146 à 117 av. Il a été exilé pour ses crimes, mais rappelé au bout de trois ans. Ptolémée VIII. et son frère Alexandre régna alternativement en Égypte et à Chypre pendant que vivait leur mère (117-89 av. J.-C.). Après sa mort, le premier fut l'unique monarque jusqu'en 81 avant JC. Bérénice régna six mois (81, 80 avant JC), puis fut assassinée par son mari, Ptolémée X. Il fut tué par les Alexandrins. Ptolémée XI. (BC 80-51) fit valoir ses prétentions après quinze ans d'anarchie ; fut reconnu par les Romains, mais expulsé (59-55 av. J.-C.) par ses sujets ; revint régner sous la protection romaine. Cléopâtre empoisonna ses deux frères et, grâce à la faveur de César et d'Antoine, garda son royaume pendant vingt et un ans, de 51 à 30 av.

**66.** A la mort d'Alexandre, la plus grande partie de la Grèce se révolta contre la Macédoine, Athènes, comme autrefois, étant le chef. Antipater, le régent macédonien, fut vaincu près des Thermopyles et assiégé à Lamia, en Thessalie. Les confédérés furent ensuite vaincus à Cranon , et la bonne direction d'Antipater dissout la ligue en traitant séparément avec ses membres et en offrant les conditions les plus clémentes à tous, sauf aux chefs. Athènes subit le châtiment qu'elle avait souvent infligé. Douze mille de ses citoyens furent déportés de force en Thrace, en Illyrie, en Italie et en Afrique, il ne resta plus que neuf mille des plus riches , qui se soumirent volontairement à la suprématie macédonienne. Démosthène et les principaux membres de son parti furent exécutés et les derniers vestiges de l'indépendance athénienne détruits.

**67.** Les guerres des généraux et les intrigues des princesses macédoniennes appartiennent à la période II. ( Voir §§ 19-25. ) Trois ans après la bataille d' Ipsus , Cassandre mourut, en 298 avant JC, laissant la couronne à son fils, Philippe IV. Le jeune roi régna moins d'un an et sa mère, Thessalonique, partagea alors la Macédoine entre ses deux fils restants, Antipater et Alexandre. Le premier, mécontent de sa part, assassina sa mère et fit appel à son beau-père, Lysimaque, pour l'aider à obtenir la totalité. Son frère demanda en même temps l'aide de Démétrius, qui régnait en Grèce, et de Pyrrhus, roi d'Épire. Avec leur aide, il chassa Antipater de Macédoine ; mais il ne gagna rien à cette victoire, car Démétrius avait entrepris la guerre uniquement dans le but de se placer sur le trône, ce qu'il accomplit par le meurtre d'Alexandre. Antipater II. fut mis à mort la même année par Lysimaque, en 294 av.

**68.** Le royaume comprenait désormais la Thessalie, l'Attique et la plus grande partie du Péloponnèse, Pyrrhus ayant reçu plusieurs pays sur la côte occidentale de la Grèce. Démétrius, cependant, sacrifia tous ses domaines à son ambition et à sa vanité sans limites. Il échoua dans une attaque contre Pyrrhus et, envahi à la fois de l'est et de l'ouest, fut contraint d'abandonner la Macédoine, en 287 avant JC. Lors d'une expédition ultérieure en Asie, il devint prisonnier de Séleucus et mourut au cours de la troisième année de sa captivité. . ( Voir § 29. )

**69.** Pyrrhus resta roi de la plus grande partie de la Macédoine près d'un an, mais fut ensuite repoussé dans son royaume héréditaire par Lysimaque, qui étendit ainsi ses propres domaines depuis l' Halys jusqu'au mont Pinde, en 286 avant JC. La capitale de ce royaume consolidé était Lysimachia , dans la Chersonèse, et la Macédoine pendant cinq ans n'étaient qu'une province. Les nobles, mécontents, firent appel à Séleucus , qui vainquit et tua Lysimaque, en 281 av.

**70.** Pendant quelques semaines, le vieux Séleucus gouverna presque tous les domaines d'Alexandre, à l'exception de l'Égypte. Il fut ensuite assassiné par Ptolémée Ceraunus , [60] qui devint roi à sa place. Le prince égyptien fut bientôt accablé par un nouveau péril : l'invasion des Gaules . Ce peuple agité affluait depuis près d'un siècle dans le nord de l'Italie, où il avait chassé les Étrusques de la plaine du Pô et donné son propre nom à Gallia Cisalpina . Tournant alors vers l'est, ils occupèrent la plaine du Danube et se dirigèrent vers le sud jusqu'à l'Illyrie, d'où ils partirent en trois divisions, l'une tombant sur les Thraces, une autre sur les Péoniens et la troisième sur les Macédoniens. La dernière armée rencontra Ptolémée Ceraunus , qui fut vaincu et tué au combat. Pendant deux ans, ils ravageèrent la Macédoine, tandis que Méléager , frère de Céraunus , et Antipater, neveu de Cassandre , occupèrent successivement le trône, 279-277 av.

**71.** Brennus , un chef gaulois, avec plus de 200 000 hommes, traversa la Thessalie, dévastant tout par le feu et l'épée. Une bataille furieuse eut lieu aux Thermopyles , et les Gaulois ne gagnèrent enfin les arrières de l'armée grecque que par le même chemin de montagne qui avait admis les troupes de Xerxès deux cents ans auparavant. Brennus poursuivit son pillage pour piller Delphes, mais une armée de 4 000 hommes, bien postée sur les hauteurs du Parnasse, lui résista avec succès ; et une violente tempête hivernale, qui troubla et engourdit les assaillants, convainquit les fervents Grecs qu'Apollon défendait une fois de plus son sanctuaire. Le chef gaulois fut grièvement blessé et, ne voulant pas survivre à sa disgrâce, mit fin à ses jours. Son armée se divisa en une multitude de bandes en maraude, sans ordre ni discipline, et la plupart périrent de froid, de faim ou de combat. Leurs compatriotes, cependant, fondèrent un royaume en Thrace ; et une autre bande, invitée en Asie Mineure par Nicomède , devint propriétaire d'une vaste étendue de pays qui reçut son nom de Galatie .

**72.** Pendant les troubles de la Macédoine, Sosthène, officier de noble naissance, avait été placé à la tête des affaires, à la place d'Antipater, qui fut destitué pour incapacité. Après le retrait des Gaulois , Antipater récupère le trône. Mais Antigonus Gonatas, qui s'était maintenu comme prince indépendant dans la Grèce centrale et méridionale depuis la captivité de son père Démétrius, apparut maintenant avec une armée composée principalement de mercenaires gaulois, vainquit Antipater et prit possession de la Macédoine. Antiochus Soter lui fit la guerre, mais il fut combattu avec tant d'énergie qu'il reconnut Antigone comme roi et lui donna sa sœur Phila en mariage. Mais Antigone ne fut jamais acceptable ni aux Grecs ni aux Macédoniens, et lorsque Pyrrhus, le prince le plus populaire de son époque, revint d'Italie, toute l'armée macédonienne était prête à déserter à ses côtés. Antigone fut vaincu et resta en fuite pendant un an ou plus, 273-271 av.

**73.** Pyrrhus était le plus grand guerrier et l'un des meilleurs princes de son temps, époque dont la vérité et la fidélité semblaient presque avoir disparu. Il aurait pu devenir le monarque le plus puissant du monde si sa persévérance avait été à la hauteur de ses talents et de son ambition. Mais au lieu d'organiser le territoire qu'il possédait, il avait toujours soif de nouvelles conquêtes. Dans une guerre contre la Grèce méridionale , il fut repoussé de Sparte, et alors qu'il tentait de s'emparer d'Argos de nuit, il fut tué par une tuile lancée par une femme du haut d'une maison.

**74.** Antigonus Gonatas revint alors et régna trente-deux ans. Il étendit son pouvoir sur la majeure partie du Péloponnèse et mena une guerre de cinq ans contre les Athéniens, aidés par Sparte et l'Égypte. Cependant Antigone fut rappelé par l'incursion d'Alexandre, fils de Pyrrhus, qui emportait tout devant lui et avait été reconnu roi de Macédoine. Démétrius, fils d'Antigone, le chassa de la Macédoine et même de l'Épire ; et bien qu'il fut bientôt rétabli dans sa domination paternelle, il resta désormais en paix avec ses voisins. Athènes tomba en 263 avant JC. Dix-neuf ans plus tard, Antigone prit possession de Corinthe ; mais ce fut le dernier de ses succès.


**75.** La ligue achéenne , qui avait été supprimée par les successeurs immédiats d'Alexandre, avait bientôt ressuscité et s'était étendue au-delà des limites de l'Achaïe, recevant des villes de tout le Péloponnèse. En 243 avant JC, Aratus , son chef, par un mouvement soudain et bien concerté, s'empara de Corinthe, qui rejoignit aussitôt la Ligue. Plusieurs villes importantes suivirent l'exemple ; Antigone, devenu vieux et prudent, ne put s'opposer à eux qu'en incitant l'Étolie à attaquer les Achéens . Il mourut en 239 avant JC, après avoir vécu quatre-vingts ans et régné trente-sept ans.

**76.** Démétrius II. s'allia avec l'Épire et rompit son amitié avec les Étoliens , ennemis de ce royaume. La conséquence fut que les Étoliens se joignirent à la Ligue Achéenne pour s'opposer à lui. Il put les vaincre en Thessalie et en Béotie , mais au sud de l'isthme l'ascendant de la Macédoine était terminé. Les Romains intervinrent alors pour la première fois dans les affaires grecques, en exigeant de la confédération étolienne qu'elle s'abstienne de toute agression contre l'Acarnanie. Corcyre, Apollonia et Epidamnus tombèrent entre leurs mains, en 228 avant JC, un an après la mort de Démétrius II.

**77.** Philippe V. n'avait que huit ans lorsqu'il hérita des domaines de son père, sous la tutelle de son parent, Antigonus Doson . Au cours de cette régence, de grands changements eurent lieu à Sparte, qui conduisirent à un bref retour de son ancienne énergie. Les lois de Lycurgue étaient restées en vigueur pendant plus de cinq siècles, mais le temps de leur utilité et de leur utilité était révolu. La séparation rigide qu'ils faisaient entre les différentes classes limitait désormais le nombre des vrais Spartiates à 700, tandis que les critères de propriété étaient si sévères que 100 seulement jouissaient des pleins droits de citoyens. La richesse de la communauté était concentrée entre les mains de quelques-uns, qui violaient l'ancienne loi en vivant dans le plus grand luxe. Dans cet état, Sparte était incapable même de se défendre contre les pirates illyriens ou les maraudeurs étoliens , et encore moins d'exercer une quelconque influence, comme autrefois, dans les affaires générales de la Grèce.

Les réformes proposées en 230 avant JC par Agis IV, et adoptées quatre ans plus tard par Cléomène , ajoutèrent 3 800 *periœ'ci* au nombre des citoyens et redivisèrent les terres de l'État entre ceux-ci et 15 000 Laconiens sélectionnés. Les dettes furent abolies et les vieilles coutumes simples et frugales de Lycurgue rétablies. Sparte était alors en mesure de vaincre les forces de la ligue achéenne et d'en tirer, dans sa propre alliance, la plupart des villes du Péloponnèse hors d'Achaïe. Mais Aratus, le chef de la Ligue, viola tous ses principes en faisant appel à Antigone, le régent macédonien, et en le mettant en possession d'Acro- Corinthus . Lors de la bataille de Sella´sia , en 221 avant JC, Cléomène fut vaincu et contraint de se réfugier à la cour de Ptolémée Philopator . La Ligue, créée pour défendre les libertés de la Grèce, les avait trahies ; et il n'y avait plus aucun espoir ni de restaurer les gloires de Sparte, ni d'arrêter la puissance écrasante de la Macédoine et de Rome.

**78.** Antigone mourut en 220 avant JC, et Philippe, aujourd'hui âgé de dix-sept ans, assuma le gouvernement. Les grands avantages acquis pendant la régence furent bientôt perdus par sa témérité. Il s'allia en toute hâte à Hannibal contre Rome, puis à Antiochus de Syrie contre l'Egypte. (Voir §§ 37 , 59. ) Sa première guerre, cependant, fut contre l'Étolie , qui avait pris les armes immédiatement après son accession, dans l'espoir à la fois de déséquilibrer sa rivale, l'Achaïe, et d'augmenter ses propres territoires aux dépens de la Macédoine. . Dès l'époque d'Alexandre le Grand, les tribus étoliennes s'étaient constituées en une république fédérale, qui occupait dans la Grèce centrale une position similaire à celle de la Ligue Achéenne dans le Péloponnèse. Par la soumission ou l'annexion de plusieurs États, elle s'étendit désormais de la mer Ionienne à la mer Égée . Philippe envahit l'Étolie avec une grande énergie, s'empara du siège de son gouvernement et, par ses brillants succès, montra un talent militaire digne des premiers jours de la conquête macédonienne. Mais la nouvelle d'une grande victoire remportée par Hannibal au lac Thrasymène rappela son attention sur l'objet de sa principale ambition, une guerre avec Rome.

**79.** Le premier mouvement de la nouvelle guerre fut le siège d'Apollonia, une colonie romaine en Illyrie. Philippe espérait chasser les Romains de la côte ouest de la Grèce et préparer ainsi la voie à une invasion de l'Italie. Son camp fut surpris la nuit par Valérius , et il fut contraint d'incendier ses navires et de se retirer en toute hâte. Les Étoliens et tous leurs alliés – Sparte, Elis et les rois d'Illyrie et de Pergame – prirent parti pour Rome et portèrent la guerre en Macédoine, forçant Philippe à demander l'aide de Carthage. Les Romains capturèrent Zacynthus , Nesos et Œniadæ , Antic´yra en Locris et l'île d' Égine , et les présentèrent aux Étoliens .

Lors de cette crise, Philopœmen , le plus grand Grec de son temps, devint commandant de la cavalerie achéenne et, deux ans plus tard, chef de la Ligue. Il a amélioré les exercices et les tactiques de l'armée et a insufflé un nouvel esprit à la nation tout entière. Son invasion d'Elis, de concert avec Philippe, échoua et le roi fut vaincu par Sulpicius Galba ; mais, en 207 avant JC, la grande victoire de Mantinée plaça les Macédoniens et les Achéens sur un pied d'égalité avec les Romains. La paix a été conclue à des conditions honorables pour toutes les parties.

**80.** Philippe, gâté par l'ambition, était devenu sans scrupules et imprudent. Au lieu de s'emparer de ce qu'il possédait déjà, il recherchait continuellement de nouvelles conquêtes ; et, sans tenir compte de la tempête qui allait sûrement éclater sur lui tôt ou tard de l'ouest, il se tourna maintenant vers l'est et le sud. Il fit un traité avec Antiochus le Grand pour le partage des dépendances égyptiennes, par lequel il devait recevoir la Thrace et la partie occidentale de l'Asie Mineure. Cela conduisit immédiatement à une guerre avec Atalos de Pergame , allié de Rome, ainsi qu'avec Rhodes, qui prit le parti de l'Égypte . Sa flotte fut vaincue au large de Chios, en Colombie-Britannique en 201 ; et bien qu'il remporta par la suite une victoire à Lade, ses pertes ne furent pas récupérées. Il s'empara cependant des îles importantes de Samos, Thasos et Chios, avec la province de Carie et plusieurs localités de l'Ionie.

**81.** Le grand désastre de la guerre fut la rupture du traité avec Rome. Cette puissance intervint en faveur de ses alliés, l'Egypte, Rhodes et Pergame ; et lorsque Philippe rejeta toutes les demandes raisonnables, elle déclara la fin de la paix. Lors de la seconde guerre avec Rome, la Grèce fut d'abord divisée en trois partis, certains États restant neutres, certains se rangeant du côté de Rome et d'autres du côté de la Macédoine. Mais lorsque le consul Flamininus proclama la liberté à tous les Grecs et se déclara leur champion contre la puissance longtemps détestée de la Macédoine, presque tous les États passèrent du côté romain. Sur terre, la Macédoine fut attaquée par Sulpicius Galba, aidé des Illyriens et des Dardaniens ; tandis que par mer, une flotte romaine, augmentée de vaisseaux rhodiens et pergamènes, menaçait la côte. Plusieurs villes importantes d' Eubée furent prises, mais la grande bataille décisive eut lieu (197 av. J.-C.) à Cynocéphale , où Philippe fut vaincu et son pouvoir complètement prostré. Il fut contraint d'abandonner toutes les villes grecques qu'il détenait, soit en Europe, soit en Asie, de rendre toute sa marine et de payer une indemnité de guerre de mille talents (1 250 000 $).

**82.** En réglant les affaires de Grèce, les Romains divisèrent les États en sections encore plus petites qu'autrefois, et garantissèrent à chacun une parfaite indépendance. Les deux ligues d'Achaïe et d'Étolie durent cependant s'équilibrer. Les États furent généralement satisfaits de cet arrangement, mais les Étoliens déclenchèrent une nouvelle guerre l'année même du départ de Flamininus et appelèrent Antiochus d'Asie à leur aide. Il fut vaincu aux Thermopyles par les Romains, en 191 avant JC, et la grande bataille de Magnésie, l'année suivante, mit fin à tout espoir de résistance à la puissance de Rome. La Ligue Achéenne , soutenue par la direction sage et compétente de Philopœmen , gagna en puissance grâce à l'affaiblissement de son rival, et engloba désormais tout le Péloponnèse, avec Mégaris et quelques autres territoires au-delà de la péninsule.

**83.** Philippe avait aidé les Romains dans la guerre récente et avait été autorisé à étendre ses domaines sur une partie de la Thrace et vers le sud jusqu'en Thessalie. Mais une fois la paix assurée, il dut tout abandonner, sauf son royaume héréditaire. Démétrius, le deuxième fils de Philippe, avait longtemps été otage à Rome et agissait désormais comme ambassadeur de son père. Le Sénat romain concéda beaucoup de points, à cause de la chaleureuse amitié qu'il professait pour ce jeune prince ; mais sa faveur éveilla seulement les soupçons de son père et la jalousie de son frère aîné, Persée . Ce dernier falsifia des lettres pour convaincre son père de la trahison de Démétrius, et le jeune innocent fut mis à mort sur ordre du roi. Mais le chagrin et les remords de Philippe dépassèrent toutes les limites, lorsqu'il apprit la tromperie qui avait été pratiquée. Il croyait qu'il était hanté par l'esprit de Démétrius, et ce fut une agonie mentale, plutôt qu'une maladie physique, qui provoqua bientôt sa mort.

Un historien ancien remarquait qu'il y avait peu de monarques dont on pouvait à juste titre dire plus de bien ou plus de mal que de Philippe V. Si la promesse de sa jeunesse s'était réalisée et si les opportunités de son règne s'étaient améliorées, il aurait fait de grandes choses. pour la Macédoine et la Grèce. Mais ses talents furent obscurcis par l'ivresse et la débauche, sa générosité naturelle fut gâchée par l'habitude du commandement suprême, et il devint plus tard un tyran sombre, sans scrupules et méfiant.

**84.** Philippe avait projeté de punir le crime de Persée en laissant le trône à un parent éloigné, Antigone ; mais la mort subite du père, alors qu'Antigone était absent de la cour, permit au fils de se faire roi sans opposition. Il poursuivit avec beaucoup de diligence la politique de Philippe, en préparant la Macédoine à une seconde lutte avec Rome. Les revenus furent augmentés par une exploitation minutieuse des mines ; la population, dévastée par tant de guerres, fut recrutée par les colonies des Thraces et autres ; et des alliances étroites furent conclues avec les rois d'Asie et avec les barbares robustes du nord, les Gaulois , les Illyriens et les Germains, dont l'aide pourrait être inestimable lorsque le moment décisif arriverait. Mais Persée ne parvint pas à unifier les États grecs, dans lesquels un grand parti préférait déjà sa suprématie à celle de Rome ; et au lieu d'utiliser ses trésors pour satisfaire et confirmer ses alliés, il les amassa péniblement, pour enrichir ses ennemis à la fin de la guerre.

**85.** Au printemps de 171 avant JC, les Romains débarquèrent en Épire et passèrent quelques mois à gagner les États grecs à leurs côtés par l'argent et l'influence. À l'automne, ils rencontrèrent Persée en Thessalie, avec des forces presque égales, et furent vaincus. Le Macédonien ne profita cependant pas de sa victoire, et rien d'important ne fut fait pendant deux ans. En 168 avant JC, L. Æmil´ius Paulus prit le commandement et força Persée à se battre près de Pydna . Ici, le sort de la Macédoine fut finalement décidé. Persée fut vaincu et s'enfuit à Samothrace, où il fut bientôt capturé avec tous ses trésors. Il fut emmené à Rome et contraint de marcher enchaîné lors du splendide triomphe d' Æmilius . Après plusieurs années, le dernier des rois macédoniens mourut en prison à Alba.

La Macédoine ne devint pas immédiatement une province romaine, mais fut divisée en quatre États distincts, auxquels il était interdit tout rapport sexuel entre eux. Le peuple fut consolé par une grande réduction des impôts, les Romains n'exigeant que la moitié du montant qu'ils avaient l'habitude de payer à leurs rois indigènes.

**86.** En Grèce, toutes les confédérations, à l'exception de la Ligue Achéenne , furent dissoutes. L'Achaïe avait été l'amie constante de Rome pendant la guerre ; mais pour assurer sa soumission, mille des principaux citoyens furent accusés d'avoir secrètement aidé Persée, et furent transportés en Italie pour y être jugés. Ils furent emprisonnés dix-sept ans sans avoir été entendus ; puis, quand tous sauf trois cents furent morts, ceux-ci furent renvoyés, avec la certitude que leur ressentiment contre Rome les conduirait à quelque acte d'hostilité téméraire.

Tout s'est passé comme les Romains l'avaient prévu. Les trois exilés les plus aigris par cet outrage non provoqué arrivèrent au pouvoir, et leur inimitié donna à leurs ennemis ce qu'ils désiraient le plus, un prétexte pour une invasion armée des territoires de la Ligue. En 146 avant JC, la guerre est déclarée. L'un des chefs achéens fut désastreusement vaincu et tué près des Thermopyles ; un autre, avec le reste de l'armée, fit une dernière bataille à Corinthe, mais il fut vaincu et la ville fut prise, pillée et détruite. En quelques années, la Grèce fut placée sous gouvernement proconsulaire, comme les autres provinces de Rome. Elle est restée pendant près de seize siècles une partie de ce grand empire qui, bien que chassé d'Italie, a maintenu son existence en Orient jusqu'à ce qu'il soit renversé par les Turcs, en 1453 après JC.

# RÉCAPITULATION.

lamienne s'est terminée par la soumission de la Grèce à la Macédoine. Cassandre régna de 316 à 297 av. La mort de tous ses fils dans les trois ans laissa la couronne à Démétrius, fils d'Antigone (294-287 av. J.-C.), qui la perdit par des entreprises téméraires et mourut prisonnier en Asie. Pyrrhus, l'Épirote, régna un an. La Macédoine fut ensuite annexée à la Thrace (286-281 av. J.-C.). A la mort de Lysimaque, elle échoit à Séleucus , qui fut à son tour assassiné par Ptolémée Ceraunus . Sous les règnes de Ptolémée (281-279 av. J.-C.), de Méléagre, d'Antipater II et de Sosthène (279-277 av. J.-C.), les Gaulois ravageèrent la Macédoine et la Grèce, conquirent les Thermopyles , mais furent vaincus à Delphes. Antigone, fils de Démétrius (277-273 avant JC), fut expulsé par Pyrrhus, dont le second règne dura 273-271 avant JC, mais qui fut tué à Argos, et Antigone rétabli (271-239 avant JC). Il captura Athènes et Corinthe ; cette dernière fut reprise par la Ligue Achéenne . Démétrius II. (BC 239-229) s'allia à l'Épire contre les ligues achéenne et étolienne . Première ingérence de Rome dans les affaires grecques, 238 avant JC. Régence d'Antigone Doson , 229-220 avant JC. Réforme et énergie renouvelée à Sparte. Les Macédoniens, en alliance avec la Ligue Achéenne , vainquirent les Spartiates à Sellasia , 221 avant JC. Règne indépendant de Philippe V., 220-179 avant JC. Ses guerres contre l'Étolie , Rome, l'Egypte. Les Romains, dans une seconde guerre, proclamèrent la liberté aux Grecs ; renversa Philippe à Cynocephalæ , 197 avant JC ; subdivisé et réorganisé les États grecs. Les Étoliens provoquèrent une autre guerre, leur allié Antiochus fut vaincu aux Thermopyles et à Magnésie. Mort du prince Démétrius et de son père. Efforts de Persée, le dernier roi de Macédoine (179-168 av. J.-C.). Sa guerre avec Rome ; défaite à Pydna ; capture et mort. Division de la Macédoine. Réduction du tribut. Trahison des Romains envers la Ligue Achéenne . Dernière guerre avec Rome. Bataille de Leucopetra , près de Corinthe, 146 avant JC.


## IV. THRACE.

**87.** Le royaume thrace de Lysimaque n'a pas d'histoire qui doive nous retenir. Contrairement à l'Égypte ou à la Syrie sous domination macédonienne, elle n'a apporté aucune contribution à la littérature, à la science ou à la civilisation en général. Les différentes tribus étaient puissantes en raison de leur nombre, de leur mépris farouche du danger et de l'exposition, et de leur amour indomptable de la liberté ; mais leurs forces étaient trop souvent gaspillées à se battre les uns contre les autres, et ainsi ils étaient réduits soit à des sujets, soit à d'humbles alliés des nations les plus civilisées du sud. En même temps, leur position sur le Danube en faisait le plus exposé de tous les anciens royaumes aux incursions des barbares du nord ; et l'histoire de la Thrace sous les Romains n'est qu'un récit de guerres et de dévastations.

## V. Royaume de Pergame .

**88.** Outre les quatre grandes monarchies déjà décrites, un certain nombre de royaumes plus petits sont nés des ruines de l'empire d'Alexandre. Quelques-uns d'entre eux seront brièvement mentionnés. Pergame , sur le Caicus en Mysie , possédait une forteresse forte, qui servait à Lysimaque comme lieu de garde de ses trésors, sous la garde de Philétærus , de Tium , officier en qui il avait la plus grande confiance. . Ce personnage, provoqué par les mauvais traitements infligés par la reine thrace, se rendit indépendant et, grâce aux vastes trésors de Lysimaque, maintint sa principauté tranquille pendant vingt ans, 283-263 av. ( Voir §§ 30, 31. )

Son neveu, Eumène, qui lui succéda, augmenta ses territoires par une victoire sur Antiochus Ier, près de Sardes. Après vingt-deux ans de règne (263-241 av. J.-C.), son cousin Attale Ier lui succéda, qui remporta une grande victoire sur les Gaules et, premier de sa famille, prit le titre de roi. Dix ans plus tard, il vainquit Antiochus Hiérax ( voir § 33 ) et inclua dans ses propres domaines tous les pays à l'ouest de l' Halys et au nord du Taurus. Dans les guerres avec les rois de Syrie, il perdit ces conquêtes et fut limité pendant sept ans à sa propre principauté de Pergame ; mais grâce à l'aide de mercenaires gaulois et à sa propre bonne gestion, il reconquit la plupart des territoires. Il gagna la faveur de Rome en rejoignant cette République contre Philippe V. de Macédoine. Le pays fut ravagé par Philippe dans l'intervalle de ses guerres romaines ( voir § 80 ) ; mais la grande victoire de Chios compensa Attale pour ses pertes, et les trésors qu'il amassa rendirent son nom proverbial en termes de richesse. Ses efforts en faveur de ses alliés, au cours de la seconde guerre de Rome et de Macédoine, mirent fin à ses jours à un âge avancé, en 197 avant JC.

**89.** Eumène II, son fils aîné et successeur, contribua aux opérations romaines contre les rois de Syrie et de Macédoine, avec tant d'énergie et de talent, qu'il fut récompensé par une augmentation de territoire des deux côtés de l'Hellespont, et son royaume fut pendant un temps l'un des plus grands d'Asie. Il poursuivit la politique libérale de son père en encourageant l'art et la littérature, fonda la grande bibliothèque de Pergame , qui était juste derrière celle d'Alexandrie, et embellit sa capitale avec de nombreux bâtiments magnifiques. À sa mort, sa couronne fut assumée par son frère Attale II. (Philadelphe), car le fils d'Eumène était encore un enfant. Plus de la moitié des vingt et une années du règne de Philadelphe furent occupées par des guerres, notamment contre Prusias II, roi de Bithynie. En aidant la révolte de Nicomède , qui gagna ce royaume à la place de son père, Attale obtint quelques années de paix, qu'il employa à construire des villes et à augmenter sa bibliothèque. Les principales villes étaient Euménie , en Phrygie ; Philadelphie, en Lydie ; et Attalia , en Pamphylie.

**90.** Philadelphe mourut en 138 avant JC, laissant le royaume à son neveu, Attale III. ( Philométor ), fils d'Eumène II. Ce roi a commis dans le court laps de cinq ans plus de crimes et d'atrocités qu'on ne peut en trouver sous tous les autres règnes de sa dynastie réunis. Il assassina tous les vieux amis de son père et de son oncle, ainsi que leurs familles ; tous ceux qui détenaient encore une fonction de confiance dans le royaume ; et enfin ses propres parents les plus proches, y compris sa mère, pour laquelle il avait professé la plus chaleureuse affection par le nom qu'il avait adopté. Il se retira enfin de cette atroce carrière de mauvais gouvernement pour se consacrer aux activités plus innocentes de la peinture, de la sculpture et du jardinage. Il mourut de fièvre, laissant son royaume en héritage au peuple romain. Aristonicus , demi-frère d'Attale III, résista avec succès aux revendications romaines pendant trois ans, battant et capturant Licinius Crassus, envoyé pour en prendre possession ; mais il fut à son tour fait prisonnier, et Pergame fut ajoutée aux territoires de Rome, en 130 av.

## VI. BITHYNIE.

**91.** Cette province tributaire de la Perse recouvra son indépendance après le renversement de cet empire, et résista à tous les efforts des généraux d'Alexandre pour le réduire. Parmi ses rois se trouvaient Nicomède Ier, qui fonda Nicomédie sur la Propontide ; Zeilas , qui gagna sa couronne grâce à l'aide des Gaulois ; et Prusias , son fils, qui étendit son royaume par des guerres constantes, et l'aurait élevé à une grande importance sans l'offense qu'il fit aux Romains, en faisant la guerre à Pergame et en abritant Hannibal. Il fut contraint de céder à Eumène certains territoires importants.

Prusias II. a subi des désastres encore plus graves, en raison de sa propre méchanceté méprisable. Il envoya son fils Nicomède à Rome, avec des ordres secrets pour son assassinat. Mais le complot échoua ; et Nicomède II, dont la popularité avait excité la jalousie de son père, revint maintenant avec le soutien des Romains et du roi Pergamene, et prit possession du trône. Il régna cinquante-huit ans sous le titre d'Épiphane (Illustre). Son fils, Nicomède III, allié aux Romains, fit la guerre pendant sept ans à Mithridate, roi du Pont, leur adversaire le plus habile et le plus résolu. Il fut deux fois expulsé de ses domaines ; mais après la fin de la première guerre mithridatique, il régna paisiblement dix ans et, n'ayant pas d'enfants, laissa son royaume aux Romains, 74 avant JC.

## VII. PONT.

**92.** La Cappadoce sous les Perses avait été une satrapie, gouvernée par les descendants de cet Otanès qui conspirait avec Darius Ier contre le faux Smerdis . ( Voir Livre II. ) En 363 avant JC, un fils du satrape Mithridate se révolta et se fit roi de cette partie de la Cappadoce qui s'étendait près de la mer, et fut de là appelée Pontus par les Grecs. Ce royaume fut pendant peu de temps soumis à la puissance macédonienne ; mais Mithridate Ier, en 318 avant JC, redevint indépendant. Les annales des deux règnes suivants n'ont pas une grande importance. Mithridate III. (245-190 av. J.-C.) élargit et renforça sa domination par des alliances avec les monarques asiatiques, ainsi que par des guerres. Son fils Phar'nacès conquit Sinope sur les Grecs et en fit sa capitale. Le prochain roi, Mithridate IV. (160-120 av. J.-C.), aida Rome contre Carthage et Pergame et fut récompensé par l'ajout de la Grande Phrygie à ses domaines.

**93.** Mithridate V., le Grand, monta sur le trône à l'âge de onze ans, son père ayant été assassiné par quelques officiers de la cour. Le jeune prince, se méfiant de ses tuteurs, commença dès ses premières années à s'habituer aux antidotes contre le poison et à consacrer une grande partie de son temps à la chasse, ce qui lui permit de se réfugier dans les parties les plus rudes et les plus inaccessibles de son royaume. Il avait cependant reçu une éducation grecque à Sinope ; et quand, à l'âge de vingt ans, il prit le gouvernement, il possédait non seulement une âme et un corps insensibles à toutes sortes de périls et de difficultés, mais un esprit pourvu de toutes les connaissances nécessaires à un roi. Il parlait vingt-cinq langues et pouvait traiter des affaires avec chaque tribu de ses domaines, dans son propre dialecte.

Les Romains s'étaient déjà emparés de sa province de Phrygie, et il voyait clairement le conflit qui devait bientôt éclater avec la République qui absorbait tout. Il décida donc d'étendre son royaume vers l'est et vers le nord, augmentant ainsi sa puissance et sa richesse, de manière à le rendre plus proche de son grand adversaire occidental. En sept ans , il ajouta à ses domaines la moitié des rives de la mer Noire, y compris la péninsule cimmérienne – aujourd'hui la Crimée – et s'étendant vers l'ouest jusqu'au Dniestr. Il fit des alliances avec les tribus sauvages et puissantes du Danube, ainsi qu'avec les rois d'Arménie, de Cappadoce et de Bithynie. Des deux derniers pays, il chassa ensuite leurs rois héréditaires, plaçant son propre fils sur le trône de Cappadoce, et Socrate, frère cadet de Nicomède III, sur celui de Bithynie.

**94.** Le Sénat romain intervint alors et, avec sa faveur, Nicomède envahit le Pont. Mithridate entra en Cappadoce et chassa son roi nouvellement réintégré ; puis en Bithynie, où il mit en déroute l'armée de Nicomède et vainquit les Romains. Il se rendit rapidement maître de toute l'Asie Mineure, à l'exception de quelques villes de l'extrême sud et de l'ouest ; et depuis son quartier général de Pergame , il donna l'ordre d'un massacre général de tous les Romains et Italiens d'Asie. Quatre-vingt mille personnes tombèrent à la suite de cet acte atroce, mais à partir de ce moment le vent se retourna contre Mithridate. Deux grandes armées qu'il envoya en Grèce furent vaincues par Sylla à Chæronea . Une grande bataille en Bithynie fut perdue par les généraux pontiques. Le Pont lui-même fut envahi et son roi devint un fugitif.

La paix fut enfin conclue, dans des conditions des plus humiliantes pour Mithridate. Il rendit toutes ses conquêtes et une flotte de soixante-dix navires ; accepté de payer 2 000 talents ; et reconnut les rois de Cappadoce et de Bithynie, qu'il avait autrefois expulsés. Les revers de Mithridate conduisirent naturellement les nations soumises du Pont-Euxin à secouer son joug. Il se préparait à marcher contre eux, lorsqu'une seconde guerre romaine fut déclenchée par une agression soudaine et non provoquée de Murena , le général de la République d'Orient. Les Romains furent vaincus sur l' Halys et la paix fut rétablie en 82 avant JC.

**95.** Au cours des sept années qui suivirent, Mithridate soumit tous ses sujets révoltés et recruta ses forces avec la plus grande énergie. Son armée, issue en grande partie des nations barbares du Danube et du Pont-Euxin, était entraînée et équipée selon le système romain, et sa marine fut portée à quatre cents navires. Le roi pontique et les Romains seraient volontiers restés quelques années de plus en paix, mais, en 74 avant JC, l'héritage de la Bithynie à cette dernière puissance, par Nicomède III, les amena dans une collision inévitable. Mithridate s'empara d'abord du pays et remporta une double victoire sur Cotta, par mer et par terre. Mais il échoua aux sièges de Chalcédoine et de Cyzique, et au cours de la deuxième année, il fut vaincu à plusieurs reprises par Lucul'lus . Sa flotte fut d'abord vaincue au large de Ténédos, puis détruite par une tempête. La troisième année, Mithridate fut chassé de ses propres domaines et de ceux de son gendre Tigrane. La guerre dura trois ans en Arménie, où les deux rois furent vaincus à deux reprises par Lucullus.

En 68 avant JC, Mithridate retourna dans son royaume et vainquit les Romains à deux reprises en quelques mois. Mais en 66 avant JC, Pompée prit le commandement, et Mithridate, après la perte de presque toute son armée, abandonna le Pont et se retira dans les régions barbares au nord du Pont-Euxin, où les Romains ne se soucièrent pas de le poursuivre. Avec un esprit indompté ni par les années ni par les malheurs, il complota le dessein audacieux de rassembler sous son étendard les tribus sauvages le long du Danube et de marcher sur l'Italie par le nord. Mais ses officiers ne partageaient pas son enthousiasme. Une conspiration contre lui était dirigée par son propre fils ; et le vieux roi, abandonné de tous ceux en qui il aurait eu confiance, tenta de mettre fin à ses jours par le poison. Sa constitution avait été pendant de nombreuses années si protégée par des antidotes, que les drogues n'eurent aucun effet, et il fut finalement dépêché par un de ses soldats gaulois. Le Pont devint une province romaine, seule une petite partie de son territoire subsistant, un siècle ou plus, sous la domination des princes de l'ancienne dynastie.

## VIII. CAPPADOCE.

Pièce d' Ariarathes V., deux fois plus grande que l'originale.

**96.** La partie sud de la Cappadoce est restée fidèle aux rois perses jusqu'à leur chute à Arbela. Elle fut conquise par Perdiccas après la mort d'Alexandre, mais devint indépendante au bout de six ans et resta sous la domination des rois indigènes jusqu'à ce qu'elle soit absorbée par les dominions romains, en 17 après JC. L'histoire de ces monarques a peu d'importance, sauf dans la mesure où elle est inclus dans celui des nations voisines. Le cinquième roi, Ariarathes IV, noua, dans ses dernières années, une alliance étroite et amicale avec les Romains, qui se maintint sous ses successeurs.

Ariarathes V. (BC 131-96) présente le seul exemple de « prince irréprochable » dans les trois siècles qui suivirent Alexandre. Aucun acte de tromperie ou de cruauté n'est enregistré à son encontre. La Cappadoce, sous son règne, devint une célèbre demeure de philosophie, sous le patronage et l'exemple du roi. Avec Ariarathes VIII., la lignée royale perse s'est éteinte et les Cappadociens ont choisi un nouveau souverain en Ariobarza'nes I. (93-64 av. J.-C.). Ce roi fut trois fois chassé de ses domaines par les souverains d'Arménie et du Pont, et trois fois réintégré par les Romains. Le dernier roi, Archelaus (36 av. J.-C. - 17 ap. J.-C.), fut convoqué par Tibère à Rome, où il mourut, et son royaume devint une province romaine.

# IX. Arménie.

**97.** L'Arménie fut incluse dans le royaume des Séleucides , depuis la bataille d' Ipsus jusqu'à celle de Magnésie, 190 avant JC. Deux généraux d'Antiochus III. puis se révolta contre lui et fonda les royaumes d'Arménie Majeure à l'est et d'Arménie Mineure à l'ouest de l'Euphrate. Le plus grand roi d'Arménie majeur fut Tigrane Ier (96-55 av. J.-C.), qui non seulement remporta d'importantes victoires face au monarque parthe, mais conquit toute la Syrie et la conserva quatorze ans. Il encourut la vengeance de Rome de diverses manières, mais principalement en soutenant son beau-père, Mithridate, dans ses guerres contre la République. Il subit plusieurs défaites désastreuses, avec la perte de sa capitale, Tigran´ocer´ta .

En 67 avant JC, la désaffection des troupes romaines donne aux deux rois l'occasion de récupérer une grande partie de ce qu'ils ont perdu. L'apparition du grand Pompée sur la scène renversa encore la tendance. Le jeune Tigrane se rebelle contre son père, avec l'aide des Parthes et de Rome. Le roi abandonna toutes ses conquêtes, ne conservant que son royaume héréditaire de la Grande Arménie. Son fils, Artavasdes I. (55-34 av. J.-C.), aida l'expédition de Crassus contre les Parthes ; mais après avoir offensé Antoine, il fut fait prisonnier et mis à mort sur ordre de Cléopâtre. Artaxias , son fils, ordonna le massacre de tous les Romains d'Arménie. En 19 avant JC, il fut lui-même assassiné par ses propres proches. Les rois restants n'étaient souverains que de nom, étant établis ou déplacés alternativement par les Romains et les Parthes, jusqu'à ce que l'Arménie soit absorbée par les premiers, en 114 après JC. L'Arménie Mineure était généralement une dépendance d'un royaume voisin, depuis l'époque de Mithridate jusqu'à cette époque. de Vespasien (69-79 après JC), lorsqu'elle devint également une province romaine.

# X. Bactriane.

**98.** La Bactriane fit partie de l'empire syrien de 305 à 255 avant JC. Diodote , le satrape, se rendit alors indépendant et fonda un nouveau royaume grec, le plus oriental de tous les fragments épars des conquêtes d'Alexandre. Euthydème, le troisième roi, était originaire de Magnésie et usurpateur (222-200 avant JC). Son fils Démétrius fit de nombreuses campagnes victorieuses, s'étendant en Afghanistan et en Inde (200-180 av. J.-C.). Il perdit une partie de ses domaines indigènes au profit d'un rebelle, Eucratides , qui régna au nord de la chaîne du Paropam'isus pendant la vie de Démétrius et, après sa mort, sur tout le pays. Lui aussi mena les guerres indiennes avec beaucoup d'énergie et de succès. Sous son fils Hélioclès (160-150 av. J.-C.), le royaume de Bactriane déclina rapidement, envahi par les rois parthes à l'ouest et les tribus tartares au nord.

# XI. Empire parthe des Arsacides .

**99.** Les Parthes établirent leur indépendance vers 250 avant JC, sous la direction des Arsaces scythes. Le peuple était de la même race que les Turcs modernes : traître dans la guerre, indolent et sans aspiration à la paix, grossier dans les arts et barbare dans les manières. Leur courage guerrier donna cependant aux Romains une résistance plus difficile que celle qu'ils rencontrèrent dans toute autre partie de l'ancien empire d'Alexandre ; et la domination des Arsacides dura près de 500 ans, jusqu'à ce qu'elle soit renversée par le nouveau royaume perse, en 226 après JC. La grandeur de l'empire parthe date de Mithridate, également appelé Arsace VI, 174-136 av. Le royaume voisin de Bactriane, avec ses monarques grecs et sa civilisation supérieure, avait jusqu'ici maintenu l'ascendant ; mais tandis que ces rois étaient absorbés par leurs conquêtes indiennes, Mithridate s'empara de plusieurs de leurs provinces et absorba finalement toute leur domination.

Pièce d'Arsaces III., deux fois plus grande que l'originale.

L'empire parthe, dans sa plus grande étendue, comprenait tous les pays compris entre l'Euphrate et l'Indus ; de l'Araxe et de la Caspienne au nord, jusqu'au golfe Persique et à l'océan Indien au sud. Ses nombreuses parties n'étaient pas regroupées en un seul gouvernement, comme l'étaient les satrapies de Perse ou les provinces de Rome ; mais chaque nation, avec ses lois et ses usages, gardait son roi natal, tributaire du seigneur suprême de la famille des Arsacides. C'est pourquoi les monnaies parthes, comme les monuments assyriens, portent communément le titre de « Roi des rois ». Les guerres de Mithridate ont fait de l'Euphrate la frontière entre les empires parthe et romain. La richesse et la puissance de la monarchie orientale provoquèrent à la fois l'avarice et la jalousie de la République occidentale, et une collision ne put tarder. Les détails des guerres parthes de Rome se trouvent dans le livre V.

## RÉCAPITULATION.

Bravoure et barbarie des Thraces. Ascension de Pergame , 283 avant JC. Règnes de Philotærus , Eumène, Attale Ier. Succès et politique éclairée d' Eumène II. Guerres d'Attale Philadelphe. Ses nouvelles villes. Crimes d'Attale III. Legs de son royaume à Rome. Court règne d' Aristonicus . Bithynie gouvernée par Nicomède I., Zeilas , Prusias I. et II., Nicomède II. et III., BC 278-74. Montée du royaume du Pont, 363 avant JC. Indépendant de la Macédoine, 318 avant JC ; agrandi par Mithridate III. et Pharnace , BC 245-160. Éducation de Mithridate V., ses conquêtes et alliances ; première collision avec les Romains, 88 avant JC ; massacre de 80 000 Italiens ; catastrophes et paix humiliante. Seconde Guerre romaine, BC 83, 82. Exercice de sept ans des forces pontiques sur la tactique romaine. Troisième guerre romaine, 74-65 avant JC ; Mithridate chassé en Arménie, 71 avant JC ; récupéra son royaume, 68 avant JC ; vaincu par Pompée, 66 avant JC; se réfugia dans les étendues sauvages du nord et mit fin à ses jours par la violence, en 63 avant JC. Le Pont devint une province romaine. Cappadoce en alliance avec Rome, 188 avant JC. Règne juste et paisible d' Ariarathe V. Fin de la dynastie en Ariarathe VIII. Exils et retours d' Ariobarzanes I. Le pays est absorbé par la domination romaine, 17 après JC. L'Arménie fait partie de l'empire syrien, 301-190 avant JC. Des royaumes « Grand » et « Petit » se sont alors formés à l'est et à l'ouest de l'Euphrate. Conquête de la Syrie par Tigrane I., BC 83. Ses guerres avec Rome, BC 69-66. Pertes. Destin d' Artavasdes . Massacre des Romains par Artaxias . Dépendance alternative vis-à-vis de Rome et de la Parthie, 19 avant JC-114 après JC. Bactriane dépendante de la Syrie, 305-255 avant JC. Diodote régna de 255 à 237 av. Le troisième roi un Lydien, BC 222-200. Campagnes indiennes de Démétrius et Eucratidas , 200-160 av. Déclin et chute du royaume sous les attaques des barbares environnants, 160-80 avant JC. Empire parthe puissant, mais non civilisé. Absorption des provinces de Bactriane, BC 174-136. Un groupe de royaumes, plutôt qu'une nation, aux côtés de Rome.

## XII. JUDÉE .

**100.** La Judée , avec le reste de la Syrie, avait été assignée à Laomédon lors du partage des conquêtes d'Alexandre ; mais elle fut bientôt annexée par Ptolémée Soter et resta pendant 117 ans une partie de l'empire égyptien. Son histoire dans ce Livre sera considérée en trois périodes :

| JE. | De la chute de l'empire perse à l'essor d'un royaume juif indépendant, | 323-168 avant JC. |
|---|---|---|

| II. | Le temps des Macchabées, | 168-37 avant JC. |
| III. | Le temps d' Hérode , | 37 avant JC-44 après JC. |

PREMIÈRE PÉRIODE. Sous les trois premiers Ptolémées, les Juifs étaient paisibles et prospères. Le grand prêtre était à la tête de l'État et gouvernait les affaires locales avec peu d'interférence de la part de l'Égypte. Ptolémée Philopator , cependant, un prince méchant et insensé, tenta de profaner le temple, et les Juifs, alarmés, cherchèrent protection auprès d'Antiochus le Grand. Ce monarque, avec leur aide, s'empara de toute la côte entre la haute Syrie et le désert du Sinaï ; et bien que souvent contesté et une fois récupéré par les Egyptiens, ce district resta une partie du royaume syrien.

**101.** Pendant trente ans, les privilèges des Juifs furent respectés par leurs nouveaux souverains ; mais vers la fin de son règne, Séleucus IV. résolut de s'approprier les trésors sacrés du temple à ses propres besoins pressants, et envoya Héliodore , son trésorier, à cet effet à Jérusalem. Selon la tradition juive [61] , trois anges apparurent pour défendre le lieu saint. L'un d'eux était assis sur un cheval terrible, qui piétinait Héliodore sous ses pieds, tandis que les autres le flagellaient jusqu'à ce qu'il tombe sans vie à terre. Il ne fut restauré que par les prières du grand prêtre, et le trésor resta intact.

Antiochus Épiphane, frère et successeur de Séleucus , se rendit coupable d'outrages encore plus impies. Il mit le grand sacerdoce aux enchères et l'attribua à deux reprises au plus offrant, à condition qu'il introduise les rites et coutumes grecs à Jérusalem. Un de ces pontifes mercenaires vola les vases sacrés du temple et les revendit à Tyr . Une insurrection éclata à Jérusalem, mais elle fut punie par Antiochus en personne, qui s'empara de la ville, dressa un autel à Zeus Olympius , avec des sacrifices quotidiens de chair de porc dans l' enceinte sacrée du temple, et mit à mort un grand nombre de les gens. Deux ans plus tard, en 168 avant JC, il ordonna un massacre général des Juifs et, par une effroyable persécution, chercha à exterminer les derniers vestiges de l'ancienne religion. La famille Asmonæ´an se leva alors et, par sa courageuse fidélité, se fit enfin souveraine de la Judée .

**102.** DEUXIÈME PÉRIODE. Mattathias, un prêtre résidant entre Jérusalem et Joppé, tua de sa propre main l'officier du roi qui était envoyé pour imposer les sacrifices païens, ainsi que le premier Juif renégat qui consentit à offrir. Il se réfugia alors dans les montagnes avec ses cinq fils, et fut quotidiennement renforcé par des fugitifs venus de diverses parties de la Judée . À mesure que leur nombre augmentait, cette bande sortait fréquemment de leurs forteresses, coupait les détachements de l'armée syrienne, détruisait les autels païens et rétablissait en de nombreux endroits le culte juif dans les synagogues. Le vieux Mattathias mourut au cours de la première année de la guerre, et son troisième fils, Judas, lui succéda au commandement des forces, qui reçut le nom de *Maccabée* à cause de ses nombreuses victoires.

Lors des disputes pour la régence syrienne, qui suivirent la mort d'Antiochus Épiphane ( voir §§ 40, 41 ), Judas Maccabée prit possession de toute Jérusalem, à l'exception de la citadelle du mont Sion, et la garda trois ans. Il purifia le temple, rétablit l'encens, les lumières et les sacrifices, et chassa les Syriens et les Juifs hellénisants de toutes les parties de la Judée . Le général syrien Nicanor fut vaincu à deux reprises avec de lourdes pertes. Dans la seconde bataille, près de Bethhoron , Nicanor tomba et toute son armée fut mise en pièces. Les Romains firent alliance avec les Macchabées ; mais avant que leur aide puisse arriver, Judas était tombé au combat, en 160 avant JC. Jérusalem était perdue, et pendant quatorze ans Jonathan Maccabée ne put mener une guérilla que depuis sa forteresse dans le désert de Teko'ah . Les disputes pour le trône syrien, entre Démétrius et Alexandre Balas , qui se poursuivirent sous leurs fils ( voir §§ 42-46 ), donnèrent un répit aux Juifs, et firent même de leur alliance un objet de désir des deux côtés. Jonathan fut désormais reconnu comme prince et grand prêtre, avec la pleine possession de la Ville Sainte.

**103.** Son frère Simon lui succéda dans les deux dignités, et sous son administration prospère , la Judée se remit en grande partie des ravages prolongés de la guerre. La vie de Simon s'est terminée par une trahison. Son gendre, Ptolémée, gouverneur de Jéricho, désireux de s'emparer du gouvernement, assassina le grand prêtre et deux de ses fils lors d'un banquet. Mais l'autre fils, Jean Hyrcan, s'échappa et succéda à son père. Au début de son règne, Jérusalem subit un long et douloureux siège d'Antiochus Sidetes , 135-133 av. Ses murs, qui avaient été restaurés, furent rasés jusqu'au sol ; et un tribut fut de nouveau exigé, qui ne dura cependant pas plus longtemps que la vie de Sidetes . Hyrcan s'empara de Samarie et détruisit le temple du mont Garizim ( voir Livre II, § 64 ). Il conquit l'Idouma , rendant la Judée pleinement égale en puissance à la Syrie, qui était maintenant réduite d'un grand empire à un petit royaume épuisé.

**104.** Aristobule , fils d'Hyrcan, fut le premier de la famille à prendre le titre de roi. Il ne régna qu'un an et fut remplacé par son frère Alexandre Jannae (105-78 av. J.-C.). Ce prince était un Sadducéen, et la secte opposée des Pharisiens souleva une foule pour l'attaquer, alors qu'il officiait comme grand prêtre à la Fête des Tabernacles. L'émeute a été réprimée par le massacre de 6 000 insurgés. Alexandre remporta des victoires sur les Moabites et les Arabes de Galaad ; mais dans une guerre ultérieure contre ces derniers , il subit une grande défaite, et les mécontents du pays saisirent l'occasion pour une nouvelle flambée. La guerre civile fait désormais rage depuis six ans. Pendant un certain temps , Alexandre fut chassé dans les montagnes, mais enfin il reprit l'ascendant et se vengea des rebelles avec une cruauté effrayante. Il laissa la couronne à sa veuve, Alexandra, qui rejoignit les pharisiens et se maintint au pouvoir grâce à leur influence.

**105.** Après sa mort, ses deux fils, Hyrcan et Aristobule , se disputèrent sept ans pour la souveraineté. Pompée le Grand, qui était alors à Damas, intervint et s'empara de Jérusalem, emmena Aristobule à Rome et établit le frère aîné dans le gouvernement. Il régna six ans en paix, de 63 à 57 av. Au cours de la dernière année, Aristobule s'est échappé et, rejoint par plusieurs de ses partisans, a repris la guerre. Il fut assiégé et pris à Machærus par le proconsul romain, qui déposa également Hyrcan et établit une sorte d'oligarchie à Jérusalem. Pompée, en prenant la ville, avait laissé intacts ses trésors sacrés, mais pendant cette période, Crassus, en route vers la Parthie, s'empara et pilla le temple. Après dix ans (57-47 av. J.-C.), Hyrcan fut rétabli au grand sacerdoce, tandis que son ami Antipater, l' Idumée , fut nommé procureur ou gouverneur civil de la Judée .

En 40 avant JC, Antigone, fils d' Aristobule , avec l'aide d'une force parthe, s'empara de Jérusalem et régna trois ans, le dernier des princes asmonéens . Antipater avait été empoisonné ; son fils Hérode se rendit à Rome et reçut du Sénat le titre de roi de Judée . Revenant rapidement, il conquit la Galilée et s'avança jusqu'au siège de Jérusalem. Cela dura plusieurs années, car les Juifs étaient fermement attachés à Antigone et étaient également mécontents de l'ingérence de Rome et du règne d'un Édomite. Après de durs combats, les murs furent pris et le roi fut exécuté comme un vulgaire criminel.

**106.** TROISIÈME PÉRIODE , 37 avant JC-44 après JC. Hérode était à juste titre surnommé « le Grand », pour ses talents et la grandeur de ses entreprises, bien que son caractère fût souillé par les pires défauts d'un tyran, la cruauté et les caprices téméraires. À l'âge de quinze ans, il avait été nommé gouverneur de Galilée par Jules César et avait gouverné avec beaucoup d'énergie et de succès, réprimant les bandits qui infestaient le pays et mettant à mort leurs dirigeants. Il commença son règne en Judée par le massacre de tous ceux qui lui étaient opposés, surtout de ceux dont la richesse lui permettrait le mieux de récompenser ses bienfaiteurs romains. Le Temple, qui servait de forteresse, avait été presque détruit lors des sièges répétés, fut reconstruit, par ses ordres, avec une magnificence qui rivalisait avec les gloires de Salomon. Sa libéralité se manifesta également lors d'une famine qui frappa la Judée et les pays environnants. Il acheta d'immenses quantités de blé en Égypte et nourrit tout le peuple à ses propres frais, en plus de fournir à plusieurs provinces des semences pour la prochaine récolte.

Hérode a influencé les goûts romains : il a construit un cirque et un amphithéâtre dans un faubourg de Jérusalem, où étaient célébrés des jeux et des combats de bêtes sauvages en l'honneur de l'empereur Auguste. Pour montrer son impartialité, il restaura le temple samaritain du mont Garizim, tandis qu'il orna sa nouvelle et magnifique ville de Césarée d'imposants sanctuaires des dieux romains. Cette tolérance universelle déplaisait aux Juifs, et leur disposition à la révolte n'était contenue que par la vigilance d'innombrables espions et la construction d'une chaîne de forteresses autour de Jérusalem.

**107.** Les deux derniers membres de la famille Asmonæan étaient Mariam´ne et Aristobulus , petits-enfants d'Hyrcan II. Hérode épousa le premier et conféra au second la charge de grand prêtre ; mais la grande popularité du jeune prince alarma sa jalousie, et il le fit assassiner secrètement. Bien que dévoué à Mariamne , Hérode ordonna à deux reprises qu'elle soit mise à mort en cas de son propre décès, au cours de périlleuses expéditions pour lesquelles il quittait la capitale. Ces ordres atroces, parvenus à la connaissance de la reine, augmentèrent naturellement l'aversion pour Hérode qu'avait inspirée le meurtre de son grand-père et de son frère.

Son esprit élevé dédaignait la dissimulation ; elle fut traduite en justice et ses ennemis acharnés persuadèrent Hérode de consentir à son exécution. Mais la violence de sa douleur et de ses remords le maintinrent longtemps au bord de la folie, et une fièvre furieuse faillit lui coûter la vie. Son caractère, qui avait été généreux quoique précipité, devenait maintenant si féroce que ses meilleurs amis étaient souvent condamnés à mort au moindre soupçon. Trois de ses fils ont été exécutés pour complot. De son lit de mort, il ordonna le massacre des enfants à Bethléem, parce que des sages de l'Orient lui avaient appris que dans ce petit village était né le Messie. Vers la même époque, il avait dressé un aigle royal au-dessus de la porte du Temple. Une sédition éclata aussitôt, et ses chefs furent punis avec une cruauté atroce, par ordre du roi mourant. Hérode mourut la même année que la naissance de notre Seigneur, ce que la chronologie commune place, par erreur, en 4 av.

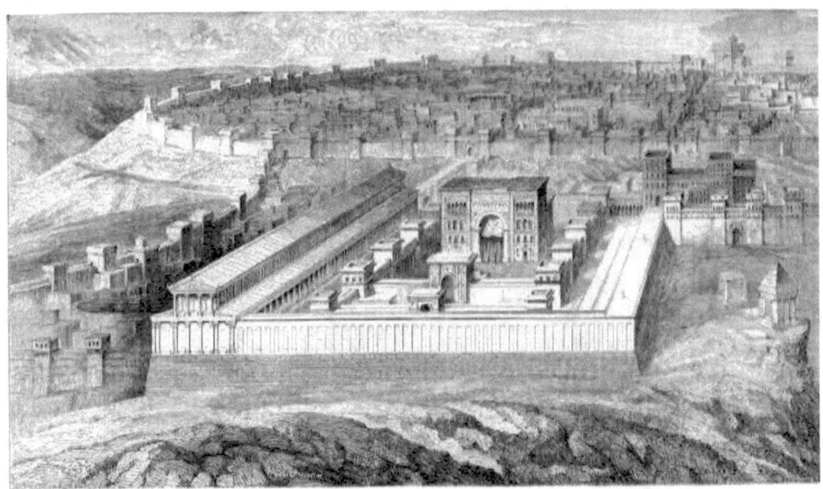

## TEMPLE À JÉRUSALEM, COMME RECONSTRUITE PAR HÉRODE.

*Le porche d'Hérode. Le porche de Salomon. Château d'Antonia.*

**108.** Ses domaines, à l'exception d'Abilene en Syrie, furent partagés entre ses trois fils, Archelaus, Antipas et Philippe, l'aîné recevant la Judée et la Samarie. Il régna de manière si oppressive qu'il fut destitué par les Romains, en 8 après JC ; et jusqu'en 36 après JC, la province était gérée par des procureurs, ou gouverneurs, soumis aux préfets de Syrie. Sous le cinquième d'entre eux, Ponce Pilate, le Christ fut crucifié par l'autorité romaine, à travers les accusations des principaux officiers juifs. Entre-temps, Hérode Antipas régnait en Galilée ( 4 av. J.-C.-39 ap. J.-C. ; voir Luc xxiii : 6-12), et Philippe à Trachonitis (4 av. J.-C.-37 ap. J.-C. ; voir Marc vi : 17, 18). Lorsque ces provinces devinrent vacantes, elles furent accordées par l' Empereur Calig´ula sur son favori, Hérode Agrip´pa I., petit-fils d'Hérode le Grand et de Mariamne . En 41 après JC, la Samarie et la Judée furent également ajoutées à ses domaines, qui couvraient pendant trois ans tout le territoire d'Hérode le Grand.

**109.** Agrippa commença à persécuter les chrétiens en l'an 44, et les Romains placèrent de nouveau la Judée sous le gouvernement des procurateurs. Gessius Florus , le sixième de la nouvelle série, était un tyran cruel et rusé, qui pillait sa province sans pitié ni honte. Il partageait le butin des voleurs de grands chemins, qu'il permettait et même encourageait. A deux reprises, il provoqua des émeutes à Jérusalem, sacrifiant la vie de milliers de personnes, uniquement pour pouvoir profiter de la confusion pour piller le Temple.

Ses atrocités poussèrent enfin les Juifs à une révolte ouverte. Une armée romaine de 100 000 hommes, commandée par Titus, fils de l'empereur Vespasien, assiégea la Ville Sainte pendant cinq mois. Les trois murs, la forteresse du Mont Sion et le Temple devaient chacun être pris par un assaut séparé ; et jamais siège ne fut plus mémorable pour l'obstination de la résistance. Le Temple fut rendu le 8 septembre 70. Tous les gens qui n'avaient pas péri à cause des épreuves du siège furent réduits en esclavage et partagés entre les vainqueurs comme prix. De grandes colonies furent transportées au cœur de l'Allemagne ou en Italie, où les vases d'or du Temple ornaient la procession triomphale de Titus à Rome. Aucune ville ancienne, quelle que soit sa renommée, n'a jamais été aussi complètement ruinée que Jérusalem. Le mont Sion fut labouré comme un champ et semé de sel, et les bâtiments du Temple furent rasés.

## RÉCAPITULATION.

Judée soumise à l'Égypte, 320-203 av. en Syrie, BC 203-168. Persécution par Antiochus Épiphane et révolte de Mattathias, 168 avant JC. Victoires de

Judas Maccabée , 166-160 avant JC. Jonathan prince et grand prêtre, 160-143 av. Règne prospère de Simon, BC 143-133. Siège et prise de Jérusalem par Antiochus Sidetes , 135-133 av. Conquêtes de Jean Hyrcan, BC 135-106. Aristobule Ier prend le titre royal. Guerres civiles des Pharisiens et des Sadducéens, sous Alexandre Jannæus , 105-78 av. Règne d'Alexandra, BC 78-69. Hyrcan II., BC 69, 68. Aristobule II., BC 68-63. Jérusalem prise par Pompée, qui accorde la souveraineté à Hyrcan. Après six ans, Hyrcan fut déposé et une oligarchie fut créée, 57-47 av. Jérusalem pillée par Crassus, 54 avant JC. Antipater, l' Idumée , gouverneur, 47-40 avant JC, tandis qu'Hyrcan est à nouveau grand prêtre. Prince et prêtre Antigone, 40-37 av. Hérode, fils d'Antipater, investi à Rome de la royauté de Judée , conquiert la Galilée, et par un long siège prend Jérusalem, en 37 avant JC. Sa grandeur et sa tyrannie. Ses travaux publics. Exécution de la reine Mariamne , 29 avant JC. « Meurtre des Innocents » et mort d'Hérode, 4 avant JC. Division de son royaume en tétrarchies. Archélaüs succéda à son gouvernement grâce à des gouverneurs romains, de 8 à 36 après JC. La Crucifixion, 29 ou 30 après JC. Quatre provinces réunies sous Hérode Agrippa, 41 après JC. Les procureurs restaurés, 44 après JC. Gessius Florus , 65, 66 après JC. Siège et prise de Jérusalem par Titus, 70 après JC.

## QUESTIONS À RÉVISER.
### LIVRE IV.

| 1. | Décrivez l'essor de la Macédoine. | §§1 , 2 . _ |
|---|---|---|
| 2. | Les étapes successives de l'ascendant de Philippe. | 2-5. |
| 3. | La jeunesse, l'éducation et le caractère d'Alexandre. | 6 , 7 . |
| 4. | Ses conquêtes et sa politique asiatique. | 8-12 , 14-17 . |
| 5. | Ses projets et sa mort. | 18. |
| 6. | La guerre des régents. | 19. |
| 7. | Qu'a fait Antipater ? | 19 , 20 , 66 , 67 . |
| 8. | Par Antigone et son fils ? | 20 , 22-25 , 29 , 68 . |
| 9. | Que sont devenus les proches parents d'Alexandre ? | 21-23. |
| dix. | Quels furent les résultats de la bataille d' Ipsus ? | 25. |

| | | |
|---|---|---|
| 48. | Combien aux Thermopyles ? | |
| 49. | Combien à Mantinée ? | |
| 50. | Combien y en a-t-il à Salamine à Chypre ? | |
| 51. | Combien à Chæronea ? | |

# LIVRE V.
## HISTOIRE DE ROME, DEPUIS LES TEMPS LES PLUS RECULÉS JUSQU'À LA CHUTE DE L'EMPIRE D'OCCIDENT, 476 APRÈS JC.

## CROQUIS GÉOGRAPHIQUE DE L'ITALIE.

**1.** L'ITALIE , délimitée par les Alpes et les mers Adriatique, Ionienne et Tyrrhénienne , est la plus petite des trois péninsules du sud de l'Europe. Elle est inférieure à la Grèce par le nombre de ses ports et de ses îles littorales, mais la surpasse par la richesse et l'étendue de ses plaines et de ses flancs de montagnes fertiles, étant ainsi mieux adaptée à l'agriculture et à l'élevage du bétail qu'aux intérêts maritimes. Pourtant, du fait de sa forme longue et étroite, l'Italie possède un littoral étendu ; les pentes des Apennins regorgeaient, dans les temps anciens, de forêts de chênes propices au bois de construction ; et les habitants, surtout ceux d' Étrurie , furent très tôt attirés par la mer.

**2.** Les Alpes, qui séparent l'Italie du reste de l'Europe, ont eu un effet important sur son histoire. À l'heure actuelle, moins d'une douzaine de routes les traversent en toute sécurité, qui comptent parmi les merveilles de l'ingénierie moderne. Dans les premiers temps, ils constituaient une barrière généralement efficace contre les nations barbares du nord et de l'ouest. Les Apennins quittent la chaîne alpine près de la frontière actuelle entre l'Italie et la France et s'étendent dans une direction sud-est et sud jusqu'à l'extrémité de la péninsule, rejetant des deux côtés des crêtes latérales vers la mer et formant cette grande variété de surfaces. et le climat qui fait le charme particulier du pays. Une multitude de rivières contribuent grandement à la fertilité du sol, bien que, à cause de leur cours court et rapide, elles soient de peu de valeur pour la navigation. Varron préférait le climat de l'Italie à celui de la Grèce, comme produisant parfaitement tout ce qui est bon pour l'usage de l'homme. Aucune orge ne pouvait être comparée au Campanien , pas de blé au Pouilles , pas de seigle au Falernien , pas d'huile au Vena'fran .

**3.** L'ITALIE DU NORD s'étend entre les Alpes suisses et les Apennins supérieurs et est presque couverte par la grande plaine du Pô, qui est l'une des régions les plus fertiles d'Europe. Elle comprenait, dans les temps les plus anciens, les trois pays de la Ligurie , de la Haute Étrurie et de la Vénétie . La seconde de ces divisions, ainsi que certaines parties des territoires ligures et vénitiens, furent conquises, au sixième siècle avant Jésus-Christ, par une population celtique du nord et de l'ouest, et furent désormais connues sous le nom de Gaule cisalpine. La région située au nord des Apennins n'appartient à l'histoire romaine ni même italienne qu'à l'époque chrétienne, lorsqu'elle fut incorporée aux territoires de Rome.

**4.** La péninsule proprement dite est divisée en deux régions de l'Italie centrale et méridionale, par une ligne tirée de l'embouchure du Tifer'nus , sur l'Adriatique, jusqu'à celle du Sil'arus , sur la côte occidentale. L'ITALIE CENTRALE comprenait six pays, dont trois, l'Étrurie, le Latium et la Campanie, se trouvaient sur la mer Tyrrhénienne, et trois autres, l'Ombrie , le Picenum et le pays Sabin, sur l'Adriatique. *L'Étrurie* était, dans les premiers temps, la division la plus importante de l'Italie proprement dite. Elle était séparée de la Ligurie par la rivière Macra ; de la Gaule cisalpine, par les Apennins ; et de l'Ombrie, le territoire Sabin, et du Latium, par le Tibre.

*Le Latium* , situé au sud de l'Étrurie, était principalement une plaine basse ; mais sa surface était variée par les contreforts des Apennins au nord, et par les chaînes volciennes et albanes d'origine volcanique au centre et au sud. Elle comprenait la campagne romaine, aujourd'hui une étendue solitaire et presque sans arbres, considérée comme inhabitable à cause des exhalaisons nocives du sol, mais pendant et avant la période florissante de Rome, site de nombreuses villes peuplées. Plusieurs tribus étrangères occupaient des parties du territoire latin, parmi lesquelles les Volsques, sur les montagnes qui portent leur nom, et les Æqui , au nord de Prænes´te , étaient les plus dignes de mention. Aux yeux de l'histoire, un groupe de collines basses – sept à l'est et trois à l'ouest du Tibre – qui constitueront plus tard le site de Rome, n'est pas seulement la partie la plus importante du Latium, mais aussi celle qui donne sa signification à tous les repos.

**5.** *La Campanie* était une région fertile et délicieuse, s'étendant du Liris au Silarus et des Apennins à la mer. Les écrivains grecs et romains ne se lassèrent jamais de célébrer l'excellence de ses ports, la beauté de son paysage, la richesse exubérante de son sol et la douceur enchanteresse de son air. La côte est variée par le cône isolé du Vésuve et une série de collines volcaniques, dont le cratère aujourd'hui éteint de Solfata'ra . *L'Ombrie* était un pays montagneux à l'est de l'Étrurie. Avant l'arrivée des Gaulois , elle s'étendait vers le nord jusqu'au Rubicon et vers l'est jusqu'à l'Adriatique ; mais sa côte fut entièrement conquise par ce peuple, qui chassa les Ombriens au-delà des montagnes.

*Picenum* se composait d'une plaine plate et fertile le long de l'Adriatique et d'une région vallonnée, constituée d'éperons tordus des Apennins, à l'intérieur. Les poètes faisaient l'éloge des pommes de Picenum et ses olives étaient parmi les meilleures d'Italie. Le territoire *sabin* , dans sa plus grande extension, avait une longueur de 200 milles et s'étendait presque d'une mer à l'autre. Elle était habitée par de nombreuses tribus, probablement d'origine commune. A côté des Sabins proprement dits, se trouvaient les Sam'nites , les Frentani , et les Marsi , Mar'ruci'ni , Pelign'ni et Vesti'ni , qui formaient la Ligue des Quatre Cantons. Le pays sabin, bien que rude, était fertile, et son vin et son huile approvisionnaient principalement le peuple romain.

**6.** L'ITALIE DU SUD comprenait quatre pays : la Lucanie et le Brutium à l'ouest, les Pouilles et la Calabre à l'est. *La Lucanie* est un pays pittoresque et fertile, arrosé par de nombreuses rivières. *Bruttium* a un caractère similaire et était particulièrement apprécié dans les temps anciens pour ses forêts de pins, qui, grâce à leur bois et à leur poix, rapportaient un revenu important au gouvernement romain. Les deux pays ont attiré une multitude de colons grecs, dont les villes ont rapidement atteint un haut degré de richesse et de civilisation. ( Voir Livre III, §§ 87, 90. ) *Les Pouilles* , contrairement à toute autre division de l'Italie centrale ou méridionale, se composent principalement d'une plaine riche et ininterrompue, de vingt à quarante milles de largeur, en pente douce des montagnes jusqu'à la mer. Dans l'Antiquité, elle entretenait un grand nombre de chevaux et de moutons, ces derniers étant réputés pour la finesse de leur laine. Lorsque la plaine était desséchée par les chaleurs de l'été, les troupeaux étaient conduits vers les montagnes voisines du Samnium ; tandis qu'en hiver, les troupeaux samnites abandonnaient leurs hauteurs sombres et enneigées pour trouver des pâturages dans les riches prairies des Pouilles. La partie nord des Pouilles est montagneuse, traversée par deux forts contreforts des Apennins, dont l'un s'avance dans la mer et forme le promontoire rocheux du mont Garganus .

*La Calabre* , [62] appelée par les Grecs Iapygia ou Messapia , occupait la longue péninsule qu'on appelle communément le talon de l'Italie. Son sol calcaire et tendre absorbe rapidement l'humidité, rendant le pays aride et les chaleurs de l'été intenses. Les produits du sol étaient pourtant, dans l'Antiquité, abondants et de grande valeur. Son huile, son vin et son miel étaient largement célèbres, la laine fournie par ses troupeaux était de la meilleure qualité et les chevaux qui recrutaient la cavalerie tarentine étaient parmi les plus excellents du monde.

**7.** L'Italie possédait trois îles d'une grande importance : la Sicile, connue pour ses excellents ports et son sol inépuisable ; la Sardaigne , pour ses mines d'argent et ses récoltes de céréales ; et la Corse , pour ses denses forêts de pins et de sapins. La position ainsi que les précieuses productions de ces îles tentèrent de bonne heure l'entreprise des Grecs et des Carthaginois ; et la rivalité dans leur possession a d'abord entraîné ces nations dans l'hostilité les unes contre les autres et contre la puissance finalement victorieuse de Rome.

## HISTOIRE DE ROME.

**8.** Notre histoire dans ce livre se divise naturellement en trois divisions :

| JE. | LE ROYAUME ROMAIN , | avant JC | 753-510. |
|---|---|---|---|
| II. | LA RÉPUBLIQUE ROMAINE , | » | 510-30. |

| III. | L'EMPIRE ROMAIN , | » | 30-476 après JC. |

Les récits de la Première Période, dans la mesure où ils concernent des personnes, sont en grande partie mêlés de fables, et il est impossible de séparer le fantaisiste du réel. Il est recommandé à l'étudiant de lire les histoires des rois, dans leur forme la plus ancienne et la plus attrayante, dans l'Histoire de Rome du Dr Arnold. Sous leur belle apparence mythique, ces légendes présentent sans doute une part considérable de vérité. Nos limites n'admettent qu'une affirmation de l'ancienne croyance populaire concernant l'essor de Rome, parmi les autres nations plus anciennes qui habitaient l'Italie.

**9.** L'Italie centrale et méridionale était occupée, dès les temps les plus anciens connus, par trois races, les Étrusques , les Italiens et les Iapygiens . Ces derniers étaient très apparentés aux Grecs, comme le prouvent leur langue et l'identité de leurs objets de culte. Ils se mêlèrent donc volontiers aux colons helléniques ( voir § 6 ), et la civilisation grecque s'enracina rapidement et s'épanouit dans toute l'Italie du Sud. Les Italiens proprement dits – ainsi appelés parce que, une fois unis, ils devinrent la race dirigeante en Italie – arrivèrent plus tard dans la péninsule que les Iapygiens . Ils venaient du nord et rassemblaient dans des quartiers plus rapprochés les habitants à moitié helléniques du sud. Ils se composaient de quatre races principales : les Ombriens, les Sabins, les Osques et les Latins. Parmi ceux-ci, les trois premiers étaient étroitement liés, tandis que les Latins étaient distincts. Ces derniers formaient une confédération de trente villes, ou cantons, et se réunissaient chaque année sur le Mont Alban pour offrir un sacrifice solidaire à Jupiter Latia'ris , divinité protectrice de la race latine. Durant cette fête, les guerres étaient suspendues, comme à Elis lors des Jeux Olympiques.

**10.** Les Étrusques, ou Toscans, étaient totalement différents par leur langage, leur apparence et leur caractère des autres nations d'Italie. Leur origine est enveloppée de mystère. Certains supposent qu'ils étaient touraniens , et donc alliés aux Lapons, aux Finlandais et aux Estoniens du nord de l'Europe, et aux Basques d'Espagne ; d'autres, et le plus grand nombre, croient que la masse du peuple était composée de Pélasges, cette race qui a envahi la Grèce et l'Italie à une époque plus reculée que celle que l'histoire peut atteindre, mais qu'elle a été absorbée et asservie par un peuple plus puissant du Nord. qui s'appelaient *Ras'ena* , tandis que d'autres les appelaient Étrusques. L'histoire trouve d'abord ces envahisseurs en Rhétie , pays situé près des sources de l' Adige , du Danube et du Rhin ; puis les fait remonter jusqu'à la plaine du Pô, où, très tôt, ils formèrent une ligue de douze villes ; et de là au sud des Apennins jusqu'en Toscane , dont les limites réduites portent encore leur nom.

Ici, ils formaient une confédération similaire mais tout à fait distincte, composée du même nombre de villes. Pendant un certain temps , leur domination s'étendit sur toute la péninsule, et leurs flottes commandaient à la fois la « mer supérieure » et la « mer inférieure », cette dernière tirant d'elles son ancien nom, Tyrrhénienne. Ils conquirent la Campanie et y bâtirent un troisième groupe de douze villes, dont Capoue était la chef ; mais ils perdirent cette partie de leur territoire dans les guerres avec les Samnites. De nombreux vestiges de l'art étrusque existent, dans les murs massifs de leurs villes, leurs moulages en bronze, leurs figures en terre cuite, leurs chaînes en or, leurs bracelets et autres ornements, qui prouvent qu'ils ont été un peuple luxueux et riche. Leur religion était d'un caractère sombre et superstitieux. Ils cherchaient à connaître la volonté de leurs dieux par des augures tirés du tonnerre et des éclairs, du vol des oiseaux ou des entrailles des bêtes tuées ; et pour conjurer leur colère par des sacrifices prescrits et réglementés par un rituel élaboré. L'apprentissage de ces rites constituait une grande partie de l'éducation d'un jeune noble toscan.

**11.** Les Romains, qui devaient être pendant près de douze siècles la race dominante de l'Italie et du monde, appartenaient à la branche latine de la famille italienne. Une tradition grecque célébrée par Virgile et crue par la plupart des Romains à l'époque de l'empire, faisait remonter leur origine à un groupe d'émigrants troyens, conduits vers les côtes de l'Italie par Énée , fils d'Anchise, après la chute de Troie. ( Voir Livre III, § 14. ) Mais la côte latine était alors densément peuplée, et les nouveaux arrivants, s'il y en avait, durent bientôt être absorbés et perdus parmi les habitants les plus âgés.

**12.** Les légendes communes attribuaient la construction de Rome à Rom'ulus , petit-fils de Nu'mitor , prince albanais. Numitor avait été privé de sa couronne par son frère Amulius , qui tua également le fils du roi déchu et força sa fille Silvia à devenir vestale. Bien-aimée de Mars, elle devint cependant la mère de Romulus et de Remus, sur quoi son oncle la fit jeter, avec ses fils jumeaux, dans l' Anio , affluent du Tibre. Les rivières avaient débordé de leurs rives ; lorsqu'ils s'affaissaient, le berceau contenant les princes enfants fut renversé au pied du mont Palatin. Nourris par un loup et nourris par un pic sacré pour Mars, ils devinrent de jeunes bergers robustes et se distinguèrent dans les combats contre les bêtes sauvages et les voleurs.

À l'âge de vingt ans, ils se rendirent compte de leur naissance royale et, après avoir vaincu Amulius , restituèrent leur grand-père sur son trône. Mais ils aimaient toujours la maison de leur jeunesse et résolurent de construire une nouvelle ville sur les rives du Tibre. Les frères, différant dans le choix du site, consultèrent les auspices. Après avoir veillé toute la nuit, Remus, à l'aube, aperçut six vautours ; mais Romulus, au lever du soleil, en vit douze. La majorité des bergers votèrent en faveur de Romulus, et l'on crut toujours que les douze vautours dénotaient douze siècles pendant lesquels la domination de la ville devait perdurer.

**13.** Ses camarades bergers étant trop peu nombreux pour assouvir son ambition, Romulus offrit asile sur le Capitole aux homicides et aux esclaves en fuite, enrôlant ainsi parmi ses sujets les rebuts des tribus voisines. Pour obtenir des femmes à ces aventuriers, il invita les Latins et les Sabins à assister à des jeux en l'honneur de Neptune ; et quand non seulement les hommes, mais aussi les femmes et les enfants étaient rassemblés, les coureurs et les lutteurs se précipitaient dans la foule et emportaient qui ils voulaient. S'ensuivit une guerre dans laquelle les Latins furent trois fois vaincus. Le roi sabin, Titus Tatius , marcha avec une armée puissante sur Rome, obtint possession de la forteresse capitoline grâce à la trahison de la jeune fille Tarpéia , fille de son commandant, et faillit vaincre les forces de Romulus dans une bataille longue et obstinée. .

Mais les Sabines, désormais réconciliées avec leur sort, s'interposèrent entre leurs pères et leurs maris, les suppliant avec larmes de se réconcilier, car quiconque serait vaincu, le chagrin et la perte seraient les siens. Une paix durable fut conclue et les deux rois convinrent de régner conjointement sur les Nations Unies , Romulus tenant sa cour sur le Palatin et Titus Tatius sur les collines du Capitole et du Quirinal. Après la mort de Tatius , Romulus régna seul. Au terme d'un règne prospère de trente-sept ans, il passait un jour en revue ses troupes dans le Champ de Mars, lorsque le soleil s'assombrit tout à coup, une tempête agita la terre et l'air, et Romulus disparut. Le peuple le pleura comme mort, mais il fut réconforté par son apparition sous une forme glorifiée à l'un des leurs, l'assurant que les Romains deviendraient les seigneurs du monde et que lui-même, sous le nom de Quirinus , le ferait. soyez leur tuteur.

**14.** Après un an d'interrègne, Numa , un Sabin au caractère sage et paisible, fut choisi pour roi. Il fut vénéré au fil des siècles comme le fondateur religieux de Rome, tout autant que Romulus comme l'auteur de ses institutions civiles et militaires. La sagesse et la piété de ses lois étaient attribuées à la nymphe Egérie , qui le rencontrait près d'une fontaine dans un bosquet et lui dictait les principes d'un bon gouvernement. Les quelques archives de ce roi et de son prédécesseur appartiennent plutôt à la mythologie qu'à l'histoire.

**15.** Tullus Hostil´ius , le troisième roi de Rome, est le premier dont nous ayons un récit digne de confiance. Il conquit Alba Longa et transféra ses citoyens sur la colline Cæ´lian à Rome. Cette nouvelle ville devint alors la protectrice de la Ligue latine, avec le droit de présider la fête annuelle, bien qu'elle ne fut jamais, comme Alba, membre de la Ligue, mais une puissance distincte alliée à elle. L'armée fédérale était commandée alternativement par un général romain et un général latin ; et les terres acquises dans les guerres de la Ligue furent également partagées entre les deux parties contractantes, donnant ainsi à Rome, il est évident, une part bien plus grande qu'à toute autre ville.

**16.** Les citoyens de Rome consolidée constituaient désormais trois tribus : les *Ramnes*, ou Romains originels, sur le Palatin ; les *Tités*, ou Sabines, sur le Capitole et le Quirinal ; et les *Lucéres*, sur le Cælien. Chaque tribu se composait de dix *curiae*, ou quartiers, et chaque *curie* de dix *maisons*, ou clans (*gentes*). Les maisons patriciennes ou nobles, qui jouissaient seules du droit de cité, étaient ainsi au nombre de trois cents. Les chefs de toutes les chambres constituaient le Sénat, tandis que les *Comit'ia La curiata*, ou assemblée publique, comprenait tous les citoyens majeurs.

Rome, à cette époque, ne comptait, à côté des Patriciens, que deux classes. C'étaient les *clients* et *les esclaves*. Les premiers étaient les gens les plus pauvres qui n'appartenaient à aucune *gens* et, par conséquent, bien que libres, n'avaient aucun droit civil. Ils étaient autorisés à choisir un patron en la personne d'un noble, qui était tenu de défendre leurs intérêts, le cas échéant, devant les tribunaux. Le client, en revanche, suivait son patron à la guerre en tant que vassal ; contribué à sa rançon, ou à celle de ses enfants, s'ils étaient faits prisonniers ; et il paya une partie des frais de tout procès dans lequel le patron pourrait être engagé, ou de ses dépenses pour s'acquitter de charges honorables dans l'État. La relation de part et d'autre se transmettait de père en fils. C'était une gloire pour une famille noble d'avoir une clientèle nombreuse et d'augmenter celle qu'elle avait héritée de ses ancêtres. Les clients portaient le nom de clan [63] de leur patron. Les esclaves n'étaient pas nombreux au temps des rois. Sous la République, des multitudes de captifs furent amenés sur le marché par les guerres étrangères ; et à la fin de cette période, au moins la moitié des habitants du territoire romain étaient des esclaves.

**17.** Ancus Martius conquit de nombreuses villes latines et transporta leurs citoyens à Rome, où il leur assigna l'Aventin comme résidence. Parmi ces nouveaux colons, certains sont devenus des clients de la noblesse, mais la classe la plus riche a méprisé cette condition de dépendance et s'est appuyée sur la protection du roi. De là naquit un nouvel ordre dans l'État, la *plèbe*, ou communalité, qui devait devenir, plus tard, aussi importante que la noblesse. Il comprenait, outre les peuples conquis, des colons étrangers venus pour le commerce, pour se réfugier ou pour être employés dans l'armée ; les clients dont les familles protectrices avaient disparu ; et les fils de patriciens qui avaient épousé des femmes de rang inférieur. Ancus étendit le territoire romain jusqu'à la mer ; bâtit la ville portuaire d' Ostie et établit des salines à proximité ; fortifié la colline du Janicule, en face de Rome, pour se défendre contre les Étrusques ; et construisit la Mamertine, la première prison romaine.

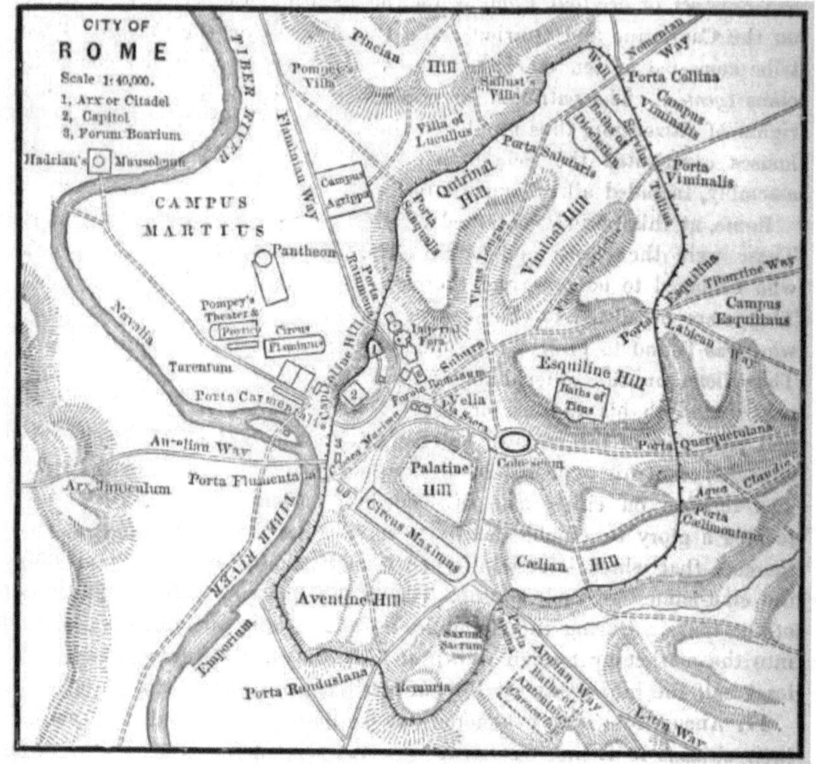



VILLE DE ROME.

**18.** Lucius Tarquin´ius Priscus était d'origine grecque, bien qu'il tire son nom de la ville étrusque de Tarquinii, où il est né. Les caractéristiques de sa race se manifestèrent dans les œuvres magnifiques dont il embellit Rome. Il draina les parties basses de la ville par un grand système d'égouts et retint le débordement du Tibre par un mur de maçonnerie massive, à l'endroit où la Cloa´ca Maxima entra dans le fleuve. Dans la vallée ainsi rachetée de l'inondation, il construisit le Forum, entouré de rangées de portiques et de boutiques ; et il construisit le Circus Maximus pour la célébration des Grands Jeux, qui avait été fondé par Romulus et ressemblait dans la plupart de ses traits aux compétitions athlétiques des Grecs.


Originaire d'Étrurie, Tarquin jura d'ériger sur le Capitole un temple à Jupiter, Junon et Minerve, les trois divinités adorées ensemble dans chaque ville étrusque, et à cet effet il dégagea de cette montagne toutes les lieux saints des dieux sabins. Le temple a été construit par son fils. Les guerres de Tarquin contre les Sabins, les Latins et les Étrusques étaient généralement victorieuses et augmentaient largement la population de Rome. A partir des plus nobles des peuples conquis , il forma trois nouvelles demi-tribus de cinquante « maisons » chacune, qu'il joignit aux trois anciennes tribus de Ramnes , Tities et Luceres , tandis qu'il augmentait le nombre des Vestales de quatre à six. que chaque race puisse être également représentée. Tarquin fut assassiné par les agents des fils d' Ancus Martius, qui espéraient ainsi s'assurer le trône de leur père. Mais la monarchie romaine était strictement élective et non héréditaire ; leur crime échoua et Servius Tul'lius , général étrusque et gendre du roi assassiné, obtint la couronne.

**19.** Il apporta des changements radicaux à la constitution, en accordant à tout Romain libre le droit de suffrage, bien que toutes les fonctions du gouvernement fussent toujours occupées par les nobles. Les villes grecques du sud de l'Italie passaient, au même moment, d'une forme de gouvernement aristocratique à une forme de gouvernement populaire, et il existe de nombreux signes de l'influence grecque dans le Latium et à Rome. La nouvelle assemblée populaire, *Comitia Centuria'ta* , fut ainsi appelée à cause des « siècles » dans lesquels l'ensemble des citoyens- soldats étaient enrôlés. La richesse acquiert désormais à Rome quelque chose du pouvoir qui avait été jusqu'alors réservé au rang. Tout homme possédant des biens était tenu de servir dans les armées, et sa position militaire était précisément évaluée en fonction de la quantité de ses biens. Les plus élevés de tous étaient les *Équ'uites* , ou cavaliers. Ceux-ci étaient divisés en dix-huit siècles, dont les six premiers – deux pour chaque tribu originelle – étaient entièrement patriciens, tandis que les douze autres étaient des plébéiens riches et puissants.

La masse des gens enrôlés pour le service à pied était divisée en cinq classes. Ceux qui pouvaient s'équiper d'une armure d'airain complète combattaient au premier rang de la phalange. De cette classe il y avait quatre-vingts siècles : quarante hommes plus jeunes, âgés de dix-sept à quarante-cinq ans, qui constituaient la meilleure infanterie romaine en campagne ; et quarante de leurs aînés, de quarante-six à soixante, qui étaient habituellement retenus pour la défense de la ville. La deuxième classe était placée derrière la première ; ils ne portaient pas de cotte de mailles et leurs boucliers étaient en bois au lieu d'airain. La troisième classe ne portait pas de jambières et la quatrième classe ne portait pas de bouclier. Ces trois classes ne comptaient que vingt siècles chacune. La cinquième et la plus basse classe militaire ne servait pas dans la phalange, mais formait l'infanterie légère et ne se munissait que de fléchettes et de frondes. Au-dessous de toutes les classes se trouvaient quelques siècles de gens les plus pauvres, qui n'étaient pas tenus de s'équiper pour la guerre. Ils étaient quelquefois armés, aux frais de l'État, en cas de grandes pertes ou de dangers pour l'État ; ou bien ils suivaient l'armée comme surnuméraires, et étaient prêts à prendre les armes et la place de ceux qui tombaient.

**20.** Outre les tribus patriciennes de Ramnès , Tités et Lucères , Servius fit quatre tribus dans la ville et vingt-six dans la campagne, composées de propriétaires fonciers sans égard au rang. Le lieu de rencontre des trente siècles était le Forum de Rome, tandis que les siècles se réunissaient sans la ville sur le Champ de Mars. Le peuple réuni au Forum avait tous les pouvoirs de gouvernement autonome. Ils élisaient des magistrats et prélevaient des impôts pour soutenir l'État, tâches qui appartenaient jusqu'alors aux Comitia Curiata . Des terres publiques du côté étrusque du Tibre, acquises au cours de ses premières guerres, Servius en céda une certaine partie aux plébéiens, en pleine propriété. Les patriciens avaient loué ces terres à l'État pour le pâturage de leurs troupeaux, et ils étaient très exaspérés par cette nouvelle répartition.

**21.** Servius étendit les limites de la ville bien au-delà de la Roma Quadra´ta du Palatin. Les collines de l'Esquilin, du Cælien et de l'Aventin étaient déjà occupées par des colonies de banlieue , tandis que les collines du Capitole, du Quirinal et du Viminal étaient détenues par les tribus sabines. Ces sept collines, [64] avec un grand espace entre elles et autour d'elles, furent enfermées par Servius dans une nouvelle muraille, qui dura plus de huit cents ans, jusqu'au temps de l'empereur Aurélien. Servius régna quarante-quatre ans, de 578 à 534 av. Désireux avant tout de maintenir ses institutions réformées, il avait résolu d'abdiquer le trône, après avoir fait élire par le peuple, par un vote libre et universel, deux magistrats qui ne gouverneraient qu'un an. Avant la fin de leur mandat , ils devaient pourvoir de la même manière au choix pacifique de leurs successeurs ; et ainsi Rome serait passée, par une révolution sans effusion de sang, à un gouvernement populaire. Mais les nobles se révoltèrent contre cette atteinte à leurs droits exclusifs. Menés par Tarquin, fils du premier monarque de ce nom, et époux de la méchante Tullia , fille de Servius, ils assassinèrent le roi bienfaisant et placèrent leur chef sur le trône.

**22.** Tarquin, dit le Fier, écarta toutes les lois populaires de Servius, et rétablit les privilèges des « maisons » ; mais dès qu'il se sentit assuré de son pouvoir, il opprima les nobles et le peuple. Il obligea les classes les plus pauvres à travailler dur sur les travaux publics que son père avait commencés et sur d'autres dont il était lui-même à l'origine. Tels étaient les sièges permanents en pierre du Circus Maximus, un nouveau système d'égouts et le grand temple de Jupiter sur la colline du Capitole. Par des guerres ou des intrigues, Tarquin s'est imposé comme maître dans tout le Latium. Mais son insolence dégoûtait les patriciens ; il enleva les biens ou la vie des citoyens sans consulter le Sénat, tandis qu'il leur imposait des charges civiles et militaires au-delà de ce que la loi permettait. La mauvaise conduite de son fils Sextus conduisit finalement à une révolte au cours de laquelle le gouvernement royal fut renversé. Les Tarquins et tout leur clan furent bannis.

Le nom même de roi fut désormais particulièrement abhorré à Rome. Cela n'a été toléré que dans un cas. Un « roi pour offrir des sacrifices » fut nommé, afin que les dieux ne manquent pas leur médiateur habituel auprès des hommes ; mais il était interdit à ce roi sacerdotal d'occuper aucune fonction civile.

## RÉCAPITULATION.

L'histoire ancienne de Rome est en grande partie fabuleuse. Trois races en Italie, parmi lesquelles les Étrusques, avant l'avènement de Rome, étaient les plus puissantes. Leurs villes, leur art et leur religion. Rome a été fondée par des Latins, mais a embrassé une population mixte de Sabins, d'Étrusques et d'autres, ce qui a donné naissance aux trois tribus. Trois cents « maisons » nobles constituaient le Sénat et *les Comitia Curiata* . Clientèle. Formation d'une communauté sous Ancus Martius. Bâtiments de Tarquinius Priscus . Constitution libre de Servius Tullius. Division du peuple en siècles, à la fois en tant que soldats et citoyens. Trente tribus se rassemblent au Forum. Clôture des Sept Collines par le Mur Tullien. Tyrannie de Tarquin le Fier. Royauté abolie à Rome. Chronologie supposée des rois : Romulus, BC 753-716 ; Numa , 716-673 ; Tullius Hostilius , 673-641 ; Ancus Martius, 641-616 ; L. Tarquinius Priscus , 616-578 ; Servius Tullius, 578-534; Tarquin le Superbe , 534-510.

### RELIGION DE ROME.

**23.** Avant de passer à l'histoire de la République, jetons un coup d'œil sur la religion de Rome. Pendant les 170 premières années depuis la fondation de la ville, les Romains n'avaient aucune image de leurs dieux. L'idolâtrie a probablement été, dans chaque nation, une corruption ultérieure d'un culte antérieur et plus spirituel. La religion romaine était bien moins belle et moins variée dans ses conceptions que celle des Grecs. [65] Il n'inspirait que peu de poésie ou d'art, mais il maintenait vivantes les vertus domestiques et réglait les transactions de la ferme, du forum et de la boutique, par des principes tirés d'un niveau d'être supérieur.

Les principaux dieux des Romains étaient Jupiter et Mars. Le premier était suprême ; mais cette dernière fut, tout au long de l'histoire ancienne de ce peuple guerrier, l'objet central du culte. Mars, premier mois de leur année, lui fut consacré et, dans presque toutes les langues européennes, porte encore son nom. La grande fête de la guerre occupait une grande partie du mois. Durant ses premiers jours, les douze *Salii* , ou sauteurs, prêtres de Mars, choisis parmi les familles les plus nobles, parcouraient les rues en chantant, en dansant et en frappant de leurs verges sur leurs boucliers d'airain. Quirinus, sous le nom duquel Romulus était adoré, n'était qu'un double de

Mars, issu de l'union des deux mythologies romaine et sabine. Il avait aussi ses douze sauteurs, et fut honoré, en février, de cérémonies semblables.

**24.** Les célébrations des différentes périodes de l'année paysanne suivaient la fête de la guerre. Le mois d'avril était marqué par des jours de sacrifice à la terre nourricière ; à Cérès, la déesse de la croissance ; à la patronne des troupeaux ; et à Jupiter, le protecteur des vignes ; tandis qu'une offrande dépréciative était faite à Rust, l'ennemi des récoltes. En mai, les Frères Arval, une compagnie de douze prêtres, ont organisé leur fête de trois jours en l'honneur de Dea Dia , invoquant sa bénédiction pour maintenir la fertilité de la terre et accorder la prospérité à tout le territoire de Rome. Le mois d'août avait ses fêtes des moissons ; octobre, sa fête du vin en l'honneur de Jupiter ; Décembre, ses deux actions de grâces pour les trésors du grenier, ses Saturnales ou semailles du 17, et sa célébration du jour le plus court, qui rapportait le nouveau soleil. Les marins avaient leurs fêtes en l'honneur respectivement des dieux du fleuve, du port et de la mer. L'année cérémonielle se terminait par la singulière Lu'perca'lia , ou fête du loup, au cours de laquelle un certain ordre de prêtres, ceinturés de peaux de chèvre, sautaient comme des loups ou couraient à travers la ville en flagellant les spectateurs avec des lanières nouées ; et par la Ter'mina'lia , ou fête des bornes en l'honneur de Terminus , le dieu des repères.

Janus, le dieu à double face des commencements, était une divinité typiquement romaine. Pour lui, toutes les portes et portes étaient sacrées, ainsi que le matin, l'ouverture de toutes les solennités et le mois (janvier) au cours duquel les travaux du laboureur recommençaient dans le sud de l'Italie. Des sacrifices lui étaient offerts sur douze autels et des prières au début de chaque journée. Le jour du Nouvel An était pour lui particulièrement sacré et était censé donner son caractère à toute l'année. Les gens prenaient donc soin, ce jour-là, que leurs pensées, leurs paroles et leurs actes soient purs, bienfaisants et justes. Ils se saluèrent avec des cadeaux et de bons vœux, et accomplirent une partie du travail qu'ils avaient prévu pour l'année ; tandis qu'ils étaient très découragés si un accident insignifiant se produisait. Un passage couvert entre les collines Palatine et Quirinal, *i . e .* , entre les villes romaines et sabines d'origine, était connue sous le nom de Janus. Les armées qui sortaient ou revenaient y passaient, et c'est pourquoi elle était toujours ouverte en temps de guerre et fermée en temps de paix. La même cérémonie se poursuivit après que le passage eut cessé d'être utilisé, la porte triomphale ayant été construite dans les murs de Servius.

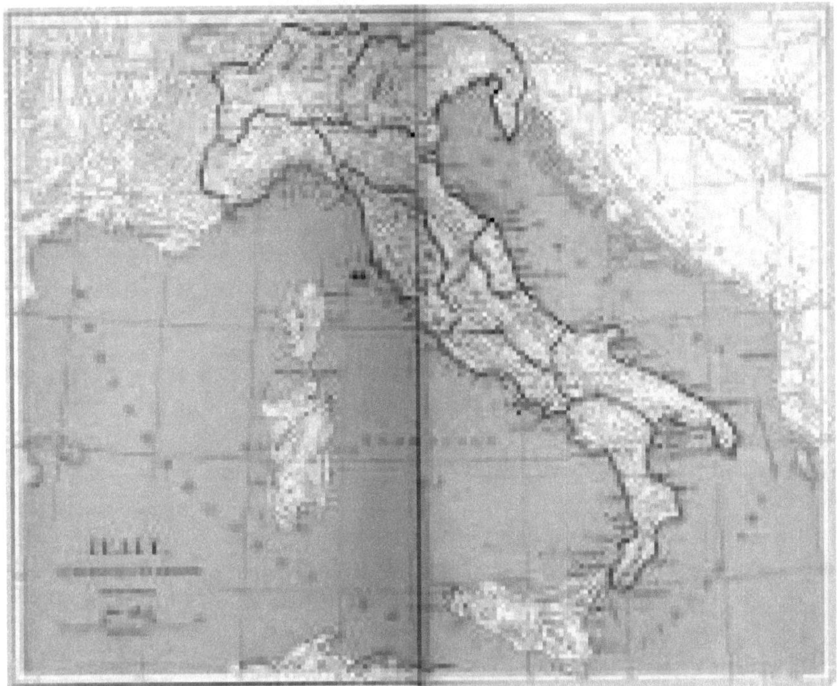

ITALIE, AVEC LES ONZE RÉGIONS D'AUGUSTE.

**25.** Vulcain, le dieu du feu et de la forge, était honoré par deux fêtes, la consécration des trompettes en mai et la Vol'cana'lia en août. Bien que d'un rang inférieur aux divinités déjà mentionnées, mais les plus chères de toutes aux Romains, étaient les dieux du foyer, de la maison et du magasin, ainsi que de la forêt et des champs. Chaque maison était un temple et chaque repas un sacrifice à Vesta, la déesse du foyer. Son temple était le foyer de la ville. Là, six jeunes filles choisies, filles des familles les plus illustres, gardaient nuit et jour le feu sacré, symbole de la déesse. Chaque maison avait au-dessus de son entrée principale une petite chapelle des *La'res*, où le père de famille faisait ses dévotions immédiatement au retour de tout voyage. Les Lares étaient censés être les esprits des hommes bons, en particulier les ancêtres décédés de la famille. Les Lares publics étaient les esprits protecteurs de la ville ; ils étaient vénérés dans un temple et de nombreuses chapelles, ces dernières étant placées aux carrefours des rues. Il y avait aussi des Lares ruraux et *des Lares Via'les*, vénérés par les voyageurs.

**26.** Comme tous les peuples touchés à un degré ou à un autre par la culture grecque, les Romains consultaient l'oracle de Delphes. Après la prise de Véii ( voir § 57 ), ils offrirent à ce sanctuaire un dixième du butin. Rome elle-même ne possédait qu'un seul oracle, celui de Faunus (le dieu bienfaiteur), sur l'Aventin. Plusieurs oracles de la Fortune, du Faune et de Mars existaient dans le Latium, mais dans aucun d'eux il n'y avait de réponses audibles données par la bouche de personnes inspirées, comme à Delphes. A Albunea , près de Tibur, Faunus fut consulté par le sacrifice d'un mouton. La peau de l'animal était étendue sur le sol ; la personne qui cherchait une direction dormait dessus et croyait avoir appris la volonté du dieu par des visions et des rêves. Les Romains avaient fréquemment recours aux oracles grecs dans le sud de l'Italie ; et le cadeau le plus acceptable que les habitants de la Grande Grèce pouvaient offrir à leurs amis de Rome était une feuille de palmier sur laquelle était inscrite une phrase de la sibylle Cumæan , prêtresse d'Apollon à Cumæ , près de Naples.

**27.** On croyait que les Livres Sibyllins avaient été achetés par l'un des Tarquins à une femme mystérieuse, apparue à Rome offrant neuf volumes à un prix exorbitant. Le roi refusant d'acheter, la sibylle s'en alla et détruisit trois des livres ; puis elle rapporta les six autres, pour lesquels elle demanda la même somme d'argent. Le roi la renvoya de nouveau ; elle détruisit trois autres livres et exigea le prix total des trois autres. La curiosité de Tarquin fut éveillée et il acheta les livres qui contenaient des révélations importantes sur le sort de Rome. Ils étaient conservés dans un coffre en pierre sous le temple de Jupiter Capitolinus . Un des quatre collèges sacrés était chargé d'en avoir soin, et ils n'étaient consultés, par ordre du Sénat, que dans les occasions de grande calamité publique.

**28.** Les Romains ont probablement appris des Étrusques leurs diverses méthodes de divination : l'interprétation des signes dans le ciel, du tonnerre et des éclairs, du vol ou de la voix des oiseaux, de l'apparition des sacrifices et des rêves. Les légendes attribuaient à Tarquinius Priscus l'introduction des divinités et des modes de culte étrusques à Rome. Plus tard, le Sénat ordonna par un décret spécial de cultiver la « discipline étrusque » par des jeunes gens de la plus haute naissance, de peur qu'une science si importante pour la république ne soit corrompue en tombant entre les mains de personnes basses et mercenaires.

Les *Augures* constituaient le deuxième des collèges sacrés ; leur nombre fut progressivement augmenté de trois à seize ; ils se distinguaient par un vêtement sacré et un bâton courbé, et étaient tenus dans les plus grands honneurs. Aucun acte public, de quelque nature que ce soit, ne pouvait être accompli sans « prendre des augures » : aucune élection organisée, aucune loi votée, aucune guerre déclarée ; car, en théorie, les dieux étaient les dirigeants de l'État, et les magistrats n'étaient que leurs adjoints. Si, au milieu des comices, un augure, même faussement, déclarait qu'il tonnait, l'Assemblée se disloquait aussitôt. Il faut admettre que les augures ont souvent utilisé injustement leur grand pouvoir dans les conflits politiques entre patriciens et plébéiens. Ces derniers, en tant qu'étrangers à l'origine ( voir § 17 ), étaient tenus pour n'avoir aucune part aux dieux de Rome, qui devenaient ainsi les patrons exclusifs de la classe privilégiée. Quand, par un changement dans la constitution, les plébéiens furent enfin élus aux hautes charges, les augures dans plusieurs cas déclarèrent l'élection nulle, sous prétexte que les auspices avaient été irréguliers ; et comme personne ne pouvait faire appel de leur décision, leur veto était absolu.

**29.** Le Collège des Pontifes était la plus illustre des institutions religieuses attribuées au bon roi Numa . Les pontifes surveillaient tous les cultes publics selon leurs livres sacrés, et étaient tenus de donner des instructions à tous ceux qui le demandaient, concernant les cérémonies par lesquelles on pouvait approcher les dieux. Chaque fois qu'il fallait nommer des officiers sacrés ou lire des testaments, on convoquait l'Assemblée. Certains cas de crimes sacrilèges ne pouvaient être jugés que par eux ; et dans les premiers temps, comme les scribes hébreux, ils étaient les seuls détenteurs du droit civil et du droit religieux. Le plus haut magistrat, à égalité avec les particuliers, se soumettait à leurs arrêts, à condition que trois membres du collège se joignent à la décision. Eux seuls savaient quels jours et quelles heures pouvaient être utilisés pour la transaction des affaires publiques. Le calendrier était entre leurs mains, et comme ces augustes et révérends dignitaires n'étaient que des hommes, il est bien connu qu'ils utilisaient parfois leur pouvoir pour allonger l'année d'un consul favori, ou pour abréger celle d'un consul qu'ils désapprouvaient. Le titre de Pontifex Maximus, ou Pontife Suprême, a été adopté par les empereurs romains et transmis aux papes ou aux évêques de la Rome moderne.

**30.** Le quatrième des collèges sacrés était composé des *Fetia'les* , ou hérauts, qui étaient les gardiens de la foi publique dans toutes les relations avec les nations étrangères. Si la guerre devait être déclarée, le devoir d'un héraut était d'entrer dans le pays ennemi, et quatre fois : une fois de chaque côté de la frontière romaine, puis auprès du premier citoyen qu'il rencontrait par hasard, et enfin auprès du magistrats au siège du gouvernement, pour exposer les causes de plainte, et avec une grande solennité pour appeler Jupiter à donner la victoire à ceux dont la cause était juste.

Les prêtres de dieux particuliers étaient appelés *Flamens* , ou allumeurs, parce que l'une de leurs fonctions principales était d'offrir des sacrifices par le feu. Le chef de tous était le Flamen Dialis , ou prêtre de Jupiter ; et à côté de lui se trouvaient les prêtres de Mars et de Quirinus. Bien que la pureté et la dignité de la vie sacerdotale soient protégées par de nombreuses lois curieuses, il n'était pas interdit au prêtre d'exercer des fonctions civiles. Il n'était cependant pas autorisé à monter à cheval, à observer une armée hors des murs ni, dans les premiers temps, à quitter la ville, même pour une seule nuit.

**31.** Après que le bon roi Servius Tullius eut achevé son recensement, il procéda à une purification solennelle de la ville et de ses habitants. Sous la République, la même cérémonie était répétée après chaque enregistrement général, qui avait lieu tous les cinq ans. Des sacrifices d'un cochon, d'un mouton et d'un bœuf étaient offerts ; on aspergeait de l'eau des branches d'olivier et on brûlait certaines substances dont la fumée était censée avoir un effet nettoyant. De la même manière, les agriculteurs purifiaient leurs champs et faisaient paître leurs troupeaux. Une armée ou une flotte subissait toujours une lustration avant de se lancer dans une entreprise. Dans le cas de ces derniers, des autels étaient érigés sur le rivage près duquel les navires étaient amarrés. Les sacrifices étaient transportés trois fois autour de la flotte, dans une petite barque, par les généraux et les prêtres, tandis que des prières étaient offertes à haute voix pour le succès de l'expédition.

## RÉCAPITULATION.

La religion romaine est moins imaginative et plus pratique que la religion grecque. Jupiter, Mars et Quirinus sont ses principales divinités. Les fêtes annuelles faisaient principalement référence à la guerre et à l'agriculture. Culte de Janus. Dieux de la maison. Les Romains partageaient leur croyance aux oracles avec les Grecs ; leurs arts divinatoires, chez les Étrusques. Quatre Collèges Sacrés : Pontifes, Augures, Hérauts et Gardiens des Livres Sibyllins. Les prêtres pouvaient occuper des fonctions civiles. Nettoyage cérémonial de la ville après chaque recensement ; des armées et des flottes avant chaque expédition.

## II. LA RÉPUBLIQUE ROMAINE.

**32.** Les 480 ans d'histoire de la République romaine seront mieux compris s'ils sont divisés en quatre périodes :

| JE. | La croissance de la Constitution, | 510-343 avant JC. |
|---|---|---|
| II. | Guerres pour la possession de l'Italie, | avant JC 343-264. |
| III. | Les guerres étrangères, par lesquelles Rome est devenue la puissance dirigeante du monde, | 264-133 avant JC. |
| IV. | Troubles internes et guerres civiles, | 133-31 avant JC. |

Les chefs de la révolution qui chassa les Tarquin , rétablirent les lois de Servius et poursuivirent ses plans, en faisant élire deux magistrats en chef, dont l'un était probablement un plébéien. Les *consuls* , pendant leur année de mandat, avaient tout le pouvoir et la dignité des rois. Ils étaient précédés en public de leur garde de douze licteurs, portant les *faisceaux* ou fagots de verges. Hors de la ville, lorsque le consul assurait le commandement militaire, une hache était attachée aux verges, en signe de son pouvoir absolu sur la vie et la mort.

**33.** Pendant 150 ans, la République a été impliquée dans une lutte pour l'existence, au cours de laquelle sa puissance était bien inférieure à celle de la Rome royale. Les Latins abandonnèrent leur suprématie et Lars Por´sena , le roi étrusque de Clu´sium , conquit effectivement la ville et reçut du Sénat un trône d'ivoire, une couronne d'or, un sceptre et une robe triomphale, en signe d'hommage. . Dans leurs nouvelles tentatives sur le Latium, les Étrusques furent vaincus et Rome devint indépendante, mais avec la perte de tous ses territoires à l'ouest du Tibre. Les Latins furent vaincus au lac Régillus , grâce à l'aide, selon les ménestrels romains, des divinités jumelles Castor et Pollux, qui apparurent à la tête des légions, sous la forme de deux beaux jeunes gens d'une stature plus que mortelle, montés à cheval. sur des chevaux blancs, et qui furent les premiers à pénétrer dans le camp ennemi. Un temple leur fut donc construit sur le Forum et ils étaient considérés comme les patrons particuliers des chevaliers romains.

**34.** Les dangers extérieurs passés, les patriciens firent de nouveau sentir leur pouvoir dans l'oppression du peuple. La première période de la République fut absorbée par des conflits entre les deux grands ordres de l'État, moins attrayants, certes, que les histoires romantiques de l'époque royale ou que les incidents émouvants de la période ultérieure de conquête. Mais les étapes par lesquelles un grand peuple a conquis et établi sa liberté ne peuvent jamais être sans importance, surtout pour la seule république qui a rivalisé avec Rome en grandeur, en variété d'intérêts ou en multitude de races et de langues incluses finalement dans ses limites. .

**35.** Jusqu'ici, la richesse de Rome provenait principalement des produits du sol. Les terres situées à l'ouest du Tibre étaient désormais perdues et toute la région rurale était ouverte à l'invasion. Les récoltes ont été détruites, les bâtiments agricoles détruits et le bétail chassé. En même temps, à cause des pertes et des nécessités du gouvernement, les impôts furent considérablement augmentés ; et celles-ci étaient prélevées, non sur la valeur réduite de la propriété, mais sur le barème des évaluations antérieures. Pour faire face à leurs dettes, les pauvres étaient obligés d'emprunter de l'argent aux riches, à des taux d'intérêt énormes. Les nobles saisirent l'occasion d'appliquer dans toute leur mesure les lois cruelles concernant la dette, et les souffrances des insolvables devinrent trop pénibles pour être supportées. Beaucoup se sont vendus comme esclaves pour s'acquitter de leurs obligations. Ceux qui refusaient ainsi de renoncer à leur propre liberté et à celle de leurs enfants étaient souvent emprisonnés, chargés de chaînes et affamés ou torturés par la cruauté de leurs créanciers. Les châteaux patriciens, qui dominaient les collines de Rome, renfermaient de sombres cachots, qui étaient le théâtre d'atrocités indicibles envers ceux qui avaient le malheur d'encourir la colère de leurs propriétaires.

**36.** Quinze ans après l'expulsion des rois, les plébéiens, fatigués d'un gouvernement qui n'existait que pour les riches et imposait tous ses fardeaux aux pauvres, se retirèrent en corps sur une colline au-delà de l' Anio et déclarèrent leur intention de fonder une nouvelle ville, où ils pourraient se gouverner par des lois plus justes et plus égales, 494 avant JC. Les patriciens s'aperçurent maintenant qu'ils étaient allés trop loin. Même s'ils détestaient le peuple, ils n'avaient aucune idée de perdre leurs services. Ils cédèrent donc et récupérèrent les plébéiens sécessionnistes à leurs propres conditions. Il s'agissait des éléments suivants : (1.) Annulation des créances contre des débiteurs insolvables ; (2.) Libération de tous ceux qui avaient été emprisonnés ou réduits en esclavage ; (3.) Élection annuelle de deux *Tribunes*, dont le devoir sera de défendre les intérêts des communs. Le nombre de ces officiers fut bientôt porté à cinq, puis à dix. Deux *édiles plébéiens* furent en même temps nommés et chargés de la surveillance des rues, des bâtiments, des marchés et des domaines publics ; des jeux et fêtes publics, et de l'ordre général de la ville. Ils étaient juges dans des affaires de peu d'importance, comme celles des tribunaux de police modernes ; et ils furent finalement chargés du respect des décrets du Sénat, qui avaient parfois été falsifiés par les magistrats patriciens.

**37.** Le théâtre de cette première bataille décisive du peuple pour ses droits fut consacré à Jupiter, et connu plus tard sous le nom de Mont Sacré ( *Mons Sacer*). Les communes romaines jouent désormais un rôle important dans les affaires publiques. Pour éviter des souffrances futures, Spurius Cassius, consul l'année qui suivit la sécession, proposa de partager entre les plébéiens une certaine partie des terres publiques, tandis que la dîme des produits prélevée par l'État sur les terres louées par les patriciens, devrait être versée. être strictement perçus et appliqués au paiement des gens ordinaires lorsqu'ils servaient comme soldats. Jusqu'alors, les troupes n'avaient reçu aucune solde, alors que leurs dépenses de guerre étaient lourdes. L'autre consul s'opposa à la loi et chargea Cassius de rechercher la popularité afin de pouvoir devenir roi. La loi – la première d'une longue série de textes « agraires » – fut votée ; mais l'année de son consulat expirant, Cassius fut traduit en justice par ses ennemis et condamné comme traître. Il a été flagellé et décapité, et sa maison a été rasée, en 485 avant JC.

**38.** Après avoir détruit le chef, les patriciens prirent le peuple de tous les avantages de la loi. Ils insistèrent pour élire eux-mêmes les deux consuls, exigeant seulement leur confirmation par les assemblées populaires ; et avec ou sans cette confirmation, leurs candidats détenaient le pouvoir suprême et refusaient de partager les terres publiques. La seule ressource des communes était de s'abstenir du service militaire, et les tribuns faisaient désormais sentir leur pouvoir en les protégeant en refusant de s'enrôler. Les consuls vainquirent cette mesure en plaçant leurs postes de recrutement à l'extérieur de la ville, tandis que la juridiction des tribuns était entièrement à l'intérieur des murs. Même si un homme pouvait se protéger sous la protection des tribuns, ses terres étaient néanmoins dévastées, ses bâtiments incendiés et son bétail confisqué sur ordre du gouvernement. Il restait un dernier expédient. Bien que contraints de s'enrôler, les soldats ne purent gagner la bataille ; et considérant le consul qui les conduisait et la classe à laquelle il appartenait, des ennemis pires que ceux qu'ils rencontraient sur le terrain, ils se laissèrent vaincre par les Véientiens .

**39.** La maison noble des Fabii , en tant que champions de la noblesse, avait été pendant six années successives en possession du consulat. Ils voyaient maintenant le danger pour Rome d'une opposition plus longue à la volonté du peuple ; et lorsque Kæso Fabius, en 479 avant JC, arriva au pouvoir, il insista sur l'exécution de la loi cassienne. Les patriciens refusèrent avec mépris, et les Fabii résolurent de quitter Rome. Avec leurs centaines de clients, leurs familles et quelques bourgeois qui leur étaient attachés par amitié et sympathie, ils établirent une colonie en Étrurie, sur la petite rivière Crem´era , à quelques kilomètres de la ville. Ils promirent de n'être pas moins loyaux et vaillants défenseurs des intérêts romains, et de maintenir avec leurs propres ressources ce poste avancé, dans la guerre alors en cours contre Véies. Deux ans après leur migration, la colonie fut surprise par les Veientiens et tous les hommes furent mis à mort, en 477 avant JC.

**40.** Les consuls refusèrent toujours d'observer la loi agraire et, à l'expiration de leur mandat, furent mis en accusation par Genu'cius , l'un des tribuns du peuple. Le matin du jour fixé pour le procès, Genucius fut retrouvé assassiné dans son lit, en 473 avant JC. Cet acte de trahison paralysa momentanément le peuple, et les consuls procédèrent à l'enrôlement des soldats. Voléro Publi´lius , un roturier fort et actif, refusa d'être enrôlé ; et dans le tumulte qui s'ensuivit, les consuls et toute leur suite furent chassés du Forum.


L'année suivante , Volero fut choisi tribun et présenta une loi selon laquelle les tribuns seraient désormais élus par les communes uniquement dans leurs tribus, au lieu de par le peuple tout entier au cours des siècles. Cela visait à éviter le vote écrasant des clients des grandes maisons, obligés d'obéir aux décrets de leurs patrons et qui contrôlaient souvent l'action de l'assemblée générale. Pendant une année entière, les patriciens s'efforcèrent, par divers retards, d'empêcher l'adoption du projet de loi. Appius Claude , l'un des consuls, se posta avec une force armée dans le Forum pour s'y opposer ; et ce ne fut que lorsque les plébéiens, recourant à leur tour à la force, s'emparèrent du Capitole et le tinrent pendant quelque temps sous garde militaire, que la loi publilienne fut votée. Cette « seconde Grande Charte des libertés romaines » donnait aux tribus non seulement le pouvoir d'élire des tribuns et des édiles , mais aussi de discuter d'abord de toutes les questions qui concernaient la nation entière. Ce fut un long pas vers l'obtention de droits égaux pour les biens communs, BC 471.

**41.** Pendant ce temps, les Romains menaient des guerres avec les Aqui et les Volsques, deux nations osques qui avaient profité des changements survenus dans la Ligue Latine, pour étendre leur pouvoir aux villes du Mont Alban et sur la plaine méridionale de Latium. Leurs incursions s'étendirent jusqu'aux portes de Rome, poussant les ruraux à se réfugier, avec leur bétail, à l'intérieur des murs, où une peste alors sévissant ajoutait les horreurs de la peste à celles de la guerre. Il est probable que les conflits civils à Rome avaient provoqué l'exil de nombreux citoyens ; et ceux-ci, dans la plupart des cas, rejoignirent les nations hostiles. Rome était la championne de l'oligarchie parmi les villes d'Italie, comme Sparte l'était parmi celles de Grèce. L'esprit de parti était souvent plus fort que le patriotisme ; la sympathie entre les aristocrates romains et étrangers était plus grande qu'entre les patriciens et les plébéiens du pays ; et ainsi un noble exilé était prêt à devenir le destructeur de son pays.

**42.** L'histoire de Coriolanus est peut-être en partie fictive, mais elle illustre véritablement la condition de la République à cette époque. Caius Marcius, descendant du quatrième roi de Rome, était la fierté des patriciens pour ses vertus guerrières, et avait gagné son surnom de Coriolanus en s'emparant de la ville volsque de Cori'oli par sa bravoure individuelle. Mais il était farouchement opposé au peuple, et alors qu'il allait être jugé devant les comices pour s'être opposé à une distribution de blé, il s'enfuit et se réfugia chez les Volsques, qu'il avait autrefois vaincus. Le roi l'accueillit chaleureusement et saisit la première occasion pour attiser une nouvelle guerre avec les Romains, afin de retourner contre eux les armes de leur meilleur chef. Lorsque l'armée volsque approcha de Rome, le Sénat envoya des députés pour exiger la paix, mais Caius refusa toutes les conditions, sauf celles qui étaient impossibles à accorder à la République. Les prêtres et les augures allèrent ensuite le supplier, mais sans effet.

Enfin les nobles dames de Rome, dirigées par Volum´nia , la mère de Caius, et son épouse Vergil´ia , avec ses jeunes enfants, sortirent dans une procession triste et solennelle pour plaider pour leur ville sacrée. Coriolan honorait avant tout la mère aux soins sages et fidèles de laquelle il devait sa grandeur. Il sauta à sa rencontre avec un respect approprié, mais avant qu'elle ne reçoive son salut, Volumnia s'écria : « Fais-moi savoir si je suis, dans ton camp, ta prisonnière ou ta mère ; que je parle à un ennemi ou à mon fils ! Ses reproches firent taire Caius ; les supplications de sa femme et de ses enfants, et les larmes des nobles dames, l'éloignèrent de son projet. Il s'est exclamé : « Mère, à toi la victoire ; tu as sauvé Rome, mais tu as perdu ton fils ! Il emmena l'armée volsque. Certains disent qu'il a été victime de leur vengeance ; mais d'autres, qu'il vécut parmi eux jusqu'à un âge extrêmement avancé, et déplora, dans la désolation de ses années d'infirmité, l'orgueil factieux qui l'avait exilé de sa femme, de ses enfants et de sa terre natale.

**43.** Entre-temps, Rome a subi une nouvelle vague de peste, au cours de laquelle des milliers de personnes sont mortes chaque jour dans les rues. Les Équiens et les Volsques ravageèrent le pays jusqu'aux murs de Rome ; et en plus de leurs autres misères, la multitude rassemblée était menacée de famine. Leurs griefs civils ne devaient être réparés que par une réforme approfondie et radicale. En l'an 462 avant JC, le tribun Terentilius Harsa proposa la nomination d'un conseil de dix commissaires, moitié patriciens et moitié plébéiens, pour réviser la constitution, définir les devoirs des consuls et des tribuns et élaborer un code de lois à partir de la masse de décisions et de précédents. Ce mouvement fut l'occasion de dix années de violentes luttes, au cours desquelles Rome fut plusieurs fois sur le point de tomber aux mains des Volsques, et fut autrefois occupée par une bande d'exilés et d'esclaves dirigée par un chef sabin, Herdonius , qui s'empara de Rome. le Capitole et exigea le rétablissement de tous les citoyens bannis dans leurs droits à Rome.

**44.** Le chef des exilés était Kæso Quinc'tius , fils du grand Cincinnatus , qui avait été expulsé pour avoir soulevé des émeutes au Forum, afin d'empêcher toute action du peuple selon la loi térentilienne . Le groupe d'envahisseurs fut vaincu et tous les hommes tués. Le père de Kæso était alors consul. Pour se venger du sort de son fils, il déclara que la loi ne devrait jamais être votée tant qu'il était en fonction ; et qu'il conduirait immédiatement tous les citoyens- soldats à la guerre, empêchant ainsi une réunion des tribus. Bien plus, les augures devaient l'accompagner et consacrer ainsi le terrain du campement, afin qu'une assemblée légale puisse se tenir sous le pouvoir absolu des consuls et abroger toutes les lois qui avaient jamais été promulguées à Rome sous l'autorité de les tribuns. À la fin de son mandat, Cincinnatus déclara qu'il nommerait un dictateur dont l'autorité supplanterait celle de tous les autres officiers, patriciens ou plébéiens. Toutes ces choses pouvaient être faites sous les formes strictes de la constitution romaine ; mais le Sénat et les patriciens les plus sages virent que la patience des communes pouvait être trop mise à rude épreuve, et persuadèrent Cincinnatus de renoncer à un exercice aussi extrême de son pouvoir.

**45.** La guerre avec les Équiens continuait et les traités n'étaient faits que pour être rompus. En 458 avant JC, toute l'armée romaine était piégée dans un col des collines d'Alban, encerclée par l'ennemi et en danger imminent de destruction. Dans cette crise, Cincinnatus, qui s'était retiré du consulat pour reprendre son travail agricole favori, fut appelé à être dictateur, avec un pouvoir absolu. Les messagers du Sénat le trouvèrent près de sa charrue, dans son petit jardin de l'autre côté du Tibre. Il laissa la charrue dans le sillon, courut à Rome, leva une nouvelle armée en un seul jour, sortit et battit les Équiens , et revint le lendemain soir en triomphe.

## RÉCAPITULATION.

Les consuls sont nommés avec le pouvoir royal, mais pour une durée limitée. Rome soumise à Porsena . Les Latins sont vaincus au lac Regillus . Les nobles romains oppriment leurs débiteurs et les pauvres font sécession. Des tribuns du peuple et des édiles sont nommés. La première loi agraire est proposée par Cassius, en 486 avant JC. Pour venger la tyrannie de leurs consuls, les simples soldats refusent de se battre. Les Fabii prennent parti pour le peuple et sont détruits dans leur colonie de la Cremera . Les lois publiques donnent l'élection des officiers au peuple dans ses tribus, 471 avant JC. Guerre et peste. Dix ans de débat sur les lois térentiliennes , qui proposent une révision de la constitution, BC 462-452. Le Capitole pris par les exilés et les Sabins. Cincinnatus, en tant que noble, s'oppose aux communs, mais, en tant que général, sauve Rome.

### LES LOIS DES DOUZE TABLES.

**46.** L'adoption de la loi Terentilienne fut retardée de six ans, mais enfin les nobles cédèrent l'essentiel, et les *décemviri* furent choisis. Bien qu'entièrement patriciens, c'étaient des hommes qui jouissaient de la confiance des deux ordres pour leur intégrité prouvée. Les consuls et les tribuns furent remplacés pour l'époque, et les pleins pouvoirs, constituants, législatifs et exécutifs, furent confiés aux Dix. Les lois des Douze Tables, qui étaient le résultat de leurs travaux, devinrent la « source de tous les droits publics et privés » à Rome pendant de nombreux siècles. Lors du débat sur le projet de loi, des commissaires avaient déjà été envoyés en Grèce pour étudier les lois et la constitution des États helléniques. Ils revinrent avec un sophiste ionien, Hermodore d'Éphèse, qui aida à expliquer aux législateurs tout ce qui était obscur dans les notes des commissaires ; et ses services étaient si précieux qu'il fut honoré d'une statue dans le *comitium romain* .

**47.** Seuls quelques points de ce célèbre ouvrage législatif peuvent être soulignés ici. Les lois de Rome donnaient au père un droit absolu de propriété sur sa famille. Il pourrait vendre son fils, sa fille ou même sa femme. Ce dernier acte, en effet, était dénoncé comme impie par la loi religieuse, mais aucune peine n'y était attachée ; la malédiction du grand pontife marquait simplement le coupable des jugements courroucés du Ciel. Si un père désirait libérer son fils, le processus était plus difficile que l'émancipation d'un esclave. Celui-ci, s'il était vendu à un autre maître, pouvait être libéré sur-le-champ, mais un fils ainsi vendu et libéré revenait à la possession de son père. Cette sujétion ne pouvait prendre fin qu'avec la mort du parent, même si le fils lui-même pouvait alors être un vieil homme. Les Douze Tables stipulaient que si un père avait vendu son fils trois fois, il perdait tout contrôle ultérieur sur lui ; mais un fils ainsi émancipé était considéré comme séparé de toute relation avec son père et ne pouvait plus hériter de ses biens. Les femmes étaient toute leur vie considérées comme des mineures et des pupilles. Si leur père mourait, ils passaient sous le contrôle de leurs frères ; ou, si elles se mariaient, elles devenaient la propriété absolue de leurs maris. Une veuve pourrait devenir la pupille de son propre fils. Les mariages entre patriciens et plébéiens étaient déclarés illégaux et les enfants nés dans de tels mariages n'avaient aucun droit sur les biens de leur père.

**48.** Les dix législateurs ont frappé de leurs peines les plus lourdes la diffamation de moralité ; et leur définition de la diffamation était si stricte que ni les poètes ni les historiens n'osaient même nommer les vivants autrement qu'en termes d'éloge. Il est donc beaucoup plus difficile de se faire une idée véritable des hommes publics dans l'histoire de Rome que de la Grèce, dont les historiens parlaient avec une grande impartialité des hommes et des mesures, et dont la licence des poètes comiques, bien que souvent utilisée avec une insolente injustice, , mais nous montre tous les points faibles du caractère et révèle l'homme tel que ses contemporains le voyaient réellement. Les historiens romains, même lorsqu'ils écrivent sur le passé, ne pouvaient souvent tirer leurs matériaux que des oraisons funèbres ou des vers flatteurs de poètes dépendants, déposés dans les archives des grandes familles.

**49.** Les décemvirs, pendant l'année de leur mandat, complétaient dix tables de lois ; et celles-ci, selon les idées romaines, étaient si justes et si acceptables, que les assemblées consentirent volontiers à renouveler la même forme de gouvernement pour un autre mandat, d'autant plus que l'œuvre législative n'était pas tout à fait achevée. Dans le nouveau décemvirat, Appius Claudius fut réélu, et son caractère sans scrupules se manifesta désormais dans le caractère tyrannique du gouvernement. Le peuple découvrit qu'il avait dix consuls au lieu de deux, et que le pouvoir des Dix n'était contrôlé par aucune tribune populaire.

**50.** Les droits intérieurs de la plèbe ont été brutalement violés. Une belle jeune fille, Virginie, attira l'attention d'Appius alors qu'elle se rendait quotidiennement à l'école du Forum, accompagnée de sa nourrice. Il déclara qu'elle était l'esclave d'un de ses clients, née d'une esclave dans sa maison et vendue à la femme de Virginius, qui n'avait pas d'enfants. Les amis de Virginie et du peuple ressentirent ce mensonge insolent avec une telle indignation, que les officiers du consul furent obligés de libérer la jeune fille sous caution pour comparaître le lendemain devant son tribunal, où sa lignée pourrait être prouvée.

Virginius, son père, était dans l'armée avant Tusculum . Il fut appelé à la hâte et, chevauchant toute la nuit, il arriva en ville de bon matin. En costume de suppliant, il apparut au Forum avec sa fille et une grande compagnie de matrones et d'amis. Mais son plaidoyer n'a pas été entendu. Appius estimait que la jeune fille était au moins considérée comme une esclave jusqu'à ce que sa liberté puisse être prouvée, en violation directe de la loi qu'il avait lui-même promulguée l'année précédente, selon laquelle toute personne devait être considérée comme libre jusqu'à ce qu'elle soit prouvée esclave. Virginius comprit qu'on ne pouvait attendre aucune justice devant un pareil tribunal. Il n'a demandé qu'un dernier mot à sa fille ; et l'ayant entraînée avec sa nourrice dans une des échoppes du Forum, il saisit un couteau de boucher et le lui plongea dans le cœur, en criant à haute voix : « Ainsi seulement, mon enfant, puis-je te garder libre ! Puis, se tournant vers le décemvir, il s'écria : « Que soit sur ta tête la malédiction de ce sang innocent ! » Personne n'obéit à l'ordre du consul de l'arrêter. Le couteau ensanglanté à la main, il se précipita à travers la foule, monta à cheval à la porte de la ville et se dirigea vers le camp.

**51.** L'armée des plébéiens se leva à son appel et marcha sur Rome. Ils entrèrent et traversèrent les rues jusqu'à l'Aventin, appelant au passage le peuple à élire dix tribuns et à défendre ses droits. L'autre armée, près de Fidenæ , fut réveillée de la même manière par Icil´ius , le fiancé de Virginie. Les simples soldats écartèrent ceux des décemvirs qui étaient avec eux, choisirent également dix tribuns et marchèrent vers la ville. Les vingt tribuns désignèrent deux d'entre eux pour agir pour le reste, puis quittant l'Aventin gardé par une garnison, ils sortirent des murs, suivis de l'armée et du plus grand nombre de gens qu'ils pouvaient en retirer, et s'établirent de nouveau sur le Mont Sacré au-delà de l' Anio .

**52.** Le Sénat, qui avait hésité, est désormais contraint d'agir. Les sécessionnistes avaient déclaré qu'ils ne traiteraient qu'avec Valérius et Horatius , hommes en qui ils pouvaient avoir confiance. Ceux-ci ont été envoyés pour entendre leurs revendications. Le peuple demanda qu'on rétablisse le pouvoir des tribuns, qu'on établisse un droit d'appel de la décision des magistrats à l'assemblée populaire, et qu'on livrât les décemvirs à être brûlés, comme l'avaient été neuf amis des communes, dans la mémoire. d'hommes encore vivants. Cette dernière demande, provoquée seulement par l'exaspération du moment, fut retirée lors d' un conseil plus mûr ; les autres furent accordées, les décemvirs démissionnèrent et le peuple retourna à Rome, en 449 avant JC. Une assemblée populaire eut lieu, dans laquelle dix tribuns furent élus, parmi lesquels Virginius et Icilius . Deux magistrats suprêmes étaient choisis par un vote libre du peuple ; à la place du décemvirat, et ils furent d'abord appelés consuls. Leurs pouvoirs étaient les mêmes que ceux des préteurs , ou généraux, qui avaient statué depuis l'expulsion des rois jusqu'à la nomination du premier décemvirat, sauf qu'on pouvait faire appel de leur sentence à celle des comices.

Les premiers consuls sous ce nouvel acte furent Valérius et Horatius. Ils sortirent et remportèrent une victoire si éclatante sur les Sabins, que Rome ne subit plus d'incursions de ce peuple pendant 150 ans. Les anciennes coutumes et même les lois des Romains honoraient les généraux victorieux d'une entrée triomphale dans la ville à leur retour ; mais le Sénat, chargé de décréter le triomphe, considérant les consuls comme contraires aux intérêts de leur ordre, défendit qu'un tel honneur leur soit rendu. Le peuple exerça alors son autorité suprême et ordonna aux consuls de « triompher » malgré le Sénat. ( Voir §§ 109-111. ) Appius Claudius et l'un de ses collègues furent mis en accusation et moururent en prison ; les autres s'enfuirent de Rome et leurs biens furent confisqués.

**53.** Une forte réaction s'établit alors en faveur des patriciens ; et leur opposition aux nouvelles lois était si déterminée que le peuple fit de nouveau sécession, mais cette fois seulement jusqu'au Janicule, à l'ouest du Tibre et en face de Rome. Enfin , une loi fut votée légalisant le mariage entre les deux ordres. Au lieu d'ouvrir librement le consulat aux plébéiens, il fut convenu (444 av. J.-C.) de partager ses devoirs et dignités entre cinq officiers, dont deux, les censeurs, seraient choisis uniquement parmi les nobles, quoique par un vote libre des plébéiens. tribus, tandis que les trois tribuns militaires pouvaient être soit des patriciens, soit des plébéiens. Les censeurs devaient exercer leurs fonctions cinq ans, les tribuns un seul.

En raison d'un prétendu défaut dans les auspices ( voir § 28 ), les trois premiers tribuns furent mis de côté, et pendant six ans, des consuls furent régulièrement nommés comme auparavant. En 438 avant JC, des tribuns furent élus, puis à nouveau consuls pendant trois années suivantes, démontrant l'extrême difficulté avec laquelle le peuple obtint ses droits, même concédés par la loi. En 433 avant JC, une loi importante du dictateur Æmilius limitait la durée du mandat du censeur à dix-huit mois, bien qu'il ne soit encore nommé qu'une fois tous les cinq ans, laissant ainsi le poste vacant beaucoup plus longtemps qu'il n'était pourvu.

**54.** Les censeurs étaient investis d'une splendeur véritablement royale et de pouvoirs extraordinaires. Ils enregistraient les citoyens et leurs biens, administraient les revenus de l'État, tenaient les rôles du Sénat, où ils effaçaient tous les noms indignes, et y ajoutaient ceux qu'ils jugeaient à propos. Dans ce jugement de caractère, ils étaient guidés uniquement par leur propre sens du devoir. Si un homme était tyrannique envers sa femme et ses enfants, ou cruel envers ses esclaves, s'il négligeait sa terre, ou gaspillait sa fortune, ou suivait une profession déshonorante, il était dégradé de son rang, quel qu'il soit. S'il était sénateur ou chevalier, il était privé de son anneau d'or et de sa tunique à rayures pourpres ; s'il était un simple citoyen, il était expulsé des tribus et perdait son vote. Les censeurs étaient ainsi les gardiens des mœurs, et leur pouvoir s'étendait à bien des domaines difficiles à atteindre par l'action générale de la loi. La réalisation de chaque recensement était suivie d'une lustration, ou purification cérémoniale du peuple ( voir § 31 ). C'est pourquoi les cinq années qui s'écoulaient entre deux élections de censeurs étaient appelées *lustre*, ou année plus longue.

**55.** Les Romains ont dû observer avec intérêt, au cours des années 415 et 414 avant JC, les mouvements de la grande expédition athénienne contre Syracuse. Si les brillants projets d'Alcibiade avaient été mis à exécution, les Grecs seraient sans aucun doute devenus la première puissance de l'Europe occidentale ; « La Grèce, et non Rome, aurait pu conquérir Carthage ; Le grec, au lieu du latin, aurait pu être aujourd'hui l'élément principal des langues d'Espagne, de France et d'Italie ; et les lois d'Athènes, plutôt que celles de Rome, pourraient constituer le fondement de la loi du monde civilisé.

## RÉCAPITULATION.

Decemviri a choisi de faire de nouvelles lois pour Rome. Pouvoir absolu du *paterfamilias* . Les lois contre la diffamation font de l'histoire romaine un simple éloge. Tyrannie du deuxième décemvirat. Appius Claudius revendique injustement Virginie comme esclave. Le peuple fait sécession, renverse le décemvirat et rétablit les consuls et les tribuns. Les nouveaux consuls battent les Sabins et triomphent malgré le Sénat. Par un autre changement de constitution, des censeurs et des tribuns militaires sont choisis au lieu de consuls. Les censeurs ont le pouvoir absolu de corriger les mœurs publiques. Les Athéniens échouent dans leur expédition sicilienne, 415 av. J.-C., 414, et laissent place à la suprématie de Rome.

### PRISE DE ROME PAR LES GAULOIS .

**56.** Les Gaulois commençaient maintenant leurs terribles incursions du nord dans la vallée du Pô, absorbant ainsi l'attention des Étrusques ; et le moment était favorable à une nouvelle attaque des Romains contre Véies, l'État le plus proche de l'autre côté du Tibre. La guerre commença en 405 avant JC et dura dix ans. La nécessité de maintenir continuellement une force armée en campagne donna naissance à l'armée permanente, qui devint finalement une partie si essentielle de la puissance romaine ; et, en même temps, il obligeait les patriciens à étudier les intérêts du peuple. Il fut alors convenu que les soldats seraient régulièrement payés et que l'argent serait assuré à cet effet par une collecte minutieuse des loyers des terres publiques. Le nombre des tribuns militaires fut doublé. Leur chef, le préfet de la ville, était un patricien et choisi par cet ordre, mais les cinq autres étaient élus dans l'une ou dans les deux classes, par un vote libre de l'assemblée populaire.

**57.** Après dix années de guerre avec plus ou moins de succès, Véies fut prise (396 av. J.-C.) par le dictateur Camille. On raconte que le jour même de sa reddition, Melpum , la place forte étrusque du nord, tomba devant les Gaulois . La perte de ces deux forteresses frontalières amorça le déclin rapide de la puissance étrurienne . La joie des Romains était commémorée par la coutume fantaisiste, longtemps perpétuée, de conclure chaque jeu de fête par une simulation d'enchères appelée « Vente de Veientes ». Cape'na , Falerii , Nepete et Sunium furent également conquises et avec leurs terres devinrent possessions de Rome. En un demi-siècle, les Étrusques perdirent aux Gaulois toutes leurs possessions en Campanie et au nord des Apennins, et aux Romains, tout cela entre les forêts ciminiennes et le Tibre. La nation avait déjà perdu sa force à cause d'un excès de luxe sans limite. Les nobles étaient extrêmement riches, tandis que les gens étaient pauvres et réduits en esclavage.

**58.** La guerre des Romains contre Volsin´ii fut également couronnée de succès ; mais, par un revers soudain et terrible, Rome était maintenant condamnée à subir le sort qu'elle lui infligeait trop souvent. Les Gaulois , après avoir conquis le nord de l'Étrurie, franchirent la barrière des Apennins et s'étendirent sur l'Italie centrale. Ils rencontrèrent toute l'armée romaine près de la petite rivière Allia et la vainquirent avec un grand massacre ; puis, avançant avec une puissance irrésistible, ils s'emparèrent et incendièrent la ville. Le désastre fut si accablant que le 16 juillet, date de la bataille d' Allia , fut déclaré « jour noir » de mauvais augure, au cours duquel aucune affaire ne pouvait être traitée en toute sécurité et aucun sacrifice acceptable n'était offert.

**59.** Les vierges vestales se retirèrent avec le feu sacré à Cære , en Étrurie ; la masse du peuple, avec les fuyards de l'armée vaincue, s'était réfugiée à Véies et dans d'autres villes étrusques ; mais le plus noble des patriciens résolut de tenir le Capitole. Ceux qui étaient trop vieux pour combattre espéraient également bien servir leur pays par une mort héroïque. Ils répétèrent, après le pontifex maximus, une imprécation solennelle, [66] se voulant eux-mêmes et l'armée des Gaules à la mort pour la délivrance de Rome. Alors, revêtus de leurs plus magnifiques vêtements, tenant leurs sceptres d'ivoire, et assis chacun sur son trône d'ivoire à la porte de sa propre maison, ils restèrent immobiles pendant que le tumulte du pillage et du pillage se poursuivait. Les barbares furent frappés d'admiration pour ces figures vénérables, et l'un d'eux se mit à caresser avec révérence la longue barbe blanche de Papirius . Enragé par ce geste profanateur, le vieux sénateur le frappa de son sceptre d'ivoire. C'était le signal du massacre. Les Gaulois , revenus de leur crainte momentanée, massacrèrent sans tarder les nobles vieillards.

**60.** Le siège du Capitole dura six ou huit mois. À un moment donné, l'ennemi faillit s'en emparer, escaladant la falaise abrupte de nuit. La garnison dormait, mais quelques oies sacrées pour Junon donnèrent l'alarme à temps et la citadelle fut sauvée. Marcus Manlius, qui fut le premier réveillé, réussit à jeter plusieurs des premiers assaillants du bas de la falaise, et maintint ainsi la forteresse jusqu'à ce que ses camarades pussent lui venir en aide. Enfin, bien que la garnison fût presque épuisée par la faim, les Gaulois étaient également prêts à conclure des conditions, car ils avaient entendu dire que les Vénitiens envahissaient leurs possessions du nord. Mille livres d'or furent payées pour la rançon de la ville, et les barbares se retirèrent. Ils furent suivis par Camille, le vainqueur de Véies et de Falères, qui redevint dictateur, et qui, en coupant les partis épars de l'ennemi, récupéra une partie du riche butin qu'ils emportaient ; mais il n'est probablement pas vrai qu'il ait obtenu contre eux un succès important, comme on le croyait autrefois.

**61.** Une période de grande détresse suivit la retraite des Gaulois . Les fermes, dont dépendait la subsistance de tant de gens, avaient été dévastées ; leurs arbres fruitiers, leurs bâtiments, leurs outils, leurs stocks et leurs magasins, jusqu'aux semences de maïs nécessaires aux semailles de l'année suivante, avaient été brûlées. Rome était un amas de décombres, dans lequel même la direction des anciennes rues ne pouvait plus être discernée. Le gouvernement fournissait les matériaux de toiture et permettait que le bois et la pierre soient retirés des forêts et des carrières publiques, à condition que toute personne ainsi aidée donnerait la garantie d'achever sa construction dans l'année. Mais ces promesses étaient souvent perdues ; et pour faire face aux dépenses de reconstruction, ainsi que pour payer les impôts extraordinaires nécessaires à la restauration de la forteresse et des temples, il fallut emprunter de l'argent, et les pauvres furent de nouveau à la merci des riches. Des débiteurs innocents ont été arrachés de chez eux pour travailler comme esclaves dans les magasins ou les champs de leurs créanciers.

Beaucoup choisirent de rester dans les villes étrusques où ils s'étaient réfugiés, et même de faire de Véies une nouvelle Rome pour les plébéiens, où ils pourraient vivre libres de la domination autoritaire des patriciens et constituer eux-mêmes une classe privilégiée. Bien que cette sécession massive ait été empêchée, le nombre des Romains fut si considérablement diminué qu'une masse d'Étrusques conquis fut amenée à occuper les places vacantes. Ceux-ci reçurent des terres romaines, furent organisés en quatre nouvelles tribus et furent admis aux pleins droits civils. Le « peuple nouveau » représentait plus d'un sixième de la population totale de la ville reconstruite.

**62.** Personne ne pouvait voir sans pitié la détresse du peuple ; mais Marcus Manlius, celui-là même dont la vigilance et la présence d'esprit avaient sauvé le Capitole, avait aussi ses propres raisons pour tenter de le soulager. Il était jaloux de Camille et pensait que ses propres services n'avaient pas été dûment récompensés. Il vendit aux enchères la meilleure partie de ses terres et en employa le produit au paiement des dettes des nécessiteux, les délivrant ainsi de l'emprisonnement et de la torture. Il fut récompensé par la gratitude sans limite des pauvres ; sa maison était continuellement peuplée de partisans, auxquels il parlait de la cruauté égoïste des nobles, en rejetant tout le fardeau de la calamité publique sur les autres, et les accusait même de détourner les sommes immenses levées pour remplacer les trésors des temples. qui avait été emprunté pour acheter la retraite des Gaulois .

**63.** Pour cette accusation, Manlius fut jeté en prison, et le peuple commença à le considérer comme un martyr de sa cause. A sa libération, il a renouvelé ses attaques contre le gouvernement. Il fortifia sa maison du Capitole et, avec son parti, tint toute la hauteur au mépris des autorités. Sa trahison était si évidente, que même les tribuns du peuple se rangèrent contre lui aux côtés des patriciens, et il fut traduit en justice devant l'assemblée populaire.

Il apparut, suivi de plusieurs camarades dont il avait sauvé la vie au combat, et de quatre cents débiteurs qu'il avait tirés du cachot. Il exhiba les dépouilles de trente ennemis tués de sa propre main, et quarante écus ou autres récompenses honorifiques reçues de ses généraux. Il fit appel aux dieux dont il avait sauvé les temples de la pollution, et il ordonna au peuple de regarder le Capitole avant de prononcer son jugement. Il était impossible de condamner un tel criminel en une telle présence, car l'endroit même du Capitole où Manlius s'était tenu seul contre les Gaulois était visible depuis le Forum. Il fut ensuite condamné pour trahison et jeté du rocher tarpéien, le versant escarpé de la colline du Capitole, face au Tibre.

**64.** Le pouvoir des patriciens n'a été confirmé que par cette tentative téméraire et égoïste de le renverser. Pendant sept ans, la détresse du peuple ne fit qu'augmenter ; les communes se découragèrent et leurs hommes les plus âgés refusèrent plus longtemps d'accepter des charges publiques. Deux hommes plus jeunes se présentèrent alors, destinés, par leur ferme et sage procédure, à soulager dans une grande mesure les misères de leur classe.

C. Licinius Stolo appartenait à l'une des familles plébéiennes les plus anciennes et les plus riches, liée par de nombreux mariages avec la noblesse. Devenu tribun (376 av. J.-C.), avec son ami L. Sextius , il proposa un nouvel ensemble de lois, conçues pour éliminer à la fois la pauvreté et les torts politiques dont souffraient les communs. (1.) Pour soulager la détresse immédiate, il a été proposé que les intérêts énormes déjà payés sur les dettes soient comptés comme étant défrayés du principal, et soient donc déduits de la somme restant due. (2.) Pour prévenir la pauvreté future, les terres publiques, jusqu'ici absorbées en grande partie par les patriciens, devaient être ouvertes également aux plébéiens, et aucun homme ne devait être autorisé à détenir plus de 500 *jugera* , [67] ou faire paître plus de 100 bœufs et 500 moutons sur la partie indivise. De plus, pour assurer l'emploi des pauvres, une certaine quantité de travail gratuit était exigée dans chaque ferme. (3.) Deux consuls devaient être élus, dont un chaque année devait être un plébéien.

**65.** L'objection la plus forte à un consulat plébéien était fondée sur des motifs religieux ; car les hauts patriciens considéraient comme une impiété de placer dans la magistrature suprême quelqu'un qui n'avait pas le droit d'en prendre les auspices, et qu'ils ne considéraient pas comme un vrai Romain. Pour attaquer ce préjugé de la manière la plus audacieuse, Licinius proposa d'augmenter le nombre des conservateurs des livres sibyllins de deux à dix, et d'en nommer cinq parmi les plébéiens. Ces lois n'ont pas été adoptées sans de nombreuses années d'opposition violente. Enfin, ils furent ratifiés par le Sénat et les Comitia Curiata (367 av. J.-C.) ; et pour célébrer cet heureux accord entre les deux ordres, un temple de la Concorde fut construit sur la colline du Capitole. En même temps, une nouvelle fonction, la préture , fut instituée et réservée aux patriciens, comprenant la plupart des fonctions civiles et judiciaires qui appartenaient jusqu'alors aux consuls, tandis que ces derniers gardaient leur pouvoir militaire absolu. Le premier consul plébéien dans le cadre de cet arrangement fut L. Sextius .

**66. Les** Gaulois agités et turbulents réapparurent dans le Latium, la même année avec le vote des lois liciniennes . Ils furent vaincus par le vieux général Camille, qui avait été six fois tribun militaire et cinq fois dictateur. Lors de leur deuxième invasion, ils campèrent à moins de cinq milles de la ville et semèrent la terreur, on peut bien le croire, dans le cœur de ceux qui se souvenaient des désolations de trente ans auparavant ; mais enfin ils levèrent leur camp sans combattre, et passèrent en Campanie. À leur retour par le Latium, ils furent vaincus. En 350 avant JC, ils passèrent l' hiver sur le mont Alban et se joignirent aux pirates grecs de la côte pour ravager le pays, jusqu'à ce qu'ils soient délogés par L. Furius Camillus, fils du général.

Ils conclurent un traité en 346 av. J.-C., après quoi ils ne réapparurent plus jamais dans le Latium. Ils ont continué à être la race dirigeante entre les Alpes et les Apennins du nord, et le long de l'Adriatique jusqu'au sud jusqu'aux Abruzzes . De nombreuses villes, comme Milan, étaient cependant tenues par les Étrusques dans une sorte d'indépendance, tandis que les Gaulois vivaient dans des villages sans murailles. De leurs sujets toscans, les Gaulois apprirent les lettres et les arts de la vie civilisée, qui se répandirent d'eux, plus ou moins, à toutes les populations alpines.

## RÉCAPITULATION.

Veii prise en 396 avant JC, après un siège de dix ans. Défaite des Romains sur l' Allia , et prise de leur ville par les Gaulois , 390 avant JC. Massacre des sénateurs. Manlius sauve le Capitole, lors d'un siège de sept mois. Rome en ruines. Détresse des pauvres. Trahison de Manlius. Les lois liciniennes , votées après neuf ans de contestation, soulagent les débiteurs et partagent les terres publiques entre le peuple. Les Gaulois envahirent le centre de l'Italie, de 361 à 346 av. J.-C., mais se retirèrent enfin au nord des Apennins.

## DEUXIÈME PÉRIODE, BC 343-264.

**67.** Des luttes politiques qui ont développé la constitution romaine, nous passons à la série de guerres étrangères entre Rome et son rival le plus puissant pour la suprématie de l'Italie du Sud. Les Samnites étaient une race sabine, installée en conquérants dans le pays osque. Leurs possessions se trouvaient principalement à l'intérieur des terres, comprenant la chaîne de montagnes enneigées qui sépare les Pouilles des plaines campaniennes, mais elles s'étendaient jusqu'à la côte entre Naples et Paestum , où elles comprenaient les villes autrefois célèbres d'Herculanum et de Pompéi.

Les Samnites étaient, avec les Latins, les races les plus guerrières de l'Italie ; mais les conquêtes des premiers, à l'époque où nous arrivons maintenant, avaient été de beaucoup les plus brillantes et les plus étendues. Lors du déclin de la puissance grecque et étrusque dans le sud de l'Italie ( voir Livre III, § 90 ), ils avaient pris le contrôle de toute la partie inférieure de la péninsule, à l'exception de quelques colonies grecques comme Tarente et Néapolis. Mais le Latium, sous la direction de Rome, avait progressé sûrement quoique lentement, assurant chaque avantage par la formation de colonies romaines, liées par les liens d'obéissance les plus forts à la cité mère, tandis que la nation samnite n'avait pas de politique arrêtée et pas de chef régulièrement constitué. . Chaque nouvelle colonie divisait donc et diminuait leurs forces.

**68.** Les conquérants de Cumes et de Capoue adoptèrent les habitudes luxueuses des Grecs et des Étrusques, qu'ils avaient supplantés, mais avec lesquels ils continuaient à vivre en bons termes. Les habitants de la côte, amoureux des Grecs, redoutaient leurs compatriotes grossiers des collines, presque autant que les Hellènes raffinés eux-mêmes, et ainsi une grande division eut lieu dans la souche samnite. Les Samnites civilisés et hellénisés implorèrent l'aide des Romains contre les hordes prédatrices de leur propre race, qui descendaient constamment des collines samniennes pour ravager leurs champs. Les Romains y consentirent, à condition que leur propre suprématie soit reconnue dans toute la Campanie, et leur ancien traité avec le Samnium fut rompu.

**69.** La première guerre samnite commença avec la marche de deux armées romaines en Campanie, tandis que les alliés latins envahissaient le pays pélignien au nord. Les armées romaines furent victorieuses et les deux consuls obtinrent un triomphe. Une force importante fut laissée, à la demande des Campaniens, pour garder leurs villes pendant l'hiver. Les simples soldats étaient toujours accablés par la pauvreté et l'absence prolongée de leurs fermes causait de graves souffrances à leurs familles.

Au cours de la deuxième année de la guerre, des complots de mutinerie furent découverts et un grand nombre de troupes furent renvoyées chez elles. En chemin, ils libérèrent tous les esclaves pour dettes qu'ils trouvèrent travaillant dans les champs de leurs créanciers, fortifièrent un camp régulier sur le versant des collines d'Alban et furent rejoints par un grand nombre de gens ordinaires opprimés de la ville. Mais lorsqu'ils rencontrèrent l'armée levée à la hâte par les patriciens et envoyée en mission sous le dictateur Valérius , dont la famille avait toujours été des amis fidèles du peuple et qui était lui-même très aimé de toutes les classes pour son caractère généreux, non moins que pour son armée. gloire, ces hommes, dont la révolte avait été provoquée par une détresse réelle et non par un défaut de loyauté, ne pouvaient se résoudre à combattre leurs concitoyens et les défenseurs de leur patrie commune. Les deux armées se firent face, jusqu'à ce que le remords d'un côté et la pitié de l'autre eussent vaincu tout ressentiment mutuel ; puis, s'avançant tous deux, ils se serrèrent la main ou se précipitèrent dans les bras l'un de l'autre en pleurant et en demandant pardon. Les justes exigences des soldats furent accordées par le Sénat, ainsi que l'amnistie pour leurs actes irréguliers, et cette singulière rébellion se termina par une paix durable.

**70.** Les Latins, quant à eux, avaient été laissés à eux-mêmes pour mener la guerre samnite, et leurs succès répétés les encourageaient à affirmer leur indépendance vis-à-vis de Rome. Les Romains (341 av. J.-C.) firent la paix avec les Samnites et, deux ans plus tard, tournèrent leurs armes contre les Latins, renforcés par l'alliance avec leurs derniers adversaires, les Campaniens et les Volsques. Les deux consuls s'avancèrent avec leurs forces en Campanie et campèrent dans la plaine de Capoue, en face de l'armée des trois alliés. Des ordres stricts étaient émis contre les escarmouches ou les affrontements personnels, et la désobéissance devait être punie de mort. Ignorant ou insouciant de l'ordre, Titus Manlius, le fils du consul, accepta le défi d'un guerrier latin, tua son adversaire et apporta en triomphe le butin aux pieds de son père. Le consul détourna la face, et, appelant ses gardes, leur ordonna de décapiter le jeune homme devant sa tente, en présence de tous les soldats. La discipline romaine ne connaissait aucun lien d'affection. Manlius, le père, fut toujours considéré avec horreur, mais Manlius, le consul et général, fut strictement obéi tant qu'il commanda les armées de Rome.

**71.** La bataille décisive de la guerre latine s'est déroulée au pied du Vésuve. Les augures, ayant pris les auspices comme d'habitude, déclarèrent que le destin exigeait le sacrifice d'un général d'un côté et d'une armée de l'autre. On fit donc savoir aux officiers romains que, quelle que soit la partie de l'armée qui commencerait à céder, le consul commandant dans ce quartier se consacrerait aux dieux de la mort et du tombeau, afin que l'armée qui devait périr soit celle-là. des Latins.

Manlius menait la droite romaine ; Publius Decius, consul du peuple, à gauche. La bataille fut rude et courageusement menée des deux côtés ; mais enfin la droite latine l'emporta, et la gauche romaine commença à céder. Dèce appela aussitôt le grand pontife (car, en tant que plébéien, il ignorait lui-même les cérémonies par lesquelles il fallait s'adresser aux dieux) et lui ordonna de dicter la forme des paroles dans lesquelles il devait se consacrer à la mort. Sur l'ordre du pontife, il enroula sa toge autour de son visage, posa ses pieds sur un javelot et répéta l'imprécation. [68] Puis envoyant sa garde de licteurs à l'autre consul pour lui annoncer son sort, il monta à cheval, se précipita dans l'armée ennemie, et fut bientôt tué. Les Latins virent et comprirent cet acte, mais ils luttèrent néanmoins avec acharnement, comme des hommes qui luttent contre le destin. Les forces principales étaient si égales que Manlius ne gagna finalement l'avantage qu'en faisant appel aux surnuméraires les plus pauvres, qu'il avait armés pour constituer une double réserve.

**72.** Une seconde bataille fut gagnée beaucoup plus facilement, et les Latins n'eurent pas la force de se rallier pour une troisième. La Ligue latine fut entièrement dissoute, le droit romain remplaça partout les constitutions locales, et certaines villes devinrent même des colonies romaines. Les Latins ne faisaient qu'un en race et en langue avec Rome, et leur hostilité passagère fut échangée contre une alliance étroite et permanente. La bataille sous le Vésuve fut l'une des plus importantes de l'histoire de Rome, car en assurant la souveraineté du Latium, elle ouvrit la voie à la conquête du monde.

**73.** Pendant les douze années suivantes, les Romains furent incapables d'entreprendre une grande guerre étrangère. L'Italie fut envahie par Alexandre d'Épire, oncle du grand conquérant macédonien, en 332 avant JC. Sa querelle était avec les Samnites, mais si son succès avait été à la hauteur de son ambition, aucun engagement avec les Romains ne l'aurait empêché d'envahir toute la péninsule. Il fut cependant vaincu et tué en 326 avant JC, et les Romains se préparèrent immédiatement à une nouvelle lutte avec les Samnites, qui devait durer vingt-deux ans, 326-304 avant JC. Les deux principaux États italiens se battaient pour la souveraineté et leurs alliés comprenaient presque toutes les autres nations de la péninsule.

Les événements des cinq premières années étaient trop indécis pour mériter d'être enregistrés. L'avantage était généralement du côté des Romains, mais la puissance samnite était toujours ininterrompue et fut capable, en 321 avant JC, d'infliger l'une des défaites les plus sévères et les plus honteuses que les armes romaines aient jamais subies. Les forces combinées de Rome, dirigées par les deux consuls, étaient piégées dans un col de montagne entre Naples et Bénévent , connu sous le nom de « Fourches Caudines ». La moitié des soldats tombèrent dans le combat qui s'ensuivit ; les autres se rendirent, mais furent généreusement épargnés par Ponce, général samnite, à la condition qu'une paix honorable soit signée par les deux consuls et par deux tribuns du peuple, qui étaient présents avec les troupes. Les soldats furent alors obligés de « passer sous le joug » [69] en signe de capitulation, et furent autorisés à marcher sans armes vers Rome. Mais le Sénat, ayant repris ses forces, refusa de se soumettre à l'accord des consuls. Les signataires du traité, dépouillés et liés, furent livrés à la vengeance des Samnites, mais Ponce refusa de les recevoir. Il n'a pas choisi de punir les innocents pour les coupables, ni de justifier le gouvernement romain en tirant tous les avantages de l'accord et en refusant tous les sacrifices.

**74.** La guerre dura six ans sans événement très important, jusqu'à ce qu'en 315 avant JC les Samnites remportent un autre grand succès à Lautulæ . Presque tous les alliés de Rome abandonnèrent désormais ce qui semblait être la cause perdante. La Campanie se révolte ; les Ausoniens et les Volsques rejoignirent l'alliance samnite. Mais l'année suivante, une bataille encore plus dure et plus décisive donna la victoire aux Romains. Les Samnites furent écrasés au-delà de toute possibilité de guérison. La guerre se poursuivit cependant dix ans de plus, principalement grâce aux efforts des Étrusques, des Osques et des Ombriens, pour préserver l'équilibre des pouvoirs en Italie. Mais ces efforts n'ont jamais été unis, et les Romains ont pu les vaincre, un par un, jusqu'à ce qu'en 304 avant JC, les Samnites soient soumis à Rome et que toutes les autres parties concluent une paix. Rome était désormais, sans aucun doute, la première nation d'Italie ; et, compte tenu des conflits qui affaiblirent les fragments de l'empire d'Alexandre, on pourrait presque le considérer comme le plus grand du monde. En termes de culture intellectuelle, les Romains étaient encore inférieurs aux Samnites conquis. Ponce, le général samnite, connaissait bien la philosophie grecque et, par l'élévation de son caractère, surpassait de loin les Romains les plus fiers de son temps.

**75.** Vers la fin de la seconde guerre samnite, les Aqui , qui étaient depuis quatre-vingts ans en état de neutralité, prirent les armes contre Rome ; et immédiatement après le traité de 304 avant JC, les consuls firent entrer 40 000 hommes sur leur territoire. Une lutte acharnée et acharnée de cinquante jours aboutit à la prise et à la destruction de quarante et une villes. Une grande partie de la population fut vendue comme esclave et le reste devint sujet de Rome. Quelques années plus tard, cependant, ils obtinrent les droits de citoyens, furent enrôlés dans les tribus et servirent dans les guerres contre les Samnites.

**76.** Ces derniers employèrent activement l'intervalle de six ans qui s'écoula entre leur deuxième et leur troisième grande lutte avec Rome, pour former et renforcer la « Ligue italienne ». Les Étrusques, les Ombriens et les Gaulois , au nord, étaient alliés aux Lucaniens, aux Pouilles , à la plupart des villes grecques et aux Samnites, au sud. Rome avait l'avantage en termes de compacité, de nombre et de richesse ; son propre territoire ou celui de ses alliés s'étendait à travers l'Italie de la Méditerranée à l'Adriatique et divisait les États de ses ennemis.

La guerre éclata en 298 avant JC, mais aucun mouvement important ne fut réalisé jusqu'à ce qu'en 295 avant JC les armées combinées des quatre nations du nord avancent vers Rome. Le plan des consuls était à la fois audacieux et sagace. Une armée attendait les envahisseurs, tandis qu'une autre marchait directement en Étrurie. Ce mouvement révéla la faiblesse de la ligue, car les Étrusques et les Ombriens, abandonnant leurs alliés, se retirèrent pour défendre leurs propres territoires. Les Samnites et les Gaulois traversèrent les Apennins jusqu'à Sentinum , où ils furent rattrapés par la première armée romaine. Dans la bataille qui suivit, les chars de guerre gaulois avaient presque chassé du champ de bataille les légions du consul Dèce, lorsque, se souvenant de l'exemple de son père au Vésuve, il se livra également aux pouvoirs de mort pour la délivrance. de Rome. Les légions triomphèrent enfin ; 25 000 ennemis gisaient morts sur le terrain.

**77.** Les Gaulois se retirèrent alors de la ligue, mais les Samnites poursuivirent la guerre avec une détermination sans faille. Vingt-huit ans après sa grande victoire aux Fourches Caudines , Ponce vainquit à nouveau une armée romaine dirigée par Fabius Gurges . Les Romains étaient si exaspérés de cette défaite où ils étaient sûrs de la victoire, qu'ils auraient privé le consul de son commandement, si son vieux père, Fabius Maximus, ne s'était offert à lui servir de lieutenant.

Une grande victoire fut alors remportée, dans laquelle Ponce fut capturé et obligé de marcher, chargé de chaînes, dans le triomphe du consul. Lorsque le cortège atteignit la montée du Capitole, il fut emmené à l'écart et décapité dans la prison Mamertine, lui qui, trente ans auparavant, avait épargné la vie et la liberté de deux armées romaines, et même généreusement relâché les officiers lorsqu'il fut remis à son commandement. vengeance! Ce traitement ignoble d'un ennemi courageux a été appelé la plus grande tache des annales romaines. La guerre prit fin avec la soumission complète du Samnium et les Romains établirent une colonie de 20 000 habitants à Vénusie , pour garder le territoire conquis en admiration, en 290 avant JC.

**78.** La même année, le consul Curius Denta´tus , commença et termina une autre guerre contre les Sabins, venus en aide à leurs parents samnites. Ils furent soumis et leur vaste pays, riche en huile, en vin et en forêts de chênes, tomba en possession des Romains. Les communes de Rome souffraient néanmoins beaucoup des fardeaux de la guerre. Leurs fermes avaient été négligées pendant leur absence avec l'armée, et ceux qui avaient le malheur d'avoir été faits prisonniers, durent être rachetés à un prix ruineux pour les petites fortunes.

Curius , le conquérant des Sabins, proposa une nouvelle loi agraire pour le partage de leurs terres entre les pauvres de Rome. S'ensuivit une lutte politique de plusieurs années au cours de laquelle la masse du peuple fit de nouveau sécession jusqu'au Janicule. Une rumeur d'invasion étrangère incita le Sénat à céder et à nommer Hortensius , un plébéien d'une ancienne famille, comme dictateur. Grâce à ses conseils sages et conciliants, la paix fut rétablie. Il a convoqué tout le peuple dans un bosquet de chênes hors des murs et, par les serments solennels de toute l'assemblée, a adopté les lois Hortensiennes , qui ont mis fin à la guerre civile de Rome pendant 150 ans. Chaque citoyen reçut une parcelle de terre et certaines marques de distinction odieuses entre patriciens et plébéiens furent effacées, 286 av.

## RÉCAPITULATION.

Les Samnites hellénisés demandent l'aide de Rome contre leurs compatriotes des hautes terres. La Première Guerre Samnite, 343-341 avant JC, s'ouvre avec succès aux Romains. Sédition de troupes en Campanie. Les Latins se révoltent contre Rome et rejoignent les Campaniens et les Volsques. Les Romains concluent la paix et l'alliance avec les Samnites pour la guerre latine, 340-338 avant JC. Dans la bataille du Vésuve, Dèce, le consul, se voue à la mort, et les Romains sont victorieux. La Ligue latine supprimée et la suprématie de Rome établie. Une invasion de l'Italie par Alexandre d'Épire est suivie par la Seconde Guerre Samnite, de 326 à 304 av. Les Romains furent vaincus à Caudine Forks, en 321 avant JC, mais finalement complètement victorieux. Ils conquièrent l' Æqui , 304 avant JC. Troisième guerre samnite et Ligue italienne contre Rome, 298-290 avant JC. Grande victoire à Sentinum sur les Gaulois , les Samnites, les Étrusques et les Ombriens. Prise de Ponce, 292 avant JC, et fin des guerres samnites. Territoires sabins conquis et divisés entre le peuple, par les lois hortensiennes

.

### GUERRE AVEC PYRRHUS.

**79.** En trois ans (283 av. J.-C.), les Romains furent menacés par un nouveau danger, dans une puissante coalition formée par les Tarentins et comprenant presque toutes les nations d'Italie. La tempête s'est rapidement rassemblée et a éclaté de toutes parts à la fois. Au sud, les Samnites, les Lucaniens et les Bruttiens étaient en armes ; au nord, les Étrusques et les Ombriens, avec des hordes de mercenaires gaulois, affluaient sur le terrain. Arretium seul resta fermement aux côtés de l'alliance romaine et fut assiégé par une armée d'Étrusques et de Gaulois . Le consul Metellus , marchant à son secours, fut vaincu avec la perte totale de son armée. Ambassadeurs , envoyés pour protester auprès des Sénoniens Les Gaulois , pour avoir violé leur traité avec Rome, furent assassinés, et leurs corps furent mis en pièces et chassés sans sépulture. Cet outrage, que les lois des sauvages les plus grossiers prononçaient comme un sacrilège, provoqua une prompte vengeance. Le consul Dolabel'la entra avec son armée dans le territoire gaulois, tua tous les hommes trouvés, enleva les femmes et les enfants comme esclaves et réduisit chaque village en un tas de cendres et de décombres.

**80.** Le Boian Les Gaulois prirent les armes pour venger leurs frères et, rejoignant les Étrusques, rencontrèrent les forces romaines dans la vallée du Tibre, près du petit lac Vad'imon . Ils furent si complètement vaincus que très peu d'entre eux s'échappèrent du terrain. L'année suivante, le consul Fabricius battit les Samnites, les Lucaniens et les Bruttiens dans plusieurs grandes batailles, brisa la coalition dans le sud et rassembla une somme de butin qui lui permit de payer toutes les dépenses de guerre de l'année. et, en plus d'accorder une part libérale à chaque soldat, de laisser un demi-million de dollars dans le trésor. Tarente, l'instigatrice de la guerre, n'avait jamais tiré l'épée, mais avait laissé tous ses fardeaux et ses pertes à ses alliés. Pour punir cette politique passive mais malfaisante, une flotte romaine fut désormais envoyée en croisière autour des côtes orientales et méridionales de l'Italie. Il fut vaincu et coulé par les Tarentins dans leur propre port. Ils s'emparèrent alors de Thurii , expulsèrent la garnison romaine et, au nom de tous les Grecs italiens, envoyèrent demander de l'aide à Pyrrhus, roi d'Épire.

**81.** Ce prince accompli et ambitieux était heureux d'un nouveau domaine d'entreprise. Il se précipita en Italie avec une armée bien équipée de 25 500 hommes, entraînés et équipés à la manière macédonienne, et pourvus de vingt éléphants. Les Tarentins gais et indulgents, bien disposés à ce qu'un autre combatte à leur place, oublièrent leurs promesses de services et de subsides ; mais Pyrrhus leur montra qu'il était le maître en arrêtant les sports du cirque et des théâtres, et les banquets des clubs, et en tenant les citoyens sous les armes du matin au soir. Même avec des forces inférieures, il réussit à vaincre les légions romaines à Héraclée , sur la Siris. Sept fois les Épirotes et les Grecs furent chassés du champ de bataille, et sept fois le regagnèrent ; mais lorsque la dernière réserve italienne fut engagée, Pyrrhus fit monter ses éléphants, jusqu'alors inconnus en Italie, et ils mirent en fuite la cavalerie romaine. La déroute était complète ; les Romains ne restèrent pas pour défendre leur camp, mais s'enfuirent vers Vénusie , laissant Pyrrhus maître du terrain.

**82.** Il était désormais rejoint par de nombreux alliés, dont certains avaient même été sujets ou amis de Rome ; mais l'avantage de sa victoire n'était pas suffisant pour compenser ses pertes en officiers et en hommes, pertes d'autant plus graves que la Grèce était maintenant envahie par les Gaulois et qu'il y avait peu d'espoir de recrues. Dans ces circonstances, Pyrrhus envoya à Rome son ambassadeur Cinéas , orateur d'un talent si brillant, qu'on disait qu'il avait conquis plus de villes par sa langue que Pyrrhus par son épée. Un grand parti était enclin à écouter ses propositions de « paix, amitié et alliance ». Mais Appius Claudius, censeur il y a trente ans, aujourd'hui vieillard aveugle, entendit chez lui que Rome faisait la paix avec un ennemi victorieux toujours sur le sol italien. Il se fit transporter dans une civière à travers le Forum jusqu'au Sénat. Quand il arriva, tous ses fils et gendres sortirent à sa rencontre et le conduisirent à son ancien lieu. Tout le Sénat écoutait dans un silence haletant le vieillard se lever pour protester contre le déshonneur de son pays. Quand il eut fini, on vota qu'aucune paix ne serait faite tant qu'un ennemi étranger serait en Italie, et que l'orateur qui avait si près de les persuader quitterait la ville le jour même.

**83.** La guerre continuait entre le génie consommé de Pyrrhus et la volonté invincible du peuple romain. Ils luttaient pour l'existence, tandis que Pyrrhus luttait pour la gloire ; et bien que dans chaque bataille rangée il fût victorieux, de nouvelles armées étaient toujours prêtes à lui opposer. Espérant toujours faire la paix avec Rome, il refusa de rançonner ou d'échanger la multitude de prisonniers qu'il avait faits prisonniers, mais il les autorisa tous à revenir à Rome pour les vacances d'hiver - les Saturnales - sur leur simple promesse de revenir si le Le Sénat a refusé un traité. Le Sénat refusa et chacun revint. Dans sa deuxième campagne, Pyrrhus remporta une autre brillante victoire, à Asculum , sur les Romains et leurs alliés . Mais son ambition inquiète se tourna maintenant vers un nouveau domaine, et il partit pour la Sicile, où les villes grecques avaient imploré son aide contre les Carthaginois. Une fois maître de cette île fertile, il crut pouvoir tenter la conquête de l'Italie avec de meilleures ressources, et il laissa des troupes tenir Tarente et Locri pour sa base d'opérations futures dans la péninsule.

**84.** En Sicile, son génie et sa valeur ont dominé pendant un certain temps tout devant lui. La ville forte d' Eryx fut prise, Pyrrhus lui-même étant le premier à monter sur les échelles. Les Carthaginois imploraient la paix, offrant des navires et de l'argent comme conditions d'une alliance. Pyrrhus refusa avec hauteur ; mais un revers qu'il subit ensuite à Lilybaeum encouragea ses ennemis et aliena ses alliés. Au bout de deux ans, il revint en Italie, poursuivi par une flotte carthaginoise, qui le battit avec la perte de soixante-dix navires. Au débarquement, il fut accueilli par un corps de Mamertins, [70] qui avaient traversé le détroit de Sicile, et qu'il ne battit que par une bataille acharnée et coûteuse. Il arriva à Tarente avec une armée égale en nombre, mais bien inférieure en caractère à celle avec laquelle il était venu d'Épire quatre ans plus tôt. Ses fidèles Épirotes furent tués et à leur place se trouvaient des mercenaires italiens mal entraînés, qui ne serviraient que tant que la solde et le pillage abondaient.

**85.** Ayant grand besoin d'argent pour satisfaire ces partisans indisciplinés, Pyrrhus céda aux conseils de ses courtisans épicuriens et s'appropria les trésors du temple de Proserpine , à Locri . L'argent fut embarqué par mer pour Tarente, mais une tempête repoussa le vaisseau sacrilège sur les côtes de Locri ; Pyrrhus fut tellement pris de remords qu'il rendit l'or et fit mourir les conseillers. Il se croyait toujours hanté par la colère de Proserpine, qui l'entraînait vers la ruine. L'année suivante, il fut totalement vaincu près de Beneventum , par Curius. Dentatus , le consul. Vers la fin de l' année , il passa en Grèce, laissant toujours une garnison à Tarente, en signe de sa résolution invaincue de revenir.

Lors de la première invasion de Pyrrhus, la huitième légion, stationnée à Rhegium et composée principalement de mercenaires campaniens, avait, comme les Mamertins en Sicile, abandonné leur allégeance, massacré les habitants grecs et tenu la ville comme poste militaire indépendant. Ils étaient maintenant réduits et la majeure partie de la garnison passée au fil de l'épée ; les autres, composés des premiers soldats de la légion, furent jugés à Rome, flagellés et décapités.

**86.** La suprématie romaine s'établit désormais rapidement tant dans le nord que dans le sud de l'Italie. Picenum fut conquise et la moitié de ses habitants furent déplacés de force vers les rives du golfe de Salerne. L'Ombrie se soumit en 266 avant JC, les principales villes de l'Étrurie suivirent et toute la péninsule au sud de la Macra et du Rubicon devint soumise à Rome. Jusqu'alors, les Romains, comme les Spartiates, s'étaient enorgueillis de la simplicité de leurs manières. Lorsque les Samnites envoyèrent des envoyés à M. Curius pour lui faire part de ses aimables fonctions auprès du Sénat et lui offrir un présent d'or, ils trouvèrent l'ex-consul assis près de son feu et rôtissant des navets dans la cendre, avec un plat de bois devant lui. À leur cadeau offert, il répondit : « Je considère comme ma gloire de ne pas posséder de l'or moi-même, mais d'avoir du pouvoir sur ceux qui le possèdent. »

Les onze années qui suivirent le départ de Pyrrhus furent une période de la plus grande prospérité jamais connue par le peuple romain, et les richesses résultant de la conquête de l'Italie modifièrent matériellement leur manière de vivre. Chaque homme libre recevait une nouvelle concession de sept *jugera* de terre ou une portion d'argent. La propriété des gouvernements déplacés revint, bien entendu, à l'État romain, et ainsi de précieuses possessions de mines, carrières, forêts, pêcheries et terres publiques furent ajoutées à ses domaines. L' administration des revenus publics exigeait un nombre considérablement accru de fonctionnaires, et les riches comme les pauvres profitaient des résultats de la guerre.

**87.** Les nouveaux territoires furent sécurisés par ce système de colonies qui, plus tard, servit à établir la puissance romaine de l'Atlantique à l'Euphrate. Les colonies étaient de deux sortes. Les plus favorisés étaient ceux composés de « citoyens romains », qui conservaient tous leurs droits en tant que tels, votant à l'assemblée et étant éligibles à toutes les fonctions qu'ils auraient pu remplir s'ils restaient à Rome. Ceux qui rejoignaient une « colonie latine », en revanche, perdaient leurs droits civils à Rome, mais ils bénéficiaient de privilèges qui les attachaient tous deux par intérêt et affection à la cité mère. Ostie, et les colonies maritimes en général, appartenaient à la première classe et à la plus élevée. Le grand système de voies romaines, qui traversa finalement toute l'Europe occidentale et que l'on peut voir aujourd'hui dans ses vestiges massifs, devait son origine à Appius Claudius « l'Aveugle », qui, lors de la censure, en 312 avant JC, construisit la Voie Appienne pour relier Rome à sa nouvelle dépendance, la Campanie. Il a également construit le premier des aqueducs romains, pour approvisionner en eau la partie la plus pauvre de la ville.

**88.** Les plébéiens nés libres de Rome possédaient désormais la moitié des hautes fonctions de l'État et même dans les collèges sacrés des pontifes et des augures. Ils étaient admis au Sénat lorsqu'ils avaient servi comme consuls ou avaient été nommés préteurs ou édiles . Appius Claudius, dans sa censure, alla encore plus loin et inscrivit sur les listes du Sénat les noms de certains qui étaient nés esclaves ou qui ne possédaient aucune terre. Il enrôla comme électeurs ces deux classes très nombreuses dans les tribus ; et au lieu de les assigner à ceux de la ville, à laquelle ils appartenaient presque exclusivement, il les répartit dans tous les districts, afin qu'ils puissent contrôler toutes les élections. Pour sauver Rome de l'inévitable domination de la foule, ses successeurs dans la censure confinèrent ces nouveaux votes à la ville, leur donnant ainsi le contrôle de seulement quatre tribus sur trente et un, et ainsi le danger fut écarté.

## RÉCAPITULATION.

Coalitions au nord et au sud contre les Romains. Siège d' Arretium et défaite de Metellus . Guerre avec les Sénoniens et les Boiens les Gaulois . Victoires de Fabricius dans le sud. Pyrrhus vient au secours des Tarentins ; bat les Romains à Héraclée, Asculum, etc.; envoie Cinéas à Rome, dont les convictions sont contrecarrées par Appius Claudius l'Aveugle ; passe en Sicile, et après deux ans revient en Épire. Toute l'Italie soumise à Rome. Augmentation de la richesse et du luxe du peuple. Beaucoup de nouvelles colonies sur les terres conquises. Des routes et des aqueducs sont construits.

Affranchis et non-possédants de terres admis au suffrage par Appius Claudius.

## TROISIÈME PÉRIODE, BC 264-133.

**89.** La grande république commerciale de Carthage, bien qu'alliée à Rome lors des guerres contre Pyrrhus, avait considéré avec jalousie la puissance sans cesse croissante de l'État italien. Le peuple romain, au contraire, avait été si enrichi par ses guerres récentes, qu'il était avide de nouveaux pillages et d'une nouvelle répartition des terres conquises. Un prétexte léger et douteux suffisait donc pour plonger les deux nations dans la guerre. Les Carthaginois s'étaient emparés de la citadelle de Messane , sous prétexte d'aider les Mamertins contre Hiéron de Syracuse. Les Romains avaient récemment puni les boucaniers de Rhegium pour exactement le même crime que les « Fils de Mara » avaient commis à Messane , mais lorsque ces derniers cherchèrent leur aide contre les Syracusains et les Carthaginois, la tentation était trop grande ; ils acceptèrent l'alliance peu recommandable et envahirent la Sicile avec 20 000 hommes.

**90.** Ayant pris possession de Messana , ils la gardèrent pour eux. Les forces combinées de Syracuse et de Carthage, assiégeant la place, furent vaincues par le consul Claude ; et Hiéron , se méfiant de ses alliés africains, rentra chez lui. L'année suivante, il fit la paix avec les Romains et resta jusqu'à sa mort, près d'un demi-siècle plus tard, leur fidèle ami et allié. La plupart des villes grecques de Sicile suivirent son exemple. Hannibal, [71] fils de Giscon , général carthaginois, ne put plus rencontrer les Romains en campagne, mais s'enferma à Agrigente et fut assiégé. Hannon, tentant de le soulager, fut vaincu de manière décisive ; la ville fut prise et ses habitants vendus comme esclaves.

Hannibal, qui s'était enfui à Panormus (Palerme) avec la plupart de ses troupes, mena alors la guerre sur mer et ravagea les côtes sans défense de l'Italie avec une flotte de soixante navires. L'année suivante, son lieutenant Boödes , avec un détachement naval, rencontra le consul Scipion à Lip'ara et captura toute son escadre. Hannibal part alors avec cinquante navires pour ravager à nouveau les côtes de l'Italie. Mais les Romains, apprenant sagement de leurs ennemis, étaient désormais prêts à les affronter dans leur propre élément. Un quinquérème carthaginois (un navire à cinq rangées de rames) avait été jeté à terre sur la côte de Bruttium. Il servit de modèle, et les Romains, qui n'avaient auparavant que des trières, possédèrent, en deux mois, cent vaisseaux de guerre de première classe. Pendant la construction des navires, les équipages étaient entraînés à terre à leurs mouvements particuliers et complexes. Dès la première rencontre, Hannibal fut vaincu ; dans la seconde, au large de Mylæ , il perdit cinquante vaisseaux, parmi lesquels son magnifique vaisseau amiral, qui avait appartenu autrefois à Pyrrhus.

**91.** En 259 avant JC, la Sardaigne et la Corse furent attaquées et la ville d' Aléria prise par les Romains. L'année suivante, une autre grande victoire navale fut remportée au large d'Ecnomus , en Sicile ; et les consuls Manlius et Regulus envahirent l'Afrique. Ils prirent et fortifièrent la ville de Cly'pea , dont ils firent leur quartier général, puis se mirent à dévaster les terres de Carthage par le feu et l'épée. Les belles villas des nobles et des marchands offraient un butin inestimable ; et 20 000 personnes, dont beaucoup étaient de rang élevé et habituées à tous les raffinements de la richesse, furent arrachées comme esclaves.

En hiver, Manlius retourna à Rome avec la moitié de l'armée et tout le butin, tandis que Regulus restait pour poursuivre la guerre. Il vainquit les généraux carthaginois, captura leur camp et envahit le pays à son gré. Plus de trois cents villages ou villes fortifiés furent pris. En vain les juges et les nobles de Carthage jetèrent leurs enfants dans les bras d'airain de Moloch, d'où ils roulèrent dans la fournaise ardente qui brûlait toujours devant lui. L'idole hideuse ne fut pas apaisée, et le général romain se montra également implacable. Il refusait la paix à toutes les ambassades, sauf à des conditions tellement intolérables que même une guerre désastreuse semblait meilleure.

**92.** Au moment le plus sombre, les secours arrivèrent en la personne d'un général spartiate, Xanthippus , venu avec un corps de mercenaires grecs. Sa renommée militaire et la sagesse évidente de ses conseils inspirèrent une telle confiance, qu'il fut mis à la place des commandants puniques incompétents. Avec ses 4 000 Grecs, ajoutés à l'infanterie carthaginoise et à ses 100 éléphants, il vainquit et captura Régulus et détruisit entièrement l'armée romaine. Un désastre encore plus terrible s'abattit sur la flotte qui avait été envoyée pour ramener d'Afrique les restes brisés des forces. Une violente tempête éclata et la côte sud de la Sicile fut jonchée des restes de 260 navires et de 100 000 hommes, 255 av.

Les Romains, bien que presque désespérés de la république, ne relâchèrent jamais leurs efforts, mais équipèrent une nouvelle flotte avec laquelle, l'année suivante, ils s'emparèrent de l'importante ville de Panormus . Cette flotte fit naufrage, en 253 avant JC, et les deux années suivantes furent pleines de découragement ; mais, en 250 avant JC, une brillante victoire, remportée à Panormus par le proconsul Métellus , tendit à rétablir l'équilibre des forces adverses. Une centaine d'éléphants, capturés vivants, furent exhibés lors du triomphe de Metellus .

**93.** Pendant les huit années suivantes, l'avantage revenait généralement aux Carthaginois. Hamilcar Barca, le père du grand Hannibal, ravagea les côtes de l'Italie, et les Romains n'eurent aucun chef d'un génie égal à lui opposer. Ils rassemblèrent enfin toutes leurs forces pour mettre fin à la guerre . Les citoyens les plus riches équipèrent à leurs frais une flotte de 200 navires, et le consul Luta'tius remporta une victoire décisive parmi les îles à l'ouest de la Sicile. Cet revers, après vingt-trois ans d'une guerre épuisante, découragea tellement les Carthaginois, qu'ils acceptèrent d'abandonner la Sicile et toutes les îles voisines, de payer 2 000 talents et de libérer sans rançon tous les prisonniers romains.

**94.** La première guerre punique dura près de vingt-quatre ans, de 264 à 241 avant JC inclus. Rome en sortit comme une grande puissance navale, capable de rivaliser sur un pied d'égalité avec les marins bien entraînés qui régnaient jusqu'alors sur la Méditerranée occidentale. Prévoyant que la lutte devait être renouvelée, les deux partis passèrent les vingt-trois années qui suivirent à des préparatifs acharnés. Rome s'empare de la Sardaigne et de la Corse ; et Carthage, absorbée et affaiblie par une révolte de ses troupes mercenaires, fut contrainte de se soumettre, et même de payer une lourde amende pour avoir osé faire des remontrances.

Ces îles, ainsi que la Sicile, furent placées sous gouvernement proconsulaire, système par lequel Rome géra plus tard toutes ses vastes possessions étrangères. Les deux consuls, à la fin de leur année de mandat, se partagèrent les « provinces » entre eux par tirage au sort ou par accord, et chacun exerça son propre contrôle, tant militaire que civil, tandis que les finances étaient gérées par des questeurs responsables uniquement devant le Sénat. Lorsque les provinces devinrent nombreuses, la plupart furent gouvernées par des propréteurs . Un dixième de la production totale de ces pays conquis était réclamé par Rome, outre un droit de cinq pour cent sur toutes les importations et exportations.

**95.** À la demande des Grecs occidentaux, Rome exerça sa nouvelle puissance navale en débarrassant l'Adriatique des pirates illyriens, qui ravageaient ses côtes et détruisaient son commerce. Leur reine, Teuta, s'empara des ambassadeurs romains les premiers envoyés dans son pays, en tua deux et emprisonna le troisième. Dans la guerre qui suivit immédiatement, elle perdit la plus grande partie de ses domaines, et fut obligée de maintenir ses corsaires dans des limites plus strictes pour l'avenir, en plus de payer un tribut annuel à ses vainqueurs. En remerciement pour ce service important, les Romains furent admis à des droits égaux avec la race hellénique dans les Jeux Isthmiques et les Mystères d'Éleusiniens, 228 avant JC.

**96.** Tout en affirmant ainsi sa puissance dans la péninsule grecque, Rome souhaitait étendre sa domination italienne jusqu'à sa limite naturelle dans la chaîne alpine. Les Gaulois ne tardèrent pas à tirer la sonnette d'alarme. Obtenant de nouvelles forces de leurs parents au-delà des montagnes, ils avancèrent vers le centre de l'Italie et, envahissant l'Étrurie, menacèrent de nouveau Rome comme au temps de Brennus . Trois armées furent rapidement sur le terrain pour leur opposer ; et bien que l'un fut mis en déroute, un autre, sous le consul Æmil´ius , aidé par Régulus, [72] arrivé à l'improviste de Sardaigne, remporta une victoire décisive qui détruisit presque l'armée gauloise. En trois ans, toute la Gaule cisalpine se soumit à Rome, en 222 avant JC. Mediola'num et Comum (Milan et Côme), ainsi que Placentia , Parme, Modène , Mantoue , Vérone et Brix'ia , étaient occupées par des colonies romaines, reliées à la capitale par la grande route militaire appelée Voie Flaminienne et ses prolongements.


**97.** Carthage, quant à elle, n'avait cédé que par nécessité et pour un temps, à la puissance supérieure de Rome. Une grande majorité de ses citoyens étaient favorables à la reprise de la guerre le plus tôt possible ; et pour recruter sa puissance et sa richesse, Hamilcar avait consacré toutes ses énergies à la conquête de la péninsule espagnole, 236-228 avant JC. Après sa mort, son gendre, Has 'drubal , organisa et développa les ressources du pays en construisant des villes, en encourageant le commerce et le travail du sol, en formant les tribus indigènes pour en faire des soldats efficaces et en exploitant les mines d'argent récemment découvertes, qui, en plus de payer toutes les dépenses de la province, ils remplissaient rapidement le trésor national. Rome, avec sa maîtrise de la mer, assurée de la crainte d'une invasion, voyait sans inquiétude la prospérité de sa rivale. Mais un élément que personne n'aurait pu prévoir, le génie d'Hannibal, allait désormais s'ajouter aux ressources de Carthage.

**98.** À l'âge de neuf ans, il avait accompagné son père en Espagne et, devant l'autel des dieux de son pays, il avait prêté solennellement un serment d'inimitié éternelle et implacable envers Rome. Le serment de l'enfant n'avait pas été oublié par les jeunes. À l'âge de dix-huit ans, il combattit aux côtés de son père dans la bataille où Hamilcar fut tué ; et pendant les huit années suivantes du gouvernement d'Hasdrubal, ce général confia à son jeune beau-frère le commandement de la plupart de ses entreprises militaires. À la mort d'Hasdrubal, l'armée plaça par acclamation Hannibal à sa tête, et le gouvernement intérieur ne put ni ne voulut annuler cette nomination.

Après avoir confirmé sa puissance en Espagne par une guerre de deux ans contre les tribus indigènes, Hannibal chercha délibérément la querelle avec Rome à laquelle il avait consacré sa vie. La ville grecque de Sagonte s'était placée sous la protection de Rome. Elle fut attaquée par Hannibal et prise après une défense obstinée de huit mois. Les Romains envoyèrent à Carthage pour exiger la reddition du jeune général pour cette rupture du traité. La réponse fut une déclaration de guerre.

**99.** Laissant son frère Hasdrubal à la tête de l'Espagne, Hannibal se prépara à un mouvement plus audacieux que ce que les Romains avaient prévu. Il savait que la grande barrière montagneuse des Alpes avait déjà été souvent traversée par les Gaulois , et il comptait sur des guides compétents parmi ce peuple, pour la plupart amis de Carthage. Il résolut donc de réaliser un exploit sans précédent : conduire une armée d'Espagne en Italie par voie terrestre. Après avoir offert, pendant l'hiver, des sacrifices solennels et des prières pour le succès, au sanctuaire lointain d'Hercule tyrien à Gades , il partit de Carthagène , au printemps 218 avant JC, avec une armée de 90 000 fantassins, 12 000 chevaux et un nombre considérable d'éléphants. Les tribus espagnoles entre l'Èbre et les Pyrénées n'étaient pas encore vaincues. Ils résistèrent courageusement, mais furent maîtrisés et une force de 11 000 hommes fut laissée pour les maintenir soumis.


**100.** Après avoir dépassé les Pyrénées, Hannibal s'avança à travers les tribus amies des Gaulois jusqu'au Rhône, qu'il traversa près de la ville moderne d'Orange, gagnant trois jours d'avance sur l'armée du consul Scipion, qui avait voulu l'arrêter. Le passage des Alpes, avec une telle force, fut l'une des plus grandes réussites militaires de l'Antiquité. Les plus hautes montagnes étaient déjà obstruées par les neiges du début de l'automne ; des tribus hostiles lui contestaient le passage dans des défilés étroits et dangereux ; et au cours de deux batailles acharnées, l'armée d'Hannibal échappa de peu à une destruction totale. Quand, après quinze jours de marche pénible et dangereuse, il déboucha dans la plaine du Pô, c'était avec à peine plus d'un quart de la grande armée qui l'avait accompagné depuis Carthagène .

**101.** L' Insubrien Les Gaulois ont accueilli Hannibal comme leur libérateur du pouvoir détesté de Rome. Après une courte période de repos dans leur pays hospitalier, il chercha Scipion et mit totalement ses forces en déroute dans une bataille sur le Tessin . Par une victoire encore plus grande sur la Trebia , sur les forces des deux consuls (décembre 218 avant JC), Hannibal devint maître de l'Italie du Nord. Tous les Gaulois qui avaient hésité s'empressèrent alors de rejoindre son étendard ; mais le gain de ce trimestre fut contrebalancé par la perte irréparable de ses éléphants et par les graves souffrances de ses troupes africaines et espagnoles dues à la froideur inhabituelle de l'hiver.

Au printemps de 217 avant JC, il traversa les Apennins et traversa les marais de l'Arno, passage d'une extrême difficulté, dans lequel périrent plusieurs de ses bêtes de somme. Cherchant à nouveau la bataille, Hannibal dépassa l'armée de Flaminius à Arretium et dévasta le pays vers la Pérouse , incitant ainsi le consul à le suivre. Après avoir entraîné l'armée romaine dans une position des plus périlleuses, entre des falaises abruptes et le lac Thrasymène , il laissa ses Gaulois et ses Numides l'attaquer. La défaite des Romains fut écrasante : des milliers de personnes furent forcées de se jeter dans le lac ; des milliers tombèrent par l'épée, parmi lesquels se trouvait Flaminius lui-même ; et 15 000 prisonniers restaient aux mains de l'ennemi.

**102.** Une panique s'empara de Rome ; le conquérant fut aussitôt attendu à ses portes, et Fabius fut élu dictateur aux pouvoirs illimités. Mais Hannibal avait cherché à détacher les alliés italiens de Rome, en libérant sans rançon tous les prisonniers qu'il avait faits. Voulant laisser le temps à la désunion d'agir, il se détourna vers les Pouilles, où il se reposa et recruta ses troupes épuisées par tant d'épreuves.

Il a déjà été prouvé au cours de trois batailles que les Carthaginois étaient irrésistibles sur le terrain. La politique de Fabius était donc d'éviter un engagement général, tandis qu'il ennuyait et affaiblissait son ennemi en coupant ses groupes de recherche de nourriture et en harcelant sa marche. En vain Hannibal traversa les Apennins dans les riches champs de la Campanie, pillant et détruisant les récoltes ; il ne pouvait ni capturer une ville ni entraîner Fabius dans une bataille. Celui-ci fortifia les cols du Samnian , pensant prendre son ennemi dans un piège ; mais Hannibal échappa au piège et se retira sain et sauf dans les Pouilles, chargé d'abondantes provisions pour le confort de ses quartiers d'hiver.

**103.** Un grand mécontentement fut ressenti à Rome face à la politique prudente du dictateur et, au printemps de 216 av. J.-C., une armée de près de 90 000 hommes fut conduite dans les Pouilles par les deux consuls Æmilius Paulus et Terentius Varro. Ils furent accueillis par Hannibal dans la plaine de l' Aufidus , près de la petite ville de Cannæ . Les Carthaginois étaient inférieurs en nombre mais supérieurs en discipline, notamment parmi les cavaliers numides, qui avaient toujours été victorieux en rase campagne. Jamais les Romains n'avaient subi une défaite aussi écrasante. Leur armée a été anéantie. De 40 000 à 50 000 hommes gisaient morts dans la plaine, parmi lesquels Æmilius le consul, quatre-vingts sénateurs et la fleur de la chevalerie romaine. Varron, l'autre consul, avec une troupe petite mais résolue, sortit en bon ordre du champ de bataille ; le reste des survivants a été soit dispersé, soit fait prisonnier.

**104.** Le sud de l'Italie était désormais perdu au profit de Rome. À l'exception des colonies romaines et des villes grecques tenues par des garnisons romaines, toutes se soumirent à Hannibal. Capoue ouvrit ses portes et devint le quartier d'hiver de l'armée africaine. Philippe de

Macédoine et Hiéronyme de Syracuse conclurent une alliance avec Carthage, et les guerres avec ces deux puissances divisèrent l'attention des Romains. Cependant, outre qu'ils maintenaient deux armées à l'étranger, ils occupaient chaque province d'Italie avec une force séparée ; et bien que trop sage pour rencontrer à nouveau Hannibal dans un engagement général, il l'entoura étroitement et lui coupa ses approvisionnements. Le grand général n'était plus que faiblement soutenu dans son pays, et la politique peu généreuse de Carthage la privait probablement de la conquête de l'Italie.

**105.** Trois années se sont donc écoulées sans événements décisifs. En 212 avant JC, Syracuse fut prise par Marcellus après deux ans de siège. Les attaques des Romains avaient été longtemps déjouées grâce à l'habileté du philosophe Archimède, qui aurait brûlé leurs navires à une portée d'arc des murs, au moyen d'une combinaison de miroirs qui concentraient les rayons du soleil. . Il construisit de puissants moteurs qui, une fois fixés aux murs, saisissaient les navires romains et les sortaient de l'eau ; et enfin, le cerveau d'Archimède constituait une meilleure défense pour Syracuse que les armes de tous ses soldats. Lors de la prise de la ville, le philosophe fut tué par des soldats ignorants ; mais Marcellus regretta profondément l'événement. Il ordonna qu'il soit enterré avec de grands honneurs et distingua sa famille par de nombreuses marques d'amitié.

**106.** Hannibal attendait depuis longtemps avec anxiété l'arrivée de son frère d'Espagne ; mais la qualité de général des deux Scipions , Cnéius et Publius, qui menèrent la guerre dans ce pays, et plus particulièrement le génie brillant du fils de ce dernier, connu plus tard sous le nom d'Africain, avaient retenu Hasdrubal et l'avaient entraîné dans de nombreux désastres, même le perte de sa capitale, Carthagène . Enfin, en 208 av. au cœur de la Gaule. De nombreuses personnes agitées affluèrent sous son étendard, et il « descendit des Alpes comme une boule de neige roulante, bien plus grande qu'elle n'était venue des Pyrénées ».

Il trouva certaines des routes d'Hannibal intactes ; les montagnards ne firent aucun effort pour lui disputer le passage, et il arriva en Italie avant qu'il ne soit attendu, de sorte qu'aucune armée romaine n'était prête à le recevoir. Il aurait peut-être pu établir une fois pour toutes la suprématie de Carthage en marchant directement sur Rome, car les ressources de la République, tant en hommes qu'en argent, avaient été épuisées au maximum, et un autre Thrasymène ou Cannæ aurait mis fin à son existence. .

**107.** Hasdrubal perdit du temps dans le siège de Placentia, et sa lettre, décrivant à Hannibal son plan d'opérations, tomba entre les mains de Néron, le consul, qui, par une marche rapide et secrète, rejoignit son collègue à Sena avec 7,000 hommes. , laissant l'essentiel de son armée toujours face à Hannibal au sud. Hasdrubal n'était pas informé du renfort de son ennemi, mais son oreille rapide entendit un son de trompette de plus que d'habitude, au lever du soleil, dans le camp romain ; et alors qu'il partait en reconnaissance, il découvrit que les chevaux semblaient trop entraînés et que l'armure des hommes était tachée. Il attendit donc jusqu'à la tombée de la nuit, puis traversa la rivière Metaurus à la recherche d'une position plus forte. Mais ses guides le trahirent et, à l'aube du matin, ses troupes épuisées et épuisées se trouvaient toujours sur la rive la plus proche de la rivière, où elles furent bientôt rattrapées par l'ennemi. Il fit le meilleur arrangement de ses hommes que la crise permettait, plaçant les dix éléphants en avant « comme une ligne de forteresses en mouvement », son infanterie espagnole vétéran à droite, les Ligures au centre et les Gaulois à gauche.

La bataille fut âprement disputée, car les deux armées estimaient que la décision du jour serait définitive et qu'il n'y avait aucun espoir pour les vaincus. Enfin Néron, par un mouvement détourné, tomba sur l'infanterie espagnole, qui avait déjà supporté le plus gros du combat. Hasdrubal vit que la journée était perdue, et méprisant de survivre à ses hommes ou d'orner un triomphe romain, il éperonna son cheval au milieu d'une cohorte et mourut, l'épée à la main, en 207 avant JC.

**108.** Le consul Néron revint à son camp avant même qu'Hannibal ait découvert son absence. L'arrivée d'Hasdrubal en Italie, la bataille et son résultat furent d'abord révélés au grand général en voyant l'horrible tête de son frère, que Néron avait brutalement ordonné de jeter dans ses lignes. Hannibal lut l'histoire du désastre dans le terrible message et gémit à haute voix en reconnaissant le sort de Carthage. Bien qu'il restât quatre ans solidement posté dans les forteresses montagneuses du Bruttium, l'issue de la guerre était déjà décidée. En 204 avant JC, le jeune Scipion passa en Afrique et les Carthaginois furent contraints de rappeler Hannibal.

La bataille finale eut lieu à Zama, en 202 avant JC. Le grand Carthaginois montra une fois de plus son parfait commandement, mais il n'avait plus sa cavalerie invincible, et ses éléphants furent rendus inutiles par la tactique habile de Scipion. Il fut vaincu avec la perte de 20 000 hommes tués et un nombre égal de prisonniers. La paix, conclue l'année suivante, enleva à Carthage toutes ses possessions au-delà des limites de l'Afrique, et toutes les terres conquises sur la Numidie, dont le roi Massinissa avait apporté une aide importante à Scipion dans la récente guerre. Elle rendit également sa flotte et ses éléphants, promit un tribut annuel de 200 talents et s'engagea à ne faire aucune guerre sans la permission de Rome.

## RÉCAPITULATION.

La Première Guerre Punique (264-241 avant JC) commence avec l'invasion de la Sicile par les Romains, qui sont rejoints par de nombreuses villes grecques, capturent Messane et Agrigente , équipent une flotte sur le modèle carthaginois et remportent de nombreuses victoires navales. Ils envahissent l'Afrique et ravagent les terres de Carthage presque sans opposition ; mais Xanthippus arrive avec des auxiliaires, bat et capture Régulus. Cinq années de désastre pour les Romains sont suivies par la grande victoire de Métellus à Palerme ; et après huit années de guerre à nouveau infructueuse, la victoire de Lutatius parmi les Ægates met fin à la lutte. Pendant la paix qui suit, la Sardaigne et la Corse sont saisies par les Romains et placées sous gouvernement proconsulaire ; les pirates illyriens sont maîtrisés, BC 229, 228 ; Conquête de la Gaule cisalpine, 225-222 av. La Seconde Guerre punique est déclenchée, en 218 avant JC, par Hannibal. Il traverse les Pyrénées et les Alpes, bat les Romains sur le Tessin et la Trébia , et de façon plus désastreuse encore près du lac Thrasymène et à Cannæ . Syracuse, bien que défendue par la science d'Archimède, est capturée par Marcellus. Les trois Scipions font la guerre avec succès en Espagne. Hasdrubal vient enfin au secours de son frère, mais est vaincu et tué sur le Métaure , en 207 avant JC. Hannibal est rappelé en Afrique, et finalement vaincu à Zama par Scipion l'Africain, en 202 avant JC.


## EXTENSION DE LA PUISSANCE ROMAINE.

**109.** Un triomphe fut accordé à Scipion, qui fut reçu à Rome avec un enthousiasme sans bornes. Le *Triomphe* , qui était la plus haute récompense qu'un général romain pouvait atteindre, peut être décrit ici une fois pour toutes. Le chef victorieux attendit hors les murs que le Sénat se soit prononcé sur ses prétentions à l'honneur. Plusieurs conditions devaient être respectées : la victoire devait avoir été remportée sur des ennemis étrangers et non nationaux ; il devait s'agir non pas de la récupération de quelque chose de perdu, mais d'une véritable extension du territoire romain ; il fallait achever la guerre et retirer l'armée du champ de bataille, car les soldats avaient droit à une part du triomphe de leur général. Cet honneur était limité aux personnes de rang consulaire ou, au moins, prétorien ; un officier de grade inférieur pouvait recevoir une *ovation* au cours de laquelle il entrait dans la ville à pied, mais le char était une marque d'état royal qui ne pouvait être autorisée qu'aux plus hauts gradés.

**110.** Si un triomphe était décrété, un vote spécial du peuple maintenait au général son commandement militaire pour la journée dans l'enceinte des murs, car sans suspension de la loi, il devait l'avoir imposé en franchissant les portes. Au jour fixé, il fut accueilli à la porte triomphale par le Sénat et tous les magistrats, en tenue somptueuse. Prenant la tête du cortège, ils étaient suivis d'une bande de trompettes et d'un train de chariots chargés des dépouilles des pays conquis, indiqués par des tablettes inscrites en grosses lettres avec leurs noms. Modèles en bois ou en ivoire des villes capturées ; des images de montagnes, de rivières ou d'autres éléments naturels des régions soumises ; des quantités d'or, d'argent, de pierres précieuses, de vases, de statues et de tout ce qu'il y avait de plus riche, de plus curieux ou d'admirable dans les dépouilles des temples et des palais, constituaient une partie importante de l'exposition. Puis venait une bande de joueurs de flûte, précédant les bœufs blancs destinés au sacrifice, les cornes dorées et ornées de couronnes de fleurs et de filets de laine. Les éléphants et autres animaux étranges venus des pays conquis étaient suivis d'une suite de princes ou de chefs captifs avec leurs familles, et d'une foule de captifs de rang inférieur, chargés de chaînes.

Puis venaient les douze licteurs de l'empereur en file indienne, leurs faisceaux couronnés de laurier ; et enfin le général triomphant lui-même, dans son char circulaire tiré par quatre chevaux. Ses robes brillaient de broderies dorées ; il portait un sceptre et sur sa tête était une couronne de laurier de Delphes. Un esclave debout derrière lui tenait une couronne d'or étrusque ; il lui était demandé de murmurer de temps en temps à l'oreille de son maître : « Souviens-toi que tu n'es qu'un homme. » Derrière le général chevauchaient ses fils et ses lieutenants, puis venait toute l'armée, leurs lances ornées de lauriers, qui chantaient des hymnes de louange ou s'amusaient eux-mêmes et les passants avec des plaisanteries grossières et des vers doggerel aux dépens de leur général. On pensait que cette licence grossière de discours neutralisait l'effet d'une flatterie excessive, que les Romains, comme les Italiens modernes, avaient appris à redouter particulièrement . Tout le monde, en tenue de gala, se pressait dans les rues, et chaque temple et sanctuaire était orné de fleurs.

**111.** Comme un terrible contraste avec la joie de la journée, au moment où le cortège avait presque terminé sa course vers le Capitole, quelques-uns des chefs capturés furent emmenés à l'écart et mis à mort. Lorsque leur exécution fut annoncée, les sacrifices furent offerts dans le temple de Jupiter Capitolin ; la couronne de laurier du général était placée sur le giron de l'image ; un magnifique banquet fut servi et le « triomphateur » fut reconduit chez lui, tard dans la soirée, par une foule de citoyens portant des torches et des flûtes. L'État lui offre un emplacement pour une maison, et à l'entrée de cette demeure triomphale, une statue couronnée de lauriers de son fondateur perpétue le souvenir de sa gloire à ses derniers descendants.

**112.** Carthage étant dépouillée de son pouvoir et de ses possessions, Rome devint suprême dans la Méditerranée occidentale et dans la plus grande partie de l'Espagne. Les terres confisquées des nations italiennes qui avaient pris parti pour Hannibal offraient des colonies à de nombreux soldats vétérans. Les Gaulois cisalpins étaient toujours en révolte, sous la conduite d'un général carthaginois ; mais ils furent réduits par une guerre de dix ans (201-

191 av. J.-C.), et se latinisèrent ensuite avec cette merveilleuse facilité qui distingue leur race.

**113.** Les royaumes alexandrins de l'Est étaient tous prématurément vieux et tombaient en décadence. Les campagnes de Flamininus contre Philippe de Macédoine, BC 198, 197, ont déjà été décrites. ( Voir Livre IV, §§ 81-83. ) Une nouvelle guerre pour le protectorat de la Grèce fut provoquée par les mouvements d'Antiochus le Grand. Ce monarque ambitieux et agité a non seulement accueilli à sa cour Hannibal, désormais exilé, mais s'est également allié aux Étoliens et a mené une armée à leur aide. Il avait mal calculé la puissance de Rome, qui le rencontra promptement avec bien plus du double de son nombre, le battit une fois sur terre et deux fois sur mer, et finalement, dans la grande bataille de Magnésie, en Lydie, brisa ses forces, tout en commençant sa guerre. propre longue carrière de conquête asiatique. Les terres conquises sur Antiochus furent partagées entre les puissances amies de Pergame et de Rhodes, et l'exemple de leur bonne fortune poussa de nombreuses autres nations à rechercher l'alliance romaine.

**114.** Pendant plus de vingt ans, Rome fut occupée par des guerres continuelles à l'ouest, contre les tribus courageuses et épris de liberté d'Espagne et des Alpes ligures, ainsi que contre les indigènes de Corse et de Sardaigne. Cette dernière île fut conquise en 176 av. J.-C. par Sempronius Gracchus, qui emmena une si grande multitude de captifs que « Sardes à vendre » devint une expression proverbiale à Rome pour tout ce qui était bon marché et sans valeur.

Pendant ce temps, Philippe V était mort en Macédoine et Persée avait accédé au trône. La lutte finale de ce prince avec Rome et son résultat dans la bataille de Pydna (168 av. J.-C.) ont été décrits dans le livre IV. Rome est devenue pendant six siècles ce que la Macédoine avait été au cours de la courte carrière d'un seul homme, le dirigeant incontesté du monde civilisé. Nul, sauf les barbares, n'espérait plus résister à son ascendant ; et à l'exception de quelques révoltes, comme celles des Achéens , des Carthaginois et des Juifs, ses progrès dans l'absorption des anciens États d'Asie, d'Afrique et d'Europe furent à la fois pacifiques et rapides.

**115.** Après dix-huit ans de tranquillité relative , il fut résolu que le moment était venu de l'extinction complète de Carthage. Caton, le censeur, aujourd'hui âgé de quatre-vingt-quatre ans, et le plus sévère des législateurs romains, déclara que Rome ne pourrait jamais être en sécurité tant que son ancienne rivale était si proche, si hostile et si forte ; et chaque fois qu'il était appelé à voter au Sénat, quel que soit le sujet du débat, sa réponse invariable était : « Je vote pour que Carthage n'existe plus ». La ville condamnée avait plus que rempli toutes les conditions du traité qui clôturait la première guerre punique et consentait encore de nombreux sacrifices pour le bien de la paix.

Mais le dernier commandement de Rome n'était pas destiné à être obéi. Les Carthaginois reçurent l'ordre de détruire leur ville et de se retirer plus loin de la mer. Ils refusèrent et une guerre éclata dans laquelle, pendant quatre ans, l'esprit courageux du peuple les soutena sans le moindre espoir de victoire.

**116.** Leur flotte, leurs armes et leurs mines en Espagne, en Sardaigne et sur l'île d'Elbe, avaient toutes été livrées à l'ennemi. En deux mois, 120 navires furent construits dans le port bloqué et un passage fut creusé à travers les terres pour leur permettre d'atteindre la mer. Les bâtiments publics ont été démolis pour fournir du bois et du métal. Chaque être vivant travaillait nuit et jour aux défenses. Un arsenal était constitué qui produisait quotidiennement 2 000 boucliers ou armes, et même les femmes apportaient leurs cheveux longs pour fabriquer des ficelles pour les moteurs qui lançaient des pierres ou des flèches depuis les murs.

Finalement, les Romains, sous la direction du consul Scipion Æmilianus , pénétrèrent de force dans la ville. Le peuple la défendit maison par maison, rue par rue, et il fallut encore des jours de carnage pour éteindre dans les cendres et le sang l'orgueil de Carthage. La ville était incendiée dans toutes les directions, et quand, au bout de dix-sept jours, les flammes s'éteignirent enfin, il ne restait plus que des tas de décombres informes. Les territoires de l'État punique devinrent la « Province d'Afrique », dont la capitale fut fixée à Utique. Les commerçants romains affluèrent vers cette dernière ville et prirent en main le commerce florissant de la côte.

**117.** La même année, 146 avant JC, L. Mummius , le consul, pilla et détruisit Corinthe. Ses murs et ses maisons furent rasés et une malédiction fut prononcée contre quiconque bâtirait sur son site désolé. Son commerce passa à Argos et à Délos, tandis que le soin des Jeux Isthmiques fut confié à Sicyone. La politique de Rome à l'égard des Grecs était bien plus libérale qu'à l'égard de tout autre peuple conquis. Son gouvernement ferme et stable était , en effet, préférable aux dissensions et à la mauvaise gestion qui défigurèrent les derniers âges de la Grèce ; et les Grecs eux-mêmes déclaraient, selon les mots de Thémistocle, que « la ruine avait évité la ruine ».

**118.** Les indigènes de l'Espagne occidentale, retranchés dans leurs montagnes, résistèrent encore courageusement à la puissance de Rome. Les Lusitaniens, qui n'avaient encore jamais été conquis, furent lâchement trompés par Sertorius Galba, qui en attira 7 000 hors de leurs places fortes en leur promettant des concessions de terres fertiles ; et quand, se fiant à la parole d'un général romain, ils furent descendus dans la plaine, il les fit traîtreusement encercler, désarmer et soit massacrer, soit réduire en esclavage.

Parmi les rares survivants se trouvait un jeune nommé Viria'thus , qui vécut pour devenir le chef et le vengeur de son peuple. La carrière de ce chef guérillero est riche en événements bouleversants. Sortant soudainement d'une fente dans les montagnes, il battit sept fois une armée romaine avec un massacre effroyable. Lors de la dernière de ces victoires, les forces de Servilianus furent piégées dans un passage étroit et complètement encerclées. L'abandon absolu était leur seul choix. Viriathe , cependant, préférant la paix à la vengeance, usa de son avantage avec une grande modération. Il laissa son ennemi partir indemne, sur son engagement solennel de laisser désormais les Lusitaniens tranquilles dans leurs propres territoires et de le reconnaître, leur chef, comme un ami et un allié du peuple romain.

**119.** Les termes ont été ratifiés par le Sénat, mais seulement pour être violés. Lors de la reprise de la guerre, Viriathe envoya trois de ses amis les plus fidèles pour protester et proposer de nouvelles conditions de paix. Le consul soudoya ces messagers, en leur promettant de grosses récompenses, pour qu'ils assassinent leur chef. Le crime fut commis et, en moins d'un an, la Lusitania (Portugal) fut ajoutée aux domaines romains. Numance , au nord, résistait toujours à l'armée assiégeante de Qu. Pompée . Un hiver rigoureux provoqua de grandes maladies et souffrances dans les légions, et Pompée offrit la paix à des conditions favorables aux Espagnols, mais, selon les idées romaines, honteuses pour les assiégeants. Ceux-ci furent acceptés, et l'avant-dernier paiement avait été effectué par les Numantins , lorsque le successeur de Pompée au consulat arriva au camp. Ainsi relevé de son commandement, il nia avoir jamais conclu le traité et persista dans son mensonge devant le Sénat.

La guerre dura six ans, sans crédit et avec de fréquentes disgrâces pour les Romains, jusqu'à ce que Scipion Émilien , le plus grand général de son époque, affame enfin la ville pour qu'elle se rende. Beaucoup de Numantins , plutôt que de tomber entre les mains d'un ennemi dont ils avaient trop souvent prouvé la perfidie, incendièrent leurs maisons et périrent parmi les ruines brûlantes. Toute la péninsule, à l'exception de sa côte nord, était désormais soumise à Rome. Elle fut divisée en trois provinces – l'Espagne d'ici et d'ailleurs et la Lusitanie – et devint finalement la partie la plus prospère et la mieux gouvernée des possessions étrangères romaines. Les montagnes lusitaniennes étaient encore hantées par les brigands, et les maisons de campagne isolées de cette région durent être construites comme des forteresses ; pourtant le pays était riche en blé et en bétail, et occupé par un peuple prospère et industrieux.

## RÉCAPITULATION.

Rome, suprême dans la Méditerranée occidentale, fait la guerre à Philippe V, de Macédoine, et à Antiochus le Grand, de Syrie. La bataille de Magnésie, en 190 avant JC, jette les bases de sa puissance en Asie, et la bataille de Pydna fait d'elle la tête du monde civilisé. Pendant ce temps, la Sardaigne est conquise et les guerres se poursuivent en Espagne et en Ligurie. La troisième et dernière guerre punique se termine, en 146 avant JC, avec la destruction de Carthage. La même année, Corinthe est détruite par Mummius . Viriathus résiste neuf ans dans l'ouest de l'Espagne ; il est assassiné en 140 avant JC ; Numance est capturée en 133 avant JC ; et l'Espagne divisée en trois provinces romaines.

### QUATRIÈME PÉRIODE, BC 133-30.

**120.** Les possessions de Rome s'étendaient désormais de l'Atlantique à l' Égée , et des montagnes de l'Atlas aux Pyrénées et aux Alpes. Mais les changements dans les relations entre riches et pauvres, classes gouvernantes et gouvernées, dans sa propre capitale, détournèrent alors pour un temps son attention des conquêtes étrangères et conduisirent à d'importantes controverses civiles. Le vieux conflit entre patriciens et plébéiens était terminé depuis longtemps. De nombreuses maisons plébéiennes étaient devenues nobles grâce au fait que leurs membres avaient occupé de hautes fonctions dans l'État ; et ils avaient leur clientèle, leur part des terres publiques, leur siège au Sénat et leur droit d'exposer des images de cire de leurs ancêtres dans leurs maisons ou dans les cortèges funèbres, au même titre que les plus vieux bourgeois de tous. Les affranchis étaient constamment admis à la franchise.

**121.** La véritable cause des troubles résidait dans les souffrances des pauvres qui, depuis la formation de la dernière colonie, en 177 av. J.-C., n'avaient eu aucune nouvelle attribution de terres. Rome était une « république de millionnaires et de mendiants ». Les lois liciniennes ( voir § 64 ) furent pratiquement mises de côté. De nombreux riches propriétaires possédaient quatre fois la superficie des terres publiques à laquelle ils avaient droit ; et au lieu d'employer la proportion requise de travail libre, ils préférèrent cultiver au moyen de bandes d'esclaves. Les guerres étrangères, qui autrefois réduisaient si effroyablement le nombre du peuple, avaient maintenant cessé ; le marché du travail est devenu surchargé et une masse de pauvres, affamés, impuissants et désespérés, a commencé à menacer sérieusement l'État. La multitude d'esclaves, capturés principalement à la guerre, plus ou moins entraînés au combat et conscients de leur force, n'étaient pas une classe moins dangereuse. Les Romains les meilleurs et les plus sages virent le danger et cherchèrent les moyens de l'éviter. Mais parmi ceux qui déploraient le plus profondément les misères du peuple, une grande partie pensait que rien ne pouvait être fait.

**122.** En 133 avant JC, le tribun Tiberius Gracchus, fils du conquérant de la Sardaigne et petit-fils de Scipion l'Africain, présenta un projet de loi visant à rétablir les dispositions des lois liciniennes . Il proposa de partager la grande quantité de terres de l'État qui deviendraient ainsi vacantes entre les pauvres ; et de dédommager les anciens occupants de leurs pertes, en les rendant propriétaires absolus des 500 jugera de terre qu'ils pouvaient légalement conserver. Ce mouvement, en apparence si juste, rencontra une violente opposition. Les terres louées appartenaient, dans certains cas, à la même famille depuis trois cents ans. Les bâtiments avaient été construits à grands frais et la propriété avait été détenue ou transférée comme si elle était une propriété réelle. La forte influence de la classe riche a donc été mise à profit contre le projet de loi ; et lorsqu'il fut présenté à l'assemblée populaire, Octavius , collègue de Gracchus dans le tribunat, interposa son veto et empêcha le vote d'avoir lieu. Mais Gracchus poussa le peuple à destituer Octave et emporta ainsi l'addition. Trois commissaires, Tiberius Gracchus lui-même, son frère Caius et son beau-père Appius Claudius, furent nommés pour examiner l'étendue des abus et faire appliquer les lois agraires.

**123.** Leur tâche était difficile, et Tibère devait contenter le peuple en proposant continuellement des mesures de plus en plus populaires. Le royaume de Pergame , avec son trésor, venait de devenir l'héritage des Romains. Gracchus proposa que l'argent soit réparti entre les nouveaux propriétaires fonciers, afin de fournir des outils et du bétail pour leurs fermes. D'autres propositions visaient à raccourcir la durée du service militaire, à étendre le privilège du juré au peuple et à admettre les alliés italiens aux droits des citoyens romains. Le parti aristocratique avait déclaré dès le début que cet audacieux novateur n'échapperait pas à sa vengeance. Sa candidature à un second tribunat a plongé l'opposition dans une crise. Tibère fut tué sur les marches du Capitole et son corps jeté dans le Tibre.

**124.** Même si le réformateur était mort, sa réforme se poursuivait. Le parti au pouvoir désirait sincèrement soulager le danger et la détresse publique, et, sur ordre du Sénat, la commission poursuivit la distribution des terres. Une loi proposée par Scipion Æmilianus , en 129 av. J.-C., retira l'ouvrage des mains des commissaires et le plaça définitivement entre celles des consuls. Les terres qui étaient réellement propriété publique étaient alors distribuées et des questions s'étaient posées concernant les territoires concédés aux alliés italiens. « Le plus grand général et le plus grand homme d'État de son époque », Scipion voyait aussi clairement et déplorait aussi profondément que les Gracques les besoins de son pays, et, avec un altruisme égal au leur, il chercha à arrêter la réforme, convaincu qu'elle avait allé aussi loin que la justice le permettait. Mais lui aussi est devenu le martyr de ses efforts. Peu de temps après l'adoption de son projet de loi, et le matin du jour fixé pour son discours sur les droits populaires, il fut retrouvé assassiné dans son lit.

**125.** Caius Gracchus revint de sa questure en Sardaigne, en 124 av. J.-C., et devint tribun du peuple. Ses plans pour soulager les classes les plus pauvres étaient plus révolutionnaires que ceux de son frère, mais beaucoup d'entre eux furent des plus bénéfiques et leurs résultats furent d'une grande portée. Des colonies furent formées, tant en Italie qu'au-delà de la mer, pour offrir un débouché à la population surpeuplée et en détresse de Rome. Six mille colons furent envoyés sur le site désert de Carthage ; une autre entreprise qu'Aquæ Sextiæ (Aix), dans le sud de la Gaule ; et un troisième, avec le plein « droit romain », à Narbo Martius (Narbonne´). Cette dernière colonie, bien que fondée seulement après la mort de Caius, fut également le fruit de sa politique. Elle a été encouragée par la classe commerçante, dans l'intérêt de son commerce lucratif avec la Gaule et la Grande-Bretagne.

Une loi moins bénéfique, quoique sans doute nécessaire, prévoyait la distribution de céréales provenant des magasins publics, à moins de la moitié du prix, à tous les habitants de la ville qui choisiraient d'en faire la demande. Une vaste gamme de bâtiments, les greniers semproniens , furent érigés pour répondre à cette demande. Le résultat fut l'entassement dans les murs de Rome de toute la masse des gens pauvres et inefficaces des pays environnants, donnant ainsi aux dirigeants populaires la majorité dans l'assemblée et le contrôle absolu des élections ; créant en même temps cette foule paresseuse, affamée et désordonnée qui, pendant cinq cents ans, constitua le principal danger de la ville impériale.

**126.** L'âge minimum du service militaire a été fixé à dix-sept ans et le coût de l'équipement du soldat, autrefois déduit de son salaire, est désormais pris en charge par l'État. Ayant ainsi gagné les pauvres, Caïus entraîna à son côté l'aristocratie plébéienne, en lui remettant la perception des revenus dans les provinces, créant ainsi la classe des grands marchands et des banquiers, jusqu'alors à peine connue à Rome. La nouvelle « province d'Asie » avait été formée à partir du royaume de Pergame , et son nom, comme celui d'« Afrique » donné au territoire carthaginois, impliquait sans doute que ses limites n'étaient pas considérées comme fixes. Conformément au principe despotique selon lequel les terres conquises ou héritées étaient la propriété privée de l'État, la province était désormais chargée d'impôts, et le privilège de perception était publiquement vendu à Rome au plus offrant. Les « publicains » amassent de grandes fortunes, mais les malheureux provinciaux sont réduits à une extrême détresse.

**127.** Gracchus serait allé plus loin et aurait étendu les pleins droits de citoyenneté romaine à tous les Italiens libres. Mais cette politique libérale était tout aussi odieuse envers le Sénat et les Communes. Le premier gagna son collègue Liv´ius Drusus, qui devança Gracchus en proposant des mesures encore plus populaires, mais qui ne furent jamais censées être mises en œuvre. Au lieu de deux colonies italiennes, composées uniquement de citoyens de bonne moralité, comme l'avait prévu Gracchus, Drusus en proposa douze, contenant chacune 3 000 colons. Caïus avait laissé les terres du domaine soumises, comme autrefois, à un loyer annuel. Drusus abolit cela et laissa les fermiers en possession absolue de leurs fermes.

À la fin de la deuxième année, Caius perdit son tribunat et les nouveaux consuls lui furent opposés. Sa politique est alors violemment attaquée, et notamment la formation des colonies transmarines. On rapporte que des hyènes africaines avaient déterré les nouvelles bornes de Junonía, successeur de Carthage ; et les prêtres déclarèrent que les dieux signifiaient ainsi leur mécontentement face à la tentative de reconstruire une ville maudite. Les augures furent repris ; un tumulte populaire éclata, au cours duquel un serviteur des prêtres fut tué. Le lendemain, le Forum fut occupé par une force armée, et toute la partie aristocratique apparut avec des épées et des boucliers. Caius et son ancien collègue Ful´vius Flaccus, se retira avec ses partisans sur l'Aventin, l'ancienne place forte des communes. La noblesse, avec ses mercenaires crétois, prit d'assaut la montagne ; 250 personnes de rang modeste furent tuées, et les deux chefs furent poursuivis et mis à mort. Trois mille de leurs partisans furent étranglés en prison, sur ordre du Sénat. Cornelia, la mère des <sup>Gracques</sup>, n'avait pas le droit de porter le deuil du dernier et du plus noble de ses fils ; mais le peuple honorait sa mémoire par des statues, et sur le terrain sacré où il était tombé, on offrait des sacrifices comme dans les temples des dieux.

**128.** Après l'Égypte, l'État client le plus important de Rome était la Numidie, qui occupait à peu près le même espace que la province moderne d'Algérie. Massinissa, le roi numide, avait été récompensé pour son fidèle service lors de la Seconde Guerre punique, par une concession de la plus grande partie des territoires carthaginois. Micipsa, son fils, était maintenant un vieil homme faible, plus soucieux de la philosophie grecque que des affaires d'État, et avait laissé le contrôle de son royaume entre les mains de son neveu, Jugur'tha, qu'il avait élevé par adoption. au niveau de ses propres fils. Dans son testament, il répartit les charges civiles, militaires et judiciaires du royaume entre les trois princes.

Après la mort du vieux roi, ses fils, Adherbal et Hiempsal, contestèrent le testament, tandis que Jugurtha revendiquait hardiment l'autorité suprême et unique. Hiempsal a été assassiné par des voyous embauchés. Adherbal fit personnellement appel au Sénat romain, qui s'était engagé à garantir les legs de son père. Mais Jugurtha avait appris dans les camps que chaque sénateur avait son prix ; et ses émissaires travaillèrent si habilement, que tout le blâme de la dispute et du meurtre fut rejeté sur le prince suppliant. Une nouvelle division du royaume fut ordonnée par des commissaires romains envoyés à cet effet. Jugurtha reçut la région fertile et peuplée qui fut plus tard connue sous le nom de Mauritanie ; Adherbal, avec Cirta, la capitale, n'avait qu'une étendue de désert sablonneux vers l'est.

**129.** Jugurtha, cependant, n'était pas satisfait ; et, ne parvenant pas, par de nombreuses insultes, à provoquer son cousin à la guerre, il l'assiégea finalement dans sa capitale et, malgré les remontrances boiteuses de Rome, le captura et le mit à mort avec de cruelles tortures, et ordonna un massacre aveugle de tous les habitants de Rome. la ville. Parmi eux, beaucoup étaient Italiens. Même la basse vénalité du gouvernement romain ne pouvait plus résister à la juste indignation du peuple. La guerre fut déclarée et une armée promptement envoyée en avant, qui reçut la soumission de nombreuses villes numides. Mais encore une fois, l'usurpateur rusé a réussi à acheter la paix avec l'or africain. Il fit semblant de se soumettre à discrétion, mais fut réintégré dans son royaume après avoir payé une amende modérée et rendu ses éléphants de guerre, qu'il fut bientôt autorisé à racheter. L'indignation publique éclata de nouveau à Rome. Jugurtha fut convoqué dans la ville pour répondre des moyens par lesquels il avait obtenu la paix. Son cousin, Massiva , profita de cette occasion pour préférer ses propres prétentions au royaume de Massinissa ; mais il fut assassiné par un confident de Jugurtha, qui aussitôt, avec l'aide de son maître, s'enfuit de Rome.

**130.** Cette nouvelle insulte a mis le peuple en colère au-delà de toute endurance. Le Sénat annula la paix et renvoya Jugurtha de la ville. Sa remarque sarcastique en partant exprimait une triste vérité : « Si j'avais assez d'or, j'achèterais la ville elle-même. » La guerre reprit, mais l'armée, également démoralisée ainsi que ses chefs, était totalement inapte au service. En tentant d'assiéger la ville-trésor de Suthul , le commandant incompétent se laissa entraîner dans le désert, où toute son armée fut mise en déroute et obligée de passer sous le joug. Aux termes de la reddition, la Numidie a été évacuée et la paix annulée a été rétablie. Les généraux dont la mauvaise conduite avait conduit à cette disgrâce furent jugés à Rome et exilés, et avec eux Opimius , chef de la commission numide et véritable bourreau de Caius Gracchus.

En signe du sérieux avec lequel la guerre devait maintenant être menée, Qu. Métellus , patricien sévère et honnête de la vieille école, fut élu consul pour la campagne d'Afrique. Parmi ses lieutenants se trouvait Caius Marius, fils d'un fermier latin, qui s'était élevé dans les rangs grâce à ses remarquables capacités. Il gagna le cœur des soldats en partageant volontairement tous leurs travaux et privations ; et grâce à leurs rapports à leurs amis à la maison, ses éloges étaient dans toutes les bouches.

**131.** Les tribus sauvages du désert affluaient sous l'étendard de Jugurtha, qu'elles saluaient comme leur libérateur de la domination romaine ; et avec ses essaims de cavaliers légers, il était capable soit de dicter le champ de bataille, soit de disparaître hors de vue à tout moment, lorsque le combat semblait tourner contre lui. Les Romains remportèrent une ou deux victoires, mais aucun avantage réel. Une impression, sans doute fausse et injuste, surgit à Rome, que l'inaction de Métellus , comme les revers de ses prédécesseurs, était due à une entente secrète avec Jugurtha, ou, du moins, qu'il prolongeait la guerre pour satisfaire ses propres intérêts. l'amour du pouvoir.

Profitant de ce préjugé, Marius retourna à Rome et fut élu consul pour l'année 107 avant JC. Au lieu de se voir attribuer sa province par le Sénat, il fut nommé par le peuple au commandement de l'Afrique. Son élection fut en réalité une révolution qui donna le pouvoir dans l'État au talent militaire plutôt qu'à la grande richesse ou à la noblesse. Son questeur dans cette expédition était L. Cornelius Sulla, un jeune noble qui se distinguait jusqu'ici principalement par sa licence sans bornes, mais qui, par une application énergique à ses devoirs, gagna bientôt l'entière confiance et l'approbation de son commandant. Ces deux hommes se trouvaient, quelques années plus tard, dans des relations très différentes l'un par rapport à l'autre, en tant que maîtres alternés du monde romain.

**132.** Malgré quelques aventures audacieuses et la prise de plusieurs villes, l'administration de Marius ne fut pas beaucoup plus réussie que celle de Metellus . Il continua à exercer le commandement en tant que proconsul pendant l'année 106 av. et au cours du deuxième hiver, la véritable victoire fut remportée par Sylla, qui traversa le camp ennemi au prix de grands risques personnels et mena avec une habileté consommée une négociation avec le roi Bocchus , de Mauritanie, pour la reddition de Jugurtha. Ce criminel notoire fut amené enchaîné à Rome, où, avec ses deux fils, il orna le triomphe de Marius, le 1er janvier 104 avant JC. Quelques jours plus tard, il périt de faim dans le cachot inférieur de la prison Mamertine. Un nouveau péril menaçait Rome et exigeait des mesures inhabituelles. Malgré une loi contraire, Marius fut réélu au consulat et continua à occuper ce poste cinq années consécutives, 104-100 avant JC.

**133.** Les Cimbres , horde mêlée de tribus celtes et germaniques, avaient été délogés d'une manière inconnue de leurs sièges au-delà du Danube et se pressaient sur la frontière romaine. Avant la fin de la guerre de Jugurthine, ils avaient vaincu quatre fois les armées consulaires en Gaule et dans les régions alpines. Dans la dernière de ces défaites, à Orange, sur le Rhône (105 av. J.-C.), une armée de 80,000 hommes avait été détruite, et toute l'Italie était remplie de terreur. Une nouvelle armée était maintenant sur pied, et Marius, avec son légat Sylla et de nombreux autres officiers compétents, se précipitèrent dans la Gaule. Les Cimbres s'étaient détournés vers l'Espagne, où ils rencontrèrent une résistance courageuse et furent bientôt repoussés à travers les Pyrénées. Dans l'ouest de la Gaule, rien ne put résister à leur rapide conquête, jusqu'à leur arrivée sur le territoire belge au-delà de la Seine. Ils furent rejoints par une tribu apparentée de Teutons venus des rives de la Baltique et par trois cantons d' Helvètes venus des montagnes de Suisse. Ils organisèrent alors une invasion combinée de l'Italie, les Teutons devaient entrer dans ce pays depuis la Gaule romaine par les passages occidentaux des

Alpes, tandis que les Cimbres devaient traverser les passages orientaux depuis la Suisse.

**134.** Les consuls avaient pour objectif d'empêcher leur jonction, et dans ce but Marius attendait les Teutons sur le Rhône, près de son confluent avec l' Isara , tandis que Catulus marchait dans le nord de l'Italie pour rencontrer les Cimbres . L'une des plus grandes victoires jamais remportées par les armes romaines fut remportée par les premières, près d'Aix, en 102 avant JC. Trois jours successifs, les barbares avaient attaqué le camp romain, quand, désespérant du succès, ils résolurent de le laisser derrière eux et de continuer leur marche vers Italie.

Se méfiant de ses nouvelles recrues, Marius ne permit pas que ses hommes soient retirés de leurs retranchements jusqu'au départ de toute l'armée ; et les barbares étaient si nombreux et si encombrants leurs bagages, qu'ils passèrent six jours devant les ouvrages romains. Lorsqu'ils furent partis, Marius dispersa son camp et se lança à leur poursuite, maintenant toujours un ordre parfait et se retranchant soigneusement chaque nuit. Aux environs d' Aix, il rattrapa les Teutons , et la bataille rangée qui se livra alors se termina par la destruction complète de la nation. Les guerriers qui ont survécu au combat ont mis fin à leurs jours ; et leurs femmes, préférant la mort à l'esclavage, suivirent leur exemple.

**135.** Pendant ce temps, l'autre division, moins habilement résistée, avait avancé par le col du Brenner et mis en déroute l'armée de Catulus près de Trente. Mais le confort et l'abondance de la plaine lombarde constituaient, pour le moment, une meilleure protection pour Rome que la sagesse de ses généraux. Les Cimbres prirent leurs quartiers d'hiver, et Marius eut le temps de recruter son armée et se hâta de rejoindre son collègue au printemps de 101 avant JC. Lorsque les Cimbres remontèrent la vallée du Pô, espérant réaliser la jonction proposée avec leurs camarades teutoniques, ils Il rencontra, par contre, les armées combinées de Marius et Lutatius . La bataille eut lieu à Vercel´læ , à l'ouest de Milan, le 30 juillet 101 avant JC. Les barbares furent entièrement vaincus et soit massacrés, soit réduits en esclavage ; 14 000 furent laissés morts sur le champ de bataille et 60 000 furent transférés aux marchés aux esclaves de Rome.

**136.** Marius fut reçu à Rome avec un brillant triomphe, dans lequel il fut salué comme un troisième Romulus et un second Camille, et son nom dans les libations était associé à celui des dieux. Le peuple ne se réjouissait guère plus de la victoire sur les barbares que de celle sur le gouvernement. Le triomphe de leur général choisi, le garçon du fermier d' Arpinum , leur semblait un triomphe des masses sans titre et sans privilèges sur une poignée de riches et de favorisés. Marius fut élu à son sixième consulat, et s'il avait été aussi grand homme d'État que général, la République aurait pu même alors être échangée contre une monarchie. Mais il n'avait ni politique mûrie, ni capacité à adapter les moyens aux fins. Il s'allia à deux démagogues sans principes, Saturninus et Glaucia , pour assurer son élection, puis les abandonna à la vengeance du Sénat, lorsque leurs crimes furent devenus trop audacieux pour être supportés.

Le candidat du gouvernement au consulat fut agressé et battu à mort ; et le parti qui commanda le meurtre, proclamant Saturnin son chef, ouvrit les portes des prisons et donna la liberté et les armes aux prisonniers et aux esclaves. Cette canaille armée combattit les gardes de Marius sur la place même du marché de la ville ; mais il fut enfin repoussé jusqu'au Capitole, coupé de l'eau et forcé de se rendre. Sans attendre les formes du procès, de jeunes nobles grimpèrent sur le toit de l'édifice où étaient emprisonnés les émeutiers, arrachèrent les tuiles et les lapidèrent à mort. De cette manière honteuse périrent quatre hauts officiers du peuple romain : un préteur , un questeur et deux tribuns.

**137.** La belle île de Sicile fut une seconde fois le théâtre d'une guerre servile, de 102 à 99 av. Sa fertilité et son importance en tant que marché aux céréales pour Rome avaient attiré les spéculateurs, qui exploitaient leurs vastes domaines au moyen d'une multitude d'esclaves. Lors de la Première Guerre servile (134-132 av. J.-C.), 200 000 rebelles étaient en armes ; la seconde exigea les meilleurs efforts de trois consuls successifs, et bien qu'elle se terminât, en 99 av. J.-C., par la victoire de Rome, la terreur qu'elle avait excitée ne s'éteignit pas de sitôt. Les esclaves étaient non seulement plus nombreux que la classe dirigeante, mais ils la surpassaient en force et même, dans de rares cas, en talents militaires. Ils furent traités avec une cruauté si inhumaine, qu'ils ne manquèrent jamais d'un motif de révolte, et ainsi les districts ruraux étaient toujours sujets à des éclats lorsque la force dirigeante était destituée.

On peut espérer que le code de l'esclavage romain n'a jamais été égalé en barbarie par celui d'aucun État civilisé. L'esclave n'était « rien » en droit ; son maître pouvait le torturer ou le tuer sans autre punition que la perte de ses biens ; et quand, après une victoire telle que celle de Vercellæ , les captifs pouvaient être achetés, comme on nous le dit, pour moins d'un dollar par tête, ce motif n'aurait pu avoir aucun poids contre la passion de la vengeance. Heureusement, la société est parfois meilleure que ses lois. Les domestiques jouissaient généralement de la confiance et de l'affection de leurs maîtres ; les médecins et les enseignants étaient généralement des esclaves grecs, et leur savoir et leurs talents les faisaient respecter malgré le malheur de leur condition.

## RÉCAPITULATION.

Même si les plébéiens jouissent de l'égalité politique, les pauvres souffrent du manque de terres et d'emploi. Tiberius Gracchus adopte les lois agraires, mais devient martyr de son zèle pour la réforme. Scipion Æmilianus , tentant de modérer le mouvement agraire, est également assassiné. Caius Gracchus fonde des colonies en Italie et à l'étranger ; pourvoit aux pauvres par une distribution publique de céréales ; donne aux riches plébéiens la perception des revenus provinciaux, et crée ainsi une classe de grands banquiers et publicains. Il est combattu par la violence armée et tué, 121 avant JC. Les crimes de Jugurtha provoquent la guerre numide, 111-106 avant JC. Métellus est remplacé au commandement par Marius, qui devient consul, 107 avant JC. Jugurtha est capturé par l'adresse de Sylla ; Marius bat les Teutons dans une grande bataille près d'Aix, 102 avant JC ; et les Cimbres , l'année suivante, à Vercellæ . Une sédition à Rome est suivie de la mort de plusieurs magistrats. La Sicile est dévastée à deux reprises par des insurrections serviles, 134-132 avant JC et 102-99 avant JC.

### LA GUERRE SOCIALE.

**138.** Pendant ce temps, Rome était ébranlée par les efforts et la mort d'un autre réformateur, M. Livius Drusus, fils de l'adversaire de Gracchus. En tant que noble, il était rempli de honte pour les corruptions de son ordre et cherchait à faire revivre la plus sûre et la meilleure des lois des Gracques, en donnant le droit de vote à tous les Italiens et en retirant le pouvoir judiciaire aux chevaliers, qui en avait grandement abusé. Il a été assassiné à sa propre porte par un assassin inconnu, BC 91, et ses deux lois ont été abrogées. Les alliés du sud et du centre de l'Italie, déçus dans tous leurs espoirs par la mort de leur champion, prirent les armes. Huit nations, les Marsi , Marrucini , Peligni , Vestini , Picenti'ni , Samnites, Apuli et Lucani , formèrent une république fédérale sous le nom d' *Italie* , choisirent deux consuls et fixèrent leur capitale à Corfin'ium , dans le Apennins.

Les premiers mouvements de la « guerre sociale » furent désastreux pour Rome. Le consul L. César , Perperna , son légat, et Postumius , préteur , furent vaincus. Une armée consulaire sous Cæpio fut détruite ; La Campanie était envahie et les Italiens du nord étaient presque prêts à rejoindre la ligue. Mais une concession tardive sauva Rome. Les droits de citoyenneté tant convoités étaient conférés à tous ceux qui n'avaient pas pris part à la guerre et à tous ceux qui allaient désormais s'en retirer. Les rangs confédérés étaient ainsi divisés ; et enfin même les Samnites et les Lucaniens, qui furent les derniers à se soumettre, furent gagnés par la promesse de tout ce qu'ils avaient demandé.

**139.** La conduite lente et prudente de Marius dans cette guerre avait été éclipsée par la brillante activité de Sulla, qui était maintenant consul ; et le Sénat, choisissant de considérer le vieux général inégal aux rigueurs d'une campagne, confia le commandement contre Mithridate au jeune officier patricien. La jalousie qui avait depuis longtemps supplanté l'ancienne confiance entre Marius et Sulla, éclata maintenant en une violente opposition. Pour vaincre son rival, Marius persuada Rufus, le tribun, de proposer une loi pour répartir les Italiens nouvellement affranchis entre toutes les tribus. Les anciens citoyens seraient ainsi largement dépassés en nombre et la nomination de Sulla annulée, car tous les nouveaux électeurs considéraient Marius comme leur ami et bienfaiteur. Les consuls intervinrent, mais Marius et son allié occupèrent le Forum avec une force armée, contraignirent les consuls à retirer leur interdit, promulguèrent la loi par intimidation et obtinrent facilement un vote des tribus nommant Marius au commandement de la guerre pontique.

CARTE de l'EMPIRE ROMAIN.

**140.** Cette ingérence brutale dans les formes du droit s'est naturellement heurtée à une force opposée. Les tribuns militaires envoyés par Marius pour prendre le commandement, en son nom, de l'armée de Nola, furent lapidés par les soldats de Sylla, qui marchèrent aussitôt sur Rome à la tête de six légions. La ville n'était pas préparée à la résistance ; Sylla en devint le maître et Marius, avec son fils et ses partisans, s'enfuit. Il errait, fugitif et hors-la-loi, le long des côtes du sud de l'Italie ; tantôt à moitié affamé dans un bois, tantôt enfoui toute la nuit jusqu'au menton dans un marécage ; encore redevable de quelques heures de sommeil à la charité d'un capitaine de navire ou d'un paysan, qui refusa la récompense offerte par Sylla pour le chef du hors-la-loi, et lui permit d'échapper à ses poursuivants.

A Mintur'næ, il fut hébergé par une femme à qui il avait autrefois rendu quelque bonté ; mais les officiers de la ville résolurent de se conformer aux ordres du gouvernement de Rome, et persuadèrent difficilement un soldat gaulois ou cimbrien d'entreprendre l'œuvre de l' expédier . Mais à peine le barbare fut-il entré dans la chambre où le vieux général, désarmé et sans défense, gisait sur un lit, que son courage manqua, son épée nue lui tomba des mains, et il se précipita hors de la maison en s'écriant : « Je ne peux pas tuer. Caïus Marius !

**141.** Les habitants de Minturnæ prirent alors un conseil plus généreux et résolurent de ne pas détruire le libérateur de l'Italie. Ils lui fournirent un navire et le conduisirent avec de bons vœux à la mer, où il s'embarqua pour l'Afrique. Ici aussi, le gouverneur l'a averti de quitter le pays sous peine d'être traité comme un ennemi de Rome. Mais une révolution s'était alors produite à Rome même, qui favorisait le retour de Marius. Cinna, l'un des nouveaux consuls, était du parti marial et souhaitait faire respecter les lois de Rufus. Les aristocrates s'armèrent, sous le commandement de l'autre consul, Octave, et une bataille eut lieu au Forum, au cours de laquelle Cinna fut vaincue et expulsée de la ville. Comme Sylla, il fit appel à l'armée ; et comme l'armée était désormais composée d'Italiens, qui ne pouvaient que favoriser le parti qui leur promettait le pouvoir suprême dans les élections romaines, le vent se retourna contre les aristocrates.

Marius revint, s'empara d'Ostie et d'autres ports de la côte latine, captura les navires à maïs et affama ainsi Rome pour qu'elle se rende. Cette fois, la ville capturée fut livrée au règne de la terreur. Alors que Marius marchait dans les rues, ses gardes poignardaient toutes les personnes qu'il ne saluait pas. De nouvelles listes étaient dressées chaque jour de ceux qu'il craignait ou qu'il détestait, comme victimes du poignard. Marius et Cinna se déclarèrent consuls pour 86 avant JC, au mépris de la forme habituelle d'élection. Mais l'implacable maître de Rome ne jouit pas longtemps de son septième consulat, qu'il avait toute sa vie attendu avec superstitiosité, et maintenant obtenu sans scrupules. Il mourut le dix-huitième jour de sa magistrature et la soixante et onzième année de son âge.

**142.** Sylla avait mené à une conclusion victorieuse la guerre mithridatique, après avoir mené à ses propres frais cinq campagnes difficiles et coûteuses, et récupéré pour Rome les territoires révoltés de Grèce, de Macédoine et d'Asie Mineure. Mais il n'a jamais oublié que la République qu'il servait l'avait déclaré ennemi public, confisqué ses richesses et assassiné ses meilleurs amis pour leur adhésion à lui. Si sa vengeance tardait, elle n'en était que plus amère et plus efficace. Il revint maintenant avec une armée puissante, dévouée à sa personne et chargée de trésors recueillis dans les villes conquises d'Asie.

Pour désarmer l'inimitié des Italiens, qui constituaient la partie la plus précieuse des forces de ses adversaires, il proclama qu'il n'interférerait avec les droits d'aucun citoyen, ancien ou nouveau. Il ne souffrit aucun dommage ni aux villes ni aux champs des Italiens, et il conclut des traités séparés avec plusieurs de leurs villes, par lesquels il garantissait leur pleine jouissance des privilèges romains aussi longtemps qu'elles favoriseraient ses intérêts. Les Samnites seuls résistèrent à Sylla et, de concert avec le parti marial, renouvelèrent leurs anciennes hostilités. Cinna fut assassiné par ses propres troupes, alors qu'il se rendait à la rencontre de Sylla en Dalmatie .

**143.** Débarquant à Brundisium , Sulla marcha sans opposition à travers la Calabre, les Pouilles et la Campanie ; Il battit un consul près de Capoue et conquit toute l'armée de l'autre au moyen d'émissaires bien approvisionnés en or. Il fut renforcé par trois légions, sous les ordres de Cneius Pompée, et par l'adhésion de nombreux citoyens distingués, parmi lesquels Metellus Pius, Crassus et Lucullus. Il était encore en infériorité numérique par rapport aux Mariens qui, en 82 avant JC, mirent en campagne une armée de 200 000 hommes, sous les deux consuls Papir´ius Carbo et le jeune Marius. Ce dernier fut cependant vaincu avec de grandes pertes à Sacriporte et se réfugia à Præneste , où il avait déposé son coffre militaire, enrichi des trésors des temples capitolines. Cette ville fut bloquée pendant que Sylla marchait sur Rome. Marius avait secrètement ordonné à ses partisans de la ville de mettre à mort le plus illustre de la faction cornélienne ; et c'est ainsi que périrent le pontifex maximus et bien d'autres dont la fonction sacrée ou le caractère exalté les auraient, dans des temps plus vertueux, mis à l'abri de la violence.

**144.** L'armée des Samnites et des Lucaniens, à la demande de Marius, se dirigea vers Rome, sous le commandement de Telesinus , leur chef, déclarant qu'il raserait la ville. Une bataille furieuse eut lieu près de la porte de la Colline , dans laquelle Sylla fut victorieux ; et, avec une férocité de sang-froid trop courante en ces temps effrayants, il ordonna que 6 000 prisonniers soient coupés en morceaux sur le Champ de Mars. Sylla était désormais maître de Rome et de l'Italie, et sa vengeance avait commencé. Une « liste de proscription » de ses ennemis était exposée sur le Forum, et une récompense de deux talents était offerte à tous ceux qui tueraient ces hors-la-loi, ou même montreraient le lieu de leur cachette. Comme d'habitude, la haine privée et même l'avarice la plus insignifiante ont trouvé de l'indulgence sous le nom d'inimitié politique. Tout ami de Sulla était autorisé à ajouter des noms à la liste ; et comme les biens du proscrit allaient généralement à son accusateur, la possession d'une maison, d'un champ ou même d'une pièce d'argenterie suffisait souvent pour marquer un homme comme ennemi public.

Sylla fut nommé dictateur, doté de pouvoirs illimités pour « rétablir l'ordre dans la République ». Les changements constitutionnels qu'il apporta visaient à rétablir le Sénat et la noblesse dans la prééminence dont ils avaient joui dans les premières années après l'expulsion des rois. Il limita l'influence des tribuns du peuple et abaissa la dignité de leur charge en interdisant à ceux qui l'avaient occupée de devenir consuls. Bien que lui-même un homme aux mœurs dissolues, Sulla voyait clairement que les pires misères du peuple romain provenaient de sa propre corruption, et il essaya de réprimer le luxe et le crime par les lois les plus strictes. Mais la tentative était sans espoir ; le caractère de la nation était si dégradé qu'aucun rang ni classe n'était apte à gouverner, et sa soumission à la volonté d'un tyran était devenue une nécessité.

**145.** Sulla augmenta le nombre du Sénat de 300 nouveaux membres choisis parmi les chevaliers, tous, bien entendu, ses propres partisans. Il se fit aussi une sorte de garde du corps, en donnant le droit de cité à 10,000 esclaves de ceux qu'il avait proscrits. Ces affranchis reçurent tous son propre nom de clan, Cornelius, et devinrent ses clients. Il récompensa ses vétérans avec les terres confisquées au parti marial, remplaçant ainsi des agriculteurs honnêtes et travailleurs par des communautés militaires trop souvent anarchiques et économes. Alors que Sulla avait exercé la dictature pendant trois ans, il a surpris le monde en démissionnant soudainement et en se retirant dans son siège de campagne à Puteoli . Ici, il consacrait ses journées aux divertissements de la littérature, mêlés malheureusement à des plaisirs moins ennoblissants. Il mourut en 78 avant JC, l'année suivant son abdication. Deux jours avant sa mort, il acheva l'histoire de sa propre vie et de son époque, en vingt-deux volumes, dans lesquels il enregistra la prédiction d'un devin chaldéen , selon laquelle il mourrait, après une vie heureuse, au sommet de sa prospérité. .

**146.** Un reste de la faction mariale résistait encore dans l'ouest de l'Espagne. Sertorius avait été envoyé pour commander cette province, principalement parce que, étant le plus honnête et le plus perspicace des Mariens, il était gênant pour ses frères officiers. Pendant la proscription de Sylla, il fut rejoint par de nombreux exilés, qui l'aidèrent à entraîner les troupes indigènes. Bien que repoussé un temps en Afrique par le proconsul An'nius , il revint, à l'invitation des Lusitaniens, avec une armée libyenne et maure, qui battit la flotte de Sylla dans le détroit de Gibraltar, et ses forces terrestres près du Guadalquivir. . Toute l'Espagne romaine devint soumise à Sertorius. Avec l'aide des pirates ciliciens, il s'empara des îles d' Ivica et de Formentera . Il forma un gouvernement dans lequel le sénat n'était composé que de Romains ; mais il distingua les Espagnols indigènes par de nombreuses marques de faveur, et gagna leur confiance non seulement par son génie brillant, mais par sa parfaite justice dans l'administration de leurs affaires.

**147.** Metellus , collègue de Sulla au consulat, qui commandait ses armées en Espagne, était complètement déconcerté par l'activité inlassable et la connaissance supérieure du pays affichée par Sertorius. Enfin Cnéius Pompée, qui avait déjà, dans sa trentième année, obtenu le titre de Grand et l'honneur d'un triomphe pour ses victoires sur les alliés des Mariens en Afrique, fut envoyé en Espagne avec le titre de proconsul, pour partager la commande avec Metellus . Ses compétences militaires dépassaient de loin celles de ses prédécesseurs, mais pendant cinq ans, la guerre se prolongea avec plus de pertes et de vexations que de succès.

Enfin, Sertorius fut assassiné par l'un de ses propres officiers, un homme de haute naissance, qui enviait l'ascendant du génie et de l'intégrité, et espérait qu'en renvoyant son général, il ouvrirait la voie à son propre avancement. Il fut totalement vaincu et capturé par Pompée lors de la première bataille qu'il livra en tant que commandant en chef ; et bien qu'il ait tenté de sauver sa vie en renonçant aux papiers de Sertorius et en trahissant ainsi les secrets de son parti à Rome, il fut condamné à une exécution immédiate, en 72 av.

**148.** La guerre d'Espagne était maintenant terminée, mais un danger plus proche et plus grand menaçait Rome. L'orgueil et le luxe nourris par la conquête étrangère n'avaient apporté aucun raffinement supplémentaire au peuple ; et leur amusement favori, les jours de fête, était de voir les captifs les plus courageux, faits à la guerre et entraînés à cet effet, s'égorger dans l'amphithéâtre. Les ædiles , qui assuraient les spectacles publics, rivalisaient entre eux pour le nombre et la formation des gladiateurs, qu'ils achetaient ou louaient à leurs propriétaires pour les exposer. Parmi les malheureux qui étudiaient à l'école de Capoue se trouvait un paysan thrace nommé Spartacus . Son âme se révolta contre le sort bestial auquel il était voué, et il communiqua son esprit à soixante-dix de ses camarades. Rompant de force les limites, ils passèrent aux portes de Capoue, s'emparèrent sur la route de quelques chariots chargés d'armes de gladiateurs et se réfugièrent dans un cratère éteint du Vésuve. Ils vainquirent 3 000 soldats qui les assiégeaient et s'armèrent plus efficacement du butin des tués.

Spartacus proclama la liberté à tous les esclaves qui le rejoindraient. Les bergers à moitié sauvages des montagnes bruttiennes et lucaniennes prirent les armes à son appel, et le nombre des insurgés s'éleva rapidement à 40 000. Ils battirent deux légions sous le préteur Varinius , prit d'assaut et pilla Thurii et Metapontum , Nola et Nuceria , ainsi que de nombreuses autres villes du sud de l'Italie. La deuxième année, leurs forces furent portées à 100 000 hommes, et ils battirent successivement deux consuls, deux préteurs et le gouverneur de la Gaule cisalpine. Toute l'Italie, depuis les Alpes jusqu'au détroit de Messane , trembla au nom de Spartacus, comme elle avait fait, plus de cent ans auparavant, devant celui d'Hannibal ; mais cela prouvait seulement la décadence du caractère romain, qu'un simple chef de bandit pouvait accomplir ce qui avait autrefois mis à l'épreuve le génie du plus grand général que le monde ait jamais produit.

**149.** Spartacus, cependant, comprit clairement qu'en fin de compte la puissance et les ressources organisées de Rome devaient être supérieures aux siennes, et il proposa seulement à ses partisans de se frayer un chemin vers et au-delà des Alpes, puis de se disperser dans leurs foyers ; mais les insurgés, gâtés par le succès, refusèrent de quitter l'Italie et se tournèrent de nouveau vers le sud. Leurs quartiers d'hiver, près de Thurii , ressemblaient à une immense foire remplie du pillage de toute la péninsule, que les marchands de loin et de près se rassemblaient pour acheter. Spartacus refusa l'or ou l'argent, et n'accepta en échange que du fer ou du laiton, qu'il transforma en armes de guerre au moyen de fonderies établies dans son camp. Dans la panique qui régnait à Rome, personne n'était disposé à se proposer pour la charge de préteur . Enfin, Licinius Crassus accepta cette nomination et mena huit légions sur le terrain.

**150.** Spartacus fut vaincu deux fois et repoussé jusqu'à la pointe sud du Bruttium. De là, il tenta de s'enfuir en Sicile, où la guerre servile couvait encore et était prête à se rallumer, et où, en tenant les champs de céréales, il aurait pu bientôt déclencher une émeute du pain parmi la foule affamée de Rome. Mais les pirates ciliciens, qui s'étaient engagés à le transporter, se montrèrent traîtres ; et sa tentative de transporter son armée à travers le détroit sur des radeaux et des bateaux en osier fut inefficace. Alors, désespéré, il brisa les lignes de Crassus et jeta une fois de plus Rome dans une grande consternation.

Mais les mêmes jalousies qui avaient dispersé les forces des Grecs et des Romains condamnèrent également les barbares à la destruction. Trente mille Gaulois se séparèrent de Spartacus et de ses Thraces et furent totalement détruits près de Crotone. La rencontre finale eut lieu sur les sources du Silarus . Spartacus tomba désespérément en combattant et son armée fut détruite. Seuls 5 000 de ses hommes se dirigèrent vers le nord de l'Italie, où ils furent accueillis par Pompée à son retour d'Espagne, et tous passés au fil de l'épée. Les 6 000 prisonniers faits par Crassus furent crucifiés le long de la Voie Appienne.

**151.** Les deux généraux triomphants, Pompée et Crassus, demandèrent le consulat comme récompense. Pour y parvenir, il fallut écarter certaines lois sullaéennes , car Pompée n'avait ni atteint l'âge requis ni passé par les offices

préliminaires. Mais les libérateurs de Rome ne pouvaient pas demander en vain. Le 31 décembre 71 avant JC, Pompée triompha une seconde fois pour ses victoires en Espagne ; le lendemain, 1er janvier 70 avant JC, il entra en fonctions de consulat auprès de Licinius Crassus. Bien qu'autrefois un instrument principal de l'oligarchie sous Sylla, Pompée s'attacha désormais au parti démocrate, plus particulièrement à la riche classe moyenne. Il rendit aux tribuns du peuple le pouvoir que Sulla avait enlevé, et fit choisir les juges, non plus exclusivement dans le Sénat, mais en proportions égales parmi le Sénat, les chevaliers et les tribuns du trésor, classe de des hommes riches qui collectaient et payaient les revenus dus aux soldats.

La réforme du gouvernement des provinces était un cri de ralliement du nouveau parti, et l'année du consulat de Pompée fut marquée par le procès de Verrès, exprætor de Syracuse, pour son vol éhonté de la province de Sicile. La mise en accusation a été menée par Marcus Tullius Cicéron, le grand avocat et orateur, dont le merveilleux savoir et l'éloquence l'avaient déjà rendu illustre. Cicéron a eu cent dix jours pour recueillir les preuves de la culpabilité de Verres. Moins de la moitié du temps, il revint de Sicile, suivi d'une longue suite de témoins, dont la fortune avait été ruinée par la fraude et l'inhumanité du préteur . On avait entendu Verres lui-même se vanter d'avoir amassé suffisamment de richesses pour vivre une vie de luxe, même s'il devait consacrer les deux tiers de ses gains mal acquis à faire taire une enquête ou à acheter une grâce ; et les malheureux provinciaux déclarèrent clairement que, s'il était acquitté, ils demanderaient au Sénat d'abroger toutes les lois contre l'injustice officielle, afin que désormais leurs gouverneurs ne puissent au moins piller que pour s'enrichir, et non pour soudoyer leurs juges. Mais Verrès fut condamné et, sans même attendre sa sentence, s'enfuit avec ses trésors à Massilia .

**152.** A la fin de son consulat, Pompée n'accepta pas de province, mais resta tranquillement à Rome, ne prenant aucune part aux affaires publiques. Un danger croissant exigea bientôt l'exercice de ses talents. Depuis la destruction de la puissance navale de Carthage, de la Syrie et de l'Égypte, les pirates de la côte cilicienne naviguaient sans contrôle à travers la Méditerranée et avaient même été encouragés par Mithridate et Sertorius dans leur inimitié contre Rome. Ils s'emparèrent des navires à blé, pillèrent les villes les plus riches et attaquèrent même la dignité romaine dans sa forme la plus imposante, en enlevant de la voie Appienne de grands magistrats avec leurs cortèges de serviteurs.

exigeait des mesures extraordinaires et, en 67 av . Le prix des provisions baissa instantanément dès sa nomination, témoignant de la confiance que sa grande habileté avait inspirée. En quarante jours , il avait balayé la mer occidentale et rétabli la communication interrompue entre l'Italie, l'Afrique et l'Espagne. Puis, partant de Brundisium , il nettoya la mer vers l'est, chassant les corsaires de toutes leurs criques au moyen de plusieurs escadrons dirigés par ses quinze lieutenants, et en gagnant beaucoup à la soumission volontaire par son traitement miséricordieux envers les prisonniers qui tombèrent entre ses mains.

La bataille finale eut lieu près de la côte cilicienne, au-dessus de laquelle, sur les hauteurs du mont Taurus, les pirates avaient placé leurs familles et leur butin. Ils furent vaincus ; 10 000 hommes furent tués, leurs arsenaux, magasins et 1 300 navires détruits, tandis que 400 navires et 20 000 prisonniers furent faits. Pompée ne montra pas moins de sagesse en se débarrassant de ses captifs que d'énergie pour les vaincre. Ils étaient installés dans des villes isolées et obtenaient un emploi honnête ; et grâce à ce conflit court et décisif de trois mois, la Méditerranée est restée sûre et ouverte au trafic pacifique pendant de nombreuses années.

**153.** La guerre mithridatique, bien que menée avec une grande habileté par Lucullus, était devenue désastreuse pour les Romains ; et une nouvelle loi, proposée par Manilius , étendait désormais la juridiction de Pompée sur toutes les forces en Asie, avec le pouvoir de faire la guerre, la paix ou l'alliance avec les différents rois à sa propre discrétion. En moins d'un an, en 66 avant JC, il reçut la soumission du roi d'Arménie et chassa Mithridate au-delà du Caucase . Il déposa les derniers Séleucides et plaça la Syrie, ainsi que le Pont et la Bithynie, sous administration provinciale.

En tant que centres de la civilisation romaine ou grecque, il fonda trente-neuf villes nouvelles, en plus de reconstruire ou de faire revivre de nombreuses anciennes. Parmi les premiers se trouvait Nicopolis — « la ville de la victoire » — qu'il fit construire pour servir de résidence à ses soldats vétérans, sur le site du renversement décisif de Mithridate. Il soumit la Phénicie et la Palestine en 63 av. J.-C., s'empara du temple-forteresse de Jérusalem par un siège de trois mois et établit Hyrcan comme « grand prêtre et chef du peuple ». L'année suivante, il revient en Italie dans une longue procession triomphale.

## RÉCAPITULATION.

La mort de Drusus est suivie par la guerre sociale, à la fin de laquelle Sylla acquiert une grande gloire. Marius interfère par la violence avec sa nomination au commandement de la guerre contre le Pont. Sylla domine la ville avec ses légions et Marius devient exilé. Après le départ de Sylla, il revient, s'empare de Rome et massacre ses adversaires, mais meurt peu après le début de son septième consulat. Sylla, revenu triomphant de l'Orient, bat les nouveaux consuls et leurs alliés, et par ses proscriptions fait des ravages dans la vie et les biens de Rome. En tant que dictateur, il rétablit le gouvernement aristocratique de la première République. Il meurt en retraite, 78 avant JC. Sertorius, souverain de dix ans en Espagne, est combattu par

Pompée et assassiné, 72 avant JC. La guerre des gladiateurs, sous Spartacus, remplit de terreur toute l'Italie, 73-71 avant JC. Elle se termine par Crassus, qui, avec Pompée le Grand, devient consul pour 70 avant JC. Cicéron met en accusation Verrès pour extorsion en Sicile. Pompée, investi de pouvoirs extraordinaires par la loi Gabinienne , détruit les pirates ciliciens ; puis achève la guerre pontique et établit la domination romaine en Asie occidentale.

## CONQUÊTES DE JULES CÉSAR .

**154.** Rome, quant à elle, avait échappé de peu à la ruine à cause des projets iniques d'un de ses propres nobles. L. Serge Catilina , un homme d'une ancienne famille, mais d'un caractère sans valeur et d'une fortune ruinée, profita du temps où toutes les troupes étaient absentes d'Italie, pour comploter avec d'autres nobles, aussi méchants et turbulents que lui, pour renverser le gouvernement. Les nouveaux consuls devaient être assassinés le jour de leur investiture. Catilina et Autronius devaient prendre le commandement suprême en Italie, et Pison devait conduire une armée en Espagne. Le premier complot échoua par l'imprudence de son chef ; mais une seconde, d'un caractère encore plus audacieux et plus complet, fut formée. Onze sénateurs furent entraînés dans la conspiration ; des magasins d'armes furent constitués et des troupes levées dans diverses parties de la péninsule. Le mécontentement généralisé de la population à l'égard du gouvernement en place a contribué au succès du mouvement ; et, à la fin, les esclaves, les gladiateurs et même les criminels des prisons communes devaient être libérés et armés.

Le secret fut gardé par un grand nombre de personnes pendant dix-huit mois, mais les principaux éléments du complot furent enfin révélés à Cicéron, alors consul, et, grâce à sa vigilance et à sa prudence, le complot fut complètement déjoué. Il confronta Catilina au Sénat, où le grand conspirateur eut l'audace de prendre sa place habituelle, avec un discours dans lequel il exposa avec une véhémence implacable les moindres circonstances du complot. Le meneur condamné s'enfuit de Rome dans la nuit et se plaça à la tête de ses deux légions, espérant encore porter un coup efficace avant que les levées ordonnées par le Sénat ne soient aptes au service. Ses principaux complices furent arrêtés et étranglés en prison, sur ordre du Sénat, tandis que lui-même était suivi et vaincu en Étrurie par le proconsul Antoine. La bataille fut décisive. Catilina tomba au combat bien avant ses troupes et 3 000 de ses partisans périrent avec lui. Aucun Romain libre n'a été capturé vivant. 62 avant JC.

**155.** Bien que cette conspiration audacieuse fut ainsi heureusement écrasée, la faiblesse et le désordre de la société alarmèrent les citoyens les meilleurs et les plus sages. On craignait qu'un homme au talent imposant ne réussisse là où Catilina avait échoué et ne renverse les libertés de Rome.

Pompée, revenant maintenant de l'Est avec ses légions victorieuses, fut l'objet immédiat de la crainte du Sénat et du parti aristocratique. Mais il apaisa les appréhensions en licenciant son armée dès qu'il toucha le sol italien, et se dirigea lentement vers Rome accompagné seulement de quelques amis. Ils ne pouvaient refuser sa prétention au triomphe, et par le nombre et l'étendue de ses victoires, ce spectacle était le plus imposant que Rome ait jamais vu. Même s'il n'y avait pas d'armée pour allonger la procession, elle dura deux jours pour traverser la ville. Les inscriptions dénombraient 22 rois et 12 000 000 de personnes conquises ; 800 navires, près de 900 villes et 1 000 forteresses prises ; et les revenus romains doublèrent presque.

Par un acte de clémence inhabituel, Pompée épargna la vie de tous ses captifs et renvoya tous chez eux, sauf Aristobule de Judée et le jeune Tigrane d'Arménie, qui furent détenus de peur qu'ils ne suscitent des révoltes dans leurs pays respectifs. Mais si les aristocrates du Sénat avaient pris part aux honneurs publics rendus à Pompée, ils ne pouvaient oublier que sa nomination en Orient avait été au mépris de leur opposition. Ses demandes d'attribution de terres à ses vétérans, et pour lui-même d'un second consulat et de la ratification de ses actes officiels, furent refusées ; et Pompée, pour racheter ses engagements envers ses soldats, fit alors alliance avec un homme plus capable et bien plus dangereux pour l'ancien ordre de choses, si le Sénat avait pu le prévoir, que lui. 60 avant JC.

**156.** Caïus Jules César avait été proscrit dans sa dix-huitième année, parce qu'il avait refusé de répudier sa jeune femme Cornelia, fille de Cinna, sur l'ordre de Sylla. Il fut pendant un temps un fugitif en danger de mort, mais ses amis obtinrent enfin, avec beaucoup de difficulté, sa grâce du dictateur, sous prétexte de sa jeunesse et de son insignifiance. Sulla était plus perspicace ; il remarqua : « Ce garçon sera un jour la ruine de l'aristocratie, car il y a beaucoup de Marii en lui. »

A la mort de sa tante Julie, veuve de Marius, César défia la loi qui avait déclaré son mari ennemi de l'État, en faisant porter son image de cire dans le cortège funèbre. Elle a été accueillie par la population par de vives acclamations. Dans son édile , trois ans plus tard, qui, par la magnificence des jeux célébrés et les bâtiments élevés à ses frais, surpassait tout ce qui l'avait précédé, César entreprit une démarche plus audacieuse. Il replaça au Capitole, pendant une nuit, les statues de Marius et les représentations de ses victoires en Afrique et en Gaule, qui avaient été enlevées par Sylla. Quand le matin parut, le peuple et les vétérans de Marius pleurèrent et crièrent de joie à la réapparition des traits bien connus, et saluèrent César par des applaudissements enthousiastes. Bien que formellement accusé au Sénat d'avoir violé une loi, il ne pouvait être condamné contre la voix du peuple.

**157.** Les dignités et les honneurs se succèdent rapidement. Il devint pontife maximus en 63 av. préteur , en 62 ; et à la fin de sa préture , il obtint le gouvernement de l'Espagne lointaine. Dans ce premier commandement militaire , il acquit non seulement de la richesse pour lui et ses soldats, mais aussi une grande réputation en soumettant les montagnards lusitaniens. A son retour, il désirait à la fois le triomphe et le consulat ; mais il ne pouvait obtenir l'un s'il entrait dans la ville avant qu'elle ne soit décrétée, ni l'autre sans être personnellement présent à l'élection prochaine ; il abandonna donc le faste pour l'avantage solide, et fut dûment choisi consul, avec Bib'ulus , un outil du Sénat, pour son collègue.

**158.** Il parvint alors à détacher Pompée du parti sénatorial et à former avec lui et Crassus un *triumvirat* qui, bien que n'étant qu'un accord secret et non une magistrature publique, gouverna le monde romain pendant plusieurs années. La puissance de Crassus était due à son énorme richesse ; celui de Pompée, à ses grands services militaires ; et celui de César , à son génie sans égal et à sa popularité sans bornes. Leur influence combinée se fit bientôt sentir dans les actes officiels de César . Il proposa une loi agraire pour diviser les riches terres publiques de Campanie entre les citoyens les plus pauvres. Elle fut votée contre la violente opposition de Bibulus et de tout le parti aristocratique ; une commission de vingt personnes, avec Pompée et Crassus à sa tête, fut nommée pour partager les terres, et les vétérans obtinrent ainsi la plupart de leurs réclamations.

Le consul vaincu, qui avait déclaré qu'il préférait mourir plutôt que de céder, s'enferma maintenant dans sa maison et ne reparut plus en public avant l'expiration de son année de charge. César obtint la ratification de tous les actes de Pompée en Asie, et en même temps attacha les équités à son parti, en leur accordant des conditions plus favorables pour l'exploitation des revenus provinciaux. À la fin de son consulat, il obtint le gouvernement de l'Illyrie et de la Gaule, des deux côtés des Alpes, pour un mandat de cinq ans, avec mission générale de « protéger les amis et alliés du peuple romain ».

**159.** Le lien religieux et national entre les nombreuses tribus celtiques qui habitaient les anciens territoires de la Grande-Bretagne, de la Belgique, de la France, de la Suisse et d'une partie de l'Espagne, était assez fort pour les unir de temps en temps dans la résistance à leurs ennemis communs. les Allemands au nord et les Romains au sud, mais pas assez forts pour empêcher les rivalités entre eux, qui donnaient souvent à la puissance étrangère la possibilité de s'immiscer dans leurs affaires. La province romaine, fondée en 121 avant JC, s'étendait désormais vers le nord le long du Rhône jusqu'à Genève ; et une grande émigration d'Allemands avait occupé des territoires à l'ouest du Rhin, depuis les environs de l'actuelle Strasbourg jusqu'à l'océan allemand.

**160.** Au cours de son premier été en Gaule, César , par l'extraordinaire rapidité et la décision de ses mouvements, soumit deux nations et établit la suprématie romaine au centre du pays. Les Helvètes , qui vivaient entre le lac Léman et le Jura, se trouvant dans des quartiers trop étroits, avaient résolu d'émigrer et de conquérir de nouvelles habitations vers l'ouest. Ils incendièrent leurs douze villes et quatre cents villages, et se rassemblèrent à Genève au nombre de 368 000 personnes, hommes, femmes et enfants, avec l'intention de traverser la province romaine vers la Gaule occidentale. César empêcha ce mouvement par un mur de dix-neuf milles de longueur, qu'il étendit le long de la rive gauche du Rhône ; et faisant venir d'Italie trois légions, il suivit les Helvètes sur leur deuxième route et les battit près de Bibracte . Le reste de la nation – moins d'un tiers du nombre inscrit sur leurs listes au début de la migration – reçut l'ordre de retourner dans leurs collines natales.

Les Séq'uani , une tribu celtique au nord des Helvètes , avaient appelé Arioviste , le plus puissant des chefs allemands, contre leurs rivaux les Ædui , qui étaient appelés alliés et parents des Romains. Après avoir soumis les Éduens , Arioviste se retourna contre ses défunts alliés et exigea les deux tiers de leurs terres en paiement de ses services. Tous les Gaulois implorèrent l'aide de César , qui rencontra le prince germanique près du Rhin, dans l'actuelle Alsace. La renommée d' Ariovistus et de ses gigantesques barbares, qui depuis quatorze ans n'avaient pas dormi sous un toit, était si grande que les soldats romains avaient peur de se battre ; et bien que honteux de leur lâcheté par l'appel émouvant de leur général, chacun faisait sa volonté avant d'aller au combat. Le résultat du combat fut la destruction complète de l'armée allemande, seuls Arioviste et quelques partisans s'échappant de l'autre côté du Rhin.

**161.** La deuxième année, César conquit les Belges au nord de la Seine, et le Sénat décréta une action de grâces publique de quinze jours pour l'assujettissement de la Gaule. Son lieutenant, Decimus Brutus, combattit la première bataille navale sur l'Atlantique, avec les voiliers de haute construction des Celtes. Les tribus maritimes, révoltées l'hiver suivant, furent soumises ; et à l'exception de quelques brèves rébellions, les territoires de France et de Belgique restèrent sous domination romaine. César se rendait chaque hiver dans sa province de la Gaule cisalpine pour surveiller les affaires d'Italie. En 56 avant JC, il dut réconcilier Pompée avec Crassus, et réarranger, dans son camp de Luca, les affaires du triumvirat.

Il fut convenu que Pompée et Crassus seraient consuls l'année suivante, et qu'après l'expiration de leur mandat, le premier gouvernerait l'Espagne et le second l'Asie, tandis que le gouvernement proconsulaire de César en Gaule serait prolongé pour un second mandat. cinq ans. En choisissant pour lui-même la province la plus ardue et la moins lucrative, César voulait commencer l'exécution de son grand projet visant à civiliser l'Occident et à organiser toute la domination romaine en un seul État compact. La révolution commencée par les Gracques n'était pas encore achevée, et il était facile de voir que la lutte des partis devait revenir au fil de l'épée, comme elle l'avait été au temps de Marius et de Sylla. Dans un tel cas, César désirait être près de l'Italie et avoir une armée entraînée à perfectionner la discipline et le dévouement envers lui-même.

**162.** La quatrième année, 55 avant JC, il jeta un pont sur le Rhin et envahit l'Allemagne. À la fin de l'automne, il entreprit une expédition de reconnaissance en Grande-Bretagne et reçut des otages des tribus. Cette fois, le Sénat décréta vingt jours d'action de grâces, mais Caton insista fermement pour que César soit plutôt livré à la vengeance des barbares, afin de détourner la colère des dieux pour avoir capturé les ambassadeurs allemands . L'année suivante, en 54 avant JC, César envahit de nouveau la Grande-Bretagne avec cinq légions. Malgré la courageuse résistance d'un chef indigène, Cassivelau'nus , il pénétra au nord de la Tamise, prit des otages et imposa un tribut ; mais il ne laissa aucun poste militaire pour soumettre l'île.

Une redoutable révolte des Gaulois , l'hiver suivant, détruisit une des six divisions de l'armée romaine, et en mit en péril une autre, commandée par Quintus Cicéron, frère de l'orateur. César vint à son secours, vainquit 60 000 ennemis et rétablit le calme au nord. Les Allemands ayant aidé à cette révolte, il traversa de nouveau le Rhin près de Coblentz, au cours de l'été 53 avant JC. Il ne livra aucune bataille, car le peuple se réfugia dans ses collines boisées ; mais l'invasion servit, comme auparavant, à faire une démonstration imposante de la puissance romaine.

**163.** L'année suivante, la Gaule était partout en révolte, et la campagne fut la plus difficile et la plus brillante de toutes les opérations de César . Ver'cinget'orix , roi des Arvernes , et le plus habile des chefs gaulois, souleva toutes les tribus et faillit arracher le pays au contrôle romain. Pendant que César l'assiégeait à Alésia , une armée gauloise de plus d'un quart de million d'hommes campait autour des Romains et les assiégeait à leur tour. Mais le génie du proconsul surmonta même cette crise. Il réprima toutes les tentatives de sortie, tandis qu'il battit l'armée extérieure ; puis contraint la ville à se rendre et captura Vercingétorix lui-même. Six ans plus tard, le chef gaulois orne le triomphe de César , puis est exécuté dans la prison Mamertine, au pied du Capitole. Les Gaulois comprirent alors que la résistance était sans espoir. La gestion ferme et habile de César , pacifiant le pays et organisant la domination romaine, acheva l'œuvre que ses brillantes victoires avaient préparée ; et en 50 avant JC, la Gaule était en paix.

**164.** Pendant ce temps, Crassus, craignant que ses collègues ne récoltent toute la gloire guerrière de la ligue, entreprit, après avoir pillé les temples de l'Est, de faire la guerre aux Parthes, guerre non provoquée par l'ennemi, non autorisée par le Sénat et injustifiée. par ses propres capacités. Contrairement aux conseils, il s'enfonça dans le désert chaud et sablonneux à l'est de l'Euphrate, perdit la plus grande partie de son armée dans une bataille près de Carrhæ (le Haran d'Abraham) et fut lui-même tué peu après par la trahison des Parthes. général, BC 53.

Pompée, désormais consul unique, ne prétendait plus aucune amitié pour César . Le vainqueur de Mithridate et des pirates ciliciens ne croyait pas pouvoir être éclipsé par qui que ce soit ; et leur relation fut récemment dissoute par la mort de Julia, la fille de César , qui avait été l'épouse de Pompée. Les ennemis du premier obtinrent un décret du Sénat l'obligeant à renoncer à son pouvoir proconsulaire et à retourner à Rome avant de devenir candidat à un second consulat. Caton avait déclaré qu'il poursuivrait César pour crimes capitaux dès qu'il aurait renoncé à son commandement.

On ne pouvait guère s'attendre à ce que le gouverneur des Gaules abandonne ses légions dévouées et tous les trésors de la province conquise, pour se mettre désarmé à la merci de ses ennemis. Une telle vertu était connue du temps de Curtius , mais l'abandon de soi pour le bien public avait cessé d' être à la mode à Rome. De plus, César aurait pu douter que le sacrifice de sa vie puisse servir les intérêts publics. Les Romains avaient besoin d'un maître ; et ses propres projets visant à bâtir un grand empire à partir des fragments épars de provinces, en étendant des droits égaux à tous les peuples conquis, étaient sans doute les plus étendus et les plus bénéfiques qui aient jamais été formés. Il croyait que les grands intérêts de Rome étaient cohérents avec les siens.

**165.** Ses ennemis ne perdaient aucune occasion de le priver de ressources. Sous prétexte d'une guerre avec les Parthes, les deux anciens collègues de Crassus furent tenus de fournir chacun une légion à envoyer en Asie. Pompée avait autrefois prêté une légion à César et exigeait maintenant sa restitution. César renvoya les deux légions, donnant à chacun sa part du trésor qui devait être distribué lors de son prochain triomphe. Il écrivit en même temps au Sénat, proposant de démissionner de son commandement si Pompée faisait de même, mais pas autrement. Les deux légions étaient gardées en Italie. Après un violent débat, il fut décrété que César devait, sans conditions, licencier son armée un certain jour, sous peine d'être déclaré ennemi de l'État. Les tribuns Antonius et Cassius opposèrent leur veto à la motion, mais leur veto fut annulé ; et croyant leur vie en danger, ils s'enfuirent au camp de César à Ravenne .

## RÉCAPITULATION.

La conspiration en profondeur de Catiline est vaincue par Cicéron et son préteur tué au combat. Pompée dissout son armée et triomphe de ses conquêtes en Asie. Il forme avec César , aujourd'hui consul, et Crassus, le premier triumvirat. L'année suivante, en 58 avant JC, César , en tant que proconsul, prend le commandement en Gaule ; soumet les Helvètes et les Germains, sous Arioviste , en une seule campagne ; conquiert ensuite les Belges ; jette deux fois un pont sur le Rhin et ravage l'Allemagne ; envahit deux fois la Grande-Bretagne ; réprime les révoltes en Gaule et organise le pays tout entier en une partie pacifique et permanente de la domination romaine. Crassus, en Asie, est massivement vaincu, avec la perte de son armée et de sa vie, 53 avant JC. Pompée rompt avec César , et devient le champion du Sénat.

### CÉSAR MAÎTRE DE ROME.

**166.** Il était temps d'agir de manière décisive. César franchit le Rubicon, petit fleuve qui séparait sa province de l'Italie romaine, et s'avança avec une légion, les troupes des Gaules ayant reçu l'ordre de le suivre sans délai. Entrer dans le pays sans démissionner de son commandement était en soi une déclaration de guerre. La panique s'empara de Rome et le Sénat s'enfuit, laissant derrière lui les trésors publics. Quinze mille recrues, destinées à l'armée de Pompée, s'emparèrent de leurs officiers et les remirent, avec eux et la ville de Corfinium , où ils étaient cantonnés, à César . D'autres corps de recrues suivirent leur exemple. Pompée, ayant perdu plus de la moitié de ses dix légions, se retira à Brundisium ; et bien qu'assiégé par César , il réussit à s'échapper avec 25 000 hommes en Grèce.

Le monde romain était désormais véritablement partagé entre les deux généraux. Pompée contrôlait l'Espagne, l'Afrique et l'Est et espérait, en commandant la mer et les îles de maïs, affamer l'Italie et l'amener à se rendre. César n'avait que l'Italie, l'Illyrie et la Gaule. Si Pompée avait agi avec énergie, il aurait pu rapidement créer une armée en Orient et regagner Rome, mais en tardant, il permit à César d'attaquer ses provinces en détail et de lui arracher tout l'empire. Les nobles émigrés se rassemblèrent à Thessalonique et réorganisèrent un sénat, dans lequel ils firent vainement semblant de maintenir les formes constitutionnelles, tandis que, par leurs mesquines jalousies, ils gênaient tous les mouvements de leur général en chef.

**167.** Cu'rio , le plus habile des lieutenants de César , s'empara de la Sicile et détourna ainsi la famine de Rome. En Afrique, il a eu moins de chance. Entraîné dans un combat inattendu avec toute l'armée du roi Juba, il fut vaincu et préféra être tué plutôt que de rencontrer son général en disgrâce. Au lieu de l'anarchie et de la proscription générale que ses ennemis avaient prédites, César rétablit bientôt l'ordre en Italie et la confiance universelle, par la modération et la patience de sa conduite. Les amis et les ennemis étaient également protégés. La classe aisée, qui avait le plus à gagner d'un gouvernement stable, se rangea du côté de César , et les « riches seigneurs reprirent leur tâche quotidienne de rédaction de leurs loyers ».

Sa première entreprise étrangère fut contre l'Espagne, où Pompée avait sept légions. Elle fut conquise au prix d'une campagne sévère et pénible de quarante jours. De retour par la Gaule, César reçut la reddition de Massilia et apprit sa nomination à la dictature de Rome. Il n'occupa cette haute fonction que onze jours, mais assez longtemps pour présider à l'élection des consuls, à laquelle il reçut lui-même, bien entendu, le plus grand nombre de voix ; voter des lois soulageant les débiteurs et restituant à la jouissance de leurs domaines les descendants de ceux que Sylla avait proscrits ; et commencer son projet de consolidation des provinces, en accordant les pleins droits de citoyenneté romaine aux Gaulois .

**168.** En tant que consul, il conduisit ensuite son armée à Brundisium et passa en Grèce. Pompée avait rassemblé des pays de l'Est une grande armée et une grande flotte, dont cette dernière commandait la mer et semblait interdire le passage de César . Mais l'amiral Bibulus, confiant dans sa supériorité numérique et la saison hivernale, resta au dépourvu jusqu'à ce que sept légions soient débarquées en Épire. La tentative de capturer le camp et les trésors de Pompée, à Dyrra'chium , échoua ; mais la vaine confiance qu'inspirait leur succès partiel aux jeunes nobles fiers et frivoles du parti des réfugiés provoqua finalement leur ruine.

César était en effet dans une position périlleuse ; sa flotte fut détruite et il se retrouva isolé dans un pays hostile où la nourriture devait bientôt manquer. Néanmoins, avec sa bonne fortune habituelle et son habileté consommée, il parvint à entraîner son ennemi victorieux après lui vers l'intérieur du pays, où la flotte de Pompée ne lui donnait aucun avantage, puis à choisir son propre champ de bataille à Pharsalia , en Thessalie. L'armée de Pompée, à cheval et à pied, comptait 54 000 hommes ; celui de César , à peine plus de 22,000. Le premier était abondamment approvisionné en provisions et en matériel militaire, tandis que le second était au bord de la famine et obligé de risquer son existence dans une entreprise désespérée. Le résultat paraissait si certain que les patriciens du camp de Pompée se disputaient déjà entre eux la succession au pontificat de César .

**169.** Le 9 août 48 avant JC, les Pompéiens franchirent la rivière qui séparait les deux camps, et avec leur cavalerie commencèrent l'attaque. Les cavaliers de César furent repoussés, mais une troupe d'élite de ses légionnaires, essayée sur cent champs gaulois, chargea à l'improviste les assaillants. Leurs ordres étaient de pointer leurs javelots vers le visage des ennemis. Confuse par cette nouvelle attaque, la cavalerie se retourna et s'enfuit ; et Pompée, que les reproches de ses conseillers auto-proclamés avaient poussé à livrer bataille contre son meilleur jugement, et qui n'avait jamais partagé leur confiance, n'attendit pas l'attaque générale, mais galopa vers son camp.

Son armée était complètement en déroute ; 15 000 gisaient morts sur le terrain et 20 000 se rendirent le lendemain de la bataille. Beaucoup de membres de l'aristocratie se sont empressés de faire la paix avec le conquérant ; les « irréconciliables » se sont rendus soit à la montagne, soit à la mer, pour mener pendant des années une guerre de prédateurs ; ou en Afrique, où le roi Juba, de Numidie, comprenant que la politique de consolidation de César le priverait de son royaume, se tenait toujours fermement du côté pompéien. Les autres États clients retirèrent leurs quotas de navires et d'hommes dès qu'ils virent que la cause de Pompée était perdue.

**170.** Pompée s'enfuit en Égypte. La jeune reine Cléopâtre était maintenant en Syrie, après avoir été chassée de son royaume par le tuteur de son frère, Pothinus , qui était avec une armée qui tenait contre elle la frontière orientale. Les perfides hommes d'État qui entouraient le roi envoyèrent un bateau invitant l'illustre fugitif à débarquer ; mais au moment où il atteignait le rivage, il fut poignardé par un de ses anciens centurions, qui était maintenant au service de Ptolémée. Pompée comprit son sort ; sans un mot, il se couvrit le visage de sa toge et se soumit aux épées de ses bourreaux. Sa tête fut coupée et son corps jeté sur le sable, où il fut enterré par l'un de ses propres serviteurs.

César arriva bientôt à sa poursuite ; mais quand l'affreuse tête lui fut présentée, il se détourna en pleurant et ordonna de mettre à mort les meurtriers. Il resta cinq bouches à Alexandrie, réglant les affaires du royaume, qu'il assura à Cléopâtre conjointement avec son frère. Il fut ainsi impliqué dans la guerre contre le peuple et, lors d'une bataille navale, fut autrefois contraint de sauver sa vie en nageant de navire en navire, tenant son épée entre ses dents et le manuscrit de ses Commentaires sur la guerre des Gaules dans une main. sa tête. Il fut finalement victorieux et Ptolémée se noya dans le Nil.

**171.** César se tourna alors rapidement vers l'Asie Mineure, où Pharnace du Pont tentait de reconquérir les domaines perdus de son père. L'armée romaine avait été vaincue à Nicopolis avec de grandes pertes, mais César remporta une victoire décisive à Ziela et termina la campagne en cinq jours. C'est à cette occasion qu'il envoya au Sénat sa mémorable dépêche : « Veni , vidi , vici ». [75] La présence du chef a apporté une transformation similaire à la guerre en Afrique. Le parti pompéien avait rétabli son sénat à Utique, et pendant le long séjour de César en Égypte, il avait levé une armée tout à fait égale à celle qui avait été conquise à Pharsale .

En tentant de porter la guerre en Afrique, César rencontra un obstacle inattendu lors d'une mutinerie de ses vétérans dans le sud de l'Italie. Fatigués des difficultés insolites de leurs dernières campagnes, et s'imaginant que leur général ne pouvait rien faire sans eux, ils refusèrent de s'embarquer pour la Sicile et commencèrent leur marche vers Rome. Ayant assuré la sécurité de la ville, César apparut soudain parmi les légions et demanda ce qu'elles voulaient. Des cris de « décharge ! » ont été entendus de toutes parts. Il les prit aussitôt au mot ; puis, s'adressant à eux en tant que « citoyens », et non en tant que « soldats », leur promit, à l'approche de son triomphe, leur pleine part du trésor et des terres qu'il avait destinés à ses fidèles disciples, bien que dans le triomphe lui-même, ils puissent, bien sûr. , n'ont aucun rôle.

Sa présence et sa voix ranimèrent leur ancienne affection ; ils restèrent muets et honteux devant la rupture soudaine du lien qui avait été leur seule gloire dans le passé. Enfin, ils commencèrent à mendier, même en pleurant, pour qu'on puisse les rendre en grâce et les honorer de nouveau du nom de « soldats de César ». Après un certain délai, leur prière fut exaucée ; les meneurs ne furent punis que par une réduction d'un tiers de leurs présents triomphaux, et la révolte était terminée.

**172.** La campagne en Afrique n'a pas été moins difficile que celle en Grèce. Les Pompéiens étaient bien approvisionnés en cavalerie et en éléphants et pouvaient combattre sur les champs de leur choix. Ils gagnèrent une bataille près de Rus'pina , mais lors du conflit plus décisif de Thapsus, ils furent complètement renversés. Les soldats de César méconnaissaient ses ordres d'épargner leurs concitoyens ; ils étaient déterminés à obtenir du repos de la guerre au prix du sang romain, et 50 000 Pompéiens furent laissés morts sur le champ de bataille. César était désormais maître de toute l'Afrique. Caton, commandant à Utique, assurait la sécurité de ses amis soit par la fuite, soit par la reddition ; puis s'enfermant dans sa chambre, lut toute la nuit le traité de Platon sur l'immortalité de l'âme, et vers le matin se tua avec sa propre épée.

Pièce de monnaie de César , agrandie deux fois.

**173.** César revint à Rome en possession du pouvoir absolu. Au lieu des proscriptions qui, dans des circonstances semblables, avaient marqué le retour de Marius et de Sylla, il proclama l'amnistie pour tous, et chercha à profiter de la sagesse de tous les partis pour réorganiser les affaires civiles. Comme il n'avait jamais triomphé, il célébra quatre jours ses victoires en Gaule, en Egypte, dans le Pont et en Numidie ; mais les réjouissances n'étaient que pour la conquête d'ennemis étrangers, car il était considéré comme inconvenant de triompher des citoyens romains. Vingt mille tables étaient dressées dans les rues et sur les places publiques, des cadeaux de blé et d'argent étaient distribués aux soldats et au peuple, et les jeux étaient célébrés avec une splendeur jamais égalée auparavant. César s'appliqua alors avec diligence à régler les désordres de l'État ; et le bénéfice d'une, au moins, de ses provisions se fait sentir encore aujourd'hui. Le calcul du temps, par l'incurie ou la corruption des pontifes ( voir § 29 ), était tombé dans une confusion désespérée : les fêtes des vendanges avaient lieu au printemps, et celles des vendanges tardives au milieu de l'été. César , en tant que grand pontife, réforma le calendrier en ajoutant quatre-vingt-dix jours à l'année en cours, puis, avec l'aide d'un astronome alexandrin, adapta le calcul à la course du soleil. Il a fait que l'année romaine soit composée de 365 jours et a ajouté un jour tous les quatre ans. Le Calendrier Julien, avec une seule correction,

[76] est celui que nous suivons maintenant. En reconnaissance de son service dans cette affaire, le Sénat ordonna que le mois de naissance de César soit désormais appelé du nom de son clan, juillet. Son successeur, Auguste, à l'occasion d'une légère amélioration du calendrier, donna son propre nom au mois suivant.

**174.** Les Pompéiens firent un autre rassemblement en Espagne, mais ils furent vaincus et renversés par César , dans la bataille sévère et décisive de Munda, le 17 mars 45 avant JC. Cneius Pompée, le jeune, fut tué ; son frère Sextus se soumit bientôt et reçut les domaines familiaux. Il fut proscrit pendant les désordres qui suivirent la mort de César , et entreprit pendant huit ans une guerre de piraterie sur mer. Après avoir réglé les affaires d'Espagne, César célébra un cinquième triomphe, et fut chargé par le servile Sénat de pouvoirs et de dignités illimitées. Il devint dictateur et censeur à vie, cette dernière fonction recevant désormais son nouveau titre de préfecture des mœurs. Il lui était permis de faire la paix ou la guerre sans consulter ni le Sénat ni le peuple. Dans son pouvoir le plus élevé et le plus distinctif, celui d'empereur perpétuel, il devait nommer son successeur. Sa personne fut déclarée sacrée, et tous les sénateurs s'obligèrent par serment à veiller à sa sûreté. Ses statues devaient être placées dans tous les temples, et son nom dans les serments civils était associé à celui des dieux.

**175.** César profita de son pouvoir sans précédent pour planifier de nombreux grands travaux d'utilité générale. Il projetait un recueil indispensable des lois romaines et la fondation d'une bibliothèque latine et grecque sur le modèle de celle d'Alexandrie, qui avait été presque détruite par un incendie lors du récent siège. Il proposa de modifier le cours du Tibre, de manière à assécher les marais pontins, à ajouter à la ville une vaste étendue de terrain disponible pour la construction et à relier à Rome le grand et pratique port de Terracina . de l'inférieur d'Ostie.

Il souhaitait avant tout substituer un grand empire méditerranéen au simple gouvernement municipal qui, pendant plus de cent ans, avait gouverné l'Italie et le monde. Pour expier la politique étroite de la Rome municipale, il reconstruisit les deux grandes villes commerciales, Carthage et Corinthe, que la jalousie romaine avait démolies ; et il effaça autant que possible les distinctions entre l'Italie et les provinces. Dans les nombreuses colonies qu'il fonda en Europe, en Asie et en Afrique, il hébergea 80 000 émigrants, venus pour la plupart des immeubles surpeuplés de Rome même. Ses plans englobaient les intérêts variés de chaque classe et nation au sein de l'empire et visaient à atteindre, par l'union de tous, une civilisation plus élevée que celle qu'elles avaient atteinte seules. Dans les régions les plus sauvages d'Allemagne, de Dalmatie ou d'Espagne, le soldat romain était suivi du maître d'école grec et du commerçant juif.

**176.** Bien qu'occupant le plus haut rang de général, César était plus un homme d'État qu'un guerrier, et désirait fonder son gouvernement, non sur la puissance militaire, mais sur la confiance du peuple. Il avait déjà la quarantième année lorsqu'il prit pour la première fois le commandement d'une armée. Pourtant, ses grandes œuvres en tant que dirigeant devaient toutes être exécutées dans les brefs intervalles des affaires militaires. Les cinq années et demie qui suivirent son accession au pouvoir suprême furent occupées par sept campagnes importantes ; et il était sur le point d'entreprendre une expédition contre les Parthes, pour venger le renversement de Crassus, lorsqu'une mort violente mit fin à sa carrière. On dit qu'il désira, avant son départ, recevoir le titre de roi.

Une conspiration s'était déjà formée parmi ses ennemis personnels. Elle fut désormais renforcée par l'adhésion de plusieurs républicains honnêtes, qui rêvaient que la mort du dictateur rendrait la liberté à l'État. Lors de la fête des Lupercales, le 15 février 44 av. J.-C., la couronne fut offerte à César , par Antoine, son collègue au consulat ; mais, voyant la consternation du peuple, il la déclina. Le 15 du mois suivant, malgré de nombreux avertissements, César se rendit au Sénat. Il venait de s'asseoir, lorsqu'un des conspirateurs se baissa et toucha sa robe. A ce signal, Casca le poignarda à l'épaule ; les autres se pressaient avec leurs épées ou leurs poignards dégainés.

Au lieu de la foule flatteuse, rien que des visages meurtriers et des lueurs d'acier ne rencontraient son regard de tous côtés. Il resta toujours à distance, blessant un assaillant avec son stylet, en rejetant un autre et désarmant un troisième, jusqu'à ce qu'il reçoive une blessure de la main de Brutus, que, bien que partisan de Pompée, il avait honoré de sa confiance et chargé de avantages. Puis, enroulant son manteau autour de lui, avec l'exclamation de reproche : « Et *toi* , Brutus ! il tomba au pied de la statue de Pompée et expira.

**177.** Brutus, levant son poignard sanglant, cria à haute voix à Cicéron : « Réjouis-toi, père de notre patrie, car Rome est libre ! Jamais réjouissance ne fut plus infondée. Si Brutus et ses complices avaient pu restituer au peuple romain les vertus simples et renoncements des temps anciens, Rome aurait en effet été libre. Mais César comprenait mieux les temps que ses assassins. En supprimant le seul homme capable de gouverner avec clarté, fermeté et bienfaisance, ils avaient replongé l'État dans les horreurs de la guerre civile et en avaient fait la proie facile d'un despote moins capable et moins libéral. Le Sénat et le peuple furent d'abord paralysés par la soudaineté du changement et par la crainte d'un retour aux anciennes scènes de proscription. Antoine, désormais consul unique, eut le temps de s'emparer des papiers et des trésors de César ; et par son oraison funèbre sur le corps du dictateur, et surtout par la lecture de son testament, dans lequel tout le peuple romain était rappelé avec une grande libéralité, il souleva les passions indignées de la foule contre les meurtriers.

Antoine fut pendant un temps l'homme le plus populaire de Rome, mais un rival apparut bientôt en la personne d' Octavien , petit-neveu et fils adoptif de Jules César . Ce jeune homme, qui avait été élevé avec beaucoup de soins sous l'œil de son père adoptif, arriva du camp d'Apollonia et réclama son héritage, dont il distribua soigneusement l'héritage aux soldats et au peuple. Cicéron fut amené à le considérer comme l'espoir de l'État, et dans sa troisième grande série de discours, appelée les Philippiques , il détruisit la popularité d'Antoine et son influence auprès du Sénat. Deux des légions d'Antoine désertèrent vers Octavien, et Antoine lui-même, au cours de deux batailles, fut mis en déroute et chassé à travers les Alpes.

**178.** Les deux consuls de l'an 43 avant JC furent tués dans la bataille devant Mu'tina . Octave, de retour à Rome, obligea l'assemblée populaire à l'élire à cette charge, bien qu'il n'eût que dix-neuf ans. Il fut chargé de poursuivre la guerre contre Antoine, qui avait maintenant été rejoint par Lépidus, ancien maître de la cavalerie de Jules César , et qui descendait maintenant des Alpes avec une formidable armée de dix-sept légions. Mais le Sénat, craignant presque également Antoine et Octave, révoqua la mise au ban du premier ; et celui-ci, dégoûté de ses hésitations, résolut de s'allier avec les deux commandants, dont les forces seules pouvaient lui donner la victoire sur les assassins.

Sur une petite île du Reno, près de Bononia (Bologne), les trois se réunirent, et le Deuxième Triumvirat, d'Antoine, César Octavien et Lépide, fut alors formé, en 43 avant JC, proposant de partager entre eux pendant cinq ans le gouvernement du monde romain. Une proscription s'ensuivit, dans laquelle Cicéron, quoique ami de César , fut sacrifié à la haine d'Antoine. L'illustre orateur fut assassiné près de sa propre villa à Formiæ , et sa tête et sa main droite furent clouées à la tribune de Rome, d'où il avait si souvent parlé des droits sacrés des citoyens. Deux mille chevaliers et trois cents sénateurs périrent dans cette proscription. Ceux qui purent s'échapper se réfugièrent chez Sextus Pompée en Sicile, ou chez Brutus et Cassius en Grèce.

**179.** Antoine et Octavien traversèrent l'Adriatique et vainquirent le dernier des conspirateurs lors de deux batailles à Philippes, à l'automne 42 avant JC. Brutus et Cassius terminèrent tous deux leurs jours par le suicide. César retourna en Italie, où une nouvelle guerre civile fut déclenchée par Fulvia , l'épouse d'Antoine, et Lucius, son frère. Lucius Antonius se jeta en Pérouse , où il fut assiégé et pris par Octave. Les citoyens ordinaires furent épargnés, mais 300 ou 400 nobles furent tués sur l'autel de Jules César , le jour anniversaire de sa mort, le 15 mars 40 avant JC. Fulvie mourut en Grèce, et un nouvel accord entre les triumvirs, appelé la Paix de Brundisium , fut scellée par le mariage d'Antoine avec Octavie, la sœur du jeune César .

Dans le nouveau partage du monde civilisé, Antoine reçut l'Orient ; Octave, Italie et Espagne ; et Lepidus, Afrique. Sextus Pompée, dont les flottes, commandant la mer, menaçaient la capitale de famine, fut admis, l'année suivante, à une sorte de partenariat avec le triumvirat, dans lequel il reçut les îles de la Méditerranée occidentale, à condition d'approvisionner Rome en céréales. . Les conditions de ce traité ne furent jamais remplies et il en résulta une guerre de deux ans entre Pompée et Octave. Cela se termina en 36 av. J.-C. par un grand combat naval au large de Naulochus . Agrippa, l'ami intime de César , mit en déroute les forces de Pompée, qui s'enfuirent désespérées en Asie, et l'année suivante fut capturé et mis à mort. Ses forces terrestres, abandonnées par leur chef, persuadèrent Lépidus de devenir leur général et de déclarer la guerre à Octave. Mais le jeune César agissait avec une intrépidité digne de son nom. Il entra sans armes et presque seul dans le camp de Lépidus, et par son éloquence les persuada d'abandonner leur indigne commandant et de lui être fidèle.

**180.** Lépidus étant dégradé, les deux membres restants du triumvirat restèrent trois ans à la tête des affaires. Mais une alliance aussi purement égoïste ne saurait être permanente. Antoine négligea sa noble épouse pour les enchantements de la reine égyptienne, à qui il accorda la Phénicie , la Cœle -Syrie et d'autres domaines de Rome. Il gaspilla les forces qui lui étaient confiées dans des expéditions qui n'aboutirent qu'à des pertes et à des disgrâces ; et il abandonna la simple dignité d'un citoyen romain pour la cérémonie arrogante d'un monarque oriental.

En 32 avant JC, la guerre est déclarée à Cléopâtre et, en septembre de l'année suivante, les forces des deux triumvirs se rencontrent au large d'Actium, en Acarnanie. Antoine avait rassemblé une vaste flotte et une vaste armée ; mais ses officiers, dégoûtés par sa faible complaisance, étaient prêts à se ranger du côté d'Octave. Découragé par de nombreuses désertions, Antoine ne prit aucune part active à la bataille, mais tandis que ceux de ses forces qui lui restaient fidèles combattaient courageusement pour sa défense, il se retira avec une partie de sa flotte et suivit Cléopâtre en Égypte. Son armée terrestre, après avoir attendu une semaine son commandant fugitif, se rendit à Octave.

Dès ce moment, César fut le maître du monde romain. Le coup final fut porté l'année suivante en Égypte, où Antoine fut vaincu devant Alexandrie et abandonné par sa flotte et son armée. Cléopâtre a négocié pour le trahir, mais lorsqu'elle a découvert qu'Octave voulait la capturer, pour qu'elle puisse orner son triomphe, elle a mis fin à ses jours par le venin d'un aspic. Antoine, désespéré, s'était déjà suicidé et l'Égypte devint une province romaine. Octavien, de retour à Rome l'année suivante, célébra un triple triomphe, et les portes de Janus furent fermées pour la troisième fois, en signe de paix universelle, en 29 av.

## RÉCAPITULATION.

César franchit le Rubicon et devient en trois mois maître de l'Italie. Il soumet les Pompéiens en Espagne, devient dictateur, puis consul ; poursuit Pompée en Grèce ; est vaincu à Dyrrhachium , mais victorieux à Pharsale , en 48 avant JC. Pompée est tué en Égypte. César rétablit Cléopâtre sous le protectorat romain ; reconquiert Pontus; il réprime une mutinerie dans ses légions gauloises et renverse les Pompéiens à Thapsus, en Afrique. Il célèbre quatre triomphes à Rome ; réforme le calendrier; écrase enfin les Pompéiens en Espagne ; est investi de pouvoirs souverains et organise un empire cosmopolite. A la veille du départ pour l'Asie, il est assassiné au Sénat par soixante conspirateurs. Antoine vise à lui succéder, mais Octave reçoit son héritage. Antoine, Octave et Lépide forment le deuxième triumvirat, 43 avant JC. Dans la proscription qui suit, Cicéron est tué. Brutus et Cassius sont vaincus à Philippes, en 42 avant JC. Une dispute au sein du triumvirat se termine par la paix de Brundisium et le mariage d'Antoine et d'Octavie. Lépidus est dégradé du triumvirat, 35 avant JC ; les deux collègues restants se disputent et la bataille d'Actium fait d'Octave le souverain suprême de l'empire, 31 avant JC.

## III. L'EMPIRE ROMAIN.

**181.** Première Période , 31 avant JC-192 après JC. L'empire fondé par César Octavien était une monarchie absolue sous la forme d'une république. De nombreuses fonctions élevées, qui avaient été exercées par différentes personnes, étaient désormais concentrées en une seule ; mais il déclina le nom de dictateur, dont Marius et Sylla avaient abusé, et eut soin de n'être élu que pour des périodes limitées et d'une manière régulière. Le titre d'Imperator, qu'il portait à vie, avait toujours appartenu aux généraux de rang consulaire du temps de leur commandement. Le nom d'Auguste, sous lequel on le connaît désormais, était un titre d'honneur accordé par le Sénat et rendu héréditaire dans sa famille. En tant que chef, ou « prince du Sénat », il avait le droit de présenter des sujets de discussion ; et en tant que pontifex maximus, ou grand prêtre de l'État, il exerçait une influence déterminante sur toutes les affaires sacrées.

Il vivait à la manière d'un riche sénateur dans sa maison du Palatin, se promenait à l'étranger sans suite et évitait soigneusement la pompe royale. Les assemblées populaires nommaient toujours les consuls, les préteurs , les questeurs , les édiles et les tribuns, mais le candidat retenu était toujours recommandé par l'empereur, s'il n'acceptait pas lui-même la nomination. Ces dignités démodées n'étaient plus que des noms vides de sens, le pouvoir réel étant passé, sous Auguste lui-même, à de nouveaux officiers, notamment au préfet de la ville et au commandant de la garde prétorienne . [77] Le peuple, quant à lui, se contentait de distributions libérales de blé, de vin et d'huile, et s'amusait par une succession constante de jeux.

**182.** En sept siècles, la domination romaine s'est développée à partir des quelques hectares du mont Palatin, pour embrasser la Méditerranée avec toutes ses côtes, de l'Atlantique à l'Euphrate, et du désert africain au Rhin, au Danube et au Pont-Euxin. . Les vingt-sept provinces, réorganisées par Auguste, furent partagées entre lui et le Sénat selon leur état. Celles qui étaient en sécurité en paix étaient appelées provinces sénatoriales et gouvernées par des proconsuls nommés par le corps législatif ; celles qui exigeaient la présence d'une armée étaient des provinces impériales et étaient administrées soit par l'empereur en personne, soit par ses légats.

L'armée permanente, qui maintenait l'ordre dans tout l'empire, se composait, du temps d'Auguste, de vingt-cinq légions, chaque légion comptant, en cavalerie, à pied et en artillerie, un peu moins de 7,000 hommes. Cette force de 175 000 hommes était répartie le long du Rhin, du Danube et de l'Euphrate, ou en Grande-Bretagne, en Espagne et en Afrique, selon le danger posé par les barbares extérieurs. Tandis que la paix intérieure était maintenue grâce à la sage gestion d'Auguste, les frontières naturelles de l'empire mentionné ci-dessus n'étaient gagnées et maintenues que par une guerre active. Le nord et le nord-ouest de l'Espagne, les provinces alpines de Rhætia et Vindelic'ia , et les pays danubiens Nor'icum , Panno'nia et Mœ'sia , nécessitèrent une guerre presque incessante de plus de vingt ans, de 12 avant JC à 9 après JC.

**183.** Les Allemands, à l'est du Rhin et au nord du Danube, bien que souvent vaincus, ne furent jamais soumis. Drusus, beau-fils d'Auguste, fut le premier général romain à descendre le Rhin jusqu'à l'océan germanique. Il construisit deux ponts et plus de cinquante forteresses le long du fleuve et imposa un tribut aux Frisons au nord de son embouchure. Drusus mourut lors de sa troisième campagne, en 9 avant JC, et fut remplacé par son frère Tibère, qui après de nombreuses années, en 4 après JC, semblait avoir soumis les tribus entre le Rhin et l'Elbe.

Pièce de Drusus, deux fois plus grande que l'originale.

Mais son successeur, Qu. Varus tenta d'établir le même règne arrogant et arbitraire qu'il avait exercé sur les esclaves syriens, un peuple écrasé par près de deux mille ans de despotisme assyrien, égyptien, perse et macédonien. Les Allemands à l'esprit libre se révoltèrent sous la direction de leur chef princier, Armin´ius (Herman). Arminius avait été éduqué à Rome et avait parfaitement appris la tactique des légions ; mais le raffinement romain n'a jamais affaibli sa fidélité allemande à la patrie. Le mal privé s'ajoutait désormais à l'oppression nationale, et il élabora profondément et exécuta fermement son plan pour la destruction de l'armée romaine et la délivrance de l'Allemagne.

**184.** Varus fut attiré dans le pays accidenté et difficile du Teutoberg'er Wald, à une époque où de fortes pluies avaient accru le marécage du sol. Des barricades d'arbres tombés lui bloquèrent le passage et, dans une vallée étroite, une tempête de grêle de javelots éclata sur ses légions de la part des armées d'Arminius. Le lendemain, la bataille reprit, et les Romains furent littéralement détruits, car tous les captifs furent sacrifiés sur les autels des anciennes divinités germaniques. Les garnisons de tout le pays furent passées au fil de l'épée et, en quelques semaines, il ne restait plus aucun pied romain sur le sol allemand.

La nouvelle du désastre frappa Rome de terreur. Les superstitieux croyaient que des présages surnaturels avaient accompagné l'événement. Le temple de Mars fut frappé par la foudre, des comètes flamboyèrent dans le ciel et des lances de feu jaillirent du nord dans le camp prétorien . Une statue de la Victoire, qui se dressait sur la frontière italienne et regardait vers l'Allemagne, se tourna d' elle-même et se tourna vers Rome. Auguste, dans sa douleur, accru par la faiblesse de la vieillesse, se frappait pendant des mois la tête contre le mur en s'écriant : « Quintilius Varus, rends-moi mes légions !

Par la révolte d'Arminius, l'Allemagne fut définitivement libérée. Les armées romaines y furent conduites par Germanicus et le jeune Drusus, mais elles n'obtinrent aucun avantage permanent ; et par la volonté d'Auguste et la politique de ses successeurs, le Rhin continua à être considéré comme la frontière jusqu'à ce que, cinq siècles plus tard, le courant des conquêtes tourne dans l'autre sens et que les races teutoniques divisent l'Empire romain en royaumes de l'Europe moderne.

**185.** Le règne d'Auguste offrait un contraste rafraîchissant avec le siècle de révolution qui l'avait précédé, par la sécurité et la prospérité qui se faisaient sentir dans tout l'empire. Le commerce reprit vie, l'agriculture fut grandement améliorée et la ville impériale fut ornée de temples, de portiques et d'autres bâtiments nouveaux et magnifiques. Auguste pouvait vraiment se vanter d'avoir « trouvé Rome en brique et l'a laissée en marbre ». Une gloire plus durable entoure son nom grâce à l'éclat littéraire de sa cour. L'historien Tite-Live, Virgile, Horace, Ovide, Tibule , ainsi que d'autres poètes, bénéficièrent de son patronage et célébrèrent ses réalisations ; et en allusion à cela, la période la plus brillante de la littérature de chaque nation est communément appelée « l'ère augustéenne ». Auguste n'avait pas de fils, et son choix d'héritier tomba sur Tibère, le fils de sa femme Livie, par un premier mariage. Par le même arrangement, Germanicus, fils de Drusus, fut adopté par Tibère et marié à Agrippine , petite-fille d'Auguste.

**186.** À l'âge de 77 ans, Auguste termina son long et merveilleusement prospère règne de quarante-cinq ans, en 14 après JC. Le Sénat et le peuple se soumirent à son successeur désigné. L'armée aurait plus volontiers proclamé son général idolâtré Germanicus, mais le jeune prince refusa catégoriquement d'approuver cet acte. Tibère, loin d'apprécier sa fidélité, n'a jamais pardonné sa popularité ; et la cour comprit bientôt que le moyen le plus sûr de gagner la faveur de l'empereur était de maltraiter son fils adoptif.

## FORUM ROMAIN, SOUS LES EMPEREURS.

*Temple de Junon Moneta. Tabularium , ou Salle des Archives. Temple de la Concorde. Temple de Jupiter Tonans . Temple de Saturne. Temple de Vespasien. Arc de Septime Sévère. Temple de Jupiter Capitolin . Basilique Julienne. Arc de Tibère. Milliarium et Rostres. Statue de Domitien. Prison Mamertine.*

La politique de Tibère était celle de nombreux autres tyrans lâches et méfiants. Conscient de sa propre indignité, soit par sa naissance, soit par son génie, et de la haute place qu'il occupait, il voyait un rival dans tout possesseur de grand talent ou même de vertu élevée. Il craignait d'appeler à son secours les grands patriciens ou les princes de la maison julienne, et il regardait ses propres relations avec une jalousie sans mélange. Cependant, comme il lui était impossible d'administrer seul toutes les affaires mondiales d'un tel empire, il fut élevé au poste de prétorien. le préfet était un chevalier volsinien , Sejanus , qu'il jugeait trop méchant pour être dangereux, mais qui devint en fait le maître de tout le royaume.

**187.** Germanicus, quant à lui, mena trois campagnes, de 14 à 17 après JC ; et, après plusieurs désastres, il remporta quelques victoires importantes sur Arminius, entre le Rhin et l'Elbe. Il fut rappelé en 17 après JC, pour recevoir l'honneur d'un triomphe, et fut accueilli, à vingt milles de Rome, par une multitude enthousiaste qui s'était précipitée pour l'accueillir. Il était en effet dangereusement cher à la fois à ses légions et au peuple ; et bien qu'il croyait qu'en un an encore il pourrait achever la conquête de l'Allemagne, il fut maintenant transféré dans une autre armée et dans les guerres de l'Est. Dans son nouveau commandement, il régla les affaires de l'Arménie et organisa la Cappadoce en province ; mais il mourut en 19 après JC, près d'Antioche en

Syrie, se croyant empoisonné par Piso , un subordonné, envoyé par l'empereur avec l'ordre exprès de contrecarrer et de blesser son chef.

**188.** Drusus, fils de Tibère, fut empoisonné sur ordre de Séjan, qui eut l'audace de demander à l'empereur la permission d'épouser la veuve de sa victime. Cela a été refusé ; mais Tibère, toujours aveuglé par la merveilleuse ambition du misérable qui le gouvernait, consentit à se retirer à Capréa et à laisser Rome aux mains de Séjan. Son temps était maintenant consacré à des excès cochons, tandis que son indigne lieutenant entretenait pendant cinq ans une émeute de mauvaise gestion. Ses mauvais projets n'épargnaient pas les meilleurs ni les plus nobles de la famille impériale ; mais enfin il aperçut les soupçons de son maître dirigés contre lui, et se prépara à anticiper le coup en assassinant Tibère lui-même. Son complot fut découvert et il fut soudainement arrêté et exécuté en 31 après JC.

La chute de cet indigne favori enleva à Tibère le seul homme en qui il avait jamais eu confiance, et désormais tous furent également l'objet de sa jalousie féroce et cruelle. Agrippine, la noble épouse, ainsi que Néron, Drusus et Livilla , les fils et la fille indignes de Germanicus, furent mis à mort sur ses ordres. Contrairement à Auguste, qui respectait scrupuleusement les formes de la loi, il usurpait le droit de condamner sans procès tous ceux qui lui étaient odieux ; et il a étendu la définition de la trahison aux mots et même aux pensées. Depuis sa retraite insulaire dans la magnifique baie de Naples, il a semé la destruction sur des hommes, des femmes et même des enfants innocents qui avaient le malheur d'être d'une naissance suffisamment noble pour attirer son attention. Ce fut un soulagement pour le monde lorsqu'il mourut de maladie, en 37 après JC, à l'âge de soixante-dix-huit ans.

**189.** Tibère n'avait nommé aucun successeur, mais le Sénat, les soldats et le peuple s'unirent dans le choix de Caïus César , le seul fils survivant de Germanicus et d'Agrippine. Dans son enfance, il avait été l'animal de compagnie des légions en Allemagne, et des petites bottes militaires ( *caligæ* ) qu'il portait pour leur plaire, il acquit le surnom de *Caligula* . Cette appellation enfantine est le nom sous lequel il est communément connu dans l'histoire. Caligula avait maintenant vingt-six ans et était considéré comme d'un caractère doux et généreux. Les premiers mois de son règne justifièrent cette impression. Il relâcha les prisonniers et rappela les exilés de Tibère, et il rendit le pouvoir aux magistrats réguliers et aux assemblées populaires. Mais sa tête faible était tournée par la possession du pouvoir absolu et des énormes richesses thésaurisées par Tibère. Dans une complaisance sans limites, il éteignit la dernière étincelle de la raison et n'exerça son immense pouvoir que pour le mal, et de la manière la plus sauvage et la plus imprudente. Choisissant d'être considéré comme un dieu, il se fit construire un temple, sous le nom de Jupiter Latiaris ; et Rome était maintenant devenue si servile, que ses plus nobles citoyens achetèrent l'honneur d'officier comme prêtres auprès de cette divinité sans valeur.

Le pire abus du pouvoir absolu a été le mépris de la vie humaine. Lorsque le stock de criminels pour les jeux publics fut épuisé, l'empereur ordonna que les spectateurs, pris au hasard dans la foule, soient jetés aux bêtes ; et de peur qu'ils ne le maudissent dans leurs dernières agonies, leurs langues furent d'abord coupées. Mais cette folle carrière de despotisme a entraîné sa propre destruction ; car, la quatrième année de son règne, et la trentième de son âge, Caïus César fut assassiné par deux de ses gardes.

**190.** Le monde romain se trouvant ainsi tout à coup sans maître, les prétoriens prirent sur eux de décider de son sort. Trouvant Claude, l'oncle de Caligula, vieillard faible et timide, caché dans le palais, ils le saluèrent comme empereur et l'emmenèrent en toute hâte dans leur camp, où il reçut les serments d'allégeance. Considéré dès l'enfance comme dépourvu d'intelligence, Claude avait été traité par ses parents avec un mépris, et par ses serviteurs avec une dureté et une cruauté, qui ne faisaient qu'augmenter l'irrésolution naturelle de son caractère. Pourtant, bien que faible, il était un homme bon et honnête, et le mal commis sous son règne était l'œuvre d'autrui. Sa tristement célèbre épouse, Messalina , satisfaisait sa jalousie et se vengeait aux dépens des plus nobles de l'État, en particulier des princesses impériales, sans même une démonstration de formalité légale. Finalement , elle fut exécutée pour ses crimes, et l'empereur obtint du Sénat une loi qui lui permettait d'épouser sa nièce, Agrippine.

Cette princesse ne semble avantagée que par rapport à son prédécesseur. Elle rappela d'exil Sénèque, le philosophe, et en fit le précepteur de son fils Néron. Elle a protégé de nombreuses personnes injustement accusées et elle a porté au pouvoir le fidèle Burrhus, qui s'est montré un meilleur serviteur, tant pour elle-même que pour son fils, que ni l'un ni l'autre ne méritait. Dans le même temps, Agrippine persuada son mari de mettre de côté son propre fils, Britannicus , en faveur de son fils issu d'un précédent mariage. Ce jeune portait le nom de son père, L. Domitius Ahenobar´bus , mais par adoption par l'empereur, il devint Néron Claudius Cæsar Drusus Germanicus. C'est par le premier de ces noms qu'il est connu dans l'histoire comme l'un des tyrans les plus méchants. Ayant obtenu tout ce qu'elle espérait de la faible complaisance de Claude, Agrippine l'empoisonna et présenta son fils aux gardes prétoriens comme leur empereur. Certains, dit-on, criaient : « Où est Britannicus ? mais il n'y eut pas de résistance sérieuse, et le nouvel empereur fut accepté par le Sénat, le peuple et les provinces.

**191.** Pendant les cinq premières années, sous l'administration sage et honnête de Sénèque et de Burrhus, les Romains crurent que l'âge d'or était revenu. Les impôts ont été remis; des terres ont été attribuées aux nécessiteux et aux méritants. Les *delators* , cette classe infâme de personnes qui gagnaient leur vie en accusant les autres de crime, furent supprimés ou bannis. Les armes romaines prospérèrent en Arménie, sous le commandement habile de Corbulon , qui s'empara des deux capitales, Artax'ata et Tigranocerta , et soumit complètement le royaume. En Allemagne, tout était tranquille, et les légions du Bas-Rhin eurent le loisir d'achever les digues qui protégeaient le pays des inondations.

Aucune de cette prospérité n'était cependant due au caractère de Néron, qui était un tyran sensuel et cruel dès sa jeunesse. Au cours de la deuxième année de son règne , il empoisonna son frère adoptif Britannicus. Quelques années plus tard, il assassina sa mère, sa femme et le trop fidèle Burrhus, se débarrassa de l'influence de Sénèque et donna désormais libre cours à ses caprices tyranniques. Il encouragea de nouveau les informateurs et remplit son trésor des biens confisqués de leurs victimes.

**192.** Il persécuta les Juifs et les Chrétiens, chargeant ces derniers du grand incendie de Rome, qu'il était plus que soupçonné d'avoir lui-même fait allumer. Par cette terrible conflagration, dix des quatorze quartiers, ou « régions », de la ville furent rendus inhabitables. Néron assistait à l'incendie depuis une tour de l'Esquilin, tandis que, vêtu d'un costume d'acteur, il chantait le « Sac de Troie ». Qu'il ait ou non ordonné la destruction de Rome en raison de son dégoût pour ses rues étroites et sinueuses, il profita sagement de l'occasion pour la reconstruire dans des proportions plus régulières et plus spacieuses. Les maisons étaient construites en pierre et rendues ignifuges ; chacune était entourée de balcons et séparée des autres maisons par des ruelles très larges, tandis qu'une réserve d'eau abondante était introduite dans chaque immeuble.

Le palais de Néron ayant été détruit, il construisit sa Maison dorée sur une échelle de grandeur et de splendeur que Rome n'avait jamais vue. Les portiques qui l'entouraient avaient trois milles de longueur ; à l'intérieur de leurs limites se trouvaient des parcs, des jardins et un lac qui remplissait la vallée occupée plus tard par l'amphithéâtre Flavien. Les chambres de ce manoir impérial étaient dorées et incrustées de pierres précieuses. Le moindre de ses ornements, bien que probablement le plus grand de ses objets, était une statue colossale de Néron lui-même, haute de 120 pieds.

**193.** Néron désirait être loué comme musicien et comme conducteur de char, et oublia jusqu'à présent sa dignité impériale pour apparaître comme acteur dans les théâtres. Il remporta des prix aux Jeux Olympiques, en 67 après JC, qui avaient été retardés de deux ans avant qu'il puisse y être présent. Il participa également aux représentations vocales des Jeux isthmiques, à l'occasion desquels il ordonna la mort d'un chanteur dont la voix noyait la sienne. A son retour, il entra dans Rome par une brèche dans les murs, selon l'ancienne coutume hellénique ; mais les mille huit cents guirlandes dont il avait été chargé par les serviles Grecs montraient le déclin du vieil esprit héroïque plutôt que la gloire du vainqueur.

**194.** Les impositions de Néron provoquèrent des révoltes dans les provinces et, entre autres, Vespasien, le futur empereur, fut envoyé pour pacifier la Judée . Mais Néron était jaloux de ses officiers les plus compétents et les plus fidèles. Corbulo , conquérant de l'Arménie, Rufus et Scribonius , commandants en Allemagne, furent rappelés et n'évitèrent l'exécution publique qu'en se mettant à mort. Tous les généraux de la frontière comprirent qu'ils ne pourraient échapper à un sort semblable qu'en se révoltant à temps, et des insurrections éclatèrent aussitôt en Allemagne, en Gaule, en Afrique et en Espagne. Les conspirateurs s'accordèrent enfin sur le choix de Galba, le gouverneur de l'Espagne voisine, comme chef et empereur.

Néron comprit que la résistance était sans espoir. Abandonné par les prétoriens et tous ses courtisans, il s'enfuit de sa Maison Dorée et se cacha dans la chaumière de Phaon , son ancien esclave, à quelques lieues de la ville. Après avoir passé une nuit et une partie de la journée dans une agonie de terreur, il trouva le courage de mettre fin à ses jours, au moment même où il entendait le pas des cavaliers qui venaient le prendre. Il n'avait que trente ans et régnait près de quatorze ans. Avec lui expira la lignée d'Auguste. Le pouvoir impérial ne resta plus jamais aussi longtemps dans une seule famille qu'il l'était parmi les membres, par adoption ou autrement, de la maison julienne.

## RÉCAPITULATION.

Auguste (30 av. J.-C.-14 ap. J.-C.) réunit en lui toutes les dignités de la République, mais évite soigneusement les apparences de royauté. Il laisse les provinces paisibles au Sénat, mais prend le commandement de celles qui sont en guerre. Les Allemands, sous Arminius, se révoltent et détruisent les légions de Varus. L'« Âge augustéen » se distingue par sa prospérité et ses lumières. Tibère (14-37 après JC) succède à Auguste, mais Séjan dirige l'empire. Germanicus et bien d'autres sont persécutés et mis à mort. Caïus César (Caligula, 37-41 ap. J.-C.) commence bien, mais, bientôt gâté par le pouvoir, offre « l'horrible spectacle d'un fou, maître du monde civilisé ». Son oncle Claude (41-54 après JC) lui succède, un homme faible mais honnête. Agrippine, après l'avoir empoisonné, fait de son fils Néron empereur (54-68 après JC). À la mort de ses instructeurs, il se révèle un tyran imprudent et cruel. Il reconstruit Rome avec une magnificence sans précédent après le grand incendie. Ayant causé la mort de ses meilleurs généraux, il ne se tue qu'à temps pour échapper à la vengeance de son peuple.

### DÉCLIN DE L'EMPIRE.

**195.** Galba, le général le plus distingué de son temps, avait gagné la faveur de l'empereur Claude en refusant de prendre la couronne à la mort de Caligula. Il avait prouvé sa capacité et sa valeur par sa sage et juste administration de la province d'Afrique, et avait été honoré à Rome des plus hautes dignités auxquelles lui donnaient droit sa naissance patricienne et ses services éminents. Il avait maintenant plus de soixante-dix ans, mais apprenant que Néron avait envoyé des ordres pour sa mort, il résolut de débarrasser le monde d'un tyran en acceptant la couronne. C'était un Romain de style ancien, et les luxueux prétoriens étaient également dégoûtés de sa stricte discipline et de sa répartition économe de l'argent. En adoptant Piso comme son successeur, il déçut Othon, qui se révolta facilement contre lui, et le vieil empereur et son fils adoptif furent tués au Forum, le 15 janvier 69 après JC.

**196.** Othon, le premier favori de Néron, était depuis dix ans gouverneur de la Lusitanie. Il fut reconnu, à la mort de Galba, par le Sénat et la plupart des provinces, mais les légions d'Allemagne avaient déjà (3 janvier 69) proclamé leur propre général, Vitel´lius . Les armées des deux généraux se rencontrèrent près du confluent de l'Adda et du Pô. Othon fut vaincu et mourut de ses propres mains. Vitellius, ayant conquis une couronne grâce à l'habileté et à l'énergie de ses officiers, la perdit à cause de sa propre indignité. Sans le courage ni la capacité de ses prédécesseurs, il les a surpassés dans une indulgence méprisable. Vespasien, commandant en Judée , en se révoltant contre ce monstre, fut salué par les acclamations de tous les bons gens, et soutenu par toutes les légions dc l'Orient. Il s'empare de l'Egypte, du marché aux grains de Rome, et envoie ses lieutenants en Italie. Cette fois, les généraux de Vitellius furent vaincus sur le Pô, la capitale fut prise d'assaut et l'empereur disgracié mis à mort.

**197.** Sous le règne de Vespasien, l'ordre et la prospérité succédèrent aux tempêtes qui avaient secoué l'empire. L'ancienne discipline fut rétablie, les revenus furent réorganisés, la capitale embellie et le peuple employé à la construction de grands ouvrages comme le Colisée et le Temple de la Paix. L'espace clos par Néron pour son propre plaisir fut ouvert par Vespasien à l'usage du peuple ; et les matériaux de la Maison Dorée ont servi à enrichir de nombreux édifices publics. La révolte des Bataves et d'autres tribus du bas Rhin fut réprimée en 70 après JC ; la guerre d'indépendance juive fut finalement maîtrisée, la Ville sainte prise et la population dispersée. Agricola acheva de soumettre la Grande-Bretagne jusqu'à la Tyne et au Solway, qu'il reliait par des travaux de terrassement et une chaîne de forts.

**198.** Titus, fils de Vespasien, ayant prouvé son talent militaire sous le règne de son père, par la prise de Jérusalem, avait été récompensé par un triomphe et par le titre de César , qui impliquait son association au gouvernement. A la mort de Vespasien, il devient empereur unique sans opposition. Quels qu'aient pu être ses défauts personnels, Titus se distingua en tant que dirigeant par ses efforts sincères et constants pour promouvoir le bonheur de son peuple. Se rappelant un soir qu'il n'avait fait aucune bonté, il s'écria qu'il avait perdu une journée.

Les circonstances de son règne exigeaient particulièrement la bienveillance de l'empereur. Les belles villes campaniennes, Hercula´neum et Pompéi , furent détruites par une soudaine éruption du Vésuve. Un incendie fit encore rage trois jours et trois nuits à Rome, suivi d'une peste générale et mortelle. Titus assuma la perte pécuniaire comme sienne et vendit même les ornements de son palais pour couvrir les dépenses de reconstruction des maisons en ruine. Il établit des bains publics à l'emplacement des jardins de Néron sur l'Esquilin, et acheva le Colisée, ou Amphithéâtre Flavien, qu'il consacra par une fête de cent jours, comprenant des combats de 5 000 bêtes sauvages. Après un règne d'à peine plus de deux ans, Titus mourut de fièvre, après avoir nommé son frère comme son successeur, en 81 après JC.

**199.** Domitien était considéré par le peuple avec plus de faveur qu'il ne le méritait, à cause des vertus de son père et de son frère. Son caractère était morose et jaloux ; et lorsque ses mauvais succès militaires commencèrent à contraster avec les victoires de ses prédécesseurs, il devint cruel et tyrannique, renouant avec les fausses accusations, les confiscations et les peines de mort du règne de Néron. Il réussit partiellement ses guerres en Allemagne, mais il fut vaincu sur le Danube avec un grand désastre, et consentit même à payer un tribut annuel aux Daces, pour les empêcher d'envahir la Mœsia . Lorsque les cruautés de Domitien commencèrent à exciter les craintes de ses serviteurs, il fut assassiné le 18 septembre 96 après JC.

**200.** Le Sénat affirma alors un pouvoir qu'il n'avait pas exercé depuis l'époque d'Auguste, en nommant Nerva comme souverain. C'était un vieillard sans enfants, mais il choisit pour successeur M. Ul´pius Trajanus , un général dont la vigueur et la capacité, déjà démontrées dans la guerre, promettaient bien pour les intérêts de l'État. On considérait désormais que l'empereur avait le devoir de choisir parmi tous ses sujets l'homme le plus propre à gouverner, sans égard à sa propre famille, et l'héritier ainsi adopté portait le nom de César . Le gouvernement doux, bienfaisant et économique de Nerva offrait un contraste agréable avec le règne sévère et sanguinaire de Domitien. À sa mort, survenue en 98 après JC, son héritier adoptif fut immédiatement reconnu comme empereur.

**201.** Trajan est né en Espagne et sa jeunesse s'est déroulée au service militaire. Les Romains le considéraient comme le meilleur de tous leurs empereurs. Personnellement, il était courageux et généreux, appliqué et modeste ; dans sa politique de dirigeant , il était à la fois sage et libéral. Il respectait scrupuleusement les droits et la dignité du Sénat et traitait ses membres comme ses égaux. Il était très diligent à entendre les causes qui étaient présentées à son jugement et à correspondre avec les gouverneurs des provinces, qui le consultaient sur toutes les affaires importantes de leur administration.

Il gérait si bien les finances, que, sans impôts oppressifs ni confiscations injustes, il avait toujours de quoi construire des routes, des ponts et des aqueducs ; pour les prêts aux personnes dont les biens ont été endommagés par des tremblements de terre ou des tempêtes ; et pour les bâtiments publics à Rome et dans toutes les provinces. La Bibliothèque Ulpienne et le grand « Forum de Trajan », destiné à une meilleure gestion des affaires publiques, parmi de nombreux autres ouvrages utiles et élégants, témoignent de sa libéralité. Le règne de Trajan fut une époque littéraire juste après celle d'Auguste. Le grand historien Tacite, le jeune Pline, Plutarque, Suétone et Epictète , le philosophe esclave, vivaient tous à cette époque.

**202.** Auguste avait enjoint à ses héritiers de considérer le Rhin, le Danube et l'Euphrate comme les limites de leur domination. Trajan, cependant, désireux de se débarrasser du tribut honteux que Domitien avait promis aux Daces, fit deux fois la guerre à leur roi Décébale . Il était complètement victorieux ; le roi fut tué et son pays devint une province romaine gardée par des colonies et des forts. A son retour, en 105 après JC, Trajan célèbre un triomphe et expose des jeux pendant 123 jours. On dit que 11 000 bêtes sauvages furent massacrées lors de ces spectacles et que 10 000 gladiateurs, pour la plupart des prisonniers daces, s'entretuèrent « pour célébrer une fête romaine ».

Dans les dernières années de ce règne, les empires romain et parthe entrèrent en conflit pour le contrôle de l'Arménie. Trajan réduisit rapidement ce dernier pays à une province romaine et, au cours de campagnes ultérieures, il arracha aux Parthes les anciens pays de Mésopotamie et d'Assyrie. Trajan mourut en Cilicie, en 117 après JC. Ses cendres furent transportées à Rome dans une urne en or et placées sous la colonne qui porte son nom.

**203.** Hadrien commença son règne en abandonnant les conquêtes asiatiques de Trajan. Durant les vingt années de paix presque ininterrompue qui marquèrent son administration, Hadrien visita les coins les plus reculés de son empire, étudia les besoins et les intérêts de son peuple et essaya impartialement d'assurer le meilleur bien de tous. York en Angleterre, Athènes, Antioche et Alexandrie partageaient avec Rome les honneurs d'une capitale impériale ; et chacune avait sa part de ces grandes œuvres architecturales qui, dans certains cas, subsistent encore pour commémorer la gloire d'Hadrien. Une révolte des Juifs, de 131 à 135 ap. J.-C., se termina par le bannissement de Palestine des derniers restes de leur race. Une colonie romaine, Æ´lia Capitolina fut fondée sur le site de Jérusalem, où les chrétiens, expulsés par Titus, furent librement admis avec le premier de leurs évêques gentils. De tous les bienfaits qu'Hadrien conférait à l'empire, le plus grand était peut-être le choix d'un successeur.

**204.** T. Aurèle Antoine monta sur le trône en 138 ap . des gens qui n'ont pas d'histoire. Le bonheur de sa grande famille, car c'est ainsi qu'il considérait ses sujets, était le but principal de sa vie. En Grande-Bretagne, la frontière romaine fut repoussée jusqu'à sa limite la plus septentrionale au cours de ce règne et gardée par le « Mur d' Antonin », s'étendant du Frith of Forth à la Clyde.

Marc Aurèle, neveu d'Hadrien, qui, avec L. Verus , avait été adopté par Antonin , prit le nom de ce dernier [78] avec sa couronne. Il ressemblait à son père adoptif dans son amour de la religion, de la justice et de la paix ; mais son règne fut bien moins heureux, à cause de calamités qu'il n'était pas en mesure d'éviter. Les barbares au nord du Danube commencèrent à être envahis par une nouvelle et grande immigration en provenance des steppes d'Asie. Les hordes scythes , dispersées de leurs anciens sièges, on ne sait par quelle impulsion ou par nécessité, s'étaient jetées sur les Germains, et ceux-ci furent repoussés à travers la frontière romaine, jusqu'en Italie, qu'ils ravageèrent jusqu'à Aquilée . sur l'Adriatique. Les deux empereurs procédèrent contre eux. Verus mourut dans le pays vénitien en 169 après JC, mais Aurèle resta à son poste sur le Danube, été comme hiver, pendant trois ans. Il remporta une grande victoire sur les Quadi, en 174 après JC. Une tempête soudaine, survenant pendant la bataille, décida du résultat. Les païens l'attribuaient à une intervention de Jupiter Pluvius ; mais les chrétiens, aux prières des soldats chrétiens de la « Légion Tonnerre ».

Durant les premières années du règne d'Aurèle, les Parthes lancèrent une formidable attaque contre les provinces orientales, détruisirent une légion entière et ravageèrent toute la Syrie. Le général Avidius Cassius, envoyé contre eux comme lieutenant de Verus , fit plus que compenser les pertes romaines, car il étendit de nouveau les limites de l'empire jusqu'au Tigre. Mais après la mort de Vérus , Cassius fut amené à se proclamer empereur et s'empara de la plupart des provinces asiatiques. Avant qu'Aurèle puisse arriver à l'Est, le chef rebelle fut tué par ses propres officiers, après un règne de trois mois. Aurèle fit brûler ses papiers sans les lire, et ne laissa personne être puni pour sa part dans la rébellion.

L'élévation et la maîtrise de soi qui distinguaient l'empereur étaient dues, en grande partie, à la philosophie stoïcienne qu'il étudia dès sa douzième année. La seule tache sur son caractère est la persécution des chrétiens, qui a sans doute été provoquée par les stoïciens durs et arrogants qui l'entouraient. Justin Martyr à Rome, le vénérable Polycarpe à Smyrne et une multitude de disciples moins illustres à Vienne et à Lyon ont souffert la mort pour leur fidélité à leur religion, 167-177 après JC. Marc Aurèle est mort en Pannonie, en 180 après JC.

**205.** Trompé par la promesse de jeunesse de son fils unique, Aurèle lui avait associé Commode au gouvernement à l'âge de quinze ans. Si le jeune prince avait pu profiter de nombreuses années de formation sous les soins sages et vertueux de son père, il aurait pu en effet devenir tout ce qu'on espérait de lui. Mais la mort prématurée du bon Aurèle a laissé son fils, à dix-sept ans, un jeune faible et indulgent, facilement contrôlé par des associés sans valeur. Pendant trois ans, le gouvernement maintint la direction qu'Aurèle lui avait tracée. Mais, en 183 après JC, un complot visant à assassiner Commode fut détecté et de nombreux sénateurs seraient impliqués. Sa nature revancharde, stimulée par la peur, faisait désormais de lui un monstre de tyrannie. Sa seule utilisation du pouvoir impérial était d'émettre des mandats d'arrêt contre tous ceux qu'il soupçonnait. Vainqueur de sa force et de son habileté, il prit le nom d'Hercule romain et se montra dans l'amphithéâtre comme tireur d'élite et gladiateur. Enfin, certaines des victimes prévues de ses proscriptions évitèrent leur propre destruction en l'étranglant dans sa chambre, après qu'il eut régné douze ans et neuf mois, en 192 après JC.

**206.** Le déclin de l'empire, retardé par les cinq bons empereurs, Nerva, Trajan, Hadrien et les deux Antonins , se poursuivit avec une rapidité effroyable sous Commode. Les armées des provinces, lassées de la discipline, se divisèrent en petites bandes qui pillèrent et assassinèrent pour leur propre compte. Un historien nous raconte que Peren´nis , le prétorien préfet , fut déposé et tué, avec sa femme et ses enfants, à la demande de 1 500 soldats insurgés qui avaient marché sans résistance de la Grande-Bretagne à Rome. La société était aussi complètement démoralisée que l'armée. Sauf parmi les chrétiens méprisés et persécutés, la pureté de vie était difficile à trouver. La pauvreté s'étendait sur les nations à cause du déclin de l'industrie, mais le luxe et l'auto-indulgence étaient plus excessivement excessifs que jamais.

## RÉCAPITULATION.

Galba (68, 69 après JC) offense ses gardes par sa stricte économie et est assassiné au bout de sept mois. Othon, empereur de trois mois, est vaincu par Vitellius, qui règne d'avril à décembre 69 après J.-C. Vespasien (69-79 après J.-C.) rétablit la paix, l'ordre et la prospérité. Sous son règne, Jérusalem est détruite. Le règne court mais bienfaisant de Titus (79-81 après JC) est perturbé par de grandes calamités : tremblements de terre, incendies et peste. Domitien (81-96 après JC) est un tyran sombre, déshonoré à l'étranger et détesté chez lui. Nerva (96-98 après J.-C.) rétablit la confiance et choisit pour successeur Trajan (98-117 après J.-C.), qui est appelé le meilleur et le plus capable de tous les empereurs. Il remporte des victoires au nord du Danube et à l'est de l'Euphrate, étendant ainsi l'empire jusqu'aux limites extrêmes qu'il atteint jamais. Hadrien (117-138 après JC) visite chaque partie de ses domaines et diffuse partout les bénédictions de la paix et du bon gouvernement. Antonin le Pieux (138-161 après JC) jouit d'un règne d'une tranquillité sans exemple . Marc Aurèle (161-180 après JC), bien que philosophe pacifique par choix, est impliqué par nécessité dans de nombreuses guerres. Il pardonne généreusement la rébellion menée par Cassius, mais permet une persécution des chrétiens, à la demande des stoïciens. Commode (180-193 après JC), exaspéré par un complot contre sa vie, devient un tyran vengeur et, sous sa mauvaise gestion imprudente, tout ordre, industrie et sécurité disparaissent de l'empire.

## DEUXIÈME PÉRIODE, 193-284 APRÈS JC.

**207.** Par leurs désordres incontrôlés, les soldats avaient appris leur pouvoir et prétendaient désormais établir et renverser les empereurs à leur guise. Les meurtriers de Commode se rendirent chez Pertinax , préfet de la ville, et lui offrirent la couronne. C'était un bon vieillard, l'un des rares amis survivants de Marc Antonin , et celui aux soins duquel le jeune prince Commode avait été confié. Il accepta à contrecœur ce dangereux honneur et le résultat justifia ses craintes. L'économie et l'ordre qu'il tentait d'introduire dégoûtaient autant les citoyens avides de divertissement que les soldats turbulents et cupides. Pertinax fut assassiné dans son propre palais par les prétoriens , le 28 mars 193 après JC, après un règne de moins de trois mois. Les gardes mirent alors la couronne impériale aux enchères publiques et la vendirent à Didius . Julia´nus , un riche sénateur, pour 15 000 000 $. Le Sénat le reconnut, et il régna plus de deux mois à Rome. Mais les armées de Grande-Bretagne, de Pannonie et de Syrie, moins offensées par cette insolence scandaleuse qu'encouragées par l'exemple de leurs camarades de la capitale, établirent leurs propres chefs, Albinus , Sévère et Niger, comme empereurs. .

**208.** Sévère arriva le premier à Rome, gagna les prétoriens par des promesses de donations, et fut reconnu par le Sénat. Julianus fut abandonné et tué dans son palais. Le premier acte impérial de Sévère fut de désarmer les prétoriens et de les bannir à une distance de 100 milles de la capitale. Il vainquit ses deux rivaux, l'un à Cyzique et à Issus, et l'autre près de Lyon ( Lugdu´num ), en Gaule ; et par leur mort devint le maître incontesté de l'empire. Au lieu des anciens prétoriens , il plaça à Rome en garnison 40 000 hommes choisis parmi les légions, et leur chef, le prétorien. le préfet , devint, ensuite le souverain, la personne la plus puissante du monde ; car, outre son commandement militaire, il avait le contrôle du trésor public et une grande influence dans l'élaboration et l'application des lois. Severus était un général compétent et prospère. Il étendit l'empire vers l'est par la prise de la capitale parthe et la conquête d' Adiabène ; et vers le nord, par ses guerres contre les

Calédoniens. Il mourut à York, la capitale romaine de la Grande-Bretagne, en 211 après JC, après avoir régné dix-huit ans.

**209.** Les deux fils de Sévère, Caracal´la et Geta, avaient été associés par leur père dans sa dignité impériale et régnaient ensemble un an après sa mort. Puis leur haine mutuelle éclata de nouveau, et après une vaine tentative de partage de l'empire entre eux, Caracalla assassina Geta dans les bras de leur mère. Au cours des cinq années de son règne unique, il se révéla l'un des pires tyrans que Rome ait connu. Sous prétexte d'exterminer les « amis de Geta », il massacra 20 000 personnes, dont certaines étaient les plus vertueuses et les plus illustres de l'empire. Poussé par sa conscience inquiète, Caracalla quitta alors Rome et parcourut toutes les provinces de l'est et du nord, suivi partout par une piste de pauvreté, de désolation et de mort. Enfin il se lança dans une guerre contre les Parthes, dans laquelle il eut quelques succès ; mais avant sa deuxième campagne, il fut assassiné par Macrin, son prétorien préfet, que les gardes proclamèrent empereur.

**210.** Macrin accorda le titre de César à son fils, puis s'empressa de poursuivre les victoires de Caracalla sur les Parthes. Il rencontra le monarque oriental près de Nisibis et subit une défaite honteuse qui l'obligea à se retirer en Syrie. Les soldats étaient maintenant fatigués de leur empereur choisi, dont la rigueur de la discipline était un changement malvenu par rapport à la libéralité imprudente de Caracalla. Julia Mæsa , belle-sœur de Sévère, persuada une division de l'armée d'accepter comme prince son petit-fils Bassianus , qu'elle déclara être un fils de Caracalla. Il est plus communément appelé Elagab'alus , du nom du dieu solaire syrien au sacerdoce duquel il s'était consacré lorsqu'il était enfant. La richesse que Mæsa avait amassée pendant sa résidence à la cour de sa sœur contribua matériellement à convaincre les soldats. Un corps de troupes, envoyé pour réprimer l'insurrection, fut également, dans une large mesure, conquis à ses vœux. Une bataille eut lieu près d'Antioche, au cours de laquelle Macrin fut vaincu, puis tué, après un règne de quatorze mois.

**211.** Elagabalus ou ses ministres s'empressèrent d'envoyer une lettre au Sénat, dans laquelle il se chargeait de tous les titres retentissants de César , empereur, fils d' Antonin , petit-fils de Sévère, Pie, Félix, Auguste, etc. Les Romains reconnurent passivement ses prétentions et les frères Arval prononcèrent leurs vœux annuels pour sa santé et sa sécurité sous tous ces noms. Le garçon syrien, qui, à l'âge de quatorze ans, se trouva ainsi revêtu des honneurs impériaux, fut le plus méprisable de tous les tyrans qui aient jamais affligé le monde romain. Ses jours et ses nuits étaient consacrés à des festins gloutons et à des excès répugnants.

Les rites convenables et solennels de la religion romaine furent remplacés par des sorcelleries dégradantes, que l'on croyait accompagnées en secret de sacrifices humains. Le dieu solaire syrien fut placé au-dessus de Jupiter Capitolin lui-même, et tout ce qui était sacré ou honorable aux yeux du peuple devint l'objet d'insultes et de profanations. L'empereur avait été persuadé de conférer le titre de César à son cousin Alexandre Sévère ; mais s'apercevant que ce bon prince le surpassait bientôt dans le respect de l'armée, il chercha à se procurer la mort. Une seconde tentative fut fatale à Elagabalus. Les prétoriens l'assassinèrent et le jetèrent dans le Tibre.

**212.** Alexandre Sévère, maintenant dans sa dix-septième année, fut reconnu avec joie par les soldats et le Sénat. Sa vie irréprochable et ses objectifs nobles et bienfaisants offrent un contraste éclatant et rafraîchissant avec les longues annales de la dégradation romaine. La pureté et l'économie revinrent aux affaires publiques ; les hommes sages et vertueux recevaient les plus hautes fonctions ; le Sénat était traité avec une déférence qui appartenait à son ancienne dignité, plutôt qu'à sa récente soumission aux caprices de l'armée. Si la puissance d'Alexandre avait été aussi grande que ses desseins étaient purs, le monde aurait pu en bénéficier.

Une grande révolution, vers cette époque, changea la situation de l'Asie. La nouvelle monarchie perse, dirigée par Artaxerxès, petit-fils de Sassan, avait renversé l'empire parthe et visait désormais à récupérer tous les domaines de Darius Hystaspes . Artaxerxès envoya en fait une ambassade auprès d'Alexandre Sévère, exigeant la restitution à la Perse de ses anciennes provinces situées entre l' Égée et l'Euphrate. La réponse fut une déclaration de guerre. Alexandre en personne rencontra les forces d'Artaxerxès dans la plaine à l'est de l'Euphrate et les vainquit dans une grande bataille, en 232 après JC.

Apprenant que les Germains pillaient la Gaule, il s'empressa de faire la paix et retourna à Rome. L'année suivante, il partit pour l'Allemagne ; mais avant de pouvoir y commencer ses opérations militaires, il fut assassiné par une petite bande de soldats mutins. Les vertus d'Alexandre étaient en grande partie dues aux soins vigilants de sa mère, qui protégeait son enfance de la méchanceté qui l'entourait. Le prince rendit à sa vigilance les égards les plus dévoués et les plus tendres ; et on dit que sa politique trop prudente et économique , qui l'a amené à refuser les dons d'argent exigés par l'armée, a causé sa mort.

**213.** Le chef de la mutinerie était Maximin , un paysan thrace, un voyou brutal et illettré, mais doté de suffisamment de capacités naturelles pour le faire choisir empereur par ses camarades. Pendant trois ans, ce sauvage a gouverné le monde, sa seule politique étant la haine envers les nobles et la convoitise envers les riches ; jusqu'à ce que les peuples d'Afrique, rendus furieux par les extorsions de ses agents, se révoltent et couronnent leur proconsul, Gordien , et son fils. Les deux Gordiens furent tués en un mois ;

mais le Sénat les remplaça par deux de ses propres hommes, et avec un esprit inhabituel, préparé pour la défense de l'Italie. Maximin partit de ses quartiers d'hiver sur le Danube, mais il n'avait pas avancé plus loin qu'Aquilée lorsqu'il fut assassiné dans sa tente par ses propres soldats.

**214.** Bien que les légions eussent détruit l'empereur de leur choix, elles n'avaient pas l'intention de céder à celui du Sénat. Ils assassinèrent Pupienus et Balbinus dans les six semaines qui suivirent leur triomphe sur Maximin et décernèrent les robes impériales à un jeune Gordien, petit-fils de l'ancien proconsul d'Afrique. Ce garçon de douze ans était bien entendu destiné à être un simple instrument de ses ministres. Timesithée , le prétorien préfet , était un officier compétent et, tant qu'il vécut, il soutena vigoureusement le pouvoir impérial contre les assauts perses et les insurrections africaines. Philippe l'Arabe lui succéda, qui provoqua astucieusement la mort du jeune empereur et prit lui-même la pourpre. Il écrivit au Sénat que Gordien était mort de maladie et demanda que les honneurs divins soient rendus à sa mémoire.

**215.** Parmi les rares événements enregistrés au cours des cinq années (244-249 après J.-C.) du règne de Philippe, se trouve la célébration des « Jeux séculiers » à Rome, à l'issue de mille ans après la construction de la ville, le 21 avril 1940. 248 après JC. Des empereurs rivaux furent établis par les Syriens et par l'armée en Mœsia et en Pannonie. Decius, sénateur, fut envoyé par Philippe pour apaiser ce dernier. Leur faux empereur était déjà mort, mais les soldats, estimant leur culpabilité trop grande pour être pardonnée par Philippe, se pressèrent autour de Decius avec des cris tumultueux de « La mort ou la pourpre ! L'officier loyal, cent épées sous la gorge, fut obligé de se faire couronner et de consentir à conduire son armée rebelle en Italie. Il écrivit à son maître qu'il ne jouait qu'un rôle et qu'il renoncerait à sa fausse souveraineté dès qu'il pourrait échapper à ses sujets gênants. Mais Philippe ne croyait pas à ces professions de loyauté. Il marcha à la rencontre des insurgés à Vérone, fut vaincu et tué en septembre 249 après JC.


**216.** Les deux années de règne de Dèce (249-251 après JC) furent marquées par deux tentatives très différentes pour restaurer l'ancienne religion et la morale de Rome : la renaissance de la censure et la persécution des chrétiens. On sentait profondément que les calamités de l'empire étaient dues à la corruption de son peuple. Mais la première mesure ne produisit aucun effet, tandis que la seconde ne fit qu'exciter les mauvaises passions des hommes et occasionner des misères indicibles. Les évêques d'Antioche, de Jérusalem et de Rome devinrent martyrs, et Alexandrie fut le théâtre d'un effroyable massacre. Une autre calamité, dont Dèce n'était pas responsable, fut la première grande incursion des Goths, qui ravageèrent les provinces de

Mœsia et de Thrace au sud du Danube. Decius fut vaincu par eux en 250 après JC ; et l'année suivante, en tentant de leur couper la retraite, il perdit la vie dans une grande bataille.

**217.** Gallus, un habile général, fut couronné par le Sénat, Hostilianus , fils de Dèce, étant associé à lui dans la dignité impériale. Les calamités se sont épaissies ; la peste faisait rage à Rome, et de nouveaux essaims de barbares, seulement encouragés par les succès des Goths et les sommes d'argent qui leur avaient été payées en prix de la paix, ravageèrent les provinces danubiennes . Hostilianus mourut de la peste et la détresse du peuple le conduisit à des accusations injustes contre l'empereur. Émilien, après avoir vaincu une armée d'envahisseurs, fut proclamé souverain par ses troupes et, marchant en Italie, battit Gallus et son fils à Interam´na . Æmilian fut reconnu par le Sénat, mais son règne fut de courte durée. Valérien, officier noble et vertueux, avait été envoyé par Gallus pour porter à son secours les légions gauloises et germaniques. Il arriva trop tard pour sauver son maître, mais il battit Æmilian près du lieu de sa première victoire et reçut lui-même l'allégeance du Sénat et du peuple.

Ce n'était pas une distinction enviable, car les causes qui tendaient à la destruction de l'empire étaient plus nombreuses et plus farouchement actives que jamais. Les Francs du Bas-Rhin, les Allemands du sud de l'Allemagne ravageèrent l'Italie, la Gaule et l'Espagne et traversèrent même les détroits pour entrer en Afrique. Les Goths s'étaient constitués des flottes avec les forêts du Pont-Euxin, avec lesquelles ils dévastèrent les côtes de l'Asie Mineure et de la Grèce, capturant et brûlant d'innombrables villes, parmi lesquelles Cyzique, Chalcédoine, Éphèse et même Corinthe et Athènes. Le nouveau royaume perse des Sassanides avait gagné en puissance. Son deuxième monarque, Sapor, conquit l'Arménie et envahit les provinces romaines de l'Est. Il battit et captura Valérien dans une bataille près de l'Euphrate, et satisfit son orgueil par un spectacle qu'aucun monarque auparavant n'avait jamais pu offrir : un empereur romain, chargé de chaînes mais vêtu de pourpre, perpétuellement captif à sa cour.

Le gouvernement étant ainsi accablé de calamités, divers prétendants revendiquèrent la souveraineté des divers fragments de l'empire. Ces aventuriers étaient généralement connus sous le nom de « Trente Tyrans ». Leurs règnes étaient généralement trop courts ou trop insignifiants pour être dignes d'être mentionnés. Palmyre resta le siège royal d' Odénatus et, après sa mort, de sa veuve Zénobie , pendant dix ans, de 264 à 273 après J.-C. inclus. Posthumus établit un royaume en Gaule qui dura dix-sept ans. Valérien, avant ses désastres en Orient, lui avait associé, dans les soins de l'empire, son fils Gallien ; mais ce prince ne pouvait tenter que la défense de l'Italie. Aure´olus , commandant le haut Danube, prit le titre impérial et traversa les Alpes. Il fut vaincu par Gallienus et assiégé à Milan. Grâce à ses arts, Gallienus fut tué par ses propres soldats ; mais ils conférèrent la pourpre à un plus honnête homme et à un meilleur général, que le prince assassiné avait nommé dans ses derniers instants. Milan fut pris et Auréole mis à mort.

**218.** Bien que l'Empire romain semblait voué à la destruction, tant par la désunion intérieure que par les attaques des barbares de l'extérieur, sa dissolution finale fut retardée par une succession d'empereurs capables. Claude, qui succéda à Gallienus , en 268 après JC, vainquit les Alamans en Italie et les Goths en Mœsia . Aurélien (270-275 après J.-C.) mit de nouveau en déroute les Goths en Pannonie ; puis rappelant les conseils d'Auguste, il céda aux barbares les provinces au nord du Danube, éloignant les habitants romains en Mœsia . Il fit une guerre contre Zénobie, qui se termina par la capture de la « reine de l'Orient » et le renversement de son royaume. Une entreprise encore plus difficile attendait Aurélien à l'ouest, où Tétricus , le dernier successeur de Posthumus , avait uni la Gaule, l'Espagne et la Grande-Bretagne en une puissante monarchie. Mais il fut conquis, et l'empire fut de nouveau établi sur les frontières de l'Atlantique, en 274 après JC.

Aurélien était sur le point de tourner ses armes victorieuses contre les Perses, lorsqu'il fut assassiné par plusieurs de ses officiers, à la suite d'un complot formé par son secrétaire, Mnéshée . L'armée, indignée du crime, demanda au Sénat un nouvel empereur, au lieu de permettre à un général de s'emparer de la couronne. Le Sénat, après six mois d'hésitation, pendant lesquels les soldats attendirent respectueusement, nomma M. Claudius Tacitus sénateur d'une grande richesse et d'un caractère irréprochable. Il aurait volontiers décliné cette position pénible et périlleuse, à cause de son âge et de ses infirmités ; mais le Sénat insista et Tacite fut couronné. Tous les actes de son court règne visaient à l'amélioration des mœurs et à l'établissement de la loi et de l'ordre dans tout l'empire. Il fut rappelé en Asie Mineure, où une troupe de Goths, engagée par Aurélien pour servir dans son expédition d'Orient, commettait des désordres faute de solde. Ils ont été expulsés ; mais Tacite, affaibli par la vieillesse, sombra sous l'effort, et il mourut deux cents jours après son accession au trône, en 276 après JC.

**219.** Florien, frère de Tacite, prit la pourpre à Rome, tandis que l'armée d'Orient proclama Probus leur général. Les soldats de Florian refusèrent cependant de combattre leurs camarades et, au bout de trois mois, mirent à mort leur chef. Probus, ainsi maître incontesté du monde romain, était un général compétent et un souverain sage et bienfaisant. Non seulement il chassa les Germains de la Gaule, soumit les Sarmates et terrifia les Goths pour qu'ils adoptent un comportement pacifique, mais il assurait la sécurité de sa frontière étendue en colonisant les provinces frontalières avec de nombreuses colonies de barbares qui, devenant civilisés, formèrent un vaste territoire. barrière contre de nouvelles incursions de leurs compatriotes. Il voulait aussi améliorer les terrains vagues par l'assèchement des marais et la plantation de vignes, et employer à ces travaux les loisirs dangereux de ses soldats. Mais les légionnaires ne partageaient pas la politique d'économie de leur empereur. Ils se mutinèrent à Sir´mium et, par un autre meurtre, mirent fin au règne bienfaisant de Probus, en 282 après JC.

**220.** Carus , le prétorien préfet , fut salué comme empereur par l'armée et conféra le titre de César à ses deux fils, Carinus et Numérien . Laissant le premier gouverner l'Occident, Carus , avec Numérien , se tourna vers l'Orient ; Il remporta d'abord une grande victoire sur les Sarmates en Illyrie, puis envahit la Mésopotamie et captura les deux grandes villes de Séleucie et de Ctésiphon . Il s'était avancé au-delà du Tigre, et semblait sur le point de renverser le royaume perse, lorsqu'il mourut subitement, que ce soit par la foudre, par la maladie ou par le poignard, les historiens ne sont pas d'accord.

Son fils Numérien céda aux craintes superstitieuses de ses soldats et se retira à l'intérieur des frontières romaines. Pendant la retraite, il fut assassiné par son beau-père, également prétorien. préfet , et qui espérait cacher le crime jusqu'à ce qu'il puisse en récolter les fruits. Mais l'armée découvrit la mort de son empereur bien-aimé et chargea Dioclétien , le capitaine des gardes du corps, de le venger et de lui succéder.

Pièce de monnaie de Dioclétien, agrandie deux fois.

Carin , cependant, régnant en Occident, éblouissait le monde romain par des jeux coûteux et l'insultait par sa débauche. Apprenant le meurtre et l'usurpation, il marcha avec une armée nombreuse et bien disciplinée à la rencontre de Dioclétien et rejoignit la bataille près de Margus , dans la haute

Mœsia . Les troupes occidentales furent victorieuses, mais Carinus , alors qu'il menait la poursuite, fut tué par l'un de ses propres officiers. Ses partisans parvinrent à un accord avec ceux de Dioclétien, universellement salué comme empereur.


**221.** Son avènement inaugure une nouvelle période dans l'empire, où le pouvoir des souverains devient plus absolu, cessant d'être freiné soit par l'autorité légitime du Sénat, soit par l'insolence des soldats. Durant les quatre-vingt-douze années qui s'étaient écoulées depuis la mort de Commode, les légions avaient revendiqué le privilège, non seulement d'élever au pouvoir impérial qui bon leur semblait, mais encore de retirer l'objet de leur choix chaque fois qu'il cessait de les contenter. Aucun général désireux de devenir empereur n'osait restreindre ses dons ou imposer la rigueur nécessaire de la discipline. Sans le danger presque constant des barbares extérieurs, l'armée, qui était le véritable tyran du monde romain, aurait pu déjà mettre fin à tout ordre, paix et gouvernement civil.

## RÉCAPITULATION.

Pertinax (193 après JC) est couronné et assassiné par les prétoriens , qui vendent ensuite le trône à Julianus. Sévère (193-211 après JC) achète l'adhésion des gardes et, après avoir acquis le pouvoir impérial, les désarme et les expulse. Il agrandit ses domaines par des conquêtes tant à l'est qu'à l'ouest. Caracalla assassine son frère et gouverne mal l'empire pendant six ans, 211-217 après JC. Macrin (217, 218 après JC) gagne et perd sa couronne par la violence. Elagabalus (218-222 après JC) introduit les mœurs et le culte syriens à Rome. Son cousin, Alexandre Sévère (222-235 après JC), lui succède, qui remporte une grande victoire sur le nouvel empire perse des Sassanides , mais est ensuite tué en Allemagne lors d'une mutinerie de ses troupes. Maximin (235-238 après J.-C.), un Thrace, est incarcéré et réprimé en trois ans par ses camarades de l'armée. Les deux Gordiens règnent moins d'un mois, Pupienus et Balbinus environ six semaines, lorsqu'un plus jeune Gordien (238-244 après J.-C.) est investi de la pourpre à l'âge de douze ans. Il perd la vie à cause des arts de Philippe l'Arabe, qui devient empereur et célèbre, en 248 après JC, le millième anniversaire de l'existence de Rome. Decius, envoyé pour réprimer une révolte en Pannonie, est couronné par les soldats, en 249 après JC, et Philippe est tué. Deux grandes calamités marquent le règne de Dèce : une persécution des chrétiens et une incursion des Goths. Gallus (251-253 après J.-C.) est déposé par Æmilianus , qui est bientôt remplacé par Valérien (254-260 après J.-C.). L'empire tout entier est envahi par les envahisseurs gothiques et allemands. Valérien, dans ses guerres en Orient, est capturé et passe les sept dernières années de sa vie à la cour de Sapor. « Trente tyrans » surgissent dans diverses parties de l'empire. Gallien règne en Italie, d'abord avec son père Valérien, puis seul, de 254 à 268 après JC. Il est tué grâce à la gestion d'un prétendant, Aureolus , mais est remplacé par Claudius (268-270 après JC), qui vainc les barbares. Aurélien (270-275 après J.-C.) fait à nouveau du Danube la limite nord de l'empire ; soumet Zénobie à l'est et Tetricus à l'ouest ; est assassiné alors qu'il se rendait en Perse. Tacite (275, 276 après J.-C.), nommé par le Sénat, règne deux cents jours. Florian, son frère, est destitué par ses propres troupes. Probus (276-282 après JC) rétablit la sécurité par un règne sage et énergique. Carus remporte de grandes victoires à l'Est ; mais après sa mort subite, son fils Numérien abandonne ses conquêtes. Numérien est tué à l'Est, Carin à l'Ouest et Dioclétien devient empereur.

## TROISIÈME PÉRIODE, 284-395 APRÈS JC.

**222.** Sous la politique ferme et sage de Dioclétien, le monde romain entra dans un siècle de plus grande vigueur et de plus grande sécurité. L'empire étant trop vaste pour être administré par un seul chef, Dioclétien conféra un pouvoir égal à son ami et camarade Maximien , avec le titre d'Auguste. Quelques années plus tard, deux Césars , Galère et Constance , furent ajoutés au collège impérial, chacun étant associé, comme fils adoptif et successeur, à l'un des empereurs. Aux Césars furent confiées les provinces les plus exposées, qui avaient besoin d'une administration active et vigilante, tandis que les Augustes gardèrent pour eux les parties anciennes et sédentaires de l'empire. Constance avait la Gaule, l'Espagne, la Bretagne et toute la frontière du Rhin ; Galère avait Norique, la Pannonie et la Mœsia , avec les défenses du Danube ; tandis que Maximien gouvernait l'Italie et l'Afrique, et Dioclétien se réservait la Thrace, la Macédoine, l'Égypte et l'Orient. Bien qu'il soit ainsi attribué à ses différents dirigeants, l'empire n'était pas divisé. Les quatre princes gouvernaient en consultation et étaient également honorés dans toutes les parties du royaume.

**223.** En 286 après J.-C., un chef naval, Carausius , chargé d'une puissante flotte pour la défense des côtes britanniques et gauloises contre les Francs, s'empara des troupes britanniques, s'empara de l'île et établit un gouvernement indépendant. . Il construisit de nouveaux navires et devint bientôt le maître des mers occidentales. Dioclétien et Maximien , après de vaines tentatives pour briser son pouvoir, furent contraints de le reconnaître comme leur collègue dans l'empire, en 287 après J.-C. Constance , devenu César , fit la guerre, en 292 après J.-C., à ce nouvel Auguste ; Captura Boulogne après un siège long et sévère, et se préparait à envahir la Grande-Bretagne, lorsque Carausius fut tué par son officier en chef, Allectus .

Constance débarqua trois ans plus tard en Grande-Bretagne et, par une bataille près de Londres, récupéra l'île. Il chassa ensuite les Alamans de la Gaule et installa ses captifs dans des colonies sur les terres dépeuplées par leurs ravages. Dans le même temps, Maximien réprima une formidable révolte des Maures en Afrique ; et Dioclétien, par un siège de huit mois, s'empara d'Alexandrie, où un empereur rival avait usurpé le trône, et punit la ville rebelle par un massacre dans lequel périrent plusieurs milliers de personnes. César Galère fit la guerre aux Perses pour récupérer l'Arménie qu'ils avaient prise à Tiridatès , vassal de Rome. Il fut vaincu près de Carrhæ , sur le lieu même du renversement de Crassus, plus de trois siècles auparavant ; mais il remporta ce malheur par une grande victoire sur le roi Narsès, suivie d'une paix avantageuse.

**224.** Le système de Dioclétien était donc efficace et prospère, en ce qui concerne les ennemis étrangers de l'État ; mais les dépenses des quatre cours impériales, avec le nombre immense de soldats et de fonctionnaires, imposaient de lourdes charges au peuple. Les misérables contribuables étaient souvent torturés pour exiger des paiements qu'ils étaient incapables d'effectuer. Les guerres civiles des siècles précédents avaient privé de vastes régions d'habitants ; et les productions de la terre et de l'industrie humaine avaient cessé.

**225.** La plus grande tache sur la mémoire de Dioclétien est la persécution des chrétiens au cours de la dernière année de son règne. Chaque province et chaque grande ville de l'empire avait désormais entendu les doctrines du Christ, et l'Église de Rome comptait 50 000 membres. À une époque de turbulences et de corruption, les chrétiens se distinguaient partout comme les membres les plus ordonnés, les plus travailleurs, les plus loyaux et les plus honnêtes de la communauté. Leur refus d'adorer l'image de l'empereur, qui était une partie essentielle de la religion romaine, leur avait valu plusieurs persécutions locales, mais aucune n'était aussi étendue et aussi sévère que celle de Dioclétien. L'édit exigeant l'uniformité du culte fut publié en 303 après JC. Instantanément, les passions cruelles des païens se déchaînèrent. Le sang innocent coulait dans chaque province. Quiconque avait à se livrer à la méchanceté ou à la convoitise n'avait qu'à accuser son ennemi d'être chrétien et à être récompensé de la moitié des biens confisqués. À l'extrême ouest, Constance protégeait ceux de la « nouvelle religion », mais ailleurs il n'y avait aucun appel contre les cruautés atroces sanctionnées par les tribunaux.

**226.** Parmi les nombreux actes par lesquels Dioclétien abaissa l'autorité du Sénat, le plus efficace fut la suppression du centre du gouvernement de l'ancienne ville du Tibre. Sa propre résidence officielle était à Nicomédie ; celle de Maximien , à Milan ; tandis que Constance tenait une cour provinciale à York, et Galère à Sirmium , sur le Savus . Le Sénat devint ainsi le simple conseil d'une ville de province. Les édits impériaux remplaçaient les lois qui avaient autrefois reçu sa sanction. Les prétoriens insolents furent, en même temps, remplacés par les « gardes joviennes » et « herculéennes » ; et leur préfet, qui avait été un rival de l'empereur, devint simplement un officier du palais. Dioclétien célébra cependant la vingtième année de son règne et ses nombreuses victoires par une entrée triomphale à Rome ; et ce fut le dernier « triomphe » que l'ancienne capitale ait jamais connu.

**227.** L'année suivante, en 305 après J.-C., Dioclétien, épuisé par les soucis de l'empire, abdique formellement de son pouvoir et contraint Maximien à faire de même. Les deux Césars devinrent alors Augusti, et deux nouveaux candidats, Maximin et Sévère, furent nommés par Galère à l'ancien titre. Les légions britanniques furent cependant mécontentes de voir le choix d'un successeur retiré à leur propre empereur ; et à la mort de Constance, en 306 après JC, ils proclamèrent immédiatement Constantin son fils. Il fut reconnu comme César par Galère, qui conféra le rang d'Auguste à Sévère.

Mais l'année suivante, Maxence, fils de Maximien, fut déclaré empereur par le Sénat et le peuple de Rome, et son père reprit la pourpre, qu'il avait involontairement abandonnée sur ordre de Dioclétien. Sévère, tentant d'écraser cette insurrection, fut fait prisonnier à Ravenne et mis à mort en privé. Galère conféra désormais la dignité impériale à Licinius, et pendant deux ans le monde romain fut gouverné pacifiquement par six maîtres : Constantin, Maximien et Maxence en Occident ; Galère, Maximin et Licinius en Orient.

**228.** La paix fut d'abord rompue par les dissensions de Maximien et de son fils. L'empereur aîné s'enfuit de Rome et fut bien accueilli par Constantin, qui avait épousé sa fille. Cependant, Maximien ne tarda pas à comploter de nouveau avec Maxence pour la ruine de Constantin ; ce qui, devenu connu de leur victime prévue, revint promptement de sa campagne sur le Rhin, assiégea son beau-père à Massilia et le mit à mort, en 310 après JC. Galère mourut l'année suivante à Nicomédie, et l'empire fut de nouveau divisé en quatre parties, dont Constantin régnait sur l'extrême ouest ; Maxence, l'Italie et l'Afrique ; Licinius, Illyrie et Thrace ; Maximin, l'Egypte et l'Asie.

Le caractère cruel et rapace de Maxence lasse ses sujets, qui envoient des députés de Rome, suppliant Constantin de venir être leur souverain. Ce grand général avait gagné l'amour de ses partisans, non moins par ses relations fermes et réussies avec les barbares, que par sa protection libérale des chrétiens, dont il estimait les vertus et dont il respectait les droits de conscience. Lors de sa marche vers l'Italie, on raconte qu'il eut une vision. Une croix flamboyante apparut dans les cieux, portant en grec l'inscription : « Par ceci, vaincez ! » Désormais, la croix remplaça les symboles païens qui étaient portés à la tête des légions ; et le présage, s'il était tel, s'accomplit amplement.

**229.** Constantin passa les Alpes en 312 après JC, battit les troupes de Maxence près de Turin, s'empara de Vérone après un siège et une bataille obstinés et rencontra son rival dans un combat final devant les portes de Rome. Lors de la bataille du pont Milvius , Maxence fut vaincu et noyé. L'année suivante, Maximin fut vaincu par Licinius , dans une grande bataille à Héraclée, sur la Propontide , et mit fin à ses jours à Tarse, en Cilicie. Constantin et Licinius , dans une série de batailles, se partagèrent le monde. Le fleuve Strymon et l' Égée sont devenus les frontières entre les empires d'Orient et d'Occident. Deux fils de Constantin et un de Licinius reçurent le titre de César . Crispus, sur le Rhin, remporta une victoire sur les Francs et les Alamans ; et Constantin, sur le Danube, exécuta une terrible vengeance contre les Goths, qui avaient envahi le territoire romain.

**230.** Après sept ans de paix, la guerre éclata entre les empereurs, en 322 après JC. Licinius fut vaincu près d'Hadriano'ple , assiégé à Byzance, et finalement renversé sur les hauteurs de Scuta'ri , surplombant cette dernière ville. Sa mort a fait de Constantin le seul dirigeant du monde civilisé. Son grand domaine reçut une nouvelle constitution adaptée à son ampleur. Le siège du gouvernement fut fixé aux confins de l'Europe et de l'Asie, dans la nouvelle et magnifique ville portant le nom de l'empereur, qu'il bâtit sur les ruines de la Byzance grecque. L'empire tout entier était divisé en quatre *préfectures* , qui correspondaient presque aux domaines des quatre empereurs, en 311 après JC. ( § 228. ) Chaque préfecture était divisée en *diocèses* , et chaque diocèse en gouvernements proconsulaires, ou *présidences* .

Cette subdivision de l'empire donna naissance à trois rangs de fonctionnaires, ressemblant un peu à la noblesse de l'Europe moderne. La forme républicaine de gouvernement, si ostensiblement chère à Auguste, avait maintenant disparu, et à sa place se trouvait la cérémonie élaborée d'une cour orientale. Même les 10 000 espions, connus sous le nom de « Yeux du Roi », étaient autrefois entretenus par Xerxès et Darius. Une armée permanente de 645 000 hommes était maintenue sur la frontière ; mais comme les citoyens romains étaient désormais opposés au service militaire, les légions étaient en grande partie composées de mercenaires barbares. Les Francs, surtout, avaient une grande importance, tant à la cour qu'au camp de Constantin.

**231.** Le grand événement de ce règne fut l'admission du christianisme comme, en un certain sens, la religion de l'État. L'édit de Milan, 313 après JC, garantissait aux peuples jusqu'alors persécutés une sécurité et un respect parfaits ; celle de 324 ap. J.-C. exhortait tous les sujets de l'empire à suivre l'exemple de leur souverain et à devenir chrétiens. Le paganisme n'était pas encore proscrit. Constantin était pontifex maximus et dut, en certaines occasions, offrir des sacrifices aux dieux fabuleux de Rome. Ce n'est que dans ses derniers jours qu'il reçut le baptême chrétien ; mais il présida le premier concile général de l'Église à Nice, en Bithynie, en 325 après J.-C., auquel il avait convoqué des évêques de toutes les parties de l'empire, pour trancher certaines questions de foi controversées. Bien qu'il traitât les pères assemblés avec toutes les marques de respect, il refusa de persécuter Arius et ses partisans, les hérétiques alexandrins, que le concile condamna.

**232.** Crispus, fils aîné de Constantin, qui avait été nommé César à l'âge de dix-sept ans, était l'idole du peuple, mais un objet de jalousie pour son père, qui le soupçonnait de desseins de trahison. Nous n'avons aucun moyen de savoir si les accusations portées contre lui étaient vraies. Il fut arrêté lors des festivités à Rome, en l'honneur de la vingtième année du règne de son père, jugé secrètement et mis à mort. Les dernières années de Constantin furent troublées par de nouveaux mouvements de barbares au nord du Danube. Les Sarmates, attaqués par les Goths, implorèrent l'aide des Romains. Constantin fut vaincu dans une bataille contre les envahisseurs, mais dans la suivante il fut victorieux, et 100 000 Goths, chassés dans les montagnes, périrent de froid et de faim. Dans le partage du butin, les Sarmates furent mécontents et se vengeèrent en faisant des incursions dans les domaines romains. Dans les guerres successives , ils furent vaincus et dispersés ; 300 000 furent reçus comme vassaux de l'empire et installés dans des colonies militaires en Pannonie, en Thrace, en Macédoine et en Italie.

**233.** Dans l'espoir d'assurer la paix dans l'empire après sa mort, Constantin en confia les différentes parties à ses trois fils et deux neveux, qu'il avait soigneusement éduqués pour leurs grandes responsabilités. Mais ses soins furent inutiles. Immédiatement après son décès, en 337 après JC, Constance , son deuxième fils, étant le plus proche, s'empara de la capitale et ordonna le massacre de tous ceux dont la naissance ou la puissance pouvaient leur donner l'espoir d'obtenir la souveraineté. Parmi ses propres parents, seuls deux cousins, Gallus et Julian, se sont échappés. Les trois fils de Constantin se partagèrent alors l'empire. Constantin II, l'aîné, reçut la capitale avec la Gaule, l'Espagne et la Bretagne ; Constance avait la Thrace et l'Orient ; Constans , Italie, Afrique et Illyrie occidentale.

Le règne de Constance fut occupé par une guerre désastreuse avec la Perse. Les Arméniens païens se révoltèrent à la mort de leur roi Tiridate – un « ami des Romains » qui avait établi le culte chrétien dans ses domaines – et ouvrirent leurs portes aux Perses. Le fils de Tiridate sollicita l'aide de Constance , qui réussit à restaurer le prince Chos'roes dans ses domaines. La forteresse de Nisibis, qui passait pour le rempart de l'Orient, résista à trois sièges mémorables des Perses ; mais les armées romaines furent vaincues dans neuf batailles rangées, et les raids de la cavalerie perse s'étendirent même jusqu'à la Méditerranée, où elles capturèrent et pillèrent Antioche.

**234.** Entre-temps, la discorde avait éclaté entre les empereurs d'Occident, et Constantin II, envahissant les domaines de son frère Constant , fut vaincu et tué près d'Aquilée. Constans s'empare de ses provinces et règne dix ans (340-350 après JC) sur les deux tiers de l'empire de son père. Magnence , officier en Gaule, prit alors la pourpre, et Constans fut tué. Constance , rappelé de ses guerres contre les Perses, battit Magnence dans une pénible campagne sur le Danube ; reçu la soumission de Rome et des villes italiennes ; et enfin, par une grande bataille dans les Alpes Cottiennes, mit fin à la rébellion avec la vie de l'usurpateur, en 353 après JC. Seize ans après la mort du grand Constantin, l'empire fut ainsi réuni sous un seul souverain. Gallus, le cousin de Constance , avait été sorti de prison pour recevoir le titre de César et le gouvernement de l'Orient. Mais il s'est montré totalement inapte à gouverner ; il traita d'insultes l' ambassadeur de son cousin, et le fit même assassiner par la foule d'Antioche. Gallus fut alors rappelé et mis à mort à Pola, en Istrie .

## RÉCAPITULATION.

Dioclétien (284-305 après JC) associe Maximien comme « Auguste », et Galère et Constance comme « Césars », à lui-même dans la gestion de l'empire. Constance renverse la souveraineté de Carausius en Grande-Bretagne et dans le nord de la Gaule. Galère remporte des victoires en Asie ; Dioclétien, en Egypte ; et Maximien , en Afrique. Le nouveau système est efficace à l'étranger, mais oppressif à l'intérieur. Les chrétiens sont sévèrement persécutés. Siège du gouvernement retiré de Rome. Dioclétien et Maximien démissionnent en 305 après JC. Galère (305-311 après JC) et Constance (305, 306 après JC) deviennent empereurs ; Sévère et Maximin, Césars . Constantin le Grand (306-337 ap. J.-C.), succédant à son père Constance , finit par conquérir Maximien , qui a repris la pourpre, et Maxence (312 ap. J.-C.), qui a été proclamé à Rome et règne sur l'empire d'Occident. Licinius (307-323 après J.-C.), après la mort de Galère, conquiert Maximin et règne à l'est de la mer Égée . Constantin conquiert Licinius , en 323 après J.-C., et devient l'unique empereur. Fixe sa cour à Constantinople ; réorganise le gouvernement; fait du christianisme la religion de l'État ; a des guerres avec les Goths ; et établit des colonies militaires de Sarmates dans les limites de l'empire. Après sa mort, ses trois fils détruisent leurs parents et se partagent la domination. Tandis que Constance II. est en guerre contre la Perse, son frère Constantin II est tué par Constant , qui est lui-même déposé, au bout de dix ans, par Magnence . Constance , revenant de l'Est, en 350 après J.-C., bat Magnence et règne sur tout le domaine de son père, entre 353 et 361 après J.-C.

### EXTINCTION DU PAGANISME.

**235.** Julien, le frère cadet de Gallus, fut autorisé à poursuivre ses études préférées à Athènes, jusqu'à ce qu'en 355 après JC, il fut appelé à la cour de Milan, digne du titre de César et chargé du gouvernement des Gaules. Sa conduite déployait beaucoup d'énergie et de talent. Il battit sévèrement les Alamans, à la bataille de Strasbourg ; chassa les Francs de leurs châteaux sur la Meuse ; et lors de trois invasions de l'Allemagne, il libéra 20 000 captifs romains. Il reconstruisit les villes de Gaule que les barbares avaient détruites ; orna Paris, sa résidence d'hiver, d'un palais, d'un théâtre et de bains ; des céréales importées de Grande-Bretagne pour la subsistance de la population ; et protégé l'agriculture, l'industrie manufacturière et le commerce.

Constance devint jaloux de la renommée de son cousin et chercha à le désarmer et à le déshonorer en ordonnant à la plus grande partie de l'armée gauloise de se diriger vers l'Est. Julien se préparait à renvoyer ses fidèles partisans, mais les soldats se mutinèrent, le proclamèrent empereur et le forcèrent à revêtir la robe violette. Une ambassade auprès de Constance fut renvoyée avec mépris ; et Julien, après avoir de nouveau châtié les Francs et amélioré les défenses de la frontière allemande, entreprit de résoudre la question par la guerre réelle. Pénétrant la Forêt-Noire jusqu'au Danube, il descendit ce fleuve avec une flotte capturée, surprit Sirmium et fut reçu par les acclamations du peuple. Il envoya des lettres justifiant sa conduite aux principales villes de l'empire, notamment aux sénats d'Athènes et de Rome ; et il fut investi par cette dernière des titres impériaux qu'elle seule pouvait légalement conférer. La mort subite de Constance , à Tarse, en novembre 361 après JC, mit fin à l'incertitude. Tout Constantinople se précipita pour accueillir Julien, à une distance de soixante milles de la capitale, et les soldats et le peuple de tout l'empire l'acceptèrent pour chef.

**236.** Ses premiers actes furent de retrancher le luxe oriental du palais, de punir les officiers de Constance qui avaient opprimé le peuple et de renvoyer les 10 000 espions. Philosophe par choix et empereur seulement par contrainte, Julien se piquait de la simplicité frugale de ses habitudes et se déclarait simplement « serviteur de la République ». Il est connu dans l'histoire sous le nom malheureux de « Julien l'Apostat ». Irrité contre les cousins *chrétiens* qui avaient assassiné toute sa famille, il étendit sa haine à la foi qu'ils professaient si indignement. Il renonça publiquement au christianisme et se plaça, ainsi que son empire, sous la protection des « dieux immortels ».

Malgré les chrétiens, il patronna les Juifs et tenta de reconstruire leur temple à Jérusalem ; mais il fut contrarié par des boules de feu éclatant près des fondations, qui empêchèrent l'approche des ouvriers. [79] Il exclut tous les chrétiens des écoles de grammaire et de rhétorique, espérant ainsi les dégrader dans leur rang intellectuel et les affaiblir dans la controverse. Il a cependant déçu les fanatiques païens en proclamant la tolérance à tous les partis. Au printemps de l'an 363, Julien partit avec une grande armée vers l'Est, où les ravages du roi perse rencontraient depuis quatre ans peu de résistance. Il remporta une victoire importante sur les Perses à Ctésiphon, mais lors d'une escarmouche ultérieure, il fut mortellement blessé et mourut en juin 363 après JC, après un règne de seize mois seulement.

**237.** Jovian, le capitaine des sauveteurs, fut salué comme Auguste par les généraux de Julien. Il obtient la paix avec le roi perse en cédant les cinq provinces à l'est du Tigre, puis mène une difficile retraite vers la capitale. L'acte principal de son règne fut le rétablissement du culte chrétien et de la tolérance universelle. Il mourut en février 364 après JC, après un règne de huit mois. Les officiers civils et militaires de l'empire se réunirent à Nicée et choisirent pour souverain Valentinien , chrétien et brave soldat, qui s'était distingué par son service tant sur le Tigre que sur le Rhin. Son frère Valens devint son collègue, avec le commandement de l'Est, s'étendant du bas Danube jusqu'aux frontières de la Perse.

**238.** Valentinien fixa sa capitale à Milan, qui alternait avec Reims et Trêves comme quartier général. Il vainquit les Alamans et garda le Rhin par une nouvelle série de forts. Les côtes de l'Europe occidentale commençaient alors à être envahies par les pirates saxons, tandis que les Pictes et les Écossais balayaient tous les champs cultivés du sud de la Grande-Bretagne, depuis le mur d' Antonin jusqu'à la côte du Kent. Théodose , père du futur empereur de ce nom, mena une armée de vétérans au secours des Britanniques et remporta ensuite dans les Orcades une grande victoire navale sur les Saxons.


Après avoir vaincu les Alamans sur le haut Danube, Théodose fut ensuite envoyé en Afrique pour réprimer une révolte des Maures et des provinciaux, provoquée par les extorsions du comte Romanus . Firmus, le chef des Maures, était aussi rusé que Jugurtha, mais Théodose montrait toute l'habileté de Métellus ou de Scipion. Il emprisonna Romanus et rétablit l'ordre dans la province ; mais il ne fut récompensé que par des soupçons injustes et une exécution militaire, en 376 après JC. Valentinien était déjà mort (novembre 375 après JC), et les ministres qui entouraient son fils déguisèrent la vérité pour servir leurs propres desseins.

**239.** Valens, qui régnait entre-temps en Orient, était de loin inférieur à son frère en fermeté et en bienfaisance de caractère. Au début de son règne, Procope , parent de Julien, prit possession de Constantinople et la garda plusieurs mois comme empereur nominal. Il fut enfin capturé et subit une mort cruelle dans le camp de Valens. Le grand événement de cette période fut l'irruption d'une nouvelle et terrible race de sauvages venus de l'Asie du Nord. Les Huns étaient plus hideux, plus cruels et plus implacables que même les barbares les plus féroces connus jusqu'ici par les Romains. La

Grande Muraille, qui sépare encore la Chine de la Mongolie, avait été érigée comme une barrière contre leurs incursions ; mais leur attention était maintenant tournée vers l'ouest, où les Goths, au nord de la mer Noire, furent les premiers à ressentir leur puissance.

Le grand royaume gothique d' Hermanric s'étendait du Danube et du Pont-Euxin jusqu'à la Baltique et englobait de nombreuses tribus apparentées, parmi lesquelles les Goths orientaux ou Ostro -Goths et les Goths occidentaux ou Visi -Goths étaient les plus importants. Les premiers furent conquis par les Huns ; ces derniers demandèrent à Valens la permission de s'installer sur les terres incultes au sud du Danube et de devenir sujets de l'empire. Leur demande fut exaucée et un million d'hommes, de femmes et d'enfants traversèrent le fleuve. Mais les commissaires romains, chargés de recevoir et de nourrir cette multitude affamée, saisirent l'occasion de faire fortune, aux dépens de leur honneur et de la sécurité de l'empire.

Les Goths avaient dû rendre leurs armes, mais ils achetèrent à ces officiers la permission de les conserver. La nourriture qui leur était servie était de la plus mauvaise qualité et du prix le plus extravagant. Le mécontentement éclata parmi l'hôte turbulent et armé. Les guerriers gothiques marchèrent sur Marcianopolis , vainquirent l'armée envoyée pour la défendre et dévastèrent toute la Thrace à feu et à sang. Au lieu de pacifier les Goths par un juste châtiment des coupables et par des gages de justice pour l'avenir, Valens envoya chercher de l'aide à son neveu Gratien, et s'avança avec son armée pour combattre les barbares. Dans une bataille près d'Hadrianople , il fut tué et les deux tiers de son armée périrent en 378 après JC.

**240.** Gratien, fils de Valentinien, avait été trois ans empereur d'Occident, et devint maintenant l'unique souverain des domaines d'Auguste. Il choisit cependant pour collègue le général Théodose, à qui il confia l'empire de Valens, avec en plus la province d'Illyrie. La jeunesse de Gratien était ornée d'une belle promesse de toutes les vertus ; mais dès que ses excellents instructeurs le quittèrent, il se montra faible et totalement inapte au commandement. Des hommes méchants ont gagné et abusé de sa confiance.

Maximus, en Bretagne, se révolta et passa en Gaule avec une armée. Au lieu de se battre, Gratien s'enfuit de Paris ; ses armées désertèrent au profit de l'ennemi, et l'empereur fugitif fut rattrapé et tué à Lyon, en 383 après JC. Il avait déjà, à son avènement, partagé la dignité impériale avec son frère Valentinien II, alors âgé de cinq ans seulement. Maximus, étant en possession réelle des pays à l'ouest des Alpes, fut reconnu par Théodose, à condition que le jeune Valentinien soit laissé en possession sûre de l'Italie et de l'Afrique. Le souverain des Gaules, de l'Espagne et de la Grande-Bretagne devint bientôt assez fort pour manquer à sa parole. Il envahit l'Italie et le jeune empereur, avec Justina sa mère, s'enfuit à la cour de Théodose pour se protéger. L'empereur d'Orient marcha pour attaquer Maxime, qu'il vainquit et fit exécuter comme traître, et établit Valentinien II. dans la souveraineté de tout l'empire occidental.

**241.** Le jeune souverain d'Occident se révèle aussi faible que son frère. Il tomba sous le contrôle de son propre officier, un Franc nommé Arbogastes ; et lorsqu'il tenta de secouer le joug, le serviteur trop puissant assassina son maître et établit un empereur de son choix. Eugène régna deux ans (392-394 après JC), comme instrument d'Arbogastes ; mais Théodose battit enfin son armée près d'Aquilée et le mit à mort.

Pendant quatre mois, le monde romain fut uni, pour la dernière fois, sous un seul souverain. Théodose le Grand méritait bien le titre sous lequel il est connu dans l'histoire. Sa gestion vigoureuse et prudente a transformé les Goths d'ennemis dangereux en amis puissants. De grandes colonies de Visi -Goths se formèrent en Thrace, et d'Ostro -Goths en Asie Mineure ; et 40 000 de leurs guerriers étaient employés dans les armées de l'empereur. Si les monarques ultérieurs avaient agi avec la sagesse et la fermeté de Théodose, ces recrues auraient pu ajouter une grande force à l'empire alors en déclin. Ce furent, en fait, l'une des principales causes de sa chute.

**242.** Ce règne est marqué par l'extinction du vieux culte païen. Les temples furent détruits et tous sacrifices ou divinations interdits. Les Égyptiens croyaient que Sérapis vengerait toute profanation de son temple d'Alexandrie ; mais lorsqu'un soldat, grimpant jusqu'à la tête de l'idole colossale, lui frappa la joue avec sa hache de guerre, la foi populaire fut ébranlée, et il fut admis qu'un dieu qui ne pouvait se défendre n'était plus à adorer. Les ariens et autres hérétiques chrétiens furent persécutés avec à peine moins de rigueur que les païens ; car il leur était interdit de prêcher, d'ordonner des ministres ou de tenir des réunions de culte public. Les peines infligées par Théodose n'étaient rien d'autre que des amendes et des invalidités civiles ; mais son contemporain, Maximus, aurait été le « premier prince chrétien à verser le sang de ses sujets chrétiens pour leurs opinions religieuses ».

La puissance et la dignité de l'Église à cette époque sont démontrées par la conduite d'Ambrosius , archevêque de Milan. Théodose avait ordonné un massacre général de la population de Thessalonique, en guise de punition pour un tumulte gratuit qui avait éclaté dans leur cirque, au cours duquel un général gothique et plusieurs de ses officiers avaient été tués. Plusieurs milliers de personnes, innocents et coupables, furent massacrés par des troupes barbares envoyées là-bas à cet effet. Lorsque l'empereur, qui était alors à Milan, se rendait comme d'habitude à l'église, Ambrosius le rencontra à la porte et refusa de l'admettre à aucun des offices religieux jusqu'à ce qu'il avoue publiquement sa culpabilité. L'interdit dura huit mois ; mais enfin le maître du monde civilisé, sous l'habit du plus humble suppliant, implora pardon en présence de toute la congrégation, et fut rétabli, à Noël 390 après JC, dans la communion de l'Église.

Avant sa mort, Théodose partagea ses grands domaines entre ses deux fils, donnant l'Orient à Arcadius et l'Occident à Honorius . Ce dernier, qui n'avait que onze ans, fut placé sous la tutelle du général vandale Stilicho , qui avait épousé une nièce du grand empereur. Théodose mourut à Milan, le 17 janvier 395 après JC.

# RÉCAPITULATION.

Julien administre la Gaule et envahit l'Allemagne avec beaucoup d'énergie et de succès. Il encourt la jalousie de son cousin et est déclaré empereur par ses troupes. Constance meurt et Julien (361-363 après JC), désormais universellement reconnu, rétablit le paganisme. Il est tué dans une campagne de l'Est et est remplacé par Jovian, qui se retire à l'ouest du Tigre. A la mort de Jovien, en 364, Valentinien (364-375) est choisi par la cour et l'armée, et assigne l'empire d'Orient à son frère Valens. Le général Théodose remporte d'importantes victoires sur les Saxons, les Pictes, les Écossais et les Maures. Procope usurpe pour un temps la capitale orientale, et l'empire est menacé à la fois par les Huns et les Goths. En guerre contre ce dernier, Valens est tué. Gratien (375-383 après J.-C.), fils de Valentinien, confère l'empire d'Orient au jeune Théodose (379-395 après J.-C.). Il est lui-même détrôné par Maxime, qui devient souverain des Gaules, de l'Espagne et de la Grande-Bretagne, et expulse même d'Italie le frère de Gratien (387 après JC). Théodose détruit Maximus et restaure Valentinien II. comme empereur d'Occident ; mais ce jeune monarque est bientôt assassiné par Arbogastes . Eugène règne deux ans, 392-394 après JC. Théodose le bat et dirige l'empire uni pendant quatre mois. Il se concilie avec les Goths ; abolit les rites païens ; persécute les hérétiques; fait pénitence à Milan ; divise l'empire entre Arcadius et Honorius.

### QUATRIÈME PÉRIODE, 395-476 APRÈS JC.

**243.** L'empire à l'est de l'Adriatique a duré plus de mille ans depuis l'avènement d'Arcadius, et ses archives appartiennent à l'histoire médiévale . Dès la mort du grand Théodose, la division des deux empires fut complète. Rufinus , le ministre d'Arcadius, avait une inimitié mortelle envers Stilicon, le gardien d'Honorius ; et par souci de vengeance, il lâcha les Goths sur l'empire d'Occident. Al´aric , le Visi -Goth, fut nommé maître général des armées orientales en Illyrie. Dans le même temps, il fut élu roi de ses propres compatriotes, et on ne sait pas avec quelle qualité il envahit l'Italie, entre 400 et 403 après JC. Honorius fut chassé de Milan, mais Stilicon vainquit l'envahisseur à Pollentia , puis à Vérone, et le persuada, par des promesses de terres pour ses partisans, de se retirer d'Italie.

Pendant les réjouissances à Rome à l'occasion de sa retraite, se produisit un incident qui marque les progrès du christianisme dans l'empire en déclin. Télémaque , un moine, entra dans l'arène du Colisée et tenta de séparer les gladiateurs, protestant, au nom du Christ, contre leur combat inhumain. Il a été lapidé à mort par la foule ; mais leurs remords lui conférèrent les honneurs d'un martyr ; et l'empereur, qui était présent, fit une loi abolissant à jamais l'effusion du sang humain pour le sport public.

**244.** Honorius transféra sa capitale de Milan dans la forteresse imprenable parmi les marais de Ravenne, qui resta pendant trois siècles le siège du gouvernement de l'Italie. Une nouvelle invasion allemande, menée par le païen Radagaisus , dévasta l'Italie occidentale. La Gaule fut, en même temps, envahie par une horde mêlée de Vandales, Suèves, Alains et Bourguignons ; et à partir de ce moment, on peut dire que l'Empire romain est tombé dans les pays au-delà des Alpes. L'armée britannique s'est révoltée ; et après avoir élu et assassiné deux empereurs, il établit Constantin, qui les conduisit en Gaule, vainquit les envahisseurs allemands, passa en Espagne et établit une sorte de souveraineté sur les trois pays occidentaux de l'Europe.

Pendant ce temps, Stilicon fut déshonoré et tué, à cause des intrigues de son ennemi, Olympius . Tandis que les auxiliaires barbares de son armée déploraient sa mort, ils étaient furieux du massacre de leurs femmes et de leurs enfants, retenus en otages dans les différentes villes d'Italie. Cet acte insensé de cruauté a scellé le sort de Rome. Les barbares, libérés soit du devoir, soit de la nécessité d'obéir à Honorius, affluèrent en masse au camp d'Alaric, en Illyrie, et le pressèrent d'envahir l'Italie. Le Visi -Goth avait ses propres blessures à venger. Il passa les Alpes et le Pô, et, après une marche rapide, établit son camp sur le Tibre. Rome était réduite à la famine. Des milliers de personnes moururent de famine et des milliers d'autres de la peste qui en résulta. Finalement, Alaric accepta les conditions proposées par le Sénat et se retira, contre le paiement d'une énorme rançon, en 408 après JC.

**245.** Son beau-frère Adolphus le rejoignit alors avec une troupe de Huns et de Goths. Alaric offrit la paix à la cour de Ravenne, à condition de recevoir des terres pour ses partisans, entre le Danube et l'Adriatique. Ses demandes ayant été refusées, il marcha de nouveau sur Rome et établit un empereur de son choix, en Atalos , préfet de la ville. Ravenne ne fut sauvée de son attaque que par un renfort de Théodose II, aujourd'hui empereur d'Orient. L'Afrique fut également délivrée grâce à la vigilance du comte Héraclien . Mais Alaric en eut bientôt assez de son roi fantoche. Il le déposa et rechercha de nouveau la paix avec Honorius. Le traité échoua à cause de la mauvaise volonté de Sarus, un Goth au service impérial, qui était un ennemi acharné et un rival d'Alaric.

Le roi des Visi -Goths se tourna alors une troisième fois, et avec une rage implacable, contre Rome. La Ville éternelle fut prise le 10 août 410 après J.-C. et fut livrée pendant six jours à d'horribles scènes de meurtre et de pillage. Bien que considérablement réduite en puissance, Rome n'avait jamais perdu sa dignité ni la richesse de ses vieilles maisons patriciennes. Ceux-ci furent maintenant saccagés ; l'or, les bijoux et les vêtements de soie, les sculptures et les peintures grecques, et les plus beaux dépouilles des pays conquis, rapportés en triomphe par les ancêtres des familles actuelles, allèrent enrichir les hordes gothiques et scythes , si ignorantes de la valeur de leurs biens. le pillage, que les vases exquis étaient souvent divisés d'un coup de hache de guerre, et leurs fragments distribués entre les simples soldats. Seules les églises et leurs biens étaient respectés, car Alaric déclarait qu'il faisait la guerre aux Romains et non aux apôtres.

**246.** Enfin le roi des Goths se retira, chargé de butin, le long de la voie Appienne, méditant la conquête de la Sicile et de l'Afrique. Cependant, les tempêtes détruisirent sa flotte construite à la hâte et une mort subite mit fin à sa carrière de conquête. Il fut enterré dans le canal de la petite rivière Busenti´nus et son sépulcre fut orné par ses disciples des trésors de Rome. Adolphe, son successeur, fit la paix avec Honorius et reçut la main de la princesse impériale Placid´ia , faite prisonnière pendant le siège. Ses cadeaux de noces étaient constitués des dépouilles de son pays. Adolphe se retira en Gaule, puis en Espagne, où il fonda le royaume des Visi -Goths, comme dépendance de l'empire d'Occident.

Constantin fut chassé d'Espagne et capturé à Arles par Constance , qui fut récompensé pour ses services distingués par un mariage avec Placidia , après la mort de son mari gothique, et par les titres impériaux qu'il portait en tant que collègue de son frère. . Il ne régna que sept mois, et après sa mort, Placidia se disputa avec Honorius et se réfugia chez son neveu à Constantinople. En quelques mois, l'empereur d'Occident mit fin à un règne honteux de vingt-huit ans, en 423 après JC. Jean, son secrétaire, usurpa le trône ; mais Théodose II. Il envoya une flotte et une armée pour faire valoir les prétentions de son cousin, le fils de Placidia , et les troupes de Ravenne furent facilement persuadées de rendre leur empereur parvenu. Jean fut décapité à Aquilée, en 425 après JC.

**247.** Valentinien III. était un enfant de six ans. L'empire d'Occident fut donc placé sous la régence de sa mère, Placidia , qui continua à le gouverner pendant un quart de siècle, tandis que le commandement militaire était détenu par Aë´tius et Boniface. Malheureusement, ces deux généraux étaient ennemis. Les mensonges malveillants d' Aëtius conduisirent Boniface à la rébellion et perdirent l'Afrique au profit de l'empire. Genséric , roi des Vandales en Espagne, accepta volontiers l'invitation de Boniface et traversa le détroit avec 50 000 hommes. Les Maures rejoignirent aussitôt son armée ; les donatistes [80] le saluaient comme leur libérateur de la persécution.

Trop tard, Boniface découvre son erreur et revient à son allégeance. Toute l'Afrique romaine, à l'exception de Carthage, Cirta et Hippo Regius, était passée aux Vandales. Des forces furent envoyées de Constantinople pour aider celles de l'Italie ; mais les armées combinées furent vaincues, et Boniface fut contraint d'abandonner l'Afrique, emmenant avec lui tous les habitants romains qui pouvaient partir. Les pays du Danube avaient été cédés à l'empire d'Orient, en échange de l'aide de Théodose II, pour placer Valentinien III. sur son trône. La Grande-Bretagne, non protégée par les armées romaines, avait abandonné son allégeance et n'avait eu pendant quarante ans d'autre gouvernement que celui du clergé, des nobles et des magistrats des villes. Les Goths étaient installés définitivement dans le sud-ouest de la Gaule ; les Bourguignons à l'est, et les Francs au nord du même pays ; et à l'exception d'une petite étendue dans le sud de la Gaule, l'empire d'Occident ne comprenait désormais que l'Italie et la région des Alpes occidentales.

**248.** Aëtius défendit la province gauloise contre les Visi -Goths d'un côté, et les Francs de l'autre, jusqu'à ce que ces derniers fassent appel à un nouvel allié plus terrible que tous les envahisseurs précédents, en At 'tila , roi des Huns. Ce chef sauvage était connu dans le monde terrorisé de son époque sous le nom de Fléau de Dieu. Il avait soumis à son autorité tous les barbares entre la Baltique et le Pont-Euxin, le Rhin et la Volga, et son armée de 700 000 hommes était dirigée par une multitude de rois sujets. Il ravageait depuis neuf ans l'empire d'Orient jusqu'aux murs de Constantinople, et ne s'était retiré que sur la promesse d'un énorme tribut annuel et du paiement immédiat de 6 000 livres d'or. Il envahit alors la Gaule, au nom d'un roi franc chassé au-delà du Rhin et qui avait sollicité son aide.


Théodoric , fils d'Alaric, aujourd'hui roi des Visi -Goths, s'était allié aux Romains, et leurs armées unies arrivèrent à Attila, tout comme il avait effectué la prise d'Orléans en abattant ses murs. Les Huns retirèrent immédiatement leurs hordes du pillage de la ville et se retirèrent de l'autre côté de la Seine vers les plaines autour de Châlons , où sa cavalerie scythe pouvait opérer avec un meilleur avantage. S'ensuivit alors l'une des batailles les plus mémorables de l'histoire du monde. Le vieux roi Théodoric fut tué, mais la victoire fut remportée grâce à la valeur de ses sujets. Attila fut conduit vers son cercle de chariots, et seule l'obscurité de la nuit empêcha la destruction totale de ses hôtes.

Ce fut la dernière victoire jamais remportée au nom de l'empire d'Occident. Elle régla la grande question de savoir si l'Europe moderne devait être germanique ou tartare. Les Goths étaient déjà chrétiens ; leur énergie grossière était bien adaptée aux lois et aux institutions de la vie civilisée. Les Huns étaient sauvages, païens et destructeurs ; puissants à ravager et à désoler, mais jamais, dans leur plus grande puissance et richesse, connus pour construire et organiser un État. La plupart de ce qu'il y a d'admirable dans l'histoire européenne aurait été renversé par un résultat différent de la bataille de Châlons .

**249.** Attila se retira au-delà du Rhin. Deux ans plus tard, il descendit dans le nord-est de l'Italie, réduisit Aquilée, Altinum , Concordia et Padoue en tas de cendres et pilla Pavie et Milan. Les fugitifs de l'ancien territoire des Vénètes se réfugièrent sur les cent îlots bas à l'entrée de l'Adriatique et posèrent, dans la pauvreté et l'industrie, les fondations de la République de Venise. Alors qu'il était détourné de sa menace de marche sur Rome, par l'intercession du pape Léon, Attila mourut subitement, et son royaume tomba en morceaux encore plus rapidement qu'il ne s'était construit. Deux de ses fils périrent au combat. Irnac , le plus jeune, se retira en Scythie. Valentinien montra son soulagement en assassinant Aëtius de sa propre main. Ayant dégoûté et offensé ses sujets à bien des égards, il fut lui-même assassiné en mars 455 après JC.

Maximus, son meurtrier, prit la pourpre, mais il resta au pouvoir moins de trois mois. Eudoxie , veuve de Valentinien, appela au secours Genséric, roi vandale d'Afrique, qui, commandant la Méditerranée avec ses flottes, n'était que trop avide des dépouilles de l'Italie. Les Romains, dès qu'il fut débarqué à Ostie, mirent à mort leur indigne empereur ; mais cette exécution ne parvint pas à apaiser le barbare. Quatorze jours, la Ville éternelle fut de nouveau livrée à un pillage plus sans scrupules que celui d'Alaric. La flotte vandale, attendant à Ostie, était chargée de toutes les richesses que les Goths avaient épargnées, et recevant à son bord l'impératrice Eudoxie et sa fille, elle retourna saine et sauve à Carthage.

**250.** Les Romains étaient trop paralysés pour nommer un nouveau souverain. Lorsque la nouvelle parvint en Gaule, Avitus , général des armées de cette région, fut proclamé, sous l'influence de Théodoric II, et fut reconnu pendant plus d'un an dans tout l'empire d'Occident. Mais, en 456 après JC, le comte Ric'imer , un Goth commandant les auxiliaires étrangers en Italie, se rebella et captura Avitus lors d'une bataille près de Plaisance. Il créa Marjorian , dont les talents et les vertus redonnèrent au gouvernement une certaine apparence de justice et d'énergie. Une flotte était maintenant préparée pour l'invasion de l'Afrique, dans l'espoir non seulement de riposter contre Genseric pour son pillage de Rome, mais aussi d'arrêter les ravages des pirates vandales sur les côtes d'Italie. Il a été livré aux émissaires de Genseric, dans le port espagnol de Carthagène .

Ricimer , à cette époque, était jaloux de son *protégé* et, le forçant à démissionner, créa un nouveau fantoche en la personne de Libius Severus, au nom duquel il espérait exercer le pouvoir réel. Mais le règne nominal de Sévère était confiné à l'Italie, tandis que, au-delà des Alpes, deux généraux romains, Marcellin en Dalmatie et Ægidius en Gaule, possédaient la souveraineté réelle, mais sans les titres impériaux. Les côtes de l'Italie, de l'Espagne et de la Grèce furent continuellement harcelées par les Vandales, et Ricimer , deux ans après la mort de Sévère (467 après JC), fit appel à la cour de Constantinople pour obtenir de l'aide contre l'ennemi commun, promettant d'accepter tout souverain qui l'empereur nommerait.

**251.** Anthe´mius , un noble byzantin, fut désigné empereur d'Occident et reçut l'allégeance du Sénat, du peuple et des troupes barbares. On pensait que la fidélité du comte Ricimer était assurée par son mariage avec la fille du nouvel empereur. Une formidable attaque contre les Vandales fut lancée par les forces combinées de l'Est et de l'Ouest ; mais elle échoua à cause de la faiblesse ou de la trahison de Basilicus , le commandant grec, qui perdit son immense flotte à cause de la gestion secrète de Genseric. Les Vandales récupérèrent la Sardaigne et s'emparèrent de la Sicile, d'où ils purent ravager l'Italie plus constamment que jamais.

Les Goths, quant à eux, étaient mécontents de la domination étrangère. Ricimer se retira à Milan, où, de concert avec son peuple, il se révolta ouvertement, marcha avec une armée bourguignonne jusqu'à Rome et força le Sénat à accepter un nouvel empereur en la personne d' Olybrio , en 472 après JC. Anthemius fut tué en 472. attaque contre la ville. Ricimer mourut quarante jours après sa victoire, léguant son pouvoir à son neveu, Gund'obald , un Bourguignon. Olybrius mourut un mois ou deux plus tard et Gundobald éleva un soldat nommé Glycerius au trône vacant. L'empereur d'Orient intervint de nouveau et nomma Julius Nepos, neveu de Marcellin de Dalmatie, qui fut accepté par les Romains et les Gaulois , Glycerius étant consolé de la perte de ses titres impériaux par la dignité plus sûre et plus paisible d'évêque de Salo . n / A .

**252.** A peine Jules fut-il revêtu des insignes de son grade, qu'il fut chassé du pays par une nouvelle sédition dirigée par Oreste , maître général des armées, qui plaça sur le trône son propre fils, Romulus Auguste. Ce dernier des empereurs d'Occident, qui portait, par une curieuse coïncidence, les noms des deux fondateurs de Rome et de l'empire, était plus communément appelé Augus'tulus , en burlesque de la grandeur impériale qui se moquait de sa jeunesse et de son insignifiance.

Les mercenaires réclamèrent un tiers des terres d'Italie pour récompense de leurs services ; et, ayant été refusés, ils reprirent les armes, tuèrent Oreste, déposèrent Augustule et firent de leur propre chef, Odo'acer , roi d'Italie. Le Sénat romain, dans une lettre à Zénon, empereur d'Orient, renonça à la prétention de son pays au rang impérial, consentit à reconnaître Constantinople comme siège du gouvernement du monde, mais demanda qu'Odoacre, avec le titre de « Patricien, » devrait être confié au diocèse d'Italie.

Avec la chute de l'empire d'Occident, l'histoire ancienne prend fin. Mais la création de royaumes par les nations du Nord marque l'avènement d'une nouvelle ère qui, à travers des siècles de turbulences, s'ouvrira sur les scènes variées et brillantes de l'Histoire Moderne.

## RÉCAPITULATION.

Alaric, envahissant l'Italie, est vaincu par Stilicon. Les combats de gladiateurs sont à jamais abolis à Rome. Honorius fixe sa capitale à Ravenne. L'Italie et la Gaule sont envahies par une armée païenne. Constantin devient empereur de l'extrême Occident, 407-411 après JC. La mort de Stilicon et le massacre des femmes et des enfants gothiques conduisent Alaric à une seconde invasion de l'Italie, entre 408 et 410 après JC. Rome est assiégée trois fois, et finalement livrée au pillage pendant six jours. Alaric meurt en 410 après JC et est remplacé par Adolphus, qui épouse la sœur d'Honorius et fonde un royaume gothique en Espagne et dans le sud de la Gaule. Constance , second époux de Placidia , règne en tant que collègue d'Honorius, en 421 après JC ; et son fils, Valentinien III, succède à tout l'empire d'Occident, 425-455 après JC. Durant la régence de Placidia , le général Boniface, trompé par Aëtius , livre l'Afrique aux Vandales. La Gaule est envahie par Attila, roi des Huns, qui est vaincu par les Goths et les Romains près de Châlons , en 451 après J.-C. Il ravage le nord de l'Italie ; et les fugitifs des villes qu'il détruit fondèrent Venise sur l'Adriatique, en 452 après JC. Valentinien III. est assassiné; et sa veuve, pour venger sa mort, fait appel aux Vandales, qui pillent Rome pendant quatorze jours. Avitus (455, 456 après JC) est proclamé empereur des Gaules. Le comte Ricimer se rebelle et installe d'abord Marjorian (457-461 après J.-C.), puis Sévère (461-465 après J.-C.), et finalement demande un empereur à la cour d'Orient, qui nomme Anthemius (467-472 après J.-C.). Ricimer se révolte à nouveau, et couronne Olybrius , qui meurt en quelques mois. Glycerius (473, 474 après J.-C.) échange bientôt la couronne contre une mitre, et Julius Nepos est installé comme souverain. Oreste fonde son propre fils, Romulus Auguste (475, 476 après JC), le dernier empereur romain d'Occident. Odoacre devient roi d'Italie et l'empire d'Occident est renversé.

# QUESTIONS À RÉVISER.
## LIVRE V.

| | | |
|---|---|---|
| 1. | Quelles sont les trois formes successives de gouvernement dans la Rome antique ? | §8. |
| 2. | Quelles races habitaient l'Italie ? | 9-11. |
| 3. | Décrivez individuellement leur origine, leur caractère et leurs institutions. | |
| 4. | Racontez les traditions concernant l'origine de Rome. | 12 , 13 . |
| 5. | Décrivez les actes et les caractères des trois premiers rois. | 13-16. |
| 6. | Quelles tribus et classes constituaient la population romaine sous Tullus Hostile ? | 16. |
| 7. | Quels changements ont été apportés par Ancus Martius et Tarquinius Priscus ? | 17 , 18 . |
| 8. | Décrivez la constitution sous Servius Tullius. | 19-21. |
| 9. | Le règne de Tarquin le Fier. | 22. |
| dix. | Les principales divinités et fêtes religieuses des Romains. | 23-25. |
| 11. | Les oracles et modes de divination. | 26-28. |
| 12. | Les quatre collèges sacrés. | 28-30. |
| 13. | La cérémonie de lustration. | 31. |
| 14. | Le gouvernement et la condition de Rome après l'expulsion des rois. | 32-34. |
| 15. | Les causes et les effets de la première sécession. | 35 , 36 . |
| 16. | Les lois cassienne, publilienne, térentilienne et hortensienne . | 37 , 40 , 43 , 46 , 78 . |
| 17. | Racontez l'histoire de Coriolanus. | 42. |

| 56. | Racontez l'histoire de Pompée. | 151-153 , 155 , 166-170 . |
|---|---|---|
| 57. | Décrivez la conspiration de Catilina. | 154. |
| 58. | Raconter l'histoire et les desseins de César . | 156-177. |
| 59. | Du deuxième triumvirat. | 177-180. |
| 60. | Décrivez les trois batailles décisives de Pharsale , Philippes et Actium. | 169 , 179 , 180 . |
| 61. | La ville et l'empire de Rome sous Auguste. | 181 , 182 , 185 . |
| 62. | Les opérations romaines en Allemagne. | 183 , 184 . |
| 63. | Le règne de Tibère. | 186-188. |
| 64. | Caligula. | 189. |
| 65. | Claude. | 190. |
| 66. | Néron. | 191-194. |
| 67. | Combien d'empereurs en 69 après JC ? | 195 , 196 . |
| 68. | Décrivez les règnes de Vespasien et de ses deux fils. | 197-199. |
| 69. | Les cinq bons empereurs. | 200-206. |
| 70. | Le règne des prétoriens . | 207. |
| 71. | L'histoire de Severus et de ses fils. | 208 , 209 . |
| 72. | Les personnages contrastés des deux petits-fils de Julia Mæsa . | 210-212. |
| 73. | Combien d'empereurs en 238 après JC ? | 213 , 214 . |
| 74. | Décrivez les règnes de Philippe et de Dèce. | 215 , 216 . |
| 75. | La condition de Rome sous Gallus. | 217. |
| 76. | Quels envahisseurs étrangers sous Valérien ? | 217. |

# LISTE DES LIVRES RECOMMANDÉS.

*Les ouvrages suivants sont recommandés à l'étudiant qui désire un compte rendu plus complet des nations de l'Antiquité.*

L'histoire de Rawlinson des cinq grandes monarchies de l'ancien monde oriental.

Les mœurs et coutumes des anciens Égyptiens de Wilkinson.

de Heeren sur la politique, le commerce, etc., du monde antique.

Conférences de Niebuhr sur l'histoire ancienne.

Ninive de Layard.

L'Histoire des Juifs de Milman .

L'histoire de l'Église juive de Stanley.

Antiquités juives de Josèphe.

Hérodote. (La traduction de Rawlinson, avec des essais illustratifs, est incomparablement la meilleure.)

Cyropædia , Anabase et Memorabilia de Xénophon .

L'Histoire de la Grèce de Grote.

de Curtius .

Dr Wm. L'Histoire de la Grèce de Smith, en un seul volume.

L'Athènes de Bulwer : son ascension et sa chute.

Saint-Jean Les Hellènes : les mœurs et coutumes de la Grèce antique.

Les quinze batailles décisives du monde de Creasy .

L'Histoire de Rome de Niebuhr.

L'Histoire de Rome d'Arnold.

L'Histoire de Rome de Mommsen.

La Vie de Cicéron de Forsyth.

Sélections des discours de Cicéron.

de César .

Vie de César , par Napoléon III.

L'Histoire des Romains sous l'Empire de Merivale.

L'histoire de Gibbon sur le déclin et la chute de l'Empire romain.



*Parmi les contes, poèmes et drames illustrant l'histoire ancienne, les suivants sont recommandés, les trois premiers étant particulièrement destinés aux plus jeunes lecteurs.*

Les « héros » de Kingsley.

Le «Livre merveilleux» et les «Contes de Tanglewood» de Hawthorne.

Philothée » de Mme Child .

Chariclès » et « Gallus » de Becker .

Les « Lays de la Rome antique » de Macaulay.

"Zenobia", "Julian" et "Probus" de Ware.

La « Victoire des vaincus » de Mme Charles.

«Hypatie» de Kingsley.

César » et « Antoine et Cléopâtre » de Shakespeare .

*Parmi les collections de gravures, il faut surtout rechercher les suivantes.*

« Description de l'Égypte », faite par la Commission des *savants* qui accompagnaient l'armée française en 1798. Communément appelée « l'Égypte de Napoléon ». 9 vol. Texte et 14 vols in-folio. Assiettes.

« Les palais de Ninive et de Persépolis restaurés » de Fergusson.

Le « Manuel illustré d'architecture » de Fergusson.

de Botta .

« Monuments de Ninive » de Layard.

« L'architecture athénienne » de Penrose.

Les «Antiquités d'Athènes» de Stuart.

Les « édifices de la Rome antique » de Canina .

---

# NOTES DE BAS DE PAGE

[1] Des traditions éparses des mêmes événements ont été trouvées dans plusieurs nations. Les plus remarquables se trouvaient dans les écrits de Bérose ( voir note, p. 18 ), qui, à son récit de la Création, ajoutait que les monstrueux êtres vivants qui flottaient dans les ténèbres de l'océan primitif périssaient à l'apparition de la lumière. Ce doivent être les animaux pré-adamites que la géologie ne nous a fait connaître qu'au cours du siècle actuel. Bérose décrit un déluge dont seuls les hommes justes furent sauvés.

[2] Voir Livre III, §§ 35-37 , 84-86 .

[3] Hérodote, le père de l'histoire, était un Grec d'Halicarnasse, une ville dorique de Carie, et est né en 484 avant JC. Il a rassemblé les matériaux de ses œuvres au cours de nombreux voyages et de recherches laborieuses.

[4] Notre mot « châle » appartient au sanskrit, la plus ancienne langue connue de l'Inde, ce qui montre que les « châles indiens » sont des objets de luxe et de commerce depuis les temps les plus reculés.

[5] Voir p. 10 , et Gen. xi : 1-9.

[6] Bérose , un érudit babylonien, a écrit une histoire de sa propre histoire et de celle des pays voisins dans trois livres, malheureusement perdus. Il tirait ses informations des archives conservées dans le temple de Bélus, des traditions populaires et en partie, probablement, des Écritures juives. Des fragments nous ont été conservés par des écrivains ultérieurs. Il vécut du règne d'Alexandre, 356-323 avant JC, jusqu'à celui d'Antiochus II, 261-246 avant JC.

[7] La mémoire de l'étudiant peut être facilitée par quelques explications sur les noms longs des rois assyriens. Ils ressemblent à l'hébreu dans leur composition ; et, comme dans cette langue, chacun peut former une phrase complète. Des deux, trois ou quatre mots distincts qui composent toujours une appellation royale, l'un est ordinairement le nom d'une divinité. Ainsi, Tiglathi-nin = « Adorez Nin » (l'Hercule assyrien) ; Tiglath- pileser = « Adoration au Fils de Zira ; » Sargon = « Le roi est établi ; » Esar-haddon = "Assur a donné un frère."

[8] Voir § 32.

[9] Sa fille Jézabel devint l'épouse d'Achab, roi d'Israël. Son règne est marqué dans les annales phéniciennes par une sécheresse qui s'étendit à toute la Syrie.

[dix] Voir p. 19.

[11] Voir § 40, p. 23.

[12] La bataille de Karkemish. Voir p. 25.

[13] Il a vécu sous le règne de Ptolémée Ier, BC 323-283.

[14] Voir « Notre héritage dans la Grande Pyramide », par le professeur Piazzi Smyth.

[15] Voir § 187.

[16] Josèphe était un historien juif, né en 37 après JC, fils d'un prêtre et descendant par sa mère de la même famille royale que les Hérode . Son plus grand ouvrage est ses « Antiquités juives », en vingt livres. L'histoire commence à la Création du Monde et se termine en 66 après JC, avec la Révolte des Juifs contre les Romains.

[17] Voir § 33.

[18] Voir Genèse XLVII : 18-26.

[19] Le nom phénicien de Carthage signifiait la Ville Nouvelle, la distinguant soit de la voisine Utique, dont le nom désignait la Vieille Ville, soit de Byrsa , première forteresse de Didon. Lorsque la Nouvelle Carthage ( Carthagène ) fut construite sur la côte espagnole, la colonie d'origine commença à être appelée par les Romains *Carthago . Vetus* , ce qui revient à dire « Old Newtown ».

[20] Voir § 47.

[21] Voir Livre I, §§ 38, 41.

[22] Voir Livre I, § 59.

[23] Voir Livre I, §§ 53, 54.

[24] Les *Macro 'bii* , ainsi appelés par les Grecs parce qu'ils étaient réputés vivre 120 ans ou plus, étaient une tribu d'une force et d'une stature extraordinaires vivant au sud de l'Égypte. Certains supposent qu'ils étaient les ancêtres des Somauli , près du cap Guardafui , tandis que d'autres les placent sur la rive gauche du Nil, dans l'actuelle Nubie. On disait que leurs prisonniers étaient enchaînés avec des chaînes d'or, parce que l'or avec eux était plus abondant et moins cher que le fer. Les corps de leurs morts étaient enfermés dans des colonnes de verre ou de cristal.

[25] Voir Livre I, § 179.

[26] Voir Livre I, § 175.

[27] Voir § 11. Aussi, le propre récit de Darius sur l'imposture du mage, p. 87 .

[28] Il était probablement contemporain d'Abraham.

[29] Voir Esther i : 1-4.

[30] L'un de ces repas a coûté un demi-million de dollars.

[31] Voir pages 142-144.

[32] Voir note, p. 128.

[33] Voir §§ 23, 25.

[34] Voir note, p. 110.

[35] Homère était un Grec asiatique qui vécut probablement vers 850 avant JC. Sept villes revendiquèrent l'honneur de sa naissance, que les critiques anciens accordaient communément à Chios, et moderne, à Smyrne. De nombreuses légendes décrivent sa vie triste et changeante, assombri par la pauvreté et la cécité ; mais nous ne pouvons être sûrs de rien, si ce n'est qu'il est l'auteur de certains des poèmes les plus anciens et pourtant les plus grands de la littérature mondiale.

[36] Le mot Erinnyes signifiait *malédictions* , et donc les déesses en colère ou persécutrices. Craignant d'appeler ces êtres terribles par leur vrai nom, les Grecs leur substituèrent le terme Euménide, qui signifiait *apaisé* ou *bienveillant*
.

[37] Pour un spécimen, voir §§ 108-9 , 114 .

[38] My´us , Prien´e , Eph´esus , Colophon , Leb´edos , Te´os , Er´ythræ , Clazom´enæ , Phocæ´a , Mile´tus , Chi´os et Sam´os .

[39] Voir § 25.

[40] Parmi les Sept Rois Mages, six étaient des dirigeants et des hommes d'État. Les sept étaient Solon d'Athènes, Périandre de Corinthe, Cléobule de Lindus , Bias de Priène , Pittacus de Mytilène, Thalès de Milet et Chilon de Sparte.

[41] Voir Livre II, §§ 37, 39 ; Livre III, §§ 99-102 .

[42] La fête des Panathénaïques était célébrée chaque année depuis l'époque de Thésée, en l'honneur d'Athéna Polias , la gardienne de la ville. Cela comprenait des courses aux flambeaux, des concours de musique et de gymnastique, des courses de chevaux, de pieds et de chars et des sacrifices coûteux. La grande Panathénée avait lieu la troisième année de chaque Olympiade. Elle se distinguait par une procession sacrée, portant à son temple de l' Erechthéion un vêtement couleur crocus brodé de représentations des victoires de la déesse.

[43] Voir Livre II, § 34.

[44] Presque tous les États grecs étaient divisés entre deux partis, qui préféraient respectivement *la démocratie* et *l'oligarchie* ; *je . e.* , gouvernement par beaucoup et par quelques-uns.

[45] « Les premiers Grecs, dit Hérodote, qui couraient toujours à la rencontre d'un ennemi ; le premier aussi qui contempla sans effroi les vêtements et les armures des Mèdes, car jusqu'ici en Grèce le nom même de Mède avait excité la terreur.

[46] Lire les déplacements de Datis après la bataille, p. 86 .

[47] Voir p. 90, § 51.

[48] Voir p. 93.

[49] Une petite île du golfe Saronique, entre Ægina et la côte de l'Argolide.

[50] Cet homme politique exilé ne doit pas être confondu avec Thucydide, le grand historien, qui vivait à la même époque.

[51] Voir note, p. 157.

[52] Paroles de Xénophon, présent à Athènes.

[53] Les bourreaux qui avaient exécuté les condamnations sanglantes des tyrans.

[54] Le dieu de la guérison, fils d'Apollon.

[55] Bien qu'Athénien, Xénophon était un exilé et préférait les institutions de Sparte à celles de sa ville natale. Parmi les principaux ouvrages de cet historien figurent l' *Anabase* , récit de la rébellion de Cyrus le Jeune et de la retraite des Dix Mille ; l' *Hellenica* , une histoire des Grecs depuis la fin de la période décrite par Thucydide jusqu'à la bataille de Mantinée, 362 avant JC ; la *Cyropædia* , un roman historique faisant l'éloge de Cyrus le Grand ; et les *Souvenirs* , une défense de la mémoire de Socrate contre l'accusation d'irréligion.

[56] Voir p. 163.

[57] Ainsi appelé par l'un des envoyés athéniens, qui, étant *proxène héréditaire* de Sparte (terme correspondant presque à notre *consul moderne* ), avait un rôle de premier plan dans la négociation. Son caractère personnel ne valait rien et son influence était minime.

[58] Aristote était originaire de Stagira , un port maritime chalcidien. Son père avait été médecin d' Amyntas II, le père de Philippe ; et le prince et le philosophe formèrent dans leur enfance une amitié qui survécut à la vie du premier et fut héritée par son fils. Les vues politiques élargies d'Alexandre, son penchant pour la découverte et les sciences physiques, son vif intérêt

pour la littérature, en particulier les poèmes d'Homère, et son amour pour les nobles et les grands de caractère, étaient en grande partie dus à l'influence de son professeur. Lorsqu'il devint conquérant de l'Asie, il fit envoyer de rares collections de plantes et d'animaux, de toutes ses provinces, à Aristote, qui y trouva la matière pour de précieux ouvrages d'histoire naturelle.

[59] Il est fréquemment appelé Ptolémée Lagi , du nom de son père, Lagus .

[60] Frère de Philadelphie. ( Voir § 55. )

[61] Lire, dans les Apocryphes, 2 Maccabées iii : 4-40.

[62] Il convient de remarquer que le nom de Calabre s'applique désormais à l'autre péninsule du sud de l'Italie, celle qui comprenait l'ancien Bruttium. Le nom fut changé vers le XIe siècle de l'ère chrétienne.

[63] Un Patricien avait au moins trois noms : sa propre appellation personnelle, comme Ca'ius , Marcus ou Lucius ; le nom de son clan et le nom de sa famille. De nombreux Romains avaient un quatrième nom, dérivé d'une particularité personnelle ou d'un acte mémorable. Ainsi Publius Corneille Scipion Africa´nus appartenait à la *gens cornélienne* , la famille Scipion, et reçut son nom de famille en raison de ses brillantes réalisations en Afrique. Ses clients portaient le nom de Cornelius.

[64] Le nom de Ville des Sept Montagnes avait été donné à Rome dans des limites beaucoup plus étroites. Le *Septimontium* ne comprenait que le Palatin, l'Esquilin et le Cælien , qui étaient divisés en pics ou éminences plus petits, sept en tout.

[65] Plus tard, lorsque les Romains se sont familiarisés avec la littérature grecque, on a tenté d'unir les mythologies des deux nations. Certaines divinités, comme Apollon, ont été directement empruntées aux Grecs ; dans d'autres cas, une certaine ressemblance de fonction ou de caractère faisait que les divinités grecques et romaines étaient considérées comme identiques. Ainsi Jupiter fut identifié à Zeus ; Minerve, la déesse pensante - la *Ménerfa étrusque* - avec Athéna, etc. Par ordre de l'oracle de Delphes ou des Livres sibyllins, des serpents vivants, sacrés pour Esculape , furent amenés d'Épidaure à Rome, pour éviter une peste, 293 avant JC.

[66] Pour la forme probable de cette imprécation, voir note, p. 276 .

[67] Un *jugementum* mesurait presque cinq huitièmes d'acre.

[68] La forme, qui a été strictement conservée, peut être intéressante, car elle illustre les idées romaines : « Toi Janus, toi Jupiter, toi Mara notre père, toi Quirinus, toi Bellona ; vous Lares , vous les neuf dieux, vous les dieux de la terre de nos pères, vous dont le pouvoir dispose à la fois de nous et de nos

ennemis, et vous aussi, dieux des morts, je vous prie, je vous en supplie humblement... que vous vouliez faites prospérer le peuple de Rome et les Quirites avec toute la puissance et la victoire, et que vous visitiez les ennemis du peuple de Rome... avec terreur, consternation et mort. Et selon ces paroles que j'ai prononcées maintenant, je le fais aussi maintenant, au nom de la république du peuple romain... au nom de l'armée, tant les légions que les aides étrangères... consacrent les légions et les aides étrangères de notre ennemis, avec moi, des dieux des morts et de la tombe. Il était considéré comme une impiété de demander la victoire sans faire de sacrifice, car Némésis vengeait autant la prospérité sans mélange que le crime.

[69] *C'est à dire.* , marcher entre deux lances plantées dans le sol et surmontées d'une troisième. D'où notre terme « assujettissement » = *sub jugum ire.*

[70] Les Mamertins, « Enfants de Mars », étaient une troupe de flibustiers italiens, autrefois à la solde de Syracuse, mais qui s'étaient emparés de Messana et d'autres forteresses du nord-est de la Sicile, massacrèrent le peuple et firent eux-mêmes indépendants.

[71] NB Pas le grand Hannibal, qui était fils d'Hamilcar, et héros de la *Seconde* Guerre punique. « Punique » n'est qu'une autre forme de l'adjectif phénicien , mais s'applique surtout aux habitants de Carthage.

[72] Fils du Régulus qui envahit l'Afrique ( § 91 ), et qui fut victime de la vengeance carthaginoise.

[73] Au cours des dix-sept années de la Seconde Guerre punique, les citoyens libres de Rome furent diminués d'un quart et, dans l'ensemble de l'Italie, 300 000 personnes périrent.

[74] Cette dame illustre était fille de Scipion l'Africain, le plus grand général, sauf un, et peut-être le plus grand personnage que Rome ait jamais produit. Cornelia, après la mort prématurée de son mari, se consacra à l'éducation de ses enfants et fut récompensée de ses soins par leur respect et leur amour parfaits. Après la mort de Caius, elle se retira à Misène , où sa maison devint le lieu de villégiature de tout le génie et du savoir de l'époque. Cornelia non seulement parlait sa propre langue avec la plus grande élégance, mais connaissait bien la littérature grecque, et ses lettres à ses fils sont considérées comme les spécimens les plus purs de la prose latine. Elle mourut dans une bonne vieillesse et le peuple érigea une statue à sa mémoire, avec la simple inscription : « Cornelia, la mère des Gracques ».

[75] Je suis venu, j'ai vu, j'ai vaincu.

[76] Celui du pape Grégoire XIII., 1582 après JC.

[77] Cette garde était composée de 10 000 soldats italiens, cantonnés près de Rome pour la sécurité de la personne de l'empereur. Et son influence était si grande que, dans les derniers jours de l'empire, il assumait souvent de disposer de la couronne sans référence au Sénat ou au peuple.

[78] Parmi les Antonins , le premier est communément appelé Antonin le Pieux ; le second, Marcus Antoninus .

[79] Ainsi parle Ammia'nus Marcellinus , historien honnête et généralement digne de confiance, contemporain de Julien, et probablement païen.

[80] Secte très nombreuse en Afrique, combattue par Augustin, évêque d'Hippone, et par un édit d'Honorius.